叶澜教育思想文选

变革中生成

叶澜教育报告集

叶澜 著

庞庆举 选编

中国人民大学出版社

· 北京 ·

自 序

出版个人文选，常常是做学问者的一种愿望，通常是在进入老年后的愿望，且尚有学生和朋友希望、促进这个愿望实现。

我未能免俗，决定出这三卷本的文选，也说明自己真的老了。由我作为导师的庞庆举博士担任编者，自然高兴放心。编文选，是对自己学术人生的回顾与反思，也是向同行学界的一个交代：本人，一个华东师范大学20世纪60年代初的教育学系本科毕业生，自80年代中至今做了30余年学问，除出版为数不多的著作，主编若干套丛书之外，还有些文字可汇聚在一起，以文选的方式呈现出自己的学术追求、苦思与研究，呈现出自己的精神与心灵世界。

三卷本的共同品性是诚实、直言。言我之所思所悟，言我认同和批判的观点，言我对教育与教育学的反思和力主的重建，言我在研究实践中走出的一步步脚印。我不怕别人说我肤浅。一直记着鲁迅先生评刘半农：虽浅，但浅的澄澈。我愿做清澈的溪，不做混浊的沟，从不故作深沉，也不模棱两可。我的想法很简单，即使自己的观点别人看来是错的，也是自己想明白的对。发表文章，不是为了表现自己多么博学，有才华，而是让别人听懂你的声音，由此或能共鸣、补充、生发，或能指出问题、错误，甚至全盘推翻，都有意义。

三卷本的差异主要在编排原则和主题上。

第一卷《方圆内论道：叶澜教育论文选》集中在教育基本理论、教育研究方法论、教育学的问题与发展研究等领域中一些具有普遍性的理论问题上。全书以“学术自述”开篇，以一个师范大学教育学系本科生的学术自我认识起笔，又以“当代中国高等师范教育改革”收篇，这是对中国已有100多年历史的、被誉为“教师的摇篮”的师范教育之未来命运的求索，对教育学系不能取消本科但必须改革的呼喊。一头一尾的呼应，也算是尽了作为一名教育学系学生维护职业、专业尊严的责任。

第二卷《变革中生成：叶澜教育报告集》的标题已明显传达了主旨。这是我在自己花了大半生时间、至今还魂牵梦萦的两项研究中，或阶段性生成，或如宴会中“热炒”那样的报告，一旦生成自己认为清晰、重要的观点，即同一起研究的同事、试验学校的校长和老师及时交流。他们常常是我新鲜思想（其中也内含着他们实践经验）的第一听众。在他们那里，我能看到明亮的眼睛、会心的一笑，还有报告后即讨论、研究下一步发展性的研究策划。我享受的是心灵的沟通、同甘共苦的坚定和智慧点亮的兴奋。现在收拢的文字稿，大多是报告之后的修改稿，故此卷被命名为“报告集”。

第三卷《俯仰间会悟：叶澜随笔读思录》的内容有点杂、散，涉及面也宽，故称之为“读思录”。我的人生读的就是两类书：第一类是无字的生活与自然之书，它必然以碎片、偶遇的方式嵌入我的生存世界，一个不大肯停的脑袋、有感触即想记录的习惯，使之成了可称为随笔或散文但绝不是符合文学专业标准的文字。几十年下来积了不少，自挑了一些认为还可看的、有点意思的篇目列入。第二类是文字之书，若有所悟所启，也必以随心而走的读书笔记方式写下，自然并非佳作，但我记下了这些书给我的不同程度和意义的启发。这些启发渐渐化成了我精神世界的构成、学术视野和理念观点，更新着我的思维方式。我感谢这两类书对自己心灵和人格的滋养。将“俯仰之间”的收获汇作一卷，以做学术人生的纪念。

在此，感谢庞庆举博士和中国人民大学出版社的厚爱，感谢本书策划编辑王雪颖的诚挚邀约，没有真诚的合作，就不会有三卷本的顺利、及时出版。

叶　澜

2019.1.12

目　录

世纪之交中国学校变革研究

跨世纪“新基础教育”研究

当代中国教育学创建研究

希望在明天

世纪之交中国学校变革研究

让课堂焕发出生命活力

一

中国基础教育改革今日之走向，已越来越逼近学校内部的教学、教育活动。全国范围内多层面展开的有关素质教育的研讨，不少中小学进行着的探索性实践，是这一走向的具体、生动展现。出现这一走向，不仅是因为近十年来我国已经在宏观教育体制的改革与法制建设、办学条件的改善、教师待遇和地位的提高及学历达标比例的上升等方面取得了可喜的进展，从而为学校内部的教育改革创造了较好的外部环境与更多的可能；也不仅是因为随着社会经济发展、生产力技术水平提高，随着人们物质生活的丰富、独生子女人口政策的坚持推行，社会、家庭对青少年受教育的程度和质量提出了更高的要求；更根本的是因为 21 世纪新人的培养，不对学校天天进行着的、千百万教师的教学实践做改革，是不可能最终实现的。所以深入进行学校内部教育活动的改革，是已经开展至今的中国教育改革发展之必然，它关系到中国基础教育在跨世纪的改革中，能否最终实现一代新人的造就，也关系到新的教育理想能否转化为现实，显示其实践价值。因此，它引起了理论界和实践界的广泛重视。

本文把对学校内部教育活动改革的探讨集中在课堂教学领域。因为教学，尤其是课堂教学，其中最基本的是必修课的课堂教学，过去是，当今依然是我国中小学教育活动的基本构成部分。近年来，随着课程改革的开展，不少学校增设了选修课和活动课，冲破了必修课“一统天下”的局面，丰富了课堂教学的内容和形式，但在必修课的课堂教学中却大多还保留着习惯的方式，成了当代学校中的“老房子”——一道最顽强地展现传统教育思想的风景线。更需要指出的是，有些同志还十分强调这种传统保存的必要性，误认为选修、活动两类课程是为“素质教育”服务的，而必修课的传统教学是为保证升学率服务的。在他们眼中，提倡“素质教育”就是要加强选修课和活动课。由此，人们往往会提出这样的问题：实施素质教育降低了升学率怎么办？似乎素质教育就是只要发展学生的特长和多给学生活动时间，不要基础学科的教育质量。显然，在这种思想指导下，占教学总时数比例最高的必修课的课堂数学改革，就不可能真正提到议事日程上。教师和学生在校生活的大量时间还是以传统的方式度过，甚至更被强化，因为“领地”的缩小要通过“强度”的增加来弥补。这样，就整体而言，教学改革不会有本质意义上的进展，也不可能产生真正的效应。在此背景下，集中探讨课堂教学改革问题，就具有推进、深化学校内部教育改革的全局性意义。

课堂教学改革是学校教育改革中的一场攻坚战，对此我们必须有充分的认识。第一，课堂教学作为教学方式在我国已有近百年历史。它随新学校的诞生而逐渐形成，20世纪上半叶主要受日本式的赫尔巴特学说控制，50年代后至“文化大革命”前，则以苏联教育家凯洛夫的教学理论为指导（在实质上与西方传统教学论是一致的），并通过新老教师的传习，在实践中形成了较稳定的传统模式。粉碎“四人帮”后，学校恢复正常教学秩序时主要采用的依然是凯洛夫的教学理论。近10多年来，随着教学改革的开展，课堂教学有了不少新的组织形式，开始注重学生的主动投入。但大多数的课以及教师的教学观，在深层次上并没有发生实质性的变化。这一传统的超常稳定性，除了因它主要以教师为中心，从教师的教出发，易被教师接受外，还因为它视知识的传授和技能的训练为主要任务，并提供了较明确的可操作程序。教师只要有教材和教学参考书，就能进入规范的教学模式，依样操作。理论也因此得以广泛传播，逐渐转化成实践形式，扎根于千百万教师的日常教学观念和行为之中。总之，已有教学理论传统之长，深入实践主根之深，形式硬壳之坚，传习的可接受性之强，都使今日教学改革面临着强劲的真实“对手”，它要改变的不只是传统的教学理论，还要改变千百万教师的教学观念，改变他们每天都在进行着的、习以为常的教学行为。这几乎等于要改变教师习惯了的生活方式，其艰巨性不言而喻。

第二，攻坚战之“坚”还来自课堂教学综合研究之不足，我们已有丰富的有关教学的理论，但大多只是从某一侧面或某一层次切入：传统教学论从教的角度切入，实用主义教学论则从学生立场出发；教育心理学的兴趣在心理过程的分析，无论是对“教”还是对“学”；社会学的眼光集中在师生互动、课堂生活、人际关系等的描述上；学科教学法偏重于结合学科内容的教学原则与方法的设计；国外学派林立的教学模式的研究，各自强调一个侧面，或认知、或策略、或行为控制、或情感、或人际关系、或人格发展。这一切都有助于我们认识课堂教学，但我们依然缺乏对“课堂教学”作为一个整体的、师生交互作用着的动态过程的研究，缺乏整合，缺乏对课堂教学的理性之具体认识。因此，我们面临的任务不只是改变实践，同时，还需要在对已有理论批判性反思基础上，通过对课堂教学的深入研究，通过整合与创造，形成既能揭示课堂教学实质，又能指导课堂教学改革实践的新理论，这同样是一项艰巨的任务。可以说，在理论上我们已走近“百川汇合”的“入海口”，但还没有见到浩瀚无边的“大海”。

二

原有传统课堂教学[①]的主要问题是什么？为何会存在这些问题？这是当前深化课堂教学改革首先要回答的。应该说，这些问题曾有过讨论，人们的认识也有进展。如，认为过去的课堂教学主要关注教师的教，忽视学生的学；重视知识的传递，忽视能力（动手能力、独立思考能力、自学能力、创造能力）的培养，忽视学生学习中的非智力因素；等等。然而，这些认识的进展，仍然局限在对教学性质的传统“大框架”中，尽管起了拓展思路、丰富认识的作用，但并未跳出原有的“大框架”。今天，课堂教学改革的深化首先要求我们重新审视这一“大框架”的合理度。

所谓“大框架”，即把教学活动的性质框定在“特殊认识活动”范围内的教学观念。它具有广泛影响并至今活跃在教学论界。故揭示教学作为认识活动的特殊性，历来是教学论的基本任务。现被普遍认同的观点大致如下：在教学中，学生不是独立地，而是在教师指导下进行学习的；学习的内容不是随意、自发产生的，而是经过选择和教育学加工的人类已经创造出来的、最基本的文化知识；教学过程是有目的、有计划、有组织的活动过程，不是日常生活中随机进行的认识过程。

上述教学理论观在实践特别是在教师的课堂教学行为中的表现，一般呈现出如下特征：

（1）完成认识性任务，成为课堂教学的中心或唯一任务。教学目标设定中最具体的是认识性目标，浅者要求达到讲清知识，深者要求达到发展能力，其他的任务，或抽象、或附带，并无真正的地位。即使有，各种目标大多未呈整合态。

（2）钻研教材和设计教学过程，是教师备课的中心任务。尽管也提出研究学生的任务，但大多数情况下，学生在教师备课过程中只是作为一个处于一定年级段的抽象群体被认识，研究的重点也放在学生能否掌握教材、教学难点在何处

---

① 讨论课堂教学问题，必将涉及教学理论。但“教学”和“课堂教学”不是同等概念。课堂教学是教学的具体实践形式之一，也是近代学校中最基本的教学形式。教学理论的影响最集中体现在课堂教学中。本文涉及的理论都与课堂教学相关。在下文中，为行文简洁，有时用“教学”一词指课堂教学。

等，依然是以教材为中心来认识学生的。教学过程的设计除了课堂进行的程序外，重点是按教材逻辑，分解、设计一系列问题或相关练习，在教师心目中甚至在教案上就有明确设定的答案。好教师的备课是精心设计的，也有一些教师，备课主要是按教学参考书或教研组讨论决定进行。

（3）上课是执行教案的过程，教师的教和学生的学在课堂上最理想的进程是完成教案，而不是“节外生枝”。教师期望的是学生按教案设想做出回答，若不，就努力引导，直至得出预定答案。学生在课堂上实际扮演着配合教师完成教案的角色，其中最出色、活跃的是少数好学生。于是，我们见到这样的景象：“死的”教案成了“看不见的手”，支配、牵动着“活的”教师与学生，让他们围绕着它转；课堂成了“教案剧”出演的“舞台”，教师是主角，学习好的学生是配角中的“主角”，大多数学生只是不起眼的“群众演员”，很多情况下只是“观众”与“听众”。

以上就是传统课堂教学模式的“大框架”，在理论和实践中表现出来的基本特征。本文无意否认它的合理性方面。教学确实应以完成认识任务为主，确实与日常生活和科学研究中的认识活动不同，具有自己的独特性。在此提出的进一步思考是指向两个不同层面的问题。第一，现行理论是否已经把握了作为认识活动的教学之特殊性？传统理论在区别教学与其他认识活动的同时，是否忽视了它们之间的关系和联系？这一问题在它所处的认识层面上与传统观点是相同的，即仍然把教学当作特殊的认识活动来研究，区别只是在具体观点和视角上。第二，对课堂教学的认识是否仅仅在认识层次上就足够了？换言之，“特殊认识活动论”能否概括课堂教学的全部本质？这是比第一个问题更富有冲击力的问题，它要求从更高的层次、更综合的角度去认识课堂教学，而且也只有这样，才能更准确地把握教学作为活动的特殊性。

总之，把丰富复杂、变动不居的课堂教学过程，简约化归为特殊的认识活动，把它从整体的生命活动中抽象、隔离出来，是传统课堂教学观的最根本缺陷。它既忽视了处于不同状态的教师与学生，作为每个独立个体，在课堂教学过程中的多种需要与潜在能力，又忽视了作为共同活动体的师生群体，在课堂教学活动中多边多向、多种形式的交互作用和创造力。从根本上看，这是忽视课堂教学过程中人的因素之突出表现，它使课堂教学变得机械、沉闷和程式化，缺乏生气与乐趣，缺乏对智慧的挑战和好奇心的刺激，使师生的生命力在课堂中得不到充分发挥，进而使教学本身也成为导致学生厌学、教师厌教的因素，连传统课堂教学视为最重要之认识性任务也不可能得到完全和有效的实现。

为了改变上述状态，我认为，必须突破（但不是完全否定）“特殊认识论”的传统框架，从更高的层次——生命的层次，用动态生成的观念，重新全面地认识课堂教学，构建新的课堂教学观，它所期望的实践效应就是：让课堂焕发出生命的活力。

三

从生命的高度用动态生成的观点看课堂教学，包含着多重丰富的含义。

首先，课堂教学应被看作师生人生中一段重要的生命经历，是他们生命的有意义的构成部分。对于学生而言，课堂教学是其学校生活的最基本构成部分，它的质量，直接影响学生当前及今后的多方面发展和成长；对于教师而言，课堂教学是其职业生活的最基本构成，它的质量，直接影响教师对职业的感受、态度和专业水平的发展、生命价值的体现。总之，课堂教学对于参与者具有个体生命价值。

然而，这一重要价值以前被人们普遍忽视，包括被一些强调教育与生活关系的教育家所忽视。如提出“教育即生活”的美国著名教育家杜威，他反对把教育的意义只看作为将来的社会生活做准备，主张从学生的生活出发来改造以书本作为出发点的旧教育。然而，他并未提及教育、教学活动对于教师的生命意义。我国近代著名的教育家陶行知先生提出过“生活教育”，主张“关于生活”“依据生活”“为了生活”的教育，但主要是从社会生活与教育的关系的角度、从学生的角度提出要求，同样也未涉及教师。另一位著名的教育家是苏联的列·符·赞科夫，他曾以《教学论与生活》为名发表过专著，主要也是从教学与学生个体发展的关系角度做阐述，同样没有顾及教师。在《和教师的谈话》这本著作中，赞科夫专门谈到了课堂上的生活，他突出了课堂教学不仅要在内容上反映生活，更要注意“儿童在课堂上的生活”，“不要忘记学生本身的生活”[①]，“应当从精神生活（人的思想、感情、愿望）的意义上来理解生活。精神生活可能是积极的、丰富的、多方面的，也可能是贫乏的、萎靡不振的、单调的”[②]。这里涉及个体的生活，但依然把视线停留在学生身上。我认为，这些认识是重要的，但依然是不完全的。必须看到的是课堂教学质量对教师个人生命质量的意义。如果一个教师一辈子从事学校教学工作，就意味着他（她）生命中大量的时间和精力，是在课堂中和为了课堂教学而付出的。每一堂课都是教师生命活动的构成。因此，十分重要的是使每个教师都意识到这一点：课堂教学对他们而言，不只是为学生成长所做的付出，不只是别人交付任务的完成，它同时也是自己生命价值的体现和自身发展的组成。每一个热爱学生和自己生命、生活的教师，都不应轻视作为生命实践组成的课堂教学，由此而激起自觉地上好每一节课，使每一节课都能得到生命

①② 赞科夫．和教师的谈话．杜殿坤，译．北京：教育科学出版社，1980：8－9.

满足的愿望，积极地投入教学改革。这就是我们在认同课堂教学的社会价值、促使学生发展价值的同时，再指出它对教师同样具有生命价值、形成和提出课堂教学对教师和学生都具有个体生命意义这一观点的重要原因。

其次，课堂教学的目标应全面体现培养目标，促进学生生命的多方面发展，而不是局限于认识方面的发展。

如前所述，把课堂教学目标局限于发展学生的认知能力，是当前教学论思维局限性的最突出表现。这一方面是近代以来理性主义哲学和主智主义主流教育思想的反映，同时也是习惯于把原本整体的事物分割为部分、方面的思维方法的表现。具体地说，就是把生命的认知功能从生命整体中分割出来，突出其重要性，把完整的生命体当作认知体来看待。

当谈及学校教育培养目标，即学生发展的理想目标时，几乎无人会不顾及人的发展之全面性。但在学校教育的实施中，在教育、教学实践中，却又常常把某一类活动，或以某种内容为主的活动，视作只为某一方面发展服务。如班级、团、队活动是服务于德育的，以学科教学为主的课堂教学则是为智育服务的，人们忽视的恰恰是一个重要的基本事实：无论是教师还是学生都是以整体的生命，而不是生命的某一方面投入各种学校教育活动中去的。因此，任何学校教育活动都会对人的身心产生多方面或积极、或消极的影响。所以，每一项学校教育活动都应顾及学生多方面的发展。课堂教学，作为教学的基本活动形式更应该关注这一点。

在此要指出的是，我并不否认在课堂教学中，认识发展作为中心任务的地位，但是，不赞成把学生其他方面的发展任务丢掉，或者使它们完全依附于认识任务。试以课堂教学目标中有关“情感”的方面为例说明这种观点上的区别。有不少教学论著作中也强调教学过程中要十分注意调动学生的情感，引起学习兴趣，使学生乐学、学好，这里，对情感的重视，实际上只是把它作为服务于学习的手段。又如，语言学习中强调情境与情感体验，其旨意是使情感作为有助于识记的背景发挥作用。还有强调把文学教材中的情感发掘出来，使学生体验并内化，这比前面仅把情感作为帮助教师完成教学认识任务的工具要前进一步，但还没有注意到课堂生活本身具有促使学生情感发展的价值。在我看来，课堂教学的目标中应该包括情感目标，但不是美国教育家克拉斯沃尔和布卢姆在目标分类中所提到的，以服务于认知目标完成、与认知目标相呼应的情感目标①，而是指向学生对己、对事、对他人、对群体的情感体验的健康与丰富，以及情感控制能力的发展。显然，这不是一节课能完成的，但却必须通过每一节课来实现，渗透在

① 克拉斯沃尔，布卢姆．教育目标分类学：第二分册：情感领域．施良方，张云高，译．上海：华东师范大学出版社，1989：189－208.

课堂教学的全过程。自然，课堂教学的完整目标，还应该包含学生的意志、合作能力、行为习惯及交往意识与能力等多方面。其中每一项，都应既有与认知活动相关的内容及价值，又有其相对独立的内容及价值。这些方面的综合，才构成学生生命的整体发展。因此，在研究课堂教学时，要注意两方面的关系与整合：一方面是知识体系的内在联系、多重关系，以求整合效应；另一方面是学生生命活动诸方面的内在联系、相互协调和整体发展。这是一个尚需花大力气深入研究的问题。不仅要揭示上述两方面的规律，还要研究课堂教学与这些目标之间的具体关系。但今天可以明确提出的是：我们需要课堂教学中完整的人的教育。

最后，问题进入课堂教学过程的探究。本文提出的观点是：课堂教学蕴含着巨大的生命活力，只有师生的生命活力在课堂教学中得到有效发挥，才能真正有助于新人的培养和教师的成长，课堂上才有真正的生活。因此，要改变现有课堂教学中常见的见书不见人、人围着书转的局面，必须研究影响课堂教学师生状态的众多因素，研究课堂教学中师生活动的全部丰富性，研究如何开发课堂教学的生命潜力。

所谓影响课堂教学师生状态的因素，是指那些对教师、学生参与课堂教学的态度和活动产生影响的前在性因素，不是指那些课堂教学过程中，因教学活动本身的进行状态而出现的、动态的、影响教学继续进行的生成性因素。这些属于“前在”的因素有间接和直接影响之分。因篇幅有限，下面只以列表的形式举出主要的直接作用因素（见表1）。

表1　　影响课堂教学师生状态的前在性因素分析表

<table>
<tr><td rowspan="2">物质因素</td><td colspan="3">自然条件</td><td>季节、天气、星期几、上下午等</td></tr>
<tr><td colspan="3">教室条件</td><td>空间（生均）、空气（流通度）、光线（明亮度）、室内布置、洁净状态、设施功能、物品有序态、教学用品配置量、座位排列、周边噪声程度等</td></tr>
<tr><td rowspan="5">心理因素</td><td rowspan="3">个体因素</td><td rowspan="2">个体稳定性因素</td><td>学生</td><td>学习成绩、学习兴趣、习惯、获奖状态、班级中地位、与教师关系、认同程度、个性等</td></tr>
<tr><td>教师</td><td>业务水平、教学能力、自信度、准备状态、对班级态度、师生关系、个性、期待等</td></tr>
<tr><td colspan="2">个体不稳定因素</td><td>师生即时心态、身心疲劳状态、外界临时性强刺激的效应等</td></tr>
<tr><td rowspan="2">群体因素</td><td colspan="2">班风</td><td>常规、纪律、舆论、学风、在学校中地位、班级人员亲和力、学科倾向、群众行为协作能力、目标等</td></tr>
<tr><td colspan="2">师生关系</td><td>交往性质与程度、师生协调程度、处理矛盾、冲突的常态模式等</td></tr>
</table>

显然，表中所列的因素，除自然条件外，其他因素都是可改变和可控制的，

本文根据叶澜教授1996—1997年在广州、上海等地多次演讲报告整理而成，经叶澜教授修改，定稿。修订稿最初发表于《教育参考》1997年第4期，后略做删节发表于《教育研究》1997年第9期。2011年被评为《教育研究》创刊30周年杰出论文。英文版发表于*Journal of Curriculum Studies* 2017年第9期。

重建课堂教学价值观

——“新基础教育”课堂教学改革研究的理论与实践探究之一

一、问题与任务

教育活动不可能回避价值问题，这是笔者对教育研究中价值与事实关系判断的一个前设。从历史来看，每当社会发生重大转型时，人们对教育的批判，往往是从价值批判始，从重新认识教育的价值和目的始，并且以此为依据和出发点，再对现实的教育活动做出更具体的评析，提出新的原则、方案乃至方式方法的。今天，我们正处在这样一个时代。“新基础教育”研究①也是以对当代中国社会发展和教育价值观变革的探讨为起点的②。

然而，当改革研究进入学校实践时，通过一节节课，我们（指参与“新基础教育”研究的全体成员）看到的是在学科教学领域中，大部分教师对教育价值的选择还停留在“传递知识”上，其中有一些教师虽已关注到学生技能、技巧，甚至能力和智力的发展，但大多仅为点缀。至于认知范围以外的目标则更少涉及。有趣的是，这种价值观不是表现为教师在写文章或理论学习时发表的言论，而是表现在备课笔记上的教学目标设定和课堂行为中。通常，在教学目标设定上，被规定得清楚而明白的，大部分且首先是本节课教学的“重点”与“难点”知识，需要掌握的“技能”与“技巧”，其他的方面或简单、抽象提及，或几乎每次都用类似的空洞词语点一下，更多的情况是干脆不写。在课堂行为中，认真负责的教师往往把力气花在讲清知识、落实练习上，使学生能牢固掌握知识，考试时不

---

① “面向 21 世纪新基础教育”研究是作者主持的一项综合性基础教育改革科研项目，研究旨在从理论和实践相结合的意义上探究世纪之交中国社会转型期基础教育转型性变革的一系列主要问题。该项研究始于 1994 年 9 月，共分两个阶段进行。第一阶段为“探索性研究”，1997 年初该项目被正式批准为全国教育科学“九五”规划重点课题；2000 年，探索性研究的课题成果被评为上海市教育科研项目类优秀成果奖一等奖。1999 年 5 月，研究进入第二阶段“推广性、发展性研究”，预计在 2004 年完成。目前，这一研究已被列为国家哲学社会科学研究“十五”规划重点课题。

② 叶澜．时代精神与新教育理想的构建．教育研究，1994（10）．

出差错。总之，被教师抽象谈论着的教学价值观与他们在教学实践中奉行的价值观并非一致，乃至相去甚远。指出这一现象，并不是指责教师言行不一，而是说明在改革研究中我们深切地感受到，教学改革观念的转变，包括教学价值观的转变，不能脱离教师的教学实践，不能不关注他们在自己的教学实践中如何实现内化的过程。只有教师的内在观念才具有真实的指导教师制订教学目标和定向实践行为的作用。为此，我们需要与教师一起对教学实践做批判性的反思，找出教学行为、言语背后深藏而实存的教学价值观，认识这种价值观的问题所在；需要与教师一起探讨新的课堂教学价值观的依据及其合理性，进而在教师的头脑中重建课堂教学价值观，并在教学实践中有意识地、持久地去实现这种价值观。“新基础教育”的课堂教学改革，将教师新价值观与新教学行为的联系、共创、互动作为贯穿改革始终的要求，也将其作为评价改革是否真实发生的重要指标之一。

二、新教学价值观的核心理念

新教学价值观的重建，在认识上还必须从一般整体共通的层次上开始，即重新认识教学在育人中的价值，以及为培养怎样的人服务的问题。“新基础教育”形成的教学共通价值观的核心理念是：当前我国基础教育中课堂教学的价值观需要从单一地传递教科书上呈现的现成知识，转为培养能在当代社会中实现主动、健康发展的一代新人。我们认为，学科、书本知识在课堂教学中是“育人”的资源与手段，服务于“育人”这一根本目的。“教书”与“育人”不是两件事，而是一件事的不同方面。在教学中，教师实际上通过“教书”实现“育人”，为“教”好书先要明白“育”什么样的人。只关注现成知识传递价值的教师，实际上是在“育”以被动接受、适应、服从、执行他人思想与意志为基本生存方式的人。青少年学生内在于生命中的主动精神和探索欲望，在这样的课堂教学中常常被压抑，甚至被磨灭。这种情况不改变，教育将成为阻碍个人和社会发展的消极力量。“新基础教育”主张今日中国的中小学教育，应把形成学生主动、健康发展的意识与能力作为核心价值，在教育的一切活动中都要体现这一价值。其中，“主动”是对现在已十分流行的“教育要以学生发展为本”的提法之进一步聚焦。在此，有必要阐述做出这一聚焦的依据。

“学生发展”是教育中经常论及的问题。近 10 多年来教育理论界先是讨论教育是以社会发展为本，还是以个体发展为本。随后，关涉到后者的，又进一步讨论，究竟应以学生的“什么发展”为本，各家都有自己的见解，如“和谐发展”

“主体性发展”“自由发展”“多方面发展”等。这些观点虽从不同的角度给人以启发，但似乎都存在着只从期望人本身达到的理想状态来说明“发展”。在我们看来，“发展”作为一种开放的生成性的动态过程，不是外铄的，也不是内发的，人的发展只有在人的各种关系与活动的交互作用中才能实现。因此，不能只从孤立个体的角度来设定对发展的要求，而应以“关系”与“活动”为框架思考教育应以学生的“什么发展”为本的问题。进一步的分析可以看到，作为个体最基本的关系与活动有两大类：一类指向外界（外向式的），即个体与周围世界的关系和实践性活动；一类指向内部（内向式的），即个体与自我的关系和反思、重建性活动。在这两类关系与活动中，个体能采取的基本方式也有两种，或主动，或被动。自然，人不可能时时、事事、处处主动，但从自身发展的角度来看，个体的主动是十分重要的关键性因素。这种主动包括上述两个向度的关系与活动，对个体的发展，它们不仅是不可或缺的，而且密切相关、交互作用。个体主动性的发生，是在对外界和自我及其关系、对将发生的行为价值等有了认识并产生意愿后做出的选择与行动。不管最终主体是主动选择“进”，还是主动选择“退”，或选择“保持不变”，都是出于个体本身的认识和意愿。个体实践的主动性，对处于今日变化急剧、生存环境中不确定因素大增时代中的每个人来说尤其重要。在当代中国社会中生存的每个人之人生历程，就总体而言，较之改革开放前确实有更多的机遇和可能，但也有更多的风险与危机。因此，人在复杂环境中自我选择的意识与能力，对于人生的意义与价值，就显得更为重要和必要。

人的主动发展可能性的依据可以借用法国当代著名思想家埃德加·莫兰所提出的生物的主体和自组织理论来说明。莫兰认为，生物具有自我产生和自我再生的自组织能力，这个能力通过处理一系列信息的、通过自己和为了自己的运算来实现。“生物的最小行动都以‘我运算’为前提；通过这个运算，个体自我中心地根据它自己来处理所有的对象和材料。主体就是这样一个进行运算的存在。”①这是从生物体生存意义上谈主体的“自组织”。莫兰通过这种方式要说明的是：主体不只是一个哲学概念，一个精神领域里的问题，而且是具有物质实体性的本体论概念，也是科学②可证明的结论；主体不只是人所特具的特征，而是生物所共有的特征。在谈到“人”的时候，莫兰一方面肯定了人并没有脱离生物领域，故依然保留着生物的基本特性，但是人又不同于生物。他强调在人类身上出现了

① 莫兰．复杂思想：自觉的科学．陈一壮，译．北京：北京大学出版社，2001：261.

② 在此，“科学”是相对于“哲学”而言的，且在经典科学的范畴内，即以通过实证研究所获得的结论并可检验为特征的科学。

非凡的新形态，人是有意识的主体，他说："至于我们，人类，具有意识、语言和文化，我们是运算/认识的个体——主体，能够作出决定、进行选择、制定政策、享有自由、进行发明创造。"①

莫兰的上述论述至少有两个认识方面的价值：第一，从科学的角度重新定义了"主体"概念，并把它拓展到整个生物领域，为主体研究提供了一个新视角，一个不只是停留在思辨领域的视角，并对哲学中涉及的主体问题做了可与科学相联系的再思考。第二，在沟通人与生物界的关系的同时，又凸显了人的主体之独特。这种独特集中表现为人具有意识和运算-认识能力，这使人表现出一系列远远超出生物界的行为特征，其内含的本质力量是人具有自觉、自主的选择、策划和创造的能力。

以教育的眼光看，更为重要的是，这种运算-认识活动，不仅指向人的物质生存的环境与对象，还指向人的精神生存的环境和对象；不仅指向个体的外部世界，还指向个体的内部世界。当指向内部世界的运算和认识，直接关注个体自身的发展问题时，就是个体对自身的发展做出主动的思考、批判、选择目标、策划过程和准备付诸实施的时候，人就具有了主动把握自己人生和命运的个体发展意识与能力，这是人所具有的最重要的能力，是人不同于任何生命体的最重要的"自我产生和自我再生"的能力，也是作为个体的人实现生命价值、获取人生幸福的内在保证。因此，培养个体主动发展的能力被"新基础教育"定为基础教育开发人的生命潜能的最本质的任务。

由此可见，我们采用"主动"一词来界定"发展"，是因为它既体现了活动状态，又内含了主体自觉，还指向了事物关系，且道出了期望追求。这是我们从关系和活动的整体框架出发，以人的本质力量和当代中国社会发展的需要的整合为依据，对教育应以"学生的什么发展"为本的回答。此外，我们在"主动"一词之后还加了"健康"两字。这是一个限制性的界定，主要是为了避免误解，以免遭到诸如"主动做坏事，只顾个人利益，破坏集体、他人利益的主动，也是教育所期望的主动发展吗?"之类的指责。这里，"健康"表达的是要求个体行为应有利于个体身心和人类社会发展的积极向上的指向。也许这是一个多余的"限制"，如果我们把"发展"一词看作本身就包含着积极向上方向的变化意义，这个限制词就更显多余了。

① 莫兰．复杂思想：自觉的科学．陈一壮，译．北京：北京大学出版社，2001：263.

三、学科教学价值观的重建

课堂教学价值观重建的第二个层次是学科教学价值观的重建。这是教师认同了一般层次上的新教学价值观后，能不能落实到教学行为上必须要实现的一种转换。因为它关系到每个教师如何认识自己任教的本学科的具体价值。只有认识上明确了，才可能从教学进程前的设计活动起，就把对教学价值观的认识落实到具体的教学行为策划之中，为教学实践的开展提供一个与价值取向相符合的“蓝图”。否则，一般层次的新教学价值观依然只是一些停留在口头的空话。

“新基础教育”通过学科教学改革方案的研究、个案设计、实践与评析和对学科教学设计的研究①等途径，使教师实现将认同的教学共通价值观向学科教学价值观的转换与渗透。在此，想以对教师教学设计的改革要求来说明学科教学价值观重建的主要内容，并展示我们提出的一般理论如何转化、渗透到教师实际工作的演进过程。

1. 拓展学科丰富的育人价值

长期以来，学科的育人价值被局限在掌握知识上。在实践中，因“应试教育”强大的压力造成的价值导向，学科教学更趋于死记硬背或强化练习可能要考到的内容，以达到牢固记忆、熟练应答、考试成功的直接目标。就传统的学科教学大纲和教科书的呈现方式来看，主要突出的是学科领域内已经形成了的基础性知识，它以客观真理的面目出现在学生面前，要求学生理解、掌握和运用。学科的这一呈现方式，其主要的后果是造成了学科育人价值的贫乏化。它割断了两个联系：一是抽象的书本知识与人的生活世界的丰富、复杂联系，二是抽象的书本知识与人发现问题、解决问题、形成知识过程的丰富、复杂联系。学生和教师在教学中遭遇的知识是固化的真理，缺乏“人气”的知识，一堆“死”的符号型的结论。它们作为组成学科教学基本内容的“原始资料”，带来了原始育人资源的贫乏。

除此以外，更值得引起深思的是，中小学传统学科教学内容的选择，是以相应的科学的学科为基准的；从中小学学科教学最终想达成的目标来看，也是让学

① “新基础教育”研究自探索性阶段始，就对小学语文、数学、思想品德和初中语文、数学、外语三科进行整体性的学科教学改革方案的研究。正在进行中的“新基础教育”推广性、发展性研究还在继续深化对有关改革方案的研究。方案研究的最终目的不是一个范本，而是提供一种思路与方法。因篇幅限制，本文不做具体学科改革方案及案例的展开论述。

生掌握学科的基础（包括知识、技能及方法），为进一步的学习或将来专业化的学习做好准备。尽管在教学内容的编排和教科书编写上也强调要注意学生的认知水平、特点和接受能力，不能完全按学科的逻辑来编制，但其目的还是使学生能更容易、更好地学习学科知识。总之，学科本身是学科教学关注的轴心。因此造成了一种重要的缺乏：对不同年龄中小学生成长需要的关注的缺乏：一方面，表现为大多数学习科目的内容与学生今日的成长缺乏内在联系，课堂教学内容成了与学生日常生活隔绝的一个专门领域，它似乎属于另一个世界；另一方面，学生在成长过程中经常会出现的困惑、好奇、问题、期望、兴趣以及许多潜在的能力等，在学科设置上得不到体现。说到底，学科是直接为学生进入高一级学校的学习设置的。学生在学习中的发展，学生在学习期间的成长，只是被当作学习的一个必然、间接结果来预设。作为学校根本价值的"育人"问题，作为发展成长的主体——学生的需要问题，从学科的设置始到教学大纲和教科书的编写止，都没有真正进入作为设置者和编制者的心中，作为一个首要的、十分重要的、前提性的问题来研究，作为选择教学科目内容的基础、主要参照和目的来思考。一次次的课程改革，人们经常发出的呼吁是：社会发展了，需要增加新的学科；科学发展了，现有的学科知识已陈旧，需要更新教学内容。多少次的课程改革常常是在"加加减减、添添换换"中完成。然而，关于学生成长发展需要与课程改革的关系问题，至今还未被作为课程改革的核心问题来研究。在我们看来，课程、学科教学的内容缺乏"生命色彩"，这是造成学科教学育人价值贫乏化的更深层次的原因。

在原因分析的基础上，"新基础教育"逐渐形成了拓展学科育人价值的行动策略：把改革的切入点放在对现有学科育人价值的开发上，而不是去创设新课程。这是以学校为基本单位、对学校教学实际进行改革所可能采取的行动策略，也是使教师可能一起参与创造，并在研究性改革实践中实现自身的改变与发展的可行策略。但从长远的角度看，还必须进一步研究中小学课程整体变革中的"生命色彩"问题。就目前而言，在学校实践中此项任务可从宏观控制和社会干预相对较弱的若干学校自设课程开始研究。我们相信，随着我国中小学课程设置及实施政策开放度的提高，学校自主选择和编制课程的权利和能力的增强，校本课程真正成为中小学普遍的需要和行动，以关注青少年发展、成长需要为核心的、富有生命色彩的课程定会得以创生。

为实现拓展现有学科的育人价值，"新基础教育"要求教师在做教学设计时，首先要认真地分析本学科对于学生而言独特的发展价值，而不是首先把握这节课教学的知识重点与难点。我们并不认为学科知识对学生的发展没有价值、可以无视，相反，它是教学中必须让学生最终掌握的基础性的内容。但教学对学生的价值不应停留在此，更不能把学生当作为学习这些知识而存在的，教师是为教这些知识而存在的。教学为学生的多方面主动发展服务是最基本的立足点。因此，学科的独特育人价值要从学生的发展需要出发，来分析不同学科能起的独特作用。具体地讲，每个学科对学生的发展价值，除了一个领域的知识以外，从更深的层次看，至少还可以为学生认识、阐述、感受、体悟、改变这个自己生活在其中并与其不断互动着的、丰富多彩的世界（包括自然、社会、人，生活、职业、家庭，自我、他人、群体，实践、交往、反思，学习、探究、创造等）和形成、实现自己的意愿，提供不同的路径和独特的视角、发现的方法和思维的策略、特有的运算符号和逻辑；提供一种唯有在这个学科的学习中才可能获得的经历和体验；提升独特的学科美的发现、欣赏和表达能力。唯有如此，学生精神世界的发展才能从不同的学科教学中获得多方面的滋养，在发展对外部世界的感受、体验、认识、欣赏、改变、创造能力的同时，不断丰富和完善自己的生命世界，体验丰富的学习人生，满足生命的成长需要。

2. 按育人价值实现的需要，重组教学内容

有了上述认识以后，学科育人资源的开发，还需要教师在教学设计时对现有教学内容进行两方面的重组与加工。

第一，把学科的书本知识按其内在逻辑组成由简单到复杂的结构链，基本上以结构为大单元进行教学内容的组织，贯穿教学的认知主线是结构的逐步复杂化。在教学与一个知识结构相关的内容时，又将其分成两个教学阶段：第一阶段是以知识为载体的教学某一结构的阶段，第二阶段是学生运用这一结构，学习和拓展结构类似的相关知识的阶段。这一组织教学内容的设计我们称为“长程两段”设计，其目的在于使学生在教学过程中能主动地投入学习，形成主动学习的心态与能力。我们认为，要让学生掌握学习的主动权，最有效率的是掌握和运用知识结构。结构具有较知识点要强得多的组织和迁移能力。我们期望达到的目标不仅是学生对与结构相关的知识的牢固掌握和熟练运用，直到内化，更为重要的是学生具有发现、形成结构的方法及掌握和灵活使用结构的能力。每个学科都有自己的结构群，不同学科结构群的学习、内化，有助于学生头脑中形成诸多有差异又能相通的结构群和结构思维的方法，这对于学生在陌生复杂的新环境中能用综合的眼光去发现问题、认识问题和解决问题具有基础性作用，是身处复杂多变时代的人生存、发展所需要的一种基础性的学习能力，也是学生的学习能力可自我增生的重要基础。

第二，将结构化后的以符号为主要载体的书本知识重新“激活”，实现与三方面的沟通：书本知识与人类生活世界沟通，与学生经验世界、成长需要沟通，与发现、发展知识的人和历史沟通。用通俗的话来说，就是使知识恢复到鲜活的状态，与人的生命、生活重新息息相关，使它呈现出生命态。具有内在生命态的知识，最能激活、唤起学生学习的内在需要、兴趣、信心，提升其主动探求的欲望及能力。教师在寻找这三方面联系的同时，也拓展了自己的认识领域，并把注意力从研究教学内容转向研究学生的前在状态、潜在状态、生活经验和发展的需要，这是实现由“教书”为本转换到通过教书来“育人”的十分关键的一步。

当教师在完成了上述两方面的教学内容的加工以后，就可能对学期的学科教学时间做整体性安排。“新基础教育”在教学时间的分布上要求打破“匀速运动”式的按章、按节的分配方案，主张按“长程两段”设计的要求，将每一结构单元的学习分为“教学结构”阶段和“运用结构”阶段。在“教学结构”阶段主要用发现的方式，让学生从现实的问题出发，逐渐找出知识的结构和发现结构的步骤与方法；通过总结，形成知识、方法、步骤综合的“类结构”模式。这一部分的教学时间可适度放慢，让大多数学生有一个充分体验发现和建构“类结构”的过程，让“类结构”以一种通过学生与教师在教学过程中互动、逐渐生成的方式形成，成为学生自己的“类结构”。在此基础上，随后进行的“运用结构”的教学阶段就能以加速的方式进行。根据改革试验实际进行的结果看，在总体上，教学进度不仅不会因第一阶段的放慢速度而落下，而且还比原定大纲的安排提前。我们把因结构重组和学生学习能力提高而带来的剩余教学时间，用来举行“学科活动”和相关学科结合起来的“学科综合活动”。这些活动为学生提供了更为广阔、丰富、生动和个性化的主动发展的可能空间与舞台。

3. 综合设计弹性化的教学方案①

以促进学生主动、健康发展价值观为指导的学科教师，在教学设计方面要完成的最后一个综合，就是将每节课具体要教学的内容与教学过程的事先策划结合起来，构成“弹性化的教学设计”。“新基础教育”在教学过程中强调课的动态生成，但并不主张教师在课堂上信马由缰式地展开教学，而是要求有教学方案的设计，并在教学设计中就为学生的主动参与留出时间与空间，为教学过程的动态生

① 教学方案设计的指导思想，除关涉课堂教学价值观外，还与课堂教学过程观相关，这也是“新基础教育”课堂教学改革研究中的重要理论与实践问题，笔者将在今后的文章中论及。因此，本文这一方面的论述只能取概要的方式。

成创设条件。在教学设计中，要设定教学目标，但目标不局限于认知，它还涉及学生在这节课中可能达到的其他目标。目标的设定要建立在对教学内容和学生状态分析、对可能的发展期望分析的基础上。目标有“弹性区间”，这既是为了顾及学生之间的差异性，也考虑到期望目标与实际结果之间可能出现的差异。教学过程的设计重在由何开始、如何推进、如何转折等的全程关联式策划。至于终点，何时戛然而止，并不是绝对的，重要的是水到渠成，不是硬性规定步子大小与全班齐步行进。过程的设计也要有“弹性区间”，可以通过不同的作业、练习、活动来体现。过程设计还要策划教学行进中的教师活动、相应的学生活动、组织活动的方式与方法、活动效果的预测和期望效果的假设、师生间的互动方式等一系列方面，最后形成综合的、富有弹性的教学方案。

这一新的设计要求，较之设计出精细的提问，预定标准答案，写下教师上课要讲的每一句话，准确计算好一节课不同环节的时间分配等传统典型教学方案的风格来说，似乎线条要粗得多，留下了太多的不确定性、可变换的弹性目标、空间和时间。然而正是这些不确定性和可变因素的引入，使课堂教学有可能更贴近每个学生的实际状态，有可能让学生思绪飞扬、兴趣盎然，有可能使师生积极互动，摩擦出创造的火花，涌现新的问题和答案。

“新基础教育”正是通过对统一制定的确定性的教学内容的深度开发、重新组合和多向激活，正是通过把弹性因素和不确定性引入教学过程的设计中，使教学设计为师生课堂教学的实践留出了主动参与、积极互动、创造生成的可能；使教学要为学生的主动、健康发展服务的价值观，转化、落实为教师对自己教学行为的预先策划，并为这一价值观最终渗入和体现为教学实践，提供了“实战前”的“作战方案”式的支撑。

本文根据叶澜教授 2001 年在上海市闵行区举行的“新基础教育”研究报告会上所做讲演整理而成，经叶澜教授修改，定稿。后发表于《教育研究》2002 年第 5 期。

重建课堂教学过程观

——“新基础教育”课堂教学改革研究的理论与实践探究之二*

课堂教学的过程改革研究，是“新基础教育”研究中有关“课堂教学”改革研究的核心构成。如果说，课堂教学价值观的重建，是为了弄清什么是当今中国学校课堂教学所要追求的最有价值和最为根本的目标，那么，课堂教学过程观的重建，则要回答在价值观认定以后，教师需要怎样重新认识课堂教学的过程，并如何以新的过程观为指导，去创建新的课堂教学实践，以实现新的价值观由理想向现实的转化。课堂教学过程观的重建，也是我国当今学校课程、教学改革深化的必“遇”之题。我们在教育改革深化的背景下提出这一任务，故“重建”是相对于长期形成的、在传统教学论中被确立稳固地位的观念，以及在学校课堂教学实践中至今还相当普遍甚至相当顽固的现实存在；“重建”不只满足于理论的批判、观念的更新，还力图在改革中探讨和创建新的实践形态；“重建”具有理论与实践的双重追求和任务，也是理论与实践双重探索和交互作用的产物。

一

课堂教学过程（简称“教学过程”）的研究并不是一个新话题。从理论角度看，历史上有过传统教学论与现代教学论的激烈争辩，如今又有可以后现代为总称的多种教学论流派的风起云涌。这些都为我们重建课堂教学观提供了丰富的思想资源。

传统教学论的经典之作是捷克教育家夸美纽斯的《大教学论》和德国教育家赫尔巴特的《普通教育学》。但对中华人民共和国成立后我国教育界影响最大的，则是20世纪50年代出版的苏联教育家凯洛夫主编的《教育学》教科书。可以说，这本教科书是赫尔巴特理论的简单化和操作化的产物，也是俄罗斯文化和

---

* “新基础教育”课堂教学改革的理论与实践探究之一，发表于《教育研究》2002年第5期，题为《重建课堂教学价值观》。在“之一”中，笔者已涉及了“综合设计弹性化的教学方案”问题，但未对过程设计中的“过程观”做展开论述。“之二”以此为主题续上文。

20世纪中叶苏联社会的政治、意识形态和工业经济发展需要的产物。其中，关于教师中心、教科书中心和课堂教学中心的“三中心论”，教学过程由“准备、复习旧课、教授新课、巩固练习、布置家庭作业”组成的“五环节说”，教学本质“特殊认识论”的基本哲学立场，教学中要贯彻学生自觉性与积极性、直观性、理论与实际相结合、系统性和连贯性、巩固性、可接受性等“六大原则”，以讲授法为核心的“九大教学方法”等①，当时几乎做到每个教师皆知。而且，通过学校中教师“老”带“新”、集体备课、观摩教学等方式流传至今。它之所以在实践中能长期存活的一个重要原因是操作性强，以教师为中心。其后果之一也正是强化了教师在课堂中的中心角色和简单的操作需要，封杀了教师在理论和创造意义上探索教学工作的需求。本文要突破的传统教学过程观主要是指凯洛夫的理论和实践形态。

杜威以儿童为中心、以经验的重组为教学本质、以活动和练习为基本教学组织方式等实用主义教学观，开了现代教学论的先河②。他的学说和实践曾像台风一样在20世纪20年代的中国教育理论界和实践界刮过，带来过兴奋和行动，但并未持久。解放初又很快被戴上了资产阶级反动教育理论的帽子，被大张旗鼓地批判，在实践界没有地位，即使在当时的理论界，真懂杜威的恐怕也不多。改革开放以来，人们开始逐渐重新认识杜威，重新认识这一理论的历史价值和对我们冲出传统教学理论樊笼的价值，也促使我们深思杜威的理论为何在实践中常不得其精髓，并常与社会发展提升教育的知识含量的需要相冲突的原因。但不管怎样重新认识，已经走过了100年的历史不可能原样再现。杜威现代教学理论中对学生的学习与发展的研究与关注，以及其后诸多新的教育哲学与心理学理论的诞生，使现代教学论没有停留在杜威，而是沿着不同的路线发展。中国教育界较熟悉的有布鲁纳的结构主义教学理论，克拉夫基的“范例教学”，维果茨基的儿童最近发展区与最佳教学阶段学说，赞科夫的教学与发展理论，巴班斯基的教学最优化理论和布卢姆的目标分类理论等。改革开放以来，对我国教学实践界影响最大的可算是目标分类理论，其原因恐怕也在可操作性强以及效果的可测量性，符合盛极一时的教育研究科学化的潮流。尽管教育理论界还介绍、翻译了不少关于教学理论和教育模式的著作，然而其影响大多还停留在书本上或讲座中③。

---

① 凯洛夫．教育学．陈侠，朱智贤，等译．北京：人民教育出版社，1957：130－221.

② 赵祥麟，王承绪．杜威教育论著选．上海：华东师范大学出版社，1981；杜威．民主主义与教育．北京：人民教育出版社，1990.

③ 较集中介绍西方教学论模式的译作、著作有：乔伊斯，等．教学模式．北京：中国轻工业出版社，2002；高文，等．现代教学的模式化研究．济南：山东教育出版社，1998.

约从20世纪90年代下半叶起，随着国内课程改革发展的需要，我国课程与教学理论界又掀起了一次翻译、介绍和研究国外相关理论的高潮，其关注点集中到可以后现代主义为总称的诸多教学理论流派①。后现代主义从不同的角度，对传统的知识观、学习观、师生关系观和教学观进行了批判和解构。他们否定科学知识的绝对权威性和客观真理性，揭示其意识形态的隐蕴和不可规避的主观性；他们反对以记忆、强化为中心的行为主义学习理论和只关注认知、智力因素的学习理论，主张把学生的学习过程看作学生对学习文本的批判、质疑和重新发现过程，是学生整个身心投入学习活动，去经历和体验知识形成的过程，也是身心多方面需要的实现和发展过程；他们反对严格控制式的师生关系和模式化的教学过程观，提倡师生平等式的对话，并主张在具体情境中通过实践与对话动态推进教学过程。就其具体批判的对象来看，后现代教学论与现代教学论在指向传统教学观上是一致的，只是更为坚决、彻底和深入；就其哲学和心理学基础来看，后现代教学论对现代教学论的超越主要是在方法论和元认知层面上的超越。他们批判简单还原、二元对立和基于分析思维与逻辑建构的方法论；批判以追求终极真理为目标的认识过程论；他们猛烈地并从多侧面、多层次攻击了现代教学论作为前提性认识基石的知识观，从而使整个“大厦”出现倾倒之势。但是，后现代观所普遍存有的过度批判、怀疑、解构以及对不确定性、偶然性等方面的过度推崇，在给人巨大震动和兴奋的同时，也让人感到其存在着偏激和否定性弥漫化的问题，而且还使其自身也缺失了存在的根基，削弱了变革现实教育世界的作用力和可能性。就我国目前状态看，一些课程改革的先行学校，相当多的是把这些观点体现在新创设的“研究性”课程和“综合实践”课程的教学中，而学科课程的教学还是采取较稳妥的传统方法，以确保改革背景下的升学率“万无一失”。

以上十分概括且个人化的述评，大致勾勒并表达了“新基础教育”研究对已有多种教学观所提供的理论资源及其对中国学校教育实践（历史的、现实的）主要影响的认识和评价。这对明晰我们研究的立场和追求目标是必不可少的。还需要再做提炼的是：透过不同的观点与答案，寻找出共同的、反复讨论的问题。正是这类问题构成了教学过程研究的框架，也是我们必须探究和作答的问题。经过初步分析和对教学实践的长期研究、观察，我们认为主要问题有三：

第一，如何认识教学过程不可取代的基本任务？

---

① 较集中反映后现代课程与教学观的著作有：多尔．后现代课程观．北京：教育科学出版社，2000；石中英．知识转型与教育改革．北京：教育科学出版社，2001．它们对后现代知识观问题做了较集中和系统的研究。有关后现代哲学、社会学理论的著作很多，在此不一一列举。

第二，如何认识教学过程中不可缺失的基本元素及其内在关系结构？

第三，如何认识教学过程展开、行进的独特内在逻辑？

三个问题的内在关联和指向，又可以合成一个大问题，即如何认识教学过程的特殊性。教学过程作为学校为实现教育目标而进行的一种人为活动，是由被策划者认识了的人类需要所造就的，对教学过程的研究就是对有效实现这些需要的活动构建的合理性认识。因此，“如何认识”就成为我们对教学过程提问的基本方式。下面，就这三个问题谈一些我们至今为止的基本认识，这些认识也是“新基础教育”研究在课堂教学改革实践中努力创建的新质。

二

如何认识教学过程不可取代的基本任务？在我看来，这个问题说到底，是“日常情境中的学习成长”与“教学过程中的学习成长”的关系问题。

众所周知，“日常情境中的学习成长”是自古至今每个人都有的，与生命、人类经历共存的学习成长方式。人类之所以在有了这种凡人皆有、无可剥夺的学习成长方式以后，还创造了专为儿童学习成长服务的学校机构及教学活动，是因为人类社会随着自身的发展，又创造了一个以符号及其运作方式为表征和形式构成的精神文化世界。粗略地说，精神文化世界就其内容而言，最初只是人对实体、经验世界的一种记载和表达，而后随着人类社会的分工以及对世界、自我认识的丰富化和系统化，逐渐形成了当今我们称为科学、哲学、艺术、技术等多种符号和体系构成的丰富的学科世界；就其功能而言，最初只是一种独特的符号记载方式，而后，借助于专门的学习与教育，又成为代际流传和掌握者之间相互交流和研究所必需的基本工具。然而，精神文化世界最重要的功能是特有的双重开发功能：一是对不断满足人类丰富多样需要和社会发展的人类实践的开发功能，二是对每一个学习者精神世界和创造潜力的开发功能。正是这两种功能，使精神文化世界对人类和个人具有了重要的、不可缺失的发展性价值，而且，也使其与现实生活世界之间建构起双向多重的交互作用和彼此创生的关系，使人类两个独特的、创造而生的世界的发展，具有了源源不断的内动力。由此，我们也可以清楚地看到，学校教学与精神文化世界的逆向关系，它虽应人类学习无法直接从日常生活世界中学到的精神文化产品的需要而生，但又具有为精神文化世界的延续、发展提供新“人源”的重要任务。随着精神文化世界的创造日益以各种方式渗透、转换到现实世界，并不断地创造新的现实世界，人类对学校教育的需求，已经超出了上述精神文化世界需求的范围，且日益普遍、日益提高。今日，基础性的学校教育已成为许多国家一切社会成员进入职业岗位的必要条件，成为每个儿童人生历程中不可缺失的组成部分。而专门意义上的学习，也将越来越成为人终身发展的需要。对于儿童而言，这样的学习活动，在今日的学校，主要还是通过以“课”的方式进行的教学过程来完成的。

然而，不管人类社会对教育的需求达到怎样普遍化的程度，不管学校教学、课程的具体内容怎样不断地随时代发展而变化，作为“教学过程中的学习成长”所面临的基本任务的性质，不同于“日常情境中的学习成长”的性质，这一点不变，那是进入符号抽象意义的精神文化世界所必需的学习与通过日常生活实践获得现实世界生存经验意义的学习之区别。如果没有这样的性质区别，那么，学校教学这种专门的、人为的学习方式就失去存在的根基。也许，这就是人类教育史上曾屡次出现的学校教学回归生活世界，或以生活世界的学习方式组织学校教学的思潮和实践，都不能持续长久的重要原因之一。

但是，我们并不能因此得出人们对教学基本任务的认识没有变的结论，也不能认为教学任务与人类和儿童的经验世界无关。在传统的教学观和教学实践中，教学任务被直接规定为传递人类社会所积累的系统的文化知识和形成学习知识的技能、技巧，把教学过程简化为教师讲授、学生以记忆和练习为主的被动接受过程。它忽视了文化知识与人类及儿童经验世界的丰富关联。杜威的现代教学观批判了上述观点，提出了知识不是商品，不能直接地从一个人手里传到另一个人手里；教学应实现对儿童的经验改造的任务，主张从儿童的经验出发，通过丰富、扩展儿童直接经验的方式来学习人类文化知识，并最终走向对科学知识的系统掌握；关注到在儿童身上通过教学来实现两个不同形态和意义世界之间的联系与转换。这是杜威较之传统教学观的深刻之处，也是他对教学任务认识深化的贡献之处。但是以“儿童经验改造”为中心的任务观和强调学校生活应像他（指儿童）“在家庭里，在邻里间，在运动场上所经历的生活那样”生气勃勃，“应当采取和继续儿童在家庭里已经熟悉的活动”等有关学校教学的实践性主张[①]，带来的后果是对学科系统知识在教学过程中独特地位和育人价值的削弱，最终也难以实现有效到达“终点”的愿望。后现代主义在知识论上的批判，确实对人具有振聋发聩的意义，但如若以此作为依据，把教学的主要任务定位为让儿童去怀疑、批判已有知识，自己去发现、探索知识，以实现解放儿童、发挥儿童的主动性、开发

---

① 赵祥麟，王承绪．杜威教育论著选．上海：华东师范大学出版社，1981：4.

儿童创造潜能的美好目标，这未免又高估了儿童研究、创造的可能性，忽视了作为成长期儿童的身心发展特点，从另一个角度削弱或否定了人类已有精神文化财富对于儿童发展所不可取代的价值。

在上述分析的基础上，立足于“新基础教育”课堂教学价值观①在教学过程中的实现，我们把教学过程的基本任务定位为：使学生努力学会不断地、从不同方面丰富自己的经验世界，努力学会实现个人的经验世界与社会共有的“精神文化世界”的沟通和富有创造性的转换；逐渐完成个人精神世界对社会共有精神财富富有个性化和创生性的占有；充分发挥人类创造的文化、科学对学生“主动、健康发展”的教育价值。

这一教学过程任务的定位，表达了我们对教学过程中必然出现的两个“世界”的多重变换关系的认识，对如何教学式地处理这些关系的基本立场，以及教学需要完成的任务与目标的要求。尚需进一步略做说明的是，关于学生对社会共有精神财富的“个性化和创生性的占有”这一要求，其中，“个性化”是指个人的动机、需要、基础、兴趣、特长、倾向性、学习的风格和思维方式等因素的组合，使每个人从共有精神财富中获取的内容、方式都带有个人的选择和特征，并形成其个人精神世界的特质和促进个性的丰富化与发展。提出这一点是为了强调“两个世界”的转换不是千篇一律的过程，也不是要求通过教学培养出“统一的标准化”学生。“创生性”包括两方面的含义：第一，创生性的“占有”过程，对于学生的发展具有生成的意义，它不仅表现在丰富、形成和发展了学生的内在精神世界，培养了各种能力和加速社会化的进程，而且表现在学生对自我的期望、信心和发展意识、策略等方面的提升；第二，创生性的占有是学生创造能力的开发、生成和积聚，以及对创造性活动的理解和体验过程，它不是知识的灌输与简单积累，而是用科学、文化内含的创造力，去激发、促进学生个体生命创造力的发展过程。

三

教师、学生、教学内容是课堂教学不可缺失的三个基本元素，这可以说已经是不争的共识。有关“元素”问题上的争论，主要是在上述三元素之外，还有哪些也应列入元素之中，如教学方法、教学手段、教学技术等。无疑，这些都是课堂教学的构成因素，但在笔者看来，这些构成要素在教学过程中所处的地位与前

① 叶澜．重建课堂教学价值观. 教育研究，2002（5）.

三者不同。教师、学生、教学内容作为不可缺失的基本元素是基质性也是原初性的要素，它们在学校教学萌芽状态时就已存在，并内含着现代课堂教学中逐渐独立出来的其他要素。其他被提到的一些要素则是服务于教师与学生的教学活动，是由教师、学生选择而进入教学过程，在一定意义上也受制于教学内容的性质和相对于学生而言的难易及熟悉程度。概而言之，这些因素在教学中的形成与作用的发挥，服务并受控于前列基本元素，它们是一些派生性的、居于第二个层面的要素。可能，一些强调现代技术手段在当代教育中的重要性，甚至认为教育技术手段的运用将部分或全部代替教师的作用，完全改变课堂教学形态的论者会不同意这个观点。但我依然认为教学技术再发达，教师在课堂教学中的基质性并不会变，变的可能只是其存在形态，教师可以把自己对教学的理解和设计，用自制课件的方式先制作好，或者采用他人制作的课件，但这些课件扮演的角色依然是教师。何况，就是有课件，依然不能代替教师在课堂教学过程中的作用。如果课件只被学生独立学习采用，不需要任何老师介入，那么，此时学生在进行的是学习活动，而不是师生共在意义上的课堂教学。尽管这种学习对学生来说是可能的、必要的，甚至重要的，但这已经溢出本文讨论的“课堂教学”范围，反驳所列举的理由也就无效了。

由此可以引申出一个常见观点。为了反对或改变传统教学中强调教师中心、教材中心，把教师的“教”看作“教学”的观点与实践方式，有些论者就反其道而行之，突出教学中学生的主体与中心地位，主张教师只要把学生如何学的原理弄清楚了，就可以按学习的原理进行教学了。这实际上又把教师放在附属于学生的地位，让“教”围着“学”转。在实践中也出现过按照学生想学什么就教什么，让学生自己选择学什么和如何学的改革试验，实行撤销讲台、让教师站到教室后面去等构成强烈对比、鲜明可见的改革行为。尽管其批判的问题确实存在，改革的愿望与尝试十分努力，也引起了教学中被长期忽视的学习理论的研究与运用等具有积极意义的影响。但我认为，这一观点或行为在方法论上依然没有跳出传统教学过程观的思维方式。应该看到，传统教学过程观已经提出了“教学过程一方面包括教师的活动（教），同时也包括学生的活动（学）。教学是同一个过程的两个方面，彼此不可分割地联系着”①。这一观点表面看来无可挑剔，也挺“辩证”，但从紧接着的“在教学过程中，教师起主导作用”② 一句话中，就补充道出了传统教学观是以决定与被决定、主导与被导的思维方式来认识教学中“教”

①② 凯洛夫．教育学．陈侠，朱智贤，等译．北京：人民教育出版社，1957：130－221.

与“学”的关系性质的。所以，只要我们还在讨论“教”与“学”谁决定谁，或者究竟谁是主导，那么，我们就在本质上还没有跳出传统教学过程观的认识框架。

实际上，我们已进入了对教学过程中基本元素之间，其难点与关键是师生之间内在关系的讨论，意识到要跳出传统教学过程观的认识框架，用另一种方式提出问题。这种方式在 20 世纪 80 年代始在国内教育理论界的讨论中凸显，那就是教学过程中的主客体关系和主体性的讨论①。我也曾在“教育”的范围内（教学内含其中）提出过教育者与受教育者“互为主客体”和三个基本要素关系的“主客体复合性”② 的观点。其讨论的重点放在如何理解“复合”上。当时我已意识到三者关系的论述，不能满足于“一方”“另一方”式的分析，还要寻求其统合，要从教与学是不可分割的角度，去认识作为整体的教学过程要素的内在关系。今天回过头看这一观点的阐述方式，还未完全摆脱自己试图摆脱的思维方式，还没有把握这种复合关系的实质。此后，我又逐渐认识到：教育中的师生关系不能以“人”与“物”在实践中的主、客体关系模式来认识，否则，就会陷入把“一方”当作“物”来操作的危险。于是，我改变参照模式，以“人”与“人”之间在实践中的交往，即主体间性的模式来认识，提出了在一定意义上，教育是人类的特殊交往活动的观点③。但应该说当时对这一特殊性的认识还只是通过逻辑推理得出的，并没有深层的思考，也没有改革实践的支撑。是在“新基础教育”研究深入学校与教师一起改革课堂教学的过程中，在上千节课的观察和研究中，我深切地感受到，在确认“教师主导”的前提下开展的课堂教学，学生最多只能有一个按教育要求和沿着事先确定的“行进路线”主动学习的资格与权利，而不可能有教学作为复合过程意义上的主体地位和主动参与权，不可能完全摆脱“物”的地位。我们认为，要使师生在教学过程中真正建立起特殊的“人-人”关系，就要把师生的教学活动当作不可剥离、相互锁定的有机整体，就要把教学过程看作师生为实现教学任务和目的，围绕教学内容，共同参与，通过对话、沟通和合作活动，产生交互影响，以动态生成的方式推进教学活动的过程。它不是“学”围绕着“教”，或“教”围绕着“学”的天体运行中行星与卫星式的关系，也不是“一方面”与“另一方面”的平面构成关系。教学过程中师生的内在关系是教学

① 有关这一问题讨论的主要观点可参阅：瞿葆奎，钱景舫．社会科学争鸣大系：教育学卷．上海：上海人民出版社，1992：239－244；瞿葆奎，郑金洲．教育基本理论之研究（1978—1995)．福州：福建教育出版社，1998：482－484.

② 叶澜．教育概论．北京：人民教育出版社，1991：12－15.

③ 叶澜．新编教育学教程．上海：华东师范大学出版社，1991：31－32. 尚需说明的是《教育概论》与此书同年由两个出版社出版，但《教育概论》形成和交稿都在先，所以本文中有“此后”之说。

过程创造主体之间的交往（对话、合作、沟通）关系，这种关系是在教学过程的动态生成中得以展开和实现的。

四

根据上述对教学过程价值、任务和基本元素及关系等方面的理解，“新基础教育”的学校教学“研究性改革实践”在对每一堂研究课的反思、评析，找出传统教学观的消极影响和教师对教学过程真实理解的同时，努力尝试课堂教学展开过程的重建，并逐渐形成对有利于学生主动发展的课堂教学过程展开的内在逻辑的认识，这是一个改革实践与理论的双重重建过程。

改革的第一步是从“还”字做起的。课题组向试验老师提出了“把课堂还给学生，让课堂充满生命气息”的要求，其目的是要改变教学过程中，大多数学生大量时间不是听老师讲，就是听老师与其他同学一问一答的被动“听”课的局面，要求教师在课堂上努力为每个学生主动参与教学提供广泛的可能性。我们的认识是，新的教学过程的形成，首先必须让学生的内在能量释放出来，让他们在课堂上“活”起来，从原有的静听模式中走出来。如果没有学生的主动参与，就缺乏重建过程的基质。而学生能不能“活”起来，在改革的初期，则取决于教师愿不愿、敢不敢“放”和“还”，变不变自己习惯的教学方式。为了使起始阶段不至于让老师感到无从着手，也为了认识学生“主动”起来所需要的条件及因此而需要改变的课堂教学的组织方式，课题组又着重研究了“如何还”的问题。经过一个阶段的实践摸索，向教师提出了还主动学习的“时间”（要求每节课至少有 1/3 的时间让学生主动学习，并逐渐向 2/3 过渡，压缩课堂上教师讲授和指定个别学生的一问一答所占用的时间）、“空间”（允许学生在学习过程中根据需要变动位置和朝向，不是固定在一个位置上）、“工具”（不只是指学具，主要指教学内容结构化，教会学生学习结构及掌握、运用结构，主动、独立学习）、“提问权”（让学生在预习、独立思考基础上提出自己想问的各种性质和类型的问题）和“评议权”（包括自评与评他、发表感受、提意见、表扬和建议）等“五个还”，提出了根据学生主动学习的需要，灵活运用多种课堂教学组织方式（主要新增了个别学习、对组学习、小组学习、大组讨论、游戏、表演等）的有机组合①的建议和要求，并鼓励教师大胆、积极地创造新的实践与经验。

---

① 叶澜．“新基础教育”探索性研究报告集．上海：上海三联书店，1999：34－42．

试验第一阶段结果表明，以上一系列措施，确实对解放学生、活跃课堂起了推进作用，学生的学习积极性、对课堂的情感态度发生了上升性的变化，每个班级都出现了一批在课堂上主动性强和发展水平明显变化的学生，他们成为课堂教学过程重建的新的生力军。然而这一变化给那些敢于并积极迈出第一步的教师提出了新的挑战。老师们在为学生解放出能量惊喜的同时，面对一个“活”起来的课堂，又产生了许多新的问题与顾虑。概括地说主要有：学生活起来了，课堂纪律松懈怎么办？时间还给了学生，学生爱发表意见，教学进度完不成怎么办？面对学生的各种问题和意见，教师怎么办？学生的活跃会不会带来基础知识掌握和基本技能水平的下降？由于基础和主动投入程度的差异，学生间的差距显得更大了怎么办？社会、上级领导对教学的评价依然以分数为主怎么办？等等。一系列的“怎么办”，反映了教师在积极地感受和思考改变了的课堂，他们已经不再是简单地按各种常规和自己形成的惯习教学，这是十分可喜的变化。同时，也反映了教师还没有把握住“五个还”的内在联系和实质，还没有形成在新情境下与学生应对合作、共同推进教学过程的策略，也没有从传统教学过程观的系列框架中完全走出来。在听课过程中，课题组成员也察觉到在“五个还”和多种教学组织方式的灵活运用中，还存在着不少为“还”而“还”的形式主义倾向。更值得引起思考的现象是：教师对教学行进过程中，因学生思维活跃以后迸发出的教案、教材外的资源，缺乏敏感性和重组的能力，他们在实践着“还”，心里想着的却还是教案和教材的落实，还不能把“还”当作教学真实有效的必要措施和教学过程不可缺少的重要组成部分。面对着活跃的学生，想着还没有落实的教案；“还”是为了改革，“教案”是为了保证考试成绩，无法把这两方面通过重组统一起来。这是走出第一步以后的教师通常会遭遇的尴尬，如果这些问题不解决，“还”是不能长久的，为了这些放不下心的“怎么办”，为了“保险”起见，教师还会回到习惯的老路上去。

改革在这样的背景下迈出了第二步，研究和实践的主题是：怎样在课堂教学过程中实现师生积极、有效和高质量的多向互动？也就是说，以“还”为基础，向上跨一个台阶，达到“多向互动”。这里的多向，包括教师与全体、部分或个别学生之间不同性质的互动，也包括学生个体间、个体与小组或全班、小组与小组间多边式和不同性质的互动。对这种互动的要求不仅是关注“积极”，更要把握住有效（相对于形式的“动”、不产生实际效果和交互推进教学作用的“动”）和高质量（不仅是学科的基础性知识、能力要达标，还要争取实现各班、各人不同的比初始状态高的成绩，更要提高教学从多方面促进每个学生主动发展的质量）。

在第二步的改革研究中，我们主要从三个方面要求和帮助教师实现改革的目标：一是加强课前“教学设计”[①] 的研究力度，使教师在设计中就有“结构”意识和形成“弹性化”方案，思考师生活动的合理配置与目标，用新的设计去支撑新教学过程的构建。要求教师对自己设计的方案、思路、目标、过程在课前就娴熟于心。二是在上课时，教师要学会倾听，把注意力主要放在学生身上，要学会及时做出合适的应答（包括评价、追问、启发、判断、组织等），通过多向交互作用，推进教学过程。三是加强课后的反思与研究，以“积极”“有效”“高质量”为标准，结合自己在教学中的真实体验来进行。这些要求都是为了使教师通过自己每天进行的教学实践，形成和提升因新教学过程改革而产生的，一种过去不被强调的教学能力——不断捕捉、判断、重组课堂教学中从学生那里涌现出来的各种各类信息，推进教学过程在具体情境中的动态生成，最终使教师每天进行的教学实践都成为研究性的改革实践，成为提升教师专业水平的实践，成为使教师能感受自己作为课堂教学创造者的尊严与欢乐的实践。

上述探索使我们形成了两个关于教学过程如何动态生成的重要的新认识。首先，在教学过程中，教师不仅要把学生看作“对象”“主体”，还要看作教学“资源”的重要构成者和生成者。学生进入教学的初始状态，是教学能否对学生发展起真实、有效作用的基础性资源，也是课堂上师生交互作用的起点；学生在课堂活动中的状态，包括他们的学习兴趣、积极性、注意力、学习方法与思维方式、合作能力与质量，发表的意见、建议、观点，提出的问题与争论乃至错误的回答等等，无论是以言语，还是以行为、情绪的方式表达，都是教学过程中的生成性资源；学生通过教学后呈现的变化状态，则是评价性资源和下一个教学过程的基础性资源。有了这种“活资源”的意识，教师才会在课前、课中和课后，把自己的心思不只是放在教材、教参和教案上，而是努力放在研究学生、倾听学生、发现学生上，才会不把学生在课堂中的活动、回答看作一种对教师教的配合，而是看作对教的过程的积极参与和教学过程创生的不可缺少的重要组成部分，才会把学生当作课堂教学的共同创造者。其次，教师在教学过程中的角色，不仅是知识的“呈现者”、对话的“提问者”、学习的“指导者”、学业的“评价者”、纪律的“管理者”，更重要的是课堂教学过程中呈现出信息的“重组者”。学生动起来了，

---

① 叶澜．重建课堂教学价值观．教育研究，2002（5）．

绝对不意味着教师无事可做了，而是意味着教师要在收集、处理这些信息的水平上，做只有、也应该由教师来完成的更高水平的“动”，通过教师这一层面的“动”，形成新的、又具有连续性的兴奋点和教学步骤，使教学过程真正呈现出动态生成的创生性质。要知道绝不是学生的主动活动就能自发推进教学过程，没有教师这个“重组者”角色的重要作用的主动发挥，就不能有高质量、有效的互动，学生将可能变成一团散沙，教学也失去它的意义。

试验教师在第二阶段的改革研究中表现出了很高的热情、智慧和创造力，新的课堂教学形态正是在他们共同的努力创造中，逐渐清晰、通畅地呈现出特有的品质。优秀试验教师的创造，通过学校、学区、区教育局、课题组举行的多次定期和不定期的现场研讨，一方面传播开来，给进入试验的其他教师创造的信心和启发，另一方面也促进了创造者的发展，催生了新的更高要求。

对于课题组来说，教师的创造不仅给我们带来鼓舞和信心，同时，也为我们提供了认识“多向互动、动态生成”式教学过程的内在展开逻辑：（1）通过开放式的问题、情境、活动，要求学生联系自己的经验、体验、问题、想法或预习时收集的信息，进行多种方式的交流，开发学生的“原始资源”，实现课堂教学过程中的资源生成；（2）教师在初步汇集资源的基础上，生成与教学内容相关的新问题“生长元”；（3）通过网络式的生生、师生多向互动，形成对“生长元”多解的“方案性资源”；（4）教师汇集不同的方案性资源，组织学生一起进行讨论、比较、评价、互补、修正，形成较不同方案性资源更为丰富、综合、完善的新认识，并引出新的开放性问题。以上四个连续的过程是一个相对较完整的课堂教学过程的展开逻辑环。在一节课上这一教学展开逻辑环可以根据实际情况简化。它可以占满整个一节课，也可以超过一节课，还可以在一节课上有两次或三次呈现。总之，这不是根本性的，更重要的是教师对这一展开逻辑环内涵和意义的理解，并结合自己的教学实践具体构建。

目前，“新基础教育”的教学改革，已进入以初步形成的“多向互动、动态生成”式的课堂教学过程内在展开逻辑，去创造不同学科、不同年级、更多的新型的课，逐渐形成结合学科和年级的新型课的类型系列，以提高每个试验教师重建教学过程的自觉性、结合自己的实际进行教学创造的自觉性的第三阶段。我们相信，只要持续不懈地采用理论与实践双重探索、相互推进的研究策略，只要全体研究人员、试验人员坚持走学习、批判、实践、反思、重建、再学习的创造革新之路，我们就能重建起21世纪“新基础教育”的富有生命活力的新课堂教学，并在重建过程中使师生真正感受作为课的共同创造者的欢乐，提升师生在课堂教学中的生命质量。

本文根据叶澜教授2001在上海市闵行区举行的“新基础教育”研究报告会上所做讲演整理而成，经叶澜教授修改，定稿。后发表于《教育研究》2002年第10期。本文2004年获上海市第七届哲学社会科学优秀成果奖论文类二等奖。

课堂教学过程再认识：功夫重在论外

一、为何提出“再认识”

自21世纪最初10年中期始，我国教育界有关课堂教学改革的研究与讨论，出现了又一次热潮。与20世纪90年代中期始的第一次热潮相比，这次至少有三大不同。一是研究背景变化。经过近10年课程改革（简称“课改”），不少研究者以课改的一些理念和标准，作为立论的或前提、或基础、或出发点，尽管有关课改的争辩至今仍不绝于耳①。这些立论者大多是把课堂教学改革看作课程改革本身之内的，或是其延伸。二是研究主体变化。参加讨论的不仅有教育学、课程或教学论的理论研究者，还有大量来自学校领导教学改革的校长和一线的教师，地方教科所和教研室的研究员、教研员。三是研究的重心已由批判转向重建。三大变化带来了纷繁的观点和大量加以冠名的课堂教学新模式。这至少表明以教师单向传递为主的课堂教学单一模式已被打破，新的尝试在积极开展。本人在做了相当长一段时间、尽管远未穷尽但也可称“河量”的阅读后，发现诸多的论述可达成一致的认识很有限，如大部分论者都认同课堂教学在学校工作和对学生发展的重要性，都认为有改革的必要。但这一点除了在“文化大革命”期间被彻底否定，在激进的学校取消论者、力图用虚拟课堂取代真实课堂的技术至上主义者那里被不屑一顾之外，大多数人还是当作常识来接受的。除此之外，还可以称为共识的是有关课堂教学的构成因素，诸如教师、学生、教学内容，有的还加上教学环境、技术手段、方法等。但一论及这些因素的相互关系，分歧马上出现而且还常见截然相反的观点，不过在思想方法上，决定论的痕迹却用不同的方式多少保留。在实践一线提供的诸多模式中，也确有一些切合此时、此地、此校的，基于经验的提炼，使人耳目一新，引起更多深思的研究成果。但跟风、简单模仿、关注模式命名的新鲜而少实质改进的也为数不少。

---

① 张斌贤，楼世洲．当代中国教育学术思想史（1949—2009）．北京：中国社会科学出版社，2011：285－318.

这些状况出现在今天并不奇怪，它是改革转型时期不同领域进入新阶段时都有的现象，教育只是更烈而已。但教育却是最耽搁不起的领域，学生一年年在长大，在学校度过的每一天、每一堂课都不能重来。我相信，所有珍爱生命价值的人，尤其是懂得青少年生命对于民族未来和个人一生之意义的教育者，都会急切地期望或努力去改变学校教育、课堂教学中不尽如人意的现实。因此，当前我们需要反思上述课堂教学改革研究与实践的现状，努力从繁杂的丰富中汲取营养，正本清源，在突破、超越的基础上，形成具有质性更新意义上的新系统、新秩序。尽管它不会完美无缺，也会被更合理的系统代替。但是，针对今日现实之发展来说，迈出这一步是必需的。对于未来之新突破来说，它同样是必需的。事物的发展总是在无序-有序的不同层次转换中实现，而不是从无序到更无序。事实上，不少论者已经开展了这种性质的研究①。本文只是试图就课堂教学过程改革的性质，从前提性认识入手，再落脚于目前讨论颇多，又与教师教学实践关系密切，且具有全息性、综合性的教学过程的预设与生成的关系问题，做相对深入的讨论。

二、课堂教学性质再认识

仔细阅读和细究当前有关课堂教学过程认识的分歧可以看出，具体结论或模式分歧，是由前提性认识不同而造成的。人们往往关注了显性的前者，忽视了内在的后者。然而，更具有决定性意义的正是后者。有关课堂教学过程的前提性认识，本人认为主要有两个：课堂教学的性质和课堂教学构成因素的内在关系。因为我们研究的是课堂教学的过程，逻辑学意义的上位概念是教学。课堂教学的性质，在教学性质规定之内；其特殊性则由其构成而生。这是两个前提问题的关联所在。

两个问题都不是新问题，而是教学论研究领域里的基本问题。然而正因其基

---

① 如：裴娣娜．教育创新与学校课堂教学改革论纲．中国教育学刊，2012（2）；卢尚建．我国有效教学研究十年：回顾与反思．西北师范大学学报，2009（5）；吴永军．关于有效教学的再认识．课程·教材·教法，2011（7）；余文森．有效教学三大内涵及其意义．中国教育学刊，2012（5）；李泽林．教学“活动论”研究现状与反思．当代教育与文化，2012（5）；张广君．生成论教学哲学的核心观点．当代教育与文化，2012（2）；罗祖兵．生成性思维及其教学意蕴．当代教育与文化，2011（3）；程良宏．生成性教学技术主义倾向批判．全球教育展望，2012（5）；吉标．“知识导向”教学论研究的反思与超越．课程·教材·教法，2012（2）；等等。此外还有一些专著和《中国教育报》上刊登的大量各种课堂教学模式的介绍，在此不一一列举。

本，故经常被提及，尤其在寻求相关领域认识的整体性突破时，更要回到基本，并针对已有的认识做再认识。在教育学的发展史上，赫尔巴特形成的教学论与杜威的翻转式再认识是一个典型。今天我们的任务，恐怕不是两者择一式的站队，而是应在分析双方立论的基点、观点的异同，以及何以会如此的原因基础上，即反思性批判的基础上，以人类当代的认识成果为资源，以回应时代发展提出的新问题与挑战为己任，去发现当前认识的局限与实存的问题；通过深入实践，去创造和经历思想观念转化为实践的真实改革过程；进而形成关于上述两个问题的再认识。本人将此称作"功夫重在论外"。如此再认识如若能形成，它将不止是内含逻辑和理性的力量，传统的再生和当代哲学、科学成果整合的力量，而且内含着实践的力量；它将不止停留在学者层面的学术研究，或者仅仅满足于具有自圆其说、自我认同的真理性，相互间却不做沟通或各执其是、难以形成新的视界和具有相对客观性的共识，推进教学理论与改革实践的发展。我赞同马克思的观点："人的思维是否具有客观的［gegenständliche］真理性，这不是一个理论的问题，而是一个**实践的**问题。人应该在实践中证明自己思维的真理性，即自己思维的现实性和力量，自己思维的此岸性。"① 尽管要达到这样的再认识，需要信念、智慧和持续的付出、长期的积累，需要自觉反思，包括自我超越。但只要认同这一努力的必要、价值和可行性，我们就可以心向往之，力践行之，一步步踏实地走向目标。

课堂教学的性质判断，我认为须分两个层次来讨论。第一个层次要明确教学作为学校教育核心领域的实践活动之特殊性。一方面将它区别于学校其他领域的活动，如以形成有助于每个学生个性发展的学生群体为直接目标的班级工作，以发展学生多方面兴趣、爱好和才能为特征的各种课外活动，以培养学生社会公民意识和能力为中心任务的校外社会活动，以及由学生各类组织为主体开展的综合性校内外活动等。另一方面又需看到学校各类活动的终极目标都应指向每个学生健康、多方面的主动发展，培养出时代需要的新人。课堂教学的特殊性也应在完成这一共同任务中凸显。

以上述"同与不同"为分析框架，我们可区分出人们对教学性质判断的三类不同的分歧。

第一类分歧关涉对学校教育活动终极目标的认识和实际指向。其中最为极端但在学校实际中并不少见的是以提高升学考试成绩为直接标的。他们的共同点是

① 马克思，恩格斯．马克思恩格斯选集：第1卷．3版．北京：人民出版社，2012：137-138.

不在乎除升学考试以外的其他学科的教学，更不在乎其他各类学校教育活动。只要与提高升学考试成绩相关，什么都可以让路。即使是升学考试相关学科的教学，也只是围绕着考什么转。他们往往以人的发展是虚的、软的、眼前看不见的，考试成绩则是实的、硬的、眼前最重要的，考上好学校才是对学生负责，将会让学生终身受益，学校升学率不高无法得到社会认同等为由，理直气壮、心安理得地“狠抓应试”。他们中的多数基本不做，或拿一些被认为无关紧要、表面看来却可热热闹闹的“副科”，用开展什么“节”等等装点改革的门面。他们根深蒂固地认为，改革就是多给学生开展活动，减少他们学习知识和大量练习的时间，课堂教学改革的指向也大致如此，其结果必然降低考试成绩，故万万使不得。不过其中也有一些“佼佼者”会接过改革的一些口号，如“有效教学”等，努力创造提高学生应试成绩的新方法、新模式。显然，这两种表面看来不同的做法在宗旨上没有区别。值得主张教学改革者深思的是：为何这一可谓 20 世纪 90 年代就开始批判，中央文件上也反复提出的改变应试教育、减轻学生负担等要求，讲了 20 年却未见根本或基本变化？除了教育外的多种复杂原因外，就教育理论和教育改革本身对教学的解读上有无偏差？把教学改革与应试对立起来的力量何以如此强大？问题启发我们，当前反思和认识课堂教学性质需要提升到方法论层面。

在终极目标认识方面第二类分歧是将目标的重心限于做事而不及学生的发展，或者认为事做好了就完成了教育人的任务。它不仅在学校实践中，而且在研究中也存在，认为只要解决了操作模式就解决了培养人的问题，认为当前教学改革的主要问题是提高教学效率等观点，基本上也属于这一类型。在此，我并不认为教学不应该提高有效性。问题在于教育及教学的终极目标、价值选择，当前在我国是否在理论上已清晰，在实践中已认同，并转化到日常的教学行为上？在我看来，这一决定教学性质的首要问题不但远未解决，而且就学校教育本身而言，还是阻碍教学改革深入推进的、源自相关理论研究和实践主体内在的、具有根本性的原因。因为任何实践行为都受实践者内在认同的价值目标支配，并根据他对目标与行为内在关系的理解，渗透并体现在实践过程始终，真正认同的价值绝不会只停留在口头上。因为“实践就是行动——而且它还是一种清醒的意识。行动不只是做。人是一种自行动的东西”①。人类行为的特征“是受意图、信念以及符号所调节的。它一方面从信念方面对人类行为提供了一种目的论的解释；另一

① 伽达默尔，杜特．解释学　美学　实践哲学：伽达默尔与杜特对谈录．金惠敏，译．北京：商务印书馆，2005：74.

方面也从目标、意图或愿望方面对人类行为进行了目的论的解释……任何行动的执行总是伴随着人们期望中的某一结果"[①]，"不管主体的行动如何受到一些自变量的影响，我们至少应把主体的行动看成是一个普遍认为的'手段-目的'过程。目的是根源于信念的，手段则是指向目的的"[②]。目的问题的首要性和重要性作为人类实践的一个基本特征，也是人性在人类实践中的具体表现。包括教学在内的教育实践不但不可能例外，而且需要在双重意义上关注：一是提升教师对教育事业、教育改革的价值认识，并在相关实践中自觉完善自我；一是培养、提升学生的生命自觉。这是对教育中人的尊严的培育与维护。

第三类分歧是在认同学校教育终极价值是为学生发展的前提下，因对发展本身内涵的不同理解而生。如有的将发展理解为学生个性的形成；有的定位于德、智、体、美等诸方面发展；有的从人作为经济或其他领域的人力、人才资源的需要出发界定发展；有的赞成联合国教科文组织曾经提出的目标，"使每个人的潜在的才能和能力得到充分的发展"，要求每个人学会认知、学会做事、学会共同生活、学会生存[③]；等等。深入比较讨论这些观点非本文主旨，之所以列举是想表明，对学生发展的理解以及在此基础上提出的教育目的，并不是一清二楚，无须花力气去研究的。当前提出再认识的目的不在于强求统一，而是希望通过比较，发现不同的立场和视角，深究其依据、合理性与可能性，在深入研究的基础上，明确或形成自己关于教育根本目的之观点与表达，并进一步思考确认的目的如何转化成真实教育活动的每个过程，最终化为结果。目前，本人关于教育对人发展价值的认识，并不是从具体有哪些方面着眼，而是指向培养学生健康、主动地实现自我发展的意识、态度与能力。它与列举人之各方面具体发展相比，看似更高但却更具时代适应性并承认个体差异性，因而是更具弹性空间和可实现性的理想，也是更内在于生命发展需要的教育追求之表达。它要求教育培养学生做生命的主人，学会在复杂多变不确定的生存环境中历练、学习、创造、发展，学会做命运的主人。我们把这样的教育宗旨称为——"教天地人事　育生命自觉"[④]。

综上所述，教学的性质首先是由教育活动的宗旨规定的。以促进人的发展为

---

① 谢弗勒．人类的潜能：一项教育哲学的研究．石中英，涂元玲，译．上海：华东师范大学出版社，2006：16－17.

② 同①19.

③ 联合国教科文组织．教育：财富蕴藏其中．联合国教科文组织总部中文科，译．北京：教育科学出版社，1996：70，76－87.

④ 2006年本人首次以《教天地人事　育生命自觉》为题做过公开专题报告，此后又先后三次在不同场合报告过。书面文本待修改完善后公开发表。

终极目标，使包括教学在内的一切教育活动，有别于人类其他的社会实践活动。否认这一点，就背离了教学的性质。

为实现教育宗旨服务，是学校一切活动在一般目的意义上的共同之处，课堂教学并不例外。它们之间的不同之处并不像不少人认为的那样：一些活动与课程服务于德育，另一些则服务于智育或体育、美育。因为学生是活生生的人，不可能被拆开来教育；教育者也是活生生的人，同样不可能在与学生共同进行的不同活动中，只用某一个方面对他们产生影响。上述分而论之、各据一方的观点，是被学校行政分工的方式弄迷了眼。当然，各项活动在具体目标指向上有重点的区别，在活动的组织方式、方法上，都会有自己的独特综合。课堂教学与学校其他活动的最主要差异，是与其活动构成因素中具有人类精神财富的独特教育式组合——学科内容相关，因而使其承有特殊的具体目的与任务，拥有独特的资源与组合，具有独特的形成渠道、活动方式与过程。可见，深入把握教学性质的特殊性，须进入第二个前提性问题的探讨，即课堂教学构成要素内在关系的探讨。

三、课堂教学构成要素及其相互关系再认识

课堂教学构成的基本要素从静态的角度看，不可或缺的是教师、学生和教学内容，最后一项则与相关课程所规定的学科相关①，三者不可缺一。无论是人类历史上相对原始的时期，还是今日社会与科学技术相对发达的阶段，哪怕是在未来更发达的时代，只要称为课堂教学的活动还存在，就不可能没有这三个要素，故在教学论中有课堂教学“铁三角”之称。常有人主张当代课堂教学要素须加上信息技术，因它是当代教学中不可缺少的工具。照此思路，在信息技术发现之前或未在教学中运用之前，教学要素的构成是否也需加上笔、纸、黑板、粉笔等教学工具？今日凡是没有或不应用信息技术的课堂教学，是否就不可称为课堂教学？事实已经证明并非如此。这恰恰说明工具性之物质手段尽管需要，但并不是规定课堂教学能否存在的基本要素，在某种意义上，它只是人自身拥有的表达、交往工具与意愿的延伸，是交往内容之载体，是教学手段可供选择的物质工具。它从属于人的活动，虽能影响活动的方式、方法与效果，但并非决定活动能否存在与开展的要素。强调这点，目的不在于否定信息技术在教学中运用的必要性，但不赞成曾经盛行过、可能现在还有市场的所谓一票否决制，即教师不用信息技

---

① 此处所言的“学科”，是指以课程形态存在的“学科”，而非科学分科意义上的“学科”。

术的课就评为不及格；不赞成把教学改革的关注重心和减负的希望，寄托在信息技术的更新，诸如推广电子书包之类举措上；不赞成把远距离教学的手段用到近距离面对面直接交流的课堂中，变学生举手表达发言愿望的方式为按电子书包的键等做法。技术手段使用的高明在于恰当、必需、有度，而非多多益善、全盘代替。至于认为高明的计算机程序可代替教师、可实现一对一个别教学、可提高教学有效性等观点，恐怕忽视了所谓代替，充其量只是让程序承担部分教的任务，是某些教的要求的信息技术式表达，并不表示因此而教不存在。更何况预设的程序不可能完全应对丰富多变、灵动的课堂情境，不可能处理课堂上随时可能出现、来自每个学生和教师的，唯有处在情境中面对面的人才可能即时读懂的，诸如眼神、表情、肢体等多种多样非语言式的海量信息。总之，计算机读不懂活生生的生动的人，读不懂丰富、行进、变化中的课堂整体与氛围，它最有用武之地的可能是帮助传授和学习知识，巩固练习、形成熟练技巧，提供与教学相关的海量资料，包括一些问题的现成答案，乃至让学生轻轻一按即可复制的小至作文、大至论文等。且不说这样的运用可能产生的不利甚至有害、有碍于学生发展的负能量，即使有积极和可为教师代劳的方面，也远远不是教学所追求的促进人的发展之全部。在一个充斥技术资源和诱惑的时代，我们十分需要在技术工具面前的清醒。教师、学生受技术控制，成为技术附庸的可能并非不存在。这是值得众人，包括教育决策者、领导者，乃至广大教师、学生、家长都引起警觉与深思之事。

课堂教学要素的相互关系在教学开展的过程中形成并构成过程本身。因而从动态的角度看，上述三者关系更为复杂，也更为重要。教学作为人的实践活动，首先受制于人对活动目的之确认与理解，同时因实践的人为构建性，又受其对实践内在机理的认识限制。三要素间关系的探究和揭示，正服务于对教学内在机理的把握。在此，我们着重分析的是教师之教与学生之学的内在关系的性质，它也是关于教学特殊性更深层次的认识，是教学论领域与学校实践从过去到今天一直纷争不息的难题。至于教、学与学科内容的关系，我们将在论述教与学两者的关系中同时涉及，因为无论是教还是学，都不能离开内容进行。

可以说直到今天，相当多的研究者和教师，都还沿用着以确定教与学的位置关系为目的的提问方式：在教学中占支配地位的是教师的教还是学生的学？是以教定学，还是以学定教？是学在先还是教在先？是师为本还是生为本？提问方式在一定的意义上规定了回答的思路和视域。今天，我们若要解开争论不绝的死结，也许首先要问的是，这样的提问方式本身有问题吗？我们还可以怎样提问？

这实际上是要改变提问者的思维方式。

需要指出的是，自20世纪80年代后期以来，尽管上述提问方式没有根本改变，但答案的选择却与传统相反，颠倒之程度越来越强烈。为破教学中存在的以教师传授为主、学生被动接受和听讲的传统，一些改革人士提出了以学为主、为本的主张。近10年来，以学定教、先学后教、以学案代教案、翻转课堂等观点渐成改革潮流。有的提倡，有的跟随，不论在理论研究者的言说文章中，还是在学校的课堂里，都不难听到、看到且花样迭出。不少学生也因此在为学习购书时，不仅买练习册，还买教师用的教学参考书，这些也成了学生“先学”的好帮手。这样的“翻转”也确实使课堂教学在面貌上出现了一些改观，然而，且不说如此是否实现了课改，减轻了学生的负担，达到了教学促进学生发展的根本目标，仅就其对教与学关系的认识来看，并没有突破主次、本末、先后“排序”论的思维方式。不仅如此，还引出了把教学简化为学习的观点，其立论的逻辑大致如下：教学的最终目的是为学生的学，教学的效果最终体现在学生是否学到、学会，所以教学应以学生为本；学生是学习的主体，不能由别人代替，所以学生是教学的主体；教师的教应根据学生的学来进行，所以要以学定教、先学后教；教师在教学中与学生组成的是学习共同体，教师在其中的角色是服务者、帮助者与促进者，或称平等中的首席，最多是教学的主导者，而绝不是教学的主体，因而在教学中师生的地位关系是“学生主体、教师主导”①。

上述立论、推论和结论的合理性，实有必要做一番认真的推敲。不只是因为它被广泛宣传且在实践中以改革的名义流行，还因为深入的追问，有助于进一步认识教学构成内部的关系性质；有助于思维的警觉：在何处，相关但不同的概念或观点之间不能画等号，不能顺势推演，不然就会出现差之毫厘、失之千里的局面；有助于我们在思考教学，乃至一切教育问题时，养成严谨的态度、敬畏的心态、反思的习惯和因承担责任而有如履薄冰的感受。教育、教学及其改革，都远比我们想象的要复杂、艰难得多！谁都无权轻慢。

首先论及的是：不能因教学的目的与结果都指向学生，就得出教学要以学生为本的结论，何况其中“为本”所指是什么并未说明。如果指以学生发展为根本目的或任务，前后两句话是同义反复，不构成推理关系，也无意义推进。如若是指根据教学目的、结果的性质，就可推出教学活动之组成是以学生的学习活动为本，那么至少这个依据不完全，也不充分。我们即使以构成论的思维方式来看，

---

① 以上所列四类观点，并非专指某篇文章，也非无中生有，而是在多篇文章阅读后概括形成。故不一一引用。本文分析只针对观点，不针对具体文章。

“教学”这个合词，也是指由教师的教与学生的学两类活动结合组成，教师的教承担着使人类创造的科学文化、精神财富世代相继和发展的重任，不是学生的学习能代替的任务；双方及其活动的关系性质，也不是主次，谁依附谁，而是缺一就不可称其为教学。可见，我们既不能从目的直接推论出活动组成以什么为主，也不足以从教学活动组成的意义上得出教与学主次的区分，将教学归化为学习活动。这里已经出现了起点意义上的差之毫厘，后续的一系列推论则必走向失之千里：从教学以学生为主体、以学习为本这一并不充分的前提出发，得出以学定教、先学后教等排序式的教与学关系性质等结论自然不难了。至于“学生主体、教师主导”式的表达，最多只说了论者所认同的教与学各自的地位。它看似全面，却未涉及双方的内在关系判断，看不出它对教学活动中教与学关系性质的认识推进有何价值。上述分析表明，判断出问题的关键在于：立论者为强调学生作为学习主体的不可替代性这一无疑的前提，却未做深究地将此前提轻松转变为学生是教学主体之结论了。

很明显，在持这一观点的论者那里，“学习”与“教学”几乎是同义词。是的，教学活动中必然内含着大量主动的或是被动的，个人的或是小组的学习活动，但无论其中的量有多大，种类有多少，或者学生的主动性有多强，都不同于课堂教学之外的其他学习活动。即使是在课堂教学之内的学生的学习活动，也不等同于教学活动。学习与教学两个一向有明显区别的概念，何以如今在一些论者和行者那里，可如此轻易地替代呢？除了求改革变化的心切和思想方法、思维严密性等主体因素之外，受西方“教育科学-课程论”范式①及心理学的“学习理论”“后现代”思潮等诸方面的影响，也是一个不可忽视的原因。仔细阅读相关论文，不难找出蛛丝马迹。

用回顾本人关于教育活动中教师的教与学生的学之关系认识的变化过程的方式，同时表明自己对有关问题的研究和目前达到的认识，不仅为讨论问题本身，而且意在用自己对观点改变过程的体验，表明研究者本人形成不断反思、再认识的自觉，对于认识的深化是不可缺的。个体认识的变化，不仅与时代、社会、教育改革的变化相关，与具体生境的变化相关，与理论研究不断深化所带来的视界变化相关，更直接与每个人的研究实践、生命经历与体验的变化相关。任何观点都是特定认识者在特定阶段的内在体验与认识的表达。找出一个人观点变化的踪迹，是学术自我反思，也是再迈出学术重建步伐的需要。

---

① 王飞．德国“教育学-教学论”范式与美国“教育科学-课程论”范式的比较研究．清华大学教育研究，2012（2）.

最初，我从教育作为人类特殊的社会实践活动之立场出发，将凡实践活动必有主体与客体之分作为前提，以努力寻找教育实践活动之主体与客体构成的特殊性作为中心问题展开探讨。得出的结论是：教师与学生是教育活动（包括教学在内）的复合主体，双方在各自承担的不同活动中又互为主客体，教育活动的另一要素——教育内容则是纯客体。故就教育活动整体而言，无论是主体还是客体，都具有复合性。这是就教育活动主客体构成关系具有特殊的复杂性之判断，我将其称为“主客体多层复合性”①。这一于1991年提出的观点初看来因其不同于主流而属前卫，当时并不被广泛关注，更谈不上广泛认同，但就本人而言确实花了一番功夫才得出，具有相对突破性。然而今天回过头看，其前提局限于构成论的问题很明显。这样说并不表明我认为对教育做构成论式的分析没有必要，而是强调仅停留在这个层面不够，它还未涉及教师与学生作为复合主体在活动中相互作用的特殊性。在同一著作稍后有关教育起源的讨论中我对此做了弥补。提出了不同于当时劳动起源论的“教育形态交往起源说”，特别指出“劳动是‘人’与‘物’的相互作用，教育是‘人’与‘人’的相互作用”②。两种相关但性质不同的活动不能简单等同、替代，教育要找对自己的原型。这是本人对教育性质认识的一个重要转折，此时我已意识到要以交往为参照框架，去认识教育中的“人-人”关系。它虽在我国教育理论界亦属率先提出，不过依然停留在构成论的大框架中，而且未进入对教学活动过程中教师与学生、教与学的交互作用的分析。这一局限性与本人当时的思维方式相关，也与没有深入课堂教学改革实践研究相关。

上述认识的改变是在“新基础教育”研究中，通过理论与实践的交互生成而逐步实现的。新观点集中呈现在2006年出版的《“新基础教育”论》中，主要涉及四个方面：第一，阐明课堂教学目标任务的特殊性在于：实现人类社会群体世代积累而成的、共有的精神文化世界和学生个体精神世界的相互沟通与转换，充分发挥人类创造的文化科学的作用，促进学生主动、健康发展的目标之实现。第二，将“教学”（非教与学两件事的组合）作为一个分析单位，来认识教学过程中师生活动关系的内在不可分割性、相互规定性和交互生成性。论证这一分析单位的转换，是教学过程理论和实践研究走出构成论局限的必要前提。第三，明确提出教学活动的过程是生成过程，要用生成论的思想方法去认识动态的教学过程。构成论不足以揭示这一复杂多变的过程。第四，重建了课堂教学的过程逻

① 叶澜．教育概论．北京：人民教育出版社，1991：10－17；2006：12－19．

② 同①1991：41；2006：43．

辑，指出其基本形态包括有向开放、交互反馈与集聚生成。这三个相互区别又关联的步骤在实践中，既有基本规定性，又具灵活组合的可能①。

这是目前为止本人有关课堂教学过程性质及要素基本关系所达到的认识水平，它形成了从目标任务的重新规定到分析单位的转换、过程性质的界定和活动展开逻辑的揭示等系列观点。这些观点初步勾勒了“生命·实践”教育学在教学论领域内的基本框架，在理论整体上不同于现时国内的流行观点，也完成了一次自我超越意义上的重建。更重要的是，它已成为推进“新基础教育”试验学校课堂教学改革深化和促进教师发展的重要理论力量，呈现出实践生命力。

四、课堂教学过程的预设与生成关系再认识

上述有关课堂教学性质与要素关系的再认识，只有在具体教学过程中才得以真实地体现与展开。只有进入课堂教学过程的具体研究，才有可能从活动本身的角度，形成多元综合、交互生成、全程展开式的相关“事理”认识。正是这一需求，使本文把讨论的重心最终落到课堂教学过程的预设与生成关系的再认识上，此外，也因它是当前教学研究理论界与实践界共同关注，认识上却存在不少分歧，需要通过讨论引向深入的重要问题。在此，清思从对现有认识分歧的梳理入手，先就本人接触到的材料列出以下四类不同观点②做简要辨析。

第一类观点是用肯定教学过程的生成性来否定预设的必要性。认为预设就是事先把一切都安排好，教学只能成为执行预设、完全排除了生成可能的过程。应该说这类观点指出了传统课堂教学中过分强调预设与实施一致性的弊端，它不仅至今在实践中还大量可见甚至已化为不少教师的“惯习”，确实需要改变。然而更需要深究的是：问题究竟出在有预设，还是出在有怎样的预设上？课堂教学可以没有预设吗？如果我们认同课堂教学是一种人为的、有目的、有计划的学校教育中特殊实践活动的判断，就不难做出教学不能没有预设的回答。这让人想起马克思关于蹩脚的建筑师要比善造精致蜂巢的蜜蜂高明的巧妙比喻③。

第二类观点与前相比进了一步，他们认为要改变课堂教学缺乏生成的弊病，不是不要预设，而是要改变预设单一、过细、过详的弊病，应有开放的意识，给

---

① 叶澜．“新基础教育”论：关于当代中国学校变革的探究与认识．北京：教育科学出版社，2006：262－275.

② 以下所列观点，同前面脚注，既非专指某篇文章，也非无中生有，而是在多篇文章阅读后概括形成的，本文分析只针对观点，不针对具体文章，故不一一引用。

③ 马克思，恩格斯．马克思恩格斯全集：第23卷．北京：人民出版社，1972：202.

学生不同可能的回答留有空间。教师要加强对这种可能的预设，即要预先想好学生可能的多种答案或问题，以便教师上课时选择预设好的不同应对方案。这类观点在认同预设必要性的同时，提出了预设的开放性和学生回答多样性的可能，这是与前一类相比进步的一面。问题在于：预设学生回答的多种可能，并不是一件在什么情况下都能穷尽、确证的事。若认为可做到如此程度，实际上是否认不确定性存在的可能。就算上述愿望能达成，完成教学预设与实施由一向多的转换，但两者的关系性质并没有变，依然是预设与执行的关系，只是增加了选择性。传统的备课与执行完全统一的思想、习惯影响之深由此可见一斑。即使在改革的时期，它还会在良好的愿望下，以变式继续存在。这类观点对实践可能产生的消极影响，不只是使教师上课前要花大量的时间去备“可能”，而且在上课时依然因期待可能的出现，忽视意外而有价值的新情况或新局面。

第三类观点将预设与生成分别配置给教师与学生，即教师的任务是根据课程目标，在对本班级学生实际状况深入了解的基础上做好教学的预设，而生成则主要是通过教学，体现在学生的成长变化上——将生成归结为教学的结果，尤其是学生可测定的显性变化上，如新知识的掌握，熟练技巧的形成，学习方法和习惯的改变等。无疑，教学应求得其结果在学生发展上的体现，且不应该停留在显性可见上，还应有更重要的内在心向性的变化。但这一观点更值得深究的是：怎样理解预设的任务与生成的所在。且不说预设的任务远不止落实课标和研究学生，它需要在一个远为丰富和开阔的视野下思考。这里首先要指出的是，课堂教学的生成，显然不只局限于结果，更重要的是教学过程本身就应是生成的过程。

第四类观点确实关注了过程的生成，但把它看作只有当教学出现意外的情境——或学生提出意外的问题，或做出与众不同且出乎所料的回答，或产生激烈的争论等情况时，才有产生的可能。于是就要求教师提高对课堂上出现意外情境与信息的敏感性，并练就随机回应、重新调整教学过程、形成新生长点的智慧和能力。这一观点也是本人在力图突破教案完全执行型的教学过程时强调的观点。现在通过理论反思和从教师在改革实践中出现的困惑中悟出，其主要的问题是把过程的生成寄托在偶然性上，对教学全程中因师生互动质量的提升而实存的各种生成，缺乏关注与深入研究——仅期待异常、偶然，忽视正常状态下教学内涵的生成可能。它使教师把课堂教学的生成看作可遇不可求，多少有些神秘和力所难及，又因习惯于执行而生出两难的心态：既期望课堂上出现异常，使自己有可能因智慧的应答而出生成之彩；又担心不能应对异常而失去机会，或异常太多而无法选择、难以招架，反而生成出完不成预定教学任务的焦虑。

以上四类观点的梳理和初步分析，使我们意识到课堂教学中预设与生成关系的再认识，至少需要在理论和实践相结合的意义上，深入研究三大方面。下面结合“新基础教育”研究，简要阐明目前我们已形成的相关认识。

第一，课堂教学中的“预设与生成”是课前预先设计与课堂实施生成的简称，它是完成课堂教学任务所必需的、前后相连、密切相关且相互构成的两个阶段。我们需要深刻理解两者内含的宗旨、要素、结构及过程逻辑等基本方面所具有的一致性。不能把它们当作两种对立的哲学观，用后者去否定前者。预设不是预成论，也不必然受某种哲学观支配。当某种哲学观转化为研究者或实践主体的立场、观点和思想方法后，影响必涉及对各种问题的态度、认识和行为。有不同的哲学观和教学观，就会对上述两个阶段都做出不同的认识和行为，而不是只对其一。预设与生成关系的提出，主要是针对传统教学中预设与执行要一致这一支配众多教师教学行为的观念。除此以外，我们还要认识到两者的区别，并明白区别之存在首先因为：前者是为课堂教学开展而做的预先策划，后者则是课堂教学进入实践阶段的动态展开。后者比前者要丰富和复杂得多，故而不可能实现、也不必要追求事先预设与践行过程的完全一致性。还要考虑到课堂教学是需要在较长时间内持续开展的学科教学过程，而非一次性过程。故而教师若要明晰教学的结果，实现教学的持续与改进，逐步提高教学质量和自我完善的自觉，则还应有评价、反思和重建三个阶段①。

第二，需要进一步研究教学预设的基本任务，以改变对其简单化或片面化的理解，并为课堂实践的改革创造条件。

在学校实践中教师大多习惯于将课前预设称作“备课”或“教案设计”，在“新基础教育”研究中则称为“教学设计”。两种名称虽只有一字之差，但所含内容却大不同，前者强调为教而设计，后者则为教学而设计。显然后者也不同于为实现先学后教、当前流行的教师为学生写的“导学案”。如前所述，我们是把教学当作课堂教学活动中一个不可分割的分析单位，因此上述不同名称差异的实质，是认识问题分析单位的重要区别。

以教学作为分析单位的教学设计，在教学内容的选择或重组确定后，至少应包括如下项目：

（1）教学目标及其提出依据。在此，教师要完成的任务，不是简单地套用课程标准要求或照搬教学参考资料，而是首先要为实现教学价值而深刻把握教学内

① 本文因篇幅所限，对三个阶段不做论述。

容的育人价值：一方面需在清楚所教学科内容结构的前提下，认识本节课的内容在整体中的位置，它所必须掌握的知识、技能技巧与学习方法，以及与其他内容上下左右的关系。更难的另一方面是要深度研究该学科的教学，在培养学生价值观、科学与人文精神，思想方法和独立思考，探究和发现的意识与能力，以及建立学科与社会、人生关系等方面的多种可能，且落实到对本节课应该实现之目标的具体选择上，这是教师确定教学目标必须深究的重要依据之一。显然，这项任务不可能靠教师在上课前临时抱佛脚完成，其基础应在教师的职前教育中奠定，在任职的过程中日臻完善，并随着相关学科与教育理论的发展而自觉更新。唯有如此，教师才能称得上学科育人价值的开发者。为了确定教学目标，教师还必须了解、持续不断地深入研究学生的过去、现状与可能发展的未来，所涉及的方面远不止知识基础和学习态度，至少还要关注学生群体内的程度差异，相关年龄段的认知特点和具有倾向性的兴趣与学习能力，易接受的沟通方式，更要从群体的共性中发现教学的有利因素和普遍困难，从差异中设定教学目标的底线和相对高标。这是教师确定教学目标的又一不可或缺的依据。在掌握了上述两方面的依据后，还须做出结合本节课的综合，形成相对具体、明确、有针对性且有弹性和可行的教学目标。其中包括即时显性可测的，也包括需长期积累方能形成的隐性目标。显然，这些不是学生先学时都可能认识到和自觉去努力的目标，它的设计只能由教师来承担。

（2）教学全程设计。教学过程要求教师将目标转化为教学行为，目标意识应贯穿全程。因此，如何在设计中体现这种转化，是教学全程设计的难题。教学全程设计还需要全面安排教学活动的各个方面，为教学实践中必然会出现的变化预留弹性空间。它不仅需要教师有清晰的教学观，而且还要有用复杂、动态的思维方式做出教学全程设计的能力。这对教师来说同样具有挑战性，正因如此，无论是教学的目标还是全程的设计，都是教师提升教育智慧、体现教育工作创造性的重要领域。

在“新基础教育”研究实践中，教学全程设计必须完成的任务有两大方面。一是按教学过程的基本逻辑，具体编制本节课的进展阶段与程序，并大致配置每阶段的时间，勾勒出本节课的行进全程路线。在此，弹性化的设计要求每一阶段都有相对独立性，阶段间又有内在关联性，还要备有可延伸的内容或环节。目的在于让教师在教学过程中根据实际状态，或延长、或缩短某一阶段的时间；或删减、或展开增添某一部分的内容与活动；当出现全程尚未按预设完成，下课铃却响起时，可以做到及时下课。这是为不侵占学生课间休息时间这一原则性要求的实现，提供预设的保证。二是根据课堂教学师生活动具有共时性和互动性的特殊关系，为有利于课堂教学资源的产生与集聚，有利于教学在生成过程中实现向目标推进或调整到更为合理的意向，教师要设计出每一阶段师生同时开展，相关却又不同之活动内容、方法与组织方式，其选择需充分考虑适切性、师生活动的对成性，以及活动间内在的关联性和转换的有机性。教师还需把相关的意图与思考，写入教学设计表中的设计意图栏，意在促进教师不断提高对教学行为设计合目的性和可行性的自觉意识，用深入思考去尽量避免出现粗疏、盲目或仅凭经验行事等毛病。它还能为教师在教学过程结束后开展自我反思提供文字性的依据。

总之，教学全程设计具有极强的综合性。目标与过程的统一与转化，每一阶段活动的独特与阶段间的连贯，活动与活动之间转换的合理通畅，师生活动交互生成重要节点的预设和可能空间的预留，以及教师设计意图的清醒和认真推敲后的清晰表达，是高质量的、包含教学实践生成可能性的教学预设的基本特征。它是我们认同的教育理念和教学观，在教学设计领域中的具体、生动、全息式的富有创意的表达。每节课的设计都会因此而呈现出本身的独特。可见，原先人们印象中教学预设的刻板性、对教学过程的严格限制性，并非是其本身固有或内在规定，而是人所接受的相应教育理念、教学观赋予的特性。教学预设本身并非是教学生成、学习主体的死敌，完全没有必要为后者而否定前者的价值。根本的问题依然在观念与理念的更新，并坚信教育理念与教学观念不是用来“论”的，而是应该用来指导并转化为“行”的。在理念清晰后，进一步要努力的是如何切切实实地转化为行。

第三，教学预设的实践是教师和学生在多向互动中不断生成、充满生机和活力的课堂生活过程，也是促进师生不同方面共同发展的过程。教学目标的实现与否或实现程度，教学预设的合理性和可改进性，最终由教学过程的实践来检验。

在此，本人特别要强调指出的是：

（1）提出教学活动是师生在课堂上的共同生活（简称“课堂生活”），不同于将教学转化为日常生活，或类日常生活式地进行教学，要求将教学回归生活的主张；也不是仅指专属在教学中如何处理书本知识与日常生活、学生经验的关系，以提高书本知识学习实效等方面的主张。尽管这些都可能成为课堂生活的构成。

本人所指的课堂生活是属人类生活实践总体中的一种生活。它是因实现教育、教学的目标，参与者以不同于日常生活中的身份——教师与学生，承担着合作完成任务的责任，因而成为人类生活，也是参与者个人生命历程中独特的生活类型，留下无可替代的生命体验。教师和学生的学校生活大量在一节节课中度过。他们在其中创造和收获，感受成功的喜悦，经受失败的挫折，慢慢积淀着难忘的同学缘和师生情，且滋长着对日常生活之外广袤的天地和世道人事的向往，增强着坚持的意志和成长的力量……这是课堂生活给予“在其中者”心灵的终身馈赠。本人之所以强调课堂生活的特殊性是为了说明：不只是学科有育人价值，而且课堂教学本身内含着育人价值，教师需要提升与学生一起创造丰富而有意义的课堂生活的自觉。为此，最重要的是在课堂教学中，教师要全身心地真诚投入，给予学生出自内心的关注与帮助，做出友善而清晰的表达，展现出敬业的精神与高质量的专业水平、灵动的智慧与个性的魅力。但是不需要教师做戏剧式的表演，呈节目主持人式的姿态。教学生活是师生为自身发展共同创造的生活，不是为别人的展示和演出。真实是课堂生活的灵魂，师生在过程中的成长是其最动人、悠长的旋律。

（2）课堂教学过程中师生多元、多向、多层、多种方式的互动贯穿并组成全程，它也是推进教学行程的动力。教师在过程中不仅要关注溢出教学预设的意外与异常，将其善化为教学推进的资源；更要对全程中呈现的多种信息保持敏感，善于捕捉并及时做出恰当的，具有补充、完善、修正、扩展、提升等不同性质的反馈，给学生及时的鼓励、欣赏、启发性的帮助，增强其投入课堂教学的自信与积极性，同时保持独立思考的清醒和力度。师生在课堂上的各种交往，是有目标指向的、富有精神成长意义的交往。教师不仅要在教学设计前研究学生，更要学会在课堂上读懂学生，乃至在一切与学生共处的过程中，在学生的作业和行为表现中读懂学生。这是广义上的，却是十分重要的，对教师学会倾听、而不是只会言说的要求。不仅如此，我们还要求教师培养学生不只是急于表达自己的意见，还要学会相互倾听，“不仅相互倾听，而且要彼此听见。这才是所谓的‘理解’”[①]。只有不仅是互动而且有“理解”的课堂，才有可能影响参与者的初始观念、拓宽视野、促成变化，才会是一个不断生成的教学过程。可见，我们在此所说的生成，不只是指结果的生成、目标的达到，而且指教学过程本身具有独特的生成性，它本就应是生成的，而不是预成的或预设的原封不动的兑现。

（3）在课堂教学互动生成的过程中，教师和学生承担的任务虽各有区别，但角色规定并非单一和固定，在课堂上会随着教学的推进和生成状态而变。从教学活动的长期连续性看，又与学生的年龄大小、已有的基础和能力、师生关系建立的长短等一系列复杂因素相关。故而我们不主张用统一的模式规定学与教的先后

---

① 伽达默尔，杜特．解释学 美学 实践哲学：伽达默尔与杜特对谈录．金惠敏，译．北京：商务印书馆，2005：6.

顺序，也不认为凡是让学生在课堂上当小老师、让学生问老师答、学生互问互答才是改革，或学生活动越多、教师讲得越少，课堂桌椅摆成六人组状而非秧田式，就是体现当代教学改革要求的课。课堂教学改革在一定的理念影响或指导下，会有原则性的要求及具体形态的描述，但不能以有利于教师学习运用为由，简单地、或一定要求形成可操作的教学模式。我们并不看轻实践中各类模式的启发作用和多元性的积极意义，但不赞成模式化的追求，更不认为教师只要学会操作，有了"包治百病"的处方，就能实现教学改革。我们从已有的研究实践中已经认识并体验到：只有留给教师充分独立钻研、思考和创造的空间，只有改革的理论和经验呈反思重建的开放态，才能使课堂教学改革本身成为教师发展的沃土，才能在成就课堂教学改革之事的同时，成就一批富有责任心和大爱、敢于探索和具有超越自我的精神与能力的、好学习、善创造的时代所需之新型教师。

曾不止一次地听到人们带着无奈与失望责问：当今中国的教育还会变好吗？我想，也许每个与教育相关的人还需自问：我们敬畏生命了吗？我们在乎教育本真的价值了吗？我们还在把教师（或自己）当操作工吗？我们认真地思考为何要改革和如何改了吗？我们实实在在地为教育改革做了自己能做的事并形成合力了吗？我们在努力使自己变得更好吗？也许，多一些这样的自问和反思，多一些积极的沟通和合作，多一些制度的变革和称职的领导，多一些智慧的碰撞和明智的决策，至少，教育的明天会比今天更好，我们身边的教育世界会变得更好。我相信路是有的，只是要我们坚定而清醒地走出。当然，这不是一件易事。

本文根据叶澜教授 2012 年 10 月在课程学术研讨会上的报告整理而成，经叶澜教授修改，定稿。后发表于《课程·教材·教法》2013 年第 5 期。

改革课堂教学评价观
——“新基础教育”课堂教学改革的理论与实践探索之三

一、关于“两类”改革关系的思考

如何评价课堂教学改革，是“新基础教育”自“探索性阶段”就遇到的尖锐问题。称其“尖锐”，是因为它像“拦路虎”一样，使教师不敢走近改革，他们顾虑重重：试验使学生成绩下降、影响升学怎么办？学生积极性高、纪律差了，班级评比得不到红旗怎么办？其他评课人员（未参与试验的）持另一套标准，教学大奖赛上不去、职称评不上怎么办？面对这些关系到学校声誉等级、社会认同、经济效益、个人晋升等一大堆可能出现的实际问题，作为课题研究人员的我们确实无法直接解决。

其实，这是所有教育、教学改革都会面临的问题：改革与已有评价体系的矛盾；参与改革的实践者与改革之外具有评价权的评价者之间的矛盾。前者属评价改革的标准问题，后者是改革应由谁来评价的问题，它直指改革进程中的评价改革。为此，有人认为，“评价改革”应该走在“学校改革”的前面。这也是我们经常能在实践工作者那里听到的一种说法：“考试制度不改革，素质教育无法开展。”循着这条思路，这些年来确实有不少研究试图形成一套新的评价素质教育的标准与测试方法。但一到实践中去，一些教师就反映：这样做比“应试教育”要考的东西和花样还要多，故被戏称为“素质教育应试化”。这不是解决问题的根本办法。试图走一条通过“终点”改革指挥“起点”改革的路，它至少是对教育改革复杂性缺乏足够认识的产物。

“新基础教育”研究采取了评价改革贯穿于教学改革研究与实践全过程的策略，打破了“两类改革孰先孰后”式问题的思维定式，改变了评价者在改革之外，评价过程外在于改革过程的传统，使课堂教学评价成为课堂教学改革的认识深化和实践推进中不可缺少的重要构成，把课堂教学改革实践的深化过程与阶段成果，不断转化为评价改革的深化过程与重要资源。

上述策略的形成，首先是基于“新基础教育”课堂教学改革的实际开展。在该项研究的改革实践的初始时期，我们首先着力于对现状的批判性反思，形成指导改革实践的理念和理论假设，提出对改革实践的原则性要求等。这些理念、理论假设、原则要求，虽能体现“新基础教育”课堂教学改革的质的指向性和规定性，但不可能是具体的、能够做定量判断的评价指标体系。当时我们清楚的是传统课堂教学的弊病和危害，不清楚的是反映新质的课堂教学的具体步骤、过程及其内在结构，更不清楚的是在这一课堂教学范式的变化中，会产生什么矛盾、问题和新的需要。这一切都只能在坚持改革方向和原则的具体改革实践中，经过一节节课的持续实践、观察、反思、评析、讨论，不断总结和提升，才能展现出来，丰富和清晰起来。体现新质的课堂教学的理性形态的形成，是教学改革实践和评价改革实践交互作用、长期积累的产物。然而，这两类实践具有共同的价值、理论导向和支撑，都面临着改革任务，都缺乏新的实践经验与形态的积累，因此它们的形成只能统一在改革过程中，而不是在改革过程外。

这一改革策略的形成，也是对现实中支配着我们行为的评价观与实践形态反思的产物。一提起正规的评价，人们马上产生的联想是：一套评价指标体系，它由评价专家或具有评价资格的人制定，犹如一把丈量对象的尺，具有通用性和客观性；一套测评方法，它的制定有科学依据，使用要遵循操作规范；一个专门的过程，由专人负责，评价主体与行为主体关系越远，就越具有公正性。总之，评价追求的是客观、科学、公正，力求定量化，力除来自行为主体的主观性。在教育学科中，评价、测量与测验也被圈内人士视为最需学习者有数学基础，最强调“技术”“工具”“测量”“统计”等富有自然科学色彩的学科基础。正是在这种科学化理念的影响下，使教学过程与评价过程出现了“双重脱离”：评价主体与教学主体的脱离，评价过程与教学过程的脱离。评价过程成了由非教学人员对已经进行过的教学过程的结果之测量和判断，而不是直接指向教学过程本身。

在此，特别需要深入辨析的是关于“形成性评价”是否指向“过程”本身的问题。众所周知，我国教育评价理论主要是从西方引进的。被称为“评价之父”的泰勒（R. W. Tyler）提出“评价过程在本质上是确定课程和教学大纲在实际上实现教育目标的过程。但是，鉴于教育目标实质上是指人们发生的变化，也就是说，所要达到的目标，是指望在学生行为模式中产生某种所期望的变化，因此，评价是一种确定行为发生实际变化的程度的过程”①。在这一经典性的定义和解

① 瞿葆奎，陈玉琨，赵永年．教育学文集·教育评价．北京：人民教育出版社，1989：263.

释后，1967 年同为美国评价研究专家的斯克里文（M. Scriven）做出了“总结性评价”与“形成性评价”的区分，引起了教育评价界的广泛关注和认同，成为评价理论的重要发展。然而，正如斯克里文自己坚持认为的那样，在形成性与总结性评价之间没有基本逻辑和方法论上的差别。两者都是为了检验某个实体的价值。只有按不同时机、评价的不同听取人，以及使用评价结果的不同方法，才能区别在什么情况下评价是形成性的，或是总结性的①。具体地说，形成性评价与总结性评价的区别，首先在评价的目的与作用上，前者意在对正在进行的课程做出效果反馈，并根据反馈不断做出修改，后者则意在做出课程总体的效果评价，以比较确定不同课程的优劣。正是目的、作用的导向，带来了评价插入时间的差别：前者在课程进行之中插入，是对课程局部教学效果的测试；后者则在课程结束之后进行，是对课程总体效果的测试。至于在检测什么的问题上，遵循的依然是泰勒的规定，主要是测量学生经过学习以后发生的变化，是直接指向教学效果的评价，而非指向教学过程本身的评价。为此，斯克里文还专门就评价研究与过程研究做了区分，其中包括形成性评价与过程研究的区别②。除形成性评价以外，西方评价研究中还有“发展性评价”“启发性评价”等许多不同于泰勒模式的新的评价理论和评价方式。这些研究对我们了解评价的价值，广泛的应用领域，以及细致的技术设计、丰富的测评工具等有很多启发。但它们之间的区别，主要是在评价自身的价值取向、评价指标的参照系、评价效果或需要采集信息、服务对象的具体指向和分类上，而具体评价的内容还是指向结果状态，并不是过程本身。显然，这与西方教育评价的理论与实践，缘起于教育测验测量，并应政府、纳税人对教育投入效益的关注和依此做出各种决策性选择的需要而生相关③，更与西方文化中深厚的科学主义、实证原则、功利倾向的传统一脉相承。

可能是囿于视野，至今我们还没有找到能直接指导或用于“新基础教育”课堂教学改革评价的方式。因为我们的目的，不只是评定结果（无论是阶段的还是终结的），也不只是对事实的认识和解释，而是旨在通过评价，发现改革过程的问题、经验和教师达到的不同水平，形成新的课堂教学过程结构的抽象；我们的目的还不只是停留在过程认识的形成和完善，而且还想通过评价促进教师的自我反思和我们自身对研究的反思。这是一种研究者、实践者与评价者合一式的评

① 胡森．简明国际教育百科全书·教育测量与评价．北京：教育科学出版社，1992：50.

② 瞿葆奎，陈玉琨，赵永年．教育学文集·教育评价．北京：人民教育出版社，1989：192－195.

③ 豪斯．作为评价基础的假设//瞿葆奎，陈玉琨，赵永年．教育学文集·教育评价．北京：人民教育出版社，1989.

价，是一种面对改革着的实践十分综合和复杂的评价。它需要形成的不只是一种评价工具，而是一系列服务于上述目标实现的评价系统，它只能靠我们在改革的过程中逐渐探索和创造。

二、“新基础教育”课堂教学改革的评价系统

“新基础教育”课堂教学改革评价系统的形成大致经历了三个阶段：第一阶段以诊断性评价与常规性评价为主要构成，第二阶段以原则性评价与比较性评价为主要构成，第三阶段以全程整体性评价与阶段系统性评价为主要构成。在分别阐述三个阶段的评价方式前，有必要先从总体上说明五点。第一，三个阶段反映了“新基础教育”课堂教学改革实际走过的路程，每一阶段采取的评价方式都与改革所处的状态及面临的直接任务相关，也与教师的心态、对改革的体验程度和实现改革的能力相关。第二，三个阶段不同评价方式之间的关系并非是接替取代式关系，而是“层级提升式”关系。进入到后一层级并不意味着前一层级的消失，而是化作后者的基础，以日常化的方式发生作用。第三，三个阶段评价主体由多元构成、基本一致地体现自评与他评的结合，但多元主体中各类成员在不同评价和不同阶段所起的作用和地位却有变化，它反映了评价主体自身的发展和评价目的的变化。第四，评价主要采用观察、记录、讨论、自评报告等不需要高技术含量的手段，也辅之以少量定量采集信息和评价的手段，这些测量也是在大量观察、评析、研究的基础上逐渐形成的，它体现了“新基础教育”的价值追求。第五，三个阶段的划分和评价主结构的提出，并不是我们在开始试验时就做出的评价设计，它是我们研究进行到一定阶段后做出的总结、概括。做出这一概括，一方面为了说明直面课堂教学改革过程的教学评价本身需要且可能进行改革，另一方面也是为了提升本研究评价改革的意识和能力，有利于今后进一步推进改革实践。

要对上述过程和“新基础教育”评价改革的“个性”有更为清晰的认识，尚需做分阶段的简要阐述。

第一阶段：以诊断性评价与常规性评价为主要构成。这是每一所初入“新基础教育”研究的学校必经的一个阶段。其持续时间的长短与教师的原有水平、心态的开放程度、理解、接受改革、自我更新的意识与行为能力相关；也与学校领导作为教学改革支持系统的支持力度、深入程度和能否坚持改革实践等一系列因素相关。因此，不同学校、不同教师所需要的时间长短不一，但都需要经过这样

一个阶段则是共同的。

诊断性评价主要包括研究人员随堂听试验教师上课、课后教师做自评、研究人员与教师讨论并做出评价三个步骤，旨在通过评价使研究人员了解课堂教学状态，包括试验教师教学的基础性专业能力、教学个性与风格，师生在课堂上呈现的基本沟通方式和相互关系性质，课的基本过程与结构等。研究人员需透过课堂现象和教师的教学行为，对教师指导教学的内在观念、主要优势和从改革角度看存在的主要问题做出诊断性评价，并提出富有针对性的改革建议。课题组把此过程通俗地称为“号脉”：既“号”课堂教学状态之“脉”，又“号”试验教师个体之“脉”；既“号”教师已经形成的教学特征之“脉”，又“号”教师对教学改革理论的理解和有意识做出改变程度之“脉”。对于教师而言，诊断性评价最主要的价值在于提升对自我反思的意识和能力，使“教学自我”的形象清晰化，并发现传统教学观念在自己教学行为中的表现，体验新教学理念如何才能转化为自己的教学实践，以及自我改变后可能呈现的新实践状态等。这是教师实现自我更新的重要前提。在这个过程中，研究人员在与教师的沟通中，还要努力寻找改变教师观点、行为的具体可能途径，研究新理论的实践形态。

为了使“号脉”有效，我们特别强调以下四点：

第一，试验教师“上”反映自己教学常态的真实的“课”（简称“家常课”），而不是上所谓的“公开课”。要做到这一点，重要的是解除教师因他人听课而产生的紧张心理和得失计较。为此，我们向教师反复说明：研究人员与教师的关系是合作伙伴，是“自己人”。听课是为了相互了解，为了学生的发展和进一步开展教学改革研究，提升教学质量，不是为评先进、评职称、选教学能手。

第二，试验教师自评要谈真实想法，分析原因，并说出自己在课上哪些方面是按“新基础教育”的教学观做出的有意识改变，自我感觉这样做的效果如何，有什么困惑等。因为自评是交流的开始，只有坦诚的自评，才能使自评有助于自我反思能力的提高。切忌把自评弄成简单地再重述一遍教案，然后谦虚地说，请专家指导。一开始教师往往做不到或不习惯、不知道怎样做到这一要求。研究人员通过补充提具体问题的方法，帮助教师加强和逐渐形成自评的一般思路。

第三，研究人员应具有审视课堂教学的能力并诚恳发表自己的意见，尤其要着力于发现“问题”，分析教师课堂教学行为背后隐藏的观念。而不是以往评课中常见的那样：多讲优点，少讲问题；具体肯定，抽象否定；客客气气，皆大欢喜。研究人员还应提出建设性的改革意见，使教师感到有启发，有帮助。我们把这一过程简称为“捉虫”与“喔”效应[①]。与此相应，试验教师可以进一步说明自己的想法，发表不同意见，相互之间展开讨论，使大家逐渐形成共识。但教师首先要有开放心态和科研意识。一节课有问题是正常的，只要是真实的就一定会有缺憾，科研自发现问题始，发现问题就是发现发展空间。这些是我们在初期与教师沟通时经常使用的话语。

第四，学校领导和其他参与听课人员，则要从研究课堂教学转型的角度来看这一评价过程，而不是把研究人员的评课意见当作对教师业务能力的鉴定意见，从而造成先行的试验教师“问题多”的错觉，甚至影响他们的评级等实际利益，直接产生参与改革的人“吃亏”的消极后果。课题组还建议领导出台支持改革的政策，让教师敢于去剖析自己，改变自己，即使在过程中出现偏差也不被简单斥责。显然，上述要求的“诊断性评价”与通常采用的“诊断性”评价有很大的差别，因此有一个艰苦的开始。这种“艰苦”，不只体现在改变教师教学观念和教学行为上，还突出地表现在要改变已经形成的上“公开课”和“评公开课”的特殊文化的困难上。我们深感现实中的评价改革，光靠评价观念和技术的改造是不够的，它必须伴随着旧文化改造和科研新文化的创造，着力于改革者对改革的健康心态形成和自我发展需求的提升。评价改革的实践，需要科学、文化、社会和精神的综合投入，内含着人文因素。正是在这样的过程中，“新基础教育”研究群体逐渐形成了坦诚直言、追求发展的科研文化。正是这一“文化暖流”帮助试验打破坚冰，开辟出自己的航路。

在第一阶段中，我们采用“常规评价”作为外评的主要方式，包括学校内举行的阶段测验、期中考试、期末考试以及由区举行的统测等（有些区甚至还有“飞行统测”等突然袭击式的抽测，在现实中试验班也不能幸免），主要指向学生学业成绩的测评。对这些被不少人视作“应试教育”祸根的“考试”，我们没有采取简单地申请“豁免权”的做法，这主要是基于以下思考：首先，在现实中进行的教育改革，不可能回避考试问题。一项教育改革如果是以学生最后考试不能成功为代价，那么，这项改革就可能因得不到家长、社会的认同而生存不下去。我们对试验班学生成绩的要求是发展性的，即和本班初试时测得的成绩相比，处于逐渐上升状态，且大部分学生成绩要有进步。但不是指每一次，而是指长期的、总的发展趋势。教师对每次测验中学生暴露的基础知识和基本技能

---

① “捉虫”与“喔”效应，是“新基础教育”共同体成员十分熟悉的习惯用语，“捉虫”指捉教师头脑中妨碍教学改革的传统观念之“虫”；“喔”是指通过评课，教师有所发现和明白该如何改革时发出的声音，意味着产生了领悟效应。

方面的问题，要认真对待，做细致分析和及时补救。因为本研究在九年义务教育阶段进行，基础知识与基本技能依然是本阶段不可忽视的要求，不应盲目无视或简单否定。何况，在当前我国教育改革的大气候中，常规测评本身也在不断向有利于改革的方向发展。其次，常规测评本身是一个可与非试验班进行比较的指标，不可能受到试验人员的影响，相对满足评价客观性的要求。最后，坚持参与常规测评，也是基于我们对本试验的课堂教学过程改革，具有能达到并超越常规性结果评价要求的理性分析，并已有小规模研究测试效应的事实支撑。

在两种评价的结合上，我们把重点放在诊断性评价的改革上。因为这是直接指向课堂教学过程改革，以促进过程改革和教师发展为宗旨的评价，它成为实现改革过程的方法与内在组成。这种新的评价品质是"新基础教育"教学改革研究之追求。第一阶段中两种评价的结合，是指向过程和指向结果、自评与他评、内评与外评的结合。

第二阶段：以原则性评价与比较性评价为主要构成。通过第一阶段的研究，我们积累了为实现课堂教学实践由"旧"向"新"的转化，试验教师需要改变什么教学观念和行为的大量信息。通过对这些信息的筛选、聚类、抽象、建构，我们形成了"新基础教育"课堂教学过程区别于传统教学的一些基本原则和要求①，从而有可能以此为标准评价试验教师的课，即进入"原则性评价"。

由此可见，这些"原则"不是从教学论书中找来的。它体现了"新基础教育"课堂教学追求的"新质"，同时对改革实践具有针对性、建设性和指导性。"原则性评价"旨在促进教师对内含新质的实践形态的理解、追求与创造，它比"诊断性评价"更强调"新质"的创建任务。对于研究人员而言，运用这一评价的过程，尤其着重于发现教师在课堂上贯彻这些基本原则与要求时，所创造的经验和发生的问题；在听课评课的实践中，注意体现上述原则的具体形态和方法，通过评课，积极利用这些资源，使教师的创造得到传播和发扬，同时为形成体现新原则且具体的可定量分析的评价指标体系做积累。原则性评价采用了以定性为主、定量为辅的方法，为此我们设计了两份"听课记录表"：一份记录课堂教学过程的空间分布和活动形态变换状态，另一份记录时间分配、过程行进及其内容

① 这些基本原则和要求主要是：给每个学生以主动活动的时间与空间；师生多方积极互动，教学过程动态生成；以类结构的思想组织、处理内容与过程，体现灵活结构性；沟通"书本世界"与"学生世界"等。详见：叶澜．"新基础教育"探索性研究报告集．上海：上海三联书店，1999：34－42.

的状态（包括每一活动所用时间、师生活动过程实录、记录者过程评点及总评点等几大栏目），在必要的时候还辅之以全程录像。原则性评价的进行过程与诊断性评价基本相同。教师在这一阶段的自评水平明显提高，建设性的内容明显增加，并开始有了课堂生活创造的欢乐体验。在一定意义上，这一阶段是“新基础教育”课堂教学新形态的重要创建期。

在保留第一阶段“常规性评价”的同时，第二阶段加强了“比较性评价”。“比较”除本试验班自身的纵向发展比较外，新增了试验班与非试验班的比较。第二种比较除了以常规性测评为依据以外，还有对试验新增因子效果做专项测评的对照比较。此外，比较评价还采用了问卷、调查、个别访谈、座谈会和请家长来校听课等方式，采集家长对子女发展变化的评价信息。试验学校之间的相互听课、评价，课题组外的专家听课、评价等，也是新增的他评方式。与常规性评价相比，比较性评价增加了“横向”比和对“新质”的比，并在他评方面也开始直接指向教学过程。之所以在常规评价阶段把评价局限于结果，不开放过程，主要是因为在开始阶段，过程改革才起步，教学中传统的痕迹还很重，新的质未明显形成，在“破”时还出现因新秩序、新逻辑尚未建成的“混乱”。在这种情况下，若对外界开放过程评价，会造成教师过渡的精神压力、思想混乱和外界对“新基础教育”的误解。当进入新质逐渐增强，教师对改革的认识、行为与体验都有较大提高的第二阶段后，过程向他评的开放就不仅有可能，而且有必要。

第三阶段：以全程整体性评价与阶段系统性评价为主要构成。这一阶段的评价改革主要实现了三个发展。

第一，与原则性评价相比，“全程整体性评价”不仅使原则性要求相对具体和指标化，而且通过制定“新基础教育”课堂教学评价指标体系①的方式，反映了课堂教学改革的全程性和内在关联性。所谓“全程性”是指指标包括了教学设计、教学过程和教学反思三个阶段。所谓关联性，不仅指全程三个大阶段之间，而且指每个阶段的“项目”与“项目”之间、“指标”与“指标”之间存有内在关联性。如在附表 2“‘新基础教育’课堂教学实施过程评价表”中的“开放式导入”，是学生能否启动、教学过程能否生成资源的条件，而教师“回应反馈”的质量，不仅对学生“资源生成”的丰富性、质量有重要影响，而且是能否出现

① 参阅附表 1、2、3，简称“指标体系”。该“指标体系”制定于 2002 年 7 月，试用于 2002 年 10 月—2003 年 3 月，本文是经修订后第一次公开发表（2006 年 8 月，华东师范大学课题组经反复讨论，形成了学校转型性变革推进型评价的整体方案和指标体系。详见：叶澜．“新基础教育”成型性研究报告集．桂林：广西师范大学出版社，2009：10－13，60－82. 同年试用并至今使用。——编者注）。

“过程生成”的重要条件。这份评价表在相当程度上刻画出了“新基础教育”课堂教学过程改革的关节点及其内在关联，教学过程交互生成的基本线路，体现了该改革主张结构灵活开放、过程有效互动和动态创生的基本立场①。此外，内在关联性还体现在课内与课外、课与课之间、知识积累与运用、新知形成和建构等方面。总之“关联”是基于教学过程的内在多层联系的关联，不是外加的、简单化的关联。正因为如此，该指标体系在方法论上不同于以往经常能看到的评课表上的指标，在这些表中，通常是列出与教学过程相关的若干方面，如教学目标、内容、方法、技术手段、学生积极性等等。尽管每一张表的具体指标会不同，但指标间缺乏明显的内在关联性，反映出的思想方法基本上属分析的、平面的和无机的。

第二，“指标体系”的制定和运用，实现了直接指向教学过程改革的评价在定性、定量和定级分析上三结合的可能。从表中可见，“项目”反映了“定性”要求；每项“指标”中所列①②③项，意在测量的不是同一项目的不同方面，而是测量改革达到的层级差异；给每个指标赋予的不同分值，则是定量判定的反映。正因为关注了上述三方面的结合，该评价指标既能记录和判断每一个教师在某一阶段具体教学过程状态中表现出的相对综合和全面的状态，也可对过程中每一阶段呈现的状态、水平做出分析性的判断，有助于教师既看到自己的总体发展状态，又能发现具体的问题所在。与第一、二阶段相同，第三阶段上述两点评价改革发展的实现，也是大量实践改革的推进，对经验与问题做出分析、综合与抽象的产物。正因为如此，这一“指标体系”在“新基础教育”研究进行中期评估试用时，得到了广大试验教师的认同。他们反映“指标体系”体现了“新基础教育”改革的要求与创造，具有相当强的针对性和指导性，并有助于“新基础教育”课堂教学改革的自觉推进与教学质量的整体提升。也正因为如此，这一“指标体系”不同于现有许多不同的评课标准，具有鲜明的原创性和“新基础教育”的个性。

第三，阶段系统性评价是自评与他评、过程与效果相结合的一种评价，它的主要特征是既指向教师个体，又指向学校群体的阶段性多层评价，以中期评估的方式集中进行，且在有关改革成效方面，做试验学校之间的发展系数与达标水平的比较。在他评的主体方面，凡区域性推进“新基础教育”的地区，我们请区督导一起参加，因而提升了这一评价的客观性和在区域内的权威性。在自评方面，我们要求展示经常性开展教改研究活动的原始档案和提交教师阶段性小结，并对中期评估期间被抽查到的教师上的课、所做的自评等活动做了全程录像，还对从

① 详细观点可参阅：叶澜．重建课堂教学过程观．教育研究，2002（10）．

多角度采集的信息做综合判断。中期评估结束后，我们对每一所学校都做了口头反馈，提供了书面文字评语和评分结果。使这次评估呈现出明显的阶段性特征，起到了承前启后的作用。

目前，“新基础教育”课堂教学改革正进入迎接研究课题“结题”和推向日常化、本土化的阶段。上述一系列评价方法与手段，正大量地、经常地在试验学校中使用，在使用中既丰富完善指标体系，又推进改革的“扎根化”。在现阶段，我们特别强调的是：不要简单化、孤立化、形式化和教条化地使用初建的“指标体系”，以至原来在改革中诞生、反映改革探索经验、有力促进改革的自创工具演变为自我扼杀的武器。

附表 1　　“新基础教育”课堂教学设计评价表

项目	指标	评分		
		A（1）	B（0.7）	C（0.5）
教学目标设计	①教学目标清晰具体			
	②针对学生实际状态			
	③考虑学生发展可能			
教学内容设计	①体现与生活世界沟通			
	②体现灵活结构性			
	③体现学科教育价值			
教学过程设计	①师生双方活动形式			
	②考虑双方活动有效性			
	③开放设计有度有弹性			

附表 2　　“新基础教育”课堂教学实施过程评价表

项目	指标	评分		
		A（1）	B（0.7）	C（0.5）
积累性常规活动	①活动节奏恰当			
	②点面结合灵活			
	③活动方式趣味性			
开放式导入	①开放合理性			
	②开放发散性			
	③开放深刻性			
资源生成	①学生有主动活动时间、自主学习有效			
	②资源生成的丰富性（形式、内容、方向）			
	③资源生成的质量（综合、新颖、有创造）			

续前表

项目	指标	评分		
		A（1）	B（0.7）	C（0.5）
回应反馈	①教师回应及时			
	②回应明确有推进			
	③对新资源有敏感性			
过程生成	①资源利用程度			
	②分析比较、综合重组水平			
	③形成深入学习新方案			
互动深化	①生生互动程度（倾听质量、不同意见表达）			
	②生生互动质量（讨论深化）			
	③师生互动程度（教师组织与点拨水平）			
开放式小结	①总结提炼水平			
	②内容的延伸性（新问题的提出）			
	③作业的开放性、实践性			

说明：

（1）“资源生成”是“过程生成”的必要条件，且取决于学生积极性的调动，但不完全局限某一阶段。

（2）“回应反馈”主要是指教师对学生活动的反应，包括教师与学生一对一活动、与学生小组活动或其他形态的相关活动。它与“资源生成”相关，且交互作用。

（3）项目中间所列五项，并非每节课必须都完成，这是就某一部分教学内容进行的全过程描述，程序也可能有变动。不能机械教条式使用，是这一指标体系能否促进改革和激发教师创生力的重要条件。

（4）每一项目都由师生合作完成。

附表 3　　“新基础教育”课堂教学反思评价表

项目	指标	评分		
		A（1）	B（0.7）	C（0.5）
自我评价	①总体评价恰当性			
	②总体评价具体性			
	③自我意识清晰性			
问题反思	①问题归因恰当			
	②反思清晰度			
	③反思深刻度			
教学重建	①改进设想的可行性			
	②改进设想的针对性			
	③有层次提升			

注：评价人员在上述表格评分栏的每一横行三格中，必须且只能选择一格。

本文根据叶澜教授 2002 在上海市举行的“新基础教育”研究报告会上所做的演讲整理而成，经叶澜教授修改，定稿。后以《改革课堂教学与课堂教学评价改革》为题发表于《教育研究》2003 年第 8 期。

学校转型性变革中的评价改革
——基于“新基础教育”成型性研究中期评估的探究

“新基础教育”的研究与实践，是以对当代中国基础教育现状的反思为起点，以对基础教育的理论与实践进行整体创生性的重建为旨归的。它经历了“探索性研究”和“发展性研究”两个阶段，现在正进入第三个五年的“成型性研究”阶段。自 1994 年以来，“新基础教育”在推进学校整体转型性变革的过程中，一直没有停止过对学校评价改革问题的探索①。早在“新基础教育”研究的发展性阶段，我们就提出评价的目的首先在于推进改革，而不是用通常衡量结果的指标来直接评价改革是否成功。而且，“新的评价改革的指标体系，不可能在改革没有进入到一定的规模和深度之前就形成。它只能在学校改革的过程中，与改革实践几近同步并相互渗透的评价改革的探索过程中逐步清晰和形成”②。

具体地说，我们一方面期望通过学校转型性变革的评价改革来推进学校变革的发展；另一方面又要将学校转型性变革过程中所形成的新经验和所呈现的新质进行抽象，并形成新的学校评价指标体系和具体形态，促使变革者对新的学校之“型”的认识具体化。在这样的价值取向下，“新基础教育”从观念和行为上着力于改变评价者脱离学校变革实践、评价过程脱离学校变革实践过程的“双重脱离”现象。在已经进行了 13 年的变革研究过程中，我们进行了两次重大的关于学校改革的评估实践：第一次是“新基础教育”发展性阶段的中期评估（2001 年 9—12 月），第二次是“新基础教育”成型性研究阶段的中期评估（2006 年 6—12 月）。在两次学校评估实践尤其是成型性研究阶段中期评估的研究与实践中，课题组明确形成了“学校变革推进型评估”的概念和相应的指标体系与评估方法，在解决学校改革与学校评估的关系方面形成了新的认识，提供了新的经验。本文将着重对“学校变革推进型评估”（简称“推进型评价”）的性质、构成、价值取向等方面做相对系统的阐述。

---

① 叶澜，吴亚萍．改革课堂教学与课堂教学评价改革．教育研究，2003（8）.

② 叶澜．新基础教育论：关于当代中国学校变革的探究与认识．北京：教育科学出版社，2006：397.

一、基于推进学校转型性变革的评价体系的性质与构成

“新基础教育”认为，当代中国基础教育学校的整体“转型性变革”[①] 所涵盖的价值取向、构成系统要素之基质、相互关系、结构整体框架、管理体制和运作机制等关涉系统整体性的各个方面都将发生变化，而最终追求的是形态转换的基本完成。“整体转型性变革是一种系统更新式的变革。它不满足对系统的修补，也不是只需消除和改变原来系统中不合适的，或需要改变的方面，而是必须包含着重建的任务。重建形成的新形态在整体上不同于原先的形态，并且是一种整体发展性的变化，它是以发展为价值取向，整体转型为目标的变革。”[②] 这是一个长期、艰巨和充满挑战的过程。正是因为这种整体转型性变革本身的特殊性和长期性，“新基础教育”需要对学校评价问题进行改革，需要对以推进变革为价值取向的评价改革进行探究，系统地对从理论一直到能在实践中使用的评估指标体系进行重建。在此过程中，我们一方面不断探索和总结新的经验，另一方面还通过将经验转化为既具抽象性、又具操作性的指标体系来提高经验的形态化程度，从而扩大经验的影响力，通过评价使改革不断逼近目标，使评价成为变革推进的重要力量。

“新基础教育”把这种具有变革推进作用的评价指标体系称为“推进型评价”。推进型评价旨在形成学校转型性变革与评价体系双向构建和双向生成的格局。它是在转型性变革的实践过程中逐渐形成的，是将已有的变革经验和未来的理想追求两者进行融合而形成的评价式表达。它不仅指向变革过程，成为变革过程的内在构成，而且具有推进下一步变革发展的作用。这种推进型评价的独特性质，不仅表现为上述价值、功能与指向的独特上，也表现在评价的主体与过程等方面，且最终促使学校在评价改革与学校变革的双向建构过程中实现价值创生。

在对上述理论清晰认识的基础上，“新基础教育”研究又通过在“发展性研究”阶段的中期评估，初步形成了带有强烈变革色彩的评估学校变革的系统指标。当研究进入“成型性研究”阶段两年后，由于变革实践的推进，我们感到原先的评估指标虽已有新质，但还不够清晰和完整，迫切需要进行修订和完善，以此来指导和开展成型性研究的中期评估。经过 9 个多月的集中探究与实践，形成

① 叶澜．新基础教育论：关于当代中国学校变革的探究与认识．北京：教育科学出版社，2006：124.

② 叶澜．实现转型：新世纪初中国学校变革的走向．探索与争鸣，2002 (7).

了一套基于推进学校转型性变革过程的评价指标体系和评估方法。其构成在整体和具体层面上都体现出“推进型评价”的特点。

1. 评价指标体系结构的整体性

推进型评价的指标体系在整体上涵盖了学校工作的两大层面，即学校领导与管理层面及教师工作层面。在教师工作层面上又分为关涉教学改革的教研组建设，以及关涉学生工作的班级建设。评价包括两大系统，即学校变革实践主体的自评，以及由其他相关学校、“新基础教育”课题组、区教育局领导等组成的相对于自评而言的他评。自评内容包括学校领导的自评报告和3～5篇学校改革中突出经验的专题报告，这是在新质创生与转型过程意义上的自评。另外还有反映包括不同层面和方面变化的、由各学校不同层面改革主体自行填写的20份表格，以从量的角度来反映学校变化的状态。

他评的指标体系由反映两大层面、四大方面的8份评价表组成，涉及的项目总计32项、指标82个和等级描述246个（具体构成如表1所示）。

表1　“新基础教育”成型性研究中期评估项目构成表

评价层面	评价方面		项目数	指标数	等级数
学校层面	学校管理评价表		7	19	57
教师工作层面	教研组建设评价表		5	15	45
	教学改革	教学设计评价表	3	7	21
		教学过程评价表	4	11	33
		教学反思评价表	3	6	18
	班级建设	主题班会评价表	4	9	27
		班级日常建设评价表	2	6	18
		学生发展工作评价表	4	9	27
总计		8	32	82	246

由于篇幅的限制，我们无法将这些项目、指标和等级描述全部在本文中展现，但从这样一个包括自评、他评和其内部构成的框架结构式表述中，可以看出课题组在将“新基础教育”理论从整体上转化为评估指标的过程中所做出的探索与努力。正是这些分项目、分指标、分等级且又构成整体的246个项目指标描述，使校长、教研组长、年级组长、班主任和学科教师对“新基础教育”追求的学校转型之“型”的整体形态、内在关系和每个项目中的具体要求，有了全局性和具体性的认识，而其中的每一项又是这个研究群体包括他们自己在内的经验创造。

推进型评价指标体系的整体性还表现在各具体层面和不同方面。在此，我们以“学校管理评价表”这一具体而又带有全局性的层面为例，说明其整体性和内在关联性的特征。“学校管理评价表”由七个项目组成，分别是：校长发展、领导团队（包括中层干部）、规划制定、组织建设、制度建设、文化建设和发展环境。它涵盖了学校管理变革的基础性工作，这些工作又可以分为“人”与“事”两个方面。

从“人”的角度来看，“新基础教育”认为一所学校能否建成品牌学校，校长和领导团队具有重要的责任。一所学校做得好不好，不能责怪教师，而是要问领导做得怎样。这意味着，“推进变革型”评估致力于推进学校变革管理者领导学校转型的素质与能力的整体提升。在学校管理评价表中专门设有对校长的评估指标，其中包括三个评价维度：价值引领能力、决策能力和组织能力。三个维度的内在逻辑都与“变革”有关，它评价的是校长对变革价值的引领能力，在变革进程中的决策能力和组织变革的能力等。

从“事”的角度来看，学校管理整体性的变化体现在学校内部体制、机制与制度的转型中。为此，新的评估标准对学校机制变革及其功能提出了相应要求，强调一个有利于学校完成转型性变革的发展机制应包括四大方面：对学校发展规划及重大决策的知情和参与的民主机制，以研究推进基地学校建设和鼓励创新的动力机制，监督执行和适时调控的保障机制，协调校内外力量、推进学校发展的集聚辐射机制。与此同时，学校制度也应有相应的调整，贯穿其中的价值取向是：要在制度重建中体现“成人成事”的改革精神。这些对于变革中的学校在发展机制和制度创建上的具体评价要求，还内含价值取向的整体转换和提升。

以上阐述充分表明了该管理评价体系重建的前提性任务是一种价值提升式的重建，同时又落实到学校管理的基本领域之中，落实到学校领导层的发展变化与领导变革能力的提升上，即“新基础教育”改革追求的“成人成事”首先要在学校管理层面上得到实现。

基于推进学校变革团队的评价理念，作为教研组建设的教师团队的评价也被纳入“新基础教育”评价体系的重建过程中。在此，我们以“教研组建设评价表”为例进行说明。该评价表由五个项目组成，分别是：教研组长、发展规划、课题研究、教研活动、教研文化。这些评价指标具有以下基本特点：

第一，尽管是一个以“教研组”这一学校中层组织团队为基准的评价体系，但却是一个具有全息特征的分析单位，其中蕴含了变革中的学校团队和为推动变革而存在与发展的学校团队应具有的基质。

第二，教研组团队的发展规划不是通常意义上的发展规划，而是为一种变革所进行的规划。评价这一规划的基本标准，就是看该规划在多大程度上、以什么方式介入了学校转型性变革，并如何实现自身的转型与变革。

第三，教研组的团队文化成为该评价表中的重要内容，其中包含三个指标，即凝聚性、持续性和创新性。凝聚性是指为推动变革而需要的凝聚力；持续性要求的是团队持续推进变革的能力；创新性则是评价该教研组在具有变革性的日常教研活动、课题研究活动中做出的独特贡献，显示的是作为变革主体和被评价主体的变革活力。

2. 评价指标体系内在的逻辑性

在制定评价指标体系的过程中，尤其是在确定评价同一对象的指标时，我们不只是关注指标的相关要素，更关注组成该对象（或事物，或过程）的因素之间和不同发展阶段之间的内在关联性。这里以课堂教学评价指标为例加以具体说明。

课堂教学评价指标由课堂教学设计评价表、课堂教学过程实施评价表和课堂教学反思与重建评价表组成。其中，课堂教学设计评价表由三个项目组成，分别是：教学目标制定、教学内容设计和教学过程设计。其内在的逻辑关联性表现在：一是教师对教材文本的解读状态，反映的是其自身对学科的认识和理解能力；二是教师对教材文本的转化状态，反映的是教师如何通过教学把自己对学科的认识和理解转化为学生对学科的认识，并通过教学促进学生多方面的发展。由于转化的终点是学生，所以教师在教学设计中，首先需要对学生状态进行解读，以找准教学的起点和确定学生发展的目标，其次需要对教学内容进行组织、设计，以体现教学的整体结构和育人价值。同时教学过程设计需要思考师生双边共时的同步活动，并围绕问题的展开和针对学生可能状态的“放与收”设计，另外应考虑能体现师生有效互动的策略选择。

课堂教学过程实施评价表由四个项目组成，分别是：课始的常规活动、课中的开放式导入、核心过程推进和最后的开放式延伸。其中反映教学过程展开的内在逻辑是：课始的常规活动目的是为学生基础性知识和能力的日积月累创造条件，而且要将基础性知识和能力的练习与当天课的学习内容尽量联结；课中的教学因开放式导入而使教学资源生成，因师生互动而使教学过程得到推进和生成，最后因开放式延伸而使教学拓展生成。从资源生成到过程生成再到拓展生成，反映的是课堂教学过程数次“放与收”的螺旋式上升的推进过程，也是生生和师生之间围绕问题展开和交互反馈形成有效互动的结果，这不仅揭示了教学过程互动生成展开的内在逻辑，而且还立体地刻画了课堂动态推进的状态与质量。

课堂教学反思与重建评价表由三个项目组成，分别是：总体评价、问题反思和教学重建。其内在的逻辑关联性是：首先，需要引导教师对自己在研究性变革实践中的发展状态有清晰的自我意识，并且能联系自己的实践做理论分析，使教师从自己的行为变化和认识发展中具体地感悟变革的理论对于实践的价值和力量；其次，引导教师在理论认识提升的基础上，能够对教学中的问题做出自我诊断，并能对现象背后的内在观念、行为习惯和思维方式等问题进行透析，逐步使教师的理论认识与教学行为的一致在其个体身上实现内在统一；最后，引导教师在向内反思与向外吸收的基础上进行二度重建，努力把自己的认识转化为具有可行性的改进设想，不断提升教师的理论吸收与内化的学习能力和转化为实践的能力，提升教师对教学活动整体的自我反思和重建能力。

3. 评价指标体系描述的层级性

在评价指标体系整体性设计和逻辑性体现的基础上，我们还进一步对各评价指标给出了具体的内涵描述，通过描述来突出指标之间的层级性差异。这里仍以课堂教学评价指标为例加以具体说明。所谓评价指标的层级性，就是在评价表中给出三个不同层级差异的评价标准，其中：第三层级的评价标准是“新基础教育”课堂教学要求的最基本底线，这是检验教师是否体现课堂教学之新“型”要求的分水岭，达到第三层级的底线要求，表示教师进入了“新基础教育”；达到第二层级的要求，表示教师进入了“新基础教育”的相对成型阶段；第一层级的评价标准则是“新基础教育”课堂教学要求的高标，达到第一层级的高标要求，意味着教师进入了“新基础教育”的成熟阶段。评价指标的底线，是期望教师体现新“型”之基本状态与达到评价指标的高标要求。这对于引导教师努力追求和体现课堂教学之新“型”的丰富和完善具有指导价值，对于课堂教学评价指标在改革实践中起到推进和导向作用也有积极意义。

然而，要对评价表中的每个指标给出不同层级差异的描述，难度很大，因其本身也是评价研究的基本内容。如在评估指标体系第一稿中，我们采用了习惯意义上的程度副词来表示不同程度的差异，把教学目标指标描述成三个等级：教学目标表达具体清晰、教学目标表达比较具体清晰、教学目标表达一般。那么什么样的目标表述是“比较”清晰的？什么样的目标表述又是“一般”的？很显然，采用这种习惯意义上的程度副词来表示不同等级的差异时，主要反映的状态是程度差异，而不是层级差异。层级差异所要表达的是项目指标可能出现的不同水平级的差异状态。

具体地说，层级差异描述一般可以从以下几方面来反映：一是指标内含要素的数量差异，二是指标内含要素的程度差异，三是在整体上反映改革实践达到的不同发展水平。第一层级指标包含的要素应尽可能全面和高水平，第二层级和第三层级的要素则是在前一层级要素的基础上，缺少某些表达高水平程度的要素。

例如，在“教学设计评价表”中对学生状态解读的指标描述，第一层级有三个要素：（1）对学生总体状态有了解，对不同层次学生的差异分析清晰；（2）对学生已有经验和学习困难分析准确，所提目标有针对性；（3）对学生的潜在分析估计准确，所提目标有发展性。在这三个要素中，包含了对学生总体及不同层次个体的已有状态、潜在状态与可能状态等方面具有结构性的把握，呈现出整体高水平的要求。

第二层级减少为两个要素：（1）对学生总体状态有了解，有不同层次学生的差异分析；（2）对学生已有经验和学习困难有分析，所提目标有针对性。减去的要素是与教师对学生潜在状态相关的把握，尽管它只是三个要素之一，但教师有无这方面的把握，对教学开发学生潜能这一重要功能的实现却是关键性的。因此这一“缺失”能表达出教师达到水平在实际上低于第一层级的层级差异。

第三层级减少到只含一个要素：对学生有了解，所提目标有针对性。在这里，有一个要素即对学生差异性以及学习经验与困难分析的缺失，表现出教师虽研究了学生，但还停留在一般年龄、年级、班级意义上的了解，缺乏对学生作为具体个体的聚类式分析。因此，这仅仅达到了改变过去教学中往往忽视学生研究、教学目标无针对性的目的，而这也只是“新基础教育”要求教师须达到的最低限度的水平。

显然，后两个层级在整体上离达到完善与高水平的层级差异性得到了较为清晰的标示。

上述研制课堂教学全程性评价指标中凸显的问题及其解决方式，至少体现了以下两个方面的现实意义：第一，教学过程内在逻辑和层级阶梯式教学评价指标的设计，不只是对教师课堂教学过程的结果性评价，而是对教师从课堂教学设计起，到教学过程的动态实施，再到结合教学实践反思与重建的全过程评价。它一方面旨在引导教师对课堂教学之新“型”认识的具体化；另一方面又期望教师通过自己的研究性变革实践，实现自身教学观念、行为的改变和反思能力的发展。

第二，阶梯式层级化的教学评价指标描述的设计，既反映了对教师课堂教学底线的基本要求，又反映了上限的可能达到和期望达到的高标要求，同时还反映了教师研究状态的层级化差异和质的变化状态，使课堂教学评价指标既有底线基准，又留有发展空间且指明了发展方向，激励教师开发自己发展的可能性，使改革不断逼近目标。

4. 评价方式与形式的多样性

对学校进行整体全方位的评价仅仅用某种单一的评价方法与手段显然是不够的。为此，推进型评价采用了形式多样的评价手段。既有日常性的常态评价，又有阶段性的集中评价；既有定性分析的评价，又有定量分析的评价；既有作为评估对象的主观自评，又有作为评估者的客观他评；既有答辩会和座谈会的评价方式，又有现场听课和评课研讨的评价方式。

如在阶段性集中评估中，有集中一天举行的校长答辩会，所有参评学校集中在一起轮流进行答辩，可起到比较和相互交流的作用。除此以外，还有每校一天的现场听课和班队主题活动，以及评课研讨和座谈会等。在每所学校集中评估时，都要听由不同年级、不同班级和不同学科组成的 12 节课与 3 节主题班会，共计 15 节。相关教研组、年级组和学生都成为座谈会的参与者，还有中层领导专题座谈会，这是希望在量上保证评估的全面性。

上述评价指标体系是阶段性集中评估所采用的工具，这套工具使用成功，我们就可以将其转化为指导日常变革的评价工具，提升日常评价的品质。日常性评估的重点是关注变革实践有没有在课堂教学、班级建设和学校管理等日常性的教育活动中进行渗透性的展开。事实证明，日常开展变革的状态与质量是集中评估是否成功的前提保证。

除阶段性集中评估和日常性评估以外，还设有团队相互作用状态的评估项目。团队相互作用是指每个学校在“新基础教育”研究共同体中的参与状态、创造性贡献和影响力，以及对其他学校经验的学习能力等研究群体活力的状态。

有关这方面的具体内容，还将在下面的论述中有所展开。

二、基于推进学校转型性变革的评价体系之价值取向与权重分配

任何评价体系都蕴含着一套价值取向，以推进学校转型性变革为己任的“新基础教育”秉持着从近代型学校向现代型学校转型的信念，这一信念内含一种基

本价值取向："现代型学校的存在价值不再停留或满足于传递、继承人类已有知识，实现文化的'代际遗传'和社会生产力、生产关系的复制式再生，而是追求为社会更新性发展、为个人终身发展服务的存在价值，使教育成为人类社会更新性的再生系统。这一转换将使教育的主旨从以传递知识为主要直接目标，转换到通过包括教育在内的各种手段，培养具有主动发展的意识与能力，从而能在各种不同和变化着的具体情境中，努力开发自己创造潜力的人为主要、直接目标。"①因此，学校转型性变革首先要完成的是价值提升的任务，即从传递知识为本转向以培养人的主动发展的意识与能力为本。

与此相应，评价体系的重建也包括价值取向的重建。之所以定位在"价值取向的重建"，是因为要通过评价推进学校整体转型性变革，"不仅要对原有的形态做深入的分析与批判，发现具有全面性和根本性的问题，而且要按新的价值取向和观念系统，做出新的系统策划和在实践中进行重建"②。因此，"新基础教育"提供给当代基础教育改革的不仅仅是一套具体的评价标准，更是一种适应学校变革实践需要的重建后的评价价值系统。

用新的评价指标促使改革实践者和研究者对新型之"型"的认识具体化过程，实际上就是把价值追求转化为实践标准的过程。这是以推进变革为核心的最基本的评价功能：将已确立的价值观转化到各评价项目、指标和分数之中去，再通过被评价主体的认识、理解、实践、积累、反思、体悟、再实践，进而转化为被评价主体的价值理念、思维方式、教育教学的策略与行为方式。这样多次转化的过程，实际上也是评价主体与被评价主体实现双向沟通与转换的过程，是双方对新的变革理念和相应的变革行为从模糊到清晰、从简单到复杂的过程，是价值观念实现外化与内化循环式双向转化的过程，最终是双方共同成长的过程。

如何通过评价实现改革实践者和研究者对新型之"型"的认识具体化？我们主要是通过评分项目的构成和权重分布来体现成型性阶段研究的价值取向。为此，我们试图将复杂思维具体体现在评估分数的构成以及权重的多次聚焦、分配过程中（见表2）。为了设计出一套有效工具，尽可能真实反映各个学校全面、具体的状态，我们在评分的过程中做了如下尝试：

---

① 叶澜．实现转型：新世纪初中国学校变革的走向．探索与争鸣，2002（7）．

② 叶澜．新基础教育论：关于当代中国学校变革的探究与认识．北京：教育科学出版社，2006：123.

表 2　　学校转型性变革的评价分数的权重分配表

<table>
<tr><td rowspan="4">常态评估
（80 分）</td><td colspan="2">日常管理状态</td><td>45 分</td></tr>
<tr><td colspan="2">自评和答辩</td><td>15 分</td></tr>
<tr><td colspan="2">进步或高端稳定状态</td><td>5 分</td></tr>
<tr><td colspan="2">创造性</td><td>15 分</td></tr>
<tr><td rowspan="7">现场评估
（70 分）</td><td colspan="2">管理团队（30%）</td><td>21 分</td></tr>
<tr><td colspan="2">教师团队（10%）</td><td>7 分</td></tr>
<tr><td rowspan="4">课堂教学（30%）</td><td>语文</td><td rowspan="4">21 分</td></tr>
<tr><td>数学</td></tr>
<tr><td>外语</td></tr>
<tr><td>术科*</td></tr>
<tr><td>班级建设（30%）</td><td></td><td>21 分</td></tr>
</table>

* “术科”包括音乐、体育、美术、科学和信息技术等学科，这是当时的称呼，随着对这些学科教育价值的认识不断深化，现改称“综合学科”。

1. 确立学校变革中日常性研究的价值取向

之所以要进行日常性的常态评价，是因为“新基础教育”强调学校整体性的变化是以学校教育日常持续变化的方式来体现和实现的。我们不是简单地给被评者一把达成目标的尺子，给他应付集中评估所用。变革不能靠突击，而是要坚持平时的日常研究，因此我们需要评价日常变革状态。为此，我们在学校评价指标的权重分配中将常态评价定为 80 分、阶段性的集中评价定为 70 分，并以这种价值导向，期望和促进变革实践者通过日常渗透来实现学校的整体转型性变革。

2. 确立以管理变革为学校变革核心的价值取向

学校不同层面工作的权重配置方式体现了评估的价值导向。从表 2 中我们可以看到日常管理状态的分值共有 45 分，在常态分值中的比例占 1/2 强，在所有方面中占的比重最大。此外，管理团队建设状态的分值也占有很大的比重。因为作为学校管理的领导团队能否适应变革要求，具备适应变革的团队品格，也是推进变革型评价体系需要关注的问题。为此，我们在评估中增设了校长和学校领导团队答辩环节，这是学校领导团队的一次集中亮相。答辩过程中，答辩委员会提出的问题，有些要求当场回答，有些要求带回去进一步思考。之所以设计这样一个环节，除了考察学校领导对自身状态是否有深度了解之外，还要考察学校领导团队是否了解学校的整体发展状态、团队成员独立思考本领域工作的水平、学校的整体工作之间是否和谐、富有创造力。在答辩中，我们发现有这样几种情形：

第一种是校长答完之后，团队成员能及时衔接上，既和总体一致，又能呈现他作为所在领域第一负责人的特点；第二种是校长答完之后，团队成员说的与校长相差无几，没有起到补充作用；第三种是校长答完之后，团队成员能说出一些其所在领域的具体情况，但和校长所言不能很好地呼应；第四种情况就是团队中其他成员说的内容，很容易落到具体操作，没有呈现出作为中层的独立思考和策划本领域工作的第一责任人身份。答辩结束后，评估组根据现场表现，不仅要对各个团队打分，还要进行质的描述，并将这些评价结果反馈给各校。

3. 确立提升变革主体主动发展的价值取向

“新基础教育”试图通过学校变革培养主动、健康发展的人，以培育个体的生命自觉为使命。因此，除了对作为学校变革工作的“事”进行评价以外，我们更强调对作为学校变革主体的“人”的评价。因为在学校转型性变革中，人是最重要的、持续发展的决定性力量。如果只关注成事，学校也会发生变化，但可能是短暂的，随事之成而消停。也就是说，学校变革的价值追求强调“成人”与“成事”的一致性，这是学校管理价值观中有关目的与手段关联，须实现双向转换与统一的表达，体现了两者之间相互依存和转化的关系：在成事中成人，用成人促成事。这里突出的是学校教育的根本价值在于“成人”，其中的人不只是学生，也包括学校领导者和教师。因此，无论是对作为学校变革的管理领导者的评价，还是对作为学校变革的具体实施者的教师评价，以及对日常各种教育活动的评价，我们都努力将这一精神渗透进去。

例如，在定性自评方面，我们不仅要求每所学校写出整体性的自评报告，并且要求每所学校形成 3～5 篇反映两年多来自己创造的最主要经验的专题论文。之所以提出这样的要求，是为了提升参评学校对自身改革实践的整体认识和深化认识。通过梳理自身两年多来的发展与变化，总结成功的经验和发现问题，实际上是为了提升改革主体的自觉性。这一要求使得评估工作一开始就建立在参评学校积极参与的基础之上。

又如，在分值权重安排上，自评分占 15 分，这意味着我们看重学校是否具有清晰的自我意识，看重变革主体的自觉程度。不清楚自身状态的人很难有较好的发展。此外我们还设了 5 分的进步分和高端稳定分，进步和高端稳定都非常不容易，所以根据学校进步的快慢和保持高端稳定的程度，各有 3～5 分的加分。这样，日常管理状态、自评和答辩、进步或高端稳定状态这 3 项分数共计 65 分，占常态评估总分的 4/5 强，占的比重相当大。

4. 确立学校变革中创造性研究的价值取向

我们还特地设置了15分的创造与贡献分。这意味着该项评估鼓励变革主体的创造，同时，也意味着我们是一个共同体。平时，我们非常关注每一学期期初与期末两次各校校长交流、总结、计划中呈现出来的创造成分，以及创造成分对共同体的影响。如上海市闵行区实验小学在行政组织改造、规划制定中的创造性突破，上海市新基础教育实验学校在非行政性组织建设方面的探索性尝试，上海市普陀区洵阳路小学的教研组文化建设，常州市第二实验小学、上海市闵行区华坪小学在学生工作方面的创造性工作等都给了大家很多的启发，并产生了扩展效应。

这些创造本身就有丰富的价值内涵。当我们通过在评价表中增设“创造”作为一项重要指标并赋予其相应分值之时，就意味着：

其一，以推进转型性变革为导向的评价体系，不仅仅是对已成型的学校状态的镜子式静态映射，而是对未成型之态的动态追求；不仅仅是将变革过程中的价值视为或归结为一种现成的事实，而是试图引导和诱发新的人之可能发展和新的事之可能产生。因此，这样的评价体系呈现出未来性、开放性，是对已经生成和可能生成的发展性的价值导引，是对已经造就、正在造就和将要造就的人与事的变化之沟通。重建后的评价体系以评价的方式打通了学校变革的过去、现在和将来，形成了一个具有强烈时间感的层级立体式的评价结构。

其二，“新基础教育”不满足于对已有价值观的承接和转化，而是力图将评价的过程变成价值取向提升的过程，把价值取向具体化的过程变成价值创生的过程，变成价值改造和价值重建的过程。其结果是，既反映变革也推进变革。

三、基于方法论转换的成型性研究阶段的中期评估活动的开展

以上述“推进变革型”的评估指标体系和评估方法为基础，我们对上海市参与“新基础教育”成型性研究的闵行区5所基地学校、普陀区一所基地学校和常州市一所基地学校共7所学校，开展了基地学校建设的中期评估活动。整个中期评估活动从2006年6月28日启动始，至2006年12月8日中期评估表彰大会止，前后历时长达半年之久，经历了准备、实施和总结三个阶段。

在中期评估活动的准备阶段，各参评学校撰写了自评报告、专题论文，填写了各种类型共计20个项目的统计表格，评估组也花了两个月的时间研制评估方

案，形成了上述学校转型变革的评估指标体系。可以说无论是参评学校还是评估组，所有的准备都是相当认真和充分的。

在中期评估活动的实施阶段，评估组前后听了小学的 7 门学科共 60 节课，中学的 8 门学科共 24 节课，主题班会 21 节，共计 105 节；同时，还在每所学校召开了各种类型的座谈会，包括中层领导座谈会、各科教师座谈会、学生座谈会，共计 77 次。在资料方面，我们积累了课堂教学实录、教学研讨记录、座谈会记录等各种类型的文字资料，总计达 100 多万字。在评估期间，各基地学校之间相互学习，闵行区的一些非基地学校也积极参与。据初步统计，参与此次评估活动的累计达 1 500 人左右。从总体上说，中期评估活动实施阶段工作的开展是有序、丰富和有成效的。

在中期评估活动的总结阶段，就评估组而言，做了大量的评估总结工作：对各基地学校进行状态分析，总结交流评估工作经验，评奖和撰写颁奖词，并进行专题评估总结的撰写，等等。在此基础上，评估组先以综合的方式向参评学校进行评估反馈和讨论交流，后又以专题的方式向相关学科的教研组及教师进行反馈。就参评学校而言，各学校内部在不同层面先后自觉地对评估结果进行了自我反思、总结研究和下阶段的工作策划，研究如何把评估阶段的相关资源“化”到学校随后的日常化发展之中。总的来说，这一阶段的活动充分体现了“新基础教育”独特的研究风格——重视实践后的反思与重建。正是这样越来越自觉的不断实践、反思和重建，不仅把一次次的实践活动联结起来，而且还逐步向更高的水平发展和提升，使每一次反思都成为“新基础教育”发展过程中不可缺少的一个环节，成为一次次不同类型的“新基础教育”实践活动之间的联结环节。从这个意义上可以说，中期评估总结阶段的活动具有特别重要的阶段推进性作用和价值。

除了价值体系重建之外，评价体系的重建还涉及方法论意识的渗透和方法论转换。所谓方法论意识，指的是评价主体试图超越方法意识和方法主义，自觉关注评价方法与评价对象的适切性，关注评价中的立场、层面、思维路径、思维框架、思维方式等。这一转换的重大前提是：评价已发生了什么重要的变化，它不再是一般意义上对学校教育的评价，而是对变革进程中的学校教育的评价，是对参与变革的学校从整体到局部，从宏观到微观的变革状态的评价。因此，在整个中期评估活动开展的过程中，我们努力在以下方面体现方法论的意识：

1. 评估主体多元化

作为一种学校变革研究，“新基础教育”的变革主体由大学专业的教育研究人员与参与研究的中小学及相关行政人员合作开展。三类不同意义上的参与者构成了复合的评估主体。大学专业研究人员作为课题承担者，进行中期评估的设计：从工作方案设计到评估指标设计，评估的组织与实施，以及评估结束后的总结与根据评估结果对下阶段工作的策划。中小学的领导与教师，既是学校变革的研究实践者，又是推进式评估的参与者和直接受评者。这是多重角色的复杂统一。他们作为课题的合作者，主要承担所在学校日常实践变革的责任。因此，在中期评估活动的准备阶段，各参评学校首先要进行自我评价，包括改革实施的总结式自评、专题式自评以及表格式自评。通过自评清晰梳理改革在本校进展的历程与状态、主要变化、经验与问题。其次，他们还要成为学校之间互评的参与者，通过对其他学校的评价，形成对自己学校改革状态的比较认识，学习他校经验，加深对改革的认识和学习到更多的方法与策略。最后，在中期评估活动的实施阶段，所有参与改革研究的学校还要按评估要求，提供现场评估的全部活动，以被评者的身份接受他人的评估。这一过程，又是他们进一步学习与研究评估指标、改善教育改革行为、提高教育改革认识水平和教育教学质量的过程，还是一个与其他评估者相互交流学习的过程。正是评估主体与改革研究主体的一致性，改变了在改革中“做的人，无权评估”，“评的人，不做改革”的两分局面，使改革与评估之间有内在的关联性，使评估成为改革者反思、重建改革行为的过程，使改革认识和实践的深化因主体的提升而得到保证。

2. 复杂的思维方式

以什么样的思维方式确立评价方式并展开评价，是事关评价有效性的关键所在，也是评价方法论的基本构成。在推进学校变革的过程中，“新基础教育”始终坚持以复杂性思维统领学校变革。

例如，在现场评估分值分配（见表2）中，各项分数的权重分配是一次一次地聚拢。在最初的现场原始分评分时，我们是“分分计较”，显现出各项具体指标的具体得分；当同一学科三个梯队教师的教学分聚拢时，权重分配发生第一次变化，如两人得A，一人得B，整体就得A。可见某一学科整体得A，并非意味这一学科的每一位教师教学水平都为A。当语、数、英、术四门学科教学分聚拢时，权重分配发生第二次变化。最后学校管理、学生工作、课堂教学按比例进行分值聚拢，权重分配发生第三次变化。这样学校现场分经过三次不同的权重配置，呈现出学校局部工作的总体状态和学校总体状态的独立性、相关性和差异性。

又如，评估指标中每一项分数的设置和表达的意义各有不同，它们不是同质相加，不是同样一个质量东西的相加，而是不同质的东西，我们赋予不同的分值，然后相加。这是复杂思维在定性与定量统一意义上的表达。

总之，这次评估分值的组成设计和权重的不断调整，生动体现了具体化的复杂思维，由此我们创造了一种方式，即对具体的现实的复杂性达到可以定量把握的方式。在这次评估中，时间的维度、事物内组织的生成过程及其相互关系、作用状态都成为我们评估的指标。

此外，评价中形成的综合性思维、整体性思维和关系性思维等思维方式，则是复杂性思维方式的具体表现。

例如，我们在评估中加强了自评和评估中定性与定量结合的要求。这种两个要素或两种方法的结合，不是做加法，而是力图实现不同维度相互之间的内在转化——通过撰写颁奖词凸显了定性评估和定量评估之间的内在转化关系，通过现场式研讨实现常态评估和集中评估的内在互动式关联等。这就是一种关系性思维。此外，我们在具体的评价方式上，不仅区分了程度差异与层级差异，绝对性评价和相对性评价，纵向评价与横向评价，还关注了它们之间的内在关系和相互转化。

又如，我们避免将评价活动本身孤立起来，而是力图将评估与培训结合起来，形成“评估中的培训，培训中的评估”的综合势态。此外，综合性思维方式还表现为，我们根据不同阶段的时间需要，综合运用了已有评价体系中的不同方式，因为“‘新基础教育’的评价改革并不是内部封闭进行的，它与已有的评价体系，在不同的阶段和不同的方面采用了不同方式的结合”①。

3. 评估主体的立场

以什么样的立场来评价学校变革，就会有什么样的评价体系。“新基础教育”的评价体系中内含了四种立场。

立场一：变革立场。所有评价指标和分值的确立，都是基于变革、在变革之中、为了变革、推进变革的。基于这种立场，重建后的评价体系试图寻找和遵循的是变革性评价的内在逻辑。

立场二：教育学立场。世界上存在着各种各样的评价体系和评价标准，同样是学校变革评价，也可以有多种完全不同的评价标准，如社会学立场、经济学立

---

① 叶澜．新基础教育论：关于当代中国学校变革的探究与认识．北京：教育科学出版社，2006：399.

场和文化学立场等等。“新基础教育”欲完成的评价体系重建，秉持教育学立场，它致力于回答教育学的一个基本问题：如何才能以教育的方式，有意识、有目的地促使人的生命主动地成长与发展？对这一问题的敏感和回答是衡量评价主体是否具有教育学意识和教育学敏感的核心依据。

立场三：生命实践立场。“新基础教育”主张学校教育变革要有生命关怀，要培育生命自觉，并且将评价本身视为一种独特的实践活动。这种评价活动的目的在于培养主动、健康发展的个体生命，在于培育人的生命自觉，也是一种独特的“生命·实践”之内在统一的具体表现。因此，“新基础教育”的评价活动不是外在于评价主体的一种实践活动，而是内在地渗透于每一个评价主体在变革进程中的生命成长与发展之中。在这样一个意义上，衡量一所学校的转型性变革成功与否，最终的评价标准是看这所学校中每一个变革主体生命实践活动的质与量。衡量一个评价体系是否合理与完善，也在于该评价体系在多大程度上，以何种方式促进了、提升了学校变革主体生命实践活动的质量。

立场四：本土立场。作为一项本土性内生性变革，“新基础教育”致力于为基础教育改革贡献中国知识和中国经验，致力于形成具有中国命脉、中国气派和中国魂魄的学校教育品牌。为此，在重建后的评价体系里，通过文化命脉的寻找、文化价值的转化、文化生境的创生，扎实推进具有鲜明本土色彩的学校转型性变革的实现。

历时半年的中期评估活动已经成为过去，但是评估活动带来的效应并没有因为活动的结束而终止。对于参评的基地学校来说，中期评估活动是诊断，是促进，更是引领发展。参评学校认为，从自评报告和专题论文的撰写，到各项工作的梳理和各种统计表格的填写，从自评报告的答辩，到现场听课和评课的专题研讨，从各种类型的座谈会，到评估结果的反馈和交流研讨，都在不同方面、不同层次上引起了他们对日常活动数量、质量、成效以及活动之间内在联系和价值追求的深入思考，也促进了他们学会自觉地进行由表及里的自我诊断和深度反思，还引领了他们努力学会自我调整和持续发展。更为重要的是，此次中期评估活动还促使他们在内部进行不同层面的评价后的自我再反思和再评价：一是看评价过程中的领导、教师团队和个人的价值观变了没有；二是看评价过程中出现了哪些新的可以成为后续变革的创造，成为新型学校形成和创建的新生资源；三是对学校转型性变革的评价指标体系的深入学习和内化，从而将其转化为学校日后开展研究的重要资源，使学校变革研究成为日常、自觉的行为。因此，中期评估活动对各个学校的意义远不只是得到一个分数、排出一个名次，更重要的价值在于成型性研究之后的发展。

对于参与评估活动的闵行区其他学校而言，此次评估活动成为它们向基地学校学习、对照和寻找自身差距的契机，从而也激发了它们后起直追、努力赶超的动力。它们的体会可以概括为以下几点：一是有紧迫感，二是有责任感，三是有归属感。首先，各基地学校的水平有明显的整体提升，如果再不迎头赶上，距离会越来越大，因此要用只争朝夕的精神努力赶超。其次，基地学校的校长领导水平不一般。在中期评估自评报告的答辩会上，许多基地学校的校长面对评估组专家提出的尖锐问题经受住了考验。他们表现出的共同特征是：新型学校的校长既要有管理水平，又要有专业水平，还要有学术视野，更要有引领学校持续发展的智慧与策略。因此，作为校长感到任重道远。最后，基地学校的团队合作意识普遍比较强。在基地学校我们看到，团队合作并不妨碍个体的成长和发展，相反，个体却有着变革群体的归属感。每个人在为团队建设做贡献的同时，团队也成为个人发展的重要力量，成为个人生命成长的丰富滋养。

对于课题组而言，我们看到了前一阶段自身研究工作中的不足、弱项和今后需要着力加强的方面，包括研究人员自身尚需改变和提升的领域；受到了所有执着于学校转型性变革的实践者的精神和智慧的滋养，并因他们的发展变化而得到鼓舞和增添信心。与此同时，我们也在学校转型性评价的探索方面又迈出了坚实而艰辛的一步，享受到了团队成长与创造的欢乐。

本文根据叶澜教授 2007 年 1 月在台北市举行的第 12 届海峡两岸暨港澳地区教育学术研讨会上的报告整理而成，经叶澜教授修改，定稿。后发表于《教育发展研究》2007 年第 7 期。“新基础教育”成型性研究中期评估由课题组全体成员承担，本文发表时署名叶澜、李政涛、吴亚萍。

新世纪教师专业素养初探

近年来随着对基础教育新的质量要求与目标的明晰，随着课程、教材改革和学校内部教育、教学改革的深化，国内有关教师及教师教育的研究也日趋活跃。教师是教育改革的关键性因素的观点，越来越引起人们的关注，本文将集中讨论新世纪中小学教师的专业素养。

一

教师的专业素养是当代教师质量的集中表现，它应以承认教师职业是一种专业性的职业为前提。关于一种职业能否被称为专业，并不仅仅以学历或对业务提出一定的要求为标准。它是由与职业性质相关的综合性要求决定的，被公认的至少有三个方面的规定：第一，作为专业的职业实践必须有专业理论知识做依据，有专门的技能做保证。因此，从事专业工作的人员在任职前必须接受过规定的专业教育。同时，每一个专业还必须有与其他专业相区别的专业要求，方能具有独立专业的资格。第二，作为专业的职业，承担着重要的社会责任。它要求从业人员具有把社会利益、服务对象的利益放在首位的从业精神。也就是说对从业人员有较高的职业道德要求。第三，作为专业的职业，在本行业内具有专业性的自主权。如对从业人员的聘用、解职、与专业业务相关的权力（如医生的处方权）不受专业外因素的控制。其表现形式有：专业工作者必须有专业资格证书，入职、聘用、解职有严格的具体规定，专业内部有不同的职称以标志专业水平的差异，职称的晋升需经过专家评审，等等。在上述三条标准中，我以为第一条是基本的，它直接决定了第三条。第二条反映了专业在社会系统中重要的社会价值、公众对它的需要和期望，因此专门提出了职业道德要求；但这种道德要求不是盲目的、靠宗教式信仰就能实现的，它要求从业人员对自己职业的性质和意义有深刻的理性认识，从而能自觉实践，做到自律；所以，实际上与第一点的要求依然相关。除此以外，我们还必须看到，一种职业能否被称为专业，并非由职业内部自封即可，它是由其自身的性质决定的，与已经达到的发展水平密切相关。同时，只有被社会需要和认同，并确立了一整套制度后，才能真正获得专业地位。若某种职业从性质上看具有专业意义，但实际上专业化程度却不够，往往会被称为“准专业”，尚需经历一个专业化过程。

在对专业标准有了一般理解后，我们就有可能进一步讨论教师职业的专业性问题。随着社会的发展，人类对教育的需求与重要性的认识日益加强，在当今的时代更是达到了空前的程度。与此同时，社会对教育工作的复杂性之理性认同，也随教育自身的发展而日益加强。1966年，国际劳工组织、联合国教科文组织联合发表的《关于教员地位的建议》中明确写道：“教育工作应被视为专门职业（profession)。这种职业是一种要求教员具备经过严格而持续不断的研究才能获得并维持专业知识及专门技能的公共业务；它要求对所辖学生的教育和福利具有个人的及共同的责任感。”[①] 在这里我们看到的是关于教育应该是专门职业的强调。20年后，在1986年美国卡内基教育和经济论坛“教育作为一个专门职业”工作组发表的、引起世界广泛注意的报告——《国家为培养21世纪的教师作准备》中，人们看到的则是作为一个发达国家，为提高教育质量，促进经济发展，对提高教育职业专门化和提高教师专业水平的强烈愿望，以及对如何提高教育专业化水准的积极建议。报告在“概要”部分集中表述了这些意向：“美国的成功取决于更高的教育质量……取得成功的关键是建立一支与此任务相适应的专业队伍，即一支经过良好教育的师资队伍。要赋予他们新的权力，委以新的责任，面向未来，重新设计学校。”“为了建立这样一支专业队伍……工作组号召在教育政策上做如下幅度较大的变革。建立一个全国教学标准委员会……它负责确定教师应达到的高的应知应会标准，并为达到标准的教师颁发证书。”“改组学校，为教师提供一个良好的教学环境，使学校充分享有决定最好地满足州和地方对儿童培养目标要求的权力。同时学校对学生的进步负责。”“把取得文、理科学士学位作为学习教学专业的前提条件。”“使教师的薪金和职业前途能够堪与从事其他专门职业人员的工资和职业前途相匹配。”[②] 从以上较为详细摘录的引文中，我们不仅看到了“专业”标准在教育中的一种具体表现，而且看到提高教育专业化水平，即使在美国这样一个发达国家，也是非常迫切且有大量工作要做的。这在相当程度上反映了世界教育发展的共同趋势。

在国内，教师职业的专业化还只处在初级阶段。尽管对教师就业的学历标准早有规定，并且已列入了教师法，但与国际上不少国家，尤其是发达国家比，标

---

① 筑波大学教育学研究会．现代教育学基础．钟启泉，译．上海：上海教育出版社，1986：443.

② 国家教育发展与政策研究中心．发达国家教育改革的动向和趋势：第二集．北京：人民教育出版社，1987：265－266.

准偏低。即使如此，还有相当数量的教师未达标。1995 年教师资格证书制度的确定是教师职业走向专业化的重要步骤，但该制度的实施与完善尚需时间。党和政府为提高教师的地位做了大量工作，也收到显著成效，但与赋予教师职业的社会重任比还不相称。从认识方面看，问题更为突出。在公众和社会舆论方面，对教师职业强调的要求主要是道德方面，诸如热爱儿童、有奉献精神、以身作则、认真负责等。对业务方面，突出的是传授知识的要求，中小学生所学内容的浅显性使相当多的人并不看重教师作为专业人员的理论水平与特殊能力。再加上在市场经济大潮中多种消极因素的影响下，部分教师在敬业精神与师德方面的表现有所滑坡，教师的形象在人们心目中原有的道德光亮也随之有所减弱。

在师范教育和教师继续教育方面，我们已有相当规模和多层次的教师教育体系，1997 年还开始了教育专业硕士学位的试点工作，说明教师学历层次的提高受到重视。但忽视教师职业专业化时代要求的倾向仍然存在，这与专业意识不清晰直接相关。办学部门、教育研究人员对教师专业性的一般概念与具体标准缺乏认真、广泛、深入的研究，造成在培养教师的师范学校教学计划中难以全面体现专业目标要求，还是依传统的教师观去设计教师培养方案，专业训练仅限于开设数量相当有限的教育学科课程与教育实习。在职教师继续教育中存在的是另一种倾向，偏重于围绕教材变化的学科知识再学习和教学方法、技能、备课等操作性训练。以上问题造成教师教育中职业专业性的功能未得到充分发挥。其后果是：一方面，某些用人部门并不重视教师聘用过程中和就职后专业基本要求的达到和提高，有的人相信教师的成功是靠天赋与个人努力，有的人更相信高学历与一般能力在教师工作中的作用；另一方面，教师本人对职业缺乏专业感，缺乏以专业人员标准要求自己的方向感，有关教育行为的规范更多来自传统和上级。在我看来，后者是更值得引起重视的消极后果。它会导致即使努力工作的教师，也未必能对高质量的教育做出富有成效的贡献，导致教师自身的发展受阻。

由此可见，要建设一支能胜任 21 世纪中国基础教育重任的新型教师队伍，必须加快教师职业专业化的进程，深入研究对未来教师专业素养的要求。提高教师的专业意识与水平，应是未来教师培养的核心任务。

二

具体地说，我们探求的未来教师专业素养主要包括下列几个方面：

首先，未来教师应该具有与时代精神相通的教育理念，并以此作为自己专业行为的基本理性支点。教育理念是指教师在对教育工作本质理解基础上形成的关于教育的观念和理性信念。有没有对自己所从事职业的理念，是专业人员与非专业人员的重要差别，也是未来教师专业素养不同于以往对教师的要求的重要方面。教育这个事业在21世纪将对人类社会、时代发展具有前所未有的普遍、持久、深刻的基础性价值，因此它要求从业人员有高度的自觉性、责任感和进行创造性工作，尤其要求教师具有明晰和正确的教育理念。

我认为，未来中小学教师的教育理念，主要是在认识基础教育的未来性、生命性和社会性的基础上，形成新的教育观、学生观和教育活动观。

基础教育是整个教育系统的奠基部分，不管时代如何变化，其基础地位是不变的，所变化的只是如何确定基础的立场和具体任务。当代科学技术和社会发展的加速，使人们在确定基础教育的任务时更强调人对未来社会的适应能力，强调为人的终身学习与发展打好基础。因此，立足于未来、为了未来确定今日之“基础”的含义与基础教育的任务，成了当代基础教育与以往不同的特征，即具有未来性的特征。生命性在基础教育中特别被强调，因为基础教育的对象是处在人生童年期和少年期的学生。他们一方面年幼、缺乏生活经验，需要学习，另一方面又处在生命中充满活力和潜力、多方面都需要发展和具有多种发展可能的重要时期。这是人生最集中的一个学习时期，对每个人来说都是十分宝贵但自己却并不知晓其价值的时期。因此，教师在这一阶段的作用特别重大，他不只是影响学生发展的这一阶段，而且有可能对其一生产生作用。这是最需要优秀和出色教师的人生时期，需要珍爱生命、懂得生命的整体性和童年、少年期对于人生的独特重要价值，并善于开发生命潜力的教师。基础教育的社会性包括两方面含义：一方面，基础教育的任务和内容要有助于学生认识社会、热爱本民族优秀文化传统，为未来社会培养合格和出色的公民；另一方面，基础教育和千家万户、生活社区、城市、农村有着千丝万缕的联系，因此向社会和全体公民负责，紧密依靠社会和社区开展工作是基础教育社会性的重要特征。

对以上三个特性的认识为形成新的基础教育观、学生观和教育活动观提供了理性依据。新的基础教育观是教育价值取向的定位。21世纪的基础教育应把每个学生潜能的开发、健康个性（指个体独特性与社会规范性的有机统一）的发展、为适应未来社会发展变化所必需的自我教育、终身学习的意义和能力之初步形成作为最重要的任务。这与传统教育中把基础主要定位于基础知识、基本技能和技巧的训练有很大区别。我们不仅强调基础知识等本身应随时代的变化而更新，更强调人与社会发展的需求在基础教育中的独特反映。“发展”作为一个中心词，在基础教育价值定向中应得到充分具体的体现。

学生观是关于教育对象认识的集中体现。传统教育中对中小学学生的看法，强调的是他们缺乏知识、能力和经验的一面，即主要看到的是学生的现在状态，而不是其潜在状态、内在的积极性和发展的可能性；传统观念把学生发展的过程，主要看作是把人类已有的文化传递给学生的过程，忽视了学生作为学习主体的作用。新的学生观把学生看作虽有不足和幼稚，但却是具有旺盛的生命力、具有多方面发展需要和发展可能的人；具有主观能动性，有可能积极、主动参与教育活动的人；把他们看作学习活动中不可替代的主体。只有具备了这样的学生观，教师才不会把教育仅作为一个灌输的过程，把学生当作一个可装大量知识的瓶子，通过反复操练形成技能、技巧的人。除此以外，学生观还应该包括对学生差异性、个别性的尊重，正像美国全国专业教学标准署制定的优秀教师知识和技能标准中所指出的那样，“优秀教师热爱青少年，一心扑在学生身上，承认学生有不同的特征和禀赋并且善于使每个学生都学到知识。他们的成功在于相信人的尊严和价值，相信每个孩子内在的潜能”①。

教育活动是学校教育的实践方式，它是沟通教育理想“此岸”和学生发展“彼岸”的具有转换功能之“桥”，是师生学校生活的核心构成。教师作为教育活动的策划者、承担者、指导者和评价者，必须围绕活动的目的与任务、为学生积极主动地学习、在学习中培养和发展能力、学会学习与创造等提供可能，创设条件，使学生在活动中得到多方面的满足和发展，增强独立发现问题、解决问题的综合能力。

其次，未来教师的专业素养在知识结构上也不同于今日教师。它不再局限于“学科知识＋教育学知识”的传统模式，而是强调多层复合的结构特征。

处于未来教师专业知识结构最基础层面的是有关当代科学和人文两方面的基本知识，以及工具性学科的扎实基础和熟练运用的技能、技巧。这是作为人类社会中知识分子的教师所必需的，也是要与充满好奇心、随时会提出各种问题的学生共处，并能进一步激发他们的求知欲、胜任教育者角色的教师所必需的，同时还是需要随着时代、科学发展而不断学习、不断自我完善和发展的教师所必需的。在未来社会，每一个人，尤其是未来的教师都将是终身学习者，是精神生活的富有者，他不仅应有强健的自然生命力，同时要有旺盛的精神生命力——学习的需要、信心与能力。只有这样的教师才会从自己的生命体验中懂得终身学习的价值，努力在自己的教育实践中培养学生对学习的兴趣、习惯与能力。

---

① 方燕萍．教师应知道什么、能够做什么．教育研究信息，1997（4）．

具备 1～2 门学科的专门性知识与技能，是教师专业知识结构的第二个层面。两门学科的性质可以是邻近、相关的，也可以是相去甚远的，由学习者根据本人的兴趣和能力进行选择。这部分知识是教师胜任教学工作的基础性知识。与非教师的其他专业人员学习同一学科的要求相比，教师学习有其特殊的专业要求。第一，教师应该对学科的基础性知识和技能有广泛而准确的理解，熟练掌握相关的技能、技巧。这不仅是因为不能把不准确和错误的东西教给学生，还因为只有在对知识和技能准确、熟练掌握的基础上，教师才有可能花更多的精力去设计教学，在课堂上更多关注学生和整个教学的进展状态，而不是把注意力集中到自己不要把知识讲错或习题做错上。第二，教师要对与该学科相关的知识，尤其是相关点、相关性质、逻辑关系有基本了解，这使教师有可能与传授相关学科的教师在教学上取得协调，在组织学生开展的综合性活动中相互配合。第三，教师需要了解该学科的发展历史和趋势，了解推动其发展的因素，了解该学科对于社会、人类发展的价值以及在人类生活实践中的多种表现形态。这些知识的意义在于使教师能在教学中把学科知识与人类的关系、与现实世界的关系揭示出来，使科学具有更丰富的人文价值，同时也能激起学生发现、探索和创造的欲望、为人类和社会的发展做贡献的愿望。第四，教师需要掌握每一门学科所提供的独特的认识世界的视角、域界、层次及思维的工具与方法，熟悉学科内科学家的创造发现过程和成功原因，在他们身上展现的科学精神和人格力量，这对于增强学生的精神力量和创造意识具有重要的、远远超出学科知识所能提供的价值。上述四方面的要求都服务于教师教学的成功，使教师具有丰富、扎实的知识底蕴，能在科学体系中把握自己讲授的学科，能使知识在教学中不只是以符号形式存在，以推理、结论的方式出现，而且能展示知识本身发展的无限性和生命力，能把知识活化，在教学中真正实现科学精神与人文精神、理论与实践、知识与人生的统一，充分发挥学科知识全面育人的价值。

教师专业知识结构的第三个层面属教育学科类，它主要由帮助教师认识教育对象、教育教学活动和开展教育研究的专门知识构成。过去在教师培养中尽管也包括此类知识，但大多停留在一般理论与教学法方面，过于简单，并没有突出教师认识学生与教育工作所必备的知识。在此，未来教师要加强有关人的认识、教育哲理的形成、管理策略、教育教学活动设计、方法选择、现代教育技术手段的运用及教育研究等方面的知识与技能。其必要性是由未来教师承担的工作和角色的丰富化决定的，也是与要求教师不仅是实践者，而且是研究者，教师不仅会教，而且有自己的教育追求与风格，能为教育事业和科学的发展做出创造性贡献直接相关。

教师专业知识结构的多层复合性，还体现在三个层面知识的相互支撑、渗透与有机整合上，只有实现了整合，而且这种整合了的专业知识表现为教师教育行为的科学性、艺术性和个人独特性，表现在教师精神生活的丰富性和发展性时，它才充分显示出教育作为一个专门职业对丰厚而独特的专业知识的要求，绝对不比其他专门职业低。

最后，当今社会赋予未来教师更多的责任和权利，提出更高的要求和期望，教师要胜任就需要新的能力。在此，我们尤其强调下列三方面的能力要求：

第一，理解他人和与他人交往的能力。学校教育系统是一个“人-人”为主的工作系统。尽管随着教育技术手段现代化的加速，教师的部分工作将被计算机或其他技术手段代替，但是，学校教育作为“人-人”系统的本质不会改变，越是具有人性的丰富性工作，机器越不能代替。技术手段的现代化恰恰是更强化了教师作为人的作用，其中最根本的是精神的沟通、情感的交流和个体人格的影响力。正是从这个意义上，我们强调教师理解他人和与他人交往的能力。这里的他人，首先是指学生。教师要实现有效的教育，要使学生积极主动地投入教育活动中去，都离不开与学生对话和沟通，建立起“你-我”关系。教师还是群体中的一员，他需要与其他教师合作。教师建立与家长合作和相互支持的关系、与社区各有关机构中人员的关系，都是形成教育合力和进行有效工作必不可少的。总之，教师的工作是为了人，通过人与人之间的合作和共同活动，对人的发展产生积极影响的工作，故理解他人和与他人交往的能力是最基本的能力。

第二，管理能力。这与前面提到的传统观点有共通之处，因为教师在学校教育活动中不可推卸地承担着组织者和管理者的责任。但我们理解的管理不只限于方法，更重要的是按教育目的规划教育活动的决策与设计能力，这种能力对教育活动的有效性具有重要影响。另外是作为组织者与领导者的管理能力。对于教师来说，更要具有使管理本身也成为一种教育力量，把学生管理工作，变为锻炼学生、培养学生自我管理和团结合作能力的手段，变成让学生在为集体做贡献的过程中展现特长、发挥优势的舞台。教师具有这样的管理能力，就不会把学生仅仅作为管理对象，把他们管死，而是把学生组织起来，发挥每个人的聪明才智，为形成有利于每一个学生都得到生动、活泼发展的集体，为人人能在集体中有自己的平等地位，能为集体做出自己的奉献，又能从集体中汲取力量、感受温暖、学会协作而共同努力。

第三，教育研究能力。具有科研的意识、知识与能力，是所有专业人员的共同特征。因此提高教师职业专业化水平，必须强调有关研究能力的要求。以往对教育传递知识功能的强调，使人们忽视了教师工作的创造性特征。科研能力在此主要是指研究学生及教育实践的能力。教师的研究大量是结合自己的实践工作与对象开展的，因此，科研能力也是高质量教育和教师自身专业能力不断发展的必要条件。教师的研究能力，首先表现为对自己的教育实践和周围发生的教育现象的反思能力，善于从中发现问题、发现新现象的意义，对日常工作保持一份敏感和探索的习惯，不断改进自己的工作并形成理性认识。从这个意义上，教育研究成了教师作为专业人员的一种专业生活方式，他自己创造着自己的专业生活质量，这是教师在专业工作中自主性和自主能力的最高表现形式。教师研究能力的进一步发展则是对新的教育问题、思想、方法等多方面的探索和创造能力，运用多方面的经验和知识，综合地创造性地形成解决新问题方案的能力，这使教师的工作更富有创造性和内在魅力。同时，教师创造意识和能力的形成，在教育实践中的成功，会使他十分看重对学生创造意识和能力的培养，无疑，这是未来教育十分期望实现的价值。

具有教育智慧，是未来教师专业素养达到成熟水平的标志。它既是上述诸方面专业要求在教师身上实现综合的结果，又是教师长期全身心地投入教育实践，不断反思、探索、创造所付出的心血之结晶。教师的教育智慧集中表现在教育、教学实践中：他具有敏锐感受、准确判断生成和变动过程中可能出现的新情势和新问题的能力，具有把握教育时机、转化教育矛盾和冲突的机智，具有根据对象实际和面临的情境及时做出决策和选择、调节教育行为的魄力，具有使学生积极投入学校生活、热爱学习和创造、愿意与他人进行心灵对话的魅力。教师的教育智慧使他的工作进入科学和艺术结合的境界，充分展现出个性的独特风格。教育对于他而言，不仅是一种工作，也是一种享受。

对人类的热爱和博大的胸怀，对学生成长的关怀和敬业奉献的崇高精神，良好的文化素养，复合的知识结构，在富有时代精神和科学性的教育理念指导下的教育能力和研究能力，在实践中凝聚生成的教育智慧，这就是我们期望的未来教师的理想风采。在我们的身边已经能找到这样的教师。在未来的社会中，这将是一支值得人们敬佩和国家引以为傲的、由千百万教师组成的大军。中国教育的未来将在他们手中诞生，而他们，将在今天已经开始，随着新世纪临近而日益深化的教育改革伟大实践中诞生！

本文根据叶澜教授 1997 年先后在云南师范大学、华东师范大学等所做报告整理而成，经叶澜教授修改，定稿。后发表于《教育研究与实验》1998 年第 1 期。

论教师职业的内在尊严与欢乐

我被邀作上海市教育名师讲坛的首批成员，实出意外且不敢当。接到通知后曾推却过，因为按“名师”之“名”来看，本人还不够，但被主办单位明确告之不能推却，于是我只能从“名师”之“师”的角度，找到似乎可以让自己安心登上这个论坛的理由。我出生在一个普通的教师家庭，从小时候跟着父亲上学起，就对教师这个职业有了一份尊敬，天天看到许多小朋友对着父亲喊“老师好!”，我心中也添了一份自豪与羡慕。这种情感日积月累，稍懂事后就下定决心当教师。高中毕业的化装晚会上，我装扮成苏联电影《乡村女教师》中的瓦尔娃拉；在报考大学的志愿表上，我毫不犹豫地把6个志愿都填了师范大学，并且把华东师范大学教育系作为第一志愿。当时的主导动机是：我既然喜欢当教师，就要当一名出色的教师；要当出色的教师，就必须学习和研究教育的学问。我还清晰地记得41年前这一选择如愿时的欣喜。此后，我与教育就结下了不解之缘：从教育系的学生到教师，从青年教师到老年教师，一步步地走过来，不知不觉之中，已经过去了近40年。与此同时，自己对教师职业的认识，也随着年龄、阅历、时代与职业实践的积累而不断变化。但无论怎么变，我对这一选择不仅无怨无悔，而且十分庆幸。我已深深地体会到：教师，是一种使人类和自己都变得更美好的职业；是一种使每个从事并愿尽力做好这份工作的人，不断去学习、充实和发展自身的职业；是一种不仅具有越来越重要的社会价值，而且具有内在尊严与欢乐的职业。

就这样，我从寻找今天可以登上讲台的资格开始，进而找到了今天想与在座同行交流和讨论的话题——关于教师职业的内在尊严与欢乐。这是一个看起来有点抒情，但实际上很实在，还很值得我们，尤其是今天在座的教师队伍中的佼佼者深思的问题。它关涉教师职业价值的问题，关涉社会尊师和教师自尊的深层依据问题，也关涉教师群体的职业自我意识问题。我们——正在当教师，以及还将继续当教师和可能选择当教师者——都需要自问：为什么我选择当教师？我想，只要有可能，人人都会期望找到一种能给自己带来尊严与欢乐的职业。所以，它可能又是我们大家有兴趣和有话可说的问题。

一、历史的反思

一种职业是否具有尊严与欢乐，具有怎样及何种程度的尊严与欢乐，一方面与职业本身创造的价值及其劳动性质相关，同时也与社会对这种价值、性质的认同与需求状态相关，还与从事这一职业群体的职业自我意识，以及他们用自己的事业实践创造出的社会职业形象相关。需要强调的是，对于同一种职业，不仅在不同的社会历史时期、不同的国家呈现出不同的状态与关系，而且在同一国家的同一历史时期，这三方面虽相关但并不完全一致。可见，这是一个相当复杂的问题。我们首先需要历史的眼光。

联系到教师职业，从中国的历史来看，总体上具有“尊师重教”和维护“师道尊严”的传统，尽管在一定的历史时期有过起伏。但是，如果再深入地分析一下，我们就会发现，几千年来，对教师职业价值的认识主要停留在社会功能上。所谓“尊师”，主要是看重这项职业承担的社会功能。简单地说，“尊师”是为了“重道”和重“教化”。

中国先秦儒家中，荀子是明确提出“尊师”之说的代表人物。他把教师的地位提到与天地、先祖及君主并列的高度，言称：“天地者，生之本也；先祖者，类之本也；君师者，治之本也。”荀子认为教育具有教化人的作用，强调：“国将兴，必贵师而重傅；贵师而重傅，则法度存。国将衰，必贱师而轻傅；贱师而轻傅，则人有快，人有快则法度坏。”古代先秦儒家的教育名篇《学记》，则把师与道的关系概括表述为“师严然后道尊，道尊然后民知敬学”，并进一步提出“能为师然后能为长，能为长然后能为君”，把当教师与仕途直接联系起来了。主张以法治国的法家代表人物之一的韩非，干脆用“法”代替“道”、以“吏”代替“师”，提出了“以法为教”“以吏为师”的鲜明主张。虽然，法家所说的“法”与“吏”大不同于儒家的“道”和“师”，但是儒法两家关于教育者在治国、重道、教化、强法中的工具价值的认同却是一致的，而且法家用直接等同的简单化方式，更清晰地体现了教育者对于统治者的社会工具价值。

此后几千年的封建社会，朝代虽有更替，但教师职业的上述工具价值并无大变，随着历史的延伸，还逐渐形成了一套保障教师职业工具价值实现的官与学、官与教相通的制度与机构。因此，在中国封建社会中，与朝廷政治相关的教师的社会地位、实际生存状态，与兴什么道、统治者对所传之道的态度及需求程度紧密相关。一系列的制度、政令，甚至把教师个人的生命安危、富贵沉沦都与

“道”系在一起。秦朝的“焚书坑儒”是师因道之变而丧命定罪的悲惨一例；汉朝由董仲舒提出并得以推行的“兴太学，置明师，以养天下士”的决策，则是师随道兴的光明一例；唐朝的儒家道统捍卫者韩愈，写下传世名篇《师说》。他提出“师者，所以传道受业解惑也”的教师职业定位，做出“道之所存、师之所存”的判断，这是强调“师”对于“道”的依存关系。但韩愈却因此而受诋毁。这可看作是为“兴道”而强调“重师”，并因提倡重师道而遭毁谤的一个例子。

可见，在中国古代历史上，具有大儒身份并有重要社会影响的知识分子对教师职业价值认识之基调是一致的，即强调“师”对于“道”的工具价值。虽然他们所持的“道”各不相同，也并不都与统治阶级所提倡的“道”、日常生活世界上所实践的“道”相一致，有的甚至还是激烈的反抗者，但都不否认“师”对于“道”的依存关系。这种认识对非官学系统的，处在中、下层教育机构中的教师具有统摄作用。尽管他们的社会地位不能与前者相提并论，但受到的文化浸润是同质的，故也不太可能在对“师”与“道”的关系认识上有本质的差异，即使有，无论在当时或后世，也不会产生大的影响。只是在中、下层的教师那里，教职还具有维持生计的实用价值，他们对政治的关切大多不如前者，自然，其中也不乏有志者，心存着有朝一日“中举升官”的不灭愿望。

“废科举、兴学校”拉开了中国近代教育的序幕。政治和教育制度的变化，使教育，同时也使教师职业的价值发生了一系列变化。

第一，教师职业中不再存在政府官职的教职，有官职者若在大学任教只是兼职教师。普及教育的提倡，中小学的大量开设，师范教育的兴办，也使教师的数量大增。因此，教师作为一个独立的专职社会群体在组织上出现并逐渐得到强化。组织上的“官”与“师”的分离，对于教师群体职业意识的独立性和民主意识的产生具有基础性意义。

我们可以在近代教育家的言论中更集中和清晰地看到这一点。蔡元培先生明确主张教育独立于政党、独立于教会，提出“教育事业当完全交与教育家，具有独立的资格，毫不受各派政党或各派教会的影响”①。他在担任北大校长期间，要求北大的教授不谋官，力除大学的封建官僚习气。他对学生看轻专职教师，看重官员兼职教师，试图通过此类师生关系获得升官之道十分不满，明确指出大学是研究高深学问的地方，而不是升官发财之阶梯。在学校行政管理上，蔡元培主张教授治校、兼容并蓄，这是对封建政治的文化专制主义的强烈冲击，无论在组

---

① 孙培青，李国钧．中国教育思想史：第1卷．上海：华东师范大学出版社，1995：166.

织上和思想上均如此。

第二，近代教育在教育内容上有重大更新，分科教学得以加强。这使教师职业中传授学科知识的意识得到强化，对学科知识的掌握和具有教授这些知识的能力与方法，成为教师能否具有教职的基本条件。因此教师群体作为学科教师，即“师”与“学科”的关系意识加强，出现了与古代教师“传道”有所不同的“业务”意识以及作为“专业教师”的意识。需要指出的是，这里所说的“专业”，不是指把教师职业本身作为“专业”，而是指教师承担课程所属的学科专业。师范学院（大学）分学科培养专业教师的体制，也强化了教师的学科专业意识。这种专业意识的强烈程度与教师在何处任教相关。小学相对最弱，大学相对最强，这在一定意义上可以说，教师传授科学文化的职业价值得到突现并被教师群体所认同。当职业教育产生和发展以后，相关教师的“业务”职能，还包括技术知识与技能的传授。

专业意识同样反映在思想家、教育家的有关言行之中，如孙中山先生主张“文学渊博者为师”① “惟必有学识，方可担任教育”②，因为学生的学识之进退与教师相关。蔡元培先生在北大延聘教师，最看重的是“学术造诣，若学术水平低，则不管有何背景，均辞退”③。这些均可视为典型的代表。

第三，从不同的政治立场出发，强调教师职业的社会价值。这在近代思想家和教育家的著述中表现得十分清晰，它常常与教育职能、目标的变革直接相关。如近代早期改良主义思想家郑观应有“教育为立国之本，国运之盛衰系之，国步之消长视之”④ 的高论，并力主办新式学校、育新式人才；北大首任校长严复则视教育为“教民主”“开民智”“新民德”的主要手段。梁启超把新民的培养看作是能否进行政治改革的基础，提出教育应以造就国民为目的。为了达到这个目的，他积极倡导兴师范教育，培养新型师资。因为“师也者，学子之根核也”⑤，“欲革旧习，兴智学，必以立师范学堂为第一义”⑥。孙中山先生称“教育者，乃引导人群进化者”⑦，“教育进步，以政治为基础”。所以“教育，随政治为转移”。他视教育为革命之重要武器，建设一个新地方，也首在办教育，“非学问无

---

① 孙培青，李国钧．中国教育思想史：第 3 卷．上海：华东师范大学出版社，1995：147.

② 同①148.

③ 同①159.

④ 同①78.

⑤ 同①112.

⑥ 同①112.

⑦ 同①147.

以建设”。在国难当头之时，他大声疾呼“教育家须谈政治、理政治、引导人民谈政治”[①]，同时也把办师范视作教育之根本、当务之急。蔡元培先生的教育目标是养成共和国民健全之人格，他是按这种新型国民的标准来设计教育的，新型国民也是他期待的中国新型理想共和国实现的基础，教师的状态、水平是能否培养出这样的新型国民的决定因素。胡适先生也强调“教育是立国之本，亦为施行民主政治之基础”[②]，他自己身体力行，立志终身从事教育活动，在近代基础教育和高等教育领域中推行了多项改革，以实现其强国富民和西方民主政治的理想。除此以外，还有国民党的党化教育，要求教师成为“一个党、一个主义”的信徒，并在学校中积极实施。

以上所述，显示了近代中国社会对教师社会价值的认识。与古代相比，进步的思想家、革命家已经关注到民生、民主、国强、国富等有关民族与国家独立、富强的社会发展问题，而不是只强调与统治者利益密切相关的“道”与“法”的问题，即教育者的社会价值由为君转向为民、为社会。这是教师职业社会价值的扩展和转向，是当时中国社会、教育变革带来的重要进步，但一旦反动、专制的政治势力掌握了政权，依然会要求教师发挥作为维护、巩固统治阶级利益工具的作用，与封建社会在这方面的要求并无本质差异。

从中国近代与古代关于教师职业价值认识与实践的差异中，可以看出时代、社会的进步在对教师职业价值认识上发挥的积极作用。但是，若从更抽象的层次看，近代社会对教师职业价值主要强调的依然是其对于社会的工具价值。只是这种价值由古代的传道变为近代进步人士提倡的传播科学、文化和知识以及富国强民的技术；由服务于培养官僚和臣民，发展到培养推动社会发展进步、能参与民主政治的新民。至于教师职业对于从业者的内在价值问题，并未被尖锐地提出和进行过认真探讨。因而，教师群体在这方面的职业自我意识也不可能广泛觉醒。对教师职业工具价值的看重和职业性质属传递性的判断，作为历史的传统，深深地烙在我国教师的职业意识和形象中。作为历史的传统，它依然存活在今日的中国，并以当代的形式和内容存活着。它妨碍了教师及人们对这一职业内在价值和劳动本质的思考和发现，因而也谈不上这一职业的内在尊严与欢乐的发现和体验。这是社会、时代造成的历史局限，而它的打破，也离不开社会与时代的进步。

---

① 孙培青，李国钧．中国教育思想史：第3卷．上海：华东师范大学出版社，1995：148.

② 同①223.

二、现实的透析

自中华人民共和国成立以来，社会政治进步与教育的发展就总体而言超过了以往任何时期。一解放，教师作为人民教育事业的主要承担者，被称为“人民教师”，获得了与其他劳动者同样的主人翁地位。教师职业对于社会的工具价值在内容和性质上都发生了变化。教师群体与其他职业群体之间形成了共同为自己国家繁荣昌盛做出贡献的合作关系，同时也形成了相互交换自己的劳动、取得应有报酬的平等关系。这是政治制度的变革带来的教师职业劳动政治性质的变化，是教育劳动主体政治地位和社会地位深刻的、翻天覆地的变化，它带来了教师工作热情的空前高涨，也促进了教育质量的提高。

但是，由于解放初到“文化大革命”前这一段时间，中国社会的经济发展水平处在以农业为基础并向工业经济发展的阶段，社会主义计划经济的体制、生产力主要以人力为主的特征，社会产业结构相对稳定、技术进步缓慢等因素，使中国社会对人的培养并未提出超越近代工业社会经济发展水平的新业务要求，对教师劳动在智力上也没有提出新的要求。所以，与历史相似，社会、人们看重的依然是教师劳动的外在社会价值，依然把这种劳动的性质看作是传递性而非创造性的工作。在这一点上，体现了历史的传承而不是变革。所以，尽管社会赞美教师，但人们歌颂的只是他们对学生的爱心、默默无闻的奉献，像红烛一样燃烧自己、照亮别人，像园丁一样用心血、汗水浇灌幼苗，像春蚕那样到死丝方尽，“红烛”“园丁”“春蚕”成了教师的象征；人们歌颂的只是教师为他人成长、对社会发展做出无私奉献的高尚精神。当然，这些歌颂无疑是必要的，也是教师受之无愧的，它反映了教师基本的生存状态，也把教师职业的意义从现实提升到了神圣。但是，这些歌颂并未涉及教师职业劳动对教师本人现实生命质量的意义；并未涉及教师能否在日常的职业生活中感受到工作对自己智慧与人格的挑战、对生命发展和生命力展现的价值，感受到因从事这一职业带来的内在尊严与欢乐的满足。所以，这种歌颂并不带来人们对教师像对富有创造性的专业工作人员那般的尊重。尽管舆论宣传时常以一件件生动的事例和模范教师的个人事迹教育民众与教师，但是讲究实惠的人大多不选择当教师，他们主要看到的是大多数教师的辛苦与烦恼，生活缺乏休闲与情趣，换来的报酬也不高。对一些在事业上有高追求或才智优秀的人来说，他们也不会选择当教师，因为在他自己和他人眼中，教师职业并不是实现高追求和需要优秀才智的职业。这是时代、社会对教师职业价值和劳动性质认识的局限，在人们乃至在教师群体心中的折射。在这种观念指导下，教师职业的尊严和欢乐，主要取决于社会公众的外在承认和给予，取决于过程的结果而不是过程本身，它是用其工具价值换来的。“文化大革命”中教师遭受的灾难，在一定意义上从反面证实了这一点：一旦教师职业外在的工具价值被否定，由外部给予的尊严与欢乐就会丧失殆尽。然而，教师职业的社会价值像其他职业一样不可缺少，“四人帮”时期的反对与否定，只是出于政治斗争的需要，他们希望确立的是服从于他们需要的教师工具价值。因此，随着“文革”的结束，教师职业所固有的外在社会工具价值就得到了恢复，并给以加倍的重视。

粉碎“四人帮”后的中国，经过了70年代末的整顿恢复，很快走进了经济发展的新时期。经济发展需要知识与人才，需要教育事业的加强与发展。为此，政府采取了一系列措施来调整、提高教师队伍的质量和工作的积极性，从政策、经济及舆论上为教师多方面地位的提高做出了有力度的、持久的努力。“尊师重教”的口号又被响亮提出。邓小平同志关于知识分子是工人阶级一员的提出，使教师从窘困的生活状态中逐渐走出。1985年政府设立了“教师节”，以此方式表示对教师劳动的尊重，促进社会上尊师重教风气的形成。这一切我们可以把它看作对“文化大革命”造成的损失之弥补、创伤之弥合，是为未来经济、社会发展所做的积蓄。但此时，对教师职业价值的认识并未有大的突破性进展，人们还是按照习惯的模式歌颂教师，教师还是按照广泛认同的职业意识辛勤地工作。所以，当80年代末90年代初，改革开放、市场经济的浪潮在中国汹涌而起时，教师队伍又面临一次从未遭遇过的冲击，那就是市场经济体制带来的教师队伍的人员流失。教师“跳槽”成了当时热门的话题。教育部门、学校也采取过不少措施，想刹住这股“跳槽”风，但是并无大的作用，结果是想跳、能跳的都跳走了，不想跳、不能跳的留下了。有些人曾感慨地说，教师队伍中能干的差不多都走了，不能干的也走不了。这话虽然不完全正确，因为在不走的人中确实有一批不是不能跳，而是不想跳的人，他们热爱教师这个职业。但这类话和存在的事实却不得不让我思考这个问题：为什么人才流动的政策一执行，会有那么多人要离开教师职业？尤其是为什么其中有一批能干的人要离开这个职业？他们只是为了金钱和物质待遇吗？是的，我们曾这样认为过，还采取增加工资、解决住房等措施来增加教师职业的吸引力，国家领导人也呼吁全社会都要尊重教师，要让教师职业成为吸引优秀人才的职业。近些年来，由于发展社会主义市场经济的力度加强，国民经济结构调整的步伐加快，不少企业下岗人员激增，教师职业在人们心目中的“行情”见涨，广州市竟出现了一个教位60人竞争的局面，新闻记者就以“教师职业吃香，优秀人才千方百计挤入行”① 为标题在头版做了报道。对此，我们不禁要问：争教位的人究竟是为何而来？其中真的都是优秀人才？教师职业究竟需要怎样的优秀人才？近 10 年来随着经济大潮起落而起落的教师队伍的变迁，使我们不得不思考、不得不重新认识与教师职业本身价值相关的一系列问题。

三、未来的追求：创造——教师职业内的尊严与欢乐的源泉

20 世纪 90 年代以来，中国社会进入了由近代向现代、由计划经济向社会主义市场经济加快转型的重要历史时期。信息全球化、知识经济勃发、科技发展加速等一系列时代之风劲吹中国大地，使生活在这个时代的每一个中国人，都企盼着中国在新世纪有一个新的飞跃。教育在发展经济、增强综合国力、提高民族凝聚力和国民素质、培养一代新人和现代社会发展所必需的各种人才中的重要性被凸显出来。社会发展需要大量高素质的人才，培养这些人才又必须提高教师队伍的素质，必须吸引优秀人才充实教师队伍，已成为理性的共识。为此，1993 年 10 月 31 日，第八届全国人民代表大会常务委员会第四次会议通过了《中华人民共和国教师法》，以法律的形式规范了教师职业的性质、权利和义务、资格和作用、培养和培训，以及考核、待遇、奖励、法律责任等一系列方面。《教师法》不但表达了政府提高教师队伍质量和保障教师工作、生活条件的殷切心情，而且第一次用法律形式反映了当代中国对教师职业的新认识和新要求。

第一，该法指明“教师是履行教育教学职责的专业人员”。与此相应，它首次提出了“国家实行教师资格制度”，并实行“教师职务制度”和逐步实行“教师聘任制”②，以保证和提高作为专业人员的教师队伍的群体素质。这是对教师职业专业性质的重要规定，是我国政府关于教师职业性质认识的重大进步。

第二，该法把教师的职责表述为教师“承担教书育人，培养社会主义事业建设者和接班人、提高民族素质的使命。教师应当忠诚于人民的教育事业”③，并通过具体条例，突出了教师传授科学文化，对学生、社会、民族和人民教育事业的社会责任，对政府承担的义务。与此同时，也赋予教师在专业领域内进行教育活动，开展教育改革，从事科学研究，参加专业学术团体和发表意见，参与学校

① 广州日报，1999 - 11 - 08.

②③ 请参阅《中华人民共和国教师法》。

管理以及指导、评定学生学业与发展等作为专业人员的权利。这些规定，尤其是有关权利方面的规定，反映了政府对教师作为专业人员的专业权利的认识与尊重。这在以往有关教师的论述中至少是不多见的。人们习惯于从义务的角度去规范教师，而较少思考或研究教师在职业工作中应该享有的权利，尤其是作为专业人员的权利。我认为，这是该法最具有历史性突破的重要贡献之一。特别是其中提到的教育改革、科学研究和专业活动等方面的权利，它突破了历来把教师专业活动主要局限在传授已有文化知识的范围内，显示出对教师劳动性质认识的发展。

1998 年 12 月，我国教育部颁发了《面向 21 世纪教育振兴行动计划》，其中包括为大力提高教师队伍整体素质的“跨世纪园丁工程”，突出了提高教师基本学历、加强在职教师的职后培训和加强骨干教师培养等一系列工作。这与世界各国为提高教育质量，纷纷加强、提高教师队伍质量的趋势相一致。1999 年 6 月召开了全国教育工作会议，会后发布了《中共中央国务院关于深化教育改革，全面推进素质教育的决定》。决定中明确提出：“实施素质教育，就是全面贯彻党的教育方针，以提高国民素质为根本宗旨，以培养学生的创新精神和实践能力为重点，造就‘有理想、有道德、有文化、有纪律’的、德智体美等全面发展的社会主义事业建设者和接班人。”这是对 20 世纪 90 年代以来提出并大力推行的“素质教育”以中央重要文件方式所做的完整阐述，其中突出了培养学生创新精神和实践能力这一当今社会发展对人才的新要求。与此相应，在文件中还提出了对教师政治、思想、道德与业务素质等方面的要求，其中包括教师要“遵循教育规律，积极参与教学科研，在工作中勇于探索创新”等方面。显然，这是与贯彻素质教育密切相关的必议之题。文件在谈到对校长的要求时，也明确指出，校长“要率先转变教育观念，把领导教职工创造性地实施素质教育作为重要职责”，再一次突出了对学校工作、教师劳动在创造性方面的要求。

由此可见，90 年代以来，我国政府对教师培养学生创造性以及与此相应的教师劳动的创造性方面的要求越来越强调。这是前所未有的现象，是人类文明、科学技术发展到今天的必然要求，是时代、社会发展到今天的必然要求，也是中华民族要改变在世界上处于落后贫穷地位的必然要求。我们做了一百年的强国梦，我们为此奋斗了一百年。一百年来，中国一次次地发出“教育救国”“教育兴国”的呼唤，今天，历史的呼唤又一次在当代中国的上空回荡。然而，这并不是简单的重复，它加上了时代的强音：呼唤创造性！人们开始认识到，教育在今天，不能还只停留在完成传递文化、知识、技能上，停留在让学生只知学习与继承，不思也不会创造的水平上。把学生生命中探索的欲望燃烧起来，创造的潜能开发出来，让他们能拥有一个充满信心、勇于开拓发展的积极人生，树立为中华民族的伟大复兴而奋斗的高远志向，才是当代中国教育特有的历史使命和社会价值。与此同时，教师劳动的创造性和作为教育专业人员的教师，其自身的创造意识和创造能力的问题也以从未有过的鲜明方式突现出来了，因为，“一个墨守成规的教师对于学生创造性的发展无疑是一种近乎灾难的障碍”①。

论述至此，我们欣喜地看到，关于教师职业社会价值的认识，仅停留在关注外在工具价值的局限开始被冲破。正是当代中国进行着的深刻变革，正是当代人类社会信息、知识、科学、技术等方面的发展，为教育这个古老的事业，注入了“创造”这一强大的新的生命；正是要求教师培养具有创造精神与能力的人和对教师工作中创造性的要求，让我们找到了教师职业对于社会而言的外在价值与对于从业者教师而言的“内在生命价值”之间统一的基点，找到了教师可能从工作中获得“外在”与“内在”相统一的尊严与欢乐的源泉，那就是两个赫然的大字——创造！它预示了教师职业未来的重要品质。

马克思在论及职业选择时，曾写过一段令人难忘的名言，“能给人以尊严的只有这样的职业，在从事这种职业时我们不是作为奴隶般的工具，而是在自己的领域内独立地进行创造”，他接着还指出，具有创造性质的职业，“甚至最优秀的人物也会怀着崇高的自豪感去从事它。最合乎这些要求的职业，并不一定是最高的职业，但总是最可取的职业”②。显然，中华人民共和国成立以后，教师就不再是作为“奴隶般的工具”在工作，但到目前为止，就整体状态来看，我们这支队伍中的大多数人，恐怕还远未达到“在自己的领域内独立地进行创造”的水平，所以，重温和思考马克思的这段话，对于今天我们全面认识教师职业的价值，尤其是发现这一职业对于从业者——教师而言的内在生命价值，是十分重要的。

在我看来，马克思的这段名言给予我们当前思考教师劳动价值的主要启发有两点。

第一，何以“独立地进行创造”的职业才值得选择？如果仅从这种职业的社会贡献角度去认识是远远不够的。在这里，马克思强调的是这种职业能给人以尊严。我以为给人以尊严的职业，是与人的生命的本质和高级需要的满足直接相关

① 叶澜，丁证霖．新编教育学教程．上海：华东师范大学出版社，1991：15.

② 马克思．青年在选择职业时的考虑//马克思，恩格斯．马克思恩格斯全集：第40卷．北京：人民出版社，1982：6.

的职业，独立地创造，正是人的生命存在的本质方式，即使在生理学的层面上，生命的存在，也是通过个体与环境的能量交换，并以个体独立的方式，内在地完成新陈代谢这一生命物质转换的创造过程。人的智慧的发展、精神世界的丰富更是如此，没有人可以不通过个体的经验与独立的体悟，就能完成将外在的知识、文化以及其他人的创造转化为自身的发展与成长。所以说，“独立地创造”是生命之树常青的源泉，这绝不是诗意的赞美，而是对生命本质的观照。同时，人的生命力也只有在创造活动中才能焕发，才能为社会做出具有不可替代性价值的奉献。职业生活，是人成年以后生命活动的重要组成部分，其质量如何，在很大程度上决定了人的生命质量，同时也造就了个体的生命质量。因为，人怎样度过生命的日常方式，会决定人成为怎样的人，人要想成为有尊严的人，就应该选择富有创造性的职业，并以创造性的劳动去实现自己的生命价值，在创造性的劳动中，享受因过程本身而带来的自身生命力焕发的欢乐。

与此相关的第二点启示是，马克思提出了一种新的择业立场，这对今日中国，在主体可以做出自主的职业选择的今天尤其有意义。他促使我们每一个已经选择当教师的人和可能选择当教师的人，都去思考这样的问题：什么是你择业的价值取向？你是否看到教师职业能给人带来的内在尊严？如果你已经认识到了这一点，那么，你的职业劳动的质量，是否已达到了因创造而获得内在尊严与欢乐的水平？这些问题，必将唤起作为职业主体的教师反思和重建自己的教师职业意识与职业行为，使自己成为自觉创造教师职业生命和职业内在尊严的主体。如果没有这种反思和重建，即使社会提出了对教师劳动创造性的新时代要求，也不会自动地、自然而然地成为教师群体和每位教师的内在需要与实践。教师依然会停留在工具意义、外在价值水平上去从事这项工作。所以，职业生活的质量，不仅与职业性质、社会发展水平相关，还与每个人的职业自我意识与价值追求相关。正像在日常生活中，我们不难看到处在同一时空中的人，过着非常不同的生活：有的生活在没有今天的昨天，他们顽强地遵循着历史的规范；有的生活在没有明天的今天，他们不倦地追逐着时尚的翻新；有的生活在蕴含着明天的今天，他们坚定地用自己的生命，按自己的理解去追求明天，编织着不同于昨天的今天，他们的生命向着生活的无限可能性开放，他们的每一天，在创造人类文明的同时，也创造着自己的生命。在现实的教师职业生活中，我们也能看到类似的差异。对教师职业价值的认识虽有千差万别，但是，这一切都可能由我们通过观念的重建和实践的创生，向着使职业内在尊严得以体现和被更多人体验的方向，向着符合时代发展和个人发展需要的方向转化。我在自己的教师生活中体验到，在当今的中国，教师完全可能成为富有时代精神和创造活力的人。教师是教育事业和人类精神生命的重要创造者，这项工作所面对的是成长中的、充满生命活力的青少年，教师若把“人的培育”而不是把“知识的传递”看作教育的终极目标，那么，他（她）的工作就不断地向他（她）的智慧、人格、能力发出挑战，成为推动他（她）学习、思考、探索、创造的不竭动力，给他（她）的生命增添发现、成功的欢乐，自己的生命和才智也在为事业奉献的过程中不断获得更新和发展。

我依然深信在教师职业生涯中，“只有用创造的态度去对待工作的人，才能在完整意义上懂得工作的意义和享受工作的欢乐”①，才能使教师职业真正成为令人羡慕和富有内在尊严的职业，成为充满人类智慧和人性光辉的职业。

本文根据叶澜教授1999年在“上海市教育名师讲坛”上的报告整理而成，后发表于《思想·理论·教育》2000年第5期，辑录于：上海市教委．今天我们怎样做老师．上海：上海教育出版社，2000：96－117.

---

① 叶澜，丁证霖．新编教育学教程．上海：华东师范大学出版社，1991：15.

在学校改革实践中造就新型教师

——“面向21世纪新基础教育”探索性研究提供的启示与经验

如何造就新型教师不仅是一个关涉新世纪教师培养的理论问题，也是当代中国教育进入新世纪迫切需要解决的现实问题。

目前，就一般而言，主要采取两种方式建设教师队伍。一是队伍重组。包括大量招收新的青年教师，调整一部分不合格或不能胜任岗位的教师，这在教师队伍年轻化和提高基本文化素养方面有较明显的效应。但是，它并不自然保证教师队伍中的成员能具备符合时代精神的新教育观，具有较高教育学素养及在新观念指导下开展教育教学活动和进行教育研究的能力。二是在职教育。其中又可细分为两大类：一类是提高在职教师的学历水平，如小学教师向大专、本科学历提升，中学教师向本科、研究生学历“挺进”；另一类是短期的、不同层次的在职教师培训，如新教师上岗培训、骨干教师培训、高级教师专题研修班等，1999年启动的“跨世纪园丁工程”就是典型代表。这些确实是必要和重要的途径，但也存在着难以克服的不足：一方面，它在同一时期内的受益面不会太广，因为培训总包含着一段“脱产”学习的时间，学校不可能停下来让大量教师去培训，故只能采取轮训方式，轮训所需的时间又因教师数量之多而拉得较长。另一方面，培训大多以课程的方式进行，而教师能否受益，一受课程质量限制，二受课程所做一般论述不能直接触及每个教师的内隐理论和教育行为的限制。于是有可能出现“听课时觉得有道理，做起来还是老样子”的弊病。因此，在我看来，还需要大力提倡、拓展目前一些学校已经采取的一条新的途径，那就是在学校教育改革的实践中造就新型教师，实现教师从现有状态向时代发展需要的新型教师转化。

学校改革实践的广泛性和现实性，为大量教师在同一时期内因参与改革而自身得到更新的可能性提供了基础性条件。我相信，只要是真实的、有质量的、有力度的学校改革实践，就会在改变、发展学校的同时，改变、发展教师。这种学校与教师在实践中产生“同期互动”的改变与发展效应，是解决创建新型教育缺乏新型教师这一难题不可缺少的基本方法。在一定意义上，新进入教师队伍中的成员及经过培训以后的成员，要在教育观念与行为上达到新型教师的要求，也只有通过参与学校改革的实践才能完成和体现。

本文结合由我主持的“面向21世纪新基础教育”探索性研究课题所提供的经验，对如何在学校改革实践中造就新型教师问题做出了我们相对系统的回答。这个课题是一项全国教育科学“九五”规划重点课题。这个项目力图以理论研究与实践研究紧密结合、双向互动的研究方式，探究在当代中国的土地上创建面向21世纪的、实施九年义务教育的新型学校的改革之路。该课题自1994年9月始，研究结束于1999年9月。

该项研究在学校改革的实践方面，集中指向教师和学生每天都要进行的学校日常活动。一是课堂教学改革。目标是通过改革实践改变教师中心、教材中心和以完成教案为实际终极目标的课堂教学状态，努力实现“把课堂还给学生，让课堂充满生命活力”。二是班级建设。从班级制度、组织、日常管理与活动、文化建设等着手，改变班级中普遍存在的科层制管理和教师主宰、少数学生受重用、大多数被管理的状态，努力实现“把班级还给学生，让班级充满成长气息”。

以上两大方面的改革，最终目标是通过改变学校日常活动来改变人，改变师生在学校的生存方式。其中，首先是教师在学校的生存方式和职业角色定位，改变教师作为教学大纲等的被动执行者和已有知识的传递者的传统角色，努力实现“把创造还给教师，使教育成为充满智慧的事业”。唯有如此，学生在学校中才能获得精神生命发展的主动权，使学校的事业充满勃勃生机；才能实现学校变革与新型教师的形成在教育改革实践过程中的统一。

5年的研究结果就整体而言，无论在理论研究和实践改革方面，还是在学生发展和教师变化方面，均产生了与研究目的相符的明显的和有积极成效的变化①。“新基础教育”探索性研究的明显效果，证明了研究性的学校改革实践对于新型教师的形成具有实质性意义，当然，这并不等于说任何有关学校的改革实践对新型教师的形成都具有同样的影响力。我们的这项研究，在学校改革实践如何才能强有力地促使新型教师形成方面，至少提供了如下几点有益的启示和经验：

一、学校改革任务与教师日常工越贴近，越有利于促进教师转变

教育改革可分为两大类：一类是学校管理改革，主要的直接承担者是管理人

① 限于本文的主题与篇幅，在此不可能对“新基础教育”探索性研究做展开式介绍。这一研究的理论文章、研究报告等已结集出版，书名为《“新基础教育”探索性研究报告集》（上海三联书店1999年版），详情可从报告集中查阅。

员；另一类是学校教学、教育工作改革，主要的直接承担者是教师。两类改革相关，学校的成员都有权参与，但作为主要直接承担者有差异这一点是明显的。在每一类改革中，根据改革项目的复杂性和关涉面又可以分为整体、局部、个别三个层面。这可用表 1 简要说明如下：

表 1　　改革项目、层次、责任主体及关涉面

改革层次	责任主体	
	管理人员为主	教师为主
整体	学校综合改革	教师教学、教育工作综合改革
局部	学校某一工作综合改革	教师某一工作系统改革
个别	学校某项具体工作改革	教师工作的单项改革 （或方法或内容或其他项）

我们这项研究的学校实践改革处在第二类改革的第一层面。我们认为这是学校改革中最能触动和促使现有教师向新型教师转化的一种改革，其主要原因除了这项改革主要由教师做责任主体，需要他们直接参与以外，还在于：

第一，改革的综合性。“新基础教育”研究学校改革实践部分以班为单位开展，在学校生活的两大主要领域——课堂教学与班级建设同步进行。其中每一领域又包含着许多关联的方面和活动过程，其性质属于复杂的综合性改革。只要指导思想一致，综合改革就会产生渗透性效应，它比局部和个别层次的改革更具有师生之间及不同改革项目之间相互促进的价值。改革坚持贯彻促进每个学生主动发展的原则，使大部分学生在较短的时间里得到多方面的尊重和锻炼，产生主动活动的积极性，并在主动活动中能力得到提高，身心得到发展。这对教师从最初的不完全自觉、不完全自信地参与改革，向自觉、自信地投入改革的转化起到了积极的作用。一个热爱教育和学生的教师，学生的成长状态总是重要的工作动力。另外，每一项改革中的综合性，使教师不是处在点状变革的水平上，而是以教育、教学活动为中心，综合、整体式、全过程地策划和实施改革，使改革产生合力，教师对改革指导思想的认识也逐渐深化，这都是非综合改革力所不及的。

第二，改革的日常性。任何重大改革的深入，必然要涉及越来越广的范围和人，也就是说要逐渐进入日常的层面。在一定意义上，重大改革的成功和在现实中是否确实立足，是以日常状态是否发生变化为重要标志的。“新基础教育”研究追求的目标是实现学校教育由近代向现代的转型，因此，把改革指向学校的日常教育、教学生活，而不是仅指向某一类点缀式的、耀眼的活动。日常的活动天天要进行，正如“滴水穿石”一般，能产生真正的因不间断而带来的积累效应。这种效应是潜移默化之“化”式效应，而不是轰轰烈烈之“闹”式效应。另外，日常活动的变革，若达到人的观念、思维方式、内在需求和活动模式变革的程度，而不是外表行为的简单模仿，它就在改变观念与行为方式的同时，实质上形成了实践者一种新的生存方式。人怎样生活，就会成为怎样的人。这是日常教育工作变革之所以能对教师转型产生重要价值的实践性依据。

第三，改革与每位教师的“贴近性”。所谓“贴近性”是指改革指向的领域对每一位教师而言，并不是陌生的、没有接触过的新领域，需要变革的不是领域本身，而是怎样去重新认识这些领域内每天所要进行的工作的意义与性质，怎样用新的观点去重新发现学生和重新设计工作。正因为如此，在感到“不陌生”的同时，又能感受到“冲击力”。这是一种观念更新后的“重新认识”，一种重新认识指导下的“行为更新”，因行为更新带来的“更新体验”进而又加深了重新认识。正是这种“重新”认识、设计和熟悉领域的实践变革，才能有效促使教师观念与行为改变的积极互动和良性循环，推进教师转化的螺旋式上升。教师的转型，只有在触及其自身内在隐性的观念体系和在新观念体系能转化为其新行为方式时，才可能真实地发生。观念与行为构成内隐与外显的不可分割的联系。“新基础教育”改革体现了上述改革与每位教师的工作之“贴近性”的要求，因此产生了与靠标新立异造成“轰动”效应所不同的“转化”效应。

二、理论研究与试验研究结合，有利于新型教师的形成

在教育研究中，如何处理实践研究与理论研究之间的关系是个难题。偏重学科理论研究的专业人员往往小看或不熟悉实践问题的研究；在实践中开展研究的第一线人员，或认为理论没什么用，实践问题的解决主要是操作问题，因而不重视甚至排斥理论，或因缺乏理论而不知从何研究。我们认为，当前我国迫切需要的创建面向21世纪现代学校的改革研究，不能没有理论研究，不能没有与理论研究相结合的改革性试验研究，而且新的理论形成总是与能否解决实践中产生的新问题密切相关。从这个意义上说，不仅理论研究能起引导实践的作用，而且实践研究中出现的诸多新问题和创造本身也具有产生和滋养新理论的作用。面向未来的改革实践研究不仅最需要，而且也最可能使理论与实践研究在改革的过程中获得共生共荣。“新基础教育”探索性研究采取了这一研究策略。研究实践支持了我们的基本假设，同时，也让我们看到了这种结合方式对于新型教师形成所产生的特殊作用。其主要表现有如下几个方面：

第一，理论研究先行，为教师认识当代世界和我国社会发展与教育改革之必

要性和必然性提供了理性依据，使教师对学校教育改革必要性的认识不囿于经验范围，增加了对社会背景和发展趋势的认识，从而有助于提高参与改革的自觉性。另外，养成广阔的视野，认识时代发展与教育改革的关系，这本身也是对新型教师的要求之一。在一个飞速发展变化的时代，教师不再是作为保守力量的代表，而应该是对时代变化富有敏感性的、积极传播新文化与共同创造新人的重要力量。“新基础教育”理论研究的开篇①就涉及这一主题，我们在教师进入改革前组织了学习，它起到了导向、打破就事论事谈学校改革所具有的局限性的作用。试验教师在整个研究过程中重视理论学习，结合实践中产生的问题学习理论，成了这一研究与其他研究不同的特点。这与其起始阶段就有为“新基础教育”的诞生而进行的理论研究成果密切相关。

第二，理论研究为教师提供了在日常工作实践中进行改革的基本原则与思路。这无论对于教师观念还是行为的变革都有积极价值。在一项复杂的综合性改革中，若无清晰的基本原则和思路，很难产生合力和综合渗透效应。所以，“新基础教育”研究在进入实践研究前，先提出了《“面向 21 世纪新基础教育”探索性研究学校改革试验总方案（草案）》，策划了基本研究思路和要求。在研究进行一年后，又提出了《“面向 21 世纪新基础教育”探究性研究理论纲要》（简称《理论纲要》）。这在许多实践性研究中并不具备。《理论纲要》中所列的十条，从整体上十分提炼地阐述了“新基础教育”的教育信念和研究目标，在学校改革实践中起到了指导实践行动的纲领性作用。许多试验班教师正是通过对这一《理论纲要》的学习和结合自己教育实践的思考，开始领悟到“新基础教育”之“新”在何处，从而也初步认清了自己作为新型教师需要努力的方向。

以上两点所提到的理论，对于教师转化的作用只是初步的，它使教师在试验准备阶段和进入试验初期，通过关涉研究整体的理论学习，产生一种视野、心态和追求目标上的变化，对“新基础教育”的一般原则与改革思路具有框架式的初步理解。

第三，以学校教学、教育活动为中心的理论与实践研究的同步深入，有助于教师形成教育观念与行为的关联性体验，促使教师在观念与行为相结合的水平上发生转化。在与试验教师的多次直接接触中，我们逐渐发现，教师中不少人还不善于把理论与自己的教育行为结合起来。他们往往认为理论是道理，我听懂了，或赞成了，就是接受了这种理论。而后，他们还期待着有一个实践的可操作模

① 叶澜．时代精神与新教育理想的构建．教育研究，1994（10）．

式，这个模式的普适性越广越好。其实质还是把改革看成是执行别人的要求，而不是自己的创造。为了改变这种情况，我们采取了定期听课和评课的方式，使“新基础教育”的理念与教师日常的教育行为产生“碰撞”。这种随堂听课、即时的讨论和评课，在教师观念和行为的转变中起了十分重要的作用。听课，对于理论工作者来说，也是研究、体验真实的课堂生活的重要途径，课堂常常能激发出理论研究人员许多关于教学问题的深层次思考。评课是一种针对教师刚进行过的教学行为的讨论，通常是首先从整体上评价这节课所展现的特点和效果，进而提出认为可改进的方面。重要的是，我们的评议不局限在教育行为的评价上，而是着力于揭示这种教育行为背后的传统观念，即指出与这种教育行为相关的教师头脑中“内隐理论”的具体观点。我们把这个由外显行为追溯内隐理论的过程戏称为“捉虫”，捉头脑中的虫。这种“捉虫”过程更重要的价值是：使教师获得了真实的体验，从而提高了反思自己教学行为的需求与能力。然后，评课者再进一步提出如果改变头脑中的观念，可以采取怎样的教学行为之建议，这又为教师提供有关新教育观念与新教育行为关联的例证。在评课中，教师往往在这个时刻会有所顿悟，发出“喔，原来是这样”的感叹。我们把这一在教师头脑中建立起新观念与新教育行为关联的认识效应戏称为“喔”效应。这一“捉虫”与“喔”效应的两段过程，都指向观念与行为的关联性。我们认为这是教师实现“转化”的关键一步（自然也不是一次能完成）。在这个过程中，理论研究人员起了“诊断”“分析病理”“开药方”的作用，随着教师能力的发展，这一过程就会转化为教师的“自我诊断”与“自我治疗”过程。上述的评课与讨论，并不局限于教师与理论工作者之间，它还在教师与教师之间，在不同的学校之间围绕所听的同一节课开展。在达到一定阶段以后，理论工作者与教师之间又进入一个新水平的合作，那就是共同设计新课，探究课堂教学的类综合模式。常常是一个方案出来，经过几个教师的教学达到相对完善，这时的听课与评课增加了更多合作、创造与发展的成分。

第四，在改革实践中形成的新理论，受教师的欢迎。他们愿意学习，还能感受到一份亲切，因为它与教师的教育实践贴近，对教师的实践具有直接触动的作用。另一方面，教师从观念与行为的关联性中也逐渐认识到，学校教育、教学领域是他们最好的、最可能发挥智慧与创造力的舞台，是他们自己的领地，不必等他人来指挥和发令。于是，研究、创新的需要和能力也在改革实践中提高，这也是教师能逐渐写出论文，在应用理论上有所创新的重要原因。

第五，理论与实践研究结合，使教师在改革中得到较快的提高，在教育观念和行为这些较为根本性的方面发生变化，并带来学生的解放和发展，教学和班级工作的面貌逐渐更新，这些都让教师产生成就感和专业成长感。他们把这些变化看作自己参加、主动投入改革的积极实践的产物。这就改变了在不少实践改革中教师仅作为执行者，甚至被当作消极的力量、被改革的对象的角色地位。他们把改革看作自己创造新型学校的努力，也是自己获得发展的必然途径。我们认为教育是一个需要信念、理论和自觉追求、不断探究和创造的事业，所以，教师的发展和事业的发展需要通过理论与实践结合的研究来推进，尤其当我们处在一个变革的时代和呼唤新教育的时期，更是如此。

“新基础教育”探索性研究在如何造就新型教师方面还给我们提供了一点重要启示：新型教师队伍的形成，是学校管理改革中最为重要的问题，要想使教师能长期坚持研究性改革实践，学校领导乃至更高的行政部门要做出支持教师研究、探索新教育的决策和政策，对走在前面的教师给予支持，并参与校内研究，成为知情、知难、知心的，能给教师力量和懂得欣赏教师创造的领导。唯有如此，学校改革研究才能持续进行，科研才会成为推进学校发展的重要力量；唯有持久的努力和创造性地开展教育改革实践活动，现有教师向新型教师的转化才能实现。

本文根据叶澜教授 2000 年 1 月在香港举行的第 13 届学校效能与改革国际研讨会上所做报告整理而成，经叶澜教授修改，定稿。后发表于《中国教育学刊》2000 年第 4 期。

教育改革要注意“度”的问题

接到发言邀请，第一想到的是：为什么30年后想起来要纪念《中共中央关于教育体制改革的决定》(简称《决定》)？这不难回答：第一，我国的教育改革，不论是高等教育还是基础教育，推进路线基本上是自上而下。中央的这个《决定》在整个改革推进中起着重要作用，更何况这是改革开放以来中共中央发出的关于教育改革的第一个《决定》。第二，过了30年，又到了需要很好考虑怎样继续往前走的问题之时。这时候我们需要回到30年前，看看《决定》说了什么？为什么说这些？做了什么？今天我们该怎样继续把改革推向前进？这是一个反思、认识、寻找前进方向和出发点的关键时期。

我自己是从事教育学研究的。《决定》我大概前后读了三次。第一次读是在《决定》颁布的时候，当时我有三点深刻感受：第一，中国的教育发展要改变原来只是为政治服务的单一价值取向，提出要关注社会的经济技术发展。也就是说，原来强调教育要为无产阶级革命服务，现在明确提出要为社会主义经济发展、为现代化发展服务，这是一个重要的转向。第二，基础教育要加强，明确提出普及九年义务教育的任务。第三，教育经费的筹措将改变过去完全由国家承担的方式，也就是说在教育经费的来源上要开放。当时感受到要有一场大的变化。30年中，感受到的真正大变化是1992年邓小平南方谈话发表以后，市场经济浪潮汹涌而来，对教育产生了巨大冲击，基础教育变化最剧烈，现在的一些初中民办名校都是那时候的产物。这一阶段既有让你新奇的地方，也有让你看不明白的地方。这是我第一次读《决定》和随后的一些感受。

第二次重读《决定》是在2005年。1994年我开始做“新基础教育”研究，经过12年左右的学校改革研究，2005年我开始写《“新基础教育”论——关于当代中国学校变革的探究与认识》。书中，要对从1985年一直到2005年基础教育改革，我们到底走了几步路、中央发了哪些文件、每一个文件强调的是什么、有什么共同点、有什么差异等重要问题做出理论回答，于是我重新从1985年《决定》读起，包括素质教育和课程改革等重要文件。当时我的研究重点是对改革本身进行理论反思。反思主要集中在四个方面：一是社会变革与教育变革的关系，尤其是经济变革与教育变革的关系。我指出我们的教育变革基本上是按照经济变革的方式推理出来的，缺乏对教育本身特殊性的研究。二是教育变革中数量发展和质量的关系。我认为前一阶段20年来的重点在数量发展上，对质量的问题缺乏深度思考。三是国际教育思潮和中国教育变革的关系。发现当时主要是根据国际变革状况来思考中国变革，就连变革的思想都是从国外的变革著作中引用过来的。四是教育理论与教育实践的关系。我是从事教育基本理论研究的，所以对这个问题特别敏感。我感到我们的变革总体上还缺乏变革理论的研究，许多变革思想和建议的提出，其理论假设比较粗糙，比较多的是用演绎的方式得出教育变革的依据。我们的教育改革应该在反思这些问题的基础上，向更成熟、更好、更高质量的阶段发展。这是我第二次读《决定》，包括读一系列的中央文件以后得出来的一些想法，这些想法我用一编三章100多页的篇幅，都写在《“新基础教育”论》里了。

接到要我发言的通知以后，我第三次读《决定》。30年过去了，《决定》里讲的这些话，我们做到了哪些，变了哪些？还有哪些没有做到、没有变？

30年前的《决定》是在教育的人、财、物和设施各方面都匮乏的基础上提出的。30年后，匮乏的面貌已基本改变，随之而来产生了新的问题，如经费问题，现在的问题是到底这些钱该怎么用才更有利于中国教育的发展？这可称为第一个巨大变化。第二个变化，普及义务教育的任务我们基本上完成了，现在的重点是追求均衡发展和质量的提升，基础教育发展的重心往上移，高中阶段的教育改革问题引起了政府更多的关注和重视。这些是我们已经做到的。

第二个，我认为没有做好，但非常重要，必须要做到的，就是两个“自主权”的落实。第一个是学校办学的自主权，这个在《决定》里已经提出来了，很遗憾，30年来，高校办学自主权没有很好地落实，基础教育学校的办学自主权同样也没有很好落实。第二个是教师的教学自主权，教育专业领域的自主权。30年了，两个非常重要的自主权，都没有很好得到落实，还存在比较多的问题。还有一个问题，在思考中国教育发展的问题上，历来有一个比较强烈的社会维度，那就是国家需要人才。我们曾经提出我国是人才资源大国，现在的口号是要实现从人才资源大国向人才资源强国转变。这没错，但我觉得缺一个维度，那就是对教育领域中受教育者和教育者这个最大量的一支队伍和一批代表着中国未来的每一个个体的发展的关注。每个个体的发展在教育中占怎样的地位、有多少地位，这个问题还缺乏思考。在30年中，这方面的思考在逐渐加强，但是两个价值取向应该受到同样关注，而且在不同层面上应有不同的体现。

这是我重读《决定》，觉得做到的和没有做到的方面。

此外还必须指出的是：在30年改革本身带来进步发展的同时，又出现了许多新的问题，这些新的问题在我看来集中在两个方面。

第一，价值观问题。这跟整个社会改革开放、市场经济发展过程中出现价值观的偏差联系在一起，其中最集中的就是名和利的畸形追求对教育领域的侵蚀，使得教育在变革中怪象丛生。我们今天面临的不仅是没有完成的任务，需要解决的突出任务还有如何消灭这些怪象，让教育回归其本质。这些怪象有三种表现：其一，争名夺利，喧嚣常态化。现在，教育不再宁静，背离了自己的本真。其二，急功近利，行为短期化。现在，大家忙着成功；现在，成功远远比教育的本身——成长更重要；现在，忘记了成长是一个有阶段差异、需要长期积淀的过程。其三，最让人心痛的是盗名窃利，手段卑劣化。这些不需要我再展开，大家都知道。这些问题，我认为已经到了不能再熟视无睹的时候了。面对这些问题，我们应该做什么？不能只是提道德口号。

第二，现在教育改革已进入多元、多层推进的状态，有突破、有创造，但也有失序、有偏激。许多观点以对立的方式出现，而且观念与行为不一致。30年后的今天，应该根据新形势、新问题，对我们已经走过的改革深化道路，做出阶段性的整体反思，构建出教育改革发展的新秩序。现在，要解决的困难可能不比30年前的任务容易。所以某种意义上，我呼吁要出台第二个“决定”。教育改革需要认清方向，需要直面现实问题，需要有新的教育秩序；教育需要返璞归真。

当然，在今天的会上，我们不可能对教育如何改革做全面的梳理和讨论，因为非常复杂。我想说，我们需要用新的思维方式，来认识如此复杂、艰难而且存在多样变数的教育改革。在此，我特别强调以下几个方面：

第一，教育与社会的关系。在教育与社会的关系中，我们历来强调的是教育要为社会服务，但是我们忽视了一点，就是社会要承担起它应该承担的教育责任。这样一个问题今天已经成了教育改革深化必须面对的关键问题。我不知道最近大家有没有看电视剧《虎妈猫爸》。这个电视剧反映出社会对教育的一种畸形的焦虑和各种教育思想之间的冲突，已经不再是学校领域的事情了，已经弥漫到社会各个方面。现在，没有社会整体对自身教育责任的认识和多种教育力量合力的形成，基础教育改革再要朝前走会有很大的难度。

第二，普遍和特殊的关系。首先，我们经常会简单地把社会改革的思路用演绎的方式推到教育改革领域，这在前面已经提到。其次，在教育系统内部，我们把整个教育系统改革分为宏观、中观和微观改革。问题出在宏观的改革常常简单规定中观、微观的改革，宏观改革提出的时候，经常不考虑中观、微观的特殊性问题。系统论告诉我们，系统内层次不一样，主体不一样，变革需求不一样，变革任务不一样，故必须考虑特殊性。我们对特殊性的关注太少，普遍号召太多，所以《决定》出来，好久好久都不能得到实现，这是对特殊性缺乏研究的结果。

第三，要素和整体的关系。这也是一个非常重要的层次间关系。我常在思考，为什么学校办学的自主权得不到落实？在我看来，很重要的一个原因就是：已有的变革常常把要素变革放在最前位，而对整体变革缺乏思考。为什么会这样呢？也许是因为要素变革，比如说课程改革，可以由中央直接控制。以学校为本的教育改革呢？没有办法控制，因为学校是一个动态复杂的综合整体。所以，今天的教育改革深化必须降低重心，要从要素的变革走向综合的整体变革。特别是基础教育，要走向以学校为本、为整体的改革，才能在学校整体的意义上实现协调发展，体现每一所学校自己对教育的责任、独特追求与创造。

第四，对立和统一的关系。深入学校改革内部，包括教与学的关系问题，以前强调教师主导，现在以学生为中心成为最响亮的口号，这是把目标与过程中的教与学的关系性质搞混了。我们当然应把学生发展作为教育目标，但教育过程是一个教与学交互作用的过程，哪一方都不能缺，缺了任何一方都不成为教育。要改变谁为中心、两极对立的思维方式，考虑交互作用的转化过程。

第五，静止研究教育改革和动态研究教育改革的关系。《决定》发表了 30 年才开展一次研讨是不够的。我认为将来的"决定"出来以后，每年都要有"决定"执行情况的反馈，公开信息，然后大家来讨论，形成更多、更好发展的建议。"实践是检验真理的唯一标准"，不管是中央的"决定"还是教育部的"决定"，都应该通过实践来检验。

无疑，教育改革在整体上取得的成绩是不容否定的，但是只讲成绩、不直面问题的人，都不是真正把教育改革放在心上的人。我认为，要研究教育改革继续发展面临的问题。我认为，当代中国教育改革特别要注意"度"的问题，"过犹不及"，这是我们老祖宗的经验，不可忘。

本文根据叶澜教授在 2015 年 5 月 25 日华东师范大学中北校区举行的纪念《中共中央关于教育体制改革的决定》颁布 30 周年大型论坛上的发言整理而成，经叶澜教授修改，定稿。后辑录于：周洪宇．长江教育论丛：二○一六年第一辑．武汉：湖北教育出版社，2016：136－139.

跨世纪“新基础教育”研究

更新教育观念，创建面向 21 世纪的新基础教育

近几年来，我国教育界与社会各界都十分关心中小学的教育改革与发展。如何培养新世纪所需要的、能在我国社会主义现代化建设事业中施展才华和建功立业的一代新人，已成为富有时代性的热点问题。许多人从不同的角度提供了自己的答案：有的主张减轻学生负担，有的主张改革考试制度，有的强调学校管理改革，有的强调师资队伍建设。凡此种种，目标都与政府部门的要求一致，那就是：克服应试教育的弊端和问题，努力实施素质教育，提高教育质量。本文涉及的则是同一问题的另一个层面，那就是在教育者教育实践与行为背后的教育观念更新问题。

任何教育行为都不可能离开教育观念，不管我们是否意识到，它都实实在在地存在着，并顽强地、无孔不入地渗透在我们的教育行为中。可以这样说，真正判断一个人或一所学校信奉、贯彻什么样的教育观念，不能只是听其言，更要观其行；同样，教育观念的真实力量，也不会停留在宣言上，而是体现在实践中。今天，我们要创建新型的、面向 21 世纪的基础教育，首先要分析、反思现有实践所体现的教育观念，找出造成实践弊端的思想根源，根据时代要求和教育发展的需要，根据教育认识的发展，形成新的教育观，并以新的教育观为指导，改造现有的教育实践。这是一个长期而艰巨的任务，但又是必须从现在就开始进行的迫切任务。没有教育观念的变化，再现代化的教育设施、再高学历的教师队伍，都不可能创造出面向 21 世纪的新基础教育。因此，新教育观念是新基础教育之魂。

一

今天，基础教育十分需要更新的是哪些教育观念呢？在我看来，至少涉及三大方面，其中包含着十个观念。

第一个大的方面是基础教育的价值观。它要回答的问题是：我们为什么要办基础教育？它的最重要的价值是什么？这是一个关系到基础教育定向和定位的老

问题，它的答案却是随着时代发展、人们对教育的需要和认识的发展而变化的。今天，我们正处在社会转型时期，要做一个跟上时代发展的教育工作者，就必须重新思考和认真寻找新的答案。

抽象地说，把基础教育的价值定位在“打好基础”，这也许是永远不会错的答案，但它并没有回答什么是“基础”，也没有涉及打基础的目的是什么这样一个实质性问题。在我们现行的中小学教育实践中较普遍地存在着对“基础”的认识狭隘化、短期化问题。所谓狭隘化，就是把“基础”具体理解为学好学校开设的主要科目，它们往往是那些要考试的、知识性强的，如语文、数学、外语等，或者是当前社会上较重视和强调的，如计算机等。不少人还认为，加强了外语和计算机教学，就算体现新的基础要求了。所谓短期化，是指强调基础教育对近期的、可测量的考核、评比标准的满足。比如，把学科教学的价值定在提高考试成绩，把思想品德教育的成效对准文明评比，把体育、美育的成功归结为参赛得奖，把学校工作计划对准上级本学期要抓的中心任务，把教育质量等同于升学率等。其后果是学校围绕着“考”“评”“赛”“查”等具体要求转，尽管大家工作得辛苦又到位，但却渐渐丢失了中小学教育更为根本和长远的价值——对社会发展和青少年发展的奠基性价值。

针对上述与基础教育价值取向十分密切相关的一些问题，我认为，必须强调基础教育的“未来性”“生命性”“社会性”，并以此做出新基础教育的价值定向。

“面向未来”是教育要“三个面向”中的内容之一。基础教育贯彻“三个面向”，尤其要重视面向未来的要求。因为基础教育是人生接受正规教育的起步阶段，它的价值不只是满足眼前的需要，还要为“未来”的发展奠定基础。这个“未来”是指我们所处的社会之未来和个体的人生之未来。概括地说，未来社会是应该更体现变化与发展的社会，其变化的速度、幅度和深度都远远超出历史上的任何时期，而人类文化知识、科学技术的发展也呈加速趋势。因此，像以往那样，把继承和掌握人类历史上积累的基础性的科学、文化知识，作为基础教育的最重要价值的判断，显然是不够的了。对于一个变动不居的社会来说，它更要求其成员具备终身学习和发展的意识与能力。也只有具备这种意识和能力的人，才能在面对一个陌生的世界时不惊慌失措，善于运用自己的学习和创造能力，去解决富有挑战性的新问题。所以，从未来而不只是从历史的角度来规定基础教育的“基础”之含义，要求中小学为学生的终身学习与发展奠定基础，就是对基础教育“未来性”的最基本界定。

提出基础教育的“生命性”，是为了改变现在中小学教育中存在的重学科知识传授和技能训练价值、轻学生个体生命多方面发展价值的弊病。这些弊病是学校领域见物不见人的最突出表现，也是目的与手段关系的倒错。强调在中小学教育价值观中增强生命性，就是要使每一个教师都强烈地意识到我们的工作直接面对生命，关系到人类最宝贵的财富——生命的成长。在一定的意义上可以说，教育是一项直面生命和提高生命价值的事业。中小学学生正处于生命中成长最快、最富有学习可能，也是最需要学习的重要时期，处在个性发展、形成的重要时期。这一阶段的教育影响的价值，将远远超出本阶段而延续终身。在教育中还有什么东西的价值能比生命的成长价值更为重要！因此，教师的心目中不仅要有人，而且要有整体的人，要处处从发展、成长的角度去关注人，去做好自己的教育教学工作。我们要看到，处于这一阶段的青少年，尽管他们拥有生命中最宝贵的时期，但并不全然知晓该时期对于自身发展的价值，他们还缺乏生活经验和对生命的体验；尽管他们拥有多方面的需要和发展的可能，但并不全然清楚应该如何选择，如何学习，如何努力。从这个角度看，这一生命时期，又是最需要优秀和出色的教师（懂得珍爱生命，懂得生命的整体性，懂得青少年期对于人生的独特重要价值，并善于开发生命潜力和指导生命发展）的时期。重视“生命性”，将使学校工作焕发出生命的活力，努力完成为生命的健康发展服务的神圣使命。

“社会性”是基础教育价值取向中又一个重要的观念。它包括两方面的含义：一是基础教育是社会公共事务，它关系到千家万户和社会未来的发展，因此，必须把社会发展的需要和对人的要求的变化作为学校教育必须满足的重要任务。不能因为学生年龄小和中小学教育教学内容的基础性就忽视时代、社会的变化，甚至拒绝、抱怨社会的变化，试图保持那份稳定和安宁。中小学教育同社会变革与发展脱离的现象，在现实中并不少见。在此，我们并不是要求学校带领学生直接投入各种各样的社会变革中去，而是要求教育工作者必须有时代和社会的发展意识。在文化精神上走在时代前列，把创建新文化并用新的文化精神滋养年青一代作为应尽的责任。这对于今天处在转型期和跨世纪改革的中国社会而言特别重要。“社会性”的另一个含义是：教育过程也是学生社会化的过程，青少年是未来的公民，教育必须使学生认识到社会和自己应尽的各种社会责任，热爱自己的祖国与民族，为自己民族的优秀文化和杰出人物而自豪，立志为祖国和人民奉献自己的才华和智慧。我们所要培养的是把自己的生命与人民的命运紧密相连的优秀公民，而不是只顾个人利益、无视社会义务，只知向社会索取、不知尽社会责任的极端个人主义者。在今天，独生子女普遍化，社会比过去更多地承认个人利益和需要的合理性，金钱的诱惑力增强，中小学所处的社会环境发生了变化，学生接受学校以外的各种教育影响的可能性大大增加，有些影响可能与学校教育的目标、观念相冲突。学校所处社会背景的变化，要求学校教育在树立社会主流价值观并以它来培养富有历史责任感和使命感的下一代上，发挥重要的、不可替代的作用。

综上所述，21 世纪的新基础教育的价值观可表述为：基础教育应为社会发展和学生的终身发展服务；学校应把每一个学生的潜能开发、健康个性发展、自我教育、终身学习的意识和能力之初步形成，为祖国为人民奉献、创造的志向之确立，作为最根本的任务。

二

第二个大的方面是学生观。现实中常见的观念是把学生当作需要接受教育的被动者；重视对学生现实状态的评价，如按学习成绩把他们分别归结为好、中、差，忽视学生的潜在发展可能性；习惯于按统一的标准和尺度去衡量、要求学生，不注意学生的个别差异性。为此，在学生观的更新上，我们突出的是要认识和关注学生的“主动性”“潜在性”“差异性”。

在中小学教育中，要看到并切实地发挥学生的主动性，不是一件容易的事情，学生年龄越小就越难做到。教师往往会低估学生的能力，或者说，因为期望他们能做得像成人那样而不放手让他们自己去做。事实上，哪怕是小学一年级的学生都已经具有主动性。因为他们已经具备了不少经验与知识，初步具有了交往、合作和思考问题的能力。然而，这还不是我们强调主动性的主要原因。更主要的原因在于：学生是学习活动不可替代的主体，又是教育活动中复合主体的重要的一半。没有学生学习的主动性，没有学生在教学中的积极主动参与，教育就可能蜕变为“驯兽式”的活动。靠重复强化和外在的诱惑或威胁来维持学习活动和产生学习效果，其后果不仅是学习质量和效益的降低，更严重的是压抑了学生作为人所必须具备的主动性和能动性的发展，影响学生积极、主动的人生态度的形成，这就使得他们不能真正体会到学习生活的愉悦，体会到因主动性发挥而得到的精神满足和能力发展。学生主动性发展的最高水平是能动、自觉地规划自身的发展，成为自己发展的主人，这是我们教育成功的重要标志。所以，承认学生的“主动性”，就成为教育中能否关注学生主动性发挥和自身发展的重要前提。

认识和重视学生的“潜在性”，是指教育者要看到学生存在着多种发展的潜在可能性，它是相对于学生已经表现出来和达到的现实发展水平而言的。教育在学生多种潜在发展可能性向现实发展确定性转化的过程中起着重要的作用。有了这样的观念，一方面，我们会对学生可能变化和发展到更高水平持有信心，不犯把学生看死、定型化的毛病。另一方面，我们就会创造各种条件，为学生发展可能的实现提供各种舞台；就会在日常的教育中，努力去发现每一个学生身上都存在的、仅仅表现为“希望”“喜欢”状态的新苗子，即可能性。只要这种“苗子”具有积极的、创造的、独特的意义，有利于学生健康个性的发展，教育者就应努力去扶植它，使它从“苗子”长成“大树”，从“潜在”变为“现实”。这里，教育者的态度和行为，具有重要的作用：漠视，会使“苗子”逐渐枯萎；限制，会使“苗子”死亡；只有扶植，才会使“苗子”健康成长。从这个意义上我们可以说，教育者是在撒满饱含着生命希望的种子的田野上耕耘。

承认每一个学生都具有自己的独特性，承认他们每个人都是唯一的这一个，相互之间存在差异，这是学生观中“差异性”的主要含义。有了这样的观念，就能注意克服教育中追求完全趋同、整齐划一的弊病。因为每个人不可能都站在同一起跑线上，不可能用同样的速度，沿着唯一的途径，达到相同的终点。更为积极的态度是，研究差异、发展个体的特长、使学生群体呈现出丰富的统一，为各种人才的成长打好基础、提供条件。这样，差异就不是被当作教育中令人头痛的问题，而是被当作一种财富和底蕴。差异的两端可能是白痴，也可能是天才。但是白痴往往很快被识别，引来更多的关心和帮助；天才则有可能被看作怪僻、不守规矩等，遭到批评或限制。因此，强求一致，常常导致扼杀天才。一个真正出色的教师，能教各种类型的学生，并能使他们每一个人都得到发展。

以上三个学生观如果在教育者头脑中扎根，教育者就会以新的眼光看待学生，发现他们中蕴藏的巨大能量；就会从他们稚拙的行为中看到明日的辉煌；就会千方百计让学生自己去发现和实践，为他们独立性的成长而自豪。

三

第三个大的方面是学校教育活动观。学校教育活动是学校教育的实践部分，是师生学校生活的核心。更为重要的是，学校教育活动是沟通教育理想“彼岸”和学生发展“此岸”的具有转换功能之“桥”。没有教育活动的开展，就不可能产生教育影响，也无所谓教育效果。学校教育活动观就是有关学校教育活动及其相互关系特性的本质认识，具有指导、构建学校教育实践的重要价值。

教育活动是受价值观、学生观影响的，但有其独立性。观念的更新必须深入教育活动中，并直接改造教育活动，才能真正构建起新的基础教育。

我们提出的关于教育活动的认识，主要强调教育活动的“双边共时性”“灵活结构性”“动态生成性”“综合渗透性”。前三个“性”是对教育活动特殊性质的概括，最后一个“性”揭示的是教育活动间的相互关系。

“双边共时性”强调教育活动由师生双方共同参与，教与学虽由不同的主体承担，但他们处于同一教育活动中，两类活动在时间上具有共时性，并时时都产生交互作用，而且其作用方式是多向的：不仅有师与生的相互作用，在学生个体间、群体间、个体与群体间都可能产生相互作用。因此，教育活动的策划与进行，关键是要在把教与学两类活动真正组成共时、多向、相互作用的有机整体上下功夫。要使每一个学生自觉、主动地活动，成为积极的参与者和探索者，而不只是被动的接受者；要使教师的教在对学生学的诱发、组织、辅导、调节、反馈等方面发挥作用，而不只是传授现成的知识与结论；要使师生积极的相互作用形成促进学生发展的合力，在教育活动中培养学生善于发现问题、提出目标、形成策略、完成任务、反思过程、自我矫正等一系列自我教育的意识与能力，真正实现从“学会”到“会学”、从“教”到“不教”、从“社会文化”到“个体成长”的真实、有效转化。

教育活动的“灵活结构性”，是针对把教育活动程式化或烦琐化而言，与上面提到的要培养学生自我教育的能力直接相关。我们主张教育活动的内容、方法与过程在设计上都应呈结构状。只有呈现出合理的结构状态，才能产生出积极的整体效应。所以，认识教育活动的结构性是提高其效率的重要条件。另外，教会学生掌握包括知识的、方法的和过程的结构，是最有效地教会学生学习的途径。结构的抽象性和形式化，使它具有很大的迁移可能性和包容性，而不像一点一滴式的学习，容易只见树叶，不见树干。学生掌握了结构，就具备了解决不熟悉领域新问题的工具。教育活动中体现结构性，还能促使学生思维方式发生深刻变化。我们在“结构”前还加上“灵活”二字，主要是为了强调结构本身具有灵活的特征，而不是像有些人理解的那样是一种固定不变的程式。结构不像实体那样具有固定性，它是反映关系和程序的非实体，本身就具有弹性和可变性。正因为如此，一个基本结构，处于不同的场合、赋予不同的内容、用于不同的对象，可以生出许多变式来。结构的包容性和可迁移性，正是通过多种变式来体现的。结构若没有灵活性，它本身也就失去了活力和优势。

教育活动的目的性、计划性、预设性，常常会使教育工作者不关注过程本身，把过程看作预定计划或方案的简单体现，从而使最有活力的教育过程僵化。

强调教育活动的"动态生成性"，是突出教育活动作为一个复杂过程的特征。由于参与教育活动的双方都是具有能动性的人，由于影响和参与教育活动还有诸多复杂因素，因此，教育过程的发展有多种可能性存在，教育过程的推进就是在多种可能性中做出选择，使新的状态不断生成，并影响下一步发展的过程。它是生气勃勃、极富动态性的。教师对教育过程的高超把握就是对这种动态生成的把握，其教育能力可以说已上升到教育智慧的高度。突出教育活动的动态生成性，同时也就突出了教育过程的生命性。

最后要强调的一个观念是教育活动的"综合渗透性"。我们必须区别教育任务与教育活动。学校中常常把教育任务用德育、智育、体育、美育等分别表述，还设立相应的部门分工负责管理，但真实的教育活动却以综合为特征，并对人的发展具有综合作用的功能。如教学就不只是实现智育的基本途径，而且是实现培养目标的基本途径。因为教育活动由具有生命整体性的教师与学生参与，教育活动的进行需要人的多方面而不是单方面投入。教育活动本身的综合性，又使其产生的影响不是单一而是丰富的，不仅是显性的、直接的、即时的，还有隐性的、间接的、长期的。后者虽然不在活动中突出显现，但却用渗透的方式给人以多方面影响，而且恰恰是后者，使前者变得更丰实、更有效。确立"综合渗透观"，克服因校内管理分工和对教育任务的分解所带来的对教育活动功能单一化的认识与规定，才能开发教育活动的多方面功能。

综上所述，我们认为教育者的全部智慧与艺术，最终要落实和体现在对教育活动的设计和创造性的开展上，落实和体现在使每个学生积极投入、使活动充满生命力并充分发挥其促进学生发展的综合功能上。

本文根据叶澜教授 1997 年在上海市举行的全国整体教育改革研讨会上的报告等整理而成，后发表于《中国教育学刊》1998 年第 2 期；辑录于：叶澜．"新基础教育"探索性研究报告集．上海：上海三联书店，1999：209－218.

“面向21世纪新基础教育”探索性研究
学校改革试验总方案

一、课题名称：“面向21世纪新基础教育”探索性研究

1. 面向21世纪

时间趋向性规定。在此特指处在中国社会转型关键时期的一段时间，即从20世纪90年代中期到2010年。

2. 基础教育

指小学与初中阶段的学校教育，即《义务教育法》规定的九年义务教育阶段的学校教育。

3. 新基础教育

“新”是相对现有的基础教育而言的，包括理论与学校实践两方面。在理论上要对与基础教育相关的重要问题做重新探讨，形成新的理论体系；在实践上要构建体现时代发展要求，体现新基础教育理论，服务于21世纪的九年义务教育的学校实践模式。

二、研究性质

1. 探索性

本研究是针对现实、面向未来的改革研究，具有极强的探索性、创新性。

2. 综合性

研究涉及初中、小学教育全程和教育、教学等主要方面，涉及学生多方面的

发展，涉及理论和实践两方面，具有综合性。

三、研究方法

一是理论研究与行动研究结合，滚动式推进。理论研究领先，在提出理论假设和学校改革总体框架设计后，开展行动研究，在行动研究中检验、丰富、发展、推进和完善理论与形成模式，最终把理论假设转化为新的基础教育学校实践模式。学校改革试验研究滚动推进。先小学，后中学；从起始班开始，逐渐形成纵向系列；试验学校滚动推进，但在探索性研究阶段，只在少数学校内进行，不做大规模推广。

二是群体研究与个案研究结合，每个试验班选择少数不同类型学生进行个案跟踪研究。

四、研究时间

1994年9月—1999年9月（1997年正式立项为全国教育科学“九五”规划重点课题）。

五、研究主要项目

1. 面向21世纪新基础教育的理论研究

包括：中国社会发展的时代特征对教育的要求、新世纪基础教育观念更新与新任务、中小学教学改革深化、班级管理与教育活动改革深化、新型中小学教师要求、学校管理改革深化等。

2. 试验性实践研究

（1）以初中语文、数学、外语，小学语文、数学、思想品德课为主的教学改革研究。包括：教学模式、教学内容结构、学生独立学习能力、学科活动、课外活动、学生个别差异化和教学促进学生个性及多方面发展研究，中学、小学分别形成相关系列。

（2）以班级为单位的班级建设新模式研究。包括：班级制度与管理、班级活动、班级文化等三大方面的改革研究。

（3）学校管理模式研究。包括：中小学管理观念和体制与机制建设、学校文化建设、学校传统形成与发展、新型教师队伍建设等方面的研究。

以上三大项研究中包含若干相对独立但有同一指导思想和服务于同一目标的子课题研究。

六、探索性试验基地学校

1. 小学

（1）上海市外高桥保税区实验小学（1994 年 9 月始）。

（2）华东师范大学附属小学（1995 年 9 月始）。

2. 中学

（1）华东师范大学二附中（1995 年 9 月始）。

（2）华东师范大学三附中（1995 年 9 月始）。

（3）上海市云岭实验中学（1995 年 9 月始）。

此外，自 1997 年 9 月起，崇明县的崇明实验小学和崇明实验中学作为本研究推广、发展性试点研究的学校参加课题组活动，其发展性研究的主题是“构建发达地区农村新基础教育模式”。1998 年 9 月，崇明县又有两所以招收农民子女为主的学校——崇明县建设镇中心小学和育林中学参加研究。崇明县的研究在县教育局领导支持下组成相对独立的子课题组进行（崇明县研究将单独结题）。上海市普陀区洵阳路小学也作为推广性试点研究的学校参加本课题研究。

七、课题组成员结构及活动方式

（1）课题组成员由华东师范大学研究人员与试验基地学校有关领导、教师共同组成。华东师范大学教育系部分研究生参与部分研究工作。成员组成结构为理论研究与实践研究的结合及相互促进创造了条件。

（2）课题组活动方式，除了各子课题以小组形式活动外，还有以小学组、中学组为大群体的活动方式。小学组的指导教师主要负责小学学科改革的整体方案设计，编选有关补充材料，定期到基地学校做实地指导，在假期与学校领导一起组织交流、学习、总结和研讨活动，及时收集、整理研究材料，撰写专题研究论文；小学试验学校的领导负责本校研究工作的组织领导和指导，承担教育管理方面的研究子课题；试验班教师负责使研究方案转换成学校实践，写出研究总结及结合自身实践的研究报告。

中学组各校根据试验指导思想及基本统一的要求，开展以学校为单位的独立研究，课题组每学期组织1～2次校际交流、现场听课等研讨活动，每学年进行一次学年小结。课题组总负责人和有关指导教师定期到试验班参加实地研讨活动和学期、学年的交流、总结活动。

课题组不定期按需举行各校负责人联席会议，研究每一阶段的行动计划。

(3) 研究的基本单位是班级，以后有条件再扩大到学校。

(4) 研究指导教师每学期要有集中的时间研究课题，开展工作。

(5) 试验班阶段性地展示研究成果，审定试验状态，征求多方面意见，及时改进研究方案。

八、研究进程

第一阶段：试验准备阶段（1994年1—6月）。

第二阶段：初试阶段，小学组开始研究（1994年9月—1995年9月）。

第三阶段：中期试验阶段，小学组扩展研究班，中学组开始研究，进行中期总结（1995年9月—1997年9月）。

第四阶段：探索性试验结束，总结阶段（1997年9月—1999年9月）。

九、预定研究成果

1. 理论研究方面

撰写“面向21世纪新基础教育”的专题论文，待探索性实践研究取得成效后，再在此基础上进一步形成专著。

2. 实践研究方面

(1) 构建出“面向21世纪新基础教育”的实践型新型学校基本教育模式。

(2) 撰写与实践相关的各子课题的专题研究报告。

(3) 形成与教学改革相关的供教学用的补充材料和学科改革大纲。

(4) 汇编试验学校领导、教师专题研究报告集。

(5) 写出试验班学生发展状态的测试报告。

（6）写好课题研究结题报告。

十、对课题组成员的要求

（1）自觉更新教育观念，主动投入研究活动，提出改进研究意见。

（2）团结协作，顽强探索，善于反思，敢于创新，不怕困难挫折，不计较个人名利，形成良好研究作风，把课题研究进行到底。

（3）尊重事实，实事求是，不弄虚作假。及时做好资料积累和分析工作，记录研究进程和定期写出研究报告，研究报告可及时争取公开发表。

（4）遵守研究道德和纪律。未经课题组负责人同意，不得擅自将研究资料翻印、赠送给他人或向他人、他校出售。整个试验过程应以促进学生身心健康发展为第一要义。

本文根据叶澜教授1994年在“新基础教育”探索性研究报告会上的发言整理而成，经叶澜教授修改，定稿。后辑录于：叶澜．“新基础教育”探索性研究报告集．上海：上海三联书店，1999：1－6.

“面向21世纪新基础教育”探索性研究理论纲要

第一，中国社会即将进入21世纪，进入一个因科学技术、社会生产力高速发展和市场经济机制确立而产生深刻社会转型的新时代。新时代需要一代新人，需要新的教育。基础教育的改革在新教育体系中具有奠基性价值。本试验就是为实现这一宏大目标而进行的。这是一项为新世纪构建新基础教育的整体性、开创式研究工程。

第二，新基础教育需要有教育理念、教育目标和培养模式三方面的更新。观念更新和目标更新领先，模式是在新观念指导下，为实现新目标服务的，是观念的具体化和实现目标的工具。因此，参加试验的人员首先要转变自己的教育观与目标观，而后才能创造新的模式。这项试验不只是寻求操作性的方案，它要求理论研究与实践研究紧密结合，这是一项深刻、艰巨而富有挑战性的试验，它的结果不仅是为了形成上述“三新”，而且根本上是为了形成新人——新的能适应21世纪社会发展需要的学生和创造新教育的新型教师。全体试验人员在试验中，既是创造者，又是学习者；既是教育者，又是研究者；既改变旧的教育模式，也改变自己。

第三，新教育理念首先指教育价值观，回答的问题是我们为什么要办教育、教育价值是什么。答案随时代变化、人类发展对教育的需要和认识的变化而变化。就基础教育而言，当代我们强调的是它的未来性（基础教育应为社会发展和人的终身学习与发展打好基础，应立足未来，为了未来而确定今日之“基础”的含义）、生命性（基础教育面对的是处于生命中学习最集中时期的儿童和少年。对于每个学生来说，这是十分宝贵但自己却并不全然知晓其价值的生命时期；是缺乏生活经验，各方面都处在形成状态，又充满多方面需要和发展可能，充满生命活力和潜力的时期。这段时期的教育影响价值，远远超出该阶段而扩展到终身。因此，这是最需要优秀和出色教师——懂得珍爱生命，懂得生命的整体性，懂得童年、少年期对于生命的独特重要价值，并善于开发生命潜力的教师——的时期）和社会性（基础教育要使学生认识社会、热爱本民族优秀文化传统，为未来社会培养合格和出色的公民；基础教育与千家万户相关，要依靠社会和社区，向社会和全体公民负责）。概而言之，21 世纪的基础教育应把每个学生潜能的开发、健康个性（指个体独特性与社会规范性的有机统一）的发展，为适应未来社会发展变化所必需的自我教育（其内容包括德、智、体、知、情、意、行等多方面），终身学习的意识和能力之初步形成作为最基本的任务，基础教育应为社会发展和学生的终身发展服务。

第四，新教育理念第二层构成是学生观，即教育对象观。新的学生观更关注学生发展的潜力和多样性的统一，关注潜能的开发，把他们的现在作为起点而不是终点来看待。新学生观把学生看作年龄虽小但同样具有主观能动性、有可能参与教育活动的人，他们是学习活动不可替代的主体，是教育活动中复合主体的重要构成。新学生观还包括对学生个体差异的承认与尊重，把形成每个学生的独特性看作教育不可忽视的任务。新学生观就是注意学生发展的潜在性、主动性和差异性的学生观。这是教师在教育中努力探寻最大可能地调动学生积极性，让学生逐渐成为自己发展的主人的教育行为产生的观念性前提。

第五，新教育理念第三层构成是教育活动观。它回答我们如何去构建学校教育实践的问题。教育活动是学校教育的实践方式，是沟通教育理想“此岸”和学生发展“彼岸”的具有转换功能之“桥”，是师生学校生活的核心构成。新的教育活动观强调其双边共时性（由师生双方共同参与，活动中师生之间、学生与学生之间有多种和多方向的相互作用方式，这些活动在时态上对师生双方来说具有共时性）、灵活结构性（活动的内容、方法和过程都具有结构特征，同时又富于弹性）、动态生成性（教育活动有计划、有目的，但其进行过程的全部复杂性及动态相互作用过程，使其具有生成新的、超出原先计划和目的的可能，这种动态生成力是由参与活动者的生命活力得到发挥后创造而来）及综合渗透性（教育活动本身具有综合性，它由具有生命整体性的人进行。因而教育产生的影响，不是单一而是综合的；不仅是显性而且是隐性的；不但是有形而且是渗透的）。教育者的全部智慧与艺术集中显现在他对教育活动的设计和创造性开展上，显现在他能否最充分地调动学生投入的积极性上，显现在他能否使教育促进人发展的功能得到充分全面发挥上。

第六，新的培养目标是时代发展对新人要求的集中表现。本试验主要强调以下体现当代社会发展需要的新特征：

（1）认知能力。

具有捕捉、判断和处理信息的学习与创造能力，自我认识和自我调控的能力，立体、动态、多元统一的综合思维能力以及体悟人生与生命的内省思维能力。

（2）道德面貌。

在积极向上的人生价值观指导下，形成热爱祖国和中华民族的崇高感情，具有社会公德和作为公民的责任感与义务感，成为既有理想和抱负，又能处理好个人与群体关系，愿为中国社会主义现代化事业做出贡献的未来新人。

（3）精神力量。

自信、自强；有迎接挑战的冲动与勇气；有承受挫折、战胜危机的顽强意志；热爱生命，能在改变和完善外部世界的过程中，同时不断完善和超越自己，实现终身学习和终身发展。

以上三方面是仅就新人的一般理想形象而言。试验在确定目标时，还需按中小学和不同年龄提出既有区别又有联系的系列目标，使生命向理想发展，而在每阶段又都呈现出不同的色彩。

第七，基础教育新模式首先是学校教学活动模式的变革与更新。试验把这方面研究的重点指向学校基础性学科的课堂教学改革。通过改变课堂教学的过程结构和组织结构，改变教师课堂教学的行为结构，为每个学生提供积极参与课堂教学的时间（积极活动时间初始阶段不少于1/3，最后达到2/3左右），使每个学生都能在课堂教学中得到多方面的发展；教学不是向学生“点式”传递现成知识，而是突出知识的内在结构，在结构中学知识，掌握知识的结构，教知识，同时要把知识活化，还要教学生掌握相关知识及其结构的学习方法与程序的结构；培养学生独立学习的需要、信心和能力。课堂教学的过程要为学生的智慧和潜力的发挥创造条件，提供不同学生进行选择的可能，注意学生特长和个性健康发展。课堂也应该成为教师创造性才能和智慧充分发挥的舞台。把课堂还给学生，让课堂焕发出生命活力，使课堂成为培养学生自我教育能力的最好场所，是课堂教学改革追求的目标。

第八，班级建设模式的改革，是基础教育新模式的又一重要组成。通过建立小干部轮流制、班级岗位制、小班主任制等管理制度改革，使每个学生参与班级管理，体验不同角色，发挥个人特长，促进每个人都能在其中得到发展的优秀集体的形成；培养学生自我管理、自我评估和自我调控的群体自我教育能力。通过学生独立组织开展班级活动和参与学校活动及公益性活动、兴趣小组活动，培养个人对集体的热爱、责任、义务感和集体荣誉感。发展交往合作能力，促进学生个性的健康发展和才能的充分发挥。积极创造班级文化，丰富学生的精神生活。把班级还给学生，让班级充满生长气息，使班级成为学生的精神家园，是班级建设追求的目标。

第九，基础教育新模式的构建最终不能没有学校管理模式的改革。学校管理要以人为本，为学生成长、发展服务，为教师创造性工作和发展服务。管理要体现人文精神与科学精神的统一，体现教育工作的专业性特点。学校应在管理制度、管理方式、运行机制、测评体系等方面做系统改革，抓住管风、教风、学风和学校的精神文明建设，形成既体现中华民族优秀传统，又有时代气息的学校育人新文化，形成具有学校个性的校风和独特传统，形成学校发展和完善的内动力和机制，形成与社会发展息息相关、相互支持和促进的良性循环。

第十，总之，本试验从人的生命和基础教育学校的整体出发，运用综合渗透、主动参与的方法，以满足时代需要和促进学生的终身学习与终身发展为宗旨，构建面向21世纪新基础教育的模式。这一试验模式可以简称为“三Z”（整体、综合、终身）模式。“整体”“综合”是研究方法论意义的概括，“终身”则是试验追求的终极价值的概括。

本文根据叶澜教授1995年在“新基础教育”探索性研究报告会上的发言整理而成，经叶澜教授修改，定稿。后辑录于：叶澜．“新基础教育”探索性研究报告集．上海：上海三联书店，1999：7-11.

“新基础教育”探索性研究总报告

——面向21世纪学校教育整体改革的初始构建

一、研究工作进展过程

（一）课题组成员构成分析

“新基础教育”探索性研究由华东师范大学教育科学与技术学院部分教师和华东师范大学普教研究中心部分成员组成的课题组联合承担。1994年9月，该研究以上海市外高桥保税区实验学校为试验①基地启动。1995年9月，华东师范大学一附中、二附中、三附中，上海市云岭实验中学及华东师范大学附属小学各有一个班同时参与试验，并成立联合课题组。1996年初，课题组负责人向全国教育科学规划领导小组正式提出立项申请。1997年初，课题被批准正式立项，定为国家教委级重点课题，此时研究实际已进入第3年。同年2月，华东师范大学一附中因初中部改制等重大条件因素的变化而退出课题组。至此，“新基础教育”探索性研究参与试验的学校为5所并保持至今。5所学校之所以作为试验学校的原因有三。一是均属自愿参加。二是5所学校均是华东师范大学普教研究中心的团体成员，参加者希望这项研究能成为华东师范大学用科研为基础教育服务的一项“拳头产品”。三是5所学校的办学水平、师资条件、生源及试验班学生的基本情况都不尽相同，各有特点。小学部分，华东师范大学附属小学是一所有40多年办学历史、教学质量相对稳定且已形成一定群体风格的学校，生源多为知识分子子女。上海市外高桥保税区实验学校是1993年初才成立的、由外高桥保税区投资兴办的新学校，该校教学设施相对先进；教师由全市招聘而来，相对年轻，学历构成较高；学生分寄宿与走读两类，寄宿班生源来自市区，家庭经济

① 我们把参与改革研究的学校统称为“试验学校”，而非“实验学校”，是为了表达这一研究在与实践相关的领域所采用的研究方式并非严格意义上的实验研究，而是基于现实的改革性试验，其中包括多种方法的综合。但因习惯影响，不少参与试验的学校会把自己称为“实验学校”。

条件相对较好，走读班来自学校所在地区，主要构成是征地农民的子女。这类学校是新时期在上海出现的学校，含有更多未来因素，与试验期望的先导性相符；我们在该校两类生源中各选一个班，还可看出生源、家庭背景不同，寄宿与走读不同等对试验及学生成长的影响。初中部分的 3 所学校也有很大差异：二附中是有 40 年历史的学校，本研究以学生学习成绩优秀与能力强的数学班为试验班。三附中仅有 10 多年的历史，由金山石化总公司与华东师范大学联合创办，该校教师也由招聘而来，生源基本上是石化地区的干部及职工的子女，属工业区内的学校，试验班学生部分在小学时有文艺特长。上海市云岭实验中学属 1958 年由小学“戴帽子”而升为初级中学类的学校，建成中学以来由于多种原因，如生源都是重点初中落选下来的学生，家庭处于棚户区的较多，社区及家庭生存环境和文化环境均较差等，在普陀区内处于薄弱学校边缘，声誉属中下水平，教育质量的提高和学校的发展面临着较大困难。该校教师年龄相对偏高，属于勤奋踏实型的较多。这些学校、教师和生源的多种类型和不同状态，有助于对试验结果是否具有普遍意义做出正确的判断。

试验组的另一部分成员来自华东师范大学教育科学与技术学院，其中除从事教育基本理论、儿童发展心理学和比较教育研究的人员外，大部分是从事中小学学科教学研究的成员。他们对中小学教育实际较了解，不少人都担任过中小学的教学和科研工作，有的还当过领导。这些成员各人都承担着明确的研究任务，都有不可取代的重要性。其中有两位已经退休的副教授在课题组中承担了小学试验的设计和指导任务，为课题的顺利进展做出了重要贡献。另一位原从事心理学研究的成员，不仅负责试验中有关学生心理的研究与测评，而且主动承担起原先不十分熟悉的思想品德课教学改革的设计与指导工作。还有两位成员为了加强对华东师范大学附属小学和云岭实验中学的研究指导力量，分别到这两所学校兼任校长和副校长。有的同志不但是学科教学设计和指导的教师，还负责联络、课题管理等一系列繁杂事务。

在长达 4 年多的试验过程中，本人作为课题组总负责人，深感这项研究能坚持到今天并取得相当成效是群体合作努力的结果。自己时常被课题组成员对未来教育的执着追求和奋斗、创造精神所感动。除此以外，研究工作还得到了上海市教委、市教科院及普教研究所、各学校所在区教育局等有关领导的支持与关心，得到不少家长的支持和关心，他们从不同方面为研究的顺利进行提供了条件和保证。

1998 年 9 月，上述试验学校中，二附中和三附中从初一开始的首轮试验班学生已初中毕业，云岭实验中学从预备班开始的首轮试验班学生也已进入初三，外高桥保税区实验学校的首届试验班学生则进入了小学毕业班。基于上述实际情况，我们把计划中原定于 2000 年底的结题时间，提前到 1998 年 10 月底进行。一方面，是为了使参与结题评审的专家能较充分、具体地看到首轮试验在学校实践与学生成长方面产生的影响；另一方面，可以腾出 1 年左右的时间做更为深入细致的系列化总结，为探索性研究首轮结束后的大范围推广性及发展性研究做较为充分的准备。

（二）研究目标、过程及特殊的研究方式

20 世纪末，我们提出"新基础教育"探索性研究的直接目的是推进承担九年义务教育任务的小学和初中教育改革的深化。课题组决定把具体研究范围限定在小学与初中阶段，主要是因为我们深切地感受和认识到处在世纪之交和走向 21 世纪的中国，又一次面临一个大时代，进入机遇与挑战并存的时期。目前的基础教育状态尽管与 20 年前相比在规模、设施、师资队伍的基本学历、教育观念的变化和研究能力等方面有了长足进步，但是，要适应当前国家面临的重大变革对一代新人培养的要求，尚需在观念和实践上做系统、全面的更新。小学与初中的九年既是人生奠基和独立人格初步形成的重要时期，又是国家规定每一个中国公民必须接受义务教育的时期。提高这一阶段的学校教育质量，无论对个体一生的发展还是民族素质的提高都具有普遍、深刻和长远的价值。况且，义务教育在教育系统内同样处在基础阶段，它的质量对后续教育同样具有重要价值。

我们把具体的研究目标定为从理论和实践两方面以及在两者结合的意义上探索、构建面向 21 世纪的基础教育新观念和学校内部教育新模式①。在此，"新"主要是相对于现有状态、传统而言。学校教育模式，主要是指学生在学校中参与的基本教育活动——课堂教学与班级活动的模式。从教育研究本身的角度来看，我们想通过此项课题研究，探索理论研究如何与实践研究结合，几种不同学科背景的研究人员、学校教育管理人员及教师如何做到不仅完成研究任务，而且自身都获得发展②。需要说明的是，本项目没有把中小学整体的课程改革和现代化教育技术手段在学校教育领域内的全面运用作为研究任务，这不仅是受精力所限，

① 这一阶段的研究，我们确实还有形成学校"新模式"的追求，但此后随研究的深入，我们越来越深切地认识到，"模式"一词对于学校教育转型的概括太生硬，不再轻易使用。此次修改保留原词用法，是为了呈现研究主体当时的认识。

② 这个意向在后两个阶段的研究中表达为"成人成事"。

也因在我国当前的教育体制下，课程改革主要集中由政府教育管理部门领导，并不是一个学校能左右的；而运用现代化教育技术手段的前提是硬件必须齐备，师资要经过培训，这些工作也不是试验组和某一所学校所能解决的。此外，研究人员中缺乏这方面的专家，也是原因之一。但是，这并不是说我们在改革过程中一点也不改动教材和课程，一点也不用技术手段。在试点改革的学科范围内，我们也对内容做了结构性的改造和补充，但这种改革只是在某一学科范围内进行，而非课程整体式的改造。

在研究方式上，我们的指导思想是解决好理论与实践的关系。这项研究不是纯理论研究，但必须要有理论，且理论研究要适度先行。因为我们面对的是新形势下的新问题，研究的任务是想构建新观念体系和新学校模式，不可能在不做理论研究的情况下，完全依靠教师个人的经验与直觉去创造。这是本研究与一些西方“行动研究”，强调教师个体按自己的理论去实践的研究方式的一大区别。我们在学校进行的探索性试验是在初步形成的新教育观念和活动原则指导下进行的，这就要求实践不仅渗入并且体现出新思想的因素。研究证明，实践不但可检验新思想的合理性，而且会产生新的模式，并在产生新模式的过程中，更深刻地反思、认识原先模式的弊病和根源，认识新模式的特征及形成的必要条件，从而推进理论研究①。就我个人的感受而言、我的相关理论研究、多篇论文的诞生及试验方案、指导思想体系的形成，都与研究中的实地试验相关。是现实中表现出的问题和师生共同的创造，激活了我头脑中的问题，引起了深思。

由于试验学校中没有九年一贯制学校，试验研究分小学和初中两大部分，在小学先行一年后，中、小学同时进行。在小学组，试验的领导、组织和管理工作以各校领导为主，改革涉及的专业指导（包括学科教学改革、班级建设、大型活动设计等）由小学指导组负责。指导组无特殊情况，每周到试验学校一天，一般上午随堂听课、说课与评课，下午观察班级活动，与教师讨论下一阶段的研究任务。在教学每进入一个新阶段，或者教学重心发生变化时，还要和老师一起备课。依此累计，小学组指导教师平时主要在两所学校 4 个班级中听课，4 年共计不少于 1 600 节课。除此以外，每学期的开学前或开学初，学期末或学期结束时，指导教师、学校领导和试验班教师还要集中培训与学习，总结一学期的研究

① 上述理论与实践的关系，在后续研究中，从两类主体的角度做了不同方式的概括：对理论研究者而言，称为对实践的“主动深度介入式研究”；对实践工作者而言，称为“研究性变革实践”。详阅：叶澜．大学专业人员在协作开展学校研究中的作用．中国教育学刊，2009（9）；叶澜．“新基础教育”发展性研究报告集．北京：中国轻工业出版社，2004.

工作、交流研究经验和体会，安排下一学期的工作。有时还在两个学校分别交流的基础上进行大组交流讨论，相互学习，共同切磋。在每学期的中期，两校一般还分别举行一些研究课，向全校或在更大范围开放。以上类型的活动，两校分别进行共 30 次，共同交流活动 4 次。我们还曾组织试验中学的领导和小学的领导相互听课。每一次开放课前，试验组都要对前一阶段的研究进展做小结，看看形成了什么，有什么发展和效果，再提出问题，明确开放课的指导思想、探索主题，并完成设计方案。课后除教师自己“说课”、自评得失外，还由指导教师及参与活动的其他教师评课。评课不只局限于具体的教法与过程，通常要从现象层次深入思想层次，找出教师教学行为背后的教育思想，提出按新的观念应如何行动，使执教者能触动内在固有观念的变化。中学组的研究活动，试验校领导和教师承担更多独立研究的责任，指导教师与试验教师的合作方式，主要是通过集中交流式的听课、研讨、学习、汇报总结、研制研究计划等方式进行。此类方式 3 年中先后进行了 12 次，指导组成员还分别到各校听课、研讨、了解情况 9 次。此外，指导小组还要进行研究工作的策划、分工、总结和准备试验用补充材料等一系列工作。在这些工作中，每个研究人员都参加。我作为总负责人，除参与一些平时听课、指导活动外，还参加试验中小学所有的研讨性、交流性、总结性和开放性活动，4 年中至少听了 100 节课。在研究人员中，与小学组的指导教师比，我还是听得最少的一个。由此可见，这一研究中理论工作者的投入度和工作量都很大，且需坚持数年。对我们来说，这是一种真正扎入实践第一线的研究，并非到实践中做蜻蜓点水式的了解，搜集一些经验出来做理论加工，或是只需坐在书斋里就能完成的。参与课题一线工作的教师，在研究过程中改变的也不仅是教学方法或手段，而是在新的水平上重新认识、重新构建自己的教育、教学实践。为此，试验班的教师需要学习新的理论，转变自己的观念和教育行为，但新的观念与原则并没有束缚其手脚，相反使他们积极地从旧观念和行为模式中解放出来，探索新的教育活动模式，重新“武装”自己，因此试验也激活了教师的创造力。

我们把这一研究方式称作研究者和实践者在三个不同层面上提供创造空间的研究方式，即“提供三层创造空间”的研究方式。第一层主要是理论的系统研究，第二层主要是学校活动模式与改革试验每一学科、班级建设的整体新模式的研究，第三层是学校内每天进行的课堂教学和班级生活的创造研究。三层空间的创造活动由不同的主体承担，他们既相对独立，又相互关联，还存在着层层转化，最终走向具体综合、生动丰富的实践一线。正是这种开放式的具有三层创造空间的研究方式，保证了该项课题研究多角度地实现了理论与实践、反思与构建的紧密结合，促使研究向着预定的目标推进；正是这种研究方式，为每一个真正投入研究的成员，包括试验班教师，提供了不同层面和方面的探索与创造空间，在完成研究任务的同时，也改变和充实了自己；正是这种研究方式，把如何从较为概括、抽象、理论性的教育观念出发，对现实的教育教学活动做出改造，直至形成生气勃勃的、体现新教育理念精神的新教育活动形态之全过程呈现出来。研究使我们深切地感受到教育改革过程的丰富性、复杂性、艰巨性和可行性，感受到当理论被实践工作者理解、认同并转化为行为时所展现出的巨大的生命力，感受到我们每一个人内在的创造潜力一旦开发出来、凝聚起来所产生的惊人力量。

总之，4 年多的研究实践是一段紧张、艰巨、充满挑战，同时又能使人享受到创造欢乐的难忘历程。目前研究已基本完成了形成“新基础教育”的理论观念系统和学校基本实践活动模式的任务，试验班学生的发展成长在总体上令人满意，呈现出我们所期望的在新教育模式作用下的变化。全体研究人员在研究过程中也努力地朝着课题提出的“既是创造者，又是学习者；既是教育者，又是研究者；既改变旧的教育模式，也改变自己”的目标前进，产生了积极和明显的变化。

二、理论研究进展——新基础教育观的建构

新基础教育观是反映 21 世纪中国社会发展对新人及培养新人的教育的要求，反映当代教育本质的教育观。它是面向未来的，但又必须建立在对现实、时代精神、社会发展深刻认识的基础上；它需要体现社会需求，但又必须落实到对人的要求和对教育本质深刻认识的基点上。此外，基础教育又只是人生教育中的一个阶段，新基础教育观又必须处理好教育认识中的特殊与一般的关系。我们正是在这样综合多维的思维框架中（时态上，由现实趋势到未来；空间上，由社会到教育；聚焦点形成上，由一般到特殊）逐渐建构出新的基础教育观。这些观点集中反映在一组系列论文和试验理论纲要上。在此从理论研究进展的角度做简要报告。

（一）把握时代精神，设计未来新人形象

1978 年十一届三中全会以来的 20 多年，是中国社会在开放的背景下，以改革为基本方式，把发展作为最主要评价基准，完成 20 世纪由近代向现代转型的重要时期，是中华人民共和国发展史上具有划时代意义的 20 多年。可以说，生活在这个时代的每一个中国人，都能直觉地、或多或少地感受到这一重大社会转

型对人们原有观念、秩序、准则、行为方式等一系列方面的撞击，感受到社会已经按实践的逻辑，无可争辩地、毋庸置疑地沿着日益清晰且不可逆转的轨道行进。进入 90 年代后，在邓小平同志视察南方时发表的一系列讲话精神指引下，这一转型的速度加快，改革开放的力度增强。我们的课题在这样激烈变化的时代背景下提出，首先最为迫切和不可避免的事，是重新认识教育在新时代和即将到来的新世纪的使命。人类教育发展的历史深刻表明，一个急剧变革的社会，必然要求教育做出及时相应的变革，这不以人的意志为转移。我们只有自觉认识时代的要求并积极行动，才能与时代共同前进。于是，对时代精神的把握及对当代中国教育改革深化的思考，成了我们理论研究中首先提出，并具有统观全局意义的第一个大问题①。

马克思主义哲学的基本观点给了我们如何去把握时代精神及寻找时代精神与教育改革本质相关点的启示，那就是首先认识物质生产和经济领域变化的实质。这种变化对人的要求的变化，则是时代精神与教育改革本质的相关点。研究得出的基本观点是：当今中国社会生产力发展面临的高科技挑战，经济领域中社会主义市场经济体制的确立，使时代在各方面都呈现出变化速度加快和价值多元化的倾向，人所生存的环境打破昔日的相对稳定，呈现出变动不居的基本态势。而人的潜力和主体性的发挥对社会的发展也显得愈益重要。每个人要想在如此社会中生存和得到发展，不仅需要有基础性的知识与一般能力，更需要有对变化环境的判断能力，在多种可能性面前的选择能力，把握时机、敢于迎接挑战的勇气和决策能力，以及迅速适应环境变化、主动改造环境和不断超越自身局限的意识与决策能力。所有这些归结起来，就是要求人以积极主动的态度并且有能力参与周围世界的变革，为社会创造财富和为自己创造幸福，同时自觉地、有意识地实现自身的发展。可以说，一个要求每个人学会积极参与社会发展和掌握自己命运的时代在中国大地上出现了，21 世纪中华民族伟大复兴的希望，寄托在体现这种时代精神的人身上。

以未来社会发展的这一时代精神来反观今日中国基础教育，可以看出其根本的弊病在于忽视学生的主动性的培养，忽视学生自主意识和能力的培养。在学校中强调的是统一和服从、规范和秩序，忽视的是多样和创造、灵活和变化。教师、成人在儿童、少年的学习世界和生活世界中，基本上是主宰者，学校教育在相当程度上抑制了学生多方面的生动活泼和主动发展。这种状态不变，教育就无法适应 21 世纪社会发展的需要。以上述分析为基础，我们从与现实比较的角度，

① 详细论述请参阅：叶澜．时代精神与新教育理想的构建．教育研究，1994（10）．

提出了21世纪新人的理想目标，其中富有新意的（但不是全部）内容，可用表1简示如下：

表1　　面向21世纪理想新人形象中体现时代特征的主要方面

	与外部世界相关方面	与内部世界相关方面	思维方式、思想方法方面
认知能力	善于捕捉、组织和判断各种信息的能力；善于发现问题，综合运用知识解决问题的能力，即创造能力	认识自己的反思能力，自觉进行自我调控的能力	立体、多维、动态的思维方式，直觉、领悟的思维方式
道德品质	自觉遵守社会公德（含法律、制度与纪律等具有社会公律意义的公德）和履行职业道德	独立选择、综合形成积极的价值观，形成责任感、义务感，自尊与尊重他人相结合，在保持独立人格的同时善于与他人协作、对话	发展个性与促进社会发展的道德价值取向相统一
精神风貌	在身处不利环境时具有奋斗精神，有迎接挑战的冲动与勇气	自信，不怕挫折，敢冒风险，有开拓、创造精神，能实现对自身的超越与完善	在有缺憾的人生中追求完美，在改造外部世界的同时改造主观世界

以上论述所体现的时代发展对教育培养人的新要求不只是在内容上，更主要的是在思考的维度与思想方法上有了变化，在培养目标上，我们不仅从人对外部世界的认识与态度提出要求，而且从认识内部、认识自我和形成积极自我的角度提出了要求；在有关认知、道德品质等方面提出要求的同时，突出了具有综合性和丰富性的精神面貌的一面；在根据时代、社会变化迅速，市场经济发展唤起个体独立和利益意识的特征提出新的认知和道德品质的要求时，还增加了有关思想方法的要求，突出了处理复杂、变动世界中可能面临的各种情况和提高自我所必需的多种思维方式的重要性。这些新因素在国内以往的相关研究中是不多见的，以综合的方式并与时代精神联系起来探讨可以称作先行。有关这方面理论探索形成的论文发表在《教育研究》1994年第10期上。其中有些观点，如对“协作能力”“冒险精神”“直觉力”“判断力”“自主性”“个人责任感”等的强调，在两年后1996年发表的联合国教科文组织“国际21世纪教育委员会”向联合国提交的报告《教育——财富蕴藏其中》中也得到了强调①。可见，这一观点即使放在

① 联合国教科文组织．教育：财富蕴藏其中．联合国教科文组织总部中文科，译．北京：教育科学出版社，1996：76-88.

国际视界中来看也是属于先行的。再加上论文发表的 1994 年，国内还处在中央提出经济体制由计划经济向市场经济转轨的初期。这一转轨过程对教育带来的冲击性影响已较明显，但它对于教育本质上的更新要求和将提供人主体性发展的社会土壤这一点尚未显现，教育界不少同人，包括本人，在 1993 年以前，也一直处在对新形势的不适应和彷徨、无奈之中。所以，当我认清了问题的本质，写成论文后，自感获得了一种精神的解放，为意识到一个“英雄时代”的到来必将呼唤新的“爱弥儿”而兴奋。论文发表后引起了普教界的强烈反响，刊登该文的一份内刊——上海的《教育参考》添印后还销售一空，有些学校还复印论文，组织全校教师学习，不少地区、学校要求我去做报告。以此为主题，我曾先后在华东师范大学普教研究中心，杭州、宁波、昆明、张家港及全国整体改革委员会年会上做过 7 次报告。该文还被评为上海市哲学社会科学（1995—1996）优秀论文一等奖，这些情况从一个侧面印证了这一研究在理论上的价值和对实践的影响。

（二）提出转型时期学校教育的文化使命

明确了培养目标以后，需要重新认识学校在文化发展中的独特任务问题。新人的培养离不开新文化，但以往的教育理论，包括我自己的著述在内，都把教育看作传递文化的工具，而文化则被主要认为是知识形态的积淀。也就是说，教育在文化上的取向被规定为面向过去，它在新文化的创造和发展中没有直接作用，最多只是对文化做符合教育需要的改造。这些观点是否合理，在社会处于平稳发展时期是不会有人产生疑问的。但当社会本身处于激烈变革的转型时期，当文化本身已被视为人的一种生存方式和策略时，当已有的文化在价值选择、内容、存在方式等一系列方面处于多元和全方位的变革时，当新文化尚未完全明晰和成为主流形态时，学校教育该怎么办？等待、抱怨、怀旧、抵制、封闭等不仅无济于事，而且使学校在整个社会发展中站在保守的一边。当代中国社会正处在这种状态之中，现实向我们提出了认识转型时期学校教育文化使命的问题。对这一问题探讨所形成的论文《世纪之交中国学校教育文化使命之思考》，作为 1996 年以“新世纪教育展望”为主题的国际研讨会上的发言，同年发表在上海《教育参考》上，后辑录在国家教育发展研究中心编辑的论文集《新世纪教育展望——'96 国际学术报告会》一书中[①]。该文中提出的一些新的主要观点是：

第一，在当代，文化在教育中的功能应提升，它将是形成学生对周围世界和

① 详细论述请参阅：叶澜．世纪之交中国学校教育文化使命之思考．教育参考，1996（5）．

自己的一种积极而理智的、富有情感和探索、创造意识的态度和作用方式的重要资源，是开发学生生命潜能的一种力量。

第二，中国的现代化过程也是培养新一代和改造成年一代的双重意义上的人的现代化过程，它要求学校教育与社会教育的双重改造，包括观念、内容、组织、活动和教育的行为方式的全面改造。

第三，学校要完成适应新时期发展所提出的新文化任务，唯一的出路是参与到新文化的创建中去，按社会发展的要求和时代精神建构超越现实的新学校文化。

第四，学校新文化的建设并非要求对历史和现实取虚无主义的态度，而是应在现有文化的基础上，按培养新人的要求，进行取舍、整合与转化，使文化活化、动态化和面向未来，这本身是一个充满创造的历程。这种创造，不只是影响外部世界，而且改造人的生活方式，因为文化最深刻地表现和扎根在人的生活方式中。

转型时期学校文化使命的研究成果，也许由于它的理论色彩较浓而未引起普教界如对上一篇论文似的强烈反响，但它是我们在进行了一段试验以后的一种深切体验和深层思考，也指导了我们随后的试验。我们深感，正在进行的试验实质上是对学校每天进行的日常教育活动的深刻改造，是对教育从观念到行为方式的全面重建，是一种探索新学校文化的创造，其最终目的是改变师生在校的生存方式，开发学生和教师的生命潜能，使他们的人生积极而幸福，对社会有贡献。正是在此基础上，我们逐渐形成了关于教育观系统更新的认识。

（三）新教育观念系统的构建

20 世纪 80 年代末以来，我国广大中小学在实践研究中对教育观念更新十分重视，一般采用的模式是提出一个它们认为最重要的、需要更新的观念，而后围绕这一观念在实践中如何体现，做出改革设计和进行试验，并把自己的研究称为“某某教育”。这种研究方式给人很多启发，推动了学校的改革实践，体现了观念改变与实践变革之间的内在联系，还能逐渐形成某一学校的研究和办学特色。它不仅展示了广大实践工作者积极投入教改实践的责任心和热情，而且反映了它们的智慧和创造能力，我国中小学的教育改革也因此而显得多姿多彩。但是，在当今中国，基础教育要完成适合时代发展需要的转型性变革，只有某一个观念的变化是不够的，也不可能涵盖教育作为一项十分复杂和综合性的人类社会实践的全部意义。所以，需要我们对基础教育的一系列根本性问题做重新思考，形成能体现时代精神和当代使命的、指导“新基础教育”建构的新的观念系统。为此，我们针对现实教育中反映出的教育观念问题，提出了由三个方面十大观念组成的新基础教育观念系统[①]。

第一个方面属基础教育价值观的更新，包括新基础教育的“未来性”“生命性”“社会性”三大观念。未来性是相对于过去强调基础教育的继承性而言。对“基础”的规定过去主要强调学习掌握人类已积累的经验，以及当今世界现实生活对人的基本要求，忽视从社会发展和未来需要的角度来设定基础的内涵。邓小平同志早就提出了教育要“面向未来”，无论从社会的角度还是个体的角度看，基础教育永远是一项面向未来的事业，所以，在时间的价值取向上，增强未来意识是新基础教育的重要观念。“生命性”的提出主要针对的是，现实的基础教育中常常忽视了对象是“人”，是具有世界上最大丰富性和主动性的生命，忽视了中小学教育是面对处在人生最重要时期的、具有奠基意义的“发展中的人”——青少年，同时，还忽视了教师同样是一个有多种需要和能力、具有发展可能的人，其结果是忽视了教育作为精神生命的孕育和发展过程这一重要特质，把注意力集中在知识、手段、操作、工具，把手段异化为目的，丢失了最重要的东西——生命。必须认识到，正在到来的是一个重视人的主体地位的时代，是一个需要生命的主体在生活实践中充分发展自己潜力的时代，因而对个体生命的热爱和多方面发展的促进是教育不容忽视的价值取向。“社会性”在基础教育中虽然被一贯强调，但往往是在框定个体发展甚至与其相对立的意义上被强调，常常在以社会某一个方面（或政治、或经济）的需要代替多方面需要的意义上被强调。尽管被强调的方面会随着社会的发展、政策的变化，由一方面变为另一方面，但对社会与教育关系认识的片面性未变。在新基础教育的价值体系中，社会性是从社会与个体发展统一，社会发展本质及完整的需求满足意义上被强调，而且还突出了在当今学校与环境之间新型开放关系形成的条件下，对教育社会性的新要求，对人之社会性的新要求。因此尽管名称上没有变化，但其内涵发生了深刻变化。把上述三方面的要求做出整合，就是强调基础教育在价值取向上要有远虑，不可只求近利。要为社会的持续发展和学生的终身发展打下基础，才是教育为国、为民、为民族、为个体所值得追求的最重要价值。

第二个方面关系到如何看待学生，实际上是教育生命性在学生观上的具体化，包含了“主动性”“潜在性”“差异性”三个认识“学生”这一特殊社会角色

---

① 详细论述请参阅：叶澜．更新教育观念，创建面向21世纪的新基础教育．中国教育学刊，1998(2)．

时应强调和确立的观念。“主动性”针对在习惯上和实际教育中通常把学生看作接受教育的被动者和缺乏独立性与创造性、依赖或服从教师的学习者而提出，它建立在承认主动性是人的生命存在和发展的重要和特殊方式的基础上，承认学生尽管处在童年或少年期，但依然具有主动地应答、选择、发现、思考、策划、行动、反思等需要与可能，具有关注和要求自己向上的主动发展的需要与可能，教育的任务是把这些需要与可能转化为现实的力量。此外，学生是构成教育活动复合主体的不可替代和缺失的一部分，不关注学生对教育活动的主动参与，不着力于教育过程中学生主动性的培养与发展，只把教育当作知识的记忆和技能技巧熟练的过程，那么，教育将类似于“驯兽”。新基础教育要求把学生主动性发展的最高水平定在能动、自觉地规划自身的发展，即成为自己发展的主人上，基础教育应为实现这一水平而努力。“潜在性”针对教育中往往只注意学生现有状态，局限于对现有状态做出判断，并以此作为学生好差分级的标准和进一步教育的依据这一弊端。因为其忽视的恰恰是教育中最重要的学生潜在可能性的发现与开发的任务，恰恰是教育最有用武之地的真正“舞台”。只有关注学生的潜在性，才会去促使学生实现智慧和才能的发展。“差异性”观念的提出是为了改变把学生抽象化，假设他们从发展的“起点”到“终点”及“过程”都是相同的简单化认识，要求教育者承认差异，关注差异，看到差异在一定的意义上是教育的财富①，而不是包袱。教育努力使每个学生都能实现在原有基础上的提高，各自的特长和个性能得到健康、充分的发展。即使学生群体的发展也不是按同质集合的模式去努力，而是以丰富统一的方式去实现。以上三个观念整合起来集中到一点，那就是为了使教育有助于学生的发展，必须重新确立学生观，改变那种实际上把学生当作可按标准件去制作的“物”的形而上学的僵死看法，“还”学生以生动活泼、需要并具有发展可能和主动性的多姿多彩生命体的真相。

第三个方面涉及学校教育活动观的更新。以往教育学是在分析性思维的指导下，把对学校教育的研究分为“三育”（德育、智育、体育）或“四育”（增加劳动教育）、“五育”或更多“育”。这种分析式的认识方法有助于对整体中某一被孤立出来的“部分”的理解，但忽视相互间的联系与渗透，忽视对学校每天进行着的综合性的具体教育活动的研究与把握，带来教育实践中也用分析的方法去分别设立机构与成员，各自加强管辖领域里的教育，只做简单“加法”或“减法”，造成既加重学生负担，又用许多效益甚微、低水平重复的活动浪费学生生命的严

① 此处“财富”的提法，在后续研究中进一步形成了“学生资源”的系列观点。

重弊病。本研究指向学校教育实践活动本身，因为它是沟通教育理想“彼岸”和学生发展“此岸”的具有转换功能的“桥梁”。我们提出了“双边共时性”“灵活结构性”“动态生成性”“综合渗透性”四个概括学校教育活动性质的新观念。“双边共时性”指学校教育活动是一种师生双方各自进行，但又紧密相关，在时间上具有共时性的活动。它既不是传统教育中强调的由教完全主宰的活动，也不是如某些现代西方教育思潮所强调的，仅仅是一种特殊条件下的学生学习活动。没有这种实际进行着的双边共时的教育实践活动，就不可能发生完整、真实、有效意义上的教育。教育活动的内容、形式可以各种各样，但其本质是必须有双边、双向乃至多向的沟通，没有沟通就无所谓教育影响，也不会发生教与学的转化。“灵活结构性”是对教育活动中内容组织及活动组织的要求，即不能把零碎的、无联系的、不分巨细的内容一点一滴地塞给学生，要他们通过强化记忆装进脑袋。教育活动的内容及组织活动的方式本身都应具有结构性。让学生掌握结构，就是学习把握新知识的结构，学习它们的方法、程序的结构，它具有可迁移性和变式重组的灵活性，是发展人的终身学习能力所需要获得的重要方面。结构所蕴含的关系及整体性特征也有助于学生相关思维方式的培养，这种思维方式对于认识复杂事物和创造能力都十分重要，但却被以往的教育所忽视。“动态生成性”是对教育过程生动可变性的概括。它是对过去强调教育过程的预先设定性、计划性、规定性的一个重要补充和修正。真实的教育过程是师生及多种因素间动态相互作用的推进过程，一方面，它不可能百分之百地按预定轨道行进，会生出一些意料之外的、有意义或无意义、重要或不重要的新事物、新情境、新思维和新方法，尤其当师生的主动性、积极性都充分发挥时，实际的教育过程远远要比预定的、计划中的过程生动、活泼、丰富得多；另一方面，从教师设想、计划的教育过程到实际进行着的过程，从“教”到“学”再到“学生发展”的过程本身就是一个动态转化和生成的过程。教育上的机械主义绝对有害。只要教师不把“教”只看作教书，而且看作教人，只要教师认识到学生成长的多方面生命需要及主动参与教育活动和发展的可能，就会重视、研究这一生成过程，使教育活动过程焕发出生命的活力。“综合渗透性”，一方面是强调教育活动具有综合的功能，因为任何教育活动对人总是产生综合的影响；另一方面是指人作为一个有生命的整体，在参与任何一类教育活动时都不可能只是以自己的某一部分或方面投入，而总是一种整体式的投入，所以，对一项教育活动的效应追求也应该且可能是综合的。自然，每项活动会有不同的目的、重点与要求，实际影响在不同方面有大小、长短、直接间接、显性隐性等差异，但它们都交叉、渗透在整个活动过程中。可以说，师生在活动中越是以整体的方式去思考和行动，活动的综合渗透的效应也越高。教育活动具有可开发的丰富潜能，忽视这一点是造成教育效益低下的重要原因。

上述十大观念系统的提出和形成过程，也是我们对当前教育中存在的弊病从观念层面上进行批判性反思的过程。这一观念层面的反思和构建过程，使我们对自己从事的研究应遵循的基本原则逐渐清晰起来，那就是以时代发展要求作为大背景和外部动力，从生命和学校基础教育整体发展出发，以学生的终身学习和终身发展为宗旨，运用综合渗透、主动参与的方法，构建“新基础教育”模式。这一模式在试验的理论纲要中被简称为“三Z”（整体、综合、终身）模式。

（四）未来教师“新形象”的探讨

教师问题，在这项改革研究中既是理论问题，又是实际问题。理论上要探讨不同于今日的新基础教育要求怎样的新型教师，实践面临的是如何依靠现有的教师队伍来探索创造新基础教育的实践模式。后一个问题我们在本报告第一部分介绍研究过程时已涉及，那就是在创建新模式的过程中，通过教师参与研究实践，在改变自身教育行为方式的同时，认识自身原有观念的局限和行为的偏差，在改革、研究的实践过程中实现自我更新。在此，着重从理论上来说明探索新型教师形象的指导思想①。

教师形象的构建本质上与对教师职业性质的认识相关。当今社会上普遍存在的一种集体潜意识是，不把教师职业看作一种需要创造性劳动和具有特殊专业要求的职业。他们或只看到教师所教的知识都是已形成的简单、基础性知识，无须创造，把教育归结为“教书”；或把教师看作和简单幼稚的青少年打交道的人，因其工作对象的年少而把教师的劳动看作无专业性。人们可以承认教师劳动的重要、辛苦，赞成提高他们的社会地位和经济待遇，但不会认为这是一项对智慧和人格都具有挑战性的、需要创造的职业。所以，那种认为只要脾气好、有耐性、口才好、会管理儿童就能当好教师的观点具有广泛的市场；认为“子女成绩中等只能考师范，成绩好去考师范是一种浪费”的家长大有人在。这种潜意识甚至已被大多数教师认同：不愿当教师的嫌其清苦，没有什么意思，用时髦的话来说是“体现不了个人的价值”；努力当教师的，甚至有不少优秀教师，也把自己的劳动性质定位在“默默奉献，甘当人梯”上，只是为学生未来的创造服务，而对其劳

① 详细论述请参阅：叶澜．新世纪教师专业素养初探．教育研究与实验，1998（1）．

动本身是否也内含着丰富的创造却很少思考。教师的欢乐被描述为来自学生未来的成功，而不是来自每天都在进行着的教育过程本身。即使是以培养教师为主要任务的师范教育，与其他学校教育的区别也大多被认为只有师德要求、教育类课程，以及教师基本技能技巧的训练——从粉笔字到普通话。正是这样的对教师工作性质、角色、形象的定位，使教育工作内在的魅力和光彩荡然无存，使它不可能真正成为令人尊敬的、特别是能吸引优秀人才的职业。唯有认识教师劳动的价值在于创造人的精神生命的本质，才能了解不同于传统观念的新型教师职业形象的本质特征。

我们认为，作为当代中国基础教育事业的实践者和创造者，作为一名专业工作人员，教师的专业素养应由多方面和多层次构成，其中包括与时代精神相通的教育理念（上述十大观念）的确立和多层复合的独特的教师业务知识与能力素养（含当代科学与人文修养基础，1～2门专业学科性知识及相关知识，对科学史与发展趋势的把握，对学科方法论的理解，终身学习的需要、信心与能力，有关人、青少年发展以及与教育活动相关的教育学科的知识与运用能力，教育研究的知识与能力，与他人交往及管理的能力等）。最后，我们提出了“教育智慧”这一概念。它是上述几方面要求的综合，是教师通过实践的探索、积累而形成的专业素养的高级阶段。形成教育智慧的教师，具有敏锐感受、准确判断生成和变动着的教育实践中最有价值的新鲜信息的能力，具有敢于抓住时机、根据实际态势及时做出抉择的魄力，具有善于转化教育矛盾和冲突、调节自己的教育行为以求最佳效果的机智，具有吸引学生积极投入学校生活、热爱学习和创造，并愿意与教育者进行心灵对话的魅力。达到如此境界的教师的教育劳动，必然进入科学和艺术结合的境界，工作充满创造的智慧和欣喜，在付出的同时，能感受到的是精神的满足和享受。中国教育的未来需要这样的教师来创造，而他们，则将在从现在开始的随着新世纪到来而日益深化的教育改革的伟大实践中诞生。当前学校教育管理改革的核心问题是为形成这样一支教师队伍而创造出新的管理制度、运作机制和学校环境。这也是我们在对有关学校管理改革做具体研究前，首先进行教师问题研究的重要原因。

（五）以焕发生命活力为基础的新课堂教学理论的形成[①]

这部分的内容将结合第三部分课堂教学新模式论述，因为它与教学实践活动

① 叶澜．让课堂焕发出生命活力．教育参考（内刊），1997（4）；教育研究，1997（9）．

直接密切相关。

三、实践研究进展——学校主要教育活动新模式建构

“新基础教育”探索实践研究的部分任务是构建体现新教育观的学校教育活动新模式，这是对新的教育理念如何具体化的探索。本研究以学校生活中与学生发展最直接相关也是最普遍的两大活动——课堂教学与班级教育的活动模式构建为重点。这两大类活动的改革研究具有极大的综合性。20 世纪 90 年代初，在我主持的上海市“八五”教育科学规划研究重点课题“基础教育与学生自我教育能力发展”中已对此做过初步探讨，并取得了一定的进展①，这次研究是进一步的提高和丰富。现分别将两大类活动模式研究的进展情况简要报告如下：

（一）课堂教学新模式建构

我们选择了小学的语文、数学、思想品德和中学的语文、数学、英语各三门必修课程作为探索的重点。做此选择是因为：第一，这些课程是学校的基础性课程，在教学中所占课时最多，它们的变革在学校教学整体中有举足轻重的影响。第二，必修基础性课程的课堂教学有悠久的传统，学校、家长、社会舆论对这些课程的学习成绩看得最重。它们也是“应试教育”的“重灾区”，人们即使想改也难，主要是怕影响考试成绩。所以，我们如果能在这些课程中实现教学模式的变革（这一模式虽不是服务于加快教学进度、提高难度和以学习成绩提高为唯一目标，但它绝不是以降低学习质量来实现学生多方面健康和生动活泼的发展），对其他学科教学改革就更具说服力。唯有在课堂教学模式的改造上冲出“应试教育”的控制，形成真正为学生主动发展而教的教学模式，素质教育才算是占领了学校教育的主阵地。我们的试验就是为打这一场“攻坚战”而进行的。

新课堂教学模式的建构以对原有课堂教学模式弊端及造成原因的理论反思为基础，这是本次研究比“基础教育与学生自我教育能力发展”研究深入的一个方面。通过反思指出了传统课堂教学模式把任务和活动性质局限于特殊认识论的不足，提出了从生命活动需要的高度和动态生成的富有活力的角度来重新认识课堂教学的性质与任务，重新认识教师在课堂教学中的任务与角色，要求按学生主动学习、潜力开发和多方面发展需求满足的目标和“广泛、有质量、积极参与”的

① 该项目结题报告的核心内容，请参阅：叶澜．基础教育与学生自我教育能力发展．上海教育科研，1996（7）（8）.

一般原则重新设计课堂教学的活动模式①。“把课堂还给学生，让课堂焕发出生命活力”，是我们的口号。试验教师结合自己的学科，或独立或与指导教师一起，通过设计、实践、反思、总结、修正的方式，逐渐形成与本学科直接相关的有关教材、教法、组织形式、教学策略选择及教学过程的相对系统的教学方案②，编出了相关学科的改革试验大纲，其丰富的内容可在试验学校教师和校长撰写的试验研究报告集的相关部分看到③，在小学组有关学科教学改革的报告中也有具体反映。这里着重阐明课堂教学改革试验的基本原则和初步形成的一般模式。

1. 为学生提供课堂主动学习的条件

试验着重从创造课堂教学中学生活动面扩大和活动量增加所必需的、最基本的两方面条件的角度，对传统的模式进行改造。

首先是时间。要求教师给每个学生在课堂上至少有 1/3 主动活动时间的保证。在传统的课堂教学中，大部分时间花在教师按编制的程序，或讲解或与学生“一问一答”地执行教案上，大部分学生处在被动听“问答”的状态。尽管听问答也要集中注意力，但基本上是接受式的。本试验要求教师改变这种状态，每节课至少要有 1/3 的时间，最好能达到 2/3 的时间让每个学生主动学习，包括思考、操作、练习、讨论等各种方式，即使用一问一答的方式，也要求教师尽可能扩大提问面。这一看似简单但略带强制性的时间要求，实际上成了其他方面改革的突破口④。

其次是空间。提出六种基本教学组织方式。要想增加学生在课堂上主动学习的时间，教学组织方式势必要发生变化。试验主要增加了课堂上学生个别学习、对组学习、小组学习、大组讨论、学生执教或情景表演等方式，加上原先有的师生一问一答和教师讲述，构成了六种基本教学组织方式。教学中如何选择和组合运用这些方式，则由教师根据具体教学的需要和可能而定，并无固定框架。教学组织方式的多样化扩大了单位时间内学生主动活动的空间，而且释放了每个学生

---

① 详细请参阅：叶澜．让课堂焕发出生命活力．教育参考（内刊），1997（4）；教育研究，1997（9）.

② 在后续的发展性研究阶段，“教学方案”之称改为“教学设计”，并做了更为全面、深入、具体且多层次的探讨。详细请参阅：叶澜．“新基础教育”发展性研究报告集．北京：中国轻工业出版社，1999.

③ 详细请参阅《华东师范大学学报（教育科学版）》1998 年增刊“课堂教学改革”部分。

④ 关于“1/3”和“2/3”让学生主动活动的要求，曾被不少人提问其提出的依据。首先，我们在“基础教育与学生自我教育能力发展”研究中有过近三年的改变课堂时间配置的研究，证明这样的改变不仅给学生的课堂生活状态与质量带来变化，而且是可以做到的。其次，更为重要的是，这不是一个绝对的时间要求，而是通过这一要求来促进教师教学行为的重心下移，要关注每一个学生。

的精神活力，使他们在对组、小组和大组学习中有机会大胆地表达自己的感受、意见和结论，而不是去揣度教师期望的标准答案，课堂上就会出现不同的声音，发生争论，引发进一步的思考，甚至会出现一些意想不到的“高见”和“高潮”，给师生都带来一种意外发现的满足。自然，在试验过程中，也出现过多种问题，例如：教师选择组织方式不当，追求多样而形式化的运用；学生缺乏小组讨论的经验或不认真讨论，并没有达到主动学习的效果；尽管有了小组讨论，学生提出了许多不同见解，但教师还是简单地把它们纳入预定的答案中去，让刚刚擦出的“火花”即刻消逝，或因无法控制“热烈场面”而完成不了预定的任务；等等①。但我们并不因此而退缩。这种情况的出现是系统转换过程中必然的现象。旧的习惯方式打破了，新的方式尚未完善，它的实质与操作方法尚未在结合的意义上认识清楚，实践主体就会出现行为上的形式化和失控。我们采取的对策是评课时结合实践中暴露出的问题，与教师一起分析行为问题背后隐含的观念问题，研究如何使每一种方式产生真实的效果，认识这一转变过程不仅是组织方式，还包括自己的思想和已经形成的教学方式思维定式的变化，还要学习新的掌握教学过程的方法等。这样的试验课，因与教师的教学行为直接联系，但又不停留在直接行为的纠正上，其最终目的是实现在改变教学组织方式的同时，改变教师的教学行为和观念，帮助教师提高自我反思和矫治能力。

2. 帮助学生掌握主动学习的“工具”

要让学生确实能做到主动、独立地学习，十分重要的是要让学生掌握学习的“工具”，这几乎已成为共识。但对什么是能达到期望效应的工具的问题，却未研究过。一般认同的是“学习方法”。前几年在如何指导学生掌握学习方法方面有过不少研究，如学法指导等。我们认为学法指导确实是重要的，但似乎还不够，因为在一般方法之下，还有与内容相关的方法，方法受内容的性质和组织方式影响。在本试验中，我们把“工具”定在两个“结构”上，即教学内容的结构和学习方法的结构上，并注意教学中在结合的意义上教会学生掌握结构。因此，不可避免地要涉及对教学内容、任务及设计的变革。

在内容方面，本研究并没有全面重编大纲和教材，而是把实现各学科大纲的

---

① 这些现象在探索性阶段出现并得到关注。后续研究中，初次进入该研究的教师大多或多或少出现类似现象，这使我们认识到，这是学校转型在教师身上出现的一个新旧交杂阶段，只是不同的人出现的情况不同，走出这个阶段所需时间长短不一。这也使我们更确认本研究确有“转型”的特质，不然不会出现这种普遍现象。意识到这一点，我们反倒从容起来。

要求作为基本目标，仅对教学内容和大纲做了些结构性调整和补充。这一工作在小学几门课程中由指导小组负责，做得较系统；在中学主要由各学科试验教师按指导原则自行调整，未做统一的规定。

具体地说，内容调整的原则是使其呈结构状态，改变过去主要按知识点组织每堂课教学内容的状态。在教学时则不仅要求教知识，还要求教知识结构，同时还要求教学习这类知识的方法结构，也就是说要把“两类结构”的学习和运用作为课程教学的重要任务。当学生掌握了“两类结构”以后，就不但能在课内，而且在课外，独立、主动地学习新知识。教“两类结构”听起来似十分抽象，但这一试验在小学的语文、数学等课程教学中都收到了效果。如低年级语文识字教学，在教一段时间拼音后，就结合教简单独体字，随后逐渐教会学生识字的基本要素和结构，如部首、偏旁、笔顺和多种组合方式，教学生掌握一个生字的基本学习步骤。当学生基本掌握这些结构后，课堂教学主要就成为学生在课堂上独立或共同学习生字的过程，真正实现把课堂还给学生。数学中加减法的学习、乘法口诀的学习都采用了这种结构化的方法。

由此可见，试验中所提及的结构并非是高度抽象物，它是对具体某类知识和学习该类知识的方法与程序的“类抽象”①，是一种内容与形式结合、“有血有肉”的抽象。它既符合小学生的认知水平，又给了学生独立学习的工具和将结构化的认识方法潜移默化于学生的思维之中。

为了保证“教学结构”和“运用结构”的教学任务的完成，在课堂教学的设计上，试验探索出了除每节课设计以外的“两段式教学过程设计”②。一个教学长程不是教材中单元的概念，而是以一种类型知识的结构及所需要培养的某种学习方法、能力为单位。如上述的拼音教学、识字教学、乘法口诀教学等，教学模式分为两段设计。第一阶段是教、学“结构”的阶段，放在学习这部分内容的起始期间，以具有结构典型性的教材为载体，结合内容让学生认识、掌握知识结构和学习方法结构。这阶段的教学进度比大纲规定要慢一些，当1/2～2/3左右学生都已清晰认识和基本学会时，教学就进入过程的第二阶段——让学生根据学到的知识结构和学习方法结构，共同自主地在课堂上学习类似的新知识。此时，学习内容的数量增多、速度加快，学生主动活动的性质和量都发生变化。其结果是不但在进度上提前完成了相应教学内容，使学生熟练掌握了知识结构和学习方法结构，而且令他们产生一种自己能独立学会某种知识的自豪感。学到的学习方法

① “类抽象”研究在成型性阶段发展为“类课型”研究，以区别于一般课型。

② 此后概括为“长程两段教学设计”。

还常常在课外学习中运用。久而久之，对结构的感知、发现和运用结构的方式去解决问题的能力得到提高，这正是本试验期望在学生身上发生的重要变化之一。另外，一个个“结构”设计的连接，构成了学科的知识结构链和相关的学习方法结构链，新的教学内容组织方式的结构系统也在实践中逐渐形成和清晰化[①]。

3. 培养学生质疑能力和要求教师学会“倾听”

在日常生活中，个人常常因遇到不熟悉的情况产生困惑而产生学习的需要。但在学校课堂教学中，教师问、学生答已成为天经地义的常规。学校注意训练的是学生的解题能力，提问能力则因学生学的是代表科学和真理的“教科书”而常常被忽视，其消极后果是学生的创造、好奇、探究的内在动力减退。为了改变这种状况，我们把课堂教学中培养学生提问的能力作为提高学生主动学习能力的一个重要方面来研究。由于课堂教学的情境不同于日常生活，要求学生提问的目的又不同于生活中的解决问题，它还包括培养学生的提问能力，通过对问题的发掘加深教学内容的理解，以及同学间相互帮助和共同学习，因此，在培养学生提问能力时，试验组开始突出鼓励学生提问的要求，不计较质量的高低。后来逐渐创造了一种允许学生提“两类问题”的教学方法：一类是提出自己已经懂了，但用来考别人，看别人是否也懂了的问题，这有点类似教师提问考学生的性质；另一类是自己不理解、不懂或有不同看法的问题，它们常与学生缺乏生活经验、背景材料和知识基础相关，但有时这类问题是学生读了不少课外读物，形成了不同于教科书的答案或独立思考的产物。允许提“两类问题”的做法，使学生解除了最初发现不了问题的苦恼，每个学生都有可能从教材中提出那些自己已经懂的问题。它带来的积极效应是：有的学生为提出问题而积极主动地先把问题弄懂，有的则努力发现别人没有发现的问题、有质量的问题。每人提出的不同问题又激活了大家的思考。当学生克服了提问困难后，教师再通过组织大家讨论哪些问题提得特别好、哪些问题太简单、哪些问题意义不大、谁发现问题最多等来逐渐提高学生提问的质量和能力，逐渐形成了好问、好讨论、好发表不同意见的群体学习气氛，有效发挥了课堂教学作为群体教学而不同于每个学生单独学习的独特功能。学生提问能力的培养所产生的长远效应是学生独立思考问题的内在需要增强。这不仅在与学生直接接触中能感受到，我们的测试报告也做出了相应证明。

---

① 这一改革对教师的最大挑战是突破点状教学的习惯模式。最初，教师往往不相信学生能学会结构，能自如地运用结构去学习大量内容，并同样能完成教学进度，但坚持的结果——教学内容超前完成，学生独立能力的发展，考试成绩的提高等，让教师放心、确认了这一改革的意义。

当学生的主动性、独立性增强后，教师就不再是课堂提问的垄断者，原先“一问一答”的模式变成了“互问互答”，有时学生还会提出一些教师一时都无法回答的问题。学生对提出的各种问题做出的不同回答，也并非与教师预先估计的答案完全一致。这时，教师是否善于倾听、善于发现学生问答中富有价值和意义的、充满童趣的世界，体验学生的情绪，就成了教师能否组织好动态生成中的课堂教学的重要条件。试验教师在培养学生提问能力的同时，也逐渐学会倾听课堂里学生的心声和发现课堂的活力，教师的教育智慧就在这样的过程中逐渐形成。

4. 加强“书本世界”与学生“生活世界”的沟通

在传统的学校教学中，基础性学科的教学主要是让学生学习书本上的抽象知识，如若要联系实际，主要也是举例式的，目的是帮助学生理解抽象，而不是认识生活世界本身就充满知识和需要知识。这种将书本知识与学生生活世界割裂的状态从小学就开始，随年级的升高而愈演愈烈。书本上的世界与生活中的世界几乎属于“两界”，这也是造成教育只需把应试当作学习目标，却让学习生活本身苍白无味的重要原因。在 20 世纪 90 年代试行的新教学计划和大纲上，“两界”的界限有所突破，但系统化不够，尚未形成多角度整合、沟通的态势，在实践中也并未真正得到重视。我们认为在知识经济日益逼近，知识对生活的意义与渗透日益增强的当代，这种情况必须改变。试验提出了在教学中让学生感受到知识不只是在书本上，而且也在生活中；学习不只是为了考试，也为了提高和完善自己的要求。如在小学的语文、数学教学改革方案中，形成了分项和综合的学习能力、学习习惯、自我评价能力等分年级的一系列要求，其中包括与生活相关的、课外生活中所需要的能力以及口头语言表达能力的培养，使学生能落落大方地在多种情境下与他人交往，发表自己的意见，也使学生在口语表达中增强思维的条理性。中学各科教学内容改革也做同样要求。试验教师结合各科、各班的不同情况做了探索，学生的相关能力和在生活中运用知识的能力也有提高。在这方面，小学思想品德课的改革具有典型性。试验从指导思想上提出了思想品德课怎样与学生在生活中所承担的角色体验相关，如何做到与他们的日常生活相关，如何实现从体验到行为的变化等要求，再进一步落实到教学内容、教学方法和教学过程的设计上。试验指导教师和执教教师为此付出了大量的、创造性的劳动①。正是这种从指导思想到内容、方法、形式的多层转变，使思想品德课成为许多学生喜

① 与此相关的研究在后续阶段扩展成班级建设与活动要有学生立场，从学生成长发展需要出发做出系列设计。研究成果集中呈现在《“新基础教育”学生发展与教育指导纲要》中。

欢的，并且对他们的品德发展产生了积极影响的一门课程。在这一轮的试验中，我们对两个世界沟通的重要性和如何沟通的研究是逐步清晰、逐步形成的。结题时回过头来看，感到还有很多潜力可开发，有很多工作可做。我们深深地认识到，只有与生活世界能沟通的知识，只有能提高、完善学生能力和品质的学习，才富有生命活力，而知识从书本形态到生命形态的转化，是不能没有这“两个世界”的沟通的。

5. 丰富课堂师生的互动关系

师生互动的多种方式的形成，与学生主动学习能力的提高、师生在课堂上承担角色的多元化相关，其本质是课堂教学中新型师生关系的形成。

以往的课堂，教师是绝对的“教”者，因为他们不仅懂得要教的知识，而且懂得如何教。教的直接目的是学生学会教师所教的知识或能独立运用知识做练习。检查学生是否学会的方法是作业、测验与考试。课堂上所教的一切都是教师根据对大纲教材的理解、教育参考资料和个人经验，在上课前准备好的。总之，课堂完全由教师主宰。反之，学生是绝对的“学”者，能好好地学，积极、正确地完成教师提出的要求就是“好学生”了。自然，这样的学生在课堂上并不多，即使是“好学生”，也只是教师“刺激”下的积极“应答者”。教学中的师生互动关系呈直线单向状态，其后果主要是限制了学生主动性的发挥，使“学”仅围绕着“教”转。

在试验中我们强调要把学生的“学”作为教师“教”的基础，教师的教学设计以如何让每一个学生积极主动地学为主。但学生主动学了以后会提出哪些问题、发表哪些观点不能完全预测，学生之间的讨论会在哪些方面发生争执，产生困惑，是否会冒出连教师都没想到却十分有意义的建议和聪明的方法，同样不能完全预测，这就使原来具有极强确定性的课堂教学，变得相对有更多的不确定性了。在这样的课堂中，教师的角色不仅仅是“教”者、“述”者、“问”者或指导者，而且是“学”者、“思”者、“听”者，更是整体活动进程的灵活调度者和局部障碍的排除者，是课堂信息的捕捉者、判断者和组织者。学生也从单纯的“听”者、“答”者的规定角色中走了出来，担当了“问”者、“论”者、“思”者等角色，还可能承担组织部分学生间共同活动的任务。由于增加了学生间不同形式的学习活动，即使原先属学生主要承担的“听”的任务也发生了变化，学生不只是听教师“问”与“说”，还要听同学的“问”与“说”。学生甚至会对教师的教提出建议，他们的主动性已经从“学”的领域扩展到对“教”的参与。试验班有时发生“教师听学生指挥”的现象，教师也在与学生的交流中逐渐养成了从善如流的豁达态度。师生间积极的建设性的双向互动，学生间不同组合的双向互动，使课堂上因任务、情境变化而变的师生角色地位的交换不只是在学生被指定为临时小老师时才出现，而是在学生提出问题、相互讨论、发表有创见的意见时就出现。在这样的课堂中，单一的教师中心不存在，完全的以学生旨趣为中心的状态同样也不存在。这是以促进学生主动发展为中心的教学活动，课堂的中心呈多元、变动态势，但围绕着一致的目标且贯穿于全过程，故还是有序而非任意的。这也是我们在师生关系性质探究上的突破，它既不是西方某些教育流派推崇的学生中心式，也不是传统教育中普遍存在的教师中心式，而是可变动的、师生多向、多中心的互动关系。这种关系的本质是师生人格上的平等和在探究式教学过程中的交往①。

6. 营造富有人文气息的课堂氛围

课堂教学活动是师生在学校共同度过的时光，是他们共同创造的只有学校中才存在的活动方式，它是师生生命活动中重要而有意义的组成部分。教学作为人与人之间的特殊共同体内的交往，要求在交往中富有人文气息，每个参与教学活动的人应能获得多方面的满足，特别是精神上的满足。这就是我们提出这一原则的依据。

课堂氛围是师生互动的产物。我们提出的人文气息，包括教师课堂上表现出来的对每个学生的尊重和真诚的关爱，对每个学生进步的鼓励和改正缺点的帮助，对每个学生战胜困难和创造性行为的支持，对每个学生个性的宽容和苦恼的理解。教师在他们需要帮助时伸出自己的手，当他们争执不下时给予理性、公正的评判。人文气息还包括同学间的团结合作、坦诚交往、相互帮助和欢乐共处，集体中的每个人都善于学习和欣赏别人的优点，又乐于听到别人的意见或对别人提出批评和建议。人文气息还指同学对老师的接纳、热爱和信任，积极的支持和合作。要做到这些，教师光有知识远远不行，最重要的是要有一颗真挚热爱事业和敏锐感受学生心灵需要的心。我们深信，每一个教师在课堂上对学生产生的影响，不管是积极的还是消极的，都是由他生命的全部——才学、智慧、人品、个性和心灵所致，决不会只是由专业知识和教学技巧带来。无疑，课堂的人文氛围并不容易形成，但一旦形成这种活跃、向上、和谐、民主、平等、欢快的氛围，

① 上述有关师生在课堂教学中关系性质变化的研究，在后续研究中逐渐提升为“教学是具有内在关联、不可分割的分析单位”的理论。

课堂教学的多种教育功能就会被开发出来，它是学生的潜能、创造性、积极健康的人生态度生长发展的“空气”“阳光”“水”。4 年多的试验我们一直在为这种氛围的形成而努力。可以说，这是对一种境界的追求。令人欣喜的是，对一个试验班小学生的多种测试表明，学生身上已明显表现出我们所期望的发展。

（二）班级建设新模式的构建

班级是学校肌体的细胞，是学生在校生活的“家”。从教育的角度看，它是学生实现成长和社会化的重要基地，提高学生班级生活的质量和建设班集体历来是学校工作的重要任务。就我们掌握的材料而言，有关班集体建设的研究，大部分都较重视相对集中的、阶段性的主题型大活动，这无疑是必要的。在本试验中，系列班级活动的开展以及对这些活动切实效果的追求，同样是我们关注的问题。成功的活动犹如生活中的浪花、记忆中的亮点，在学生生命发展的历程中留下鲜明的痕迹。然而班级生活中另一类型的活动，那些每天在每个班级都存在和必须做的事，它的组织、开展方式等却往往不被人们重视。不少班主任只知按规定办，按传统办，按常规办，以为这样就行了。日长事久，大家不再对这些做法的合理性做反思，对如何改革做探讨。但在试验组看来，学生每天在校的班级生活就是与这些日常活动相关的。正是这些日常事务和处理这些事务的方式，对每个学生在班级中的地位与心理健康，自我认识与社会交往以及一系列道德品质的发展，具有不可忽视的、持久和深入的、潜移默化的影响。所以，我们花大力气研究了这些问题，用“把班级还给学生，让班级充满成长气息”的口号来概括我们改革探究的重点，要求老师们在“还”字上做文章。与教学一样，在班级活动中，试验也强调培养、发挥每个学生的主动性，让他们有主动活动的机会。试验教师尤其是班主任在这方面创造了丰富且行之有效的经验①。在此把试验中形成的班级建设新模式的特性与方法概述如下：

1. 增设班级岗位，把主人的地位还给每个学生

日常班级工作可分为管理和服务两大方面。管理的任务一般由相对固定的小干部承担，为数甚少的服务性工作往往由值日生轮流承担。在学生和老师的头脑中，普遍把当小干部看作一种荣誉、信任，且拥有管别的同学的权利，即享有在班上“高人一等”的地位。值日则主要被看作一种义务，作为班级成员应参加的

---

① 参阅《华东师范大学学报（教育科学版）》1998 年“增刊”相关部分。

工作，人人有份。做值日生扫地有时还被一些老师当作一种惩罚学生的手段，绝无光荣及“高人一等”的地位可言，对每个学生来说，当与不当值日生也无选择的余地。这样的角色分工和工作性质定位，使班级中出现了鲜明的两个层面——由少部分学生组成的管理层和由大部分学生组成的被管理层，两个层面之间流动的可能性和概率都不大。我们认为这样一种大家都习以为常的班级组织状态，对学生的成长有着难以弥补的消极影响，一方面造成大多数学生缺乏班级主人感，常处在被动服从的地位，缺乏管理与自我管理的意识和能力，在传统的课堂教学中，他们也往往属“听”者群，是沉默的大多数。这些人长大以后可能就是成人世界中对世事不关心，也不思进取与发展的“芸芸众生”中的一员。另一方面使少数长期连任小干部的学生形成优越感，对待同学缺乏平等的态度，把自己看作老师的助手，对老师负责的意识很强，为同学服务的观念则不足，长大后很可能成为官僚的“接班人”。显然，无论其中哪一类人，都不是新时代所期望培养的新人。为了改变这种状态，我们要求用设置班级岗位及轮流上岗的方式，让每个学生都有既参与班级管理，又为班级服务的机会。

在设岗方面，试验采取的主要做法是：

第一，根据班级生活的实际需要，增设多种目标与任务明确、集体生活中所必需的岗位。岗位和任务的确定，最初由教师提出，并征得大家的同意。以后由学生自己决定是否需要改变。岗位可根据实际需要合并、分设、取消或增加。

第二，岗位在承担责任的大小上有差别，性质上也有不同。责任较轻的如“守门员”这个岗位，要求在岗学生每天第一个到教室开门，最后一个离教室关门，任务虽不重，但贵在坚持。责任中等的如卫生检查员，上岗学生自己要养成讲究清洁卫生的习惯，更要督促帮助别人做好个人清洁卫生工作。这里有如何学会对别人提出要求、并让被要求者乐于接受和改正的交往能力的培养。责任最大的要数“小班主任”，他要像班主任那样统管一天的工作，把握全局，发现各种好的行为或问题苗头，处理突发事件等。大小不同的岗位组成全班学生自主管理的网，做到既各司其职，又整体协调，人人在班级中都是管理者，又都是被管理者。在这一试验实施得较为成功的班级中，2/3 以上的学生都参与过“大岗位”的工作。几年试验累计，100％的学生都在不同的岗位上工作过。

由此可见，各类岗位的意义不只是班级各项工作有人管理，而且有养成性价值。班级岗位大小不等和轮换上岗的好处，在于适应每个学生能力和特长的不同初始状态和发展可能。有些任务重的岗位，最初可由两人共同承担，这又为学生学会协同工作创造了条件。能力的发展过程和个体间的差异，可以从每个学生岗位的变动过程、方式中生动地表现出来。例如：有的学生一开始就上“大岗位”；有的则先从“小岗位”“中岗位”做起，最后承担“大岗位”的责任；有的虽然岗位也在变化，但主要是平移；有的则在类似的岗位上工作；还有一些因不称职而“下岗”，有进步了再“上岗”的学生。试验把为班级发展服务的义务和荣誉感还给了每一个学生。大量的岗位促成并记录了同班不同学生的发展历程。

2. 建立小干部轮换制，把管理的权利还给每个学生

建立这一制度的主要目的是：改变干部在班级中作为“特权阶层”的地位，提供更多学生在班干部岗位上锻炼的机会；通过竞争上岗，加强群众对班干部的帮助；使每一个学生都明确当班干部不仅是光荣与信任，同时也是更高的要求和更多的责任；班干部要努力为大家服务，而不只是教师的“情报员”和“代言人”；强化“干部”能上能下的观念，淡化“终身制”意识；增强学生承受变化、挫折的能力和自信心。在我们看来，这些都是学生在未来社会中生存发展所必备的品质和心理素质。

原以为这一制度改革不会有什么太大的问题，应该比让学生学会自主管理和开展活动容易一些。但实施的过程却产生了比预料强得多的阻力。首先，阻力来自班主任，他们主要认为轮换会带来新干部多又缺乏工作能力，用起来不得心应手，而且可能管理不好班级，出现混乱等消极的后果。另外，若学生轮流当干部，会没有光荣感，缺乏做好工作的动力。所以他们中不少人最初行动上并不积极。这些想法我们在试验组成员学习会上展开了交流与讨论，反复宣传要进行这一改革的原因，尤其突出这样的观点：班级管理工作，主要不是为了让学生帮助班主任，而是让管理、制度本身都成为一种教育的手段与力量，开发学生的潜力；帮助、促进每一个孩子更好地认识自己和实现主动发展，是班主任工作的最高价值。同时，在研讨会上也研究如何解决轮换制产生的新问题。其次，阻力来自家长。特别是在轮换中不再担任小干部的学生家长。他们最大的思想障碍是：我的孩子犯了什么错误，不能再当小干部？干部被换下来是否会对孩子今后的发展不利？这些思想在孩子身上也有反映。大部分学生都爱当干部。对小学三年级试验班的一次调查表明，学生想当干部的原因多种多样，如“想为大家服务”“做老师的小帮手”“为父母脸上添光彩”“被大家信任很光荣”等，少数（20%）不想当干部的主要是因怕烦和累，自己没能力，管不住自己等。当那些想当干部的学生竞争落选或不再担任干部后，会产生消极和不服气的情绪。这些想法，在一定程度上反映了长期形成的“官本位”意识的广泛影响与人们对它的认同，以

及学校传统的学生干部制度的负面效应。为了改变这种状态，班主任在自己认识变化的基础上，一方面做学生家长的思想工作，说明试验目的，要求家长与老师的教育一致起来，不给落选的孩子施加压力；另一方面鼓励学生不做干部也积极地为班级工作，做一个好队员。在外部压力减轻、支持力上升的环境下，再加上老师的教育引导，学生的思想也向试验的要求靠拢。

在试验过程中，我们逐步完善了轮换、竞争机制。

第一，确定主要岗位的轮换比例不低于 1/3，不超过 2/3，在 2/5 至 3/5 间较为合适。第二，轮换的时间间隔不要过于频繁，每学期 1 次，每人可连任 1 次，也可轮换下来以后再次上岗。第三，干部轮换选举，事先自愿报名，竞争上岗，无论选上还是选不上，都要持积极的态度。新一届干部选出后，要做好与原先班干部群体的交接工作，并提出自己的工作计划，让同学评议。第四，“下岗”的干部可参与别的岗位工作，新干部工作时可让他们参与，请他们提供帮助。第五，在班级表扬先进时，要表扬那些不担任干部后仍然积极为班级服务的同学。

由于在过程中不断完善，到试验后期，上述主要矛盾大部分得到改变。这项制度的期望效应也基本实现，而且有所扩展。如参与试验的中学里有的试验班班主任把班级活动的设计、主持也交给全体学生，允许提出多种不同方案进行投标，然后由全班学生评选，中标者承担活动主持并进行全部组织工作。这样，每一次班级活动的前前后后都成为学生学习、锻炼、提高的过程和丰富多彩生活的构成部分。正是在这样的过程中，大部分学生得到锻炼，班级人际关系改善，学生民主和自律的意识、义务感、责任感和交往能力普遍加强，而一些最出色的学生的能力同样得到开发和发现，并不因轮换制而被埋没。他们不仅得到老师的认同，而且受到同学的拥护。试验在把班级管理的权力还给每一个学生的同时，也为学生社会意识和能力的发展提供了实践的舞台。

3. 丰富班内评价，把评价的责任还给每个学生

中小学学生的自我意识、自律能力和对自我发展的认识与追求，与他参与的实践、实践的挑战性、实践后的反思及他人从不同角度所做出的评价密切相关，而且循着由他评逐渐转向自评的路线发展。在传统的班级中，学生在校主要从老师那里获得评价，老师的评价还能左右全班的舆论，学生年龄越小，受左右的可能性越大。这不仅造成评价标准（最主要是学习好与守纪律）与渠道的单一，而且削弱了学生独立评价能力的培养，削弱了学生对同学间相处和班级生活中各种关系和事件感受的敏锐性与评价能力，使学生自我意识和发展能力的开发受阻。

为此，试验努力丰富评价标准、渠道，增加评价的频率，改变班级评价中“一言堂”及主要评价“一学期一次”的局面，评价中在提倡发现他人优点的同时，促进自我反思和自我完善。主要做法是：

第一，加强“一事一评”，阶段推出班内多种“明星”。“明星”都是属班上在一阶段中某一方面有突出表现或成绩进步的学生，他们不同于“三好学生”，但同样被学生认同、称赞，甚至成为全班引以为傲的资本。明星评选必然是一事一评的，且评价的标准多元化，可以是体育、写字、表演、帮助同学、努力进步等各方面。明星只有阶段推出，才能反映班级动态的变化。评选明星从群体的角度看，形成“班内星光灿烂”、积极向上的局面；从被表扬的个体角度看，积极的行为得到了肯定，增强了自信；从未被表扬的个体角度看，形成积极发现别人长处的习惯，知道可以从多种角度使自己变得出色，也可产生自我激励的作用。

第二，加强对班级小岗位和干部的工作评价。小岗位的评议分为“每日评”和“换岗评”两种，每日评是班级日记的一项内容。换岗评包括自评与他评，自评由岗位工作承担者做出小结，说明自己完成了哪些任务，还有哪些做得不够好。他评由其他同学对在岗学生履行职责的情况做出是否满意的评价并阐明理由。除此以外，在岗位轮换时，每个同学都可以表示自己愿上哪一个岗位，并说明理由。这也是一种自评的方式，因为学生要说明理由，就需要把岗位的要求与自己的兴趣、能力对照起来，促进了自我意识，同时也培养了面对多种岗位做出独立选择的能力。干部工作评价也包括自评与他评。有的试验班设计了干部评价表，让每一个学生填写，其中的项目有“工作能力”“交往能力”“自我要求”“希望”四大类。它提供了他人评价和干部自我评价的框架，最后一栏为“希望”，在一定程度上类似班主任评语中的“希望”，只不过这个希望反映了每个同学对竞选者的希望，评价者由“一”变为了“众”。

以上两项即明星榜与工作评价评比的主要差异是在标准上，明星榜只评某一方面的优秀，而工作评价指向履行职责的状态，是按一定的规范去进行的一种评价。所以前者的作用是开发潜力和发现个体身上的优点，后者则是加强义务和责任的意识及能力。两种评价对于学生个体和班级集体的健康发展都是不可缺少的。

第三，建立每日一评制度。此项工作由小班主任承担，在中学用班级日记的方式进行，比小学的要求高一些，如要加评语等。在“一日班主任日记”中需要记录和评价的栏目有：上课情况、岗位情况、小班主任职责履行情况、队组活动纪要、表扬、批评、一日班主任小结和班主任小结等八大栏目。除“上课情况”由任课教师填写，“班主任小结”由班主任填写外，其他项目均由小班主任填写。

这一表格展现出了每日班级生活评价的综合性，也勾勒出了班级日常生活最基本的状态，记录了班级成长的轨迹。这是从内容的角度分析每日一评制与前面两项评价的区别。从评价对象和评价者的角度看，“每日一评”也与前两项不同，它不是评价个体而是评价群体，评价者也体现了学生、任课教师和班主任的三结合。此外，在评价时间上，存在着由前面的间断性的阶段评价变成连续性的每日评价的区别。由此可见，“每日一评”制也是不能取代的。

以上三方面评价的综合，可以清楚地反映试验在评价改革上的指导思想，构建了新的班内评价体系，把评价自己和他人、个体与群体的责任还给学生，使他们在实践、反思、评价和树立新目标的过程中发展集体、发展个性。

4. 建设班级文化，把创造群体个性的任务还给每个学生

班级文化建设是一项长期和综合性的工作。其中最为显性的是教室环境布置和卫生，最隐性的是班级人际关系和班风，处于中间状态的是班级制度、学习成绩、各项比赛获奖等。班级文化的核心是班级形象的设计和群体个性的追求。从这个角度看，每一个班级文化都是一种具体的综合，呈现出差异性，但大致上可以以独立性、凝聚力、创新活力和竞争实力作为形成班级文化的指标，四方面的具体综合就构成班级的个性。

独立性是指班级中每个成员个性独立，班级作为群体在处理各种关系和事务、在活动中表现出的自主性。这里的独立性建立在理性的基础上，不是“无法无天”的自我中心。它还以自律的方式表现，并不是放纵自流，自主是为了锻炼和发展学生的精神力量，学会独立、正确处理各种情境中可能发生的问题。我们的上述各种改革，都是为了形成这种理性的自主。

凝聚力似乎与独立性相反，但事实上，人只要生活在社会中就会与不同的群体发生关系，在许多方面人总是需要与他人合作才能完成包括满足自己需要在内的各种任务。此外，作为一个群体总会有一些公众的、共同的事务要做，需要为共同的目标努力。这些都是群体生成发展对凝聚力的内在需要。但凝聚力不等于要求一律，个体趋向同一。它是围绕目标的凝聚，需要的是丰富而有差异的个性之间的协作和各显其长；是在遇到困难时共同的坚持与努力，不可缺少的相互鼓励、帮助和关心；是建立在相互理解和欣赏的基础上，在矛盾发生的时候善于化解和转化；是自尊和相互尊重、爱集体和同伴的统一。

创新活力和竞争实力是相关的。有无创新活力是能否常胜的重要保证，而创新和竞争中的胜利又恰恰是富于生命活力的群体与个体的特征，同时也是推进个

人和班级向前发展的重要内动力。

试验班从各自的实际出发用多种方式去形成上述四方面的特征，并使它们有机整合起来。教师在班级中除了设多种岗位外，还建立了各种小“阵地”，如生物角、班级图书馆等；教师组织学生在做好班内服务的基础上，积极参与学校和社会服务；班级中每个同学发生的困难只要被了解，就会成为群体关注的焦点，真挚的关爱让每一个善良的人感动。每次班活动给不同的同学提供展示的机会和给大家带来欢乐。班级还用班歌、班旗等作为群体心愿的象征。每次竞赛的胜利，不管是谁获得的，都成为集体共同的骄傲。学生自办的刊物、小报，记述了他们的欢乐和苦恼、幼稚和成长。这样的班级文化，只有靠每个人的投入和共同努力，包括班主任和所有任课老师的关心、支持才能产生，而每个人都能在这共同营造和不断生成的环境中找到自己的位置，获得多方面的发展。群体的个性不是靠教师塑造，而是由他们自己用心和行动创造形成的。

还需强调的一点是班级建设研究与教学改革研究在指导思想上是一致的，在一些原则方面都有相通之处。我们把此作为影响学生成长的两大主要活动，并在追求教育影响一致性的意义上来设计和进行改革实践。

以上我们简述了试验在学校实践中推进的两个主要方面。除此以外，在学校管理改革方面，各校的领导也做了各具特色的探讨，其中主要提供的经验是怎样通过科研推进学校各项工作的开展；怎样在科研过程中形成新型教师队伍，使教师的职业生命呈现光彩；怎样在管理中体现科学精神和人文精神的结合；怎样提高学校领导干部自身的科研素养和管理能力；等等。在此，一方面因篇幅关系，另一方面因这一试验的重点在班级，尚未在一所学校领导与教师全体投入的意义上全面展开，所以还没有能对学校管理改革从理论与实践结合的水平上形成较全面系统的认识，故不再做展开的专门论述，但我们相信，若能做到全校整体投入该项研究，不仅能形成新的管理模式，而且整个试验对学生的发展会取得更强的积极的综合效应[①]。

四、研究成效、体会与后续研究设想

（一）研究成效

研究成效可分为形成的文字和社会效应（或称实践类效应）两方面。

① 学校管理改革的深化研究，始于“发展性阶段”后期，重点在上海市闵行区的几所学校进行。实质性和系统性的改革研究在“成型性阶段”才在理论上有大的推进并形成显著变化。

文字方面主要包括：

(1) 有关该项研究已发表的系列论文（共5篇）、方案设计、理论纲要与结题总报告。

(2) 试验学校领导与教师的论文集（以《华东师范大学学报》增刊方式发表，约25万字）及在报章杂志上发表的论文、体会、经验总结性文章。

(3) 各校自行编写的研究总结报告、教师小结性研究论文（每学期每位教师一份，200余份）及研究课的教案，教师对个案研究对象做的原始记录，学生作文及其他创作作品选等。

(4) 小学三门改革试点学科的改革大纲与研究报告，班级建设研究报告，小学语文改革学生学习用补充材料（拼音、课外阅读、听读欣赏等8册），思想品德课补充材料等。

另外，还形成了与研究相关的系列表格与设计方案。

第一，试验不但没有影响学生的学业成绩，而且与班级原来的基础比，学生学业成绩都有不同程度的提高。初中两个试验班毕业时的升学状态也是理想的①。家长对试验班这一成绩表示满意。专门写这一点是为了打破这样的担心：搞改革试验会影响学生的学习成绩。我们认为，改革不以学习成绩的提高为唯一目的，但不能影响学业成绩；降低学业成绩的改革不是有生命力的改革。我们的试验在学习方面对学生学习态度、信心、方法和能力都产生了与非试验班有明显差异的积极影响。学生的思维能力、知识面、创造性等方面也有可观的变化。

第二，学生心理发展较积极健康，自我意识和自我管理能力发展显著，班集体特征显明。同学间团结友爱，集体好胜心强，不孤立、歧视学习困难的学生，各方面优秀的学生不盛气凌人，几乎在试验班中成为普遍现象。这是学生心理健康最重要的保证。在有的试验班里，学生因随父母出国或其他因素等离校后，只要放假就想回校与同学相处，甚至回原班级上一段时间课。这说明班级集体的吸引力。班级集体在学校群体中的进步在大部分学校得到认可。

社会效应首先由理论文章发表而产生。这在前面已经叙述过。此外，试验班的家长也经历了对试验从不太放心到满意、支持的过程，这在华东师范大学三附中的试验班、附小1995级的试验班都有突出表现。外高桥保税区实验小学1994级试验班反应更为强烈，家长普遍要求将该项试验延到初中阶段。《新民晚报》记者徐世平在1999年1月18日还就此事发表“热点调查”。1998年12月25日

① 具体参阅：叶澜主编《“新基础教育”探索性研究报告集》中的学科测试报告和《华东师范大学学报（教育科学版）》1998年增刊各中学领导写的论文。

的《上海教育报》发表了记者张晖以《勾画21世纪基础教育的蓝图》为标题的对本试验项目主持人的长篇采访和两所参与试验的小学教师的体会文章。引起了社会更为广泛的关注，主持人收到了许多不同类型学校领导的来电、来信。

试验的社会效应还通过向其他学校开放研究课等产生。几次研究课都得到了积极的评价。

（二）体会

总体来说，以下几点较为突出：

1. 教育改革试验需要研究人员持久努力

回顾、反思、提炼4年多试验的全部实践，我最深切的感受是：学校可以成为孕育人精神生命的“宝地”，也可以成为扼杀人精神活力的“屠宰场”。我们的试验就是探索如何使学校教育真正成为创造人的精神生命的实践，而这项改革必将涉及学校文化最普遍又最深入的层面，即学校里师生的基本生存方式，所以十分艰难，只有持久努力才会见效。这在一定意义上也是对我们试验者的一种考验，是对于教育信念、研究能力和教育改革信心是否执着的考验。所以，试验本身使我们的精神意志及业务能力都得到了提高和充实，增添了新的活力。

2. 创造中国特色的“新基础教育”需要探索性研究

对新世纪中国教育面临的挑战与机遇的认识，是激发我们从事本项研究的重要因素，通过研究，我们更强烈地感受到它的必要。中国处在世界之中，但中国有自己独特的财富和困惑，有自己的基础和背景，我们不必也无法回避这些特有的矛盾与问题。中国可以借鉴世界的经验和教训，但中国教育问题的研究和解决，不可能由外国人来代替，只有靠一大批真正把民族复兴的伟大目标作为自己应尽责任的中国教育界志士仁人一起奋斗、探索才能完成。我们现在关注的是九年义务教育的学校教育改革，且只做了初步的探索。我国教育发展面临众多复杂的新问题，需要认真组织队伍，踏实地开展研究。探索应该多方面，包括理论、实践和研究方法的探究。只有在这样的研究过程中，才能形成有中国特色的教育和富有创见的教育理论。新型的教师队伍，自己的教育专家也要通过这样的研究来形成。我们认为，从事此类研究是当前教育上十分重要的跨世纪创新工程。

3. 大型探索性研究需要多方合作

本试验所选择的试验学校虽然不多，但它涉及对基础教育重大理论问题的重新系统认识和学校生活实践的改造。这里所说的学校生活实践，不只是某一个过程，而是天天要进行的课堂教学和学生每天都生活在其中的班级建设，我们关注的是“日常”，而不是“集中”式的运动。所以，它实际上意味着对每一个生活和工作在其中的人的观念与思想方法、行为方式、评价事物的价值标准和目标理想等一系列方面的改变，这是十分艰巨和复杂的任务。但我们认定，改革唯有深入日常，唯有成为学校机体的“生存”“呼吸”方式，而不是外加的什么“新花招”，可以随风飘荡、任意涂抹的东西，才会取得真实、广泛意义上的成功。在本次研究过程中，我们的认识随试验的进展而日益清晰和具体起来，故称此研究为“探索性研究”。对研究过程涉及面的复杂性、改革的艰巨性，我们也是在试验过程中越来越深刻地体会到的。实践性的试验能否成功，不仅取决于研究人员提出的方案、方法、理论的合理性和完整性，而且取决于学校领导对试验的具体支持和投入程度，取决于参与试验人员的自觉性、动机、积极思考和学习的愿望，以及思维方式和行为方式的可改变性、创造意识和能力等。同时，它还受制于学校所处社区领导的关心与支持、家长的支持和家庭文化背景等。参加这次试验的学校在这些方面都存在差异，因此各所学校、同一校内不同年级、同一年级不同试验班、同一试验班中不同学科改革的深度和成效，都存在着不同程度的差异，有些时候、有些方面甚至不是很理想，尽管在总体上是好的，学生和教师都在不同程度上向着试验期望目标前进。这一方面表明试验的可行性和有效性，另一方面又表明试验的复杂和艰巨。这次课题结题并不表明在一切方面都取得了成功，一切问题都有了答案，只能说初建了模式，离真正、完全地完成对学校日常生活实践的改造还有很大距离。

4. 试验的复杂性和综合性需要在研究方法上创新

我们在研究方法上不能也不应该完全采用简单的某种方法，一以贯之。在4年多的研究实践中，我们逐渐形成了一套综合性研究的方法，即“事先设计、创新实践、整体观察、及时反馈、补充修正、概括提炼、交流推广、学习研讨”等与学校教育实践密切结合的方式方法，借此推进课题和队伍建设，实践证明它是有效的。

（三）后续研究设想

结题工作后，研究组成员将把中心转向为推广性和发展性研究做准备。本试验以滚动式推进，自1997年起，在上海市洵阳路小学、崇明实验小学和崇明实验中学等学校已开始进行推广性、发展性试点研究。目的是一方面探索推广方式，另一方面想对农村县的推广、发展可能性做一些研究，同时在推广过程中追求研究的进一步丰富和完善。目前推广的情况是好的，崇明县领导十分支持，今年还将在以农民子女为主要生源的两所学校推广。另外，在理论研究方面所发表的一系列文章，在沿海地区已产生较大的影响，这也可视为思想和理论上推广工作的准备，如果经试验证明确有价值，大面积推广还需要做更具体、细致的准备工作。要把研究成果“系列产品化”，还需要有财力、物力、人力和时间上的投入。因此，下一阶段，指导组成员集中主要精力做推广性准备工作，试验学校的试验以学校为主开展。我们将力争在2000年前能在全国范围内做推广性研究，为此，还要取得更多方面的支持。课题组还将为建立“新基础教育”九年一贯制的实验学校继续努力①。

本文根据叶澜教授1999年5月在全国“新基础教育”共同体大会上所做的报告整理而成，经叶澜教授修改，定稿。辑录于：叶澜．“新基础教育”探索性研究报告集．上海：上海三联书店，1999：12－57；后略加调整辑入：叶澜，李政涛，等．“新基础教育”研究史．北京：教育科学出版社，2010：3－40.

① 以上报告在结题前完成初稿，结题后做少量修改，以供正式出版用。

“新基础教育”发展性研究总报告
——世纪初中国基础教育学校“转型性变革”的理论与实践

“‘新基础教育’理论及推广性、发展性研究”（简称“新基础教育”发展性研究），是全国哲学社会科学“十五”规划立项的国家重点课题①，也是“新基础教育”探索性研究的延续性课题。自 1999 年 5 月该项研究正式启动至今已历时五年。经课题组全体成员的共同持续努力和创造性的工作，现已基本达成预期的研究目标。下面本人以课题组负责人的身份，从四个方面撰写发展性研究的结题报告：

（1）“新基础教育”发展性研究的总体概述。

（2）“新基础教育”发展性研究中的理论探究与实践推进。

（3）学校转型性变革的研究策略与方法论突破。

（4）结语。

一、“新基础教育”发展性研究的总体概述

（因篇幅所限，略。）

二、“新基础教育”发展性研究中的理论探究与实践推进

本部分内容的组织与撰写坚持两个原则：第一，重点概要阐述发展性研究在探索性研究基础上的进展性成果，不为追求完整，把两次研究的内容整合起来写②，但会涉及其相关性；第二，按专题把理论探究与实践推进结合起来阐述，因为每一专题的理论探究都不仅有理性的思索，而且有改革实践的支撑。这与探索性阶段的结题报告分理论与实践两大部分分别阐述不同，体现出“新基础教育”研究发展性阶段在理论与实践关系上结合的新发展。

---

① 课题正式批准立项为 2002 年 2 月 28 日。

② 整合式的详细阐述在教育科学出版社 2006 年出版的、由本人撰写的《“新基础教育”论》中完成。

（一）世纪初中国学校转型性变革理论提出的依据与内涵研究

在我国近10年教育研究中，有关学校改革的内容很多，但大量涉及的是学校变革的某一方面，而非整体。参与以“整体改革”命名并组成研究专业委员会的学校不少，但各学校研究的侧重面依然不同，并非是在一些基本理念认同基础上、以课题组形式开展的研究。此外，还有一些由教育理论专业研究人员负责的、不少学校参与的大型学校改革研究，有一些由学校独立进行的、从本校开始的研究，但大多以某一个教育理念作为主导理念，并以此理念命名该研究，大多缺乏对当代中国社会变革的深度分析，也未以“学校转型”作为核心问题来研究当代中国学校教育的改革问题。“新基础教育”研究始于20世纪90年代中期，贯穿世纪之交。这是一个中国社会处于又一次大转型的重要历史时期，转型过程中社会的深刻变化以及对社会中人的生存方式改变的渗透式的巨大影响，使我们强烈感受到现有学校教育的不适应性与弊端。“新基础教育”课题研究的提出，正是对这样一个大时代的回应。在探索性研究阶段，我们还处在分项研究且把重点放在“新基础教育”观念体系的形成、学校课堂教学改革和班级生活的改造上，并没有提出“学校转型性变革”的命题①。

第一次正式提出并公开发表这一命题是在本人撰写的《把精神生命发展的主动权还给学生》一文中②。文中提出，社会转型时期的学校教育，不可避免地本身也要实现转型，21世纪的教育与以往教育相比，要实现“转型式发展”。正是这一命题的提出，使发展性研究比探索性研究有了更明晰和更高的总目标：开展中国转型时期的学校转型的理论与实践的研究。

“学校转型”的整体性研究主要集中在以下两个方面：

1. 21世纪初中国社会转型所处时代背景的深化研究

与20世纪90年代相比，21世纪中国社会转型所处时代背景，最为鲜明的变化是全球化和信息化（简称“两化”）的凸现。中国加入世贸组织和以信息化推动社会主义现代化跨越式发展路线的确定，是这一重大背景变化在决策层面上的反映，它推动了这“两化”在中国社会变革中的影响。教育界敏感人士的积极反

---

① “探索性研究”阶段的提法是“创建面向21世纪的新型学校模式”及“教育观念的系统变革”，可读出其意向在于“新”的结果式的创造。而“学校转型性变革”的提法指向变革的性质及其转型之“转”的探究。这是“新基础教育”两阶段理论研究在比较意义上的区别。

② 该文收集在：郝克明．面向21世纪我的教育观．广州：广东教育出版社，1999. 这一观点在《“新基础教育”论》中做了更加系统和深入的论证。

应首先是提出了中国教育要与“国际接轨”和“教育信息化”的口号。在学校实践中率先反映的是：学校信息技术设施的普遍改善，信息技术课的普遍开设，教师信息技术培训的普遍进行和外语教学的普遍加强，双语教学的积极提倡（甚至在民办学校中被作为一块吸引生源的广告牌），在一些有条件的学校请外籍教师，建立与加强国际交际，学校中招收外籍儿童乃至开设国际部等。“两化”实际上吹动了学校的“一池春水”，不少人还十分乐观地期望由此带来中国学校教育现代化的跨越式发展。

在探索性研究的结题报告中，我们曾明确表示：“新基础教育”研究，未把信息技术的运用作为学校改革中的研究重点，但并不反对信息技术在教育中的应用。做此选择除已阐明的原因之外也因当时本人在潜意识中把信息化主要局限在信息技术层面上，且对完全从技术、工具的角度，理解信息技术在学校教育改革中重要价值的观点持警惕和怀疑态度，但又尚未形成自己清晰系统认识之故。但是，在“新基础教育”发展性研究过程中，信息化和全球化已成为不可回避的社会大背景，必须加强相关学习和研究，做出自己的回答。2001 年，华东师范大学基础教育改革与发展研究所作为教育部人文社科百所重点基地之一，承担了基地重点研究课题“全球化、信息化背景下的学校教育改革”，本人作为该课题负责人与其他成员一起，进入了对全球化、信息化这一 21 世纪中国社会所处时代背景的深化研究。对于“新基础教育”发展性研究而言，这是对其研究目标的社会依据的进一步审视与丰富，是形成 21 世纪新型学校图景所不可缺少的部分。通过研究，我们在认识上有了如下进展①：

（1）全球化与信息化是两个相关、相交但并不完全重合的概念。它们反映了人类在社会发展过程中有关时空、交往、流通的意识与行为、范围与速度、目标与手段、组织工具与形态等，在不同历史时期的变化过程。“两化”起始时期并不相同，但自 20 世纪下半叶至今，相互作用日益加强并在全球范围内汇流，尤其在发展中国家得到凸显和关注。有关政府对此或当挑战，或当机遇，以或喜或忧、或主动投入、或消极限制等各种姿态做出应对。

（2）关于全球化。全球化当代形态的实质，并非如有些人所期望或宣称的那样，是淡化与消解国家、民族，强化全球、人类，以实现全世界共同利益和建立世界秩序为目标的全球发展过程。全球化也不是同质化、平等化和现代化，其发展的根本动力是资本扩张的需要，推行的是市场原则，核心强势利益主体依然是

① 详细阐述参阅：叶澜．“全球化、信息化背景下的学校教育改革”课题研究结题总报告//叶澜．全球化、信息化背景下的中国基础教育改革研究报告集．上海：华东师范大学出版社，2004.

发达国家中的大国、强国与霸权国家。对于发展中国家而言，尤其要警惕大国、霸权国，以全球、人类的名义来推销有利于本国资本集团利益的全球化。但是目前在经济领域确实存在着从资本、技术、人员等生产要素，生产过程、产品营销及消费市场等方面全球化的多种方式。更值得关注的是，发达国家的强势文化，不仅随着生产方式、管理方式以及各种产品倾销而传遍全球，而且还通过商业运作的多种国际性的文化活动，通过传播技术及其系统的全球化，文化产品的国际流通，使强势文化及其所携带的内在的价值观、思维方式及外在的时髦形态向全球渗透，对各国青少年及知识、学术领域产生更为直接的影响。可以说，强势文化的全球化也已经以不可逆转的方式对各国产生影响。这一点尤其要引起教育界重视。

（3）关于信息化。信息技术不等于信息化，它只是信息化存在形态中基础性的技术存在形态，信息化还有结构性的社会存在和生命性的个体存在形态。故认识信息化需要从三个形态来认识，不能只局限在技术层面。

信息化的技术存在形态最为表层的功能是新工具。但从发展的趋势来看，电脑、机器人技术必将朝着人机对话界面的人性化和对人的多种特质和能力综合模拟的方向突进。正是这种全面拟人化的走向，有可能全面改变现存的人与技术的关系，由拟人化的功能走向属人化，走向信息技术服务于人的解放与发展。这是信息技术对于人类及其社会更为深刻和长远的意义，是与教育改革本质追求相一致的方面。

信息化的结构性社会存在形态，不仅表现在社会产业结构形态的变化，知识成为社会经济和社会发展的重要动力，以及企业生产和工作过程的内部结构形态的变化等方面，而且使整个社会环境被信息技术化，生存环境中增加了虚拟空间，出现了第四空间①，“意象”与“现实”的关系，是信息化社会特有的症状，它向人的认识能力和价值体系提出了挑战。

信息化的个体生命存在形态尚未被系统阐述，但在我们看来与学校教育关系更为直接，是更应引起关注的方面。它是以上两种信息存在形态与生活在其中的人的相互作用给个体生命所带来的变化。其主要表现为：

第一，个人时空意识发生变化。在时间意识上，对“未来”的价值更为看重，未来以前所未有的力度介入“现在”之中，使“现在”与“未来”紧密渗透，对“未来”的重视并不是停留在乌托邦式的幻想，而是用加强对未来的策划

① 其他三个空间指物质空间、文化精神空间、个体心理空间。这些空间构成人生存的实体空间，不同于虚拟空间。

来指导现在的行为。信息社会变化的加速和突发事件产生可能性的增加，使时间意识的恒定性和均速等值的意识被打破，“时机”（包括生机、良机、危机、转机等）即重要瞬间意识被强化，人在生活中的紧张度与不安全感也提升。在空间意识方面，个体意识中世界空间、宇宙空间变小，个人空间则因互联网而变大，从而有一种享受无限空间的感觉。个人生命实践中的空间变换的频率、速率和跨度、弹性度，都与前信息时代有极大不同。此外，个体的生活中也可能增加虚拟生存空间。

第二，个人生存方式的变化。首先，是交往方式的变化，增加了以间接性、匿名性和机器表达为特征的网上交往，这使人与人直接交往的机会减少，甚至熟人陌生化。间接交往的增加既扩大了个体的交往圈，也可能导致网络受害或网络犯罪，或因对网上交往的痴迷妨碍日常生活与工作。其次，个人学习方式发生变化。网络提供的丰富信息在为提升个体独立学习可能性创造条件的同时，也为个体学习能力在搜索、判断、综合、重组乃至创造新的信息等方面提供了可能。然而这一切都与个体的信息素养有关。如何进行网络学习，为何用网络学习，从网络中学什么，通过网络学到了什么和有无发展，在个体之间存在极大的差异。正是从这个意义上可以说，在信息社会中，知识与个人的生命历程及需要、能力密切相关，它不再只是作为一种客观存在和必须掌握的共同的标准知识，其个人意义和个人形成解决各种问题的经验与知识的关联性被凸显，个人在学习中的价值取向与主动性之重要性被凸显。这是信息化对个人学习方式变化及自身发展的深层影响，它向教育提出了新的要求。最后，个体生存方式的变化还表现在个体活动方式与时间分配的变化上。个体与计算机的互动和网上生活的可能增加，个人利用网络节省了许多时间和做了许多过去不可能做的事，但也可能消费了许多时间和做了许多本可不必做的事。个体活动方式与时间分配的变化，对个体的身心乃至性格都会产生不同程度的，或积极、或消极甚至十分有害的影响。

第三，个人语言与思维方式的变化。这一变化属个体生命内在精神活动与表达形态的变化，是信息生命性存在的最内在、深刻和具有持久价值的一面。它表现在语汇和表达方式变换量与速度都有增加，口头流行语言向书面语言的转换率提升，语法意识淡化。原先相对稳定的语言系统也变得开放、多元、复杂和多变起来。外来语言、缩写、音译新名词、计算机技术语言和网络语言介入母语日常语言系统的走势也在增强。另外，计算机和传媒对生活的强介入，极大增加了图像语言的表达机会和表达力，对青年一代的阅读习惯产生影响，其趋势是图像阅读和表达的兴趣激增，诸多的动漫迷是一个典型例证；书面阅读的需求疲软，敏感的出版商大量出版图文并茂的儿童、青少年读物，VCD 等音像制品的畅销又是一例。语言的变化带来思维方式的变化，其中最强的因素是图像语言。图像语言是一种全息式的语言，并且有情境性。阅读图像语言需要或者能培养起综合、全息式和情境式、互动式的思维能力与习惯，需要情感和理性的同时投入，通过体会和领悟达到理解和内化。它打破了传统的认识分感性与理性两阶段、认识方法中分析与综合的清晰界限。其次，个体思维方式的变化与“人机对话”的增强相关，它使个体思维中的程序意识和计算机逻辑的因素得到加强，由于变化的加快和世界各种事态的复杂、开放、多元性的普遍增强，向人的思维方式提出了加强总体和过程策划、具有策略意识和根据实际进程调整方案、博弈式思维等方面的要求。有关结构、关系、过程、转换、目标、手段、策略、组织等，都成为人在世界上生存必须经常面对的思维对象。正是思维对象、任务和目标的重大变化，使人的思维方式和品质也需要和可能发生变化。

以上有关全球化和信息化的研究，不但使我们看到了“两化”的复杂性和丰富性，它对社会发展和个人发展影响的双刃性、弥漫性和深刻性，改变了对其认识上的表面化和局限性。更为重要的是，使我们对中国社会当前转型的时代背景进入深层次的认识，从总体上认识到：在中国，一个缓慢、稳定、相对封闭和单一的社会形态正加速成为过去，不确定性、复杂性、多元互动性、开放性正在成为越来越多的中国人必须面对的生存环境，通过日常工作和生活等实践形态，且以潜移默化的方式改变着个体，尤其改变着青少年。中国社会真正进入了社会的繁荣发展需要以更多个体的富有时代性的充分发展作为条件的时代，社会发展与个体发展从来没有像今天这样具有直接的联系。这正是当前中国学校教育需要转型性变革的最重要、具有根本性与前瞻性的社会依据，也是学校实现转型的社会意义与个体意义的揭示。对全球化与信息化的深入研究，还使我们对一代新人因时代造成的、不同于工业社会的特性，有了进一步的认识。

2. 当代中国基础教育“学校转型性变革”的内涵研究

“学校转型性变革”的研究必须包括这一命题的内涵研究。它需要回答：现存的学校属于什么形态，它的弊端在哪里，新型学校的特征是什么，转型主要包括哪些方面等问题。需要有历史、现实与未来三个维度的结合研究，也需要理论与实践结合的研究。在探索性研究阶段，我们对第一个问题的研究较多，但还缺乏整体、系统的揭示，有关新型学校的研究虽有了趋势、性质的研究和实践的尝试，但理论分析和系统化还不够。发展性研究加强了上述两方面的研究，形成了如下的一系列观点①。

（1）21世纪初中国社会的“学校转型性变革”，是指学校教育的整体形态、内在基质②和日常的教育实践，要完成由“近代型”向“现代型”的转换。转型是对变革性质与深度的描述，并非是对变化速度的要求③。事实上，实现转型这样一个深刻的变化，需要一个长时段，需要有人去探索转型之路，也需要对新的形态进行理论与实践结合的尝试。“新基础教育”是为这样的需要而开展的。

当前我国中小学的现状，从根本上看，尚未走出20世纪初中国从封建社会走向半殖民地半封建社会时初建的“近代学校”的形态。众所周知，当时中国近代学校制度的初建是向西方学习的结果，带有明显的工业社会教育的特征：按工业化、批量性生产的模式“塑造”学生，教师被誉为“人类灵魂的工程师”；有统一的目标，基本划一的课程与教科书；设有整齐排列的通用教室；制订确定性的课时、教学周期与教学进度；按规定执行的教育、教学过程。总之，学校的基本任务是知识的传递和为社会不同领域需要的规范化人才打好基础。中华人民共和国成立前后，学校教育确实发生了很大的变化，但变化的性质具有极强的政治性，由于国民经济并没有完成工业化的转换，国家整体经济实力不强，在教育方面的投入和开放程度都远不足，故学校在既无内在转型的需要，也无外在冲击压力的情况下，并未发生上述意义上的转型性变革。

改变这种状态的需要，产生于中国社会在20世纪80年代中期开始、90年代加强力度和明确指向的社会转型。21世纪初，中国社会发展直面全球化和信息化的渗透与挑战，又强化了对学校变革的需求。除此以外，中国教育改革实践的不断深化不仅对学校转型提出了要求，也提供了可能性。现实学校教育中存在的弊端，与社会对教育新质的需求之间矛盾的尖锐化，促使“学校转型”作为一个现实性的问题被提出。在我们看来，这是当前中国基础教育学校改革能否走出高原期、进入新层次的一个关键问题。

（2）与近代型学校相比，我们所指的现代型学校的特质，即“新基础教育”创建新型学校的要求，从总体上来说，至少涉及以下几个方面：

第一，价值提升。现代型学校的存在价值不再停留和满足于传递、继承人类

---

① 详细内容参阅：叶澜．实现转型：世纪初中国学校变革的走向．探索与争鸣，2002（7）．

② 内在基质是指构成学校作为教育机构的基本要素的特质，主要包括学校物质因素（含校内建筑布局、内在设施、校园环境）和教师、管理人员的素质等。

③ 在现实中经常能看到的是对万花筒式变化速度和发展规模扩张的追求。

已有知识，实现文化的“代际遗传”和社会生产力、生产关系的复制式再生，而是追求为社会更新性发展、为个人终身发展服务的存在价值，使教育成为人类社会更新性的再生系统。这一转换将使教育的主旨从以传递知识为主要直接目标，转换到以通过包括知识教育在内的各种手段，培养具有主动发展的意识与能力、能在各种不同和变化着的具体情境中努力开发自己潜力的人为主要直接目标。在近代型学校中，受教育者被视为知识的承继者，在现代型学校中，受教育者被视为自我发展的承担者。因而，从以传递知识为本转向以培养人的健康、主动发展的意识与能力为本，是现代型学校价值提升的核心构成。

第二，重心下移。主要体现在三个大方面。首先是在教育对象与目标方面的重心下移。学校不是只关心少数“尖子”学生，为高一级学校培养专门化的、精英式的人物服务，不应仅以培养出获奖学生、考上名牌大学或后来成为著名人物的学生为荣（在各类校庆和校史展览中，人们最能感受这一点），而应致力于每一个学生的发展，为学生的终身学习与发展奠定坚实的基础。这不仅是教育由精英向大众的转换，而且体现了教育观念和行动中“具体个人”意识的诞生，对每一个人的幸福人生与生命价值的关爱①。只有在这样认识教育对象和目标时，教育才可能成为促进每个具体个人成长的力量，成为活生生的具体个人生命历程中的有机构成。其次是在教学内容方面的重心下移。变近代型学校中为进入学术象牙塔做准备的学科知识为主的教学内容构成，变学科领域知识与生活领域、职业实践领域、科学技术领域、人生领域等方面沟通的教学内容。这种沟通并不局限于应用和理解，而且涉及学习者知识和能力的创生，是学科与生活、社会、职业世界多向交互作用的结果。因而它与近代社会在谈到教育为平民服务时提倡的“知识下嫁”“生计教育”的性质并不完全相同。最后是管理重心的下移。除了中央、地方、地区把学校管理权交给学校自主运行以外，还包括学校在课程开发和师资培养、教育研究等方面的不离“土”。它们与学生、学校教育的实践，与教师个人的教学、教育实践，要真正做到结合、沟通与互动。这是对学校另一方面的主体——每个教师与教师群体的主动性和潜力的开发与提升。学校教育唯有在教师和学生双方的主动性和潜力都被开发，并在教育教学实践中积极产生交互作用时，才能办出个性和生气，才会成为参与学校教育和教学活动的每个具体个人生存发展的有机构成。

第三，结构开放。这是现代型学校的又一特质。除了表现为整个学制的开放

① 参阅：朗格朗．终身教育引论．周南照，陈树清，译．北京：中国对外翻译出版公司，1985：87－88.

性和弹性化以外，在学校结构层面上，主要表现为两个向度的开放：一个是向外的，包括对网络、媒体的开放，对社区、社会的开放，以及学校间、相关教育机构的相互交流开放。另一个是向内的，在管理上向师生开放，教育、教学活动中向学生发展的可能世界开放。结构开放不仅打破了近代型学校的基本封闭状态，也促使学校结构形态由宝塔形向扁平形转换，即减少管理的层级，在学校教育实践的不同层面之间有积极的互动，在同一活动过程中每个参与的个体或者有组织的群体，都兼有信息接收者、传递者和加工者，而且也兼有信息的创造者和发送者的“多重角色”，使结构整体呈网络态。

第四，过程互动。这是上述一系列转换对教育教学活动过程转型的要求。它与近代型学校以单向传递为主的教育教学活动过程的基本状态形成鲜明的对照。过程中的互动呈现多元、多层、多向、多群的状态。教育的创生和师生创造力由潜在可能向现实的转化得以实现。

第五，动力内化。发展动力的转换是最深层次的转换。动力内化意味着学校形成自己内在的发展需求、动机和动力机制。动力内化机制方面的主要表现是由贯彻上级行政要求式的执行机制，转向以校本研究为动力的学校发展机制。近代型学校的发展看重外在的标准，显性的、可计量的成果和社会舆论的承认，看重在同类学校中的地位等。在某种意义上，可以把它统称为“应式”办学。它有时是积极的，有时则是消极的。然而，重要的是学校只有具备了内在动力，认识到教育内在的使命和力量，认识到教育是直面生命、通过生命、为了生命的人类伟大而特殊事业时，才会把教育中具体个人的健康、主动发展看作既是目标，又是过程，还是动力。认识到只有把内在的价值与动力调动、开发出来，才会在应对外在需求时保持主动，善于选择且不丢失自己的相对独立性。

以上学校教育的价值转型、重心转型、结构转型、实践转型和发展动力转型，构成了学校转型的综合结构，它们的内在关系并非是并列式的，而是由价值的重建开始，到动力内化的学校整体转型的过程，对这一过程的阐述，也是我们在发展性研究的学校变革实践基础上，对改革提供的经验做理性抽象的反映。

（3）学校转型性变革是一个深刻和持续、整体的逐步行进过程。首先要有学校外部环境和各级教育领导部门给予政策及各方面的支持。就现状而言，各级教育领导和决策部门尚缺乏学校需要做整体转型式变革的认识，面对众说纷纭的教育改革的观点与指示，学校改革会出现“盲人摸象”和“高原期”的状态。学校自主办学的机制与环境也尚未形成。就学校内部而言，多年来中国教育变革由上而下的推动模式，使包括基层学校的领导在内，都习惯把改革看作落实和贯彻中央决定，不习惯于立足学校，研究学校本身的实际情况，研究社会发展对学校提出的要求以及学校发展的可能，做出学校变革与发展的整体策划。

在现实中，不可能在外部条件充分具备以后才开始学校内部的变革。内外的变革相关而又相对独立。社会发展、学生成长都不会等待。所以，就学校工作者而言，一方面要积极促进外部条件的改善，更重要的是要立足于自身变革可能，在无人能代替的领域内投入变革实践[①]。学校内部，首先是学校主要领导人以及全校教师，要自觉、主动地认识这一转型的必要性、价值和转型涉及的主要方面，从自身的办学观念、教育和教学思想以及与此相关的实践状态的反思开始，积极投入重建学校的变革实践之中，在实践中不仅改变学校本身，而且实现自身教育观念与行为的变化，创造和体验新的职业生存方式，实现自身的发展。因而，学校转型不只是教育实践的变化、培养目标的重新构建和实现，而且是教育者自身的发展变化过程。没有从事学校教育实践一线的工作者自身的变化，转型要最终实现是不可能的。教育者自身的改变也不可能脱离变革实践来完成。这就是"新基础教育"研究为什么坚持"理论"与"实践变革"紧密结合的重要原因，也是在发展性研究阶段对学校改革明确提出并坚持"成事成人"统一的原则，即在"成"变革之"事"中成"人"，努力以"人"变促进"事"变的重要原因[②]。可以说，发展性研究阶段的变革实践，在一定程度上创造了校本研究与校本培训紧密结合，推进校本发展的新经验。它使一批新型学校所需要的校长、教师在变革过程中实现了自身发展。自然，转型尚未完成，但步伐已经迈出。

（二）学校转型性变革中基本理论与实践的更新[③]

这是发展性研究中最为基本和艰苦的探究过程。它所涉及的是学校办学中的基本实践和与此密切相关的学校教育的基本理论变革。我们可把它们合称为"新基础教育"研究中的"双基"问题。"双基"在教育者和学校实践中真正实现转型，可以视作学校转型性变革的新根基形成的标志。这些"双基"问题，我们在探索性研究阶段都已提出，并形成了初步的观念和实践经验。在发展性研究中，随着改革实践一线研究队伍的扩大和研究的深化，在对相关"双基"问题的认识上不仅有了推进，且进入以重建与更新为主的阶段。

---

① 这是我们能坚持开展"新基础教育"研究的认识定力之所在。

② 具体有关如何在变革过程中实现"成人成事"的统一，本报告有关"教师发展"部分将做展开论述。

③ 本部分从理论与实践结合意义上，提出并阐述了"新基础教育"之"十新"，包括一系列核心概念的确立，为《"新基础教育"论》的撰写奠定了基础。

1. 关于培养目标

学校培养目标问题是任何学校办学首先需要清晰意识的问题。关于这一问题的回答，从理论上来说，它随着教育者对时代变化的认识和对作为教育对象的人——学生发展问题的认识的变化而变化。从实践上来说，校长、教师对培养目标的认识往往来自两个方面：一是教育领导部门有关文件的规定或上级领导乃至领袖人物的言论，这些较多停留在口头上；另一些来自本人的经验，其中包括自己受教育和成长过程中所体验和感悟到的，对作为人在社会上生存和发展所需要的品质和能力的理解，以及教育者对自己应尽责任的理解，它较多体现在教育行为和过程中，体现在教师与学生的谈话中。实践工作者往往不太重视有关培养目标的理论研究，认为这是理论工作者的事情，是写书时需要的，所以对时代和人的研究缺乏关注，这是教育实践者难于自觉地突破传统教育模式的一个重要原因。“新基础教育”研究力图在理论与实践统一的意义上，对培养目标的认识实现突破。

在探索性研究中，我们已经结合对时代精神的剖析，提出了理想新人即学校培养目标在认知、道德和精神力量等三个维度的要求①，还提出了学校教育观念系统更新的具体方面②，其中包括与培养目标相关的价值观和学生观。发展性研究在此基础上，对培养目标做了补充性和聚焦式的深化研究。

首先，发展性研究阶段明确提出，“新基础教育”要关注每一个学生，把学校教育价值观聚焦到为每一个学生的终身学习与发展，实现幸福人生奠定基础上。这是“新基础教育”之“新”的第一义。它将学校教育对当代的社会和个人、现实与未来的价值，统一在具有全息性的个体生命发展的价值之中，并呈现出学校教育价值与其他社会活动，以及后基础教育阶段的区别。

在学生观上，发展性研究将“主动性”“潜在性”“差异性”聚集到“具体个人”的概念上。我们赞同保尔·朗格朗的观点，“教育的真正对象是全面的人，是处在各种环境中的人，是担负着各种社会责任的人，简言之，是具体的人”③，具有“作为一种物质的、理智的、有感情的、有性别的、社会的、精神的存在的各个方面和各种范围。这些成分都不能也不应当孤立起来，他们之间是相互依靠

① 叶澜．时代精神与新教育理想的构建．教育研究，1994（10）．

② 叶澜．更新教育观念，创建面向21世纪的新基础教育．中国教育学刊，1988（2）．

③ 朗格朗．终身教育引论．周南照，陈树清，译．北京：中国对外翻译出版公司，1985：87．

的”[1]。把学生抽象、一般化，这不仅是教育实践中的问题，同样是教育学中对“人”的认识的偏差，说到底，这是工业社会和分析理性主义、科学主义的产物。我们在学生观上提出要把学生当作“具体个人”去认识和研究，那就是“要承认人的生命是在具体个人中存活、生长、发展的；每一个具体个人都是不可分割的有机体；个体生命是以整体的方式存活在环境中，并在与环境一日不可中断的相互作用和相互构成中生存与发展；具体个人的生命价值只有在各种生命经历中，通过主观努力、奋斗、反思、学习和不断超越自我，才能创建和实现；离开了对具体个人生命经历的关注和提升，就很难认识个人的成长与发展；具体个人是既有唯一性、独特性，又在其中体现着人之普遍性、共通性的个人，是个性与群性具体统一的个人”[2]。这是教育价值观中的生命性在学生观中的具体展开，是“新基础教育”之“新”的第二义。

在上述学生观与价值观的基础上，我们把学校教育的培养目标聚焦在培养健康、主动发展的人。在此，“健康”不只是指身体健康，今日中国处在向小康社会发展的阶段，学生健康问题呈现出更为复杂的势态和更多新的难题，如流行病的“全球化”，也对学校促进学生身体健康发展提出了新的挑战。学生健康还指学生个体的精神和心理健康，以及思想品德和社会性的健康发展。在发展性研究中，我们提出了培养目标中道德要求的基础性构成的观点[3]。针对当代教育中对道德教育内容的泛化和窄化问题，市场经济发展过程中和全球化、信息化过程中出现的一系列新的道德问题，以及基于对人生的基本操守的研究，提出了有关个人行事、处世和自身发展需要遵循的道德规范，即“诚实守信”的为人之德、“承担责任”的行事之德、“热爱祖国”的为民之德和“自我完善”的立身之德，强调青少年时期是个人道德形成的重要时期，越是基本、核心的道德要求，越要从小就开始养成。“新基础教育”中提出人的健康发展包含着对人的发展的价值导向。

人的主动发展，是“新基础教育”理论探讨和实践更新中始终关注的核心问题。培养主动发展的人，是“新基础教育”价值观、学生观在培养目标层面上的体现，也是针对近代型学校教育仅以外在社会需求去规范人、忽视作为生命体的个人具有主动发展这种内在潜力的弊端而提出的观点。关于“人的主动发展”观，在我们看来，这是对近代教育理论中人的发展观的一种突破，也是对学校教育现实中忽视“人的主动发展”，大量养成以被动接受现成知识，以适应、服从、

① 朗格朗．终身教育引论．周南照，陈树清，译．北京：中国对外翻译出版公司，1985：88.

② 叶澜．教育创新呼唤“具体个人”意识．中国社会科学，2003（1）.

③ 叶澜．试析我国当代道德教育内容的基础性构成．教育研究，2001（9）.

执行他人思想与意志为基本生存方式的人，缺乏创造精神与能力的人的一种校正与超越。主动发展观强调：个体的发展只有在人与其相关的各种关系和本人参与的各种活动的交互作用中实现，是一种开放的生成性的动态过程。这些关系与活动可分为两大类：一类指向外界，即个体向外式的与周围世界的关系与实践性活动；一类指向内部，即个体向内式的与自我的关系和反思、重建性活动。在两类活动中，个体能采取的基本方式有两种：主动或被动。唯有采取主动方式去参与活动并形成积极的关系，在活动中实现自我发展的人，才是能在当今社会实现其生命价值和创造幸福人生的人，在复杂、多元、多变、具有多种可能性和不确定性的生存环境中，实现把握环境和创造新的确定性的人。让学生学会在不确定性中，通过主动选择和积极实践把握确定性，是在培养目标中最富有当代价值和个体生命价值的选择，是“新基础教育”之“新”的第三义。

“新基础教育”发展性研究中，有关学校教育价值观、学生观和培养目标观的研究，并不是只停留在论文发表和少数人知晓的程度上。这些观点，通过一系列活动，如为试验学校改革实践工作者组织的专题培训活动、“新基础教育”共同体会上的专题报告、结合现场研究的评课和反馈性的报告、中期评估、校长与教师的校内学习与研讨、校际的交流和研讨会等，使校长、教师知晓与理解，并通过对现有实践中指导思想的批判性反思，在变革实践中努力体现新的教育理念等方式，逐渐转化为试验校的校长与教师内在认同和外在行动中的观念，转化为一种真实的育人力量。可以说，“新基础教育”中提出的各种教育观念，都不只是理论的探索，研究者所追求的是使其能成为实现转型的实践力量。这只能通过反复的学习与实践才能完成。

2. 关于课堂教学

“新基础教育”课堂教学理论与改革实践在发展性研究中，既是推广的重点之一，又是深化、系统重建的重点之一。与探索性研究阶段相比，新的发展[①]主要有：

（1）明确提出课堂教学价值观三层次重建论。

第一个层次指各学科共通层面上的价值观，即课堂教学要从单一传递教科书上呈现的现成知识，转为培养能在当代社会中实现主动、健康发展的一代新人。

① 关于“课堂教学”研究在发展性研究阶段的主要成果集中反映于叶澜撰写的《重建课堂教学价值观》《重建课堂教学过程观》，叶澜、吴亚萍撰写的《改革课堂教学与课堂教学评价改革》三篇系列文章中，分别发表于《教育研究》2002年第5期、第10期和2003年第8期。限于篇幅，本报告只做概要阐述。

每个教师为教好书，需要先明白育什么人。将教学的价值指向与培养目标统一起来，把“教书”与“育人”统一起来。第二个层次涉及具体学科教学价值观的重建。教师以学科为载体开展教学活动，只有一般层面的价值观重建还不足以落实“育人”的目标，因此我们提出了拓展学科育人价值的要求，即任何一门学科的教学，都要认真分析本学科对于学生而言独特的发展价值，它除了指该学科领域所涉及的知识对学生的发展价值外，还应该包括丰富学生对所处的变化着的世界的认识；为他们在这个世界中形成、实现自己的意愿，提供不同的路径和独特的视角；学习该学科发现问题的方法和思维的策略、特有的运算符号和逻辑；提供一种唯有在这个学科的学习中才可能获得的经历和体验；提升独特的学科美的发现、欣赏和表现能力；等等。唯有如此，学生的精神世界的发展才能从不同学科教学中获得多方面的滋养，在发展对外部世界的感受、认识、体验、欣赏、改变、创造能力的同时，不断丰富和完善自己的生命世界，体验丰富的学习人生，使学科教学能实现满足学生成长需要的价值。第三个层次涉及更为具体的、教师在教学设计中如何处理学科知识内容。这一层次直接指向教师教学全过程中准备阶段的行为，使教学价值的实现有可能落实到每一节课中。其中最主要的要求是：第一，把本学科的书本知识按其内在的逻辑，组成由简单到复杂的结构链，基本上以结构为单元进行教学内容的组织，使贯穿教学的认知主线由点状积累转化为结构的逐步复杂化，并做出“长程两段”的教学设计。这对于学生能在身处陌生、复杂的新环境中，用综合的眼光去发现、认识和解决问题具有基础性作用，是当代人所需要的基础性学习能力，也是学生的学习能力自我增生的重要基础。第二，将结构化后的以各种符号为主要载体的书本知识，与人类生活世界、学生经验世界和成长需要三方面实现沟通，也就是使知识恢复到鲜活的状态，与人的生命、生活重新息息相关，呈现出生命态，以唤起学生学习的内在需要、兴趣和信心，为他们主动参与教学活动提供可能和提升主动探求的欲望与能力，并在学习中获得体验。为此，教师在教学设计中还要研究学生的前在状态、潜在状态和发展需要，而不只是知道学生的知识基础。只有这样才可能使教书和育人在教学的准备阶段就朝着统一的方向转换。

以上三层次的教学价值观重建，是“新基础教育”之“新”的第四义。它从一个角度展现了“新基础教育”研究如何从理论转化为实践的路径。

(2) 形成以“互动生成”为课堂教学基本单位的教学过程观和新课堂教学的实践形态。

重建课堂教学过程观，除了需要价值转换的前提外，还需要对传统教学的基本任务做反思。发展性研究在深入探讨了学生在“日常情境中的学习成长”与“教学过程中的学习成长”的区别后，把教学基本任务定位为：使学生努力学会不断地、从不同方面丰富自己的经验世界，努力学会实现人的经验世界与社会共有的“精神文化世界”的沟通和富有创造性的转换，逐渐完成个人精神世界对社会共有精神财富具有个性化和创造性的占有。这一界定是“新基础教育”之“新”的第五义。其中所言的“个性化”，是指个人的动机、需要、基础、兴趣、特长、倾向性、学习风格和思维方式等因素的组合。它使每个人从共有精神财富中获取的内容、方式都带有个人的选择和特征，形成其个人内在精神世界的特质，促进个性的丰富与发展。因此，学生不会因为都从共有的“精神文化世界”中汲取而变成“千人一面”，个人精神世界和社会共同精神财富之间的转换也非“千篇一律”的过程。“创造性的占有”过程，一方面指这一过程不是知识的灌输与简单积累，而是用科学、文化内涵的创造力，去激发、促进学生个体生命创造力的发展过程，是对创造性活动的理解和体验的过程；另一方面指这一过程对学生的发展具有生成意义，它不仅表现在丰富、形成和发展了学生内在的精神世界，培养了各种能力和加速社会化的进程，而且表现在学生对自我的期望、信心、发展意识和策略等方面提升。这一任务观还内含着不能把课堂教学看作少数尖子学生配合教师完成教案的过程，而要关注和创造条件，为每个学生积极参与，在参与中实现健康、主动发展提供可能与服务。

在发展性研究阶段，我们对传统课堂教学过程观和当代的一些课堂教学做了深入的分析。发现无论是以“教”为中心、教师为主导所建立的教学过程观，还是以“学”为中心、学生为主体所建立的教学过程观，结论虽不相同，但前提却一致。它们都把教学过程中的“教”与“学”看作可以分割为独立单位的活动，两者之间的关系是一种谁决定谁，或者谁围绕着谁转、谁引导谁的关系。教学过程的转型如果不超越这一认识前提，就不可能走出传统教学的框架。新教学过程观的形成首先要从认识教学过程的方法论转换始。我们首先认为教与学在教学过程中是不可剥离、相互锁定的有机整体，是一个“单位”，不是由“教”与“学”两个单位相加而成。教学过程是师生为实现教学任务和目的，围绕教学内容共同参与，通过对话、沟通和多种合作活动产生交互影响，以动态生成的方式推进教学的活动过程。教学过程中师生的内在关系是教学过程创造主体之间的合作交往关系。所以，分析课堂教学过程的基本单位不是“教”，也不是“学”，而是“教学”如何“互动生成”。这里的“互动”，不只是指教师与学生“一对一”或“一对多”（全体或小组），也包括学生个体和群体、小组之间的各种教学活动。这是一种人人参与的网络式互动，作为网络中节点的每个人都既是信息的接受者，又是重组者、传递者和生成者。师生在课堂教学中都处于多元变动之中。教学中的“生成”，一是指因开放式的互动产生了新的教学资源，我们称其为“资源生成”；二是指对新生教学资源的即时分析与重组，形成新的、不同于教学设计原定的内容或程序的新过程，故我们称之为“过程生成”。以上从认识方法论突破到教学过程“单位”的重新认识和提出，对教学过程的重新理解和表述，是“新基础教育”之“新”的第六义。

正是这种“多向互动”与“双重生成”，改变了课堂教学作为预设教案的执行过程，使“新基础教育”的课堂呈现出“开放”和“弹性”，师生思维活跃，随时可能面临新的情况和意外挑战。正是学生与教师一起成为课堂生活的创生者，课堂本身才可能充满了生命的活力。

在学校课堂教学转型实践中，我们首先要求大家从“还”字做起，先是要求做到还学生主动学习的“时间”“空间”“工具”“提问权”“评议权”等“五还”。教师要做到“还”，并认同“还”的意义，首先要改变在课堂中把学生仅看作“学习对象”或“学习主体”的传统意识，树立起学生也是教学的资源的观点，学生是带着自身的全部丰富性进入课堂教学的当下情境，并随情境的变化而变化。我们提出了五种学生资源论①：学生已有的经验是教学得以开展的“基础性资源”；学生已有的差异在任何时候和任何情况下都不可避免，它不只是教学要面对的事实，而且是互动中不可缺少的“互动性资源”；学生在课堂上的状态和行为是不同程度的“生成性资源”，即使是他们在学习中表现出来的错误，只要巧用，也可能成为资源；当学生对随后进行的教学过程提出新的想法和方案，或影响教师修改教学方案时，学生的言行又成为“方案性资源”；上述无论哪一种资源，都可以成为教师在日常的课堂教学中研究学生和课堂教学所不可或缺的“研究性资源”。因此，教师在课堂关注的重心应放到课堂中的学生身上，放到对课堂生成的信息的捕捉、判断和重组上。但如果教师连“还”都不敢，那么，互动与生成就不可能出现，更不可能出现新教学过程，高质量也无从谈起。因此，先要让学生在课堂教学中不再被动，从静听的模式中走出来，呈现出活的状态，而后才能进入再进一步的探讨：面对一个“活”起来的课堂，怎样使教学过程有效和形成新的逻辑？那就是通过开放式的问题、情境、活动，使学生能联系自己的经验、体验、问题、想法或预习时收集的信息，进行交流，开发学生的“原始

① 这是首次提出学生也是教学资源的观点。

性资源”，实现课堂教学过程中的资源生成；再通过教师（学生）的评价、反馈，生成与教学内容相关的新问题“生长元”，继而经网络式的生生多元互动，形成解决新问题的“方案性资源”，然后，再就方案性资源进行研究讨论，形成更为丰富、综合、完善的新认识，进而引出新的开放性问题。这就是我们所指的“互动生成”式教学的内在逻辑。为此，确定了课堂教学中的互动要以“积极”“有效”“高质量”为标准，教师在教学过程中不仅要成为学生资源的激发者，而且要不断捕捉、判断、重组课堂教学过程中生成的资源，成为课堂教学过程生成的“重组者”和动态生成的“推进者”。把最难做到的“生成”要求，落实到课堂中不同资源的认识与敏感，提出课堂五大资源和“互动生成式”的教学内在逻辑，是“新基础教育”之“新”的第七义。

经过近五年的努力，目前，“新基础教育”研究做得较成功的学校和教师，在课堂上已经能基本改变传统课堂教学中普遍存在的问题。其中最突出的是“六多、六少”现象：教师关注认知目标多，关注学生多方面发展少；关注知识点多，关注知识结构少；教师占有课堂教学时间多，每个学生主动学习时间少；师生一问一答式活动多，生生积极有效互动少；教师关注预设教案执行多，关注课堂上动态生成少；教师关注学生知识掌握多，关注学生探究发现少。他们在课堂教学中，已开始以初步形成的关于“多向互动、动态生成”的课堂教学内在展开逻辑，指导和创造不同学科、不同年段、不同内容的更多的课的类型，逐渐形成结合学科和年级的新型课的类型系列①；也体现在教学案例和由教师撰写的教学论文中。关于教学过程逻辑展开的具体内容，现已转化为教学评价的指标②（它将在本报告“评价改革”部分再做说明），并通过评价活动，成为推进广大试验教师课堂教学实践转型的力量。五年的研究，使“让课堂充满生命活力”的口号充实并逐渐转换成一套新的教学理论，转化为一节节真实的新型的课。

3. 关于班级建设③

班级建设在“新基础教育”研究中是作为与“课堂教学”改革相并列、且相对独立的部分进行的。它与课堂教学的相关性表现为都是“新基础教育”观的实践形态，体现同样的价值追求，为实现新的培养目标服务，在理念层面上是一致

---

① 参阅叶澜主编《“新基础教育”发展性研究报告集》中有关学科研究的“研究报告”。

② 参阅叶澜主编《“新基础教育”发展性研究报告集》中总报告附录4。

③ 有关班级建设研究的详细阐述，参阅叶澜主编《“新基础教育”发展性研究报告集》中班级建设的研究报告，李家成、卢寄萍《“新基础教育”班级建设研究报告》一文。

的。另外，课堂教学改革和班级建设都以学校所划分的班级为基本实体单位，试验涉及的学生属相同的群体，试验的效果在学生身上具有叠加性和互动、互通性。但在实践中，班级建设的研究主要由班主任承担。所以，一些没有参与课堂教学改革、上课相对传统、开放度较低的教师，在课堂上会与学生产生矛盾甚至冲突，他们会不喜欢这些活跃、自信、主意大又多，有时真有点不知高低和分寸的孩子；会埋怨做了“新基础教育”以后，学生不好管了，上课纪律没有以前好了。尽管如此，我们还是认为，造成问题的主要原因出在学科教师尚未参与改革，这也从另一个角度说明“新基础教育”改革需要整体开展。试验学校的试验班，要同时开展课堂教学改革与班级建设研究，学科教学改革之所以未能做到全覆盖，主要是因为改革指导力量不足。这是过程中的遗憾，并不是我们期望的效果。

班级建设对教学的相对独立性主要在于，班级建设的所指，不涉及课堂教学中的学生管理和学生课堂生活的状态。这是“新基础教育”研究与西方一些学者从不同学科角度，进行学生班级生活、班级经营或课堂管理①研究的不同之处。“新基础教育”研究并不否认课堂生活是学生在校生活的重要构成，但它是在教学过程中实现的。学生课堂生活的状态、质量与感受，主要是由课堂教学的状态与质量决定的。学生在课堂教学过程中涉及的管理问题，内含且潜在于课堂教学过程之中，它是课堂教学改革的内在构成。班级建设把“班级”看作因学校行政划分而处于同一个班的学生组成的同伴群体。这一群体的成员在同一所学校的学习期间基本不变，他们生活在同一空间，创造着自己的环境，与班上的任课教师因教学而形成直接的师生关系，学生之间因长期的共同活动形成各种正式与非正式的关系，形成带有本班特征的文化、心理氛围。这些都构成班级建设的资源，它会随着班级建设的变化而变化，也是班级建设的结果。形象地说，班级就是学生学校生活的“小家”。班主任受校方委托承担着促进这一群体的发展和群体中每个个体发展的责任。班级建设要研究的主题是：学校教育如何通过学生在班级的日常生活实践和参与集中的、有主题的班级活动，促使班级同伴群体和群体中每一个体的健康、主动发展。这一任务在探索性研究中就已明确提出。针对学校中班级生活使大部分学生处于被管理的状态，针对班级主要控制在班主任和小干部手中的普遍现状，我们提出了“把班级还给学生，让班级充满成长气息”的口号，把它作为学校班级建设转型的价值指向。总之，“新基础教育”的班级建设

① “班级经营”的英文名称为 classroom management，“班级生活”的英文名称为 classroom life，“新基础教育”研究中的“班级建设”可翻译为英文 class construction。

并不回避社会政治、意识形态的因素对学校班级生活的影响和控制，但其根本立场不满足于揭示问题的存在，而是意在通过改变形成班级和班级生活的结构、内容与活动方式，使班级成为促进新人成长的重要实践生活。这一研究把教育当作可能改变社会和人的积极力量，是重建和创生性的。

发展性研究加强了班级建设的理论研究。在明晰与西方班级经营以及班级生活的社会学研究的区分过程中，我们把研究的理论重点置于学生在校的班级生活与学生发展的关系上。这一重点也不同于中华人民共和国成立以来的班集体建设，或少先队、共青团组织中的团队建设理论。这些理论偏重于集体的形成研究，尤其在20世纪80年代前，个体在集体中的身份基本上是“螺丝钉”式的。80年代以后团队建设的研究又较多转为：怎样设计一些适合青少年特点、能调动他们兴趣和积极性的活动研究。活动的主题往往与社会、形势的发展要求结合，或针对学生在学校生活中表现出来的问题。很多学校由大队部或共青团等学生组织统一策划、集体布置，再由各班具体执行。尽管各校各班具体活动开展在形式上也会有很多创意，但仍不脱离较强的时势性，有一种自上而下运动式特征。这种形式因学校实践中的长期采用，成为一种具有相当普遍性和习惯性的组织学生活动的形式。因而使本研究开始时期，有些班主任对班级建设甚为畏惧。究其原因，不只是因为班级建设组织上要进行小干部轮换制、增设小岗位制等以前未有的变革，而且还误认为班级建设就是举行中队或班级的主题活动。他们说，这些活动学校统一布置已经不少了，再增加会影响教学质量，不但占时间，还会把学生的心搞散了、变“野”了。

关于“学生发展”，除了前面已涉及的健康、主动发展的培养目标以外，发展性研究的推进集中在两个问题上。

一是学生自我发展的心理学研究①。凸显了学生的自我意识具有在共生关系中实现自我独立的机制，它在活动中发展自我。研究分析了不同适应水平学生的自我调节、发展差异及其表现，同伴干预对问题学生发展的积极意义，指出了问题学生的变化需要外力支持，也要学生本人主动寻求自己需要的满足途径，教师在此过程中有可能提供帮助，而教育群体的氛围至关重要②。这一研究为“新基础教育”的价值取向提供了发展心理学的支持，并对学校实践具有内在的指导价值。

---

① 这一研究成果集中反映在李晓文《学生自我发展之心理学探究》一书中，该书由教育科学出版社2001年出版。

② 李晓文．学生自我发展之心理学探究．北京：教育科学出版社，2001：183-184.

二是学生成长、发展需要的研究。以往对学生发展问题的研究，偏重于以一定的结构和指标为框架，分析不同方面的发展水平的变化及其原理，皮亚杰的认知发展理论、柯尔伯格的道德发展阶段说，以及儿童年龄特征的理论等大致都属这类研究具有权威性的成果。它们确实从不同方面揭示了儿童的发展，加强了成年人对儿童发展过程的重视，加深了对儿童发展的理解和认识。但是从教育学的立场看，首先，尚缺乏对影响儿童发展各方面因素、儿童发展本身所涉及各方面，以及这些因素与方面，在生活于具体情境中的具体个人身上，如何交互作用、综合呈现的研究。也就是说，儿童发展研究还处在抽象、一般的层面上，缺乏特殊和具体的研究，尤其缺乏对处于学校环境中参与教育活动的学生的发展问题的深入、综合研究。其次，还缺乏对儿童自身在发展过程中产生的需要，以及这些需要的演变、表现领域与方式的研究[①]。苏联杰出心理学家维果茨基研究过教学对儿童发展的意义，以及两者的相互关系，提出了“最近发展区”与“教学最佳期”的概念，指出传统教学对儿童发展的关注只限于儿童已经能独立做到的一切，而好的教学在于激发、形成当前还不存在的心理机能，它走在现有发展前面，且是可能实现的领域[②]。这一研究给我们最大的启发是方法论的，即我们应从发展的意义上把握学生的需要，关注学生在发展不同阶段所呈现的特殊的、与成长相关的需要。这种内在的需要是由学生的发展，生存环境的氛围、提供的刺激或实践可能，周边包括同伴和教师的影响力和影响方式，以及发展主体已有生命史的积累等内外因素综合交互作用的产物。它既反映发展可能性所指向的领域，也包含着学生在不同发展阶段必须跨越的障碍。因此，我们强调班级建设的实践行为，应建立在对不同年级、班级学生发展状态和成长需要研究的基础上。在研究中我们还尝试分析有关中国当代小学和初中学生成长发展需要的演化路线。自然，这是一项相当艰难和复杂的研究，我们现在所达成的认识还十分简单和不完善。但重要的是找到了问题域和明晰了方法论上需要做出的转换，一切都有了开始。这可以说是“新基础教育”在班级建设领域中的“新”的视角和“新”的重点，是“新”之第八义。

在学校实践中，发展性研究强调了教师要在日常的教育、教学中研究学生，既要有对班级学生整体状况的研究，又要有对个别学生的个案研究。教师要有在学生日常行为和言谈中发现学生成长需要的能力和习惯。同时，教师更须引导学

---

① 科恩．中学高年级学生心理学．陈贤义，郭定泰，等译．北京：知识出版社，1985. 科恩的研究只涉及了学校中某一阶段的学生发展问题。

② 余震球．维果茨基教育论著选．北京：人民教育出版社，1994：17.

生加强对自身发展的关注。这方面班主任有不少创造。如洵阳路小学让学生自制“成长袋”，把自己认为有成长意义的事情和作品收集其中，做出登记，并写出自己为什么把这件事或作品收集起来的理由，理由的阐述可从一个侧面反映出学生的成长和达到的不同水平。我曾随机抽阅过三年级一个班级中十多名学生的“成长袋”，看到孩子们在表述自己收集某项作品、记录某个事件在“成长袋”中的理由时，大部分是因为得了奖、受到表扬、作品被展出，有不少还是第一次。这生动反映了这个年龄的学生对他人，尤其是对教师和同伴肯定的需要。还有两三名学生的理由是因为某个作品是自己独立制作完成的，只有一个学生以“这个作品特别美，我喜欢”为理由。尽管抽样人数不多，但反映了差异性和不同的需求水平。花园小学则创造了“希望树”，让孩子把自己希望在多少时间内、在哪些方面实现进步，做成“果子”状，贴到希望树上。什么时候目标达到了，“果子”就成熟了，可以自己去摘下来，再策划第二个希望挂上去，最后看谁的“果子”多、进步多。这是对学生自我期望意识和为实现期望而努力的意志培养。闵行四中则开展了学生“自育承诺”的成长活动等。我们期望，这些研究能为学生形成对自我成长需要的具体、丰富的认识，提供宝贵的实践资源和方法。

除此以外，教师们在促使学生主动承诺班级的日常管理，让更多的学生能在小干部的岗位上得到锻炼、树立服务意识、培养协作与交往能力等方面，也有诸多的创造，逐渐形成了新的、来自学生、被学生认同和不断加以丰富的制度。有些学校还将班级变革推行到学校管理中去（如闵行实验小学等）。试验学校的学生和教师一起创造着一个有利于他们成长、能在其中体验成长快乐的“家”。主题班会、队会，从题目的诞生、活动的准备、环境的布置到最终的举行，主要都由学生策划，能做到全体参与。试验到了后期，主题班会在内容上更贴近学生的发展需要与兴趣，体现班级个性与学生的创造力，也呈现出更为自然、真实、开放，由更多学生积极参与并在其中得到满足、快乐和成长体验的趋势。有不少班级的一些活动还吸引家长参加，不仅师生关系，家庭中的亲子关系也因此而有了变化。这些在专题报告中有具体的反映①。

运用评估促进班级建设工作的转型，也是发展性研究阶段的一个重要举措。指标分列成两个表格，一个评价主题活动，一个评价班级日常建设的开展。这为“新基础教育”关于班级建设的理论研究和成功经验，进一步向更广泛的实践层面的转化，提供了行动可参照的指标。

---

① 有关学生成长变化的质性分析，可参阅李晓文《“新基础教育”研究中的学生成长》一文，收录于：叶澜．“新基础教育”发展性研究报告集．北京：中国轻工业出版社，2004：262－288.

4. 关于教师发展[①]

教师是学校教育改革的中坚力量，也是学校教育在实践层面取得成功的命脉所系，这几乎已成为国内外教育改革决策者与研究者的共识。“新基础教育”在探索性研究阶段曾就新世纪教师专业素养的问题发表了专题论文，曾把希望寄托于教师教育的改革能培养出新型教师来。但现实是，且不说教师教育改革本身还有许多问题要解决，即使教师教育能成功培养出新型教师，教育改革也不可能在完成了教师更替以后再进行。探索性研究阶段在教师问题上给我们最大的启示是，学校教育变革实践的本身必会涉及和推进教师发展，什么样的教育实践会造就什么样的教师。因此，在发展性研究开始时，我们就总结了探索性研究阶段怎样促使教师发展的一些经验，在前面已提到的两个“还给”之后，增加了第三、四个“还给”：“把创造还给教师，让教育充满智慧挑战”“把精神生命发展的主动权还给师生，让学校充满勃勃生机”，合成了被广泛传播的“新基础教育”“四把四还”系列表达。与此同时，还提出了本研究的显性目标为实现学校转型，深层潜在目标为实现师生在校生存方式的变革。第一次明晰地意识到，师生在教育中的发展是密切相关的。只有使教师亦能得到发展的学校教育，才有可能使学生得到更好的发展。在学校转型性变革的实践中，唯有把“成事成人”统一起来，才能实现追求的目标。这样，教师发展问题以新增重点的方式，进入了发展性研究的过程之中。

（1）“新基础教育”教师发展观的形成和提出。

怎样理解“教师发展”，是我们面临的第一个理论问题，也是第一个实践问题，因为它关涉到我们的研究从哪里着手，从哪些方面去促进教师变革，我们期望教师走向何方。为此，我们阅读了大量国际上和其他国家有关教师问题的研究文献。发现大量的文献都是把教师发展定位在教师专业发展上，不少研究是立足在常态下的教师发展阶段的研究，包括不同年龄段、不同个性、不同熟练程度的教师特点或比较研究[②]。尽管这些研究给我们很多启发，但还不足以回答我们面临的问题，即处于社会转型期的、为实现学校转型所需要解决的教师发展问题。

在五年的发展性研究中，我们得出的第一个认识是，教师发展不能只局限于

---

① 有关“教师发展”的研究和进展的专题论述，参阅王建军《“新基础教育”研究中的教师发展》一文，收录于：叶澜．“新基础教育”发展性研究报告集．北京：中国轻工业出版社，2004：239－261.

② 有关这方面的展开论述，可参阅：叶澜，白益民，等．教师角色与教师发展新探．北京：教育科学出版社，2001.

专业发展，首先需要重新认识的是教师作为一个真实、具体的人，他的生命价值实现与自己所从事职业的关系，涉及的层次是教师作为个人的发展问题。正是在这一点上，我们把“新基础教育”追求的生命价值，贯通到每一个参与学校教育实践的人身上，这是对教师的人文关怀和教师职业的角色理想重建问题[①]。我们认为，对教师缺乏人文关怀是传统的理想教师角色的产物之一。历史上和社会现实中，普遍强调的是教师职业道德上要“圣化”，要把自己的一切如春蚕、红烛般耗尽，贡献给教育这一伟大的事业，却很少去关心教师的职业生存状态以及他们的发展需要。把教师的职业角色定位为传递知识性的、非创造性的工作，强调其传递性价值（在信息技术背景下，认为教师职业可以取消，是同样立场的当代版，话语尽管惊世骇俗，但在对教师职业性质的认识上并无进展），忽视教师在培养人、促进青少年发展这样一个复杂教育过程中，所需要的高度智慧和特有的创造性。问题更严重的一面在于：不只是社会，而且教师这个职业群体，在长期的传统教育实践的积淀中，认同了这样的教育观和教师角色观，认同了自身作为传递工具的地位，进而忽视了教师职业对自身发展的价值和挑战性，有些甚至陷入自暴自弃的境地。我们提出了重建教师角色理想的命题，认为教师职业是直面生命和需要生命关怀的职业，教师如果不关注自己的生命质量，就难以体验什么是生命关怀。只有当教师感到自己是一个真正自主而又理智、积极向上的人的时候，他才能够以这样一种心态去直面学生、关注和培养学生。在着力揭示教师职业的生命价值的同时，我们还论述了创造人生、创造人的精神生命是教师职业的尊严与欢乐的源泉[②]。指出“没有教师的创造性劳动，就不可能有新的教育世界，而教师只有进行创造性的劳动，才会体验到职业的内在尊严与欢乐，才能在发展学生精神力量的同时，焕发自身的生命活力”[③]。唤起教师内在发展的需要和教师对职业内在尊严与欢乐的认识与追求，是“新基础教育”促进教师发展的切入点，也是“新基础教育”研究对教师人文关怀的践行。同时，它也突破了“教师专业发展”的概念框架，形成了教师作为个体的人、作为社会角色以及作为承担学校具体教学、教育的人，在学校转型性实践中实现教育观念与行为的转型、实现自我更新这样一个由多层面构成的、更为丰富的、“新基础教育”的“教师发展”观。

---

① 叶澜，白益民，等．教师角色与教师发展新探．北京：教育科学出版社，2001.

② 叶澜．论教师职业的内在尊严与欢乐．思想·理论·教育，2000（5）．该文是1999年底笔者在上海市名师讲座上的报告，上海教育电视台曾反复播放，有较大的社会影响，1999年下半年是发展性研究的起始学期，故该文对试验学校和教师的影响也很大。

③ 同①“总序”.

继教师角色理想观的重建后，我们提出了试验教师实现自我更新要努力的几个方面：

第一，养成结合自身的教育教学实践，学习和思考的习惯，提高自己对时代变化、学生状态和教育变革的敏感性和研究兴趣。

第二，有探索、创造的勇气和体悟、反思自身改革实践的能力。

第三，清理自己头脑中已存在的、根深蒂固并已转化为行为习惯的传统教育观念，更新教育观念，并在自己的教育实践中，使新教育观念与教育行为的转变实现统一。

第四，提高形成新的教育经验的自觉性，逐渐养成“新基础教育”教学改革和班级建设所需要的新基本功和习惯。

以上几点，实际上勾勒了“新基础教育”的教师自我更新，开启了转换角色、打开视野、转变观念、探究实践、反思体悟、转变行为、提升能力、更新习惯的基本行进路线。

（2）在学校“研究性变革实践”中实现教师发展。

坚持在学校日常教育、教学实践中实现在职教师发展，这是我们在探索性和发展性研究中坚持的共同原则。所谓“日常实践”，是相对于为评优、检查、评职称等需要而举行的，甚至还是相对于被揭发出来有做假的“公开课”“示范课”而言的。这些课为了非教学价值的目标而进行，往往是精心、突击准备的课，不是真实为学生发展而进行的课，也是不能反映教师和学生真实水平的课。在更广的意义上，强调“日常实践”作为教师发展的基本途径，是针对相当普遍存在的，把在职教师实现发展的主要途径定位在：脱产或不脱产的、为实现学历提升而进行的进修；校内组织、或参加校外各式名家报告会；观摩其他人的课，参观其他学校；在报纸杂志上发表研究论文；等等。无疑，这些活动都可能从不同的角度对不同教师的发展产生作用。但是，我们认为在学历达标的任务已基本实现的情况下，对于大多数的教师来说，实现自身的多方面、多层次的发展，应在自己所从事的“日常实践”中。这是由日常实践的持续性、亲历性和可改变性决定的。“新基础教育”追求的是新型教师的形成。在探索性研究阶段结题后，就得出在“学校变革实践”中造就新型教师的经验①，强调变革实践与教师发展的统一性。

发展性研究在学校变革实践为何能和如何促进教师转型发展方面，做了深入

---

① 叶澜．在学校改革实践中造就新型教师：面向21世纪“新基础教育”探索性研究提供的启示和经验．中国教育学刊，2000（4）．

系统的研究。通过对试验学校大量开展的“新基础教育”研究的综合过程的抽象，我们提出了以“研究性变革实践”这一综合抽象概念，作为“新基础教育”学校变革实践特殊性的概括。这是“新基础教育”之“新”的第九义。

“研究性变革实践”的特质主要包括：

第一，研究性变革实践是内含变革理论的实践。每一个教师参与学校研究性变革实践，不仅是自己的选择，而且要努力学习相关理论，理解与领悟这些理论与传统的、已经成为自己头脑中的个人理论的差异乃至冲突，从而产生改变自己头脑中的观念和行为的需求、愿望与行动，逐渐使自己成为自觉的、有理念作为指导的、自主的变革实践者。

在“新基础教育”试验学校中，“学习”理论是贯穿始终的任务。这里的学习，不仅指学习“新基础教育”研究中已发表和过程中不断发表的论文，也包括学习、研究与专题相关的其他论文、著作、有关文件和他人经验。在这些学校里，常常有固定的学习和交流学习体会的制度与活动。一些校长已形成了对教育研究动态的敏感性，他们会将自己发现和认为有价值的著作、论文印发，组织教师开展学习。在有的学校中，在教师办公室外的走廊上，还设有走廊书架。可以说，“新基础教育”研究在学校中的开展，首先带来的变化是使教师开始习惯阅读理论文章，并会结合自己的变革实践去领悟，再进而发展到将自己的理性认识体现在自己的变革实践中。变革理论与日常实践的关系在教师个体身上完成由矛盾、冲突到内化、统一的过程。这种变化突出地表现为：在发展性研究刚开始时，许多教师都要求给出“新基础教育”的“操作模式”①，认为理论是华东师范大学教师的事，他们的事是“执行、操作”，把自己定位在“操作工”的位置上。随着学习和研究实践的开展，这种声音越来越少，只有新加入进来的教师往往还会提出“操作模式”的要求，试验的骨干教师则已经能品尝到自主探索的欢乐。

第二，研究性变革实践是超越经验的、具有更新指向的实践。在西方教师专业发展研究有关“行动研究”的一些文献中，对“行动”的解释常常强调日常和教师自生的，非外界理论介入性的研究，它通过教师反思自己的行为及其行为过程中的感受、结果，来逐渐改进教学行为，至于研究什么和如何研究，以教师自己决定为好。“研究性变革实践”在强调教师日常教学与反思、要求研究渗透于实践之中等方面，都有与行动研究相通之处。但它更强调行动前的探究指向和行动设计中的理论渗透，强调实践本身内含着自觉变革，以及教师反思参照系因新

① 正是这样的要求，使我们认识到探索性研究阶段提出的创建新型学校模式的弊端。此后，我们慎谈“模式”。

理念的介入而更新，因参照系的更新而带来反思的新质量和重建的可能，在试验教师的发展过程中，很明显地呈现理论及理论工作者的介入价值。有些教师曾提出过这样的问题：我们不缺实践，但为什么做“新基础”研究以前变化不大？反思使他们体会到变革意识和变革理论，使日常实践成了有意识的自觉追求的变革实践。这是研究性实践能否促成变革的核心因素，也是教师学习能否转化为实践的关键性因素。

第三，研究性变革实践是创生性实践，它指向实践中变革成败原因及要求在此基础上进行重建。

实践后的反思、重建的设想、再实践，是研究性变革实践促成教师在实践中最终达成新的观念与行为统一，新的实践能力、素养和习惯的全面养成的重要环节。“新基础教育”在探索性研究阶段就强调评课中的“捉虫”与“喔”效应，即专业人员的评课不只是指向教师教学行为中呈现的问题，而且要指向对呈现行为背后的思想观念的剖析（捉虫）；评课不能只满足于问题的揭示，还要提出改进、重建教学观念与行为的具体建议，对教师结合自己的课，理解新理念指导下的具体教学行为的形态是什么有所帮助，对理论与实践在教学行为中的内在关系有所体悟（“喔”效应）。在发展性研究阶段，上述过程越来越转变为教师课后自评的行为。三年后课题组形成了“新基础教育”课堂教学评价有关反思与重建的指标，包括反思是否能整体把握实践的状态，归因是否正确，重建达到什么水平等因素。指标帮助教师对反思和重建的关系以及基本要求有更为具体和清晰的把握。

第四，研究性变革实践是将研究的态度、意向和内容贯穿到实践全过程和多方面的实践。上述几点呈现出研究性变革实践存在于从认识到教学教育的设计和策划，再到教学实施，最终进行反思重建的全程。其中每一阶段又渗透该实践的各个重要因素，如学习过程建立在对过去经验的批判性反思和实践中产生新问题的基础上。我们还把教师对自己实践的反思，听取他人对自己实践的评析，观察他人的教育实践和参与评点，在交流会上发表自己的意见和听取、思考他人的意见，都看作学习的各种途径和方法。从广义上来讲，“新基础教育”就是要把教师群体转化成学习化组织，把个人转变成一个自觉的终身学习者。实践既是学习的践行，又是理论向实践的创造性转化。在此过程中，教师还要善于向学生学习，发现新的情况与问题，通过即时性的反思与重建，使教学、教育过程产生创造的火花，形成新的经验和体悟。在经过一定阶段以后，学校又会进行阶段性的小结和交流，还包括全校性的、校际的相关教师的专题活动。

我们在与教师的共同探究和创造中深深体会到：“新基础教育”最着力和最

艰苦的工作是课堂教学中的“互动生成”和养成教师自觉开展“研究性变革实践”，它是对传统学校教育中有关教育价值、教学本质、教师角色和教师生存方式的集中和深度挑战。然而，也正是这两方面的结合，使“新基础教育”具有造就新型教师，促进教师实现转型的内在力量，成为一种富有人性魅力的实践。只要在这两方面取得突破性的进展，教师的发展就会出现新的质，他们的精神独立、专业自主、话语权力、教学思维和能力都会有新的增长，进而实现研究性变革实践取代传统的重复性的实践，成为具有新质的学校日常实践，成为教师新的职业生存方式。

在教师发展方面，我们还对影响教师发展的各种因素及其相互作用、相互制约的关系做了研究，对不同基础和不同类型教师，在转型过程中遭遇的不同问题及发展的阶段与过程做了分析，对教师传统观念的话语系统与“新基础教育”为改变这些观念而提出的新话语体系做了梳理，这些都因篇幅所限，不在结题报告中做论述。

5. 关于学校管理①

学校管理的系统研究在发展性研究阶段，虽然到 2001 年才被提上议事日程，但却酝酿已久。在探索性研究阶段，学校发展要通过教育研究来实现，校长应从多角度支持第一线的试验教师进行改革，这是首先积累的学校管理改革的两个经验。

发展性研究阶段准备时期，我们就以校长是否具有通过改革研究推进学校发展的追求，作为选择试验学校的第一因素，而对校长所在校的初始条件（学校的历史、物质条件、生源、师资、所在地段、教育质量等）不做严格规定。参与发展性阶段研究的试验学校中有百年老校，也有才创建两三年的新学校；有地区首屈一指的名牌学校，也有无论从哪一方面都属于差的薄弱学校。就总体而言，新建学校（参与试验时校史在五年以内）和相对薄弱的学校占大多数。但校长表示愿意参与“新基础教育”试验，承担学校改革的领导任务，则是加入“新基础教育”的“入门线”。所以，学校管理改革的过程，也是认真投入试验的校长带领教师、并与教师一起实现自我发展的过程。

在学校管理改革的层面上，除了把校长教育理念率先转变和认识学校转型的意义与任务作为校长必须努力的方向以外，我们着重在如下几个方面开展理论与实践研究：

---

① 有关“学校管理”的研究和进展的专题论述，参阅《“新基础教育”发展性研究报告集》中李家成、吴遵民所撰的《“新基础教育”学校管理改革研究报告》。

（1）学校管理转型的核心是从“行政事务型”转向“发展策划型”。

发展性研究初始，我们通过与校长交往和进入实地研究，发现大部分校长在办学问题上有两个缺乏：一是缺乏个人的办学理念。在此所说“个人的”，并不是指由校长独创的、发明的、第一次提出的办学理念，而是指校长和校领导集体成员应有的关于如何办好自己所在学校的基本理念与方针的共识。大部分校长关于学校如何办，每一年、每一学期、每一阶段的目标是什么和如何做，往往根据上级文件、领导报告提出的普遍要求，通过演绎而形成。在不同的层面上学校工作文件几乎都有相似的内容与话语，看不出校长自己的思想，读不到出自个体的不同语言风格，学期或学年小结也大致如此。长此以往，工作计划和总结渐渐异化为形式，主要为向上汇报而写，“唯上”意识也在校长头脑中扎下根来，学校工作多共性缺少个性。二是缺乏对自己学校状态的深入研究，较多的是大致掌握基本情况，对教育教学的具体状态、总体面貌，对学生教师的精神面貌、所思所求、欢乐与苦恼，校长真正知情和关注并不多。在校长头脑中印象较深的是两端，“问题的”与“好的”班级、学生及教师。造成这种情况的原因并不全在校长，我国各级教育行政部门的管理方式、评价标准，校长负责制并未真正落实和责权不配套，存在着许多束缚校长手脚和干扰校长工作的制度与行事方式，都是外在的客观原因。但这些还不至于让校长完全没有空间和不能有所作为。

正是通过对上述情况的分析，“新基础教育”要求校长必须深入研究学校实际，从总体把握学校已经走过的发展历程和现有状态着手，发现亮点、特点、问题、可发展的生长点和空间，进而做出如何实现本校发展的规划。在规划中体现各个学校实现转型的价值指向和总目标，分阶段目标和每个阶段的主要任务，组织方式与措施。让校长对学校发展的策划做到长期与短期结合，共性与个性相结合。这项工作在闵行区校长研修班中表现得最为充分。有的校长还将学校策划的形成过程，转化为每个教师自我发展计划的形成过程，转化成每个年级组和教研组群体形成自己认识和发展的过程。校长在此基础上再做学校整体发展规划，广泛听取教师意见，几上几下，最后由教代会通过，使其成为与学校成员密切相关的共同目标和责任。在此过程中也实现了管理意义上的“重心下降”，强化了校长在学校发展策划中的校本意识。这种计划的方式也在各学校行政部门和班主任中进行，使各部门和班级工作努力从事务型向发展型转换，使“价值提升”的转型性变革要求在管理层面上得到体现。

（2）在领导学校转型性变革中，不断加强变革力量和成效的集聚与辐射。

转型性变革在学校进行过程中，实际上是一个充满矛盾、冲突和渐变的过程。参与“新基础教育”试验的学校领导，要承担的责任除常规管理之外，还有推进转型性变革。为此，校长需要对转型研究的全过程有真正的投入性领导，即不只是提要求、提任务，一个阶段来验收、表扬，而是要深入改革最基础层面，与试验教师一起去感受改革、体悟改革，并帮助教师分析问题与经验，使他们尽快从最初的迷茫、不知所措中，逐渐闯出改革之路。我们所说的变革力量的集聚和辐射，首先是指帮助试验教师在个体意义上实现内在变革力量（动机、信心、克服困难的力量、经验等）的集聚和将集聚的力量辐射到持续的变革实践中；第二层次的集聚和辐射，发生在教师业务工作的群体中，如年级组、教研组以及试验班中不同学科教师之间的交流和沟通。这不仅是试验教师个体实现发展的需要，同时也是业务群体中变革力量不断壮大的需要，沟通使试验教师的收获、体会、经验与其他人分享，带动更多的教师和学科投入试验中来，由辐射带来更大的集聚。围绕变革任务和学校发展规划的执行而开展的全校性交流、评比、研讨、讲演等互动活动，以及加强学校与社区及其他社会资源间的互动是第三、四层面上的集聚与辐射。在有些试验学校，还开展了互访和教师之间的研讨活动，试验学校还定期向学区内甚至整个地区的其他学校开放，使校内的变革力量不仅受到校外力量的启发与支持，而且因来自校外的肯定性评价而增强了变革的信心和荣誉感，增强了要把变革做得更好的决心。交流还实现了交互辐射、“互动生成”。总之，在我们看来，变革的过程和力量的消长起伏，与校领导是否善于加强变革力量、成效的集聚与辐射密切相关。在此过程中，校长加强了深入一线领导改革的意识与能力，提升了在变革过程中实现动态管理的能力。正如迈克尔·富兰所指出的那样：“我们需要一种双重的方法同时对待个人和机构的发展，一方不能简单等待另一方。如果我们在特定的环境下不是协调的工作，就有必要分别地影响它们，寻找机会使它们联结起来。”① 逐渐形成学校多层面的变革力量的集聚与辐射，就是我们寻找两方面，乃至更多方面、更大范围的个人和组织中变革力量发展的管理策略。也正是在集聚和辐射的过程中，教师个人和群体对学校管理和学校发展的参与度加强，在管理运行机制的变革中“结构扁平”的意义得以实质性体现。

（3）进行评价改革，使评价成为推进学校转型性变革的重要力量②。

“新基础教育”研究在处理改革与评价的关系上，并不否定评价改革对教育

---

① 富兰．变革的力量：透视教育改革．中央教育科学研究所，加拿大多伦多国际学院，译．北京：教育科学出版社，2000：21.

② 关于评价改革的展开论述，参阅：叶澜，吴亚萍．改革课堂教学与课堂教学评价改革．教育研究，2003（8）.

改革的重要性，但不是以评价改革作为教育改革能否有效开展的前提。

做出这样的选择，首先与“新基础教育”研究以实现学校转型性变革为目标有关。新型学校教育的具体形态是什么，在转型过程中会出现什么问题，这在没有深入开展变革研究的理论与实践之前，在实践变革没有进入一定的规模和深度之前，是无法清楚认识的。同样，不同于传统或常规学校教育的评价指标，新的评价改革的指标体系，也不可能在改革没有进入一定的规模和深度之前就形成。它只能在学校改革的过程中，在几近同步并与改革实践相互渗透的评价改革的探索过程中逐步清晰和形成。“新基础教育”研究直至发展性研究阶段进入第三年初，才形成一些新的评价改革的指标体系并不是偶然的，也不是因为在此之前没有评价活动和评价研究。

其次，我们认为评价改革首先需要对评价观念进行审视。在以往的评价中，强调的是作为工具的评价指标的客观性和科学性，有关评价的一系列组织、程序和方法的技术设定，都是为保证上述“两性”的实现。过程性评价和发展性评价的提出推动了评价研究，在评价的价值、主体、方式等方面都发生了变化。但就评价什么这样一些问题，在根本上没有大的变化。“新基础教育”把评价的价值定位在：一方面促进变革过程的发展，另一方面又能将变革过程中所形成的一些新的经验和呈现出的新质做出抽象，以评价指标的形态体现，促使改革实践者和研究者对新型之“型”的认识具体化。“新基础教育”要求的评价，是对变革本身的评价，而不是对变革结果的评价。因而，促进变革和反映变革过程的新质，成为研究形成“新基础教育”评价指标的指导思想。这些我们可以从本研究的中期评价方案和评价指标中看出。其中最为典型的是有关课堂教学的评价指标。此外，评价作为一种手段，尤其是作为一种推进变革的手段，不能只靠集中进行，它要渗透在变革的过程中，在一定意义上，它本身就是变革的组成。在学校教育的各种活动中更是不能没有渗透性的、多元的即时评价。如在课堂教学过程和班级建设中，必然会涉及教师对学生的评价指向与评价方式，学生与学生相互评价及学生的自我评价，还有学生以不同方式表达的对教师教学行为的评价。应该说，这些都是评价，又是教育过程的组成部分。在教育活动中，评价受教育观支配，具有教育的意义，并渗透在教育过程之中。这是“新基础教育”对评价的重新认识。

“新基础教育”在日常教育活动中的评价改革，还包括每一次课堂教学研究课和班级活动的评价改革。其宗旨就在于使评价成为一种发现问题、发现经验、发现可能创造的过程，成为相互切磋、讨论，对变革的认识清晰化的过程，也成为养成教师、学生进行反思和提升自我意识与理想的过程。除了上面已经提到的“捉虫”与“喔”效应以外，我们在实践中还逐步改变了教师的“评课期望”。由于长期受“公开课”“示范课”的评课方式的影响，试验教师在初始进入试验时，都期望自己承担的研讨课评课时能多听到“表扬”，即对课的肯定性评价；而不是“批评”，即对课中问题的发现。这对于以转型为目标的“新基础教育”的课的研究来说几乎是做不到的。因为若进行的课主要是好的，就不存在需要转型的问题。另外，这样的评课期望本身，也说明了“公开课”把课堂教学“圣化”的倾向，给任课教师造成心理上很大的压力，把评“课”看成是评价“他”本人。为此，我们一方面要求学校领导先改变观念，把“评课”的过程当作研究过程，而不是作为对教师本人的评价，不损害教师职称、奖金评定等实际利益；另一方面，我们强调真实的课总是有缺憾的课，课中存在问题与不足是正常现象，何况“新基础教育”是为变革而进行，不发现问题才是不正常，教师不必顾虑重重。在发展性研究的后期，我们还总结了“新基础教育”对一堂好课的看法，那就是具有真实、平实、丰实、扎实的特征，用“实”来代替“圣”；提出了“发现问题就是发现发展空间”的观点，帮助教师重新认识课堂教学中存在问题的发现，对于教学改革和个人自身的发展价值，提倡大家不是用回避，而是用直面、思考、解决问题的态度，将实践中存在的问题转化为真实的发展。从而使评价的改革过程，成了调整教师评价期望和创造新的评课文化的过程。现在这样的评课方式已成了“新基础教育”的新传统。总之，“新基础教育”的评价改革不局限于指标体系改革，不局限于集中评价，而且还深入评价观、被评者的评价期望、日常教育实践与研究中的评价等全方位和全过程的评价改革。

最后，“新基础教育”的评价改革并不是内部封闭进行的，它与已有的评价体系，在不同的阶段和不同的方面采用了不同方式的结合。如教学改革的初期，以诊断性评价与常规性评价为主要构成，使内评与外评实现结合。第二阶段则以原则性评价与比较性评价为主。其中原则性评价之“原则”并非是教学论书中所言之原则，而是“新基础教育”课堂教学追求的“新质”，同时对改革实践具有针对性、建设性和指导性的原则①。第三阶段则以全程性评价与阶段系统性评价为主要构成。以上实践使“新基础教育”的评价呈现出多元复合、随程推进、承前启后、促进转型的特征，发挥了评价在学校管理和改革研究中的积极作用，走出了一条学校评价改革的新路。这可称为“新基础教育”之“新”的第十义。

---

① 叶澜，吴亚萍．改革课堂教学与课堂教学评价改革．教育研究，2003 (8).

（4）在学校管理改革中逐渐形成学校的新文化、新制度和新的发展内动力机制。

“新基础教育”在探索性研究阶段就探讨了学校变革的文化使命问题。在发展性研究中，我们十分看重学校内部文化的更新问题，把文化的更新不只看作变革的具体目标，也作为孕育新型学生和教师的生存环境之重要构成。学校新文化的生长和形成，又是学校改革过程中变化了的实践，在人的精神面貌、对待世界和自己的态度、行为方式上的表现。在学校管理中营造新文化，研究学校已有文化的状态与特点，形成的原因和发展变化的可能，并在学校变革中实现更新与发展，是“发展性研究”着力进行的一项变革实践。五年中就总体趋势而言，我们率先进行的是校园环境的文化建设，使校园环境不仅体现出不同于其他机构的特点，更要体现本校师生的文化、精神生活的面貌和个性特色，改变校园环境缺乏教育文化和缺乏个性的问题。第二个着重改变的是课堂教学文化和观课、评课文化，体现出课堂上师生精神生活的活力和新型的师生关系，开放、实事求是、追求发展、积极思考和交流的新观课文化。班级文化的改造则是通过班级建设实现的。管理文化的变革主要由人文关怀的渗透和师生民主参与意识的加强带来，校长、领导层开始把管理服务于人的主动发展的意识，贯穿到管理措施和管理文化中去。“新基础教育”研究的持续开展还营造了非急功近利的新科研文化，我们称之为“新基础教育”研究精神，那是由“新基础教育”研究共同体成员在实践中创造和集聚而成的精神力量，可以用32个字表达：“知难而上，执着追求；滴水穿石，持之以恒；团队合作，共同创造；实践反思，自我更新。”它体现在试验学校的研究之中，体现在“共同体”的活动之中，并使共同体呈现出独特的精神风貌。

制度是学校管理改革中较后涉及的层面，其原因基本上与“评价”的指标化稍后形成类似。在一定意义上，学校管理制度更新的完成，可以看作转型性变革在管理层面上趋于实现的标志。制度更新的价值指向与其他形态的更新一致，只是制度以相对稳定和可规范的方式，保证、促进和巩固变革的推进。“新基础教育”改革学校教育制度主要有三种形式：一是更新式，主要指向于常规管理制度的改革，突出常规管理服务于学校和师生的发展，在人事制度的变革上也呈现这个特征。二是强化式，如校代会这一组织并非是新的制度，且在学校中普遍设立，但其真正发挥作用，有效体现、落实校本和民主管理原则的并不多。三是创造式，这是将改革中创造的一些经验、行之有效的方法等加以制度化，如有些学校建立教学研讨制、二级管理制等。这三种形式最终要形成一套新的能实施、且可检查的具有内在新精神和统一性、刚性与柔性相结合的新制度系统。这是"新基础教育"能否成为学校的日常生活和持续开展的重要保证。目前，不少试验学校已进入全面思考制度更新的层次。

新的学校发展内动力机制主要是指学校教育科研。在发展性研究中，以学校、教师、学生主动发展为本，为改变学校现状和师生在校生存状态的研究性变革实践，进一步明确了学校生活的意义和创造性质，调动了试验教师和学生的内在潜力，提供了师生发挥主动性和智慧、创造新教育的舞台。广大教师有了反思、言说、交流自己研究心得和困惑的话语权，这一切都使学校呈现出勃发的活力。任何的教育变革都需要有内动力，这种内动力有时候可以通过外在的奖励，包括金钱、住房等物质来刺激，但这不可能持久。若要想持久，那必须要有自觉的人和自觉的群体，他们之所以愿意投入变革，并不是因直接利益推动，而是因变革的过程使他们感受到了自身的智慧和创造力量，感受到另一种学校生活的方式，对生命有新的体验和产生新的活力。这种变化要通过持续的、不断深化的校本研究来实现，要改变当前我国具有一定普遍性的学校教育科研"无根""离土"的状态。学校只要真正建立起研究推动学校发展和师生成长的机制，就会成为内在的发展动力。"新基础教育"试验学校中走在最前面的一批学校（约有 20%），已初建这一机制，这可以在本阶段形成的一套丛书收集的一些学校教师、校长撰写的专题研究论文和案例中看到，也可以从附录 5①，由上海市经济发展水平最低的崇明县中的一所镇中心小学——崇明县建设镇中心小学所提供的"开展'新基础教育'研究五年活动一览表"和学校变化简表中看出。

以上我们从五个不同的方面，简要地阐述了在发展性研究中"新基础教育"理论与实践的进展。还需要说明的是，这五个方面在精神上和价值追求上是一致的，它们是学校转型研究在学校内部如何开展的具体研究，因此具有内在的相关性。试验学校实践研究进展的具体状态各不相同，但凡是坚持至今的，都在不同程度和不同方面，有了"新基础教育"所追求的转型性变化，变革越是开展得全面、持续和深入，校长、教师越是真正投入研究，学校变化力度和深度越大，转型成效就越显著。中期评估的结果已经充分地说明这一点。正是"新基础教育"研究上升到"转型性变革"，上升到学校整体层面，使发展性研究中成长起一批新型校长。他们不是把校长当官做，而是当事业做；他们不满足于平安无事，而

---

① 前句中提到的丛书是"'新基础教育'发展性研究丛书"，共三本。除第一本《"新基础教育"发展性研究报告集》外，另两本为《"新基础教育"发展性研究专题论文·案例集》上、下两册。收集的论文绝大部分来自试验学校。本句中附录 5 是指丛书第一本中"总报告"后的附录之一。

是追求有所作为；他们坚信不管原来学校的基础如何，只要善于发现内在的积极力量与发展空间并不断拓展，学校就会发生可喜的变化；他们是积极主动的学校发展领导者、策划者和行动者。正是在这样一批校长的带领和试验教师的共同努力下，“新基础教育”研究才走到今天，并孕育着更有发展希望的明天。

三、学校转型性变革的研究策略与方法论突破

迈克尔·富兰在他的专著《变革的力量》一书中指出：“有成效的教育变革充满着似是而非和相互矛盾的现象，以及通常注意不到的同时出现的因素。”① 回顾“新基础教育”研究走过的近10年历程，我们深切地体会并认同了这一点。他所列举的一系列复杂的意外因素“政府政策的改变或经常被重新解释；关键领导人离任；有接触的重要人物调动了工作；新技术的发明；……”②，我们在自己的研究过程中几乎都经历过。所有的经历和体验，打破了我们曾经有过的，对以自然科学实验为范本、经改造后的具有科学性强美誉的“教育实验法”的推崇。因为，在我们的研究过程中，几乎所有的与试验相关的需控制的因素，都在不可控制的变动中，而且在某种意义上，我们的研究就是要促进这些因素朝着期望的方向变化。如教师是实现教学改革转型的因素，我们期望试验教师不要变动，但各种因素所造成的教师流动无法避免，同时，转型的实现又不能没有教师的变化。研究的整体综合的特征，还使我们必须面对各种因素的关系和相互作用的不可预设性。此外，我们把研究的目标定位于“学校转型性变革”的理论与实践的探究，这又决定了研究不能停留于对事实的描述、说明与分析，而是要形成新的理论和进行变革现实的转型性实践。正是这一研究的全部复杂性和特殊性，向我们提出了研究策略与方法论的挑战，使研究策略与方法论的突破这样两个密切相关、指向研究过程本身的问题，成为研究能否取得成效和进行到底的必议之题，同时也成为本研究之个性的有机构成。

（一）研究策略

研究策略在此所指的是如何推进发展性研究朝着期望目标发展的策略，不同于具体的研究方法，但包括研究方法及研究组织方式和行动等一系列方面的选择

① 富兰．变革的力量：透视教育改革．中央教育科学研究所，加拿大多伦多国际学院，译．北京：教育科学出版社，2000：12.

② 同①29.

与策划。发展性研究的策略并非全部事先预设，它在过程中逐渐形成、清晰、意识化。这些策略可简要概括为如下几点：

1. 在不确定性中生成确定性[①]

现实社会和学校中充满着不确定性，存在着诸多不稳定的因素。最初，我们期望通过对试验学校和试验区的确定，来控制、减少不确定性，但这种期望很快被打破。试验骨干教师由于各种不同的原因离开学校或不能把试验班带到底，是首先面临的变化；随后又有领导人的更换，学校出现的一些意外突发事件、人际关系的矛盾等各种状态相继出现。所有这一切使我们越来越清晰地意识到，在社会转型期进行学校转型研究，只能在承认现实中不确定性无法避免的基础上策划进行，要善于研究和开发这些不确定性中存在的发展可能性，以积极的态度生成新的变革因素和形成变革推进的确定性事实。如，我们在面临区域性推进地区领导或校长更换时，首先尊重新的领导对是否继续进行“新基础教育”研究做出的决策，而在新领导决定继续参与该研究后，就主动进行沟通，加强双方的了解，使研究不但得到继续，而且能有新的进展。正是这一类及其他问题的反复出现和解决，使我们不仅认识而且体验到，不确定性的增加正是当代中国社会转型的基本事实，是我们（包括本研究在内）的生存环境。但不确定性的变化趋势还是可能朝着有利于转型实现的方向，只要研究的本身与这一趋势一致，那么，在不确定性的现实中生成确定的变革事实的可能性是存在的。

2. 在推广性研究中生成发展性因素

“新基础教育”研究在探索性阶段结题后，没有经过很长时间的停顿，半年后就进入了发展性研究。因此，从“推广”切入，在推广中生成“新基础教育”的发展性因素；发展性因素的生成，又增强了推广的力度，提升了推广的质量和为扩大推广范围提供了可能，这成了又一重要策略。

推广对发展性因素的生成，主要体现在：一是推广促进了对已有的“新基础教育”研究取得成果和问题的进一步反思，并在推广过程中经受检验。当已有的主要和基本经验、结论在变化了的条件和多种不同学校、地区环境下推广时，尚能奏效和成立，这些经验和结论的普遍性程度就有所提升，就具有更多的一般价值。二是推广能生成新的问题和对原先认识的深化。三是推广能生成新的经验和

---

① 这一观点是在对后现代哲学强调不确定性的普遍性并以此来批判过分强调确定性的当代西方思潮的反思下，结合我们研究实践的体验而提出的。

新的理论。发展性研究中学校转型问题的清晰提出和积极实践就是一例。

此外，从推广性研究切入使研究在原有研究基础的支持下，较快吸引到新的研究成员、组成队伍和进入实践状态。在发展性研究过程中，我们采取了分批推广的方式。第一批成员单位，是在举行了两次"'新基础教育'探索性研究成果报告和现场研究会"以后确定的，第二批成员单位是第一批成员单位进入研究两年，且已初步形成推广性经验和成果的情况下确定的。这使"发展性研究"呈波浪式推进，每一次的推进都建立在原有研究基础上，使推广不成为"异化"和"任意进行"的代名词，不以研究质量的降低换取研究参与单位数量的增加。相反，使研究数量的增加成为丰富和创造新质量的积极因素，基本实现了研究在整体意义上的量与质的统一，实现了发展的阶段性与连续性、继承性与创生性的统一。

3. 在多元主体的合作共事中提升不同主体的独立性和主动创造性

发展性研究在研究主体的多元性和多层次性上，较之探索性研究阶段大为复杂，它是转型性研究在理论和实践两方面结合意义上开展所决定的。本研究的实践层面主体单位都以自愿方式，与作为课题申请单位的华东师范大学课题组成员经过沟通，在双方认同的前提下参与研究，大家为进行"新基础教育"研究而集聚在一起，但是，在初始阶段，实践研究主体有相当一部分，把这项研究当作为华东师范大学做课题，不是通过参与、开展课题来实现学校和教师、学生的发展，还缺乏独立性和主动创造性。也有一部分学校实际上只是希望借加入这个课题，提升自己原先在校内进行的另一些课题的"档次"；或者把加入"新基础教育"的课题看作又增加一项学校科研数量，但实际做的依然是原先的课题。因此，如何使合作在真实意义上形成，并增强各个不同层次主体的独立性、主动创造性的发展，就成为同时提出的、影响试验开展的策略性问题。

我们采取的做法是一方面突出"新基础教育"研究与其他研究的区别和特性，加强不同范围的参与群体间的交流，直至"新基础教育"共同体的创建，使大家形成课题的归属感和对特殊的共同任务、目标的确认，使不同层面上的合作共事得以真实开展；另一方面又通过不断明确每一个层次主体的分工与责任，研究空间和研究任务、目标、意义，以及各自在共同体内的相对独立性，来提升不同层次的主体的独立性和主动创造性。在研究实际进行中，无论是研究的策划、实践，还是反思、总结、再策划，我们都采用先由责任主体独立进行、提出，而后再集体讨论，提出各种分析、评点，最后再由责任主体选择、整合各方意见，做出修正，最终实施研究。研究主体研究意识和能力的成长、发展，也在这样的过程中实现。可以说，对每一个真诚投入的研究主体来说，都存在着两种提升的统一：一是对研究主题“学校转型性变革”的认识和实践能力的提升，二是对自己研究意识和能力的提升。两种提升的统一，不仅增加了群体合作共事的创生资源和整个研究的活力，而且增加了参与这项课题的研究者在其他的教育研究项目中，发挥主动性和优势的可能。在当前全国性推广的课程改革中，“新基础教育”试验学校中有相当一批率先加入，并取得较好的成效是一个明证。

（二）方法论突破

作为一项面临巨大复杂性和须长期持续进行的“新基础教育”研究，若无方法论的突破，要想取得进展和成效几乎是不可能的。在研究中，我们突破了传统研究方法论中主体与客体、主观性与客观性、目标与手段、价值与事实、人文性与科学性等多对范畴内部割裂和对立的基本逻辑，舍弃了非此即彼的思维方式，努力探索使两极沟通，积极、有效交互作用的思维方式和行动策略，在一定程度上实现了教育研究在方法论上的突破。下面，我们以“理论与实践”的关系为例，说明“新基础教育”研究在方法论上的探索与突破。

教育活动和教育研究中“理论与实践”的关系，在“新基础教育”研究里处于十分特殊的地位，它是“新基础教育”研究任务和最终成果的两大载体，也是在研究过程中作为研究力量的主要构成。然而，教育“理论与实践”的关系长期被教育界看作很难统一的，本人曾将其作为教育研究的方法论问题做过专门的研究①。这次“新基础教育”研究是对两者关系在研究实践中的践行性的再探讨，因此，更有切肤之感。

“新基础教育”研究方法论的探讨重点放在研究过程中所涉及的“教育理论”与“教育实践”，如何在同一主体和不同主体间实现统一和转换上。研究实践表明：没有不同主体在研究中努力实现不同意义上的“理论”与“实践”的自我转换与统一，就难有不同主体间的理论与实践的转换与统一；没有不同主体间的理论与实践的转换与统一，就无法实现研究任务和研究中理论与实践的交互作用，相互生成。因此，几个转换与统一是交织和胶着在一起的，具有内在的沟通性和可转换性。

从理论研究人员的角度看，“新基础教育”作为一个课题，由理论研究人员

---

① 叶澜．教育研究方法论初探．上海：上海教育出版社，1999：158－164；叶澜．思维在断裂处穿行：教育理论与教育实践关系的再寻找．中国教育学刊，2001（4）.

经过对当代中国社会变革和学校教育实际存在的问题做出理性反思后提出。早在探索性课题正式提出前，华东师范大学的部分研究人员就已经在一所学校[①]里进行过有关学校变革所涉及的基本方面、要解决的核心理论问题与实践问题的为期三年的前期研究。所以“新基础教育”尽管一开始由理论工作者提出，但它内含着实践的需求和变革实践经验的支撑。正是这一前期试验让我真切感受到，教育观念和教育实践的变革给儿童带来的解放，儿童发展的内在潜力，学校教育实践的可变革性，使我敢于在变革形势进一步发展的背景下提出“新基础教育”，从理论与实践两方面并在结合的意义上开展研究。

理论研究人员在研究中承担着提出理论和整体策划研究的任务。理论在整个研究过程中发挥着引领价值取向、促进新观念体系形成和对变化着的研究实践做出综合式的抽象，不断提出新问题和新任务，以及形成原则性的行动意见等方面的作用。这是站到理论立场上对实践的观照和领悟，也是专业人员将研究扎根实践，到实践一线去感受教师和学生的生活，感受他们的智慧和创造，并和他们一起创造新实践的过程；是一个实践滋养理论研究人员的学术灵感和精神生活的过程。正因为“新基础教育”理论研究坚持与一线的实践结合开展，使其具有独特的综合抽象和在研究过程中动态生成的事理研究的特征[②]，并与变革实践形成了具有相互构成、共生同长、相互推进的独特内在关系。它使理论研究人员深切体验到实践内蕴的创造力和无比的丰富性，产生扎根实践的内在需要，逐渐养成从实践中提升、形成理论问题和理论的能力与习惯，改变对实践缺乏兴趣与尊重，满足于寻找例证式的联系方式。正是“新基础教育”理论的这些特征，以及研究人员长期与实践研究者的合作，使这种理论越来越成为实践工作者可理解和愿意去实践的理论，逐渐成为他个人内在理论的组成，成为“我们”共同的理论。

从实践研究者的角度看，打破对理论的轻慢或神秘的态度，意识到任何个人教育行为的背后，总是实存着理论与观念的支撑，是走出认为实践与理论无关、实践研究者只要掌握操作模式就可以改革实践这一认识和行为误区的第一步，是引发实践者学习理论需求的第一步。在对“新基础教育”理论有初步认识的基础上，改变原先自己认同的理论参照系，尝试用“新基础教育”理论提出的一些原则性要求策划教育教学实践，并且通过多次对新实践过程的反思和重建，促使实

---

① 该学校为上海市普陀区洵阳路小学，研究课题由本人主持，名称为“基础教育与学生自我教育能力发展”，时间为1991年到1994年，结题报告连续发表于《上海教育科研》1996年第7、8期。

② “教育研究”的事理特征，是本人在《教育研究方法论初探》（上海教育出版社1999年版）中提出的一个观点，参阅该书第322-325页。

践研究人员在自己的实践中，逐渐走向由外在理论向内在理论转化、由内在理论向个人行为实践转化的重要第二步。这一内在关系的建立，起关键作用的并不是脱离其实践的理论说教、各种形式的培训和大小报告，而是实践研究者大胆、积极地开展变革实践、针对其变革实践的外部（包括来自理论研究者和实践研究同伴的）评点分析，以及教师本人所进行的反思与重建，对自身内在变化过程体悟的结果。这种体悟会使实践研究人员感受理论的价值，体验实践变革对自己成长的价值，发现自己在理论、实践转换中的独特作用，由尝试性变革走向创造性变革，在创造性变革中提升自己的价值和智慧，同时也为理论研究提供经验和资源，乃至自觉提炼新的经验与理论。这是实践研究人员在理论与实践相互转换中跨出的第三步，也是新型教师和新型校长表现出的特点。他们的实践研究不仅内含理论，而且具有发展理论的价值，是理论与实践在不同研究人员身上因统一、转换而产生的“生产力”的重要标志。

上述两类不同主体在理论与实践关系方面的内在转换和统一过程，是充满矛盾的新旧关系的更替过程。没有这种更替，两类主体的合作和研究就不可能顺利进行，或者只有表层的合作、单向的作用，缺乏真正的互动，缺乏相互生成的可能和由此而带来的丰富性。

四、结语

行文至此，我们已经将“新基础教育”发展性研究近五年的历程及主要进展做了概要的阐述。在写作中，我常常会感受到一种不能展开、不能把我们的思考、发现、实践、创造展开叙述的“痛苦”，同时又为今天能有这种“痛苦”而欣喜、感动。我为自己能和共同体的所有成员在一起创造和拥有“新基础教育”而欢乐，我为所有同行者为事业的真诚努力而感动。可以说，今天我能在总报告中写上的每一句话，都凝聚着我们共同的付出和智慧。

发展性研究的成果我不想在此再做概括性的叙述，“‘新基础教育’发展性研究丛书”中收集的每一篇报告、论文和案例及其评点都在不同程度上反映了成果，“新基础教育”在研究过程中带来的社会反响和广泛影响也折射出成果的价值。此外，研究成果还真实并生动地存在于每个学校的变化和试验教师的成长中，存在于华东师范大学研究组全体成员的成长与发展中。还需要说明的是，发展性研究并不是一帆风顺和不存在问题的。重要的是我们共同走出了一条在当代中国实现基础教育学校转型性变革的探究之路，一条由专业人员负责、理论与实践工作者合作、自下而上的开展教育研究之路。研究实践表明这条路尽管还不是通衢大道，但可以走出来、走得通，且有可能越走越宽；表明 21 世纪的中国教育工作者，无论是从事理论的研究者还是实践工作者，对自己民族和国家的教育事业，对未来的青少年的发展是有责任心的，他们愿意并能够用自己的智慧和热情、毅力和行动，去创造新世纪的教育新天地。当然，对于学校转型这样一个中国社会转型时期的特殊使命，五年、十年的"新基础教育"研究还远远不足以实现。我们的研究在中学阶段学生成长与学校教育的关系、教育管理中制度和文化的创新、"新基础教育"骨干教师的数量和质量、学科教学中的外语教学的改革实践以及学科门类的广泛拓展、班级建设的深化研究、在转型性变革中相对变化大和新质丰富的学校之数量等方面，都还存在着各种问题和不足，而这些又构成我们下一阶段的研究主题和发展空间。

我们会在自己走出的路上继续行进。我们相信会有更多的人与我们同行，相信中国基础教育历史性的学校转型，终将在社会转型的历史过程中完成。

本文根据叶澜教授 2004 年 5 月在全国"新基础教育"共同体大会上所做的报告整理而成，经叶澜教授修改，定稿。后辑录于：叶澜．"新基础教育"发展性研究报告集．北京：中国轻工业出版社，2004：2－43；本文 2006 年获上海市第八届哲学社会科学优秀成果奖一等奖。后略调辑入：叶澜，李政涛，等．"新基础教育"研究史．北京：教育科学出版社，2010：41－96.

“新基础教育”成型性研究总报告

——在现实中携手走出建设新型学校的创业之路

由本人主持的、以“新基础教育”为总名称的研究项目，自1994年始，经历了“探索性”（1994—1999年）、“发展性”（1999—2004年）和最近5年的“成型性”（2004—2009年）研究3个阶段，如今已告一段落。15年来，我和课题组全体成员、不同时期参与试验的学校教师与校长，以及相关地区教育部门的领导携手合作、相互支撑，共同为当代中国基础教育学校转型——这一充满时代气息和历史责任的现实任务，不懈思考、持续践行，终于走出了一条基于当代中国现实的现代新型学校创生之路。

回顾15年的历程，我们遇到过不少困难与挫折，可以庆幸的是没有放弃，虽有点痛，但亦乐；我们还远未做到期望的善与美，然而新学校的形态与活力都已显现，虽有点粗，但已明；我们走出的路绝非通衢大道，却结结实实地留满了行者为理想用全身心踏出的脚印，虽有些乱，但很真。

15年中，我们交出了3份结题报告和3套直接相关的丛书①，梳理了“新基础教育”3个阶段15年的所思所行、所成所绩、所惑所缺。

---

① “新基础教育”探索性研究是全国教育科学“九五”规划重点课题，1999年结题。结题报告和主要研究成果汇集在叶澜主编的《“新基础教育”探索性研究报告集》（上海三联书店1999年版）、《“新基础教育”推广性研究教师指导用书（小学部分）》（上海三联书店1999年版）、《“新基础教育”推广性研究教师指导用书（中学部分）》（上海三联书店2000年版）等一套丛书中。“新基础教育”发展性研究是全国哲学社会科学（教育类）“十五”国家重点课题，2004年结题。结题报告和主要研究成果汇集在《“新基础教育”发展性研究报告集》《“新基础教育”发展性研究专题论文·案例集（上）——学校管理·班级建设》《“新基础教育”发展性研究专题论文·案例集（下）——教师发展·学科教学》等一套丛书中，丛书主编为叶澜，3本文集的主编分别是：叶澜，杨小微、李家成，吴亚萍、吴玉如，均由中国轻工业出版社2004年出版。“新基础教育”成型性研究于2009年5月结题。该研究是国家社科基金“十一五”规划（教育学科）重点课题——“建设创新型国家与和谐社会背景下的素质教育研究”的核心构成。结题报告和主要书面成果集中在叶澜主编、吴亚萍副主编的“‘新基础教育’成型性研究丛书”（共计7本）中，广西师范大学出版社2009年版。此外，由叶澜著的《“新基础教育”论——关于当代中国学校变革的探究与认识》（教育科学出版社2006年版）是“新基础教育”研究中理论成果的集中表达；课题组成员还分别发表了大量基于“新基础教育”研究的论文。除此之外，在此15年间，由叶澜担任主编、主要由课题组成员撰写，教育科学出版社先后出版了“世纪之交中国基础教育改革研究丛书”（7本）和“世纪初中国基础教育改革研究丛书”（11本）。

“新基础教育”成型性研究（简称“成型性研究”）是“新基础教育”系列研究中最后一阶段研究。自2004年5月“发展性研究”结题后即进入筹划，历经5年，到2009年5月结题。决定开展这一阶段研究的动机出于对“发展性研究”的反思。我们认识到，发展性阶段虽然在研究规模、理论深化和实践推进方面取得了明显的成就，提供了丰富的研究经验，但由于华东师大课题组成员人力有限、试验学校布局分散，就实践改革而言，尚未达到我们期望的“学校整体转型和新型学校成型”的目标。因此，我们决定在2004年下半学期开始第三阶段，即最终命名为“成型性”的“新基础教育”“冲刺式”的研究。本报告建立在这一阶段研究实践和专题报告、专著的基础上，又以“新基础教育”研究自身的历史为参照：在关注成型性阶段与探索性、发展性阶段关联和内在一致性的同时，把阐述的重点放在成型性阶段研究与前两个阶段的区别与发展上。这一指导思想决定了本报告的总体性和概要性①。

以下我从研究过程、主要成效与意义、研究方式的探索与创生等三大方面，就“成型性”研究做逐一阐述。

一、研究过程

（因篇幅所限，略。）

二、主要成效与意义

总体而言，“新基础教育”研究至今的成效可简单概括为三个“一”：一套教育理论、一批转型学校、一条变革之路。

（一）一套教育理论

“新基础教育”研究发端于教育学理论研究人员对当代社会发展与教育现实问题的理论思考。“理论适度先行”是我们一开始就确定的，也是贯彻15年研究始终的原则。历经15年理论与实践交互创生的过程，至今可以说，我们已经形成了一套有关当代中国学校教育改革的理论，并在此过程中重新认识了有关教育

① 本报告与前两个结题报告的显著不同，在于把重心放在通过怎样的研究活动、促进学校自主成型上，同时从报告中可以看出，成型性阶段基地学校领导与教师在改革上体现出极大的创造力和积极性，这是成型之所以可能的决定因素。

的一系列基本问题，进而催生了“生命·实践”教育学派的创建。在整个研究过程中，作为教育学理论研究者，我们始终没有忘记自己的基本责任：发展教育学理论与推进当代中国教育变革实践，并努力使这两方面有机地统一于研究全程之中。在此，用“套”做“教育理论”的量词，意在表达“新基础教育”研究形成的理论并非单一式的，而是成层次组合状的。具体地说，它至少包括如下相关的两大层次：

1. 当代中国学校教育变革理论

教育改革是自20世纪60年代始，先后波及全球的当代趋势①。自此以后，它不仅成为各国教育实践面临的挑战，同时“教育变革”也成为教育研究关注的领域②，弥补了教育学理论研究中对教育变革研究的不足。“新基础教育”研究所形成的理论，是以当代中国教育变革作为研究领域的理论。它是当代国内和国际教育改革理论中的一员，并呈现出独特的存在价值。

“新基础教育”研究所形成的当代中国教育变革理论由两个层面构成：一是基本理论层面，二是应用研究层面。两个层面的整体性，不仅因它们是同一研究的产物，而且体现在具有共同的当代教育理想、教育观念系统和共同的合作创建的“新基础教育”实践中。

（1）基本理论层面。

基本理论层面上的代表作是在“新基础教育”研究10多年后，由本人撰写、2006年出版的著作：《“新基础教育”论——关于当代中国学校变革的探究与认识》③。从该书中可以看出，我们关于当代中国教育变革的基础理论之四大重要构成与特点。

1）形成了对中国教育变革的宏观、中观、微观相关的“通观”式理论。“新

---

① 一般认为，这一趋势起始于20世纪50年代末美国为保持国际霸权争夺中的经济、技术，尤其是人才优势而开展的课程改革。此后，随着信息化、全球化的迅速发展，成为人类为适应当代新的社会形态而必须进行的教育转型性的变革。

② 在此领域内，国际上对国内较有影响的著作有：富兰．变革的力量：透视教育改革．中央教育科学研究所，加拿大多伦多国际学院，译．北京：教育科学出版社，2000；富兰．变革的力量：深度变革．中央教育科学研究所，加拿大多伦多国际学院，译．北京：教育科学出版社，2004；达林．理论与战略：国际视野中的学校发展．范国睿，主译．北京：教育科学出版社，2002；贝克．优化学校教育：一种价值的观点．戚万学，等译．上海：华东师范大学出版社，2003；霍尔，霍德．实施变革：模式、原则与困境．吴晓玲，译．杭州：浙江教育出版社，2004．国内有关教育改革的研究，较早出版的有：袁振国．教育改革论．南京：江苏教育出版社，1992。20世纪末到21世纪初大量有关教育改革的论著主要围绕“素质教育”及各类专题，如课程、教学改革、教师专业发展等方面撰写，在此不一一列举。

③ 该书由教育科学出版社2006年出版。

基础教育”研究以“学校”为研究变革的基本单位，沟通宏观社会变革（以国际为背景、以中国为聚焦点）与教育系统的中观变革，着力于对教育变革当代背景的整体认识，为当代中国学校教育变革的不可规避性和反映社会发展需要的价值取向之确立，提供基于现实透析的理论依据。同时，从学校变革需要生境改善的视角，对当代中国社会和教育系统变革的历史与现状做出审视和批判性论述。我国当代诸多有关教育改革的研究，大量是从社会变革的需要——或经济、或政治、或文化等等，来对教育、学校变革提出要求，或者主要关注学校内部变革的某些方面，很少从学校变革与发展的需要，对社会变革提出要求和评论。《“新基础教育”论》做出了以“教育之眼”系统地看待、评论“世界”的尝试，改变了机械决定论式地研究社会与教育的关系，以生态学的观点探讨了当代中国教育与社会的关系，阐明了教育在社会变革中作为“更新性的社会系统再生产”的独特、重要功能和不可取代的育人价值。这样通观式的研究不能说是唯一的，但至少在此之前并不多见。

2）构建了新的教育变革主体论。研究提出了教育变革多元主体的地位、作用与利益关系的理论。不同于教育变革单一主体论，或仅把学校教育工作者定为改革的被动接受者、执行者的观点；深入辨析了三类主体的不同关系模式，突出了不同类变革主体，在不同层次、不同阶段、面对不同任务时，角色与主体关系的多重变化；凸显了“教育变革主体的状态和积极力量的激发、聚集、现实化，是教育变革能否取得成功的决定性因素”[①] 的结论。指出教师与学校领导人员对学校工作的策划、领导是无人能取代的权力，他们有自己的“作为空间”，坐等外部环境改革完成才进行学校改革的思想是不现实的、也是不可能的。主体自身发展价值的实现和利益的获得，须通过主体自身的创造性变革实践。在教育变革主体研究中渗透了“生命·实践”教育学的基本立场。

3）提出了当代中国学校内涵发展的理论。1999 年，本人第一次明确提出：“在一个正处于重要转型时期的社会里，教育不可避免地本身也要转型……21 世纪的中国教育要转型，要实现‘转型式’的发展。”[②] 2002 年又进一步勾勒了学校转型中追求的新型学校的整体特征，即价值提升、重心下移、结构开放、过程互动和动力内化[③]。在《“新基础教育”论》中，对当代学校变革的转型性质做了

① 叶澜．“新基础教育”论：关于当代中国学校变革的探究与认识．北京：教育科学出版社，2006：157.

② 叶澜．把个体精神生命发展的主动权还给学生//郝克明．面向 21 世纪我的教育观．广州：广东教育出版社，1999：333－334.

③ 叶澜．实现转型：世纪初中国学校变革的走向．探索与争鸣，2002（7）.

系统和专章的深化论述，并进入学校内部变革的基本领域，形成了对当代中国学校在转型变革中需要实现的发展新质之内涵的、学校形态的结构性认识。

在学校领导与管理层面主要关涉的是：组织结构的扁平化和网络化；制度系统的人文价值取向和为学校与师生发展做出保障；管理机制上建立校长负责与民主参与的治校机制、分工负责与协作推进的实施机制、评价反馈与激励完善的发展机制、常规保证与研究创新的动力机制等四大机制[①]。上述组织、制度、机制的改革及其新指向，构成了学校管理系统内涵发展的“硬件”组合。该领域中的“软件”是指学校的文化建设，学校领导自身及教师个体与群体（领导团队、教研组和年级组等）的基本素养、专业素养及专业生活的内涵发展。

在学校基本教育实践层面上，完成两大类相关联又相区别的、直接关系到学生发展的、每天都在进行着的教学工作与学生工作的内涵式发展（包括观念系统、活动系统和行为系统），最终实现师生在校生存方式的内在变化。

这一理论的形成，揭示了学校教育的价值和办学理念之“魂”，与学校各种机构、活动、人员之“体”的内在关系。建构了“魂体相附”“形神皆备”的当代中国学校内涵发展的理论，体现出我们关于教育变革理论研究由批判走向建设的转换，呈现出学校内涵发展理论整体、综合、多层次、内在关联与相通的系统建成。

4）揭示了学校教育变革过程的多重转换、互化、生成的创新本质。“新基础教育”理论的重要特征是过程研究，在过程研究中又特别关注相关的人、观念、事物、活动之间的转化与生成。我们认为，这是教育活动的过程本质，也是人的生命成长发展的过程本质。这两个“过程本质”的协调，是教育目的实现的保证。教育不能没有转化与生成，不管是灌输论还是自生论，都不是教育过程的本质。我们持续研究了教育过程中的一系列转化与创生：社会发展外在需求向教育内部目标的转化与生成，教育研究人员的观念理论向学校教育工作者内在需求和认识的转化与生成，学校教育工作者的认识向教育实践中创造性设计与实施的转化与生成，教育、教学过程中师生交互作用及其内在逻辑的转化与生成，变革学校内部的教育实践向人之发展自觉的转化与生成，改革研究中学校教育工作者的智慧与创造向教育研究人员的理论认识形成的转化与生成[②]。可以说，离开了对转换、互化与生成的创新过程之研究，就不会有《“新基础教育”论》的一系列

① 四大机制的提出是在成型性研究进入 2007 年的时候，在《“新基础教育”论》中尚未明确提出。

② 以上所言一系列转化的具体过程的展开论述可参阅《“新基础教育”论》第三编第七章至第十二章。

理论创新，也不会有“新基础教育”试验学校的真实发展。在一定意义上，人们也不易理解“新基础教育”研究及其理论的独特。而所有的转化与生成都在变革实践和研究变革实践的过程中完成。进入变革实践是转化生成发生的最基本条件。研究转化双方的区别与联系、研究不同阶段转化的关节点，并满足相关要求，则是转化与生成有效性的重要保证。

（2）应用研究层面。

构成我们关于当代中国教育变革理论第二层面的成果，是一系列贴近学校改革“地面”的应用性理论著作，以“‘新基础教育’成型性研究丛书”的方式呈现[①]。这是华东师大研究团队在15年的改革实践中，与试验学校领导、教师一起反复探索提炼而成的作品。其中6本著作都以“新基础教育”为书名之首、以“指导纲要”为书名之尾，呈现了内在的一致性。书名中间部分则是各书涉及的专业领域的表达。上述6本著作在各自的领域中都体现了其研究的深度与特殊性，同时又以该领域的研究问题为载体，反映出“新基础教育”的共性，由此构成了相对于其他教育变革应用研究而言的本套丛书的特性，主要有以下四点：

1）以各领域国内外主要研究状态和实践中基本状态的分析与判断为出发点，系统梳理本研究领域中的一些重要问题，寻找研究的新视角、新切入点、新深化层次和追求一定意义的补充与突破，努力体现研究价值。

2）实现“新基础教育”变革理论在本领域研究中的具体化与特质化，在相关研究中呈现创造力。比如，在语数外三门学科指导纲要的研究中，都专门研究了各门学科独特的“育人价值”[②] 问题；在领导与管理改革的研究中，阐明了办学价值观在学校变革与发展中的重要导向意义，以及如何渗透体现在具体的学校管理各方面；学生发展专题论著中，深入研究了学生工作如何才能促进青少年主动发展，促进其发展需要与能力的提升；教师发展专题则分析、研究了教师角色理想和审视自己教育、教学行为参照系的变化，对于当代教师参与变革、发挥创造精神和提高自我更新能力的前提性作用；等等。

---

① 该丛书包括7本著作，叶澜主编，由广西师范大学出版社2009年出版。分别是：《“新基础教育”成型性研究报告集》（其中每一篇都由署名者独立撰写）、《“新基础教育”学校领导与管理改革指导纲要》、《“新基础教育”教师发展指导纲要》、《“新基础教育”学生发展与教育指导纲要》、《“新基础教育”语文教学改革指导纲要》、《“新基础教育”数学教学改革指导纲要》和《“新基础教育”外语教学改革指导纲要（英语）》。

② “育人价值”在此并非等同于德育价值，而是指每一门学科可能对学生的身心、精神世界、个性、人格、思维方式等产生的积极和发展性的影响。它内含在学科之中，但并非自发产生，而是需要通过教育、教学实践有意识地开发和转化才会从“可能”变为“现实”。

3）研究和形成了各自研究领域中独特的变革实践发展演变过程与综合结构系统。如在学科教学改革中，不仅详细分析了各学科内容的结构系统，而且研究了综合学生学习发展需求与问题的、更为综合与具有动态生成性的课型结构系统，还进一步形成了不同课型展开的教学结构系统[①]。在学生发展研究领域中，学生成长发展的阶段系列研究与学校不同年级、主题的活动研究，形成了具有双方相互观照特征的学生工作的设计系列。教师发展研究则着重分析了不同基础和状态的教师，在变革中可能经历的阶段及其内在关联性等。有关本领域内实践总转型的发生、发展过程的阶段性和连续性，表现出研究人员对转型之“转”与“型”之生成过程的认识。因而，转型的阐述不只停留在概念上，而是有载体的具体且理性的表达。

4）在对本领域中系统改革及关键问题做理论阐述的同时，都插入了“新基础教育”相关研究中形成的典型案例或课例分析[②]，提出了推进不同领域变革的过程中我们遇到的、他人也可能出现的障碍、问题与误区。这使专著既呈现“纲要性”，又对实践者具有一定的“指导”作用，也体现了作者对学校领导和教师在“新基础教育”改革研究中的创造与经验的尊重。

上述一组成果，丰富、充实、展开了“新基础教育”学校转型理论，与教育转型基本理论一起构成了各具特长又相互补充、验证的理论整体。

2. 推进当代中国教育学理论的更新

有关当代中国教育变革的理论与实践的持续研究，尤其是长期深入中小学一线的变革研究，促使我们重新认识教育学原理中的一系列基本问题，如什么是教育及其价值，社会、人类为什么需要教育，社会转型时期与平缓发展时期教育功能的变化，教育的价值与事实形成的关系，教育中教师与学生、教与学、预设与生成、目标与过程的交互作用，教学的基本单位与过程展开逻辑，学生的生命实践与学校教育实践、社会实践的内在关系，学生发展在学校教育中的特殊性，学校各种因素与活动的相互作用如何有效促进学生发展，教育评价理论的变革等等。对这些问题的研究，使我们逐渐加深并体验到从教育学立场出发研究教育的特殊性，教育活动内在过程及其逻辑的重要性与不可替代性；意识并体验到我国

---

① 这三大结构的提法，是探索性阶段提出结构研究任务的继续与深化，并在三门学科中都初成系统。

② 本课题原计划形成各专题研究中积累的更为丰富、具体、完整的案例集，但由于时间、精力等方面的原因而未能实现。故专著中只能择取典型，略加说明。

当代教育学的发展，必须在厘清教育系统与外部环境的多元、复杂和交互作用关系的同时，深入教育内部，以我国教育研究的理论积淀为历史资源，以教育实践为鲜活的原始资源，形成揭示教育活动之本源性价值、内在关系与结构、活动过程与转化的实质等方面的系统理论。自然，我们关于当代中国教育学理论的更新性研究，不是从“新基础教育”研究开始的，也不是只在“新基础教育”研究中形成的，它是一个开始更早、发展时间更为长久，并需要更多的历史、理论与学科、学术发展史研究的过程。然而，“新基础教育”催生了我们以“生命·实践”作为教育学理论基因式构成的、称之为“生命·实践”教育学派的面世①。

生发于世纪之交、初成于21世纪第一个10年，上述具有层次性、整体性和内在关联性的理论研究成果，其总体特征就是当代性、本土性和原创性。研究的问题来自时代发展的需要，研究对象是本国的学校教育与教育学理论，研究的过程是不断创生，研究的结果是对前人并未遇到、也未明显形成系统认识的问题的回答。它不是外国、他人理论的解释与阐述，也不是已有研究的模仿与追随，而是独立、持续开展研究所得的理性概括，并上升到对已有教育学基本理论的重新思考、拓展、深化和重建。

自然，我们并不认为形成的这一套理论已十分完整、完全正确和无懈可击。它虽已成套，但并不封闭，而是依然开放，还需要走一段成长、成熟之路。然而，这并不影响它的研究价值。因为自身的当代性、本土性和原创性，使其摆脱了我国长期以来教育研究中存在的，重在阐述国外的理论或根据国外理论，解释与策划我国教育实践的研究倾向，发出了中国教育研究人员自己的“声音”，具有了与各国教育研究和教育学研究者平等对话的内在资格与可能。我以为这是“新基础教育”研究理论成果之外不可忽视的，甚至是更值得珍视的精神。

（二）一批转型学校

“新基础教育”研究的成效不只是理论的，也许为更多人所知的是实践的，即有一批参与研究的试验学校在发展和成长。

1. 基地学校初始的基本状态

10年、5年、3年，是目前参与“新基础教育”研究10所基地学校的不同

① 关于“生命·实践”教育学的建设，近5年来的研究，主要汇总在叶澜主编的“‘生命·实践’教育学论丛”（共四辑）中。书名分别为《回望》《立场》《基因》《命脉》，均由广西师范大学出版社出版（2007年、2008年、2009年）。

“研龄”。除基地学校以外，还有一大批尚未成为基地学校，但是曾经或至今仍在参与或独立开展着“新基础教育”研究的“编内”“编外”学校，它们也有着不同的“研龄”。10 所基地学校分布在上海和常州，在上海又有出身于市区和郊区的区别，即使在同一个区，也有靠近发达城镇还是城乡接合部的地缘与文化区别。学校之间还有规模大小和校史长短的区别。除此以外，学校之间的生源也有差别。其中大多数是普通市民家庭的孩子，少数学校位于市中心，相比之下，干部子女与中产阶级的子女较多。还有 2～3 所学校外来民工子女比例较高。10 所学校中，除局前街小学原来就属市名校，师资条件较好，闵行区实验小学原属区内名校，师资条件也相对较好以外，其他学校大都属于中等。有 3 所左右还是区内相对薄弱的学校。所有这些条件的综合，再加上各校办学实践的积累，构成了 10 所基地学校在文化与办学整体水平上初始状态的差异。

但是作为“新基础教育”研究基地学校，它们在一开始就呈现了一个共同的特点：学校领导有通过“新基础教育”研究实现学校发展和提高教育教学质量的愿望，尽管强烈程度、动机水平尚存差异，但它们都自愿并坚持参与这项研究至今，且在研究中表现出越来越强的主动性、自主性和创造性。学校改革实践主体不断增强解决现实问题的能力、创建新型学校的信心和能力，以及追求自身发展的生命自觉。研究结果表明，上述初始条件都会在不同程度上影响转型进程的快慢、成效的大小和质量的高低，尤其在研究的开始阶段。但都还不是转型成败的决定性因素。真正的决定性因素是“人”，是学校领导及其教师群体，是他们的价值取向、心志、认识、作风、专业基础、学习能力、研究的自觉与坚持，惯于反思和善于重建，认识自己和改变自己的意识与能力。

不管怎样，10 所学校都已走在学校转型的路上，大部分已呈现出新型学校的构架与品质。其中 1/3 左右的学校已经形成较丰富且相对稳定发展的新形态，1/3 左右的学校尚需一段时间的建设，才能在学校整体上呈现出新型学校的特征。但它们与其原初状态相比都已发生了具有新质的变化，形成了亮点、生长点和积极的发展势态。下面我们从学校形态变化、学校成员发展和学校质量提升三个具体方面，反映成型性阶段实践方面的研究成效①。

① 本报告下列三方面的概括，主要依据 10 所学校 2009 年 1 月提交的各 20 份反映学校变化的表格内容，也包括我们平时研究中材料的积累与观察。每所学校更为具体的情况，请参阅叶澜主编《“新基础教育”成型性研究报告集》（广西师范大学出版社 2009 年版）中 10 所学校各自的研究报告。

2. 学校整体变化

在本报告第一大部分“研究过程”的描述中，我们已经涉及了学校形态变化的主要方面。现在简要综述如下：

（1）促进了学生的主动、健康发展。各基地学校先后都确立了为学生主动、健康发展和终身发展奠基的办学理念。在学校的各项工作中普遍关注了这一理念的落实，努力克服以升学率高低论成败的盛行标准，但并不放松对学校教育教学质量的分析、诊断与提高，而且全面加强了学生工作。

各校普遍增设了班级组织中的干部职责和管理岗位，并实现轮换制，其中岗位轮换的人次，在大多数学校和班级中，多于干部轮换的人次2～3倍，少数班级可多至5倍。这使班级日常生活的管理，成为培养学生群体意识、服务观念和锻炼工作能力的构成。与“新基础教育”发展性阶段相比，这项改革在普遍性和经常性方面有了很大进展。

各校的班队活动能够正常开展，据2008年一年的统计，各校各班开展班队活动每学期平均7次，多的可达12次。此外还有以年级组为单位开展的活动4～6次，全校性大型活动2～4次。因而，每个学生基本上每周都有可参与的，以班级、团队、少先队等方式开展的活动。在这些活动中，随着年级升高，学生主动策划和全班的主动参与率都有提高。学生成为自己活动的主人。由于班主任和学校学生工作负责人参与了学生成长与学生工作的专题研究，各校都形成了一组相对稳定的主题，并在不同年级间构成系列。班队活动不再只是按照学校或大队部的统一布置进行，而是增加了班级学生个体与群体成长中存在的普遍问题设计的专题。

学生学校生活的丰富多彩，还表现为社团活动的广泛开展。基地学校学生社团数，小学平均在20个以上，中学平均在30个左右。小学参与人数大部分达到100％，中学平均达到70％。除此以外，由于持续开展课堂教学改革研究，课堂上教学重心已普遍下移，语数外三门学科大多数课堂中，学生有较多的个人学习、小组讨论和全班合作学习的时间。

以上改变，在“新基础教育”骨干教师任教和担任班主任的班级表现得更为充分。学生在校精神面貌、学习能力与水平、对学校和班级的认同感及参与活动的主动性和成长都有明显提高。更令人欣喜的是，我们在与常州第二实验小学某位家长的交谈中偶然得知，该校第一批参与试验、由许倩老师任班主任（1999年夏至2005年夏）的学生（共计53名），在2008年的升高中考试中，竟有28

名考上省高中、前黄高中（两所均为江苏省五星级高中）和常州市第一中学（江苏省四星级高中）。这在常州第二实验小学的历史上是从未出现过的，就普通小学的总体来看，出现这种比例的概率也不高。2008 年暑假，我们请许倩老师召开了相关的 10 名学生和部分家长的座谈会。学生的普遍反映是：小学阶段的教育使他们有好的心态，自信，有工作能力；学会了自己安排时间，对于不同的环境适应调整能力强；自主学习的综合素养和课外阅读面广，能较快地从挫折中走出[①]。虽然我们没有时间做大规模的追踪调查，但这一个班级的例子，至少反映出认真开展“新基础教育”的班级，给学生生命留下的印迹和发展后劲。至少也说明，改革丰富学生的学校生活，加强学生自我教育和自我管理的能力，并不是必定以牺牲升学率为代价的。就基地学校总体来看，各校多年的升学考试成绩也证明了这一点：10 所学校中，原先成绩好的 3 所保持高端稳定；原先处于全区上 1/3 偏中（或下）的学校，现已有 2 所进入区内前列，还有 1 所维持原状；有 2 所学校与以前比有明显提高，进入上 1/3 的中（下）层次，尚有 2 所因多种原因（包括骨干师资的流失等）成绩处于波动状态。但学校并没有把此归因到参与“新基础教育”研究上。

我们确认，学生的主动、健康发展是“新基础教育”研究期望达到的最终成效。目前的状态可以让我们心安。

（2）新型教师队伍的发展。教师发展是学校转型能否最终实现的根本性和持续性保障。“新基础教育”研究为促进教师学习、反思、重建的意识与能力发展，提升教师对教育、教学工作意义的认识和相关工作的整体把握，花大量的时间进入教育教学一线，开展面对面、跟踪式、针对问题和改革目标的现场研讨。各校领导更是做了大量工作，为教师发展创造条件、提供平台、加强交流和及时指导。这使“新基础教育”基地学校教师的学校生活从内容到质量都发生了重要变化，使“研究性变革实践”[②] 成为广大教师职业生命质量提高的重要途径。与以往教师主要按照教学参考书统一备课、上课、批改作业，做大量无须创造和研究的操作性劳动的生存状态相比，由于增加了研究性新质和日常研讨频率的增加，而产生了重要和深刻的变化，也加深了教师对自我更新式发展的体验。

据统计，10 所基地学校，平均每学期开展的全校性教师教育、教学研讨活

① 资料来自许倩《追寻学生发展性成长的动力——“新基础教育”研究试验班学生成长追踪分析报告》（内部资料，2009 年 2 月）。

② 参阅《“新基础教育”论》第 365－371 页。

动是 4 次，多的达 10 次以上。大多数学校研究活动落在教研组和年级组上，教研组研讨活动每学期平均在 10 次，其中英语组的日常教研普遍少于 10 次，约在 5 次左右，数学组的次数最高，小学普遍超过 10 次。

在这 5 年中由于多方面研究活动的开展，基地学校的教师队伍总体水平的提高超过了本校以往及同类学校。从职称看，7 所小学，特级教师增加 1 名，高级教师增加 72 名，中级教师增加 48 名。初中学校特级教师增加 2 名，高级教师增加 75 名，中级教师增加 71 名。在获奖方面，得到全国性教学奖项的教师增加 47 名、市级的增加 64 名、区级的增加 11 名。中小学不但表现为奖项增加，而且表现为得奖层次从大量区级得奖上升到全国奖。就研究课题而言，大部分学校都有了区级教育研究课题，有 3 所学校已经获得市级和全国性课题。有些学校实现了论文发表零的突破和数量的大幅度增长。这些对基地学校中的大多数非名牌学校来说，都是超越式的。

（3）学校领导与管理新构架的初建。10 所学校中，共重组了 10 个中层组织和新增了 10 个组织，重组的组织以功能整合为主，新增的组织主要是具有加强年级领导与管理功能、学科研究与调查功能，以及校内督查和校外联合功能的组织。

在制度重建方面，学校在删减、归并的同时，也新增了一系列制度，每校平均增加 35 项。从增加的类别来看，最多的是评价奖惩（平均 10 项/校），其次是定期检查（平均 8 项/校），第三是常规要求（其中不少是“新基础教育”研究中形成的新常规）（平均 8 项/校），另外，民主参与制、干部制和问责制、科研制总项平均在 3～4 项/校。

从新增制度呈现的状态可以看出，其明显与基地学校的管理机制建设相呼应。其中“校长负责与民主参与机制”每校平均 10 项，“评价反馈与激励机制”平均 18 项；“常规保障与创新机制”平均 10 项，“分工负责与协同合作机制”，包含在干部制度和各组织的内部规定之中，未单独列出。这表明学校管理三大“硬件”（组织、制度、机制）之间已经形成了相互支撑、可运作的新协同系统。它是学校新构架初现的表征。

学校文化建设带来的是学校精神风貌的变化和教师精神生活的充实。基地学校的教师也会遇到挫折困难，也会有牢骚不满，但厌教的现象并不普遍。他们能从阴影中走出来，“阳光”的天气远远超出“多云”和“阴”“雨”。只要我们进入基地学校、进入教室、进入师生之中，大都能感受到这种阳光的气息。

学校管理改革的过程，锻炼了一支以校长为首的管理队伍。他们在办学的价值取向和理念上，发生了重要转换，并善于凝聚人心，全校教职工在学校各项工作中合力实现教育价值，与学生一起成长。故校长在教代会上的认同率极高。在管理内涵的人文与科学、规范与发展、刚性与弹性等一系列矛盾的合理处理上的长足进步，反映了校长在认识学校和策划发展的思想方法上有了质性变化。“新基础教育”变革在实现办学质量和学校等级提升的同时，也实现了领导群体与成员个体的发展，包括专业水平和职级提升。据统计，10 所学校的校长中，2 位被评为上海市特级校长，3 位为特级教师，1 位为上海市十佳优秀青年校长，1 位为优秀校长培养的市候选人才，所有的校长都是中高职称，其中 5 名是在这 5 年里提级的。他们中有的 10 年前才担任校长；有的尽管是老校长，但在这几年实现了跨层次提升意义上的发展。在中层干部的职称变化上，与 5 年前相比，10 所学校中层领导里增加了 2 名特级教师、35 名中高和 6 名获小高职称的成员。“新基础教育”追求的“成事”与“成人”统一的发展目标，在学校管理与领导层面上也得到了较充分的实现。

10 所学校在参与“新基础教育”研究中获得的整体发展，在一定意义上是“新基础教育”研究存在价值及其可行性的最为现实、生动、有力的表现与证明。它们的发展引起了海内外关注，也带动了所在地区“新基础教育”研究的开展。上海市闵行区和江苏省常州市是其中的典型。这些学校以积极开放、合作沟通的心态和其他学校交流互动。如常州市第二实验小学在 2008 年一年中，与市内相关学校多种形式的交流就达 48 人次。各基地学校还先后接待过来自国内许多地区（包括香港、台湾）的参观访问，接待过来自加拿大、美国、日本等其他国家的代表团。我们也以“新基础教育”研究代表团的名义出访过加拿大、美国，与两所大学的教育学院和当地教育局领导、学校进行交流。

（三）一条变革之路

“新基础教育”研究是在当代中国变革现实中开展的一项研究，它获得了国家科研项目的支持和相关市、区领导的包括经费在内的支持，但开展研究的地区和学校，并没有划为特区、给予特权。试验学校的选择也并非以基础好、条件强为前提，而是以有改革的需求和决心，有与大学专业人员合作研究的愿望为首要条件。所以这是一个在当代中国学校教育所在地的常态下开展的一项研究。在现实常态中如何走出一条学校转型性变革之路，并没有现成的足迹可循、模式可依。用 15 年的时间走出这样一条变革之路，在我们看来也是“新基础教育”研究的重要成果。三套不同研究阶段形成的“新基础教育”研究丛书，记录了这条路如何走出的经历，刻印了研究者的步履与心血。

这条路走得并不容易。回过头看，我们之所以能走到今天，主要是与以下三个方面相关：

第一，当代中国社会改革开放的大背景，为研究人员相对独立地开展教育研究提供了基本保证。我们的切实体会是：凡是市、区政府、教育领导部门给予支持的，研究就有可能坚持下去，因为“新基础教育”是需要一批学校参与实践研究的团队性项目。在此，我要特别提到上海市闵行区，10 年来他们不仅为课题组提供了研究经费和物质上的支持，并在区内建立了相应的研究所、配置了专门的研究人员。该研究所一方面成为联合课题组和试验学校的纽带，一方面又成为具体领导、推动区内面上“新基础教育”研究的部门。“新基础教育”研究在闵行“落户”的 10 年期间，闵行区教育局局长换了 3 任，但没有换掉“新基础”。他们每人都担任了区“新基础教育”研究所的所务委员会主任之职，在成型性阶段还有一位副局长担任所长。更难能可贵的是，局领导、分管副局长还都能进入课堂，与课题组、校长、老师一起研究。“新基础教育”每阶段的一些重要的全区性活动，他们一定出席主持。10 所基地学校的校长会议，他们会尽量安排时间参加，并发表意见。这样深入地与研究人员合作开展研究，在全国可能也是不多的。常州市的市领导和教育局领导也始终关心该项研究。尽管 10 年前该市只有一所小学参加，但自 2007 年始，也开始了局级层面的合作，他们决定开展常州市内“新基础教育”成型性阶段的推广研究，指定了专人负责和给予了多方面支持。

第二，经长期深度合作，大学专业人员与试验学校形成的相对稳定的研究队伍，是研究持续发展的根本保证。合作队伍的形成与稳定建立，是一个复杂的发展过程。首先，两支队伍都并非、也不可能 10 年一成不变，但都保持了骨干力量的稳定。华东师大课题组最初组成的 5 名成员，虽有一名因年龄关系，“成型性”研究阶段不再作为正式成员，但作为编外志愿者，从未停止过对研究活动的参与。这是课题组队伍中最稳定的核心部分。此后，几位博士学习期间就持续参与研究的博士生，毕业后陆续留在本系工作的，全部继续参与“新基础教育”研究，在本校的其他系所和本市外校、部分外地高校工作的博士，也有一部分坚持参加课题组研究，他们共有 12 名，年轻有活力，善学习、能合作，在研究中踏实工作与思考，其中最少的也有 5 年“研龄”，先后逐渐成长为能独当一面的研究人员，成为研究队伍的中坚力量。除此以外，既作为学习过程，又参与研究的，每年还有近 10 名在读研究生，他们构成了相对流动性大、但同样不可缺少和做了大量研究工作的外围成员。这些学生的博士论文选题，并不是在老师要求下，不少都关涉“新基础教育”研究。

这支被基地学校嬉称为“博士军团”的老中青三结合队伍，为共同的目标而奋斗，紧密合作、相互学习，呈现出“特别能战斗”的状态，每个人在此过程中努力实现着“成事”与“成人”的统一。

在试验学校方面，队伍中的关键人物是校长。10 所学校的校长在 10 年里，6 所学校没有更替，4 所变动过 1 次的 校长中，分别在 2005 年（2 位）和 2008 年（2 位）上任。其中，2 位校长来自本校；2 位虽由外校调入，但 1 位从另一所“新基础教育”试验学校调入，1 位之前未有过“新基础教育”研究经历，但她本人了解并对“新基础教育”研究有兴趣，是抱着到新学校必定与老师们一起做好成型性研究的决心上任的。正因为如此，后 4 所学校并未因校长更换而中止“新基础教育”研究。

在教师中，关键的因素是骨干教师的稳定性和配置的合理，他们在年级组和教研组有效发挥骨干、核心影响力的作用，自身研究水平与能力也明显提高。10 所学校中，少量学校因骨干队伍的流失与分散过多，或发展较慢、或作用尚未充分发挥、或过多过早承担行政工作，影响了教师队伍群体的发展。反过来，教师群体的积极性和投入程度，相互学习交流（包括教研组之间、与其他学校之间交流）的有效性，同样对骨干教师的发展产生促进和加速作用。“新基础教育”研究的整体综合性，决定了不仅要依靠个体的创造性投入，还要形成群体的合力。我们的研究实践证明：教师并非像有些人认为的那样是保守的群体，教育也并非是不需要创造的劳动，真正的教育需要教师对事业和学生的真心热爱，更需要教师的理想和智慧。

上述两支队伍的合力是在“新基础教育”长期、高频度①的深度合作和不断推进的研究性变革实践中生成、增强的。这里的“黏合剂”，是合作目标与实践的形成，是思想与智慧的相互碰撞、欣赏与吸引，是相互支撑、排除干扰的跋涉与奋斗，是学校进步、学生发展和自我更新的喜悦与分享。

我们在一起携手走出一条创业之路的同时，也锤炼出一支求发展、能创造的研究队伍。队伍建设，包括课题组成员自身的发展，是整个研究中始终不忘之事，它既是我们研究的目的，又是研究持续发展的根本保证。

第三，具有“动力”和“筑路”双重功能的“研究性变革实践”，是变革之

① “新基础教育”课题组与基地学校合作研究的频度体现在日常性的例行活动中，基地学校按每周一次进行。活动的内容若是专题性的，10 所学校的相关成员都会参加。因此与骨干教师的接触不限于到他所在学校的次数。

路成为实存的根本力量。“变革是一个过程，而不是一次事件”①，这无疑是一个正确的结论。但对我们来说，重要的是自己如何使期望的目标成为现实存在，这条路该怎样走，而不是为他人提供如何变革的指导。通过变革实现学校转型，是我们的研究任务。因而，从变革目标的设置到合作者的组成，从阶段问题的分析到行动实施的策划，从实践的现场研究到阶段的反思总结，每一步都需要通过团队的合作研究才能走出，并没有什么现成的模式可套用。其实，模式在现实面前永远是苍白的。正是在研究实践的过程中，我们形成了“研究性变革实践”的概念，并在变革过程的不同阶段中，始终坚持“研究性变革实践”，使其成为持续发挥推进变革创造、扩大新质生成的“动力”功能，最终走出了自己的变革之路。

在“新基础教育”发展性阶段的总结报告中，我们概括了“研究性变革实践”的基本特点。走完15年变革历程之后，我们则对其“筑路”的功能有了更为完整、丰富的体验和意识。研究性变革实践所筑之路，是一条内外复合之路。所谓“内”，是指这种实践形态对实践者本身内在深刻变化的影响过程，这是一条“成人”之“心路”。我们这一研究共同体中的成员，只要真实投入研究性变革实践，无论在研究中身处哪个团队、承担什么任务，都发生过真实的变化心路和有着不同程度的切身体验。从形式的角度做概括，这条心路就是在研究性变革实践中不断学习、拓展视界，开始认识自己身处并进行着的教育实践（或研究实践）的参照系；形成新的价值追求及有关现实世界和自我的认识；形成变革的愿望与目标以及实施目标的设计方案，并实实在在地付之于行动；反思、判断实践的成败及其原因，形成综合了自身成败经验与体验后的、较之第一阶段已变化了的认识，一种更具有内在性和个体性的独特认识，产生或顿悟、或发现、或困惑、或愉悦、或焦虑等多种可能的内在复杂心态变化和情感体验；对自己在实践中出现的问题或创造性行为的体验做出理性提升，形成至少在自己今后实践中可迁移的概括；依据新的认识和任务，做出重建性的具有新因素或新质的设计并付之于实践……如此的心路往返，若能随着研究的进展而巩固、发展、提升，就意味着研究主体自身的发展。如果总是在同一问题和水平上徘徊，长期不进，则有可能退缩、失去继续研究的信心与能力。

与个体性心路之“内”相对应的是研究共同体走出的变革之路。它建立在各种心路变化与外在行为复杂汇聚后产生的、整体性设计与研究实践效应的基础上，是研究过程从起点到结束真实伸展的“外”显之路。3份结题报告就是这条

① 霍尔，霍德．实施变革：模式、原则与困境．吴晓玲，译．杭州：浙江教育出版社，2004：6.

外显之路的理性表达。可以说，没有内在心路的真实变化，就走不出外显之路，内外之路的复合性是真实存在、相互不可缺失的。改变自己与改变世界是一个过程的两个不可分割的组成，它统一于研究性变革实践之中。

三、研究方式的探索与创生[①]

近 20 年来我国教育研究界，在有关教育研究的方式与方法的介绍、引进和探索上有了很大的发展，改变了长期以来将研究方式与方法局限于理论研究、历史研究、经验研究（或称“实践研究”）等方面，并以研究对象性质及其研究成果归属作为分类标准的现象。现有相关研究涉及“定量研究”与“质性研究”两大研究方式的分类，出现了实验研究、准实验研究、调查研究、行动研究等不少在方法上具有鲜明标志的教育研究方法的介绍，对当代中国教育研究产生了影响，至少使从事教育研究的人思考：我（我们）采用的是什么方法？可以命名为什么研究？

“新基础教育”研究在研究方法上，会被一些方法研究者归到广义的“实验研究”或“行动研究”（校本研究）之中。但实际上却并非如此。“新基础教育”研究很难用一种方法来概括其在研究方法上的属性。在我看来，一个长期的、整体综合性的、研究过程充满复杂变化和不确定性的研究项目，很难用某一种方法来表达其方法属性，而是需要用其研究方式上的独特来补充说明其研究特征。这是为何在本报告的最后一部分要以“研究方式”为主题对“新基础教育”做一说明的原因，它不只是为了表明我们自己的认识，也希望能有更多的同行，在关注方法的同时，也关注教育研究的方式问题。

详细地探讨“研究方式”是什么，不是本报告的任务。人们常常用“研究方式”这个词，但往往在与“方法”同义的意义上使用。在此，我采用“研究方式”一词，是指在一定的教育研究方法论思想指导下，研究主体根据研究对象的性质，对研究开展方式的整体策划与运作过程。它包括对具体研究对象的选择、研究组织方式、基本推进策略和方法的选择组合方式等。由此可见，研究方式既区别于研究对象、目标、内容与环境条件的具体研究，又与上述研究构成必不可少的内外各因素密切相关。研究方式不是抽象的方法论概括，但又不能没有方法

① 这部分是“成型性研究”结题报告的组成，但因该阶段是“新基础教育”系列研究中的最后一阶段，故所涉内容实际上是对 15 年“新基础教育”有关研究方式的总结，可视为是三阶段研究报告的总结束部分。

论意识。研究方式不是仅由某一个或某一组方法构成。尤其需要说明的是：方法，主要在工具意义上对研究产生影响，它不会成为研究的决定性前提或因素。方法是人创造的，是为目的服务的，方法的规定不是绝对的，它离开了上述一切是没有现实意义的。因而，我一向不太提倡以方法来对某一项研究做出命名。没有方法意识是不行的，但方法唯上是可怕的。即使是研究方式，与研究的实质性内容与进展相比，其重要性也是第二位的，即只要研究在实质上有进展和突破，方法、方式上的创造与否，并不是评定研究质量与价值的决定性指标。方法与方式的创造只有在非此无法解决问题时，才是必要的，我们不能为显示研究的创造性而硬去创造方法或方式。

如前所述，“新基础教育”研究是在中国当代现实中开展的学校转型性研究。这一研究目标的整体转型性和在理论与实践方面都期望有所进展的追求，以及现实环境的复杂多变性，研究具体对象前在条件的差异性，决定了它只能采用复杂思维的方法论。“新基础教育”研究不能用因素分析还原的方法论来设计研究。它要用整体综合和多层多元互动的思维方式，促使研究在过程中相互创生；它要敢于直面不确定性，在实践中根据具体情境与对象，不断调整策划、策略与方法；它要以总体同步、具体差异的分阶段并存和滚动的方式，推进研究朝着期望的目标发展。显然，这与实验方法要求控制（或抵消）无关变量，使研究对象初始条件尽量同质化，并有相应的比照对象，通过实验前后或横向比较，验证实验变量的变革效应等这些最基本的规定，有着方法内在性质上的差异，故这项研究不能归入实验研究的行列之中。何况实验研究通常是研究者已形成完整的理论假设，通过可操作的实验方案设计来检验理论假设。“新基础教育”研究虽然在改革方向、教育观念和培养目标上有理论研究的先行，但是并未完成理论研究的全部，其理论研究的展开和完成，不能离开转型实践本身的进展。我们将其称为是理论与实践双向作用、交互创生的研究。它尚无现成的研究方式，也不可能用单一方法的直接应用来完成任务。

“新基础教育”为达到设定的研究目标，在研究方式上也不能没有探索与创生。回顾 15 年的研究历程，它主要围绕如下问题开展：

第一，研究教育转型性变革的对象层面与尺度的选择。我们的选择是，以学校为对象层面，以校内整体转型为研究变革的具体尺度，本研究三个不同阶段的学校选择，在数量、范围大小上都有区别。这是考虑到在当代中国现实的教育转型性变革中，师范大学成员作为研究主体，对决策层的直接影响可能性极小，何况目前我国实际中的官本位、行政力量还十分强势。相比之下，中小学作为最基层的教育单位，不仅是教育变革的最终落脚点，而且在日常的教育、教学业务领域中，行政力量再强大，也难以控制到每一个班级、每一节课和学校每一天的生活。恰恰是这个范围的变革，对意识到并愿意变革的理论工作者与实际工作者来说，还是相对可有作为的天地。以学校内整体改革为变革的尺度，是因为意识到学校各项工作的内在关联性，以及整体转型不可能通过局部转型相加来完成。

第二，两大类研究主体合作研究的组织方式。“新基础教育”需要大学专业研究人员与学校一线人员紧密合作。对于理论研究人员来说，需要深度介入实践，才能认识理解并起到积极推进学校转型实践和学校工作者实现发展的作用。学校一线人员也只有通过学习、研究理论，改变观念与行为，才能发挥学校转型变革中研究主体与实践主体的作用。可见，研究组织方式的选择实际上关系到两类主体间的思想、认识、行为如何双向作用，实现理论与实践的交互创生与转化的问题，也是关系到转型研究能否完成的重要问题。我们在不同的研究时期采用了组建不同共同体的方式（共同体内部又有小的整体，小整体内部还有不同层面的组织与分工关系），坚持用日常持续的例行性、有主题的渗透性研究（每类研究主体每学期保持每周一天的合作研究），与研究重要发展时期或转折时期的集中强化性研究（如开学初、结束的研究策划与总结、中期评估、集中调查、精品课研究等）相结合的组织方式推进研究。

第三，长期研究开展的策略。这是一个分段逐渐形成，但又具有整体性特征的策略系统。它的主要形式特征可以概括为：

（1）“总-分-总”。第一个“总”是指研究目标、任务、分工、实施阶段等方面的总体策划。可以说在“新基础教育”研究中，无论是整体性的还是每一个分项目，无论是大共同体还是每个小群体，在承担每一项研究时开始阶段都从这样的总体策划开始。这在“成型性”研究中表现得最为清晰，它是我们思维方式整体性的具体表现之一。“分”是指在同一时段中分头、分项、分程实施研究策划，并根据实践状态调整方案或方式。第二个“总”是指在经过一阶段的“分”之后，在原定研究阶段基本完成的情况下，一方面做“汇总”式研究，包括评价这项研究的进展状态、经验与问题、目标达成状态、不同群体的差异，再次形成对研究进展的“总体”状态的阶段把握；另一方面在总结提供的事实和经验的基础上做出下阶段的“整体”策划。

（2）同步设计、差异推进，放大新质、滚动发展。同步设计从上述“总-分-总”的阐述中已说明，这是长期、综合、整体研究不能不进行之事，其关键在于研究事项设计上的同步性，以及每一步之间的连续性，即要把“长远”的目标，渗透到近期行为的一步步之中，而不是只管眼前的事情。差异推进中的“差异”有多层含义：首先，各校、各专题小组由于各种条件和主体自身的状态，决定了课题的推进在进度上不能如设计那样同步。其次，各校、各专题组在创造新质和经验（包括问题）的侧重方面也不可能同样，这样的差异为共同体的研究在同一时间里多方面呈现出新质提供了丰富的资源。这是单一研究体不可能出现的状态。最后，是指研究主体之间发展的差异性，如骨干教师和其他教师，以及他们各群体内部的差异性，课题组成员内部的差异性等。上述对差异的认识，使我们不仅承认了差异的不可避免性。不轻易因各校出现转型快慢，不同时段中同一学校发展快慢差异而焦虑、苦恼和急躁（这些都是发生过的情绪反应）；而且逐渐学会在同时段研究中发现差异中的积极资源（包括问题的凸显），尤其是具有不同新质的资源，以此来推进研究。“放大新质”，这是进行转型性变革的重要策略，也是复杂理论的应用。“新质”出现之初往往是个别的、少量的，还可能包含着独特组合的偶然性。放大“新质”是在发展新质的前提下，给予提炼、概括，形成具有一定普遍推广意义的经验，然后通过交流、现场研讨及其评析、专题讨论，包括报告等多种方法使其增值放大，逐渐形成规模和结构效应，使新的形态逐渐成为基本形态。为此，研究者要积极创设“新质放大”的条件。“滚动发展”，是研究过程效应扩大和阶段式、波浪式推进的形象表达。

以上两大策略的综合应用，使“新基础教育”研究目标能在每一阶段基本达成并持续提升。

第四，研究方法的组合。我们在不同研究阶段采用的研究方法都用“组合拳”。就方法选择的整体倾向性来看，本研究更多采用的是理论批判与建构式研究、调查研究、参与式现场研究（包括设计-实践-反思-重建全程）、推进式评价研究和阶段性综合总结与分专题总结等。较缺乏的是传统和当代意义上的实证研究。造成这一状态的主要原因，一是我们的研究在人员及其知识结构上的局限；二是实证研究方法的精细度要求和排除价值的客观性要求，与“新基础教育”研究学校现实转型问题的匹配性不足。在方法的运用和创造上，我们也有一些新的尝试和突破[①]。

行文至此，本人已通过三大部分，将“新基础教育”成型性研究的所行所成和所思所得，做了相对展开和综合的整体性、过程性和结果性阐述。尚未集中和充分论述的是这项研究存在的问题与不足。这不等于说我们没有发现自己的不

---

① 尤其是在教育改革的推进性评价研究和介入式现场研究方面，我们自感做出了一些尝试和突破。

足，更不等于说不存在不足。相反，我们的研究过程就是一个不断发现问题与不足，不断加以克服和修正的过程。“发现问题就是发现发展空间”，已经成了我们共同体的共同研究信条。就研究本身而言，始终存在和至今依然存在的首要问题是我们。作为华东师大课题组，尤其是作为课题负责人的我自己，对教育变革和学校变革，无论是整体还是专门领域的研究，相关的积累和深入、实践的经验与智慧，包括与学校工作者的交流与合作都很不足。这就带来了研究进程的拉长与缓慢。如果我们能在上述自身素养和能力方面有更为充分的准备与发展，“新基础教育”研究要达到今天这个水平，也许不需要 15 年，可能用 5 年左右的时间即可。这是一个不能弥补的缺憾和问题。我们希望自己这一阶段的付出和成长，能为今后有关学校、教育的转型性研究提供资源。正是这一重要的不足带来研究中的诸多问题，如学校和教师个体式及群体式的转型过程研究还不够深入细致；大量的研究中积累的调查资料、中期评估积累的上百万字的素材、连续 10 余年的现场研究的资料，各校各教师不同层面、不同方面、不同角度的大量书面总结，座谈会记录、访谈资料、各种研究过程中形成的非行政式的文件等，未能做到及时、充分和规范化的系统梳理。我们尚未形成关于教师发展、学生发展和学校综合性整体发展的结果性评价指标。在实践领域中，我们较多偏重于小学阶段的研究，对初中的特殊性及介入式研究，在质和量上都低于小学，故而带来 10 所试验学校中的小学与初中，在发展上的明显不平衡；在学校内学科教学的研究方面未做到全覆盖；我们尚未深入地进行课程研究，更未进行编制教材的试验；等等。

尽管现在我们已意识到和能列出存在问题，但本人深感，对“新基础教育”研究存在问题的系统和深度思考，还要经历实践和时间的“冷却”。这也许是另一篇结题意义上的报告的主题。

本文根据叶澜教授 2009 年 5 月在全国“新基础教育”共同体大会上所做的报告整理而成，经叶澜教授修改，定稿。后辑录于：叶澜．“新基础教育”成型性研究报告集．桂林：广西师范大学出版社，2009：1－82；略调辑入：叶澜，李政涛，等．“新基础教育”研究史．北京：教育科学出版社，2010：97－142.

执着坚持之强　创造发展之功：“新基础教育”扎根研究总结

首先要感谢大家为呈现扎根研究阶段的全部丰富和各自的独特精彩所付出的努力。这种努力不仅体现在今天，或今天会场上的发言，为了开好今天的会议，各校之前都做了广泛、深入的校本总结。大家提交会议的材料十分丰富，包括学校、分领域、分年级、教师个案等各个层面。

这个广泛总结的过程，实际上是深入思考我们过去3年做了什么的过程。华东师范大学新基础教育研究中心（简称“中心”）的老师在会前也都到相关学校召开过座谈会，故今天他们的点评都很精彩、到位，主要是因之前做了大量的沟通。为了呈现我们过去3年研究的丰富与独特，根据大家的总结及实践中的创造，“中心”在筹备会议上讨论、确定了各校发言的主题，并再次和各校联系。直到昨天早晨，我们仍有收到修改的发言稿。这表明大家都想努力呈现自己的独特，同时又努力让在座愿意学习的老师能够学到东西。今天的会议再一次体现了“新基础教育”32字研究精神中的“团队合作，共同创造”。

相比于扎根研究的实践以及18年（1994—2012年）来的“新基础教育”研究，今天会上呈现出来的丰富不过是冰山一角。但这个“一角”与整个“冰山”，不是“小”和“大”的关系，不是“局部”和“整体”的关系，而是一种深扎泥土之“根”与破土而出的“苗”之关系，是内在积蓄力量与外在集中显现的关系。

今天18位校长和“中心”老师的点评发言，都有底气、有力量、有情感。之所以如此，是因为我们实实在在地在“做”，切切实实地在“悟”，真真实实地成长了。没有“做”“悟”“长”，就不可能说出这些话来。谁“做得好、悟得好、长得好”，谁的发言就越能给人启发，越能产生震撼人心的力量。对于听者而言，也是如此。谁在乎、谁思考、谁用过力，谁就会有更强的共鸣。“弦和才能共鸣！”如果我弹这个调，你思那个音，相互就不可能产生共鸣。这也是为什么今天的会议采取内部深入交流，而非成果发布方式的原因。我是想让一起做的人相互得到更多的启发，产生更大的共鸣，让“新基础”的交响乐弹奏得更加响亮。

在听的过程中，我有一个感受：做得如何，发展得如何，都与投入相关，如智慧的投入、心灵的投入、力量的投入、情感的投入等等。这又印证了“新基础教育”研究精神中的只有“执着追求”，才能“滴水穿石”；唯有“持之以恒”“实践反思”，方能“自我更新”。“新基础教育”研究精神是2001年提出的，发展性阶段结束时，我们制作了“纪念铭牌”给每个学校留念。今天，这一精神已经真正流淌在我们每一个真情投入“新基础教育”的人心中，呈现在我们的日常行为之中。

3年前，我们召开过一个“赢在中层”的专题研讨会。会上我讲了橡树和榕树的生根方式。当时我期望基地学校要像某报上提到的美国那棵长得最慢、但生命力最强的橡树一样，即使在岩石上，也将根深深地扎住。同时我还提到，不要像榕树一样，到处只长须根。我当时的期望只在“扎深”。如今看来，那还是一种对立的思维。大家3年来的创造已经突破了我最初的对立式预设。“新基础”3年后的发展状态是：如橡树根深叶茂，似榕树独木成林。目前，在我们的试验学校中，橡树和榕树的两种精神已合二为一。我没有为实践打破了当初的预设而伤心，而是为实践改变了预设而欣喜！这种改变显现了学校改革主体的巨大创造力，显现了实践在“改变人”和“改变事”上的“伟力”，展现了“新基础”精神的生命力。3年“扎根”既有坚守的一面：坚守我们的教育理想、价值追求和信念；又有“不守成”的一面：不断地开拓、创造新东西，不断地在与社会环境的互动中实现发展。在此，我想再次对各位始终支持“新基础”的省、市、区领导、在一线学校奋斗的校长和老师，以及“中心”的老师们表示深深的敬意和真诚的感谢。

下面我想说一下3年扎根阶段，我们究竟遭遇了什么、思考了什么、回答了什么、获得了什么。说一说本阶段的研究对当今中国教育改革的意义，对每一所学校、每一个个体的发展意义和生命意义。

第一，与宏观教育改革有关的方面。我始终认为，“新基础教育”是当今中国教育改革大潮中的一朵浪花。它的飞跃之势因激越的大潮与坚硬的礁石碰撞而迸发。尽管我们坚持以“学校”为基本改革单位，但“小学校”却是连着“大中国”，我们的学校改革连着整个中国的基础教育改革。它与上层的决策也直接相关。

从国家教育改革的大生态来讲，这几年出现了很多没有预料的、不确定的、来势很猛的变化。比如“均衡”，确实是出于合理的诉求，但却因用合并、平调等方式给基层学校带来了困难。“均衡发展”对学校带来的影响，一个是规模的调整，如上海市闵行区实验小学“一校变三校”，“超级航空母舰”淮阴师范学院第一附属小学，则有500名教师、5 000名学生。学校在均衡发展的过程中还不断出现合并现象。在常州，就有几所我们的试验学校被合并。另一个是师资的“非常态”流动。我不是说规模调整和师资流动不需要，关键在于“度”，要看确定的依据和实践效果。我们的基层校长，无法言说，只能面临这样的现实。有的学校，骨干教师出现了伤筋动骨式的流动，校长的调换也变得频繁。这些都是宏观教育均衡政策被运动式执行带来的问题。

第二，与生源变化相关的方面。生源问题是与当代中国城市化进程联系在一起的，闵行地区特别突出。上海中心城区的生源呈不断减少趋势，而闵行地区基础教育的规模还在不断扩大，农民务工子女大批进校。闵行区还面临着“小学流进”“初中流出”的双流动现象，到了初三的时候，一些外地的、成绩好的学生流失了，回到出生地考试。这种流动带来的不稳定性和差异性增大，带来了学生群体结构与特性上的大变化，这些对“新基础教育”研究带来了意想不到的挑战。

此外，我们还经历过学校场所的改造。闵行的学校都做了“校园加固”工程。在此过程中，我们的校长和教师表现出一种非常坚韧的力量。好几所学校都是借“校”开展日常工作。“加固工程”和“校园改造工程”在带来困难的同时也带来了校园硬件和环境的改善。

教育宏观政策的变化，远远不止我所说到的这些。除此之外，还有社会及其他方面的冲击。我常常说，我当不了基层的好校长，因为没有他们身上的那种从容和坚定。他们用自己的实践改变了我对上述事情的认识。一开始我是埋怨这些变化的，为校长们担心。但是3年后的今天，我们看到的是：尽管学校遇到了剧烈冲击，但他们都走了过来。他们一开始就表达了“做新基础教育不变”的决心，并在这种变势中办好了学校，这很了不起！他们的力量来自坚定的信念，来自对教育价值的追求，这是“新基础教育”十几年留在校长们内心的力量。这种力量看不见，却坚韧、强大。更重要的是他们并非简单地坚持，而是用智慧把问题化作机遇，把挑战化作动力。这3年，他们不是磨磨蹭蹭地走过来，而是依然有创造、有发展地走出了3年的历程。当然，我并没有因此而改变对目前“均衡发展”推进方式的看法。

记得在《时代精神与新教育理念的构建》一文中，我提到过培养“新人”。今天社会同过去社会大不同之一在于变动不居，变化太快、太猛。在这种环境中生存，必须提升主体的判断力、选择力、创造力、适应力和主动性。只有这样的人才能在变动不居的社会中生存发展。这样的“新人”培养并不只是对未来的设想，而是已摆在我们面前的真实要求。要想培养出适应变动不居时代的“新人”，必须有一批这样的校长和老师。“新基础教育”在一定意义上，就是为发展校长与教师的“心灵、精神、智慧”创造条件，让他们有了变革实践的历练。这一历程也让我们获得了力量。前面十年，我们都没有面临如此集中和强大的冲击。在一定意义上，这也是教育改革进入深水区的表现。

“新基础教育”在成型性研究之后，提出了什么样的发展性问题？我当时的看法主要在“深化”。现在回头来看，不仅是“深化”，还有“广化”；并且“深化”的内涵也在加深，包含很多层面。

首先是“系统化”。成型性研究阶段我们努力地在“两个层次三个方面”做到学校整体系统变革。但当时还只达到初步成型，新的因素还显稚嫩、不稳定。扎根研究阶段后，我们在制度、机制以及系统化之后的内生长力方面，都有了不同程度的推进。如在机制方面，常州市第二实验小学在我们原有四大机制的基础上，结合学校情况和实践，又创造出了新机制。还有上海市闵行区华坪小学的“五大圈互动”、常州市局前街小学的“第三秩序”等。不仅如此，系统化之后，学校的内生长力也有增强。常州市第二实验小学的经验就是形成了校内干部、学科带头人、骨干教师、青年教师等方面的自培机制。这样的自培机制与系统的形成是学校自我发展内生长力不竭的重要保证。

其次是“精细化”。企业管理中有一句口号叫作“细节决定一切”，我觉得它需要一个前提，即明确什么价值下的细节、什么系统内的细节？我们的“精细化”是在价值的指导下，整体系统形成后的精细化。精细细节首先是“关键细节”，并不是所有细节的精细，而是抓住各个“节点性事件”的细节。今天从大家的发言中，我学到了不少“新名词”，这些“新名词”体现在细节的精细创造中。之所以有这种状态，是因为做得实。

再次是“融通化”。成型性研究阶段我们已经有了融通的相关经验，如各个学科、领域的互动，上下层级之间的互动等。我们现在的互动是不同年段的互动，有的学校还走出了小学，与中学发生互动。除此之外，互动还包括领导、中层、老师为解决问题而主动自觉的互动，师生多元角色的互动。“融通”首先是“通”。局小校长提到的“软化边界”对我们很有启发。系统化是结构清晰，融通化则需要边界软化，但并非解构。此外，我认为要做到“融通”，很重要的是要让学校生活丰富化、多层次化。唯有这样，才需要和有可能融通；唯有这样，融通才成为相互滋养和丰富的过程，而不是变成单一、僵化的过程。

最后是“生存化”。“新基础”扎根最终要扎到哪里才算成功？在我看来，首先是要化入每个人心里，其次是化入日常教育教学的新基本功中。只有变成教师的习惯和新基本功时，理念才是生根了，才能对日常教育教学发生作用。上海市闵行区七宝明强小学对于新型教师新基本功的梳理，给大家提供了今后继续研究与发展的很大启发。在日常教育教学过程中，教师的工作不仅仅是知识的传递，还有价值的引领，需要教师的实践创生。教师的实践创生是以新基本功为保证的创生。这样的创生就会有“新质”。“新基本功”的提出，是“新基础教育”改革实践必须进一步做好的一篇大文章，每个学校都要去做。最后是要变成师生在校的日常生存方式。有一位校长提到，要将“新基础”与自己的教育人生融化在一起。师生的生存方式简单说就是“怎么活”，是死活，拼着命活，为名利活，还是为了新一代的发展、为了自己的生命价值和职业价值的实现而奋斗、努力、思考、创造？今天有好几个老师都在讲从“我们”到“我”，再从“我”到“我们”。个体与群体之间更新后再创造。群体的活力激发个体的活力，个体的活力再更新群体的活力。当我们到了这样的一个水平，学校就成了“活水”，不仅有章可循，而且不断更新、灵动创造。现在我们提出的不仅仅是个体生命活力，而且是每一所学校都焕发生命活力。以上所言的四点“深化”，可以称作“新基础教育”扎根研究在深化方面的“四化”，也是我们每一所“合作校”和“基地校”根据自身情况，今后要花大力气去做的“四化”。

在“广化”方面，我们不是“扩展化”“示范化”。“新基础教育”基地学校对其他学校的影响不是只通过示范、简单的迁移，如成熟教案、活动方案的迁移，而是一种引领与合作推进。这是近一年多来，我们和闵行区教育局一起合作开展“‘新基础教育’研究生态区建设”的深刻体验。在生态区中，基地学校是核心组的组长校，但不是纯粹的“输出”校，如华坪小学的案例，它表明了基地学校如何在带动区域发展的同时发展自身。我们不用硬性按大比例流动师资，不是采用外力去加强薄弱学校的方式，而是通过寻求校长之间的合作、骨干与一般教师的合作实现发展。

我在生态区调查中，有一个非常重要的发现：生态区的合作研究使课堂改革的重建课可以在不同学校间开展。在这个过程中，合作是互动共生的。我们的合作推进不同于简单示范。

常州和闵行都有这种合作推进。它是把校长群体、骨干教师群体组合起来，来推动一批学校同时发展。可以说，“新基础教育”在扎根研究阶段，创建了“教育均衡发展”的新方式。它不是用增加外力来改变不均衡，而是用合作研究的方式，让学校的内生力越来越强大，在学校发展中实现均衡。在这个意义上，

“新基础教育”为宏观教育改革做出了贡献。我们试图让大量不拔尖的学校变成被百姓认同、在教育上体现新质和高质的学校。今年，第一批“新基础教育”研究基地校中的两所——上海市普陀区洵阳路小学和上海市闵行区第四中学，先后成为上海市新优质学校，这是突出案例。

在相互交流合作中发展学校内生力，更具有智慧，更需要勇气。学校的发展、真正的发展，只有靠内生力的增长。外在的加法、减法从根本上看都没有用。我们的“广化”不仅体现在区域内，还体现在不同区域间的互动，如常州、闵行、普陀、淮阴以及华东师大新基础教育研究中心的多重互动。每一次交流之后，校长都会有新的尝试和做法。这催生出我的一个建议：今后是否把“新基础教育”共同体改称为“共生体”？因为我们不仅仅是聚合式的“同”，更是相互促进式的“长”。我们的“广化”，不仅为宏观改革提供了独特的经验，同时也为我们每一个广化了的地区创造了良好的生态，为我们整体区域内的教育品质的提升和内涵发展做出了积极贡献。

之所以能够实现“广化”，主要是因为有以下几个条件：

首先是第一批基地学校的深厚基础和改革实践的积淀。就像一所学校若无骨干教师的成长发展，改革很难推进一样，在地区教育改革中，如果没有一所或几所学校走在前面，就很难形成“广化”的核心力量和局面。

其次，在“广化”过程中，始终得到了相关教育行政部门、教育研究部门的支持与投入。闵行区教育局还专门发文推进“新基础教育”生态区建设，非常积极地支持；教育局分工负责的副局长深入生态区活动一线，进课堂听课，参与讨论，开展调研，给予指导。闵行区新基础教育研究所更是许多活动的组织者和推进者。闵行区教育学院的教研员，现在的投入、参与程度和质量都有提升。这是我们本土研究力量的成长。

最后，基地学校的骨干教师不仅有了自我改革的能力，还拥有指导改革的能力。在常州的普查活动中，中心兼职研究员、各个学校骨干的评点交流水平非常高。各地“新基础教育”研究的本土指导力量在此过程中茁壮成长。

因为有了“深化”和“广化”，这 3 年是参与“新基础教育”的试验学校，尤其是基地学校发展最快、成果最丰富的 3 年。这种状态的出现，得益于我们有了过去所没有的多种力量的汇合，它造就了“新基础教育”今天的生动局面。我认为，“新基础教育”扎根阶段在“深化”和“广化”上，做出了贡献，积累了经验，也为后面的发展奠定了基础。

就华东师大新基础教育研究中心而言，这 3 年是一个开创性建设的阶段。“中心”在成型性阶段挂牌，在扎根阶段开始运作，逐渐清楚了自己的方向：一是将“新基础教育”在实践层面朝前推进，在更高的水平、质量上做出新的探究；二是要形成我们业已提出，并在努力构建的“生命·实践”教育学派，在互动共生的意义上，探寻实践发展与理论推进的关系。为了做好这一工作，对于扎根阶段如何深化做了很多探索与创造，如学科方面“类课型”研究的推出，新基础教育研究中心兼职研究员制度的创建等等。今天，挂牌了9所“生命·实践”教育学研究合作校，还新增了9所“新基础教育”研究基地校等等。这意味着，新基础教育研究中心也在扎根，扎到地区之中、学校之中，扎到校长、教师的精神与行为之中。

从这个意义上，我们用自己的教育研究实践说明了什么是“生命·实践”教育学派。它不仅将人的生命、人的发展看作最重要的教育价值，不仅将“生命·实践”教育学书写在纸上，而且还书写在当代中国学校教育改革的大地上。我们的书写是大地式的书写！“新基础教育”的改革实践，本身就是“生命·实践”教育学派的标志之一。只有真正对实践有情感，并愿意与教师一起创造，才算是“生命·实践”教育学研究的合作者和参与者。

上述大概是我们3年来的总结。下面我简要讲一下后续发展的任务：

我们要在品质的意义上有所提升。中心研究人员和实践一线人员都要做深度的反思和总结，分析十几年的“新基础教育”改革之路，如何在每一所学校中走出，如何形成独特的研究传统与文化并创造品牌。因此“生命·实践”教育学论著系列策划中的第三套丛书就是“生命·实践”教育学合作研究校的变革发展史。我们要亮出共同创造的品牌之光彩，在创生的意义上做深化研究。今天，“生命·实践”教育学合作研究校的挂牌，既是对这些学校过去在“生命·实践”教育学形成过程中贡献的确认，也是对今后继续合作研究的确认。对于这次新增的基地学校而言，都还需要加强内部建设。从总的策略上，我们是研究重心下移，积极发展本土的研究力量。

华坪小学的经验告诉我们，学校本土的改革力量已经强大了，需要让本土改革力量成为推进“新基础教育”研究的主体。今后要更加突出共同追求中的差异发展和个性彰显。今天各校的发言尽管各有不同，但能强烈感受到它们相同的气质和精神。我希望我们将来的学校都能够成为精品，独特的精品。期待每一所学校都能够用文化的力量熏陶、润泽学生，并成为所在地区学校改革、发展与创造的排头兵。

本文根据叶澜教授2012年5月5日在华东师范大学中北校区举行的“新基础教育”扎根研究总结交流会上所做的报告整理而成，经叶澜教授修改，定稿。后发表在《基础教育》2012年第8期。

生态区建设："新基础教育"研究发展的新形态

今天前面各位的发言，体现了"新基础"养成的新习惯：一到新阶段，不仅看到发展、经验，而且看到发展中的新问题，然后从多方面找原因，形成新目标、新策略、新方法。这种"新基础教育"研究文化，原来体现在学校层面，体现在地区内部，现在体现到了共生体各生态区负责人会议上，让我感到欣喜，谢谢各位！

各位今天的发言，有"一年级""三年级""五年级"，还有"初中生"，表现出各地区成长状态的差异。但是都有抗挫力，都有耐力。很强的抗挫力和耐力来自对自己所做事业的信念，有信念才能坚守。对于事业的信念不是盲目的，而是看到了教师发展、学生发展、学校发展，把教师发展、学生发展、学校发展看得高于一切。可以说，做"新基础"，没有人没有挫折，我们刚到闵行时，陈儒俊局长也有抗挫力，他说：无论如何，全力支持大家一起做研究。那时候我们同样也有困难。"新基础"培养了我们的教育信念和对自我力量增长的追求，在困难面前不屈不挠、有智慧地前行。我看到了大家如何智慧地前行，比如李伟平校长、王冬娟校长的社会认知力，与各种力量的交往和关系处理，让我学到许多。人是社会、群体中的人，要在社会中生存、发展，产生更好的对社会发展有利的影响力，需要社会认知力，需要智慧。困难是磨刀石，在解决困难中才会越来越有智慧，越来越强大、有力量。

各位今天的发言还体现出对明天、对新阶段充满希望，有策划、有具体目标和方法。我们说提高现场学习力，各生态区负责人也要提高在会议中的现场学习力，对每个发言多悟一悟。今后，各生态区的发展规划汇集到华东师范大学新基础教育研究中心（简称"研究中心"），研究中心再群发各生态区，或者各生态区之间相互送。

在此，我首先要强调的是：充分认识生态式推进第一阶段 3 年的价值。

第一阶段是创建阶段，是不平常的 3 年。3 年中，"新基础教育"研究从学校整体转型走向区域生态式推进，走出了一条加强区域互动，在生态式互动中提升每所学校整体转型、内涵发展的区域均衡新路径。

我始终坚信：教育改革无论有多少“花样”，最后的根本一定是每所学校的内涵发展、内生长力的增强。生命体的特征一定要有内生长力。通过在变革实践中的创造成事成人，正是内生长力增强的真实途径。

目前，我们进入以生态式推进学校整体转型改革的新阶段，“生态式”正是下一阶段关注的重心。它意味着：学校的整体转型发展，不只是一所所学校，而是一个个区域。在某种意义上，“新基础教育”在两个层面上呈现加速度发展：一个是学校个体内部加速度发展，一个是生态区群体加速度发展。我们的生态区建设，最初在闵行先行做起来，经过一年的校长研修班，一批新骨干校长出来了。有了新骨干校长才可能有新骨干教师的成长，此后生态区呈现加速度发展。生态式推进学校整体发展的速度，比原来“新基础”做学校整体转型时的速度要快。这一加速发展是 18 年（1994—2012 年）研究的经验积淀产生的效应，包括人的成长，前期的“新基础教育”研究培养出了一批新型校长和骨干老师。

总结这一创建阶段的经验，最重要的有以下两点：

第一，一定的体量产生了规模效应、呈现出新质。区域推进的参与校数要有一定的体量，否则没有规模效应。在此意义上，我们是实效主义，不是协议主义。因故暂时不能签约的学校，只要它愿意，积极、真心、努力，就让它来参加我们的活动，资源共享。我们在乎的是真诚努力和进步率。建议今后新成员校的加入，可以随机，不以阶段来限制。

第二，组织架构、整体策划和制度机制建设等在多层复杂中形成了有序律动。体量大，差异就大，生态区、共生体多层复杂，但是要有序律动，而不是随性乱动。

以上两点，是第一阶段从无到有形成的非常重要的经验，第二阶段要继续加强，做到系统化。

第二阶段进入生态式推进的新 3 年建设，是“新基础教育”生态式发展的多元创新阶段。具体说，要突出做好以下几个方面的研究：

第一，各地区创造不同的自主推进经验。闵行、常州、淮安要带头做：闵行通过新基础教育研究所加强和校长的联系，常州通过新基础教育研究会加强联系，淮安通过地方师院加强联系。深圳则是加强教研员的力量，提高教研员对“新基础”的深度认同和独立指导能力，3 年后创造出大学和教研员合作指导，最后教研员独立指导当地基础教育改革的新经验。青岛先提升 3 所学校、校长的区内外影响力，然后再逐步扩大。努力使地区行政给予更多的支持。

第二，始终注意提升学校教育教学质量，创造学校新生活，促进师生生命自觉发展。这是我们“生命·实践”教育学派建设的实践形态的实质，也是各地区生态式推进的核心价值追求，尤其是闵行和常州要带头。今后研究中心将加强与合作校的合作。

第三，有意识地扩大“新基础教育”研究精神与成效的影响力，吸引更多学校、教育工作者做有利于学校内涵发展和内生长力的事情。不做、少做消耗生命的事情。刚才李校长、王校长讲得很好，新基础需要不断强化“价值取向”，我们的内在力量和精神就在于价值取向，是为了教育本身的发展，为了人的发展在做事情，无此则无“魂”。

第四，各地在做好本地区“新基础教育”研究的同时，努力为以华东师范大学新基础教育研究中心为核心的全国共生体做出自己能做的贡献。每学期一次全国“新基础教育”共生体领导小组联席会议，每学期至少一次全国共生体研讨活动，由各地轮流承办。可以先会议再活动，也可以先活动再会议。今天算第一次。第二次拟定10月底11月初，届时在常州举行全国“新基础教育”研究成果推介活动，常州市教育局丁伟明局长积极支持。《人民教育》和中国教育学会都愿为我们做推广，昨天已与《人民教育》总编落实——现在，华东师大、常州市教育局和《人民教育》三方达成了一致决定。第二次的联席会议，主要研讨交流两个方面：生态区发展规划交流（先书面交流，再现场交流，不是命令而是交流）和推进工作交流（6—10月），一个是顶层设计，一个是阶段推进。

第五，形成共生体文化，包括两个方面：核心精神和思维方式。在核心精神上体现“多元组合、差序推进，交互学习、同根共生”，在思维方式上体现“生态式思维”。生态式思维，首先关注与环境的关系，大家刚才的发言都讲到了。我们不可能改变整个环境，但我们可以改变自己，又因为我们的生长力而影响周围环境，使其有利于我们的生长，主体与环境不是仅仅适应，也不是偏离或对抗。现实环境中有陷阱，有许多浮夸、过度，我们要清醒，对基础教育的清醒，对环境力量的清醒，对自我的清醒。以“文化大革命”为警诫，守住基础教育的底线，守住做人的底线。同时，关注环境中的各个要素，每个要素都具有独立性、生长性和可变性，生命之间又相互作用，存在互动。这体现出环境要素和生态区的生命特征与阶段成长。做教育，至少需要生态式思维，今后我们可以专题研讨或者办“生命·实践”教育学的校长研修班，专门讨论什么是生态式思维。首先改变校长的思维方式，防止对立，防止过度。

本文根据叶澜教授2015年6月5日在常州市举行的全国“新基础教育”共生体各生态区负责人首届联席会议上的发言整理而成，经叶澜教授修订，定稿。

“新基础教育”内生力的深度解读

全国“新基础教育”（简称“新基础”）研究成果推介会，对于我们研究团队而言，不只是展示、宣传，而是一次很好的机会，让我们对20年走过的路，再做一次深思，再做一次探讨，再尽我们的努力呈现我们的思考和实践。由此，让更多的老师理解“新基础”，做出中肯的帮助和批评，并期望有更多的人携起手来，共同创造今后20年、30年的中国基础教育改革新局面——这是我们自己对这次推介会的定位。基于这样的定位，作为第一个报告者，我应该说什么呢？我花了很大力气思考这个问题，最后确定此题。

一、解题

（一）关于“内生力”

一项研究，一项改革研究，它的持续靠什么？我们身在其中，我们一直在做，我们最体会的是什么？研究的持续，需要外部支持，但是只有外力不行！任何事物真要长大，真要有力量，必须要有内生力！“新基础”的内生力包括两个方面。

1.“成人成事”的目标

实现学校整体转型，这是我们的“成事”追求，但如果只关注学校转型，不思考在转型过程中如何促进人的变化，那么事做不好、人变不了，最终也不能实现整体综合的学校变革。所以，我们一开始就把“成人成事”作为目标，而且把成人成事关联起来思考：“成人”是在“成事”的过程中实现的，成长起来的人又能更好地促进转型变革大业的实现。“内生力”首先要清楚地知道“成人成事”，不能只有事没有人，也不能只想成为怎样的人，却不去做事。“新基础”是做出来的，不是唱出来的，也不是写出来的，而是在实践中一步一步成长起来的。“成人成事”是我们在研究过程中一直没有忘记的目标。

2. “发展自觉”的培养

人如何“成”？如何在做事中“成”？如何让人自觉地发展？我们把“发展自觉”概括为四句话：以学促自明、以思促自得、以省促自立、以行促自成。

第一句话“以学促自明”。做研究首先要明白为什么做、做什么，所以做“新基础”一开始先要学习，华东师大的老师要学习，所有参与研究的老师和校长都要学习，以明白为什么做“新基础”，自问愿不愿意做“新基础”。如果做研究都需要靠命令，那怎么做得好?！学习，作为“新基础”的主旋律贯穿始终。

第二句话“以思促自得”。学习是明白，但要成为自己的东西，还需要通过思考，想清楚它和我是什么关系？有没有意义？想清楚了才能认同，从“明”到“得”，是一个飞跃。“得”还不够，还要去做，做的过程中会遇到各种问题，无论是进步还是障碍，都必须要反思，这就是第三句话“以省促自立”。

“新基础”的一个特点是，在做的过程中定期进行规划、总结、反思、重新规划。每个人每年、每学期都有阶段性反思，知道自己“长”了多少，问题在哪里，还能怎么“长”。只有不断地反省、明白、更好地“长”，才能让自己的脊梁骨直起来，才能站起来，才能成为独立的研究主体。

最后一句话“以行促自成”。我们强调要实践，不能光说不做，不搞夸大宣传，而是实实在在地静下心来做研究。所以，我们从一开始就和老师、校长们说：做“新基础”，不能图热闹，要安心做好自己的事情，这样我们才能一起合作研究，如果说“新基础”带给你什么好处的话，那就是你自己的成长。每一个人，包括校长、中层和每位老师，都有自己的实践空间，都能在自己的实践空间中进行研究、变革，促进自己成长，促进自己相对以前更成功。

（二）关于“深度解读”

何谓深度解读？可从两个角度简单解释。20 多年“新基础”，在我们心里，在我们的生命成长史中，留下了什么？留下的，就是有深度的；留不下的，都是浮云！只有留在生命中的，才是最有生命力、最宝贵、属于你自己的东西，也是你可能贡献给大家的。我们做了这么久，什么是始终坚持、最根本的东西？我们最珍惜、同时成为推进发展的力量是什么？

四个“读懂”贯穿在“新基础”的始终。从开始到现在，我们一直在努力读懂，现在还在不断地“读”。四个“读懂”的具体内容为：其一，“读懂时代，唤醒投身教育改革的自觉”。教育改革要读懂时代，因为教育不是空中楼阁，身处转型期，不懂时代，就无法知道改革的价值在哪里。其二，“读懂学校，明晰研究性质为整体转型的自觉”。学校有它的独特性，读懂学校是为了明晰改革的性质究竟是什么。其三，读懂学校更深一步是“读懂教师，提升教师转型发展的自觉”。中国基础教育改革，若无广大教师的真诚投入，则永远不能成功，所以我们最看重教师自身的发展。教师发展好了，教育才能好，孩子们才会有新的教育天地。我们花了大力气进学校，和老师们一起研究、讨论，由此对教师的理解越来越深入，教师也因此不断提升发展自觉，实现转型发展。其四，“读懂理论与实践的关系，双方致力于建构新型关系的探究自觉”。历来被认为割裂、有鸿沟的理论与实践关系，在基础教育改革中如何做到互动。

四个“读懂”是为了在实践中有四个“自觉”，四个“读懂”是“深度解读”在内容意义上的解释。

二、四个“读懂”，四个“自觉”

（一）读懂时代，唤醒投身教育改革的自觉

“新基础”改革研究始于 1994 年，大家比较熟悉的是我 1997 年发表的《让课堂焕发出生命活力》，其实，我自己也是被时代唤醒的。当年，市场经济的冲击，使社会的方方面面变得令我不认识。我意识到必须读懂这个时代，明白时代精神到底是什么。正是这一读懂的过程让我豁然开朗，意识到一个呼唤新教育理想的时代到来了！由此确立了要做“新基础”改革研究。下面，我摘录 1994 年发表的《时代精神与新教育理想的构建》① 一文中的几段话，让大家理解我读懂了什么，怎么读懂的：

“新世纪的教育创造，无疑需要以新教育理想的构建为起点”，这是“新基础”强调的理论适度先行。当时我对“时代精神”进行了再构。文中指出，第一，时代精神是关注未来与变革：“人类在时间维度上取向的重要变化：一个重视未来，强调发展，立足变革的时代到来了。”直至今日，社会依然在转型中，而且转型变革进入新阶段。我们始终需要读懂时代。第二，时代精神多元丰富，注重选择：“平衡而单一的局面被打破，不确定性和可选择性同时增强。”当时我只是认识到社会是多元的，目前连教育领域也是多元的，有许多可选择，教育的

---

① 叶澜．时代精神与新教育理想的构建．教育研究，1994（10）．后辑入：叶澜．“新基础教育”探索性研究报告集．上海：上海三联书店，1999：178－191.

上空飘浮着无数旗帜，我们怎么办？每所学校怎么办？做出正确的选择，对每个教育工作者，对每个教育学研究者，都是一场价值观、认识水平和对教育深情的考验！第三，发挥人的主体精神：“时代需要能在多样、变幻的社会风浪中把握自己命运、保持自己追求的人。”在社会风浪中，每个人需要自己把握命运，没有人可以代你活，你必须在风浪中学会把握自己的命运，保持自己的追求。以上三点，是我当时对“时代精神”的核心认识，现在看来仍未过时，甚至可能更加尖锐、更加激烈，而且弥漫在中国社会的各个领域，包括教育领域。

尚需摘录的是文中关于“新人素养”的观点。在这样的时代，需要培养怎样的理想新人，这是教育学人的思考。理想新人的论述，突出的是：和过去相比提出哪些新素养，不是全面论述新人素养，而是思考“新”在哪里？和原来的不一样，在共同中的特殊，在不同发展阶段不可取代的方面。文中我归纳了三个维度。

第一是认知，要“具有善于捕捉、组织、判断各种信息价值的能力”，“具有善于认识自己的需求、能力、思维品质的反思能力和自我调控力”，“养成多维视角、多元统一、动态把握事物的思维方式”。首先要善于对信息进行价值判断，比如现在的微信，如果你每条都看，那你永远也看不完，你的眼光就是你的价值选择。此外，针对同一个问题会有许多不同的回答，人需要认识自己的需求和能力，才有可能进行综合。其次，在思维品质上，要增加两个方面：一是善于反思，善于反思才能做到自我调控。二是看世界的思维方式要多维、开放。既要打开又要聚焦，需要多元统一的思维方式，对多维碎片进行综合。不能钻牛角尖，在一个开放的时代，一个不开放的人很难前进。现在我常常和我的合作者说：走到一个阶段，要学会“归零”，重新开始。不能一个报告走遍中国，一套模式包打天下。信息时代需要有动态把握事物的思维方式，才能认识丰富、复杂的时代变化。我们的校长每学期初要制定规划，期中有评价，期末有总结和下学期的新计划，校长的这三个基本功，从不会到学会，从执行上级规定、一级级演绎学校规划，到研究自己学校的发展状态，包括成长变化、问题和潜力，然后再制定属于自己的学校发展规划，经历了漫长的过程。这使得“新基础”一直朝前走，而不是原地重复。现在许多校长、骨干老师具有了多维视角、多元统一、动态把握事物的思维方式，他们很少沾沾自喜、洋洋自得，而是总在思考如何发展得更好。

第二个是道德，我们要继承传统，坚守国家、民族的核心价值观，更重要的是，核心价值观不是纸上的、书上的，而是你头脑里的，是你自觉建构的人生价值取向。只有自觉建构的，才能转化为自觉行为。此外，社会公德的坚守。道德很重要的是自尊和尊重他人的统一，知道他人和你一样独特、有尊严，尊重每一个人才是知道何谓道德。在强调个性独立的时代，要强调尊重他人，学会尊重他人。

第三个是精神，我特别增加了精神的方面。在转型、复兴的时代，特别需要精神的力量。首先是“自信”。没有自信，无事可成，还没有改革，就说我不行。改革一开始的时候，我们遇到这样的困扰，让我意识到真正的力量来自内部，要有“迎接挑战的冲动和勇气”。改革不是一帆风顺的，要有“承受挫折和战胜危机的顽强意志”。每个人要对自己的人生负责，要“规划人生、追求超越”，追求超越不是要超越别人，而是自我超越，自我超越比什么都重要。现在，中国教育有一种“病”，这个病就是“赛”，无数比赛，各个层级都在赛，赛的结果是“争”，争的结果呢，是“晒”，“晒”争到的成绩。一个“赛”，一个“晒”，使我们变得浮躁，要改变此种状态，把精力花在自我超越上，而不是胜过别人，为了拿许多没有什么价值的第一，结果弄得很累，最后除了一堆奖状，还有什么?!这种心态不能怪大家，这是时代的浮躁，把握不住时代，就会越来越“躁”。一个“赛”，一个“晒”；一个“争”，一个“浮”；越来越“躁”，结果越来越“糟”。今天，我特别希望我们的校长、老师们静下心来，学会超越自己，只有学会超越自己，才能实现转型。

以上是对新人新素养的要求，也是校长、老师需要在改革中养成的新素养，只有养成这样的新素养，才能更好地实现教育、社会的转型与发展价值。

当时，我对时代充满信心，用一段深情的话表达了对时代和教育发展的向往：“虽然面临着经济大潮和从未遇到过的许多新问题的困扰，但我们深信，这大潮能孕育出新的生命，这困扰会锻炼出新的勇士……时代之潮会把我国的教育推向一个新的无限宽广的天地。”这是时代把我唤醒，让我们一批人投入改革中，最初只有 5 个人，现在是如此大的一个团队！当今时代的挑战丝毫不弱于当初，而且更强，更需要人有面对时代挑战的精神力量，才能在千年难遇的大时代里，做好大时代的基础教育改革。

（二）读懂学校，明晰研究性质为整体转型的自觉

读懂学校是为了明晰研究的性质，我们作为主要由教育基本理论研究者构成的华东师大团队，追求的不是一种教学方法、模式的改变，如语文的阅读、数学的计算、班队活动的设计，这些是有价值的，但不是我们追求的，我们追求的是

学校整体转型。我们从三个方面读懂学校。

第一，读懂学校教育的根本问题。学校教育问题很多，最根本的是什么？现在大家都明白，但当时我花了很大力气弄明白：一是以知识传授为本。二是以工业生产的方式办学，工业生产方式追求的是一致、一律、效率，对产品进行设计、产出，教师被誉为“灵魂的工程师”，这些现象在实践中至今尚存。三是管理重心高，教育过程单向、封闭。校长作为一校之长，也要被上面规定，学校一层层的工作思路，大多是上级规定的演绎和执行，是单向、封闭的过程，缺乏真正的全体投入。当时我很困惑：学校是人集聚最多的地方，为什么人集聚最多的地方，只看到事情，只看到知识，只看到一层层的组织，却看不到人，人丢失了。充满人的地方却没有人的意识，这是可怕的！这是我们要努力改变的根本问题，把学校中丢失的人找回来。

第二，学校新形态的整体构建。学校的整体形态、内在机制等，要完成从近代型到现代型的转换，近代型主要是工业生产方式，现代型以每个人的发展为教育的至高使命。把人找回来，让生命在学校里呈现活力，这是我思考新型学校建构的基本立场。那么，现代新型学校的特质是什么？花了 10 年时间，2004 年我才在题为《世纪初中国基础教育学校“转型性变革”的理论与实践》① 的文中提出现代新型学校的特质：价值提升、重心下移、结构开放、过程互动、动力内化。一是“价值提升”。不是只有知识，而是为人的多方面主动发展服务，为此需要更多人主动投入，需要重心下移。二是“重心下移”。原来太习惯眼睛朝上看，现在要学会朝下看，重心下移。校长、中层、教师、学生都发生了很大变化，越来越走向合作、民主、共同研究的关系，这样的新型关系和重心下移密切相关。三是“结构开放”。学校任何活动、组织的结构都具有开放性。四是“过程互动”。教育过程是互动的，不是单向的，有了互动，才可生成，才有活力和主动性的呈现。五是“动力内化”。没有内在动力，外力怎么推都没有用。

第三，提升学校的生命质感，是变革的内在核心。学校要从“无人”转化到“有人”、有生命感，学校的花草树木有生命；教科书也有生命，因为教科书是人类生命的创造、凝聚，是文明的积淀。生命的基本特征是不断与外界进行交换，有主动寻求发展的能力。我认为学校是个生命场，学校要有生命质感。现在学校比较多的是强调特色。最初是要有特点、强项，这比不做要好。但是停留在特点行吗？特点要对每个孩子具有教育价值，就需要研究特点内含的对每个孩子的发

① 叶澜.“新基础教育”发展性研究报告集.北京：中国轻工业出版社，2004：2-73.

展价值，否则没有那些特点的孩子怎么办？所以进而提出特色，“色”是弥漫的整体状态，不是一点点相加，越走向后面，我们越感到教育、学校应有的，不同于工厂、商店、文化产业的特质是有“生命质感”，而且是几代人的生命质感。学生、老师、课堂、学校都是生命体，不断向外吸收，向内转化。现在，许多“生命·实践”教育学研究合作校，都在努力形成自己学校独特的生命质感，不是没个性的，而是富有个性的生命质感。对生命质感的敏感、追求，是学校的内在核心。所以我提出学校是个生命场，学校是师生交互作用、学习、生活的生命场。

不忘学校是个生命场，才不会无视每个生命的重要，才不会忘记生命成长的重要。由此，我提出“教育是直面生命、通过生命、为了生命成长的人类伟大而特殊的事业”①，基础教育的根本使命是为学生打好生命底色、为学生终身发展奠基。“为学生打好生命底色”，这是我从“新基础教育”研究基地校学来的。基础教育的使命是打好生命的底色，孩子的心灵底色是明朗还是灰暗？是欢乐但没有追求，还是欢乐同时迎接挑战，把克服困难当成最大的欢乐？打不好底色，是基础教育的罪过！为终身发展奠基不等于现在就规定好人生道路，而是培养学生具有自我发展的意识和能力。为此，教师必须明白：我为何而工作？这也是价值提升的具体表达。

（三）读懂教师，提升教师转型发展的自觉

转型性变革，必须读懂教师；读懂教师，是我们20年来一直花力气做的事情，所以我们坚持进学校必进课堂，必与相关教师交流、座谈。我们不大开会，但是经常围绕课、围绕学校发展，和教研组老师、中层领导进行研讨，花力气真正读懂教师。只有真正读懂，才能真正知道该如何更好地促进、帮助教师与我们一起朝前走，所以我们“新基础教育人”不大面对媒体，而是经常到教室去，到班级去，和老师、和领导，针对具体发展状态进行研讨。读懂教师是我今天报告的重要内容。读不懂教师，不改变教师，则一切都是空话。现在有人提“学生中心”“先学后教”，其实先学的东西还是教师给的，如果教师不变，给的还是原来的，那么变的只是给的先后形式，本质并没有变。只有教师发生变化，真正把学生看作主动发展的主人，真正与学生共同投入教学，互动对话，才能促进学生生命成长，同时教师也获得智慧成长。

---

① 本刊记者．为“生命·实践”学派的创建而努力：叶澜教授访谈录．教育研究，2004（2）．

下面，我从两个维度表达我们对教师角色观念的重构：一个是“关系”的维度（包括教师与变革的关系、教师与学生的关系、教师与学科的关系、教师与自我的关系），在关系的意义上读懂教师；一个是“不是”与“是”的区别的维度，在“不是”与“是”的区别中读懂教师，这是有针对性的表达，不是绝对的表达。今天，有太多的“不是”成了现实中的“是”。认清“不是”，是为了努力朝着“是”的方向去做。教师角色的重构是我们 20 年改革研究不断总结、提炼出来的。

1. 教师与变革的关系性质：“不是”与“是”（见表 1）

表 1　　教师与变革关系维度上的角色重构

	不是	是
教师与变革的关系	上级制度规定的机械执行者 他人改革经验的照搬者 教育变革实践的操作者	有思想的实践者 有发现的研究者 有创生能力的变革者

在教师与变革的关系上，第一，教师不是上级制度规定的机械执行者，教师是人，是经过长期教育专业培养的人，是有思想的实践者。在很长的时间里，我们不把教师看作有思想的实践者，只当作执行者，带来的结果是教师思考需求的消退，对读书、学习没有热情。我们要让教师成为“有思想的实践者”，这是新的未来改革成功的关键。

第二，教师不是他人改革经验的照搬者，而是“有发现的研究者”。教师在教育教学实践中有可能空间、特殊条件和具体情境，只要意识到这一点，并努力去做，就会有许多发现，教师本来就应该是能够不断有发现的研究者，不是他人经验的照搬者。他人好的经验，用来打开思路，明白他人好在哪里，反思我可以怎样做得更好，而不是照搬别人的做法。何况有些好经验是无法照搬的，因为在经验中有教师独特的个性、素养。现在大家在微信上可以看到对公开课、观摩课的批评和反思，其中发生了很多令人烦恼的事情，甚至出现令人不齿的状态。

第三，教师不是教育变革实践的操作者，而是“有创生能力的变革者”。我们“新基础”很长的时间不搞操作手册，这次会议发给大家的材料里有一本《“新基础教育”研究手册》，我们的命名是“研究手册”，不是“操作手册”。希望大家去研究，而不是去操作。“新基础”现有的经验，希望大家去深思，不是希望大家去照搬，因为转型是在研究性变革实践的创生中完成的。转型变革的第一步，必须清楚，在变革中“教师是谁”。

2. 教师与学生的关系性质：“不是”与“是”（见表2）

表2　教师与学生关系维度上的角色重构

	不是	是
教师与学生的关系	为学生燃尽生命的“蜡烛” 放任学生自发生长的“牧羊人” 学生成长路线与模式的“规定者”	点亮学生心灯的“启蒙者” 用人类文明使学生成人的“养正者” 学生才情、智慧、人格发展不可替代的“助成者”

在教师与学生的关系上，第一，教师不是为学生燃尽生命的“蜡烛”，而是点亮学生心灯的“启蒙者”。现在有关教师形象的宣传，大都还沿着传统的“悲情路线”走：以优秀教师的忘我工作、辛劳甚至牺牲来感动人。凄苦文化带来一种不正常的心态。事实上，更多的教师是活着，在日常而出色、智慧的平凡工作中创造着人的发展的伟业。教师是人，非圣、非神。教师的价值不是仅仅为学生燃烧自己，而是要“点亮”学生的“心灯”，教师是点亮学生心灯的“启蒙者”。孩子们为什么来学校？是为了过一种和家庭、社会、日常生活不一样的新生活，教育需要发挥启蒙作用。

第二，教师不是放任学生自发生长的“牧羊人”，而是用人类文明使学生成人的“养正者”。近期我特别感受到一种“牧羊人”模式、一种“放任”的舆论，且因得到媒体认可、宣传放大而盛行，给孩子自由，使他们快乐成了教育中第一位的价值选择。当然，我们不该让孩子们承担过重的作业负担，剥夺他们成长中所必须有的其他一切，但是教育者要意识到：快乐是孩子的天性，让学校生活充满童趣，不等于孩子要的都对，不等于对学生没有要求。我说过，孩子既不是魔鬼，也不是天使，而是成长中的人，“成长”永远是教育所最关心的！教育要用人类文明“养其正”、成其人。孩子们为什么进学校？是为了看到人类文明的灿烂、丰富！没有教育者，孩子自己无法达到多方面更加完善的发展。所以我不主张过度放任孩子，不主张无度顺从学生的每一要求。

第三，教师不是学生成长路线与模式的“规定者”，而是学生才情、智慧、人格发展不可替代的“助成者”。原来的课程是每个年级统一模式、统一规定，现在有人、有些中小学校、有些地区则提出：让每个人有一个模式，为每个人铺设人生轨道，我认为这虽是基于发展个性的好心，但做不到，也无完全必要。其实哪个人不是自己长成的、不是自己活出的？基础教育有那么大的本事，敢于如此大言：为每个学生设定人生轨道?！也许我是个保守者，我认为教师是学生完整人格发展不可替代的“助成者”，但不能代替学生自己活，不能规定学生的未来。许多家长的失败就在于想让孩子按他的规定活，但是孩子并不如此。每个人的人生都会面临机遇、冲击、诱惑和选择，教育的关键是：经常和孩子沟通，让孩子知道如何为自己的选择负责，选择错了如何纠正，如何把自己认定的坚持到底，这是老师、家长要做的。真正长大、真正有力量的人，是自己会“找食吃”的人，不是等待你给他喂食吃的人。教育要培养孩子主动探索、寻找，而不是被动接受你给他的东西。基础教育的性质就是为学生未来的发展奠定基础。“基础”一要基本、必须，二要宽厚、扎实。做到这两点，才能为学生的未来提供多种发展的可能。

教师为促进学生主动、健康发展而工作，教师天天和学生在一起，如何看待学生，如何看待自己和学生的关系，是决定教育、教学行为合理性的关键。

3. 教师与学科的关系性质：“不是”与“是”（见表3）

表3　　教师与学科关系维度上的角色重构

	不是	是
教师与学科的关系	学科知识的简单传递者 学科技能的机械训练者 学科能力的反复宣讲者	学科知识的重要激活者 学科育人价值的开发者 教育教学实践个性化的创造者

在教师与学科的关系上，任何教师在学校中都不能离开学科而存在，学科知识是每个教师都应具备的，是教师发展的重要方面，但教师不是学科知识的简单传递者，而是学科知识的重要激活者；不是学科技能的机械训练者，而是学科育人价值的开发者。教师的智慧就在于把学科知识激活，让学科内在的生命能量呈现出来。学科知识是充满生命能量的，需回到它创生时的原始状态，知识创生过程中的经历、曲折和智慧，都是有生命的，是活的。学科知识独特的逻辑、魅力，也是有生命的，是活的。教师的能力，就是让学生得到活的知识，看到知识创建的过程，懂得知识对于人类、个体的价值与意义，而不只是一个用符号表达的“死”的结论。

课程改革中有一句时髦的话：课程要综合，仿佛单一学科是造成当前应试教育等一系列教育问题的“罪魁祸首”。这个问题实在需要深思。我认为学科知识是人类千百年智慧创造的成果积淀，它使得我们不必像原始人一样，一切都要从头开始。通过学科知识的内在力量，浸润心灵、锻炼能力，我们可以让下一代较快地走到人类发展的前列。其实，任何综合都以学科的存在为前提，都要以各学科内在价值的开发为前提，否则就是回到原始的混沌。以“问题”代“教学”，这不是今天的创造，“文化大革命”时大中小学都取消学科教学：取消语文，改学毛泽东语录，取消数学、物理，改学“工基”“农基”，10年后不行了，大家感到要回到学科知识。

在西方，20世纪20年代前后，就盛行过“问题教学”、以“活动作业”组织教学、打破学科界限等一系列所谓“新教育”改革，结果因一代人的基础教育缺失基础，引起科技发展、人才匮乏等一系列问题而改弦更张。故而，今天再用此类做法，也不算什么好的创新。今天，我认为，依然要尊重学科知识，尊重学科内在的规定性和独具的人类生命能量。经历过“文化大革命”，我们应该知道尊重传统，尊重人类文明创造的学科知识，我们不能轻易忘记刚刚过去不久的历史教训！

世界范围内也是这样。最近，我读到一位在美国生活、在联合国工作了10年的人士写的一篇文章，他认为美国教育有可借鉴之处，但全科教学是美国教育最大的失败，中国千万别学！小学应该培养全科教师，但是培养全科教师不等于在小学推行全科教学。如何面对学科教学，这是当前值得我们深思的问题。一个轻率的创新、选择或决策，带来的后患是一代人甚至几代人的生命成长，教育真是来不得半点冲动、图新而不顾后果的事。

“新基础”花了大力气开发学科知识的育人价值。其实，每个学科本身就是综合的。学科知识的活化，是使学科内在的生命性呈现出来，使学科与其他学科产生开放式联系。课程综合，可以尝试，但不能未经论证，就轻易地将一种模式推广至全国，偌大的中国，这样做是很危险的。何况，课改已经设置了综合学科、思想品德、班级活动、综合实践活动等具有综合运用各学科知识的要求，为什么还要取消或者消解每一个学科的基本教学？我认为，真正的学科综合，首先要懂得不同学科的逻辑、符号、独特的知识体系，在此基础上，再上升、达到“通”，这才是高级的综合，而不是简单地做加法，许多学科老师都来参与一个活动。在孩子智力成长的重要阶段，只有通过系统化符号知识的学习、掌握与运用，孩子才能成为一个既能透视历史，又能探索未来，在学科基础上实现高级综合的人。

教师不是学科能力的反复宣讲者，而是教育教学实践的个性化创造者，教师首先需要转换观念，关注学生多方面发展，然后结合自己的实际和学科、学生的实际，才能做出个性化的创造，实现更好的发展。

4. 教师与自我的关系性质：“不是”与“是”（见表4）

表4　教师与自我关系维度上的角色重构

	不是	是
教师与自我的关系	听任外部环境摆布的被动生存者 只需专业发展的局域人 群体中的依附者	自主选择职业的责任人 不断自觉提升德性才智的发展者 善在群体合作中发挥、发展个性的主动者

中小学教师在整个知识分子群体中，虽然数量庞大，但因其社会地位及在传统观念中的弱势定位，故容易感到自己是被动的生存者。我认为在教师与自我的关系上，一是要强调教师是自主选择职业的责任人，不是听任外部环境摆布的被动生存者；二是教师不是只需要专业发展的局域人，而是要不断自觉提升德性才智的发展者，教师要在教育生活实践中，自觉、持续地从人的多方面发展自我完善；三是教育是群体活动，孩子们在群体教育中成长，所以教师既要个性创造，又要善于主动地在群体合作中发挥、发展个性。

上面是对教师角色观念的重构，因为时间关系，下面简单谈谈教师发展的基本路径，“新基础”强调：对日常教育教学实践的持续研究，是教师发展的基本路径。我们认为日常是人人都拥有的研究资源，日常在朴素中蕴含丰富，在平实中呈现隽永，碎花细草无处不生长。变革的理念在日用常行中，才能悟道，养成新习惯、新基本功。思想与创造是照亮日常世界的阳光，只有坚持日常变革实践，学生才会有内在真实的成长，教师才能感受日常过程的发展伟力与魅力。只有坚持日常，才有真实、内在的成长，现在我们的“新基础教育”研究基地校、“生命·实践”教育学研究合作校都在讲：要用变革的实践“创造学校教育新生活”，“把日子过成诗”。

（四）读懂理论与实践的关系，双方致力于建构新型关系的探究自觉

最后一个读懂，因为时间关系，我会很快讲过去，但它对我们来说是非常重要的。

第一，教育改革不能无视教育理论的价值。教育改革的理论，不是社会变革或经济变革理论简单演绎的产物。现在，在教育改革中，教育理论的话语基本被边缘化，经济学家、社会学家、名流大腕都有关于教育问题的发言权，缺失的恰恰是教育基本理论研究者的话语。理论是教师自觉更新实践的认识基础，理论的

可靠性，能够减少变革实践的纠错成本。梁启超的儿子、我国第一代火箭控制学家、中国导弹控制系统研制创始人、我国航天可靠性工程学的开创者和学术带头人之一梁思礼，在解决航天可靠性的问题上，提出了“十倍理论”，他认为：在概念设计阶段，花 1 元钱能解决的问题，拖到方案设计阶段，就要花 10 元钱才能解决；在方案设计阶段，花 10 元钱能解决的问题，到了出样阶段，则要花 100 元钱——每个阶段的纠错成本都是上一个阶段的 10 倍。“10 倍理论”对我很有启发，火箭的运行要非常清晰、可靠，那么人的成长呢？生命对于每个人都只有一次，难道不需要概念的清晰？难道不需要理论的可靠？教育改革需要教育基本理论，需要清晰、可靠的教育理论。

第二，怎样的教育理论才能对教育变革实践产生影响力？我们不断反思自己是如何一步步走出的，我认为这样的理论才能对实践产生影响力：具有反思与批判针对性的理论，具有未来指向、内在开放性的理论，具有综合抽象、层级转化结构的理论，具有边界与尺度的理论，见真、见知、见诚，有温度的理论。“真”需要实践检验，有“知”才能对实践有启发，“诚”是自己体悟的，有温度，有人在里面。

第三，共同参与变革实践，形成共生经验是“理论·实践”实现双向转化和渗透的基本保证。双方都要学会相互尊重与倾听，在碰撞与交流中逐渐形成共识；双方都要保持对自身缺失的敏感、学习、体验与完善；双方共同反思、总结、交流、分享，创生的新经验与新理论，才能实现交融。

三、结语

最后，我以简单的几句话作为结语。在写作报告提纲时，我想到了朱熹《观书有感》里的两句话：“问渠哪得清如许，为有源头活水来。”“新基础”的源头活水是“生命·实践”。

我 2004 年写的“新基础教育”研究发展性阶段结题报告：《世纪初中国基础教育学校“转型性变革”的理论与实践》，2006 年获上海市第八届哲学社会科学优秀成果奖一等奖，当时我很感慨，在获奖感言中，最想和大家说的是：教育是什么、教育学是什么。所以我讲了下面一段话：

“在我的教育学研究生涯中，最能打动我的两个字是‘生命’，最让我感到力量的词是‘实践’。教育学说到底是研究造就人生命自觉的教育实践的学问，是一个充满希望、为了希望、创生希望的学问。”

我希望大家一起成为教育学研究的同行者，成为基础教育改革的积极的创生者！

本文根据叶澜教授2015年11月1日在全国“新基础教育”研究成果推介会上所做的报告整理而成，经叶澜教授修改，定稿。后发表于《人民教育》2016年第3、4期。

新时期“新基础教育”研究再出发

今天上午，大家说了无数“感谢”，令人感动。我心中也一直有个“感谢”：“新基础教育”做到今天，是大家团队共同努力，靠一个人走不到今天，所以我十分珍惜和大家在一起的日日夜夜，在“新基础教育”研究中，大家一起奋斗，包括前面参与的和现在满怀热情投入做的，是我们共同夯实了“新基础教育”这片大地，是我们共同用自己的力量撑起了“新基础教育”一片蓝天！所以，我们大家都要在心里永远记住这样的日子，永远感谢在这个过程中我们共同的相扶、相持，同奋斗、共喜悦！这样的生命历程，对于我来说是十分珍贵的。我没有想到，会在生命中遇到这么多真心实意在乎教育，在乎国家和民族的未来，在乎每一个人生命成长的好校长、好老师，还有我们教育研究团队中的好同事。我在开场白第一要讲的就是：我们永远不要忘记这样一段日子带来的幸福、力量和可能在心中永不熄灭的“火种”。

许许多多具体、真实的变化，让我们看到新基础的昨天是怎样一步步走过来的，也看到新基础的今天。上午两所学校是第一批“生命·实践”教育学研究合作校的出色代表，常州市局前街小学李伟平校长、上海市闵行区第四中学屠红伟校长的报告，让我们看到通过5年奋斗走到哪里了，正在如何为明天继续奋斗。

今天我的报告先简要回顾、总结“昨天”，重点放在我们已经走到哪里，在什么意义上“再出发”。“再出发”说明不是从零开始，而是已经走了20多年后，思考如何继续前行。漫长的行进总是越到后面越难走，但是也可能越走越接近光明，越走越能带来内在力量和外在成长，包括学校的成长和每个人的成长。

下面我主要从四个方面谈。

第一，简要解读“新时期”与“再出发”。这是一个怎样的“新时期”？为什么要“再出发”？对我们现在生存的社会和新基础达到的状态做出相对理性和清晰的分析，这是继续前行所必须回答的前提性问题。

第二，学科育人价值[①]的全面深度研究。这是大家非常关注的问题，昨天一天的教学现场研讨在全局意义上开启了新的研究征程。“学科育人价值”我们之

---

① 关于学科育人价值开发方面的内容，可参阅：叶澜．“新基础教育”论：关于当代中国学校变革的探究与认识．北京：教育科学出版社，2006：249－258.

前不是没有研究，今天是在已有研究基础上走向全面、深度研究。如何理解“全面”？如何理解“深度”？

第三，学校综合活动育人价值的充分开发。无论是“学科育人价值的全面深度研究”，还是“学校综合活动育人价值的充分开发”，都不只是学校分管副校长的事，而是需要学校“第一把手”校长实实在在抓。这次会议的出席者首先是学校校长。上午两位校长讲得这样清楚，新时期再出发，没有校长第一责任人的投入、深思、带领大家一起做，难以达到深化、拓展的要求。

第四，概要说明我们究竟想要做什么，我们要走到哪里去。作为理论工作者，重要的是弄明白“教育”到底是什么，在道理上弄明白了“教育所是”，就有可能按照“教育所是”而行。不懂教育的人，没有在心中种下好的教育种子的人，不会踏踏实实、认认真真、持续朝前走，所以“教育所是”在“教育信条”里反复谈及。行至最后要达到的境界是“自然而然”，不是为谁做。每个人都将此视作自己的追求，这就是内心的需求，这样做不会感到压力，只有享受、欢乐，这是怎样的境界，大家都要明白。

以上是今天要讲的四个问题，重点在第二、第三。其中，第一是前提。第二、第三是学校教育改革的核心部分，必须抓好。第一、第二、第三弄明白了，第四也就清楚了：追求教育的本真，达到“自然而然”之境。

一、解读“新时期”与“再出发”

“新时期”的分析从两方面讲：第一，从整个社会意义上如何理解中国改革开放进入新时期？第二，落到新基础，为什么讲“新基础教育”研究进入了新时期？把前提、背景弄明白，就会清楚我们从哪里再出发，既有信心，又知道问题。

（一）中国改革开放进入新时期

“新时期”的思考首先要看到中国改革开放 40 年发生巨变。“巨变”是事实，体现在五个方面。

第一是国家由贫穷走向富裕。2018 年 4 月 20 日《人民日报》发文指出：国家发展改革委组织编写的《2017 年中国居民消费发展报告》显示，2017 年全国居民恩格尔系数[①]是 29.39%，这意味着中国在 2017 年第一次迈进了富裕区的门

① 恩格尔系数表示的是食物消费支出占消费总支出的比重，被认为是对一个家庭或国家富裕程度直观简洁的度量，当恩格尔系数在 20%～30%之间，标志着该地区已进入富足区。

槛。这是一个具有重要意义的数据。

第二，市场经济渗入社会一切领域，给经济发展带来了活力，但扭曲了的市场经济也带来许多问题，如在政治领域带来腐败，否则不需要反贪；尤其要警惕的是在公共服务领域带来问题，在教育领域也带来问题，它不只是涉及运行方式，而且包括对人之精神面貌的销蚀，在精神层面上带来深层问题。我讲“渗入社会一切领域”，不是一切歌颂，而是全面了解，包括问题，尤其是深层问题。

第三，信息技术升级换代冲击力强。“冲击力强”体现在两个方面。一方面，现在人工智能越来越走向替代人的劳动，这对人需要具备怎样的素养才能在新时代生存提出了挑战。我 2006 年的《“新基础教育”论》写到信息化时，尚未出现这样广泛和具有威胁性的重大冲击。另一方面，机器人还在研究如何毁灭人类，这是走向极端了！若真走到极端，一定会摆回来！在强烈的冲击面前，我们不要忘记教育者的理智、良心和责任。

第四，价值体系功利为上、核心模糊。现在，核心价值观的标语处处可见，但问题是：入心了吗？成为行动的指导思想和明灯了吗？因为市场经济过度渗入，社会风气往往认为名利才是实实在在的，淡化名利只是唱唱高调。上午两位校长的报告，告诉我们无名利能不能活？不以名利为先是不是就活得惨？还是活得越来越光明伟岸?！学校不同于社会的是什么？我认为学校应是社会发展的“精神母机”，人从小养成的精神力量、社会上尚未生长和发展出来的精神力量，都应在学校中发展起来、光大起来，一代代朝着越来越美好的方向前行。而不是认为社会就这样，无可奈何。今天李校长的报告表明：社会虽如此，只要心有光明，依然可以坚持，依然可以创造光明！

第五，文化领域古今中外多元混杂。这里用的词是“混杂”，不是“融通”。现在复古的方式多种多样，中国文化本就有混杂，西方文化也并非一元。一定意义上，现在出现了精神危机感、空虚感和娱乐至死等多种畸形状态。到底怎样的未来文化最有利于社会发展，有利于在社会中生存的每一个人的发展，有利于学校的发展？这是需要思考的现实问题。

概而言之，巨变带来从未有过的优势，也带来从未有过的问题，中国社会继续发展面临新任务。

由富到强首先在社会内部面临转型的升级换代，社会发展不仅要改变改革开放之前的问题，更要改变改革开放 40 年本身带来的新问题。从“站起来”“富起来”到“强起来”，当前社会发展的核心任务是社会改革发展转型本身要升级换代。升级换代的主要指标，我曾在《终身教育视界：当代中国社会教育力的聚通与提升》(首发于《中国教育科学》2016年第3期)里展开论述，此处仅简要表达。

一是社会发展指向和谐、民生。包括经济增长内部的和谐，经济增长与人文发展、与社会进步的和谐，与自然和谐的生态文明，以及人与人之间的和谐，需要处理好贫富差距、国家富强与人民富裕之间的关系等等。现在，民生问题成为政绩考核的主要内容，但遗憾的是教育尚未被清晰地放在独特、不可替代的位置。

二是经济发展突出创新、质量。“创新”是要从原来模仿着走、跟着走、追着走，走向自己独立朝前走，走出自己的路，而且在一定意义上引领人类发展。改革开放40年，原来强调的是数量、速度，当前转向强调质量。拿常州市局前街小学来说，学生从最初几百人，发展到现在上万人，如此大的规模是好事吗?我一直认为小学发展得太大不是好事，这不符合教育的逻辑。我相信“合久必分”，学校不是超市，不能用开连锁店的方式形成集团。现在我们好几所“生命·实践”教育学第一批合作校变成了集团的“首领”，这在一定意义上表明“新基础教育”学校发展被行政和社会认同，但是要提醒大家：清醒！清醒！再清醒!! 不要忘记自己是谁，“新基础教育”是什么，学校整体改革的根本任务是什么?

三是市场经济加强规范、诚信。“规范”“诚信”是衡量下一阶段市场经济能否成功的标准。经济秩序、制度，包括人的精神世界秩序再建，是当前的重要命题。市场经济本来应该诚信，但是现在日常生活里无处不存在欺骗的可能，弄得人人自危。规范、诚信是社会稳健、安定的基础，是人心所向。

四是中国社会各地区空间布局大转换，城镇化提速与美丽乡村建设并举。有关数据表明，2015年我国城镇化率达到56.1%，城镇常住人口达到7.7亿，还要发展超大型国际城市。为什么新时期发展如此重视城市?在历史上，城市(city)和文明(civilization)是同根词，城市与文明连在一起，是持久、稳定的，世界各地的发展趋势都是走向城市化。但农村是中国社会之根、文明之根，这是独特的中国现象，“美丽乡村建设”对中国具有重要意义。

五是国家软实力发展提上议事日程。“软实力”一方面是人的文化、文明和教养提高；另一方面是社会秩序重建，还要形成维护机制，包括惩罚与弘扬。当前，很多城市在发展大型文化设施，校长对此要敏感，关注、研究如何使之成为滋养学生精神世界的重要资源。

在国际上，由富到强的中国也面临挑战。首先，中国在全球化中的角色地位发生变化。从被动全球化走向主动全球化，从被规定走向参与规定，从顺势而行走向对逆向的力量产生制约作用，这个角色定位很大气，古老的中华民族在今天能否做到对人类发展有新贡献？其次，发达国家强势打压，国际利益格局动态变化。

综上所述，我们大致可以对“新时期”形成如下几点基本认识：

第一，中国面临近代以来（近 200 年）从未有过的复杂大变局和发展新希望，出现了历史发展的重要转折，进入新时期。我们生逢大时代，不要做大时代里的糊涂人，要做大时代里的清醒人。

第二，社会发展必然要求教育改革向纵深发展。教育千事万事归于“一事”，那就是：培养出能把握自身命运、具有时代发展敏感性和社会责任感、能创造中国未来的一代新人。教育工作者做的是面向未来的事业，不能做不识时代的糊涂人。

（二）“新基础教育”研究进入新时期

第一，共生体内结构形成新格局（2012—2017 年）。参与“新基础教育”研究的学校数量增加，地域扩大。其中，直辖市有 3 个，长三角、苏浙沪、东南、西南和中部都有。

共生体内部出现了多元主体的丰富组合。“新基础教育”研究大中小学合作里的高校团队，不只是有华东师范大学的团队，还有淮阴师范学院、广西师范大学和云南师范大学；地方指导团队里的上海市新基础教育研究所和常州市新基础教育研究会已经比较成熟，深圳和镇海的教研员团队今天都有老师获奖；地方行政，包括区域教育局、教师进修学校等部门也介入合作研究。成员增加，成分复杂，如何在此结构下开展多元、多层互动，实现多方共赢、成人成事？这是需要加强的一个新的研究方面。

共生体各地区、学校（包括三批“生命·实践”教育学研究合作校、三批“新基础教育”研究基地校、若干中期评估校和新进学校等多种类型）研究发展水平呈现差序。其中，第一批合作校内部也有差异。今天上午两所第一批合作校的校长报告，让我们看到他们在 5 年中的变化成长，这是一种发展状态。此外，有的处于维持，也有的在迷茫。我们讲“差异是资源”，但只有通过互动才能发挥差异的资源价值，使各方皆能得到提高才是有效资源。大浪淘沙，各个层面都会经历沙里淘金的过程，也会出现后来居上的现象，这取决于各校自己的追求与努力。我非常在乎合作校的发展，在乎我们共同的事业。第一批合作校“长”得如何，决定“新基础教育”内部核心力量的强大。（上海市闵行区古美学校）张玲玲校长上午在发言中讲道：“新增合作校授牌不只是荣誉，还有责任、担当。”

讲得好！新基础是有责任感、有价值追求的事业，需要大家责任担当。

第二，“新基础教育”理论与成熟经验有效推广，共生体背景下开展研究的新经验逐渐创生。已有的成熟理论与经验（如实践中形成的“铁律”、推进的过程逻辑，以及合作校和基地校的示范带领等；理论上已形成的一系列著作与论文，在新进地区推广中发挥作用；研究队伍不断壮大；等等）都足以证明已有研究成果的生命力。与此同时，推广也在不断创生新经验。新经验包括合作校自主发展、生态区建设、共生体领导小组、区域结对互动、兼职研究员培养等。

第三，“生命·实践”教育学派形成标志性成果，“生命·实践”教育学研究院成立。学派的标志性成果包括：2015 年出版的“‘生命·实践’教育学论著系列丛书”（三套 30 本）、2016 年发布的“生命·实践”教育学派教育信条、2018 年 5 月召开的《回归突破：“生命·实践”教育学论纲》英文版发布暨国际研讨会，以及目前已建立的三批 26 所“生命·实践”教育学合作校等。

第四，理论和实践发展提出新问题。没有问题意识，生命活力就会萎缩，内生力就会削弱。内生力和困难、问题、目标联系在一起。随着研究队伍和势态不断壮大，理论和实践发展提出一系列新问题，其中主要有：“新基础教育”研究数量扩展和研究深化、研究指导力量的自身发展和梯队建设、学派理论建设与合作校发展的关系、合作校标杆示范作用的形成与引领，以及在复杂、多元、不确定性增加背景下，各校坚持自觉、主动研究的定力与真实发展等问题。在当前尤其需要关注“深化”问题。研究指导力量要关注自身发展，有生命力的团队是有梯队的团队，不断培养新生力量。今天的会议推出两个合作校校长发言，某种意义上就是在推出合作校“标杆”，强化大家的“标杆”意识。合作校都要自问：成为合作校以后，在“新基础教育”研究和“生命·实践”教育学发展上，是否做出标杆成就？是否在向更高的目标迈进？每个人都要自问：在研究实践中成长了没有？如果我们不继续朝前走，只是不断重复自己，那就不会有新发展。我们需要不断研究、创生，包括华东师大研究团队自身，要牢记何为“生命·实践”教育学，在实践中不断成长，在发挥作用中不断成长；牢记生命是这个世界上最宝贵的，在乎生命里的每一天；教育者眼里的生命不只是自己，期盼的是通过教育让教育中更多的生命活得更美好。在此尤其强调：大家要在乎我们共同创造的事业，不自满、不懈怠，不断总结，知晓发展的基础，同时发现、研究、解决新问题。

综上所述，可以得出结论：“新基础教育”研究、“生命·实践”教育学派在新形势下别无选择，唯有基于现实基础和发展需要再出发。

我们需要探索改革开放新时期的教育改革深化问题，探索基于“新基础教育”现有经验和问题的新发展阶段目标与路径，包括：在“新基础教育”研究三大领域深化研究、提升品质，创造学校新生活，强化合作校成长的标志性研究等。希望再过 5 年，合作校都有成长的标志性成果，特别希望第一梯队的学校成为当代最优秀的新型学校“建筑群”。下面具体谈谈两个领域的深化研究。

二、学科育人价值的全面深度研究

学科育人价值是学校教育育人价值的基础性构成。基础教育不能丢学科教学，这是“文化大革命”给我们的惨痛教训！学科是最基础的、有组织的、浓缩的人类文化精华。外面再闹、再糊涂，我们都不要忘记学科教学的重要性！

(一)“新基础教育”研究育人目标关注的核心构成

育人价值指什么？有人讲是德育，是爱国主义教育等。“新基础教育”指的是全面育人。我们讲的“育人价值”所指有五：

第一，是培养积极主动、健康发展的人生态度。我曾经和上海市闵行区七宝明强小学原校长吴国丽讲过：儿童的心理天空应该是明亮的。明亮的天空、阳光的心态会成为孩子一辈子的力量，是内生力成长的重要动力。基础教育要做对人终身有用的事，不要不在乎积极主动、健康发展的人生态度。有此，则无论顺境、困境、逆境甚至身处危境，心态依然明亮，会主动想办法解决问题，而不是推卸责任或逃避。

第二，个体人格的养成与公民素养的自觉健全。人格比什么都重要，人格养成是内在力量的培育，未来社会是民主、自由的公民社会，需要有责任心的公民。自尊自信的人才会尊重人、相信人，不把他人当工具，也不把自己当工具。

第三，基础学习力的养成和自主拓展性学习需求与能力的培养。这里涉及学习潜力、发展潜力的开发。

第四，独立思考、批判性发现和创造性解决复杂问题的能力，在不确定、变动性增强的世态中实现自我发展的生存能力之养成。这是对人的深层挑战，未来社会更加多元、复杂，对人更有挑战，需要关注思维品质的培养。

第五，发展多方面的兴趣，培养融入和改变身边世界的能力，与人为善、热爱生活和生命的人生态度，以自觉创造并可能拥有幸福人生。我们希望每个人都拥有幸福人生，为此，需要关注学生多方面兴趣的培养和开发。教育中的兴趣需要培养、开发和育成，不只是依顺学生当前的状态。

这是“新基础教育”要培养怎样的人的“标杆”，需要通过学校各个领域的实践来实现，不只是对学科教学领域而言（因为先谈“学科教学”领域的问题，故将此放在这部分的大标题下。特此说明，希望不产生误解）。大家可以通过讨论越来越清晰新基础培养怎样的人。

（二）学科育人价值的全方位开发

全方位开发包括哪些方面？

第一，教师的全面素养和学科育人价值开发意识与能力的提升。教师发展是教育改革中的成人成事，现在我们要以学科育人价值的全面深度开发研究来涵养每一位教师的发展，学科教学研究需要提升到育人新水平，这对教师是个挑战，也是实现教师发展的重要平台。

第二，学科教学内容育人价值的系统研究和配套落实。本次研讨以数学开场，是因为数学教学改革研究在内容重组、知识内含的思维方法开发等方面做得相对较好。昨天有老师谈道：学生感到知识自己也会长，不是胡乱堆积的，而是知识和知识之间有内在联系。这很重要。数学教学改革在此意义上做得较好。但更重要的是：数学的“魂”是什么？数学的“魂”在哪里？有了学科“魂”，才能对育人产生深度影响。昨天的报告对此有涉及，尚可深度思考。伽利略曾说：大自然这本书是用数学的语言写成的。我们有没有想到数学和自然的关系？研究过怎样让孩子体验数学和美的关系？昨天，王冬娟校长在报告中谈到数学和美的关系。还有数学的符号系统、公式，追求又深刻又简明的思维力量。我在中学学习数学时，感受到很大冲击的是“无穷大”和“无穷小”两个符号，“无穷大”“无穷小”！人生也是如此。在自己的生活经验中从未直接体验和深入思考过，更没有想到可以用有形的符号来表达。尽管我的数学成绩并不好，但由此生出了数学奇妙和对数学家的敬意。我想，这些可能就是数学“魂”的构成之一。很值得我们深入探讨。数学老师头脑里有数学魂吗？我们都要自问。数学学科内容的育人价值开发不只是思维方法，不只是形数转化，这些很重要，是基础，但还只是迈出了第一步，远未达到终点！

第三，教学过程多元、多形态互动推进中育人价值的开发。教学过程的育人价值，所有学科都要深思，目前存在的问题还比较多，昨天有老师提出很尖锐的问题：学生真正是自己在探究吗？还是按照老师安排好的在探究？学生在过程中有问题吗？不同的答案有争论吗？为什么没有四人组的讨论？没有四人组讨论可能表明教学中未出现需要讨论的、重要的不同意见或思维挑战，也可能表明老师没有捕捉到学生呈现的、重要的、有讨论价值的资源。学生之间通过对疑难问题或不同问题的争论，才能达到更高层次的认识并且获得喜悦；教师如何发现、捕捉和课前预设不同的资源……这些都需要深度研究。教师习惯于捕捉和预设相同的资源和预设不同的资源意味着什么？为什么会有不同？学生有什么独特性？越是高年级，越需要抽象思维的挑战，昨天六年级的比例教学有挑战，但是一定要从具象开始吗？还是当学生遇到抽象困难时再给具体的案例或操作性支撑助解？也许我们学得扎实，但是有没有真正的探究、发现？有没有每个人内在的自我成长和喜悦？我一直强调：教师在课前清楚和把握知识的内容结构，是为了在课堂上把关注、研究的重心放在学生资源和各种互动的真实、有质量开展上。我们现在的课已经和原来不一样了，教师不是简单灌输，而是让每个学生经历学习过程，但是学的品质如何？怎样提升？教学过程的研究重点不只停留在知识与知识之间的关联和转换，更要关注的是教和学怎样不断转化？关注学生在教学中的真实成长，这涉及师生关系，课堂上老师对学生关注、关爱，学生遇到问题愿意和老师探讨，学生能感到老师的关心、在乎，中小学生长大后记住的常常不是教师教的知识，而是教师对他的关注和心理上的关爱。我们要开发课堂作为一种学校生活独特形态本身的育人价值。看起来静悄悄的课堂，其实是个生活的海洋。我们对课堂的丰富性、多样性要有深度探讨和形成新认识。

第四，学科拓展性活动育人价值的灵活创生。学科拓展活动要更开放，不要刻意，要让学生释放灵性。学科教学有规范，有基本要求，要熟练练习；拓展活动则要打开脑洞，提高学习兴趣。

上述育人价值的全面深度开发，不是一日之功，而是要日常积累，新基础是层累性发展，是日久见功夫。昨天大家评课都谈到日常的重要。现在，教师新基本功跨出了第一步，但远未达到我们追求的目标，新质尚未十分明确。要达到我们期望的新基本功，至少还要跨两个台阶。校长新基本功也是如此，教研员亦是。每个人都尚需学习，我们尚需明晰新的标杆。

（三）学科育人价值开发的难点

育人价值的全面深度开发，难在哪里？第一，难在要从育知、育识、育方法，向全面育人提升，这是了不得的大提升，有大难度。第二，学科与育人的内在关联和独特结合，由一般向特殊转化。今天我讲的是“一般”，希望大家研究、开发每个学科的独特育人价值。从一般到特殊，找到自己所教学科的知识、教学与育人的内在关联和独特，大家一起清醒、努力。第三，学科教学过程育人价值的全、实、深。原来我们讲学校转型“全、实、深”，现在进入学科育人价值的“全、实、深”。

三、学校综合活动育人价值的充分开发

这是一个新问题，大家近年来在努力探索。

（一）“综合活动”是学校实现育人价值的又一基础性构成

综合活动不受学科限制，它与学校生活、学生发展的节点和韵律紧密联系。我们不只是把学生作为生命体，而且把学校也作为生命体，屠校长发言的题目就是“学校是个生命场”，在其中可最大限度绽放师生的生命活力，师生在各种活动中实现生命成长。在某种意义上，综合活动更具有全局性，学科教学分科进行，综合活动则以综合的方式开展系列活动。现在经常看到综合活动课程化的提法，下面我先对“综合活动”与“学科教学”“活动课程”“拓展课程”的区别做出分析，希望大家清楚综合活动的特殊性。

综合活动和学科教学不一样。我们常常听到把班会叫作“课”，这已成为习惯，因为它排在课程表中，班会活动中的座位基本上像上语文、数学等课一样，尤其是在新进地区的学校，学生常常乖乖坐着，被规训到一进课堂就要排排坐！这是把学科教学的规范迁移到班队活动中带来的问题。综合活动和活动课程也不一样。简而言之，活动课程是西方在20世纪初提出的一种课程理论，它以人类活动领域来分类、组织课程，并强调以活动的方式完成课程。拓展课程包括与学科相关的拓展，与学生兴趣相关的拓展（如航模小组、戏剧社、广播台等），或者与时代、社会发展相关的拓展，如法制课程等。愿意做课程的，可以把它们放到课程里。

“综合活动”是新基础创造的、有自己独特内涵的概念，请大家不要乱套课程概念，否则你实际上没在做“新基础教育”的“综合活动”！通过比较，我再次强调必须认清综合活动的特殊性：它是以学生的成长需要为出发点，以主题和项目（不是学科）为活动构架，以学生的全程参与（包括策划、组织和总结交流等），主动承担责任，产生积极发展效应为开展活动的原则。我们原来关注教育者在教育改革中成事成人，现在还需要关注学生在综合活动中成事成人。师生关系在综合活动中更强调合作、平等，相互欣赏，相互成全。

（二）构建“自然”“社会”与“学生成长”内在相通的学校综合活动节律

1. 共生体学校综合活动构建的基本情况

我在上海市闵行区第四中学调研（4 月 2—4 日）后，想进一步了解参加“新基础教育”的各个学校到底怎样在过日子，所以向大家提出：请各学校以一年为单位，梳理一下学校共有多少“节”（含数量与名称）；请按“月”的次序把“节”写出来，有一个写一个，不论大小。后来收到共生体 12 个地区、59 份表格、95 所学校提供的校内所设“节”的调查材料，经过与张永、庞庆举两位博士共同梳理、分析，发现：（1）各校所设“节”的数量区别很大，最少的只举出 2 个，最多的达 72 个，很显然，少的需要拓展，多的需要整合。“生命·实践”教育学合作校的表现是绝大多数以“四季”作为全学年综合活动的大类名称，每校“节”的数量集中在 10～20 个（第一批合作校的重视程度最强，但也有例外）。（2）所设“节”的内容，主要分四类：国家法定节假日、教育系统内规定的节假日活动、自然节气、学校生活节律与学生成长关键时日。其中，第四类体现了学校教育的独特。强化自然节气的活动是我们“新基础教育”的倡导。前面两类活动如何结合各年龄学生发展的特点，将其转化为学生发展的资源，尚需具体研究。（3）“节”的设置大部分呈点状，随机分布于全学年各月，缺乏内在关联。其中，上海市闵行区实验小学、古美学校在“节”的内在关联方面已有思考。（4）综合活动的具体内容普遍重视学生的知识获得、能力培养和可见成果、竞赛获奖等方面，较少关注和安排学生与大自然的直接沟通。

2. 学校节律再构建需要思考构建的依据和原则

首先要清楚“节”在学校中强调的主要指什么？“节”是生命或事物发展的节点，体现了系统内转换的临界点。有自然的节，也有人设定的节，人类生活中形成的节，这些是历史沉淀、人类经验的结晶，具有纪念传统、强化价值和发展路标的价值，它联系着历史、现在和未来，是学校教育的重要资源。

人与自然存在内在不可分割的联系，自然与我们是最大的生命共同体，宇宙自然是大天地，人是小天地，万物生命同体。人世间最大的“通”是和自然相通。四季轮转是大自然的运行规律，人的生命、生产、生活等多方面的活动，也随四季的律动而变化。

二十四节气是中华民族数千年前了不起的创造，春秋时已有冬至，后生成两分两至，到汉朝正式确立了二十四节气的自然律法，成为自然四季律动变化规律的节点式系统表达[①]。随着中华民族的历史发展，有关节气的认识和活动逐渐丰富，具有了自然变化和社会生产、生活、习俗等多方面综合表达的特征，数千年来与中华民族的生存息息相关。因此，无论从自然变化、万物生长的节律，还是从继承传统的维度，节气都应该且可能成为整合学校综合活动最为适宜的系统框架。四季中的二十四节气与学校综合活动的切合点在于学生的生命成长节律和学校生活起承转合的节律之合拍。学校活动的整体规划，应以长时段的“季”为单位，方能形成主题的有机整合。

（三）学校综合活动节律再构建

“新基础教育”共生体学校对“节”的综合活动已进行了探索。下面，我尝试对学校四季活动做出再构建，供大家研究参考。

1. 学校全年综合活动以四季分大时段进行设计

每时段分别以“立春”“立夏”“立秋”“立冬”为起点，以一季中最后一个节气结束为终点。

每一个时段的起始时日，学校都要有“送往迎来”的综合活动，以强化生命流转、季节转换的标志意识。每季都要有六节气的名称，自然、人文内容的图文或专题录像介绍（集中与分散相结合），配以咏唱、背诵等有关活动，让节气这项中华文化对自然变化节律的伟大认识与创造性表达，在学生心目中留下深刻印记，存活在学校生活里。每一季的主题都要与生命成长以及学校生活的节奏相关。

每一季还要有直接到自然中的活动，提升学生直接感受自然、欣赏自然，与自然对话、息息相通的感受力，并养成亲近、关注周边自然世界的爱好与习惯。我这几年一直尝试用摄影和自然对话、沟通，感受这样做是有成效的：花苞绽放、草地变绿、枝头结果、风云变幻……生活中的周边世界、大自然，常常会给我们带来惊喜与感动！

2. 春季的主题是“生”——及时播种

播种生命、播种爱、播种心愿。探寻、观察、记录、体悟春草破土、春花凌

---

① 叶澜．溯源开来：寻回现代教育丢失的自然之维：《回归突破：“生命·实践”教育学论纲》续研究之二（上编）//华东师范大学“生命·实践”教育学研究院．“生命·实践”教育学研究第二辑：校园四季系列活动设计．上海：上海教育出版社，2018.

寒、旧枝新芽的生命内生力之顽强，万物初生之动人心魄的美。强化“开启”“初生”对于任何生命和事物是否存在重要价值问题的认识。

3. 夏季的主题是“长”——自觉成长

长身体、长学问、长能力、长智慧、长意志、长责任、长情谊。感受自然界万物尽力吸收阳光雨露、蓬勃生长，使大地一片欣欣向荣、熠熠生辉的繁荣景象之美。体会“长”要善于吸收外界的能量，更要通过自己的努力，方能完成生命从出生到长大的转换。

4. 秋季的主题是“实”——收获成果

欣赏秋之成熟蕴含的美、大自然色彩变幻之妙，享受经努力之后获得成就的喜乐。感受来之不易的一切，感谢所有对自己成长的帮助（包括对传统的敬重和传承意愿的强化），珍惜自然赠予、劳动成果——富裕时代需要形成“惜”的意识和习惯：惜物、惜财、惜时、惜情……

5. 冬季的主题是“藏”——蕴藏蓄力

蕴来年生命之力，择再生优良之种；蕴共度严寒之暖，思一年成长之历。欣赏冬季落叶后枝干的挺拔、刚毅、不屈之美；意识到“根”的重要：虽深藏地下，却是生命生生不息的力量所在。

6. 学校全年主要综合活动按四季分配整合（见表1）

表1　四季活动整合表（提要）

春生（立春—谷雨）（2—4月）	夏长（立夏—大暑）（5—7月）	秋实（立秋—霜降）（8—10月）	冬藏（立冬—大寒）（11—次年1月）
2月：送冬迎春 开学典礼 播种节 3月：植树节 三八节 4月：清明节 野外活动 春季运动会	5月：送春迎夏 五一劳动节 五四青年节 6月：10岁生日 入队仪式 六一儿童节 毕业典礼 （与艺术节整合） （7月暑假）	（8月暑假） 9月：送夏迎秋 开学典礼 入学典礼 中秋节 （野外活动） 10月：国庆节 （中华魅力） 建队日 重阳节 秋季运动会	11月：送秋迎冬 读书节 （野外活动） 科技节 （创意与制作） 12月：迎元旦 送温暖 （次年1月寒假）

几点说明：

（1）各校必开展校庆系列活动，增设学校独特的传统节（表中未列）。

（2）相关节气及各类活动，可按需在班级、年级、全校三个层面，以不同的方式开展，成为全校学生生活的组成。

（3）原有的为学科活动专设的节，可化到各活动中，也可划入拓展课程。

四、依“教育所是”而行，达“自然而然”之境

（一）“生命·实践”教育学——探索教育之“所是”

何谓“新基础教育”研究、“生命·实践”教育学派认识的“教育所是”？它包括三个方面。

1. 价值确定

教育是促进人之生命成长，通过“长善救失”的教育实践活动，使参与者变得更美好，承担起自己从事职业的社会责任。教育是人类生存与发展不可或缺的伟大事业。

2. 思维转型

走出片面抽象、孤立对立、非此即彼等简单归纳、判断和推理的思维方式。用复杂思维方式研究教育活动内在的矛盾、张力、关联、互动、生成、转化等复杂关系，研究教育系统的结构、生存和发展之原道。

做“新基础教育”，没有价值确定，做不下去；没有思维转型，则做不好。我们许多校长都感到自己的思维方式变了，就是长期进行“新基础教育”研究的结果。

3. 以身立学

我言即我信，我信即我行，我们努力这样要求自己，这是“新基础人”的群体人格特征，是“生命·实践”教育学人的人格特征。以身立学，是以当代中国基础教育改革中的学校整体改革为核心，通过理论与实践多主体、多层次、多方式的多向互动，探索当代中国基础教育学校改革解蔽之方；走出创造学校新生活之路，在改革者自觉、积极参与中实现成事成人；走出创建当代中国教育学的学术之路。

（二）走向“自然而然”之境

何谓“自然而然”之境？如何走到“自然而然”之境？

1. 通过学习、反思、实践、创造，基于日常，不断实现自我更新

使价值成为信念；将教育之道内化于心，外在于行；练就“新基础教育”、教学和学校领导的新基本功，使习惯成自然，达一切自然而然之境，这是大修炼。我们人人作为自己生命的发展主体，共同创造学校新生活，享受教育活动所特有的生命四季，享受教育独有的尊严、活力与欢乐。

一个对自我更新没有兴趣的人和学校，是做不好“新基础教育”的。

2. “生命·实践”教育学追求的教育最高之境——“自然而然”

我用四点概括表达我们所追求的教育最高境界——“自然而然”。

（1）厚朴如树。扎根于土，坚实不移；不图虚名，不玩花样；成全生命，舒展成长。

（2）温润如玉。经久积淀，化为内质；光自心出，方得温润；自在自如，悦己养人。

（3）灵动如水。不畏高山，不惧险阻；一往直前，无怨无悔；坦荡灵动，得大自在。

（4）绚丽如凤。生命多姿，五彩缤纷；精神奋发，涅槃重生；爱心不变，欢乐永存。

凤，敢于扑火，敢于涅槃，敢于重生！

本文根据叶澜教授 2018 年 5 月 12 日在江苏常州举行的全国“新基础教育”共生体第十次会议上所做的报告整理而成，经叶澜教授修改，定稿。后略调发表于《人民教育》2018 年第 13、14 期。

当代中国教育学创建研究

为“‘生命·实践’教育学派”的创建而努力

——叶澜教授访谈录

记者：叶老师，您所主持的“新基础教育”课题研究，已经走过了近十年的历程。从一开始，它就引起了很多关注，比如自从《让课堂焕发出生命活力》（《教育研究》，1997年第9期）发表以来，许多学校和教师常常会以这种方式来表达自己对教育教学改革的追求。在我的印象中，这是第一篇从“生命”的视角来探讨教学活动的文章。您当初怎么会以这样一个角度来认识教育教学？“生命”这个概念在您的理解中处于一个什么样的位置？如果用“生命”的观点看教育，对教育的认识会发生什么样的变化，对教育学理论的建设会产生什么作用？

叶澜：《让课堂焕发出生命活力》这篇文章之所以会触动这么多的学校和教师，我想可能是因为它触及了教育的基础性问题、原点性问题，并且与教师们的教育体验和生命体验联系在了一起。我在试行“新基础教育”的学校和课堂里听课的时候，在与许多教师、学生交流的时候，深切地感受到了“生命”对于教育的重要性。

教育除了鲜明的社会性外，还有鲜明的生命性。人的生命是教育的基石，生命是教育学思考的原点。在一定意义上，教育是直面人的生命、通过人的生命、为了人的生命质量的提高而进行的社会活动，是以人为本的社会中最体现生命关怀的一种事业。然而，长期以来，在学校实践中，经常可以感受到的是为事务而操劳，对学生考分、评比、获奖等可见成果的关注，忽视、淡漠的恰恰是学生和教师在学校中的生存状态与生命质量的提升。即使在改革开放已经20多年的今天，不少教师依然心目中有教书无育人、有知识无生命，从不真正把学生作为一个鲜活的生命个体来看待。这种对个体特殊性以及个体生成方式的忽视，最严重的后果是导致教育和教学成为重复性的机械劳动，成为不需变革的一次次封闭的循环过程，使课堂“沙漠化”。在此过程中，教师的生命价值也不同程度地被压制、被遮蔽和被忽视了。长期以来，教师的角色被定位为知识的传递者，各种教育政策的执行者、操作者，而不是思考者与创造者。“新基础教育”研究与学校改革试验不仅关注学生，同时关注教师的职业生存状态与生命质量的提升，通过教育实践创生化的变革，使教师体验到职业的尊严与欢乐，体验到教育是一种充满了智慧挑战的工作。它看重的是每一个普通人的生命价值，每一个人都是珍贵的、不可替代的。正是以这样一些感悟、实践和思考为依据，我提出了“教育的生命基础”的问题。

记者：您能否简单地说一说“教育的生命基础”这一命题的内涵？

叶澜：第一，我主张生命价值是教育的基础性价值，教育具有提升人的生命价值和创造人的精神生命的意义，换句话说，对生命潜能的开发和发展需要的满足与提升，教育具有不可替代的重要作用，因而生命构成了教育的基础性价值。第二，我认为生命的精神能量是教育转换的基础性构成，教育活动就其过程的本质来看是人类精神能量通过教与学的活动，在师生之间、学生之间实现转换和生成新的精神能量的过程。第三，师生主动、积极地投入学校各种实践，是学校教育成效的基础性保证，是人的发展的重要内在保证，也是人的生命特征的本真体现。让师生的生存基调变为被动受控，是对生命原生状态的扭曲，是学校对人本身的自然生态的严重破坏。所以，“新基础教育”并不是要强扭什么，而是要使原本就因生命存在而充满内在生机的教育，从被传统教育弊端造成的“沙漠状态”，重新转回到“绿洲”的本真状态。从这个角度看，可以说是教育的“生态工程”，是教育上的返璞归真。

从中国教育学理论更新的角度看，我主张把“生命”作为教育学的原点，把生命体的基本特征作为教育学不能丢失的基点去思考，进而再研究人的生命的独特性，提出教育学的人性假设。

记者：“教育学的人性假设”，这又是一个十分有意义的问题。这是否就是您曾经表达过的“具体的人”？

叶澜：作为个体的具体的人是人的生命存在的基本单位。我所理解的教育学中的“具体的人”，是在环境中与环境相互构成的人，是具有自然、心理、社会和精神文化三个层面特质相互渗透、丰富而复杂的人，是既有唯一性又有普遍性的人，是具有内在发展需求和能力，在生命过程中不断实现发展的人。

另外，教育学对“生命”的解读，还应与当代社会“知识”和“知识观”的转变联系在一起。在信息、知识爆炸的社会，人对信息、知识的选择能力和信息、知识对于人的意义，都与个体生命的经验、需要联系在一起。为什么选择这个不选择那个，跟个体生命的价值取向有关。生命的成长发展与当代知识观的两种转变有关：一是从静态向动态的转变，原来的知识是现成的、结论性的，现在的知识是一个过程，是形成中的，需要个体生命主动调动自己的体验去活化和内化；二是公共知识与个人知识的相互转变，在个人知识生产力的提升中，在个体参与的社会创造性的实践活动中，通过个体的创生而丰富或改变公共知识的结构，由此知识与生命就有了内在的联系，书本世界与生活世界有了内在的联系。这个联系的过程，就是生命如何在实践中主动运用自己的各种经验、体验，让知识活化的过程。教育学就要研究这一过程。

记者：一旦以这样的“生命观”来看待教育学理论的建设，以往那种更多地建立在静态知识、公共知识基础上的教育学理论研究就会发生某种转型。您的《思维在断裂处穿行》（《中国教育学刊》，2001 年第 4 期）一文，对教育理论与教育实践的关系做了新维度的分析，而“新基础教育”研究又突出了实践对理论的滋养与创生价值。

叶澜：教育实践，是对人类所进行的教育活动的总称，它是人类社会活动不可缺少的组成，有独特的对象与领域，教育以有意识地影响人的身心发展为直接目的。唯有教育这项人类社会的实践活动，是以直接影响人的发展为宗旨的，这是其与别的社会活动领域的标志性区别。讨论教育理论与教育实践的关系应该以这个区别作为起点和入口。教育学作为以教育为研究对象的总称，它具有事理研究的特殊性。从这个意义上，可以说教育学内含着实践的品质。但这并不意味着教育学没有，或不需要对教育问题做基本理论的研究，只是教育学的基本理论有其独特性，因而也使教育学知识具有自己独特的形态。

记者：我隐约感觉到，您对“实践”的认识，主要不是从哲学的角度，而是从教育学的角度，并且贯穿了对“生命”的思索，因而确立了两方面的独立性：相对于其他学科而言的教育学的独立性；相对于教育学内部其他学者的言说，您的言说又显出了自己的独特性，这种独特性，似乎来自在生命与实践之间建立了某些内在关联。那么，这种“生命与实践”的关联是什么？它们如何建立起内在的而不是外在的、持久的而不是短暂的关系？

叶澜：这种联系之所以存在，首先在于教育学的特殊性。教育学关注的是生命的主动发展，它以教育这一影响人本身的成长与发展为核心的实践活动为主要研究对象。对教育学特殊性的进一步认识仍然需要置于理论与实践关系的背景之中。在教育学视野中，二者理想的关系应是积极互动和相互构成的关系，围绕着教育主体的相互影响，在互动中实现理论与实践的相互影响和相互构成。这一点在当代中国教育学的转型式构建中具有特殊重要的意义。我认为，教育学的原点是对“生命的体悟”，教育学必须有对生命的体悟，这种体悟甚至可以称得上是教育学研究的前提。强调体悟是中国传统文化和中国智慧中最富有特色和值得珍视、发扬的方面，人只有进入“体悟”，经过体悟，才能真正与周围世界、与他人建立起“我-你”关系，而不是停留在“我-他”关系之中。体悟是个体与世界、他人实现内在沟通和对话的重要方式。教育学不仅是“生命”的学问，或“实践”的学问，而是以“生命·实践”为“家园”与“基石”的学问。正是近十年来对教育基本理论、教育研究方法论和“新基础教育”的一系列研究，使我逐渐明晰了自己对教育和教育学的理解与追求，明晰了我想做什么、还需要做什么和可能做成什么，这就是为形成“中国教育学”而不是“教育学的中国化”而努力。就目前而言，是将我远则近二十年、近则十年里所做的研究，即已经具有一定理论积累和实践基础的研究成果在“‘生命·实践’教育学派”的名称下，做一集聚与梳理，并愿与所有对这样一个研究旨趣有兴趣和追求的人同行，一起创建一个共同的、开放的、有自我和具有对话能力的学术空间。这是我对今后十年左右学术生活的一个策划。

记者：走在这样一条道路上，您并不寂寞，许多年轻的学人就是受到这样的影响，集聚在您周围，成为您的学生的。一位台湾来的学生，第一次与您见面，第一次参加主要由您的学生参加的月末学术例会以后，对您和这个群体的一句评价给我们留下了很深的印象，他说：“我觉得你们这个群体很阳光。”我想，这是因为始终有一种信念甚至一种信仰支撑着您，在您的身上似乎有一种强烈的使命感和责任感。而在您的一些研究生身上，也不同程度地具有“生命情结”和“使命感”，对于您的学生、愿与您同行的人，除了要求严谨、踏实、认真之外，您还有些什么特别的要求？

叶澜：对于一个立志于学术的人而言，学问的深浅厚薄只是其成才的一个方面，如何成就一种学者人格，可能是更为重要的方面。我希望所有立志于以教育学研究为业的后来者，都能在对学术的追求过程中，成为一个大写的人，一个堂堂正正的人，一个具有阳光心态和内在力量的人。学问不应成为一种满足个人功名利禄的工具，做学问的目的在于成事成人，同时以学问来滋润人生。与此相联系，我对学生的要求还在于一个“真”字，要用真心做事，以真心待人，一句话，要有真情投入。不要哗众取宠，虚与委蛇，而是要用心的体悟去言说、思考，更要去行动。做教育学的学问，不能只是坐而论道，而且要起而行道，“论”是为了更好地“行”，“行”会产生更好的“论”。学术既要有智慧，又要下苦功夫，学者不要靠虚张声势来抬高自己，而要平调、实调，始终保持一份清醒。为此要立大志，不是立小志。

记者：您能否具体谈一谈您是怎么指导学生读书和思考的？

叶澜：多读书，尽可能地接触不同学科领域的知识，是我对学生的基础性要求。教育学专业的学生往往局限于本专业的书籍，视野不宽，这势必会阻碍他们的专业发展。但并不是说，书读得越多越好。与我过去成长的环境有所不同，如今的年轻学子有着异常丰富的书籍资源。我的一些酷爱读书的研究生容易犯两个毛病：一是喜欢赶时髦，喜欢追学术之星，今天流行海德格尔，就读海德格尔，明天来了哈贝马斯，就读哈贝马斯，成了学术上的“追星族”；二是容易陷入哲学、社会学等其他学科的语境中不能自拔，忘了自己的专业身份。针对这种情况，我的建议是：一方面，不要以阅读的广度取代了思考的深度；另一方面，要牢牢扎根于教育学的“家园”，不要做学术上的浮萍和墙头草。对于教育研究者而言，重要的是要认识到，所有的阅读与思考都会有助于教育学研究，但还不是教育学研究。不能把别的学科的研究结论简单移植过来，把其他学科的命题做大前提，通过演绎得出教育学结论的做法是可行的，有时甚至让人感到是深奥的，但也极有可能是无用的、危险的。

就我自己的体会来说，做教育学的学问，是一件异常艰难的事，但也许正是其难，就具有挑战性，具有在做学问中提升自我的可能，何况，中国的教育学太需要一批矢志不移的人。古人做学问，讲究先求乎其大，要有大志向、大气象。对于教育和教育研究来说，就是要体现在智慧、爱心和境界之上。

我理解的对大智慧的追求，有一个从“知”到“慧”的过程。智慧的获得首先来源于对知识的兴趣甚至惊异，这个世界上有很多未知的东西在诱惑我们去探、去试。我时常感到，头脑里的问题，就像许多钩子，可以把信息钩住，进入我的思索圈。我为之激动、欢欣或者焦虑，为之调动我所有的生命能量去试图解决它们。以“知”为基础，还要发展到“慧”。对教师而言，要有教育智慧；对教育研究者而言，在对学科的认识、思想方法、方法论和实践等各个方面，都需要有大智慧，它体现为对事理、世态的一种洞察力，一种穿透力和透视力，以及善于融会贯通，进而实现“原创”的能力。由“知”到“慧”必经体悟、整合和升华的过程。所谓大爱心，有价值的因素在里面。核心还在于“生命”二字，要有对每一个生命的尊重和关爱，有一种人类情怀，知识分子的胸怀，它们的背后是一种文化精神，教育研究者需要把教育与人类、民族、国家的进步与发展联系起来。大境界的获得，首先要有一种“历史意识”作为底蕴，对于过去、现在和未来，都有明晰的观照贯通，为此，要有自觉的沟通意识，在不同的学科之间，在不同的学术立场、基本追求之间沟通。对于教育研究者来说，还要学会与中小学的师生沟通、对话，寻找他们能够接受的话语方式、合作方式。大境界的表现之一就是要努力去做“上天入地”之事。

记者：看来，与教育一样，教育学研究同样需要大智慧、大爱心和大境界，我想，这既是您对学生的期望，也是您自身的不懈追求。对于今后教育学学科的发展，您有些什么思考？

叶澜：我现在最大的一个心愿就是锤炼一支队伍，将创建“‘生命·实践’教育学派”作为共同的目标，形成共同的学术空间，为中国教育学的发展做出我们尽力而为的奉献。我理想中的学术空间服务于两个基本目标。

一是追求21世纪中国教育学理论的发展。当前，理论发展仍需要改变20世纪就已出现的基本依附国外的状况。其中，虽然与西方的时间差距在缩短，但跟着走、追着走的风气依然存在。另一个问题是直接从其他学科移植，或通过推理形成教育学的结论。总之，从双重依附走向独立，从移植性的研究转变为本土的研究，从解释性转变为创建性，恐怕是21世纪中国教育学发展不能回避的问题。

二是推进中国教育学家队伍的建设。我认为，中国需要有教育学家，不能只有教育家。我们不要辱没了“教育学家”的称号，不要再让钱钟书这样的名家来笑话教育学教授。顺便说一句，钱钟书的嘲笑，对于他所接触到的现实也许是有据的，但从教育学家的本义而言，肯定是片面的、感性的，属玩笑话之列。有些人因钱钟书作为一个名人，而把这句话当作“名言”来批评“教育学家”，并似乎因此而可以否定“教育学家”的价值，这多少有些天真。恰如鲁迅先生曾言，错把名家的话都当成了名言，当成了真理。这个任务非常艰巨，并非一人所能为，但我们可以一起努力推进其进程。

记者：除了基本目标之外，对于您所提倡的这个“共同”的学术空间如何建设，是否有一些参与者共同认可并遵循的观点或立场？

叶澜：构筑这样的空间不能停留在想象和口号之中，也不是一朝一夕能够完成的。我们首先需要做的是明确这一空间的基本学术立场，以此作为愿意加入这一空间的同道者行动的起点。在我看来，这一基本立场至少应包括如下几个方面：一是开拓的现实主义和现实的理想主义。面对现实，但不认为现实是最好的，而是有发展可能的。现实每天都在流变着，有待实践去形成。现实同时又是复杂的，有消极的一面，也有积极的一面。看到后者才会有所作为。积极的行动是最新的现实，也是改变现实的力量。这个行动，不只是指实践中的行动，也包括各种研究性的行动。理想是针对现实中的问题，考虑到发展可能性，而且用自己的行动去实现的理想。我们主张的发展是基于现实的发展，不能搞乌托邦。我们要做的工作是在对立的两极中寻找转化。改变现实与现实中的人，必须有理想，而又不局限于理想。不要停留于言说理想，而是要实践理想。二是以开放、生成、互动和复杂的方法论为导向。无论宏大研究还是具体研究，只要面对开放的教育，就是面对复杂。复杂包含了简单，但不是简单的相加，更不是停留于简单。这里主张的方法论是“导向”，而不是“规定”，并不排斥其他方法论的意义。“方法”是为实践服务的，是为对象服务的，方法本身是多元的，方法本身不承担价值，方法与对象特性、研究目标适切，才具有价值。各个学科及其方法所处的“生态位”是不一样的；尽管它们都在其中，但各自的走向、定位不同。只要能研究出东西，那就都是有价值的。宏大叙事需要，微观叙事也需要，可能更需要两者之间的互动。三是理论与实践的积极互动。坚持理论与实践的积极互动和相互构成。在综合、互动中，实现观察体悟、批判反思、实践探究和创造建构的过程。四是个体的独特与群体的合作互动相结合。互动是以有差别、有个性为前提的，没有个体的独特，就不可能呈现群体星空的灿烂。但个性不是天马行空，而是要能合作，不能忘记群体共同的空间。在群体中，要毫无保留地贡献自己的思想；他人也不能简单地据为己有。要相互尊重。越做到这一点，就越能共享。五是做人与做学问的一致性。把修炼学问与修炼人品结合起来，尤其是教育学的学问，道德、人品、文章只有成一体了，才能产生一种真实的力量。半个多世纪过去了，为什么陶行知还活在人们的心中，靠的就是这种一致性。

记者：您之所以能够提出这种以“生命·实践”为核心与底蕴的教育学，我想，与您个人的生命体验是密不可分的。许多人从您的发言中、文字中都感受到了您的生命和个性的独特。您的言说、思想和行动本身就是一种“生命·实践”的产物。

叶澜：我一直和学生说，我其实是个很普通的人。我不是出身于名门世家，中小学期间调皮捣蛋，成绩也非优秀，只是有爱好，喜欢看闲书。到大学以后，最大的满足是有许多书可读，有好老师教。只是这些年来养成了一种习惯：用心去做事，敢说自己想明白的话，不断追求自己的完善。这一点谁愿意去做都能做成。从我身上，也许可以得出一个结论：任何一个普通人都可以通过自己的努力去实现自己的追求。

我一直觉得自己很幸运，选择了教育作为自己终身为之奋斗的事业，这是一个异常复杂艰巨、极具挑战性的事业。我是一个喜欢迎风走路的人，喜欢挑战性的问题和思路。在我追寻理想的过程中，时常横亘着许多疑问、嘲讽甚至人为的阻碍。我一直以这样的比喻激励自己：教育的理想与境界仿佛是一座高山，在攀登者最初登山的时候，遭遇了许多的困惑、嘲讽和质疑，声音嘈杂刺耳，且不去管它，只管往上攀登，在攀登的过程中，这种不和谐的声音可能会愈加密集，但攀登者只管往上走，集聚其全部的生命能量。愈往上走，那种声音就愈听不到了。等攀登者听不到它的时候，他可能是到了山顶了。

我已经有了不少的同行者，我希望且已经感受到了，我们相互扶持、相互激励，向着同一个目标进发。

记者：真为您高兴，一个有理想并用自己的践行去实现理想的人是幸福的。谢谢您！

本文根据叶澜教授 2003 年在华东师范大学所做的终身教授报告整理而成，经叶澜教授修改，定稿。后发表于《教育研究》2004 年第 2 期。

教天地人事　育生命自觉

——关于“教育是什么”的多维审思

今天，我的讲座题目是“教天地人事　育生命自觉”，想用这十个字来表达“教育”一词的内涵。但愿这一讲座，能够让大家感觉到，教育并不是像我们天天挂在嘴上，天天感受到的，如空气和水一般平常，那样容易说得明白。通过今天的讲座，希望大家对教育的全部丰富性、复杂性，它的内涵，它对人类、对我们自己的价值有所领悟。另外也想通过这次讲座，给大家提供认识“教育”的多维视角，我们可以怎样理解教育，或者通过怎样的角度才能看明白教育。所以今天的重点不是给多少知识，而是给思路，给方法论，是对一门学科如何入门的路径的阐述。这是我在讲以前想要说明的，接下来，我想从四个维度来阐明“教育是什么”这一最最基本的问题。

一、基于逻辑的判断

基于逻辑的判断，可从三个方面来说明。

第一个方面是从字源的角度来分析。文字符号的出现是人类思维的飞跃，是人类文化发展中一个非常重要的标志。尤其是对中国字的研究，会告诉我们，当一个事物出现的时候，古人是怎么来理解这个事物的，他又是怎么用文字和符号来概括这个事物的。这里我重点介绍汉字里的“教”和“育”两个字。我们首先来看（教）这个字。在甲骨文字的表达方式中，下面是一个小孩子（），上面这个，学者、专家有不同的解释，有的说这两个×表示计数，小孩子要学习计数，还有一个讲法就是小孩子不肯学习，然后大人就拿尺子去打他。另外半边是一个人的手，拿着一根棍子，这两个×就是打在孩子身上留下的痕，打伤了。还有一个是我比较接受的解释，就是这两个×是《易经》里的“爻”，是卜卦用的。“教”字所示就是右边一只手拿一根棍子，要孩子学习，左边下方是个“子”字，指孩子，上面的“爻”代表学习的内容，我理解在当时具体指的是卜

卦的知识。中国古代有非常发达的占卜文化，而且它在古人的生活中非常重要，无论是一般人，还是统治者，都要有意识地教儿童学。“教”字跟“学”字，在古代都读 xiào，“效”仿的“效”，这几个字之间可以转换。这个（学）字，上半部画着两个对着的手，中间是一个“爻”，下半部分是一个房子，也就是学习的地方。“学”字表示在一定的地方让孩子去学一定的东西。“教”“学”这两个字给我们呈现了在古代，当文字出现、文化呈现以后，人们对于教学这件事情的理解。中国的文字符号由象形而生，它可以从符号里面传递出事物的信息，英语是记音文字，传递不出这样的信息。“教”表示有一个外在的东西，需要孩子学会，还需要有人教他，督促他，鞭策他。这个（育），它的下半部表示一个孩子的胎盘，上半部是一个儿童的形象，表示这个孩子生出来了。与“育”有关的词，如孕育、化育、培育、养育，其中的“育”都蕴含着一个过程，一个与生长、成长、变化相关的过程。它强调的是生命内在的生长、生成。由此可以看出“教”和“育”的内在联系。“教”强调教什么，而“育”强调如何育，化育、养育、培育，慢慢让它长成。教育蕴含着用外部的教化育出人的内在长成。“教”“育”二字，第一次以词的方式出现，是在《孟子》中，他说“得天下英才而教育之”，是人生“三乐”中的一乐。这是教育史上普遍认同的“教育”组合的最早出现。在座如果有中文系的同学就会知道，汉代许慎的《说文解字》是对中国汉字的非常著名的文化解读。他是如何解读“教”“育”的呢?“教，上所施，下所效也”，就是学习，模仿，它有这样一个传递过程，有上下之别，这个“上”“下”，包括君主和臣子、大人和小孩、教师和学生。教师、教者和被教者一起通过效仿、学习来完成“教”。“育，养子使作善也”，从这个“善”可以看到“教育”里有价值判断。“善”在古代的儒学表示人和动物的区分，所以在一定意义上，“育”就是使孩子真正变成一个人，而不是不知人间善恶、羞耻的动物。这是我们中文的解释。在英语中，“education”的词根是“educe”，意思是“引出”，就是把东西从里面引出来。我们由此想到柏拉图，古希腊著名的哲学家和教育家，他认为，人的知识是内在的，教师的工作就是把人内在的知识引出来，教师像一个产婆，帮助人把内在的知识“生”出来，引出来。从“引出”的意思可以看出，西方强调人内在的东西，教育就是引出。而在中国文化里，“教育”所强调的既有外在的一面，也有内在的一面，这是中文和英文在“教育”这个概念上的字源差异。

逻辑的第二个方面的表达，常常通过定义的方式来实现。对于教育来说，非常有意思的是，它的定义与内涵充满着歧义，人们都不知道该怎么来说教育，所以在说教育的定义的时候，我们需要去批判和分析，先可用逻辑的思维去分析教育的这些具体定义的合理性。在此举三个教育定义的表述。

《中国大百科全书·教育》："凡是增进人们的知识和技能、影响人们的思想品德的活动，都是教育。"

这个表述用了"凡是"，现在我们用逻辑的方法来反问：按照这样的说法，世界上还有不是"教育"的活动吗？没有。因为没有一个活动不会对人不产生影响。所以这个定义不足以区分教育和非教育的差异。但是其中也有合理的方面，就是说，凡是好的教育，它能够对人的发展产生影响。

《美利坚百科全书》："从最广泛的意义说来，教育就是个人获得知识或见解的过程，就是个人的观点或技术得到提高的过程。"

两个定义的区别体现着两种不同的文化。中国的定义用的是"人们"，美国的定义用的是"个人"；中国的定义强调的是达到的结果，美国的定义强调的是过程；中国的定义强调价值，美国的定义强调知识、见解、观点和技术。

《教育科学的基本概念：分析、批判和建议》："教育是人们尝试在任何一方面提升他人人格的行为。"

当代德国著名的教育哲学家沃尔夫冈·布列钦卡，在《教育科学的基本概念：分析、批判和建议》一书中，用了一章50多页的篇幅专门来分析"教育"这个概念。他把各种各样的教育概念列出来，然后逐条进行分析批驳，他的分析过程是非常精细的，他的批判我认为是有道理的，我觉得喜欢逻辑的人可以去读他的这本书。最后他形成了一个他认为的教育的定义："教育是人们尝试在任何一方面提升他人人格的行为。"

这一定义的特点是把"谁提升谁"，教育者和受教育者两个都放进去了，教育者他用"人们"，受教育者他用"他人"，都是一种概称，目的是提升人格。他把教育看作是用来提升人的人格的。我们在座的很多同学，在选择专业时候恐怕很少想到，我是为了要提升人格才来选这个专业的。第二个，他用"任何一方面"表示对产生作用的范围不做限定，这意味着非常宽泛。这里面有一个词我非常欣赏，那就是"尝试"，"尝试"意味着这是一种有意识的行为。他把《中国大百科全书·教育》定义中的"凡是"去掉了，"凡是"太宽泛了。他用一个"尝试"，表达了有一种自觉的意识，有意向，意向性的问题是教育中很重要的问题。当然，尽管这个概念是非常著名的世界级的教育哲学家给出的，但我还是不敢完全苟同。

我对许多有关“教育”的概念做了分析，意识到要弄清楚教育概念，首先要明晰做此定义是为了达到什么认识目标。定义是为一定的认识目标服务的。教育之所以存在这么多定义并不奇怪，就是因为各自的认识目标有差异，层次也不相同。多义、歧义本身就是教育复杂性、多层次性的一种表现，故不存在这个全对、那个全错，但是在同一个层面讨论时，应该有一个统一的认识标准。认识教育首先要清楚的是教育指什么，怎样的事情能够被叫作教育？为此，这样的定义有两个要求。第一个是划界，弄清楚教育跟其他事物的区别在哪里，《中国大百科全书·教育》的定义给我的启发在于使我意识到：做“教育”的界定，必须区别“教育”和“教育影响”，教育这件事情本身应有自己的规定，有范围；而教育影响是人类活动中都可能产生的，比如工人参加生产劳动，在劳动中学会了技能，锻炼了身体，对人产生了影响，但劳动本身的目的不是教育，而是生产出产品。一种职业往往会给相关人群带来人格中的一些共性、一种话语方式，这是职业劳动中的教育影响。但是我们不能把生产劳动也叫作教育，把职业活动也叫作教育。所以，在划界的时候，最难划清楚的就是教育和教育影响的区别。第二个是划界应把教育的全部实存都包含进来。这就是逻辑的力量，凡“是”的都在界内，“不是”的都在界外。我们知道，有的教育，比如法西斯的教育，它是把一个人的人格毁掉，使人的兽性萌发，但它是历史上存在过的教育。日本人侵占我们领土时的教育，是奴化的教育，法西斯的教育，它还得称教育，否则你叫它什么？为了要在客观上描述出教育的范围，我在《教育概论》中提出了一个描述性的定义。这个定义就是“教育是有意识的以影响人的身心发展为直接目标的社会活动”。“有意识的”表明它不是一个自发的行为，有人主动向他人学习，那叫学习不叫教育。这里的人是指个人，身心属于个人，生命属于个人，我们没有一个集体的身心，没有一个集体的、物质化的生命，所以我们说的都是个人的身心发展。发展是一个中性词，发展在心理学上既可以有正向也可以有负向，也可以有零度。个体的人还包括各个年龄的人。尤其是当代随着终身教育的发展，从生到死，所有的人都可以成为教育的对象。在定义中，采用“直接目标”界定，不是结果界定。为什么把结果界定转换成目标界定呢？因为只有目标界定才可以使边界清晰化，我们知道，一个结果可以是一因多果，也可以是多因一果。如果仅用“果”来表达，就无法清晰界定这个事物本身是什么。不用间接目标也是为了不产生边界模糊。这是我在研究教育概论，研究到底怎样给出教育概念的逻辑时的最大收获，即明晰了怎样才能把教育与其他事物区分开来，同时又能把所有的教育现象都包括进去。最后用“社会活动”，主要是区分于自然现象，即教育不是一个自然现象。它是一个社会活动，是人去做的一件事。

现在可进入第三个方面的分析，即教育的基本要素及其关系的分析。从要素看，第一是人，教育是跟人相关的事情，是教育者影响受教育者，当然在过程中是相互影响的，但是在没有动起来的时候，我们给出了一个简单的表达，就是教育者和受教育者，是人的事情，是“人-人”相互作用的事情，而不是“人-物”关系。学习“教育”就是要研究人和人的关系。教育者和受教育者一起来做教育这件事，它有许多层面。首先是价值选择，转到教育内部就是目标表达。第二就是拿什么去教，教什么，这是内容的问题，随着历史发展，逐渐演化为今天的“课程”。第三就是过程与手段方法。第四，教育是要求结果的，是要达到一个什么样的结果。以上是从教育的承担者、教育者的角度来思考，有哪些基本的要素。

从关系的角度，最重要的也是人，在什么情况下教育活动就开始了呢？最基本的是要有教育者和受教育者。有同学说，现在可以不要老师了，有远距离教学，无须师生面对面。但是我们知道，不管是通过远距离教学还是通过写的文章或机器教学，它背后都有一个教育者在起作用，变化的只是载体，并不是教育者的身份被取消。还有，教育活动必须要有受教育者，一定要有教育内容，如果没有教育内容，比如我们面对面坐着，那是闲聊，或者不是面对面，那是博客，是网络聊天。教育是一种有目的、有意向的行为，要达到它的目的，就一定要有相关内容。教育的价值目标、过程、结果都很重要，但是这三者都一定要人去体现，有了人，教育就动起来了，这三者缺一不可。以上是关于逻辑的判断，我们就简单说这些。

二、基于历史的审视

第二个大的方面是基于历史的审视。今天有关教育历史的讲述集中于中国教育史上的三次关键性转变，之所以讲这些转变是因为我们今天也面临着转型发展。

第一次是在原始社会末期，教育产生。所谓产生，是指教育从完全融在生活中的各种活动里，转变成一种特殊活动，这种活动的原型是“交往”。人类过去一直认为教育来源于生产劳动，我觉得没有找对。主要问题是：劳动是人与物的关系，交往是人与人的关系。交往至少要有两个人，总要有交往的内容。这些是交往的要素，也正是教育的要素，故可视其为教育的原型。当交往双方的角色固定化，比如原始人的寿命长了以后，老者多了，成为传递知识经验的主要人物，这个时候教育者的雏形就出来了；而孩子，我们知道，“教”“育”的字形里面都包含有“孩子”，孩子的受教育者角色呈现出来了。第三个就是内容相对稳定。具备了这三个要素的活动就成为独立的教育活动，出现了教学，这是第一次从原始的混沌当中，产生出了教育这样一种特殊对象和特殊人承担的特殊活动。

第二次转变发生在古代社会，这是一个漫长的过程，其关键的变化是学校产生。教育不仅有专门的人来承担，而且有了专门机构，教的内容开始越来越明细化，机构也越来越体系化。西周最初的学校在官府，春秋时候官府败落，出现了民间私学。孔子是我国教育史上第一批办私学的教育家。汉朝的学校教育已有很多层次，且发展出高层次的太学。东汉时，最高层次的太学已有三万学子。太学不仅有经典学术的教育，而且还有职业教育，比如有专门教太医的，教天文的，太学里开始出现各种科类。到宋朝，私人讲学授徒的书院有了发展。在中国教育史上，自隋唐始，出现了一个通过各级考试选拔举仕的科举制度。大家知道，以前我们对科举的批判很多，现在一些教育史专家为科举翻案了，认为科举被国外的很多专家称道，不能简单否定。我们今天不来说怎么看待科举，科举本身就是一个演化的过程，可以说是中国举仕制度的一个创造。“中举”也成为古代许多读书人读书的目标，应试与读书建立了内在关联。现在批“应试教育”，追本溯源就追到科举那里去了。

关于古代社会与教育相关的方面，我还要特别强调两个方面。一是中国教育学有自己的思想源头，教育思想和文献有大量、丰富的积累。从《论语》到《孟子》《荀子》，还有《老子》《庄子》，这些书虽都不是专门谈教育，但是无不涉及关于人、自然、社会及其关系，涉及许多教育的理念，教育的目标、内容、方法等。随后各朝代出现了很多“学”，如宋代出现了有影响的程朱理学。“朱”指朱熹，“程”指“二程”，还有陆九渊、王阳明的心学等等。我这里要提一下黄宗羲，他是明末清初的人物，大家都把他看作当时提倡民主思想的代表人物。他写了一篇题为《学校》的文章，观点非常大胆。他说天子到了学校，也要坐在下面听课。不是天子说是就是，天子说非就非，要依老师对问题的分析，要服从整个“理”。学校应该是议事的地方，而不是传递官方意志的地方。他还提出不管是天子的孩子还是普通人的孩子，都应该要入学。总之，中国古代社会，无论是有关教育的思想还是专论，都包含有丰富的哲理。除此之外，还有一些属课程与教科书的规定和传承，如大学的“四书五经”，蒙学的《三字经》《百家姓》《千字文》等等。中国古代社会是一个非常漫长的社会，它积累形成了独特的教育传统。多少年来，我们对这些教育传统都持批判态度，这无疑是错误的。但是，我觉得当代又出现一个倾向，觉得越古的东西越好。比如上海出现一个“孟母堂”，说孩子不用去读小学，当政府还没有宣布它违反《义务教育法》时，举办者提出一个非常堂而皇之的理由：古代的教育比现在的先进，古代强调越早记忆越好，所以，在小的时候把记诵的东西积累多了，将来就能出人才。其实，它提倡的恰恰是古代教育中有问题的一面，最原始的一面，就是把记忆看作学习的全部。今天我们研究教育的人有责任回答：到底我们古代的教育传统价值何在？问题是什么？目前，就我认识到的至少有如下几点：

1. “法自然”“立礼教”

“法自然”是老子的思想。我今天题目中的“教天地人事”，跟这个有关系。老子说，“人法地，地法天，天法道，道法自然”。“法”就是效法的意思。可效法，意味着事物间有相关性、相通性和共同性。“天地人事”，它背后蕴含的东西是什么呢？就是一个“道”，是自然万物所蕴含的，不以人的意志为转移的内在演化逻辑。这就是老子为什么提出“无为而治”，他不是说什么都不做，而是说天有天道，你不要去拧这个天道，根本不考虑事物发展的规律，最后必食苦果。所以“教天地人事”，就是通过教育，认识自然万物、人世诸事，并知道各事的内在规定性和通则，即要“法自然”，懂得做任何事，都要关注到它的内在规定性。

“立礼教”是孔子在《论语》中反复提到的，他强调“不学礼，无以立”。这是教育中的一件大事。这里的“礼”指的是“人事”中的种种规则与社会秩序。用中国古代“天人合一”的哲学思维来看，其依据可以归到“法自然”，如在自然中，天在上，地在下，是一种空间秩序，不可颠倒。

但是我们中国哲学非常强调的另一方面，就是变化。《易经》开篇即言“天行健，君子以自强不息”，明示人要不断提高自己，不能无所作为。明清之际的大哲学家王夫之说，“天之生物，其化不息”，“未成可成，已成可革”，明确指出有生命的东西在不断变化生成，没有形成的可以让它生成，已经形成的可以让它变化。强调万物化成，强调变化，强调发展，是中国哲学一贯存有的宝贵思想。

将秩序与变化结合起来，连秩序的变化也是有规可循的，这才是完整的“法自然”观念。一切人类行为不可能完全没有规矩、秩序，但是又不能总是守成，要不断去做，去实现变化生成。当社会强调稳定时，就要讲秩序，天地君亲师，不能乱来；但是当社会要强调变革的一面时，又能够从自然变化中悟出道理。中国古代哲学具有这种能力：从不同角度去阐明世界的确定性和不确定性、变化的一面和发展的一面。“立礼教”强调教育中规范的方面。中国教育历史上强调规范，这是我们需要反思的。

2.“尊师道”“化民俗”

现在我们常常讲“师道尊严”，如果不懂历史，就会理解成教师有很多道，要遵守教师的道，实际上最原初的意思是“师严道尊”，强调教师要有尊严，受敬重，这样你讲的这些道才会有尊严，让人敬畏，让人服从，所以尊严的目的是为了卫道。有时候人们把教师称作“卫道士”，这个角色就有点可怕了。他不鼓励变化，不鼓励改革。教师不应仅仅作为对道的阐发者，还要对道的发展变化做出贡献，我认为大学教师尤其应如此。教师应该是怎样的人呢？孔子在《论语》中提到“学而不厌，诲人不倦”，八个字尽管简单，却道尽了教师在“个人发展”和“社会责任”两大相关方面的为师之道，实为至理名言，值得每位已是教师和将为教师者终生铭记，身体力行。

3.“格物致知”“学思悟行”

在如何教、如何学上，中国古代传统强调两个方面，一个是“格物致知”，一个是“学思悟行”。

《大学》是《礼记》中的经典文献，是朱熹编注的“四书”之一。它强调人应先去格物，辨明身边的事物，进而达到认知和自知。这里要说明，中国古代的知识绝大部分是做人的知识，不是关于自然科学的知识。做人的知识和怎么做人是沟通、统一的。古代强调致知后，要诚自己的意，正自己的心，诚意正心后，要修身，首先管好自己，然后再管好自己的家。只有做好修身齐家，才能去治国平天下。从格物最后达到君子要达到的标准，就是“治国平天下”。这里把一个“学思悟行”的过程，表达出来了。王夫之作为明清之际的重要思想家，他强调：所有的教育学习，最后都要达到“行”，如果达不到“行”，教育就没有用。如此，在中国古代，优秀的师者教书育人不是两件事，是一件事。

另外，古代传统中十分明白日常民俗的教化作用，所以十分强调日常生活中家教、民俗的教化养正，强调为官、为师、为父母者以身作则。

4.“贵自觉”“成君子”

这涉及了标题中的“育生命自觉”。在西方哲学思想中也有一些人，很强调自我意识，人对自己要有明晰的认识，自己要对生命发展做出策划，做出选择。

特别是存在主义哲学里表达得最清晰，选择是人生非常重要的自觉表现。在古代已经有清晰的人生自我意识形成的描述。孔子有一段非常经典的话："吾十有五而志于学，三十而立，四十而不惑，五十而知天命，六十而耳顺，七十而从心所欲，不逾矩。"一般人会把它看作孔子对自己人生经验形成过程的描述，其实这里体现的是孔子作为君子，一个非常清晰的自我意识形成过程的概括。自觉如何随着年龄、阅历的增长，人生的阶段性发展变得愈来愈清晰。所谓"志"是什么意思呢？就是明白了自己钟情于什么，孔子钟情于"学"，故一辈子"学而不厌"。我们在座诸位都过了"十有五"的年纪，不知道是不是都志于学了。到第二步就"立"了，自觉，人生就立起来了。两个十五年后，到四十岁进入"不惑"，什么叫不惑？不是没有问题，而是碰到问题没有想不明白的，这反映了人生经过历练，对遭遇到的问题都会有自己的解决方式。五十岁达到"知天命"，"天命"就是一些不可违抗的东西。孔子明白了什么是可行的，什么是不可行的。什么事情努力了会成功，什么事情再努力也做不成，就是能够把外部的事情和自己的可能性结合起来做出行事判断。到六十岁则"耳顺"，什么话我能够听出什么意思，无论是好话还是坏话，都能听明白了，骂也骂不杀，捧也捧不杀，这就叫耳顺，自如了。到七十岁更自在了，能做到从心所欲，但不会逾矩。这是把握规矩之后的一种自由自然状态。当今不少年轻人认为我要自由，谁也不要管我，希望世界没有任何"矩"，这种希望实际上犹如希望地球没有重力，我们都可以随风飘荡。如果真这样的话，不仅无法成社会，个人也难活了。从这个意义上讲，我觉得孔子这段话非常精辟，警世醒人。他写出了生命如何达到自觉的一个过程。至于三十岁、四十岁、五十岁等等，是他个人的体悟，不是说任何人非要到七十岁才能达到从心所欲。而孟子呢，是强调存心养性，反求诸己。这是孟子的思想：人要保护好自己的善端，让它养大，使自己成为一个顶天立地的大丈夫。还有就是做什么事情你都不要想着从外面得力，而是要从自己内部去寻求力量，强调自我内在力量的强大。我们过去把孟子称为"唯心主义者"，其实根据我的体会，人不能不生活在具体环境中，但是在具体环境中你活得怎样，取决于自己，取决于你会不会选择，会不会放弃，会不会力争。这都是生命自觉的具体表现。如果要问我：目前，我们教育的最大悲哀是什么？我认为就是学生到了大学毕业，甚至博士毕业，都不知道自己想要什么，我可以成为什么样的人，如何去追求、达到自己的目的。这多可怕！一个人浑浑噩噩地在这个世界上活一辈子。我非常看重传统教育中这个"贵自觉"，只有自觉的人，才能把握自己的命运。从众多人的生命历程可以看出：无论多么恶劣的环境，无论怎样的国家和朝代，都有英雄也有狗熊，都有活得好的人，也有活得孬的人，怎么会的？有许多外部的因素，但最终起决定作用的是内在的原因。

我知道讲座的时间不够了，所以把后面的内容提到前面来。

我觉得当老师的人，必须意识到：人的生命是可以自觉的，只有自觉，人才能决定自己的命运。教师意识到这一点，才能够把学生教育成人，否则难以成人。人有可能成为一个物，任人摆布，一辈子成为他人的工具，而不是自己活出生命的精彩。教育就是要让孩子从小到大，逐渐成为一个能把握自己命运的人。这就是教育的使命。所以“育”不是单纯地把生命“育”大，而是“育”成一个有“生命自觉”的人。教师有没有这样的意识非常重要，有了这个意识，他就会自觉地关注学生有没有这种自主、自立、自强的精神。我个人的体会是：当你真正有了自觉，你就会依据自己对生命价值的定位，去选择人生道路，能舍能得。别人看得很重的东西，你能够放弃；你只选择对自己非常有价值、有意义的事情，而且你会在做事的过程中得到真正的成长与满足。比如你选择一个职业，但这个职业你并不喜欢，之所以选择只不过是社会上看重，工资高。结果做着做着，就会想着挣钱，买房子，找个什么样的人结婚。你所有快乐在哪里？就是每月、每年拿到钱，可以满足吃喝玩乐。我并不认为这些不需要，不会有快乐，但是你想想，我们生命的大部分时间是在什么地方度过的，是在职业生活中度过的！如果职业生活本身不能给你带来成长、满足与快乐，那么你一生中大部分时间就活得没有生命的内在价值。所以，对于你们，今天大学三年级的同学，如何选择职业，我觉得是个大问题，而其中的关键是先弄清自己。我们今天的教育没有教给学生去研究自己、分析自己、反思自己，知道自己之长在哪里，发展的可能性是什么，如何去成就自己，如何在一定的情况下，权衡选择的利弊轻重。

正是基于对传统的重新认识，对教育和人生、社会关系的体悟，我提出了“教天地人事　育生命自觉”，作为我们“生命·实践”教育学对“教育”内在规定性的中国式表达，今天首次在这里与大家分享。

第三次大转变就是教育的近代转型。（略）

三、基于现实的反思

（略。）

四、基于超越的重建

最后十分简要地提出当前教育如何实现对现实的超越与重建，以此作为今天讲座的结束语。什么是对现实的“超越”？（1）对未来的把握、对发展需要的把握；（2）对事物的许多内在规定性有了新层次的、更加深度的把握；（3）已经有了实践经验依据，是经验之上的提升和重建，超越不是做梦，需要有现实的基础。

我着重讲五个方面的超越。

第一个超越是教育价值的重建。从外在的工具价值走向内在的生命价值，走向教育最根本的价值。在教育的价值观上，实现对社会价值与个人价值二元对立的超越，在教育自身规定性的意义上，体现教育两大价值的内在统一。这种超越只有社会发展到以追求人的价值为本时，把人当作社会的宝贝时，才能在整体的意义上实现这样的超越。当然，这不等于说当条件没有成熟时不能在局部实现这样的超越。现在，至少在党中央的文件上，在政权意志的表达上，提出了“以人为本”。过去，“四人帮”刚刚粉碎的时候，“人道主义”被认为是资产阶级的观点，要批判。20世纪70年代末，中国社会走向改革开放。我认为一个社会越开放、经济越发达、生活水平越高，人本身的价值和意义就越被尊重。所以我们今天在座的年轻人，千万别错过这个时机，别糟蹋了自己有可能很好发展的一个生命前程。这是第一个重建：价值重建。

第二个超越由价值转到教育目标、目的的重建。这是价值选择转向教育内部的第一步。价值是定向性的东西：认为什么最重要，但还没有构成教育本身，转换成目的，是要从养成适应现在社会的人走向培养生命自觉的人。“生命自觉”是人的精神世界的能量可以达到的一种高级水平。它可以使人在与外部世界沟通的实践中呈现主动性，同时还对自我发展有主动性。一个具有生命自觉的人，无论对外部世界的作用还是自我发展的构建，都是一个主动的人。所以在一定意义上，可以把主动不主动，作为衡量自己“生命自觉”程度的一个标志。

第三个超越是教育内容上的重建：从分析的专业性培养走向综合、融通。请大家注意：综合融通不等于原始混沌。过去“天地人事”四个字把一切都包含了，要学什么都说清楚了。“天地”是与自然、今天的自然科学相关的知识，“人”是与人文科学相关的核心概念，“事”是与社会及所有职业、社会实践相关的各式各样的事。当今世事纷繁复杂，变化迅速，要在这样的社会中生存、发展，不仅要有适应能力，还要能够创造，具有不断改变、发展自己的能力，需要学习的不仅是专业，还要能把握内在的本质和共同的机理，具有把外部世界和内部世界既区别又融通、转换的个性和能力。

我为什么还用教“天地人事”这样的表达，因为这是很中国化的表达。表达了人类知识的几个大类之间可以相互融通的中国智慧，是很具有中国特性的表达方式。在教学内容的意义上，是对科学与人文、具体与抽象的原来对立思维的超越。这种超越反映出思维方式的超越。

第四个超越是从教育过程看。要从单向的传递、预设的完成走向双向的互动，走向过程中的生成。这是对教育过程中教与学、继承与发展、接受与创造对立的超越。

最后一个超越是评价的重建。过去的评价往往重客观、重“事”，现在强调重诊断、重“人”、重发展，评价的目的和方式都需要超越。前一段时间我们正在做“新基础”试验学校的评价，很有意思，很有体会，现在没有时间和大家进行展开论述。

最后我要跟大家说的是，我们要努力成为“教天地人事　育生命自觉”的教育者，这需要对教育有一种自觉，对人生有一种自觉，对教育是一种创造的事业有一种自觉。唯有如此，才能在教育创造中丰富、完善自我，实现自己生命价值的自觉提升，这是教育这一事业对每一位教师个人的最高价值。

我觉得我选择教育是幸福的。因为我逐渐地、越来越体会到教育事业对我个人的生命自觉的价值。

本文根据叶澜教授2006年11月8日下午在华东师范大学闵行校区为本科生所做报告整理而成，经叶澜教授修改，定稿。本报告是叶澜教授首次提出“教育”的中国式表达：“教天地人事　育生命自觉”。同一主题的报告，后又在他处做过。更全面的阐述请参阅：叶澜．回归突破：“生命·实践”教育学论纲．上海：华东师范大学出版社，2015：242－326.

当代中国教育学研究“学科立场”的寻问与探究

人类从事的任何一个学科的研究，其实面对的都是一个共同拥有的关系世界，但是不同学科，即使是同一学科中不同的研究者，也生出了各不相同、如此之多的学科世界。何以如此？这首先要归因于“立场”。不同的学科，不同的研究群体与个体，只要有了立足点、视域和指向上的区别，就可能由此开始建立起不尽相同或完全不同的学科研究的对象、主要领域、核心问题及研究意义，并通过持续的研究，逐渐形成相对独立的学科体系或学说流派。这里的“相对独立”有两重意义：一是不同学科、学派之间的相对独立，但对于共同相关的世界而言，它们之间依然是相关的，或是局部相交的、重叠的；二是相对于实体性世界的存在而言，学科、学派形成的“产品”是关于研究对象的认识，属精神性的存在，也具有相对独立性。

一、“学科立场”的界定与说明

关于“学科立场”指什么的讨论需要概念界定，目的在于使讨论聚焦到同一领域之中，使对相同领域有兴趣的研究者可进行交流，但并不排斥不同界定的存在。在此我们根据上述学科体系或学派的相对独立性，将“学科立场”界定为：由学科研究主体确立的，观察、认识、阐明与该学科建构和发展相关的一系列前提性问题的基本立足点。以上界定至少有三点须加以说明。

第一，学科立场是由该学科的研究主体为建构和发展学科而确立的。只要有学科存在，学科立场就必然存在，因此，学科立场的提问方式不是“有”还是“无”①，而是“什么”“怎样”“为何”“如何”等。“立场”的直接解释与空间有关，即研究者立足点在哪里（场域），从什么方位、以什么视角去研究相关学科，

---

① 金生鈜的论文（以下简称“金文”）《无立场的教育学思维——关怀人间、人事、人心》发表于《华东师范大学学报（教育科学版）》2006 年第 3 期。细读此文可见，金文所言的“立场”，实指意识形态意义上的立场，与本文所述的“立场”内涵不同。金文中阐明了自己的研究“立场”，即在永恒和公共的立场上思考教育，并就这一立场选择及依据做了阐述。

它不同于切入点。

第二，研究主体是一个总称，它由不同的个体和群体组成。由于诸如研究者的学科背景、研究旨趣与经验、学术素养以及所处的时代、年龄段的差异等因素的综合作用，不同的研究主体立足点的选择会有不同，处在不同历史时期或学科发展的不同阶段的研究主体，会面临重新认识和确立学科立场的问题。无论从历时还是共时的角度看，研究主体都有选择不同学科立场的可能、需要与权利。因此，不仅不同的学科持有不同的学科立场，而且在同一学科内，也会存在不同的学科立场。但这并不等于说任何一种学科立场的选择、确立具有同价性。这里的“价”是指对建构和推进学科发展的价值。这是“学科立场”问题研究的目的和意义所在。

上述价值判断可以由持某种学科立场的研究者做出自评，说明自己的意向和贡献，其意义在于有助于研究者反思，为他人理解和做出评价提供来自研究者本身的、不可替代的资源。但某种学科立场对于学科发展的价值最终不由自评定音，而由另外两方面决定：一方面是由研究群体在讨论、比较和沟通中逐渐形成相对一致的基本评价，从而使某种或某些立场及由此出发建构的学术观点乃至体系，逐渐由个体、学派扩展为具有更大公共性的价值共识；另一方面则更为根本和重要，那就是以新的学科立场的确立是否及在什么意义、多大程度上推进了学科发展，提供了新的视角和认识框架，改变、突破了以往的认识方式为依据。如果说第一方面属主体间性式的价值评定，可能因主体间的巨大差异和时代局限等因素的制约而难以形成广泛的共识，那么第二方面则属于以成果的存在为依据而做出的与事实相关的价值判断，它需放到学科历史形态的演化、比较中，通过时间的积淀和实践的检验，才能形成。此类判断在时间上有较长的滞后性，但正是这种滞后性，可以洗刷一些学界不可避免的门户之见、学术偏见，甚至是一些非学术的评价因素的影响。这也许正是要求倾心于学术的人耐得住寂寞的重要原因。真做学问者总是期望自己有新的发现，对学术有新推进与贡献，这是一种学术责任。但确实不必在乎他人评价的好坏。真要在乎的话，就应在乎别人的评价是否真正了解和读懂了你，是否有道理，对你是否有启发。被人认同不是做学问的目标，推进学术、有利于实践才是做学问的本真价值。研究者自身也只有在这种追求和研究中，才能实现发展与成长。

第三，确立“学科立场”是为了明晰与该学科发展相关的一系列前提性问题，属于元研究层次。它只有在学科发展积累到一定水平后才会出现，具有反思和建构的双重性。在学科形成或转型时期，研究学科立场是为了提升学科主体的认识自觉。学科研究的前提性问题，在学科研究过程中也许并未被研究主体意识或自觉思考，但它们事实上先存于主体头脑之中，并通过具体内容的讨论显露出来。这些问题主要包括：学科研究对象的建构与领域的厘清，学科性质的明晰与价值取向的选择，研究的方法论讨论与思维方式的自觉。显然，对上述问题的研究不能脱离学科发展的历史和现状、成就与问题，不能不以人类知识体系的当代发展水平与趋势为参照系，并吸收其中具有积极建设意义、推进本学科发展的思想资源。然而，更为重要的是研究者必须对本学科发展的势态做出清醒的判断。因为当学科建构与发展研究进入需要“范式革命”，需要提升到“自觉”和“自为”层面时，一旦相关研究主体意识到这一势态，并愿意投身到历史的转折之中，就无法不面对和不研究上述构成学科立场的一系列问题。我认为当代中国教育学发展正处在这样一个重要时期，它需要研究，我们也选择了“投入”。

二、“学科立场”：当代中国社会、人文学科共存的问题

对“学科立场”的关注和研究，在当代中国并不是教育学界独有的现象。事实上，许多学科，有些一向被认为比教育学科学性高得多、成熟得多、因此地位也高得多的学科，同样在讨论“学科立场”问题。这是因为彼此同处在社会大转型的时代。当然，各自关注的重心、在什么意义上和为何讨论学科立场的具体取向并不相同。在此，我想通过一些其他相关学科讨论的概述，说明并找出当代中国社会、人文学科界在“学科立场”研究上共存的倾向性问题。

在我国当代社会科学的发展中，经济学是社会科学中最早引入定量研究方法的学科，因而得到科学性认同早。当前我国社会发展以经济发展为中心，经济学得到来自政府的高度重视，被推到了显学的地位。由此产生了“泛经济学”“经济学帝国主义”“数学帝国主义”等现象。它所面临的立场问题是对“泛”的规范，是确定“经济学的边界”。“经济学的作用是毋庸置疑的，数学的作用也是毋庸置疑的，但不管是数学还是经济学，作用再大也不能到‘包治百病’或‘包办一切’的地步，作用再大也要有一个自身的‘作用边界’。”[①]此类问题，目前为止至少在教育学中不会发生。教育学不是自身已被“数学帝国主义”化了，而是因其“化”得不够而缺乏科学的面孔，怕不被当作“正统”意义上的科学；教育学不仅谈不上“教育学帝国主义”，反而被许多“帝国主义”化了的学科以及某

① 皮建才．经济学的边界：从经济学科学主义的争论谈起．光明日报，2007-08-07．相关议论可参阅：姚洋．经济学的科学主义谬误．读书，2006（12）．

些强势学科、新兴学科“化”进去了，还错当这样的“化”就是教育学自身的发展。教育学也有“边界”问题，但不是经济学式的因膨胀过度而带来的边界模糊，而是因缺乏内在核心、过度开放而造成自身边界认识的不清晰。经济学的学科立场研究，是当学科处于强势时，尚能保持清醒的边界意识，进而反思原以为是使学科之所以成为优势的数学方法等的局限性问题，这种自觉精神对于教育学研究者提升学科立场意识具有警醒价值。

哲学无论在东方还是在西方，都是一门传统悠久的学科。自 20 世纪 80 年代中期以来，在对外开放和解放思想的国策支持下，中国哲学界也进入了一个新的反思期和确立当代研究的学科立场时期。如在什么是当代哲学研究的核心问题上，“人”日趋成为中心。新的哲学流派研究如存在主义、现象学、解释学、实践哲学、价值哲学以及科学哲学、后现代主义等，随着西方哲学思潮的流变而不断成为国内的中心话题，逐渐形成多元并存的格局。马克思主义的哲学研究也由反思起步，通过重读，逐渐走向内在价值的当代发现与建设，更多地关注现实社会发展中的问题的哲学探究，以丰富和发展马克思主义哲学。中国哲学则在 20 世纪末新儒学的带头冲击下，开始了持续至今的对已有“学科范式”寻根式的反思与批判，为了改变“以西释中”的状态，甚至提出了“去哲学化”的要求，极大地强化了中国传统哲学思想，且不局限于儒家的深度开发，表现出基于传统的重建中国哲学的势态，确立中国哲学的主体性，研究中西哲学在学科建设中的关系，成为中国哲学“学科立场”的重要问题。这一切使古老的哲学获得了新的能量，原先稳定的立场出现震荡、统一和分化及流派纷呈的局面，它预示着一个新的发展阶段的开始①。

与哲学、经济学相比，社会学属后起之秀，在中国更是如此。改革开放后社会学研究恢复至今，已经走过了主要介绍西方理论的过程，开始了以西方学科范式为框架的中国问题研究。21 世纪初，中国社会学领域中的泰斗级人物费孝通发表了《试谈扩展社会学的传统界限》一文，带头并深刻地表达了他对社会学的学科立场的深度反思。费孝通从我国社会学传统中缺少对“人文”，尤其缺少对中国社会自身的历史文化传统研究这样一个普遍存在的问题出发，提出了社会学的当代发展，要破除将人的自然性与社会性相对立的思维模式，研究“天人之际”的统一性，确立“‘人’和‘自然’相统一的立场”；主张社会学研究要深入

---

① 魏长宝．2005 年的中国哲学研究：反思、对话与回归．光明日报，2006－03－21；张汝伦．道无常法：关于中国哲学形态的若干思考．光明日报，2006－05－29；郭齐勇．略谈当前中国哲学研究的趋向．光明日报，2007－08－14.

人之为人的精神世界，不要用社会性的非精神的机制去解释精神世界，“真正开辟一个研究精神世界的领域”，并由此推进对人与社会关系中的“朽”与“不朽”的文化关系研究，对“只能意会”“讲不清楚的心”“将‘心’比‘心’”等方面开展研究。费孝通强调，这些新问题的研究，“不是我们今天用实证主义传统下的那些‘可测量化’、‘概念化’、‘逻辑关系’、‘因果关系’、‘假设检验’等标准可以去完成的”，“这种观念，不同于我们今天很多学术研究强调的那种超然置身事外、回避是非的‘价值中立’、‘客观性’等观念，而是坦诚地承认‘价值判断’的不可避免性（inevitability）；它不试图回避、掩盖一种价值偏好和道德责任，而是反过来，直接把‘我’和世界的关系公开地‘伦理化’（ethicization 或 moralization），理直气壮地把探索世界的过程本身解释为一种‘修身’以达到‘经世济民’的过程（而不是以旁观者的姿态‘纯客观’、‘中立’地‘观察’）”。为此，他要求社会学在方法论和方法方面进行新的探索，目前通用的实证主义思路、方法已难以进入这些领域；社会学研究要达到一门成熟的“学”，必须有突破，它需要通过“文化反思”和“文化自觉”来实现①。

在此相对详细地概述费孝通论文的基本观点及思路，主要是因为初读这篇论文，我就受到强大的震撼并深受启发。我被中国社会学创始人和年事已高的费孝通先生对时代的敏锐感受、对学科发展的深度责任和着力探究的精神所震撼，因他清晰的思路、明确的观点、毫不含糊的批判与反思，对新领域研究必要性的历史、文化和理性的分析而深受启发。费孝通的论文，其意义在于对社会学研究传统界限拓展的集中探讨，在于充分表达了社会学的特殊领域中，当代中国社会、人文学科在学科发展上面临的一些共同的、具有立场转换意义的问题。如果与前面提到的哲学、经济学等联系起来看，或者再拓展到其他学科，诸如伦理学、历史学、文化学等方面则更易看清。这是一组具有强烈时代性的问题，是处于全球化时代，又正值社会转型时期，力图通过创新和加速发展实现民族振兴与国家昌盛的中国面临的一系列问题。它需要并催化中国当代社会、人文学科明晰自己的发展取向与任务，认识为了实现新的发展，需要对现有的学科立场做出怎样的反思和变化。除此以外，如何对近代“西学东渐”以来逐渐形成且相对固化的学科研究范式实存的立场做出反思和重建，也是十分突出的问题。说得再具体一些，那就是当代中国社会、人文学科发展与中国文化传统及现实社会的关系问题，即全球化背景和西化学术传统下的本土化问题；中国社会、人文学科发展与盛行的

① 以上有关费孝通观点的阐述和引文，均来自：费孝通．试谈扩展社会学的传统界限．北京大学学报（哲学社会科学版），2003（3）.《新华文摘》2003 年第 9 期全文转载。

实证主义、理性主义的关系问题，即对以自然科学真理观和方法论为传统的研究立场的反思与突破问题。

三、教育学[①]“学科立场”研究的特殊需要

当代中国教育学的发展处在同一的学术大生态中，小生态却有很大的不同。造成不同的原因很多。从客观上看，有学科演化历史积淀而成的学科发展不成熟，并由此而造成的在社会、人文学科中不被重视，甚至在学科内部也存在自怨自艾的状态；还有学科研究对象和性质本身的特殊性，也加深了教育学研究的复杂性与难度。从研究主体角度看，由于还存在着对学科立场问题是否存在以及理解上的区别，故难以形成类似其他学科相对自觉的、对学科立场的反思与研究之势态，难以形成强大的合力。这可以从 2005 年 8 月中国教育基本理论专业委员会以“教育学的学科立场”为主题召开的第十届年会“综述”[②] 中读出，无论是对教育学的学科立场、学科危机的反思，还是对教育学如何发展的问题的回应，都还处于散点状态，当然，其中不乏真知灼见。也有人断言：“学科立场的探讨并没有给教育学术的发展注入新的活力和力量。理论探索上虽然有新的变化，但这除了增添大家（尤其是教育学者）心中几分焦虑之外，确实还没有看到乐观的迹象。”[③]

指出小生态中存在的问题并不是为不去深入研究“学科立场”找到理由。相反，是为了更加自觉主动地投入这一关系中国教育学发展不可回避的、前提性问题的研究之中。在这点上，“宋文”与我们持相同立场，但确实还有人认为没有必要再去研究这些似乎有些玄的问题，只要研究具体的教育理论和实际问题就可以了。无疑，我们期望有更多的人，但没有权力也没有想过要强求他人进行相关研究。重要的是，只要自己意识到问题的价值，就可以且有权开展研究。确实，每个研究者或研究群体都生存在学术研究的小生态中，并受其影响和制约；但是，每个研究者或研究群体又都是这一小生态的构成者、影响者，都有可能用自己的研究行为促使其变化：或向着积极的方面，或向着消极的方面。所以重要的

---

① 在此，教育学是指作为一门学科的教育学，教育学的“学科立场”是相对于其他学科的学科立场而言的。目前教育研究所形成的学科群，在文中涉及时称教育学科群，以示区别。

② 该“综述”发表于《教育研究》2006 年第 1 期，由宋剑、董标整理而成。年会的主题确定与我的建议有关，本人也参加了这次年会，因而，对讨论难以聚焦、对话、深化有真切的感受，尽管与会者都有真诚的投入。

③ 宋兵波．现代学术传统与中国教育学研究．教育学报，2007（3）．以下简称“宋文”。

不是去埋怨现状，而是努力从自己做起，努力使自己的学术研究成为促进中国教育学发展的积极力量。

任何一个学科在发展历程中都会因遭遇范式转变而催生出生存、发展的危机感。教育学也不例外。但与其他学科不同的是，教育学的危机是一种研究者关于学科存亡的危机，是更为根本与深刻的危机。这也是教育学研究小生态相对艰难的一个重要原因。如果连学科存在的信心都缺失了，如果许多人只是在这个领域里讨生活、求名利，怎么可能实现学科发展？因此，走出学科生存危机的阴影是当前中国教育学发展需要解决的特殊问题。而对教育学的学科立场缺乏深度讨论和未形成系统的基本观点，正是教育学危机存在的认识根源。有关教育学学科立场研究特殊必要性的深度认识，还需要通过相对深入和系统地梳理危机生成的过程、缘由和表现状态得出。

教育学学科立场问题的提出，始于有意识地将教育学建设成一门学科之时。教育学作为学科在中国由西方引进，所以有关学科危机的梳理，也须从西方开始。教育学界已经形成的基本共识是，教育学作为学科建成的代表作是赫尔巴特的《普通教育学》。这并不是说在此之前没有人专门研究有关教育的问题，提出对教育的系统认识并形成著作，其中捷克教育家夸美纽斯、英国哲学家洛克、法国思想家卢梭的贡献尤为突出。而康德则是近代并对后世产生深刻影响的大哲学家中，第一个在德国的大学中开设了“教育学”讲座，从而使教育学满足了作为一门学科的一方面的要求，即在大学里成为正式课程。有意思的是，大哲学家康德并不认为教育无足轻重或十分容易。在他看来：“人只有通过教育才能成为人。”① “能够对人提出的最大、最难的问题就是教育。”“人们可以把两种发明看作是对人类来说最困难的东西，这就是统治艺术和教育艺术，而且人们对它们的理念还处在争论之中。”② 他还指出，为了使孩子变得比父母更好，“教育学就必须成为一种学问……教育艺术中机械性的东西必须被转变成科学，否则它就不能成为一种连贯的努力，而某一代人就有可能会毁掉前人已有的成果”③。从上述引文中可以清楚地看到，教育问题在康德看来是十分重要又是最难的事情之一，他要求形成教育学的学问，主要是关于教育艺术的学问。教育的根本任务在于形成人的内在的、由理性把握并养成的精神力量④。康德以他的哲学体系为据来思

---

① 康德．论教育学．赵鹏，何兆武，译．上海：上海人民出版社，2005：5.

② 同①7.

③ 同①8.

④ 同①46.

考教育和形成他对教育问题的理性认识，透出浓浓的启蒙时代的人文关怀。这些精神财富对于今天依然有重要价值。但康德确实还不是从学科的意义上来研究教育学。

我之所以在讨论赫尔巴特前提出了前面几位对教育学、教育思想做出过杰出贡献的人物，并更多谈到康德，有两个方面的原因。一是因赫尔巴特与康德之间不仅有教育学教席上的连续关系，而且在哲学精神上有内在关联。二是从有不同倾向性的重要历史人物的比较中可以看出，教育学理论知识的来源，有三个不同维度：第一，基于教育实践或经验的提升、抽象和系统化（近代可以夸美纽斯为代表）；第二，基于时代、社会、政治、思想变革对教育诉求的集中反映（如卢梭）；第三，基于哲学发展体系变化而提出的教育问题的理念、内容与思想方法的变化（如康德）。这三个维度提供的思想资源随着时代的变化而变化，它们构成教育学理论的内部张力。如何运用和处理三大思想资源及其相互关系，始终是教育学学科立场建构中需要做出回答的第一大问题，直到今天也是如此。

众所周知，在人类认识世界的历史过程中，学科是从关于自然的认识自哲学中独立出来，成为不同于哲学的自然科学而始的，它得益于培根新方法的提出。因此，提及学科，其最早区别于哲学的，不只是研究对象的分化与明晰化，而且还指以科学方法为保证、知识的确定性和可检验性。赫尔巴特之所以被公认为学科存在的教育学之创始人，是因为他当时清醒地意识到了学科之成为学科的基本要求，并努力在教育学中体现。赫氏在《普通教育学》的“绪论”中，集中、充分和系统地表达了这一坚定的信念与追求。

赫氏首先在批判仅以经验作为教育基础的观点后表示，“但愿那些很想把教育基础仅仅建立于经验之上的人，对其他的实验科学作一番审慎的考虑”①。在他看来，“假如教育学希望尽可能严格地保持自身的概念，并进而培植出独立的思想，从而可能成为研究范围的中心，而不再有这样的危险：像偏僻的、被占领的区域一样受到外人治理，那么情况可能要好得多。任何科学只有当其尝试用其自己的方式并与其邻近科学一样有力地说明自己方向的时候，它们之间才能产生取长补短的交流”②。两段引文明白无误地表明，赫尔巴特在批判教育学现状的基础上提出了教育学成为一个独立学科的期望及策略。他认为，将教育仅建立在个人经验基础上，会使教育不具有可靠性；他批判教育学缺乏自身的概念和独立的思想，让其他各种学说、流派来治理。为了改变这种状况，教育学就要像其他

① 赫尔巴特．普通教育学·教育学讲授纲要．李其龙，译．北京：人民教育出版社，1989：9.

② 同①10.

科学一样来形成自己。在将教育学作为一门学科来研究时，赫氏引进了科学的意识和标准。“教育学是教育者自身所需要的一门科学。”① 赫氏认为教育者关于教育目标的选择取决于人的见解，但这种见解的正确形成不仅要以实践哲学为基础，还要具有科学与思考力。“教育者的第一门科学，虽然远非其科学的全部，也许就是心理学。”因为在赫氏看来，“心理学首先记述了人类活动的全部可能性”。但他并不是要教育者从心理学中推断出对学生的构想，而是主张教育者要观察儿童，“只要一个具有良好头脑的人留意观察人的心灵，那么他就会获得一种心理见识”②。这里表现的是赫尔巴特看重科学的什么，那就是科学能使人具有一个良好的头脑，对不同的意见采取谨慎的态度，而且使人们具有“眼睛”，“一只人们可以用来观察各种事情的最好的眼睛”。赫氏正是用这样的科学方式，通过详细分析当时形成认识所必须选择出来的各种措施，做出“教育者应当带着什么样的意图去着手进行他的工作”③ 的回答，写出了他认为的教育学的前半部。在此，我想强调的是，对于赫尔巴特教育思想，评论者大部分都认为赫氏的教育学在关于“教育目的”的问题上是根据哲学进行讨论的，科学的依据主要体现在教学的论述上。这恐怕是把赫氏的教育学截然分为两大部分了。就把科学当作一种超越具体经验的研究、思考过程和一种观察世界的方法而言，在赫氏对教育学的整体构思中是贯彻始终的，我们可以从他在绪论中谈及教育学前一半如何形成的论述中，清楚地看到这一点。

在论述教育学的后半部时，赫氏依然强调的是科学，即教育者“还应当掌握传授知识的科学”，并以“不存在‘无教学的教育’”和“不承认有任何‘无教育的教学’”④ 的双向否定的话语方式，突出了他的教育、教学融为一体相互贯通的思想。同时他还做出了在他看来是以心理科学为基础的教学过程分析。在此，我们又一次看到赫氏学科立场中科学意识的强化，以及在他那个时代和他个人哲学背景及知识、经验独特基础上的哲学与科学的沟通。

赫氏对科学性的追求最后表现在他希望自己的教育学的知识是具有普遍意义的。他对教育者的方法论指导就是“希望那些知道通过个别怎么样说明一般的人能够从个别中制订出一般的计划，通过人类来说明个人，通过部分来说明整体。然后再按符合规律的关系，将大的紧缩为小的与更小的”⑤。这是典型的科学认

① 赫尔巴特．普通教育学·教育学讲授纲要．李其龙，译．北京：人民教育出版社，1989：12.

② 同①11.

③④ 同①12.

⑤ 同①20－21.

识在处理个别、一般以及认识规律的思想方法的表述。此外，赫氏确信实验方法的重要性和科学性，但无奈于教育中开展实验的困难和效果检测的不可确定性，因而在其任哥尼斯堡大学教育学教职时，创办了教学论研究所、教育研究所和师范研究班、附属实验学校①，努力用实践的方式来说明验证自身理论的合理性，以弥补不能开展科学的教育实验的不足，表现出赫氏与纯哲学思辨式不同的创建教育学的路径。尽管赫氏的《普通教育学》不具有正宗自然科学要求的科学性和形态，但他在这方面的意识和努力是超越前人并走在时代前列的。

以上关于赫尔巴特“普通教育学”在学科立场方面的分析表明：赫氏在有意识地建立一门作为学科的教育学时，他力图与康德有区别的就是增加科学的维度，并使哲学与科学融通，共同服务于教育学的学科式建构。他以自然科学关于学科的理解来衡量，开始了教育学的学科之旅。教育学的独立性和科学性问题也正是从此时起，因衡量学科标准的选择，而内含于初建成的作为学科的教育学中。此后，随着科学越来越丰富和理性的标准日益显性化、方法化和可操作化，到 19 世纪下半叶，尤其在 20 世纪，教育学爆发出一次又一次存在危机。中国的教育学也因初始阶段就从赫氏的《普通教育学》引进而内含着危机，并在这方面与西方教育学危机有着非同步但基本同质的多次存在危机的出现，且延续至今②。

19 世纪下半叶后多次由新因素而产生的教育学危机，概括起来主要表现在两个方面③。

第一方面是作为整体学科的教育学自身不断分解④。第一次分解在西方始于 19 世纪下半叶赫氏逝世之后，弟子们对赫氏的学说理解出现分歧，并导致教学论独立成为一门学科，道德教育也相应独立。在随后的发展中，学校管理也独立门户⑤。这种分解实际上是赫氏教育学中内含的几大构成部分的独立化过程，可视作第一层面的分解。第二层面的分解是在教学论这一分支学科之下，与中小学

---

① 赫尔巴特．普通教育学·教育学讲授纲要．李其龙，译．北京：人民教育出版社，1989：前言 5.

② 需要说明的是，中国教育学的危机还有特殊的表现。以下行文中，中西共性的方面合起来说。

③ 以下论述可进一步参阅：叶澜．教育研究方法论初探．上海：上海教育出版社，1999：64－88；叶澜．中国教育学科年度发展报告（2003）．上海：上海教育出版社，2004：2－4；黄志成．教育研究中的两大范式比较：“日耳曼式教育学”与“盎格鲁式教育科学”．教育学报，2007（2）．以下注释或引文简称“黄文”。

④ “黄文”中提到日耳曼式教育学分解时列出三次，第二次分解指的是由方法论的不同而带来的，这是事实性的判断。因本文从分解造成危机的角度来论述，故未把虽是不同流派但对象依然是教育整体的教育学变化列入其内，因为这样的变化会对教育学整体研究带来新的视角、视野和活力，而不是消解。但本文未列入，并不是说不承认或不赞同黄文的三次分解说。

⑤ 参阅“黄文”。

的学科教学相关的各科教学法又作为独立学科存在。这些学科的出现与学校教学实践的需要密切相关，在赫氏的构想和实践中也有所体现，他认为“我们需要一系列教育学专著（指导人们应用某一种教养手段）”，他在研究班中对数学教学有过专门研究。

上述两个层面的分解是朝着下行的路线进行的。当“普通教育学”的内容都由分支学科分别做更详细的论述以后，还需不需要以整体为对象、表达一般理论的、作为一门学科的教育学的质疑就产生了。此类教育学的存在危机因自身的裂变而引起，我们可以称其为“内裂危机”。

造成危机的第二方面的新因素是其他社会、人文学科以及部分综合类学科对教育研究的介入逐渐增多，在时间上也自 19 世纪下半叶始。20 世纪上半叶则走向丰富，到下半叶尤其是 60 年代末、70 年代起，随着信息化时代的到来而进入“爆炸期”。这些学科进入教育学领域的研究都在自己的学科传统、研究范式相对成型之后，它们是把教育当作一个研究领域介入的，在一定意义上，它们并不在乎教育学在研究什么、如何研究以及形成了什么，而是着力于形成本学科的应用学科①，如教育哲学属应用哲学类，教育社会学属应用社会学类。对这些学科更为清晰的表达应是“教育的××学”或“××学中有关教育的研究”，而不是“××的教育学”“有关××的教育学”。这些学科都自认对教育学的发展与丰富做出了教育学不可能做出的贡献，更有甚者认为因此而不需要教育学。在教育学界内，则把这样的“教育××学”视作教育学与其他学科交叉而生成的、教育学领域中的交叉学科。这种错觉更因其中的部分研究人员由原来教育学专业出身而得到强化。相关人员未细究在这样的交叉中教育学究竟起了什么作用，这样的结合方式是不是唯一选择，是否合理，是否有利于作为学科的教育学的发展。相反，却轻易地将其纳在教育学的范围内。三年前我国学位办将教育管理学从“教育学”门类中拉出，列到“公共管理学”的门类中，可以说是给教育学研究人员开了一帖清醒剂，我们不禁要问：是否有一天“教育哲学”将归“哲学”大类？“教育社会学”将归“社会学”大类？而现在教育学名下的交叉学科将不再存在？依我看，教育学界若不清醒，这一天必将至。

因交叉而带来的教育学存在危机，在以英美式的教育科学逐渐成为强势并走向国际化的过程中得到强化②。“黄文”较深入地从词源学及不同文化传统背景，分析了一些欧洲国家首先使用的“教育学”（pedagogia）与英语国家首先使用的

① 张渭城．国外教育学科发展概述．北京：教育科学出版社，1982.

② 参阅“黄文”。

“教育科学”（educational sciences）的重要差别，即前者是指一门学科的教育学，但在英语国家中并不流行和通用。英语国家通用的教育科学“明确指的是由多门科学形成，而不是单一科学，是指各自独立于教育的，但部分又是研究教育现象的科学或学科群”。教育科学是开放的系统。教育科学从一开始就不是一种封闭的、独立的行为，也不是要建立固定的、有形的联系。它们只是在进入同一实践领域的意义上，为实践提供来自应用其本学科研究范式而得出的有关教育实践的应用性知识。只是在与教育实践关联的意义上可通称为“教育科学”。这与“英语的教育（education）被看作是一种实践”，英语中的“教育理论”是一种为了教育实践的理论有关。因此，英语中的“教育理论”是“教育科学群”中的一个，其目的不是教育的理论研究（theory study of education），而是为了教育实践的理论（theory for education practice）①。在我看来，这一区分是重要的，且与我们接触到的欧洲大陆教育学研究与英美教育学研究，在风格与重心上的区别感是吻合的。这对我们国内某些因翻译英语国家著作，熟悉“教育科学”的用法，而少见“教育学”的用法，进而认为教育学应该终结，由教育科学来接替教育学发展的研究人员来说②，可能提供了进一步思考的资源③。

我们将这种因其他学科介入教育领域研究而产生的教育学存在危机称作“外解危机”④。应该说，“教育科学”的繁荣并不是一个需要否定甚至谴责的状态。在一定意义上，这是教育学所研究的对象——教育在整体上的丰富性、综合性与复杂性决定的，是教育研究中具有发展意义的行为，是没有人可以或有权阻挡的事。它也不必然带来教育学的生存危机。真正值得反思的是教育学自身。何以因其他学科进入教育研究，教育学自身存在的必要性就会遭否定？何以其他学科在进入教育研究时，可以无视教育学的存在，不能在真正意义上因学科交叉而产生与教育学相关而不只是与教育相关的新学科？教育学如何才能形成以本学科研究范型为依据，将其他学科研究对象看作应用领域的、教育学交叉学科类的应用学科？⑤

---

① 以上引文均出自“黄文”。

② 在国外，我们较熟悉的持“教育科学观”的代表人物是：法国的G. 米阿拉雷，可参阅：米阿拉雷．教育科学导论．郑军，张志远，译．北京：光明日报出版社，1989.

③ 由此引出的联想是中国的教育学界应对教育、教育学的理解，做出基于中文词源学和文化学综合意义上的界定，以免老是由别国的规定左右我们的思维，一旦不清楚他国之间的差异，把我们自己的头脑也搞乱。有此体验，故言。但这已超逸本文论述主题，暂存不论。

④ “外解危机”是与“内裂危机”相对应的称呼，它指原来的教育学因外部学科的介入研究而引起解构危机。

⑤ 教育学有自己的应用学科，主要是以教育制度中各级各类教育为对象研究而形成的学科，如高等教育学、中等教育学、初等教育学、职业教育学、特殊教育学、家庭教育学等。

我们将“内裂危机”与“外解危机”统称为“双重裂解”危机，它在我国教育学界同样存在。与西方教育学或教育科学原发式国家不同的是，两类危机在中国的引起是继发式和集中式的，在中华人民共和国成立以前就存在。中华人民共和国成立以后，尤其从20世纪80年代始，“内裂危机”就出现。在高等师范学校里，教育学由一门课程转变为教育原理、教学论、德育原理和教育管理学四门课程。于是，教育学是否还需要作为一门学科而存在的问题就被提出了。此类裂变随着时间的推移和国外研究的新一波的引进，自新旧世纪之交始越变越烈，且生出了“新”分支能否取代原分支甚至取代教育学的讨论。与此同时，“外解危机”也急剧增加，除了上述的分支、交叉学科以外，还出现了以教育问题为中心的、多学科综合研究所生成的新学科。这让人们生出“道生一，一生二，二生三，三生万物”的感慨①。正是在这样的背景下，我提出了一系列的问题：“学科得以存在的依据、根本在哪里?”“新学科的增加对传统的教育学意味着什么?是消亡还是再生?”“不同学科对教育研究的切入有无立场的差异？教育学领域的交叉学科是否只有一种属性，即切入学科的应用学科？有无以教育学为母学科的交叉应用学科存在、发展的可能与必要？在这样的背景下，有无必要思考和明确教育学立场与教育学视角?”如此等等②。这些问题显示了我们提出“学科立场”问题的当代背景及其与教育学危机之间的内在联系。

中国教育学界围绕教育学本身发展问题的思考与讨论其实在20世纪80年代就开始了。先是对教育学的学科史的研究，以雷尧珠的《试论我国教育学的发展》为肇始，逐渐形成中国近代教育学发展史研究领域并延续至今③。西方教育学史的研究中有陈桂生的力作《历史的“教育学现象”透视——近代教育学史探索》④。以瞿葆奎、喻立森发表于《教育研究》1986年第11期的《教育学逻辑起点的历史考察》一文为序幕，开辟了“元教育学”在中国的研究⑤，形成教育学领域研究中一个新的层面。在此之后，本人以《关于加强教育科学的“自我意

① 叶澜．中国教育学科年度发展报告（2003）．上海：上海教育出版社，2004：2-3.

② 同①3.

③ 雷尧珠文发表于《华东师范大学学报》1984年第2期。近年较大规模的研究成果有：瞿葆奎．中国教育学百年//瞿葆奎．元教育学研究．杭州：浙江教育出版社，1999；叶澜．二十世纪中国社会科学·教育学卷．上海：上海人民出版社，2005.

④ 陈桂生．历史的“教育学现象”透视：近代教育学史探索．北京：人民教育出版社，1998.

⑤ 有关“元教育学”研究的主要论文汇编在瞿葆奎主编的《元教育学研究》一书中，由浙江教育出版社1999年出版。

识”的思考》一文为起点，组织了关于“教育学科元研究”的系列丛书[①]，从学科元研究的层面，与元教育学研究相呼应，尤其是在“教育研究方法论”“教育学科与相关学科关系”研究方面做了系统的探讨。

陈桂生发表于《华东师范大学学报（教育科学版）》1989 年第 3 期的《教育学的迷惘和迷惘的教育学》一文，对中华人民共和国成立以来中国教育学的发展路径及存在的主要问题做了回顾批判式的论述，提出了在教育学分化和出现多门交叉学科以后还要不要大一统的教育学？怎样看待中国化的教育学建设等教育学发展的重要问题。可能与中华人民共和国成立 40 周年相关，这一年成为教育学发展反思总结式论文相对集中的一年，但以陈文的影响力为大。遗憾的是不少人只是对题目中的“迷惘”有兴趣，并未读懂陈文的真意，只是沉浸在“迷惘”的感觉中，并常以“迷惘”作为讥讽中国教育学的最佳用词。

吴钢在《教育研究》1995 年第 7 期上发表的《论教育学的终结》一文，又一次掀起了关于教育学存在危机的讨论，并以不同却相关的话题方式持续至今。支持吴文者大多围绕教育学不可能或没必要成为独立的学科展开论述，而持不同观点者多从不同的角度或路径，认识实存的“内裂”和“外解”危机；从不同的路径，尤其在教育学的性质、对象、方法论、理论特质、理论与实践的关系等不同的方面，探究当代教育学的建构问题[②]。

就这样，从赫氏“普通教育学”诞生以来在西方社会历经两个世纪的教育学作为学科的生存问题，在中国也经历了近一个世纪，而且随着时代、人类认识的发展，老问题以几乎不变的提问方式继续存在。尚需补充的是，在中国，教育学研究的依附性在很长的历史时期内还有强烈的政治意识形态化的倾向，以及主要以国外的教育学或教育科学发展为资源，用翻译、编译或阐述等方式来体现教育学的发展，存在着忽视中国自身的实践与问题、忽视中国文化传统中思想资源的特质两个不同于西方国家的特有的问题。

在《中国教育学发展世纪问题的审视》一文中，本人提出了“意识形态与教育学发展的关系问题”“教育学发展的中外关系问题”“教育学的学科性质问题”，是影响中国教育学百年发展并依然影响当代中国教育学发展的组合式核心问题的观点，认为对三个问题做进一步聚焦，“可集中到教育学的学科独立性问题上”。

---

① 叶澜论文发表于《华东师范大学学报（教育科学版）》1987 年第 3 期。丛书以“教育学科元研究”为总称，由上海教育出版社自 1999 年始出版，至今已出版 5 本。

② 与此相关的论文陆续有发表。首先做出针锋相对回应的有：郑金洲．教育学终结了吗?：与吴钢的对话．教育研究，1996（3）；周浩波．论教育学的命运：与吴钢、郑金洲商榷．教育研究，1997（2）．其他文章不一一列举。

论文在结语中指出："二十世纪中国教育学在太多的束缚与依附中建立，它既受意识形态的强控制，又追逐着国外教育学说的变化，还受着学科性质认识停留于应用的自我局限，依附于交叉学科中的其他学科，扮演着随从的角色。""教育学在一个世纪发展中走过的曲折和付出的'学费'，换来的最重要的启示就是要提升教育学科的独立学术品格和力量，教育学界要为此做出持续和艰苦的学术努力。"① 这一努力首先是立场和视角的变化："我们的眼睛不能只是向上看，向左、右看，向东、西看，向后看；还要向下看，向内看，向中看，向前看。"② 借此，再一次表达本人对如何走出"教育学生存危机"所持的基本态度：要敢于直面，但不简单置可否。我不欣赏只用嘲讽、指责的方式对待今日中国的教育学研究，而提倡用积极、认真、持续的学术研究的态度和行为，去推进认识的深化和发展，并首先从自己和志同道合者做起③。在我看来，只有教育学研究队伍中抱有这种愿望和付诸行动的不同个体或群体越来越多，新的教育学研究的世界和空间才有可能逐渐生成。对教育学在当代的生存危机问题的认识只有在研究深化的过程中，才能越来越清晰。同时，这个过程也是我们实现有关"教育学"认识的自我更新过程。就自己的切身体验而言，没有研究过程中研究主体的自我更新，很难明白今日的世界与教育学建设的任务，更不可能有真实意义上的学术创新与发展。这就是本人所理解的中国教育学"学科立场"研究的特殊需要。

四、重建当代中国教育学"学科立场"的尝试

在当代中国，教育学如果要走出生存困境，完成转型性再生是一条可行之路。为此，需要重新思考有关教育学学科立场内含的一系列前提性问题，形成新的"答案"。首要的就是对教育学研究的对象和领域的再认识。它的提出本身就是上述"双重裂解"的直接后果之一。

在赫氏初创教育学之时，研究对象的问题是清晰而简单的，那就是教育。赫

---

① 叶澜．二十世纪中国社会科学·教育学卷．上海：上海人民出版社，2005：50.

② 同①．文中所涉的方位词都是借喻。"上"指政府意志，"下"指教育实践，"左、右"指相关学科，"内"指教育学本身，"东、西"指国外教育学研究，"中"指本国研究，"后"指历史，"前"指发展、未来可能等。特加说明。

③ 这也是我们提出学派创建的原因之一。时而也看到一些对教育学是否有可能和建立学派的讨论，自然仍是仁者见仁、智者见智，类似于教育学还能否生存一样。这都很正常，尤其在中国。我在此想表明的只是我们的心迹在于更好地积聚力量，自觉地去做自己认为该做和能做的，以及有指向、有基础、有积累的事，不是去妨碍或反对别人"为"和"不为"、如何"想"和"做"。

氏的研究领域又集中于学校内部的教育，他的努力是在怎样使教育学具有作为独立学科的核心概念和理论形式方面展开的。此时的教育学现在看来虽然有不少问题，但它的对象是有内在统一性的，无所谓今日的“双重裂解”问题。

中华人民共和国建立之初到20世纪80年代初，教育学研究对象问题在中国并不存在。当时普遍认同的观点是教育学以教育现象为研究对象，其任务是揭示研究规律；研究立场是阶级立场，即要站在无产阶级立场；方法论是马克思主义，它是唯一科学的世界观，只有用马克思主义的辩证唯物主义和历史唯物主义做指导，才能揭示教育规律。一切都是明晰和确定的，故无对象或其他前提性问题可讨论。

20世纪80—90年代的中国，教育学的“双重裂解”，以教育学科群的迅速成长和多级、多重交叉的方式呈现出繁荣局面。在这突然长高、长胖的巨人面前，教育学研究者的反思，除了提出原先作为一门学科的教育学是否还需要或可能存在以外，还将原先对教育学的学科框架、理论体系的讨论，扩展到教育学科群内在关系的讨论，力图梳理这一学科群内在关系的分类标准。为此，除了翻译、借鉴国外相关的论著与论文提供的资料、观点以外①，国内的学者也做出了各种不同的分类建议，实际上开始了有关教育学、教育科学或教育研究对象的再认识。

如瞿葆奎、唐莹提出了以学科研究对象和学科形成机制（如何运用其他学科来形成教育学科）的复合分类为教育科学分类的框架②。这一分类方式建立在将运用其他学科（包括理论框架、方法或工具、用多门学科解释教育问题等三大类）形成教育科学看作教育理论的一种特性：“它要站在‘众人’的肩膀上——把许多学科集于一身，去综合成自身的体系。从某种意义上说，它比这些学科更复杂，也更富于挑战性。”③ 与此同时，该文将所有的与教育相关的学科都称为“教育科学分支学科”。除此文外，国内学者还有不少的、不同类型的分类标准与

---

① 如前面已经提到的法国G. 米阿拉雷的《教育科学导论》外，较有影响的有：布雷岑卡．教育学知识的哲学：分析、批判、建议．华东师范大学学报（教育科学版），1995（4）．他在文中提出按研究任务把教育学一分为三：“教育科学”“教育哲学”“实践教育学”。该文最早刊登于《华东师范大学学报（教育科学版）》1995年第4期。2001年华东师范大学出版社又出版了他的专著《教育科学的基本概念：分析、批判和建议》。另外，国外教育学著作中也涉及分类问题，如：大河内一男，等．教育学的理论问题．曲程，等译．北京：教育科学出版社，1984：193－196.

② 瞿葆奎，唐莹．教育科学分类：问题与框架．华东师范大学学报（教育科学版），1993（2）；后经修改辑入：瞿葆奎．教育学的探究．北京：人民教育出版社，2004：1－28．以下简称“瞿、唐之文”。

③ 同②23.

论文发表[①]。其中涉及的分类方式繁多，或以对象、领域为据，或以方法为据，或以学科理论性质为据，或以学科功能为据，呈现出视角和论据的丰富性与多样性。由此可见，教育研究者对于研究对象和领域的认识在 20 世纪 90 年代已经出现了分化、细化和分类意识。如果没有教育研究领域内的“双重裂解”，就不会出现这样多的思考和认识上的变化。这也可算是“双重裂解”的积极贡献之一吧！然而这些研究虽然都承认教育研究出现了多元和学科群现象，但对是否因此而生出教育学的存在危机，教育学是否有“独立性”，教育学是否需要重新认识自己，重建“学科立场”等问题却抱有不同的观点与态度。不少人并不太在意，但在瞿、唐之文中，可以看到对其他学科介入教育研究可能出现的问题的警觉：“由于教育理论的性质（指“运用解释的解释”。——引自同文第 11 页，笔者注），教育科学分类很容易步入这样的陷阱之中，即以对已经存在的其他学科进行某种任意选择为基础，并从这些学科的分类中演绎而来。”因此，“有一点是十分明确的：除了以教育理论为研究对象的学科以外，所有的分支学科都要以教育现象为汇集点（着重号为原作者所加），围绕教育本身来组织有关教育的知识”[②]。遗憾的是，在我看来，这类演绎生成的交叉学科在教育科学中实际上已大量存在，而汇集点却没有在学科的意义上形成。

我认为，瞿、唐之文指出的问题，对于以承认传统教育学当前确实存在危机为前提，持重建作为一门学科的教育学对于当代教育学科群新发展十分迫切的观点者的我们来说，是需要面对和做出进一步探究的。我们的提问方式是：教育学一个多世纪的“双重裂解”，究竟对教育学作为一门学科及学科群的发展提出了什么新的问题？为什么其他学科，不论是自然科学（如物理学）还是社会科学（如社会学），在同样经历着学科分化和交叉学科不断增加的情况下，不像教育学这样，提出诸如物理学、社会学是否还能存在之类的问题，或至少不会形成像教育学这样广泛、持久和激烈争论之势？教育学科发展中出现的、我们可以称之为“消解基础学科”的现象本身说明了什么？当今还有没有必要和可能建设作为一门学科的教育学？这些问题汇集起来，首先要回答的就是在“双重裂解”的背景

---

① 如：陈桂生．四分法：教育理论成分解析的新尝试．教育研究与实验，1995（2）；陈桂生．略论教育学体系问题．教育研究与实验，1996（1）；冯建军．论教育科学的构建与检验．高等师范教育研究，1995（6）；冯建军．教育学有独立性吗？．上海教育科研，1995（5）．有关教育学研究的主要论文（国内及重要译文）主要参阅：瞿葆奎，沈剑平．教育学文集・教育与教育学．北京：人民教育出版社，1993；瞿葆奎．元教育学研究．杭州：浙江教育出版社，1999；瞿葆奎．教育学的探究．北京：人民教育出版社，2004．书中还列出了详细资料索引，有兴趣者可查阅，本文因篇幅有限，不再做介绍。

② 瞿葆奎．教育学的探究．北京：人民教育出版社，2004：16.

下，究竟如何认识教育学的研究对象与领域。

教育学研究对象是教育研究对象的特殊组成。因此，先要厘清的是教育研究对象在当代的变化。在《教育研究方法论初探》一书中，我采用“教育存在”的概念作为对教育研究对象的总称，并将这个概念按“教育存在”的形态（“以它通过怎样的实践产生为主依据，并兼顾形态特征”①）区分为三个“层次”（不是“方面”②）：第一层次为“教育活动型存在”，它由教育实践活动本身组成，是教育存在中最生动、丰富、多变的基源性存在，无此类存在，就不可能产生后两个层次的研究对象存在。第二层次为“教育观念型存在”，包含了认识人类教育活动多方面的“认识成品”，包括经验性、常识性、决策性及理论性、科学性的认识。与第一层次的主要区别是，它是通过人的认识活动产生的，是一种观念形态的存在。第三层次为“教育研究反思型存在”，它虽然也以观念形态存在，但其产生是对产生“教育观念”的研究活动（而非教育实践活动）及其系统化成果的再认识，具有反思的性质③。随后，该著作还对三个层面的内结构做了分析，并着重指出了教育研究的对象与教育的对象的区别，以免因将“人”及任何对人产生影响的活动均列为教育研究的对象而带来研究对象“泛化”问题④。如此泛化的存在若不被意识到，可能造成教育研究的对象无边无际。无限扩大研究对象及领域，也是消解学科的一种方式。

教育研究对象的形态与结构分析，为进一步建构教育学研究对象提供了认识框架与基础。如前所析，目前存在的教育学科群，从其生成机制来看，至少可分为内部分解和外部介入两大类。前者我们可称其为教育学的“内生分支学科”，其研究对象尽管各不相同，但都属原先作为一门学科的教育学研究对象范围中的某一局部⑤；都是以教育活动最基础的核心构成作为原始的研究对象。这样建构教育学科研究对象的立场可称为“内立场”。后者与“内生分支学科”相对应和

---

① 叶澜．教育研究方法论初探．上海：上海教育出版社，1999：306.

② 因人们往往忽视“层次”与“方面”的区别，故想强调指出，“层次”与“方面”是两个在空间指向上有区别的概念，“层次”是三维空间上以高度的层级区别为标准的划分，“方面”是二维空间即平面意义上，或即使面对具有三维空间的多层级构成的事物，但强调的是一个侧面、切面的视角看问题。在系统论中，“层次”的区别是重要的区别。

③ 同①306－307.

④ 同①308.

⑤ 如教育学原理、教学论、德育原理、学校管理学等。也有一些是20世纪早期发展起来的分支学科，如课程论。尽管在最初的教育学中没有以“课程”命名的专章（原因是多方面的，包括词源学和文化的差异），但作为构成教育活动不可缺少的基本要素，教学内容问题却从夸美纽斯开始就内含在教育学之中。虽然课程论与教学内容所指已有很大的不同，但相互间的内在关系是不可割断的。

区别，它们以原教育学研究范围之外的其他学科介入教育问题的研究而生成；以介入学科的研究范式、理论框架、基本观点和方法，作为生成新交叉学科的路径；又把由此形成的交叉学科视作本学科在研究教育领域中新建的应用学科。因此可称其为教育研究中形成的“外生交叉学科”。如此建构教育学科研究对象的立场可称为“外立场”。

对目前存在的教育学科群做如此“内”“外”立场的区别，不是为了使两大方面成为壁垒分明的对手，也不是认为一方面重要、对发展教育认识有贡献，另一方面不重要，研究教育问题可以不去关注。而是为了使我们能更清楚地看到目前教育学科的总结构中，在研究对象的建构方面还有两大重要缺失。

第一大缺失是以当代教育活动本身内在整体为研究对象的、作为一门学科的教育学研究，我们可以把它称为“内在整体学科”研究的缺失。显然，这是在教育学科有了大量，而且还可能生出多类和多级分支学科背景下提出的问题，它的研究领域和任务不同于初始状态作为一门学科的“教育学”。这种不同产生的原因如下：一是因为无论教育活动本身的价值与功能、要素与结构、形态与过程等方面，以及教育在整体上与社会之间的互动性质与方式、路径等方面，都与教育学初建时代有极大的不同，而且产生了许多以往不存在的新因素（如教育技术因素的极大增强）与新问题。这些变化本身需要、也可能通过对教育活动的整体研究形成新的认识。二是因为人类对教育的认识本身，不仅有了极大的丰富，而且有了深刻的变化。这些变化和丰富，需要梳理、整合和形成新的系统的深化认识，这一认识的形成，不可能由哪一门分支学科独立承担，也不可能用各门分支学科已有成果简单相加的方法来完成，它需要通过以当代教育活动内在整体为对象的深入研究来形成，需要吸收、整合、提升已有分支学科的研究成果，在更高层次上，形成一门不同于分支学科研究对象划分原则的、相对独立的教育学来承担。“裂变”与“重聚”是事物发展过程中相辅相成的两种形态，虽然在不同的发展阶段呈现出不同的倾向，但不可能跛足行至很远，教育学经历了相当长一段时间的裂变，现在到了需要和可能用“聚合”做出补充的阶段了。

还需指出的是，原先大一统的教育学虽然已经不可能去统包成为内分支学科的教育学学科群了，它的部分内容虽然被更新、扩大，或细化、重组，但其中有些已经陈旧的观点，却依然可以在一些分支学科群，尤其在第三级分支学科群中体现（如学科教学论，亦有人称学科教育学）。这是因为这些学科中有些不是通过教学论和课程论去形成教育是什么的理论认识，而是直接从教育学中吸取理论，与学科教学结合，形成第三级分支学科。上述现象也会在教育学的应用学科

（如初等教育学、中等教育学等）中出现。这种新、旧混杂的情况，一方面说明以教育活动内在整体为对象的教育学依然需要且还在发挥作用，另一方面更说明必须更新重建。由此可见，从积极发展的角度看，作为一门学科的教育学面临的命运不是消亡与终结，而是发展、更新与转型。

我们可以这样说，只要作为内在整体的教育活动还存在，以此作为研究对象的内在整体式的教育学就有存在的需要。没有哪一个内分支学科的研究、哪怕是它们的总和（也没有任何一个外生交叉学科，哪怕是它们的总和）所形成的有关教育的认识，可以代替教育研究主体对教育整体的把握。作为教育活动内在整体的研究，其目的是形成当代教育学，而不是恢复以往只有大一统教育学的局面，削弱或限制分支学科；是为了体现当代教育研究主体有关教育整体的新认识，形成有助于内生分支学科和内生应用学科发展的教育学；是形成新的作为认识教育是什么、为什么、应如何和怎样展开等问题的基础理论性的认识，使整体与分支、理论与应用形成更为有效、且具有相互促进、建构价值的当代教育学科新的关系形态和发展局面。

教育学研究对象中第二大缺失是以教育学的研究范式、理论框架、基本观点和方法为依据，以其他学科领域中与教育相关的问题，或教育内部与其他领域相关的问题为研究对象，以教育学为本体的、应用性的“内生交叉学科”的缺失。这类学科既不同于“内生分支学科”，也不同于“外生交叉学科”，但能与它们形成互补互生的相互关系。显然，改变这种缺失是一个更为艰巨和复杂的任务，因为到目前为止，还没有看到如此建构的教育学“内生交叉学科”的形态。造成这一状态的原因，一方面是人们误以为“外生交叉学科”就是教育学交叉学科的唯一形式，故而没有积极、有意识地去建构这样的研究对象，更不可能形成学科；另一方面，更重要的是因上述第一个缺失的存在，认为当代已无须教育学的观点和由此引起的生存危机的争论，贻误了教育学的建设性发展，使当代中国作为一门学科的教育学，自身还没有成为相对显明和成熟的学科（多以“教材”的形态存在）。这种情况好比根还没长深，枝干很难成为“嫁接”的母本，它极大地限制了第二大缺失状态的改变。但是，从逻辑上来说，上述教育学“内生交叉学科”的存在既是必要的，也是可能的①。

如果我们把两大缺失联系起来看，更可以清晰地看到当前重建以教育活动内在整体为研究对象的教育学的重要。它不仅对作为一门学科的教育学发展，而且对整个教育学科形成新的、更为合理的结构和水平都具有决定性意义。上述第一

① 本人曾在与学生的讨论中论及此事，并举例说明。可参阅：叶澜：回望．桂林：广西师范大学出版社，2007：197.

方面的缺失，也正是其他学科之所以不会、教育学却会因学科群的出现而引出生存危机的原因之一。

两大缺失的提出，实际上关涉教育学发展的当代空间的开拓，为的是提升当代教育学研究主体对不可推卸的历史责任、难得一遇的发展时机的把握，也是对有关当代教育学研究要加强内立场，走深入研究教育活动本身，形成教育学视角的研究路线的强调。当然，这并不意味着要排斥其他学科对教育的研究。教育作为一个人类社会活动的领域，它不仅对所有学科的研究者开放，而且谁也无权且不可能阻止这种研究。何况，教育本身与各个领域之间有着不同性质、不同形态的千丝万缕的联系。所以，即使用教育学的立场研究教育问题，也需要综合运用不同学科的研究成果。教育学研究者需要形成胜任教育学研究需要的专业研究素养。但是，其他学科形成的与教育相关的知识，不等同于教育学知识。我们不能以简单搬运它们的方式来充实教育学的内容。这种情况可以说从赫尔巴特的教育学始就有所表现，他用当时的联想心理学的认识来说明教学过程的四个阶段就是一例。当代研究者想用学习心理学来代替教学研究也是上述问题的现代式表达。在此，我们不涉及联想心理学和学习心理学的对错问题，也不否认心理学理论在认识教育中的价值，我们所强调的只是学习心理学代替不了教学研究，因为学习心理学的研究对象与视角，不是教学活动的全部，更不是教育活动的整体。所以，不能以“外生交叉学科”代替“内生交叉学科”，反之同理。我们目前缺失的是“内生交叉学科”，故而就针对时弊而言，需要强调后者建设的迫切性和必要性。

如果以上两个缺失的状态发生基本改变，教育学科的整体结构就能呈现出丰富、相对完整的新的状态与形成新的更为合理的相互关系。这一结构可简单用表1表示。无疑，这一理想结构的形成需要当代教育学研究者共同、持久的努力。

表1　　教育学科群理想结构状态

<table>
<tr><td>基础理论</td><td>教育学
（内在整体学科的当代重建）</td><td rowspan="4">外生交叉学科群</td><td rowspan="4">外学科的应用理论</td></tr>
<tr><td>分支理论</td><td>教育学内生分支学科群</td></tr>
<tr><td rowspan="2">应用理论</td><td>内生应用学科群</td></tr>
<tr><td>内生交叉学科群</td></tr>
</table>

说明：

①□表示目前基本存在的学科群。

②■表示尚须加强和建设的学科群。

③虚线表示外生交叉学科是外学科的应用理论中与教育相关的一部分，不是全部。

④各框内名称具体所指可参阅前面的文字解释。

⑤所有的分类都具有相对性，都可能产生越级、越界的各种交互作用和产生新的学科类型，在此只为说明区别而分。

在这部分最后要提到的是关于教育学研究的领域，即它与教育研究对象“教育存在”的关系。我认为，领域与研究对象的界定相对应，它与“教育存在”三层次的关系不是涉及其中哪一层的问题，而是根据对象界定角度从何切入三个层次的问题。恰恰是三个层次的相关研究，才能有效地推进教育学的发展，尤其是学科处于转型的时期，与学科理论发展相关的实践领域、已有理论领域和反思领域的研究缺一不可、相辅相成。

学科性质的判断是当代中国教育学学科立场需要思考和做出回答的第二个重要问题，它关系到对学科发展取向的选择和理论品质的认识。

通常而言，谈到学科性质，首先会问该学科归属于哪个大类。人类知识第一层次的分类指哲学、科学、艺术之三分。概而言之，哲学指对事物形而上的思考，是超经验的“玄思”；科学指以经验为基础而形成的对事物的系统认识，是有具体对象的研究之产物；艺术则以表达研究者对世界万物和人间诸事，以人及其自我的内在感受、体悟为主要内容。三者无论哪一类，都是人类精神生活的组成，也是人类精神生命的创造。三者尽管有区分，但也存在着相互转化和依存的关系。

在第一层次三大类框架中，教育学就其研究对象性质而言，属于科学一类，教育活动是人类的一种社会活动，它是实践式的、可具体经验的。但是对于教育的认识，无论是为了认识，还是认识所形成的知识，其中必然涉及有关人性及人类实践、知识等一系列的哲学思考，有关教育活动的人际互动和多次、多重主体间的转换的过程研究，以及促进人的生命发展的目标和方式的研究，这需要有艺术直觉式的体悟做支撑，需要借助一些艺术作品来加深对人的内在世界的领悟。因此教育学的知识中有一些也与艺术相关。因而我们可以说，就知识品性来讲，教育学具有综合的特征。这种特征在教育学的学科发展史中表现得很明显。如康德的《论教育学》呈现出显明的哲学性，赫氏的《普通教育学》则是哲学、科学的交织。苏联和中国“文化大革命”前的教育学，则在与哲学相关的领域中，加强了政治意识形态的因素。而当代一些流派的教育学中，如德国文化学派的教育学中，则强调了文化艺术和直觉、体验、情感、人生遭遇等方面在教育中的作用。

当我们从学科对象的角度，确立教育学属于科学之类后，接踵而至的问题是：教育学属于哪一类科学，自然科学、人文科学还是社会科学？在此，科学做广义理解使用，因为若是按狭义的自然科学性质来要求，人文、社会学科都不能被称为科学。但即便如此，广义的科学还是要求达到传统科学所规定的最基本的条件。例如，科学必须注意事实与价值的剥离；要客观反映研究对象的性质，排除研究者主观的偏见；研究所得出的结论具有超越经验的普遍性与一般性、稳定性与可靠性，学科知识要形成有内在逻辑结构的阐述体系等。说到底，作为科学的学科虽然是研究主体形成的知识体系，但其结论的内容不关涉研究主体，也不关涉具体背景，是一种无主体式的知识体系。

这一科学观在经典的自然科学中得到了最充分的体现。20 世纪自然科学的发展，科学哲学对科学本身的反思与批判，已经开始突破上述维持了三个多世纪的科学观，认识到即使在自然科学中也不可完全排除研究主体，人类对世界的认识必然受人类自身及认识主体的局限；认识到科学知识稳定性的相对程度；认识到科学自身发展中范式转换的整体性和不可排除性。但相对于社会科学、人文科学因研究者就生存在社会之中，其本身是人，与研究对象之间具有可沟通性、理解性和可体验性而言，自然科学依然是最具科学品性的。因此社会科学、人文科学往往自觉或不自觉地以自然科学为模式，努力地向科学性目标靠拢，企图以提升本学科的科学性而获取更多尊重。其中如语言学、经济学算是佼佼者，社会学的进步也可称大。

教育学也想走这条路，19 世纪后期和 20 世纪初期曾为此做出过极大努力的“实验教育学”派可算是一种典型。教育科学研究方法这门学科的兴起，尤其是教育研究中的实验法与准实验法的创造，统计与测量评价理论、工具与方法的研究，可以说，都是教育学为提升科学性而做出的巨大努力，但总体而言，教育学的科学性并未因此而产生根本性的改观。尤其在持传统科学观之“尺”量教育学的学者那里，教育学更谈不上科学性，连称其为理论，也不过是一种“尊称”(奥康纳名言)。教育学常为此痛苦和无奈。其实，出现这种状态，在思想方法上还是因拿别人衣服套自己身体而造成的。我们可以明显地感到，与夸美纽斯、卢梭、康德、裴斯泰洛齐，包括赫尔巴特的教育学著作相比，20 世纪始中国的不少教育学著作，少了鲜活的思想和隽永的智慧，即使是语言也显得生硬乏味而缺乏个性。说得再尖锐一些是丢失了“人气”，但依然没有换来期望的科学地位的“提升”。这一历史事实的本身就值得我们深思。

我认为教育学对自身“科学性”的认识，应以对象的性质来衡量，即教育学在多大程度上揭示了教育作为一种特殊的社会活动的特殊性，揭示了这一活动为实现目的所规定的“事理”，从而做出了其他学科不能代替的、对教育的认识和知识的贡献，以及这些认识对教育实践发展的导引作用。

从这个意义上，教育学的学科性质可以定义为与“人为系统”相关的“事理”性学科[1]。教育研究属“事理”研究。这里提出了一种新的分类标准，即“自然系统”与“人为系统”，前者为“天成”之系统，后者为人按需要创造出来的系统，即由“人”为人之需要的满足而“为之”的系统。两大系统的最大区别在于：前者是“存在”先于“价值”，后者是“价值”先于“存在”，且由人有意识地使自己创建的存在（可以是“实体的”，也可以是“活动的”）服务于已做出的价值选择的实现和需要的满足，即，使价值“化”到价值选择确定之后所建构的事实性存在之中。这种“人为系统”在技术工程或工具制作中相对较为简单，它在功能、目标价值确定之后，重要的研究是选择物质资源载体和进行过程、程序设计。尽管这些设计也要考虑到诸如生产条件与操作者因素，但在高度发达的信息、自动控制的系统中，外在环境与操作者的影响可降低到最低限度。与此相反，属人类社会活动的人为系统就复杂得多，教育则是复杂程度最高的人为系统之一。

教育活动的价值选择本身极为复杂，它集中地、以教育目的选择的方式表现，又体现于教育过程之中。由于教育活动涉及的相关主体的多元和多层次性，利益需求的方面与程度也有极大的差异性，甚至可达到对立的地步，因此明确提出的价值、目的及选择原则和事实上存在的价值、目的、选择原则之间有很大的区别。可见，教育研究不能像自然科学那样不研究价值，而且还要研究不同价值主体在教育活动中的价值选择，以及不同价值选择之间的博弈及其结果，研究教育事实中内含的价值及主体因素。教育研究难以做事实与价值剥离式的研究，相反，研究价值、揭示价值与事实在教育活动中的复杂关系状态及其影响因素等，正是教育学研究的特殊的科学性的要求。

除此之外，还有由研究主体选择的研究价值和教育价值的问题，这是教育学研究中与价值相关的更深层次的问题。教育学研究主体首先面临的是为何要做教育学研究？是选择以仅对事实，包括把教育中存在的价值问题当作事实去做出解释，研究者不做相关的价值判断、更不做价值导引这种被称为类似“实验研究”客观性的立场，还是选择在研究“实然”的同时，做出以研究者（经研究）所持的、有关教育价值的应然判断为参照，对实然状态做出批判和导引？

在坚持价值中立之立场的研究者那里，往往选择“实然”研究，并宣称自己

① 关于教育学的学科性质的讨论，本人在《教育研究方法论初探》中有过相关论述。包括“事理”研究的判断和特性等方面的分析，都有相对展开的论述，本文在相关内容方面只是概述并做了一些补充。读者可参阅《教育研究方法论初探》第六、七章。

的研究是价值中立的[①]。然而事实上这种“中立”是难以实现的，因为研究者本身无法摆脱自己对教育以及相关问题的认识“偏见”，无法使自己在研究“价值实然”问题时头脑处于“空白”状态；也不能在自己的思维方法之外去认识教育中的“价值实然”。这就像鲁迅所言，不可能期望“拉着头发使自己离开地球”那样。研究主体即使只为了说清楚实然，也至少要有“理解”，有“观察”，有“判断”，而这些都不可能在没有参照系、立场的背景下做出。一旦有了这些，“偏见”就无法不进入所谓的“实然判断”。说到底，所谓的“实然判断”还是对一种无主体的知识体系的要求，这在自然科学中都难以彻底做到，何况是与价值有着如此千丝万缕的教育科学？这至多也只能算是一种“公正”“客观”的幻想而已[②]。

与价值中立不同的选择是：教育学研究者将形成、提出有关教育价值与目的之应然判断，作为研究的目标之一；将教育学研究价值与目标的意义，定在影响教育实践中的价值选择和教育行为上。国外教育学研究中也不乏持这样立场的研究者，持批判和解放立场的教育学者即是如此。我也持这样的立场。这不仅是因为上述价值中立的立场基本上是无法存在的，还因为我认同交往理论中关于人类之间思想、认识、交往沟通的真理性标准是通过主体间性来实现的[③]，我认同马克思主义关于实践是检验真理标准的观点。主体间性的形成、实践检验的可能，都以主体观点（包括价值观）的明确表达为前提。因而，恰恰是研究者价值取向的明示和论证，才能使避免“偏见”的追求成为可能。主体间性的形成和实践之检验，都不是研究主体仅靠主观判断能完成的，一种超越研究主体“偏见”的力量，恰恰要通过持不同“偏见”主体的开放式沟通及实践来实现。

教育学研究之所以需要研究主体有价值参与，还因为“价值”本身是教育学的研究任务，教育学自身的发展也需要有价值取向的探索与发展，因为价值取向的变化，会带来研究“事理”的新建构。它是关系全局意义的研究，是教育学研究内含的意义，不仅具有认识意义，而且具有促进教育发展的实践意义。我们把此也视作教育学研究的学术责任之一。正是持这样的立场，“生命·实践”教育学研究中的价值取向是明示的，它可能不完善、有偏向，但它以学术研究的方式参与到现实教育的改革之中，使学术呈现实践的意义，并在这个过程中获取学术

---

① 陈桂生．中国教育学问题．福州：福建教育出版社，2006：33－41．其中作者概要介绍了西方在教育目的研究上不同流派的立场，包括持价值中立的立场。

② 雅斯贝尔斯．什么是教育．邹进，译．北京：生活·读书·新知三联书店，1991.

③ 伽达默尔．真理与方法．王才勇，译．大连：辽宁人民出版社，1987．还可参阅其他有关哲学解释学的著作。

进一步完善与发展的真实力量。

以上关于教育学的学科性质、科学性的讨论，可归结为：在有关“价值”与“事实”的关系方面，教育学的特性也是综合变通的。当代中国教育学研究在学科性质的认识上，需要突破以“去价值”“无主体”作为标准的、传统科学观之作“茧”自缚的困境，需要深入研究由教育学研究对象性质所内在规定的学科之科学性的自身标准。要“量体裁衣”，不能以“衣”画“体”。画“虎”不成之“猫”或“狗”，终究不会成为“虎”，但“猫”和“狗”与“虎”一样有自己的存在根据。重要的是找出这种根据，而不是去追随他者的存在根据。当代中国教育学研究的这一突破，也是建构自己学科立场的过程，是思想解放的过程。由此会引出新的发展形态的探索。教育学创立以来一直在为成为“科学”而努力，现在是到了应努力认识和成为“自己”的时候了。

教育学是理论型学科还是应用型学科？这是教育学之学科性质判断中经常遇到的更为具体层面的第三个问题。教育学常因研究对象的实践性及研究价值中的实践关怀取向，而被认为是应用科学，而且是以规范、操作、方法为其主要知识贡献的应用学科；前面分析教育学危机时又论及，其他学科把以自己立场进入教育研究形成的教育学科，称为本学科的应用学科。出于以上两点，教育学界也有不少人认同整个教育学科属应用学科类。

无疑，教育学科群内有应用学科，无论是外生的还是内生的。但应用的前提是有基础理论的存在。在“双重裂变”前的教育学，实际上起着学科基础理论的作用，这是教育学科发展史上的事实。我们可以认为它不够成熟，不像哲学那样深奥，不像科学那么严谨、准确，但不能否认它的存在及其所发挥的、作为学科内部基本理论的功能。这是本人与此论题相关的第一个观点，即在任何学科的内部，都有基础理论和应用理论之分。作为具有整体综合性的教育学，在教育学科群中属基础理论学科。作为传统教育学研究的当代继承者和发展者的研究人员，即使认为理论的“土壤”不够厚，不够丰饶，也不能视而不见或弃之而去，提升作为一门学科的教育学之基础理论水平是我们的分内之事。

另外，在更广泛的范围内，教育学能否称作理论学科，这与前面讨论“科学性”同样涉及理论的标准问题。“理论”常是与“实践”对举的一个概念，但又在不同的程度上与实践相关联。教育学研究对象是自有人类以来就存在、且只要人类还存在就不会不存在的，对人类文明传承和创造、对个体生命成长与发展具有基础性作用的教育活动。有关如此恒久与重要的人类活动领域的研究，不可能形不成相关的理论。只是这种理论的形态不同于传统意义上关于“理论”的规定，如概念的分析抽象，逻辑的假设与演绎，或经验的还原、分解，因果关联的线性清晰，以及理论的普遍适用性与确定性等特征。教育学的理论具有事理的特征，它是对教育事态和过程的综合式的类抽象①，是对不同类型和层级的主体间认识、行为、知识、能力交互作用和转化机制的抽象分析。在形式上不同于传统的理论标准，但这是由教育内在规定所要求的方式。正因为教育学理论综合抽象的特征，因而，教育学并不是如杜威所言的“教育科学”，即没有内在的教育科学内容，只能运用其他科学的资源来说明教育②，或称其为“运用解释的解释”。杜威当时已“感觉到教育过程的复杂性”③，所以他强调要运用多学科的研究成果和方法，来说明和研究教育，构成对实践具有指导作用的教育科学。显然这与杜威的实用主义认识论立场相关。尽管这一立场已经不同于在他之前的认识论立场，实现了杜威所处时代的认识论革命，但当时尚未形成研究认识复杂事物的方法论，故而杜威无法得出用复杂思维的方式，研究十分复杂的教育过程，可形成具有属于教育学的内在理论的结论。这是时代的局限。自然，关于复杂思维在教育研究中的运用并不是只要意识到就实现了，它还需要一个探索的过程，同时还不能以此排斥其他思维、研究方式在教育学研究中的运用。我们所要强调的是，教育学需要运用这种方式来形成有关教育的综合、整体式的理论知识。教育学不能只是人类创造的知识的“用户”“消费者”，它也应该是人类知识创造领域中不可替代的一部分。认识教育学知识具有基础理论的性质，实际上是提出了提高教育学知识的创新与对人类知识的贡献率问题。唯有如此，教育学才能在人类知识大厦中有一席之地。

以上围绕教育学的学科性质所做的三层面的分析，不仅使我们看到了教育学之学科性质综合特征的不同角度和层面的表现，而且意识到思考问题的参照系和思维方法变化，对于教育学立场重建的重要性。实际上我们已经进入有关教育学立场之第三个方面——教育学研究方法论的讨论④。

早在2001年，本人就指出：现存教育学中对教育这样复杂事物的研究（包括自己的研究在内）采用的思维方式，“基本上还是把复杂的事物看作可分解为简单来分别认识，而后把分别得出的结论加以联系，即可形成对复杂事物的总认

---

① 与此相关的阐述，可参阅：叶澜．教育研究方法论初探．上海：上海教育出版社，1999：342－344.

② 赵祥麟，王承绪．杜威教育论著选．上海：华东师范大学出版社，1981：276－285.

③ 同②282.

④ “方法论”问题已在本人撰写的《教育研究方法论初探》一书中做过相对广泛和详细的讨论。本文将有关内容集中在关于复杂思维的阐明上。

识。如果我们继续沿着这条思路走下去，也许还能不断提出修正、补充或加深的观点。然而，不可能真正对教育复杂性的整体式关系形成突破性认识”。所以，“当前对于我们来说，重要的是要改变思维方式，学会用复杂思维的方式来认识复杂事物，以实现认识上的突破性发展”①。这是针对教育学研究现状主张采用复杂思维的原因。教育学研究方法论之需要运用复杂思维，更为重要的依据来自教育学研究对象的性质和教育学研究的目的。当代法国著名思想家、复杂思维范式的创立者莫兰，在很多著作中，尤其是在《方法：思想观念》② 中，对复杂思维做了相当集中和深刻的阐述，若将此与认识教育学研究对象结合起来，与当代中国教育学学科立场重建的需要综合起来思考，就本人而言，在方法论上至少有以下几方面的启发③：

第一，如何认识超级复杂系统。莫兰在批判用简单、还原方式相加的思想方法，形成对复杂系统的认识路线的基础上，明确提出类似人类生命这样具有自组织能力的超级复杂系统的三个特征：一是等级和硬性的束缚减少，这是使多种应变方式可能产生，提高随机应变能力的重要原因；二是系统控制的方式，不是命令的简单执行，而是协调与引导；三是面对系统中存在的多种矛盾甚至出现的危机，不能用教条的方式，而应通过寻求新的解决方式、通过组织和自我再生的方式，使系统达到更复杂和更自觉的方式来实现。莫兰指出：复杂性思维就是懂得处理、质问、淘汰和保持矛盾的思维，这是对以往分裂、对立式的“认识原理本身的重构问题”④。要“维护和发展认识活动与客观性之间的脐带关系”，“恢复和建立反思与知识之间的沟通”，“在所有的领域和问题中，维护和发展反思”，“探索认识之认识，把认识之认识纳入所有的认识”⑤。这一系列解释为我们认识和处理教育这样的人为复杂系统中的结构、关系、矛盾、发展提供了新的思维方式和参照系。

第二，这种认识原理的重建，需要回到知识和原点，回到被观念、原理、范式所排除的原始现实之中，回到更丰富、更复杂、更有生气的尚未被切割的“元视点”中去。“任何认识系统都需要参照一个元系统，元系统既包含认识系统又超越认识系统，它为认识提供考察自己，使自己合法化和解释自己的可能。”⑥ 这个认识原则的重组，是“重新提出最初的问题，并意识到必须以新的方式提出这

① 叶澜．世纪初中国教育理论发展的断想．华东师范大学学报（教育科学版），2001（1）.

② 莫兰．方法：思想观念．秦海鹰，译．北京：北京大学出版社，2002.

③ 以下观点是本人阅读莫兰一系列著作后，择其相关点综合形成的认识。

④⑤ 同②75.

⑥ 同②97.

些问题，必须不以最基本的确定性为出发点”①（这是指原有学科认识体系统中的确定性的出发点）。只有走出这样的确定性，不同的观念、学科之间的对话才能进行。这些论点帮助我们找到学科为何需要重建和如何重建的路径，其中至少包括要回到丰富、关联、变动不居却又呈现系统性的教育实践中去探索，包括对教育学原点的重新寻找，包括对确定参数的原则的改变。

第三，莫兰强调了在重组、认识原则中研究主体——人的重要，以及这种改变对于人的意义。莫兰认为元视点的突破除了心理、历史、社会条件以外，“主体再次出现在发明、创造、想象和违规之中”。他列举了数学发展史上历次重大认识论意义的突破与杰出数学家的创造性研究的关系。他认同这样的观点：即使在抽象如数学和元数学的理论中，也“永远有不可简化的直观成分”，有“主体的位置”②，而在个体主体的背后和内部，“还有科学家的圈子、知识分子以及历史-社会-文化的复合体”③。莫兰谈及元视点时，也涉及相关主体问题。他指出：在元视点的形成中，不仅要有观察者的对象方式的陈述，还要有经验陈述者的陈述，以及要有与这样的陈述者的具体人格有关的信息，来丰富这个元视点，使演绎和归纳两种似乎逆向的逻辑方式形成一个复杂的元视点④。莫兰还强调了复杂思维对于研究主体的意义：“只有复杂思维才能加强和发展个人的思想自主和有意识的反思，只有复杂思维才能使每个人在自身建立一些元视点的瞭望台，只有复杂思维才能承认它自身的黑洞，只有复杂思维才能展开整体和特殊、部分和全体、科学客观性和哲学反思性的对话，只有复杂思维才能不遗余力地考虑全球视野以及全球视野之外的视野……”⑤

关于莫兰的复杂思想，我不敢肯定已完全读懂或读明白，也并不是仅有以上几点启发，但它带给我的启发是震撼性和希望式的；我不敢肯定复杂思维会将我们的教育学研究推进到多远，尽管我们已经在“新基础教育”研究和本人的论著《“新基础教育”论》中，做了运用复杂思维认识教育改革和建构相关教育改革理论的尝试，并且确实形成了一些新的认识，一些不改变思维方式无法形成的新认识；但我愿意继续尝试，即使最终可能无功而返。这种尝试至少使我们不会产生

① 莫兰．方法：思想观念．秦海鹰，译．北京：北京大学出版社，2002：103.

② 同①224.

③ 同①225.

④ 此处莫兰是以如何用复杂的元视点来破解“克里特岛人悖论”为例，说明元视点的构成之复杂性，直至提出对陈述主体的人格信息的获得对于破解悖论的意义。本文做了观点式的概述。参阅：莫兰．方法：思想观念．秦海鹰，译．北京：北京大学出版社，2002：200－201.

⑤ 同①105.

这样的遗憾："如果说，以传统科学标准构建出来的科学宫殿不可能有教育学的位置，那么，在新的科学家园的建设中，我们会不会因为还在追寻'昔日旧梦'而丧失作为成员的资格呢？"[1] 因为我们行动过了，尝试过了，努力过了，如果不成功，我们也会形成对认识之认识的问题"黑洞"在何处的富有体验性的认识。

在结束这篇不算短，但意犹未尽，且尚未回答自己提出的全部问题[2]之长文时，窗外暮色已浓，心灵却沉浸在澄明的霞光中。因为缠绕思想已久的迷雾似被挥去，新的认识起点似已明晰。

本文最初为叶澜教授2005年8月20日在内蒙古师范大学举行的中国教育学会教育学分会教育基本理论专业委员会第十届年会上的发言稿，经叶澜教授修改，定稿。后辑录于：叶澜．立场（"生命·实践"教育学论丛第二辑）．桂林：广西师范大学出版社，2008：1－38．本文2011年获第四届全国教育科学研究优秀成果奖二等奖。

① 叶澜．世纪初中国教育理论发展的断想．华东师范大学学报（教育科学版），2001（1）．

② 由于篇幅和撰写时间的限制，还有一些重要问题，如教育学研究中的理论与实践之关系，中外、古今等方面的关系问题都尚未论及或尚未充分展开，有待在随后为《基因》和《命脉》两辑撰稿时，再做补充。

“生命·实践”教育学引论（上）

——关于以“生命·实践”作为教育学当代重建基因式内核及其命脉的论述

一、释题

自1978年以来，教育学在当代中国需要重建并非是我个人所见。就我本人而言，20世纪80年代中期始清晰意识到该问题，着手重建的学术实践过程至今可粗略分为三个阶段。

第一阶段从对有关理论、历史和方法论的批判性反思始，以1991年由人民教育出版社初版的《教育概论》、1999年由上海教育出版社出版的《教育研究方法论初探》两本著作，作为阶段性认识发展的思想产品面世而告段落①。在第二本著作的序中，我明确地表达了自己的学术心迹和取向：“教育学科的元研究以学科的存在为前提，这决定了它的主要研究方式是反思，是为了更好发展的反思，是为了教育学科‘明天’的反思。因此，在反思的同时，它又在构建，构建教育学科的自我意识，构建教育学科可能的发展前景，构建教育学科的新基础。”

正是“构建教育学科的新基础”任务的提出和当代中国激烈、深刻的变化，使我进入了教育学重建的第二阶段，即回到教育学研究的源头——教育实践，追寻人类产生教育实践的源头——教育存在的依据，研究作为学科发展的过程——教育学史，我把它们统称为“回到原点的思考”②。对“原点”的寻求，促使我的“重建”研究形成新的路径，不再局限于书斋，而是通过与部分中小学合作，开展介入式的学校转型性研究，将教育学基本理论的研究回到教育实践的源头中

① 有关本人该阶段学术思想发展及两本著作中表达的新观点和认识的扼要阐述，参阅：叶澜．从“冬虫”到“夏草”：“生命·实践”教育学派生成过程的个人式回望//叶澜．回望（“生命·实践”教育学论丛第一辑）．桂林：广西师范大学出版社，2007：218-230.

② “回到原点的思考”，是我原计划在“教育学科元研究”丛书中的一本著作的书名，我曾在20世纪90年代末和21世纪初期的讲课和外出学术讲演中多次提到，但是因时间和思考不断发展、变化等因素，该书至今未完成。其写作计划已转换到“生命·实践”教育学派创建的书系之中。特加说明。

去；在研究、推进学校转型的综合实践中认识教育本身，体验它的真谛，把握它的脉动，发现它的病变，探索它的可能，创造它的明天。这项研究持续至今已进入最后一个年头——第 15 年。正是它，使我对“原点”是什么的思考，从最初单一的“生命”发展到“生命·实践”复合式的认识；正是它，积淀和催生了“生命·实践”教育学派创建的决心和行动；正是它，锻炼和形成了一个以基于教育学立场、回到教育实践中、综合开展教育改革和教育学创新研究为奋斗目标的同人团队。作为团队合作研究的阶段性成果已有“新基础教育”探索性研究丛书和“新基础教育”发展性研究丛书[①]。专著《“新基础教育”论——关于当代中国学校变革的探究与认识》[②]，则是本人教育学重建第二阶段的理论形态的表达。与《教育概论》不同，它基于亲历教育变革的实践，是关于教育学理论在当代中国时空中的生态式表达：它是具体的，但不只是描述的，理论的力量通过对实践的透析呈现；它是基于经验的，但又不囿于经验；理论的力量通过为实践提供新的理论，推进实践更新，并在此过程中实现自我超越来体现。从这个意义上，我们可以说《“新基础教育”论》中的“新基础”，不只是实践意义上的，而且还是理论意义上的，即理论探索为实践提供了新的认识基础，而新的实践又为理论发展提供了基础。因此，它更是理论与实践双向动态建构意义上的“新基础”。

在明晰、确认了原点是“生命·实践”的复合构成后，2004 年初，我把“原点”的提法转换成“基因”[③]，并以“生命·实践”命名我们努力创建的学派，开始了第三阶段的教育学重建研究。这一阶段的研究与前两阶段的重要区别在于：它是一个团队的共同奋斗，不只是我个人的行为追求；它是已有研究的聚集和升华，不是点点滴滴的拼凑与累加；它是以形成学派为载体的教育学理论系统探讨的“新长征”，不是简单地在已经走过的路程后画上一个句号。经过三年时间，我们对学术自我做了集中梳理、反思和系统解读，进行了对教育学在中国的生成发展史研究和当代演进趋势的宏观把握，强化了“新基础教育”成型性研究中的理论自觉和系统的实践更新。2007 年春天，终于推出了“生命·实践”教育学论丛。论丛主题的系列设计从“回望”到“立场”，从“基因”到“命脉”，论丛标识“冬虫夏草”图的构思和创意，都是我们共同研讨的结果。如果

① 两套丛书分别由上海三联书店（1999 年）和中国轻工业出版社（2004 年）出版。

② 本著作由教育科学出版社 2006 年出版，关于该书的学术追求的简述，参阅《回望》第 243－244 页。

③ 将“原点”转换成“基因”，表层的意义有二：一是标志着自己在相关问题认识上的重要变化与发展，二是与现在有些作者也用“回到原点”的标题表达自己的观点在名称上做出区别。这一变换的实质，以及“生命·实践”何以作为我们重建教育学的基因式内核是本文的主题，将在文中展开论述。

说，已经出版的前两辑，是清思的产物，那么，后两辑“基因”和“命脉”，就是学派理论根基的自觉建构与论证，是“生命·实践”教育学的直接构成和整体式结构性的概述。故而，我将本文命名为《“生命·实践”教育学引论》。

二、读“基因”

为何选“生命·实践”作为我们重建当代中国教育学的基因式内核？读懂“基因”，是解题必经的第一步。

“基因”一词，出自生物遗传学。我们可以从《辞海》中找到最简要的说明：基因“指生物体携带和传递遗传信息的基本单位。……一个基因是一段核苷酸序列编码蛋白质，也就是说决定特定蛋白质一级结构的是结构基因。生物的一切性状几乎都是许多基因以及周围环境的相互作用的结果”[①]。

结合一些相关资料，我们可以读出基因在生物学意义上的一些基本性质及其对于一切生命的意义。

第一，基因是一切生命实现代际遗传信息传递的基本单位，是生命世代延续和发展的内在、重要的基础性保障。

第二，基因遗传信息的基本物质载体是染色体（DNA），故亦可称染色体基因。染色体是储藏、复制和传递遗传信息的主要物质基础，其形态通常是双倍体，相互成螺旋交叉状。它让我们联想到基因物质内在的复合性和结构性。

第三，基因具有稳定性和变异性的双重特征。其中易发生变异的是物质载体，但物质载体中的遗传信息却是稳定的。物质载体本身的生命是有限的，贮存、复制和传递的是生生不息的信息。基因体现了生命体最基始层面上信息与物质的特殊关系，体现了生命生成性的基本特征。

第四，基因对于具体生命体产生作用，还要以它与周围环境发生相互作用为前提，这也是基因之所以会发生变异的原因和生命性的特征之一。

由此可见，基因是解读生命之所以生生不息秘密的最基本的单位，是生命之本原基始。我们以“基因”来类比教育学理论的内核，其一，取其“本原基始”之意；其二，基因内含着生命遗传的基本信息，规定了生命的性质、生理特征、代谢类型、行为本能及生长序列等，即生命的基本生理特征可以从基因中得到解释。这种代际的信息传递性质，本身也是教育的基本规定性之一，区别在于教育

① 辞海．上海：上海辞书出版社，1999：1551.

信息的“源”和“质”、传递的路径和方式是人类所特有的。我们从功能的代际性和机制的生成性上借用“基因”一词，表明我们对教育学理论内核的选择与构建，要求具有基因的功能、机制等特征。其三，基因物质载体 DNA 的双体性，也启发了我们对理论内核组成的要求，即不是单一的，而是复合的。这是从形态上选择“基因”做类比的原因。

实际上，用“基因”做比喻，意味着我们对教育学理论内核质的规定性的清晰和寻求，即它应该是本原基始的，是具有代际传递功能和生成机制的，是内在复合而非单一的。总之，其本身是与生命相关且具有生命性的。

学科的理论建构无疑需要以关于研究对象的认识做基础，但理论建构并不能直接从对象中得出，也不是关于对象的经验之概括，更不是对象的直接描摹，尽管这一切都不能没有。理论建构是关于研究对象的理性再造，需要说出对象的内在规定性和机理；需要把握住对象的魂及其丰富的表现；需要勾勒出对象生成发展的演化路径与轨迹。如果理论不能就这些方面做出哪怕是片面的回答，理论就没有存在的价值。想要实现如此要求的理论构建，不能没有对理论内核的清醒把握。不然，理论体系就不可能有内在的有机关联和气质上的一致。正是对教育学中生命问题的关注把我引向“基因”，而“基因”又启发了我们对理论内核质的规定性的思考，让我们读出了“基因”本义之外的教育学理论需要的“基因”之意。

三、解“教育学”

如果说对教育学内核规定性的确认，主要还是以理论建构与经验陈述的一般区别为前提，那么说明选择“生命·实践”作为教育学建构内核的依据，就必须进行“教育学是什么”的前提性追问。

“教育学是什么”的追问，早在人们试图形成教育理论时就被提出，在教育理论演化、发展的关键时期又不断被重新提出，也被对现存教育学理论持不同观点的学者反复提出，被对教育学理论有不同期望和需求的人多次提出。我们今天的追问，可以从前人的追问入手，在教育学历史资源[①]的支持下，建立有关这一问题领域的所指、内在结构及其理论内核，然后再论述我们的思考。

① 这里强调的是“教育学”的历史资源，不是“教育思想”的历史资源，故将分析的重点放在西方教育学形成和发展中产生重要影响的代表性人物身上。但并不意味着除此以外，西方没有对教育思想做出贡献的人物，也不意味着中国没有教育思想与理论。这里的选择是服从论题需要的选择。特说明。

（一）夸美纽斯

捷克大教育家夸美纽斯是17世纪一位终身为创建不同于当时实存的中世纪学校教育及其制度而奋斗的教育家，也是第一位试图系统建立教育学理论[①]的教育学家。正是这种集实践与理论创建于一身的特点，我们把夸美纽斯列入"在教育中研究教育"最早且有深远历史影响的教育学家，从他开始进入教育学历史资源的分析。

在夸美纽斯代表作《大教学论》（1632年）的首页上，他把自己的思想称作"把一切事物教给一切人们的全部艺术"，这意味着夸美纽斯把教育学看作"教的艺术"，并对教"什么"和教"谁"做了规定。在进一步的说明中，他又把"一切事物"解释为"懂得科学，纯于德行，习于虔敬"，这些都是"现世与来生"所必需的事项。进而说明了"教"所期望的在一切人身上达到的目标和对一切人的人生价值。其中的"科学""德行""虔敬"都是外在的要求，是人生所必须习得的事项。

夸美纽斯指出，教的艺术所依据的基本原则就是"根据事物的本性"，认为凡是按事物本性所进行的教育，都是有效、有益的教育。正是以此为据，夸美纽斯把方法分为"后验的方法"和"先验的方法"。前者是"互不联系的，从肤浅的经验中拾来的方法"，对此，他持否定的态度；后者则是"从事物本身的不变的性质去证明，如从一口活泼的源泉引出川流不息的溪流，再将这些溪流汇成一道江河一样，这样去为建立普及学校的普及艺术打下基础"[②]，这才是夸美纽斯提倡的"教"的"艺术"的真谛，也是他以自然法则为据形成教育系统理论的追求。

《大教学论》的展开论述涉及一系列与"教"相关的问题，大致可划分为四个层次，这是夸美纽斯对于教育学是什么、它应该论述清楚哪些基本问题的回答，从中可以看出其教育学理论的内在结构。

第一层次关于"人"，问题集中在人何以需要和可能接受教育。这是关于教之所以必须存在的前提性论证，同时也阐述了"一切事物"对于人生的价值。

第二层次关于"学校"，阐述的是人为何要到学校去受教，学校建立恰当秩序的依据，不同阶段学校的任务是什么。

---

① 夸美纽斯的代表作以《大教学论》命名，但就其内容而言，涉及的问题已远远超出我们现在理解的"教学"，而是包括整个教育，故我们把它作为教育学理论。

② 夸美纽斯．大教学论．傅任敢，译．北京：教育科学出版社，1999：致意读者．

第三层次讨论“教学原则”，它进入对学校的主要活动——教学的一般原则与秩序是什么，它们确立的依据是什么的论证。

第四层次落到“教法”，这是有关教学原则在不同的具体学科中如何教的方法说明，有关“道德”和“虔信”的教育方法也分别列出专章论述。

图1可更简明地表明上述内容之间的关系：

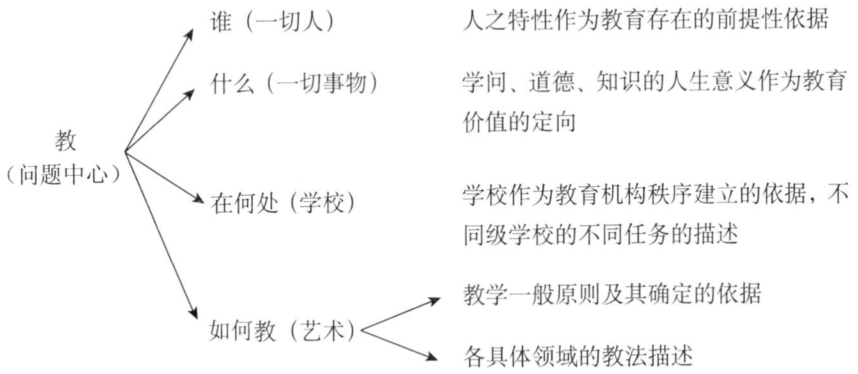

图1　夸美纽斯《大教学论》内容结构关系图

综观《大教学论》，可十分清楚地看到，夸美纽斯教育理论的最根本的依据就是“自然”，即遵循自然本身的生长规律来认识人的成长，确定教育的内容、原则与方法，建立与教育相关的一切秩序。在夸美纽斯看来，只有自然的变化是循着秩序且是永恒的、可靠的，人与万物之间又具有共通性，都是上帝的创造。故他可用观察与类比的方法，将人们对自然的诸多常识性认识，转换成认识教育活动和形成教育理论的依据。因此可以说，“自然”是夸美纽斯教育理论的“基因式”构成，是其魂。

《大教学论》虽然充满着对上帝的敬畏和虔诚，但全书透出活泼清新的自然气息，无论是潺潺的小溪还是活泼的小鸟，无论是清风雨露滋润下蓬勃生长的草木还是遥远神秘苍穹中徐徐移动的日月星辰，这些真实而鲜活的存在，都能在他的书中找到。这是夸美纽斯思想中实存的“自然”。除此以外，“自然”还意味着“天意”“永恒”“本性”，这在他论述“人”的问题时得到充分体现。

夸美纽斯强调人是按上帝意志创造的“最崇高、最完善、最美好的”作品，人“超出一切有形与无形的造物”。他构建了人高于万物、万物服务于人的人与自然界的关系。在人生目的方面，夸美纽斯首先强调上帝让万物都有一个生长变化的过程，“一切生存的事物都有它存在的目的”，而“人的终极目标是超于现世的人生”。因此，“死亡”并不是生存的终结，而是进入了永生的天堂。现世的人生是为永生的天堂做准备。在确立了现世人生这一目标后，夸美纽斯把教育与此目标相联系。他指出，上帝在人的心中播下了“学问、德行、虔信的种子”，但人的“种种能力都只潜伏地存在着，需要加以发展”。教育就是帮助人让天生在内的种子生长，形成实际的知识、德行与虔信的工作。夸美纽斯认同：“人是一个‘可教的动物’……实际上，只有受过恰当教育之后，人才能成为一个人。”①我们在此看到了上帝与自然界、现世与来生、存在与目的、天生与教育在人身上奇妙的统一。这种对“人”的认识是夸美纽斯教育理论基因式内核——“自然”独特规定的具体体现，也是这一核心理念发挥构建教育理论奇力的典型一例。借此，我们分析了夸美纽斯对人本身及其与教育关系的基本认识。

关于夸美纽斯还要提及的是，他的教育理论尽管有浓厚的宗教气息，但他本人并不出世。正是对他所见的现实世界中学校教育的强烈不满，对现实教育改革的理论与实践之不足的洞见，对好的教育可以促进青少年更好成长的真切愿望与信心，构成了他研究教育和创建新的教育理论的内在动力。夸美纽斯研究的重心放在学校改革，《大教学论》成为以学校教育为中心建构教育理论的第一个范本。夸美纽斯的一系列著作，包括他为《母育学校》编写的图文并茂的读本，被广泛采用，发挥了影响当时学校教育的重要作用，获得了作为教育理论影响实践的重大生命力，也使他成为教育研究史上由中世纪走向近代的标志性人物。

（二）卢梭

法国18世纪著名的启蒙哲学家、资产阶级革命的思想旗手卢梭宣称，“在所有一切有益人类的事业中，首要的一件，即教育人的事业”②，并以小说体教育论著《爱弥儿》（1762年）走进了教育学发展史，成为后人讨论教育学问题不能绕过的重要人物。

卢梭教育思想的独特表现在两个方面。

其一，卢梭对教育的思考，集中于作为个体的自然人从出生到成人过程中的教育问题。与夸美纽斯不同，他关注的是作为个体的人的成长与教育的关系问题，不是学校教育问题。可以说，卢梭是研究这一问题领域且有持续、强烈影响的开创者。尽管在卢梭之前，也有一些以儿童个体的教育问题作为主题的论著，

---

① 以上引用，参阅《大教学论》第1～6章。

② 卢梭．爱弥儿．李平沤，译．北京：商务印书馆，1978：2.

其中最具历史影响和代表的是英国哲学家洛克的《教育漫话》[①]（1693 年）。但洛克的重心是放在如何把出生于上层家庭的儿童培养成绅士。他对现存的社会道德规范等都持保守传统的立场，他的教育研究重点在家庭教育，目的是为不懂如何培养儿童的家长提供帮助和支持，并不关涉整个社会问题。洛克关于儿童的论述建立在自己有关人类认识的哲学思考和观察之上，并结合自己接触儿童所形成的经验，故而有更多的局限性。卢梭显然读过《教育漫话》，认为自己是继洛克之后重提儿童教育的人，但在《爱弥儿》一书中，凡提到洛克言论之处，卢梭都持批判的观点，直到最后一章，卢梭更明确表示："我可没有培养什么绅士的荣幸，所以，我在这方面决不学洛克的样子。"[②] 确实，卢梭与洛克在教育上的看法是大不相同的。

首先，卢梭的"自然人"是针对"社会人"而言的。从这个意义上看，卢梭是为反对当时他所处的法国封建王朝对人的压抑和剥夺而创造出"爱弥儿"，他要培养的是一个面向尚未出现、但却是理想中的"自由、平等、博爱"的社会所需要的新人，这与洛克维持传统的取向完全不同。

其次，卢梭持人可以向善的人性论假设，并以此为据，提出了教育要顺应人的自然发展的最基础性的原则和培养"自然人"的目标。"出自造物主之手的东西，都是好的，而一到了人的手里，就全变坏了"的开卷名言，强烈表达了卢梭反对用各种社会的规范去约束儿童的立场。洛克虽然未做人性善恶的假设，但他认为使儿童成为社会人——"人格者"的过程，必然要与儿童趋乐避苦、寻求自我中心式的满足、不愿受束缚的天生倾向冲突，社会的规范和信仰等的灌输不但不可缺少，且越早越好。在卢梭的教育计划系列中，发展感觉、情感能力是第一位的，洛克则将以理性为依据的道德置于首位。

最后，卢梭按照儿童个体生长的阶段来撰写《爱弥儿》，从个体不同年龄阶段成长所面临的问题与需要（卢梭式的独特理解）出发，引出并讨论相关的教育问题。卢梭将爱弥儿置于乡村的大自然中，强调儿童自己的生活与实践对于其成长的决定性意义。洛克则以与教育相关的主题词为核心做论述，虽然也涉及对不同年龄儿童的不同教育建议，但并不成为行文线索。洛克重视的教学内容是社会性的。这一区别同样突现了卢梭以儿童成长为"中心"研究教育问题的理论特征。

---

① 这是洛克该著作译入中国时的早期译名，并收入《辞海》条目。2005 年由熊春文译，上海世纪出版集团、上海人民出版社出版新译本的译名为《教育片论》，鉴于目前尚未通行，故在此仍用原译名。

② 卢梭．爱弥儿．李平沤，译．北京：商务印书馆，1978：526.

从以上比较中，我们还可以看出卢梭强调的“自然”与夸美纽斯强调的“自然”之间的区别。夸美纽斯关注自然是为教育学理论的建构，主要是从中得出教育秩序和教育方法的依据，自然是作为教育的参照系起作用的。而卢梭所言的自然是指人的天性，是在成长的主体——儿童的天赋性情与权利的意义上而言的。前者的自然在教育学理论建构中具有方法论意义，后者则具有本体论意义。

其二，卢梭强烈地批判现实、倡导自由。他的批判指向来自社会和来自成人的、对儿童发展自然天性和成长的破坏，并设计出一套与此截然相反的教育观念与方法。尽管他自知在当时的社会难以实现，但依然义无反顾地提出，表现出一个思想家对社会发展走向的敏锐性和打破现实社会制度束缚、追求自由的强烈愿望。故而，他的教育思想之超出教育学领域的积极价值，不在其哲学观，而在其社会政治观。由此可见，当处于社会变革时期，教育思想的价值是与其对社会发展的把握相关联的。尽管“爱弥儿”是虚拟的人物，但文中的批判却是十分现实的；尽管卢梭宣传要摆脱“人的手”，但他一手策划的“爱弥儿”依然出自“人的手”，只是完全不同指向的“人的手”。卢梭对自己提出的、自认为建设性方法的普适性充满信心，他确信：“不管人们出生在什么地方，都能采用我提出的方法，而且，只要能把他们培养成我所想象的人，那就算是对他们自己和别人都做了有益的事情。”[①] 他坚决反对与旧方法的妥协或结合，并告诫人们：“这样一结合，好的就变坏了，而坏的也不能好起来。我宁可完全按照旧有的办法，而不愿意把好办法只采用一半。”[②] 观其全书，尽管卢梭关注了方法，但《爱弥儿》的真正价值不在方法，而在思想；虽然他强调了关于教育问题不能只是批判没有建设，但《爱弥儿》的价值依然主要在批判的透彻，而不在建设的正确和可行。

具体地讲，卢梭提倡的自然人的教育，以人的自然生长不受束缚为第一要义，即无论是人的教育还是事物的教育，都要服从人的自然生长的需要。

卢梭认为，教育是与生活、生命连在一起的：“我们一开始生活，我们就开始教育我们自己了；我们的教育是同我们的生命一起开始的。”[③] 教育不只是保护，教育更重要的是教他身处困境时能保护自己和经受住打击。“生活，并不就是呼吸，而是活动，那就是要使用我们的器官，使用我们的感觉、我们的才能，以及一切使我们感到我们的存在的本身的各部分。生活得最有意义的人，并不就

① 卢梭．爱弥儿．李平沤，译．北京：商务印书馆，1978：4.

② 同①3.

③ 同①13－14.

是年岁活得最大的人，而是对生活最有感受的人。”[①] 卢梭是关注教育对于个人现实人生的自主和自由，培养个人解决人生必遇的各种问题能力的第一个重要思想家。在一定意义上，可以称其为“个体教育学”的创始人。

主张不人为束缚天性的自然生成的教育，有否定和提倡两个方面，它们相辅相成。否定，指向传统，诸如：对孩子身体的过度保护和束缚，以成人为标准的道德灌输，要求儿童服从他人的意志，用一系列课程去塞满还没有准备的孩子的头脑，等等。提倡，提出一系列新方法，诸如：确认肢体只有在活动和运动中才能强健，让儿童积极认识世界的动力是“确实的利益”；培养学生的感觉能力和情感体验应早于对智力的关注；关于知识可以通过它们之间的联系和关系去教，因为“对整体有很好的了解的人，就能了解每一个部分应有的位置”[②]；人需要“取得的不是知识，而是判断的能力”[③]，教儿童学会如何在需要时能取得知识、评判知识的价值和热爱真理[④]。由此可见，卢梭并非如一般人所认为的那样否定一切的教、提倡以儿童为中心。他只是在否定传统的教育思想、方法与制度体系，提倡为他所期望的世界培养出新人的教育。这样的新人并非任意生长而成，他是通过新的教育才能实现自由的人。

将上述卢梭教育思想两大特点再做一次整合，我们可以发现卢梭教育思想的基因式内核是“自由”，他的教育思想的特质、历史贡献和摧枯拉朽的力量都出自对“自由”的追求。

自由之所以可看作卢梭教育思想的基因式内核，还因为他对自由的独特理解。在卢梭看来：“只有自己实现自己意志的人，才不需要借用他人之手来实现自己的意志；由此可见，在所有一切的财富中最可贵的不是权威而是自由。”在此，他表达了对“自由”至高无上地位的确认。紧接着，卢梭进一步阐述了怎样才能实现自由：“真正自由的人，只想他能够得到的东西，只做他喜欢做的事情。这是我的第一个基本原理。”如此第一原理并非与教育无关，“只要把这个原理应用于儿童，就可源源得出各种教育的法则”[⑤]。可见，这个原理就是卢梭形成自己教育“爱弥儿”的教育法则的第一依据。

从这段引文中我们还可以进一步得出卢梭对“自然”和“自由”之间关系的理解，帮助我们深入认识《爱弥儿》中的第一句话：为何卢梭判定出自造物主之

① 卢梭．爱弥儿．李平沤，译．北京：商务印书馆，1978：15.

②③ 同①257.

④ 同①283.

⑤ 同①80－81.

手的东西都是好的。因为“自然”在赋予人的能力的同时，也对人的欲望的实现可能做出了限制，唯有这种他称之为“自然的教育”的“规定”是不能由人决定的。因此，要实现人的“自由”只能让“人的教育”服从“自然的教育”，不去超越自然的“规定”，不去破坏出自造物主之手的东西。使人只想自己能得到的东西，只做自己喜欢做的事情。进一步的说明是：“我们的自然的欲念是很有限的，它们是我们达到自由的工具，它们使我们能够达到保持生存的目的。”[①] 卢梭认为人的许多欲望都是外部刺激出来的过度、多余的欲念，超出了自然可能的欲念，必然要借助他人之手才能实现，其结果必然丧失了自由。“不仅对我们没有好处，而且还有害处；它们改变了最初的目的，违反了它们的原理。人就是这样脱离自然，同自己相矛盾的。”[②] 引文至此已充分说明了“自然”之所以被卢梭看重，完全是因为它的不可改变性，并将其视作达到自由的工具。又因为自然的欲望普遍存在于每个人身上，它在自然中就能获得满足，因而人只要远避人世的诱惑，只要保持在自然的生存欲望中就能寻求这一不需要更多条件的满足。每个人都能因接受卢梭式的自由教育而成为同样自由的个人。

由此，我们还可以读懂为何卢梭强调最初的教育必须在大自然中进行。他首先要培养的是独立的个人，能根据自己的可能、不依赖他人而自食其力的个人。这样的个人只能在大自然中形成。可见这是卢梭为保持人的尊严、自由、平等和独立而提出的教育策略。他强调：“在自然秩序中，所有的人都是平等的，他们共同的天职，是取得人品……从我的门下出去，我承认，他既不是文官，也不是武人，也不是僧侣；他首先是个人：一个人应该怎样做人，他就知道怎样做人，他在紧急关头，而且不论对谁，都能尽到做人的本分；命运无法使他改变地位，他始终将处在他的地位上。”[③] 可见，从第一目标到第一原理、到一系列方法原则的确立，卢梭都基于实现“自由”的理想，“自由”是弥漫渗透在卢梭全部教育思想中的“魂”。

（三）康德与赫尔巴特

19 世纪教育学作为一门学科的诞生是由德国赫尔巴特完成的。在讨论赫尔巴特前，我们有必要简要谈到康德，尤其是 1776—1787 年，他在哥尼斯堡大学

---

① 卢梭．爱弥儿．李平沤，译．北京：商务印书馆，1978：288.

② 同①289.

③ 同①13.

四次讲授教育学（而后被收集、整理为以《论教育学》[①] 为名的著作）中关于教育学的理解。

康德虽然被卢梭的思想震动，但与激情迸发、以社会改革思想切入教育思考的卢梭不同，他对教育学的思考明显是以理性和哲学为支撑的。作为 18 世纪人类伟大的近代哲学家，康德何以会对今天很多人不以为然的教育学加以关注，并在大学中开设讲座？了解他对教育学的看法可能会帮助我们明白这一点。

康德把教育学看作“关于教育的学说”[②]，亦称“教育的艺术”，是以人类的教育作为研究对象的学说。关于教育学的问题需要从两方面来思考：一是作为研究对象的教育的认识，一是作为学说的教育学的构成。

“人是唯一必须受教育的被造物。我们所理解的教育，指的是保育（养育、维系）、规训（训诫）以及连同塑造在内的教导。”[③] 这是关于教育作为一种人类活动内含的三大类型的任务。与动物不同，人之所以必须受教育，是因为“动物通过其本能已经是其全部，一个外在的理性已经把一切都为它安排好了。人却要运用自己的理性”[④]。而理性在人身上不是生而具有的，“人只有通过教育才能成为人……人只有通过人，通过同样是受过教育的人，才能被教育。”[⑤] 故而，“教育是由前一代对下一代进行的”[⑥]。可见教育的价值不仅在个体，“而且每一代都向着人性的完满实现更进一步；因为在教育背后，存在着关于人类天性之完满性的伟大秘密”[⑦]。康德认为，现在人们开始对一种良好的教育究竟是什么，有了正确的判断和清楚的认识。“这种设想令人陶醉：人的天性将通过教育而越来越好地得到发展，而且人们可以使教育具有一种合乎人性的形式。这为我们展示了一种未来的、更加幸福的人类的前景。”[⑧]

康德期望教育学能成为形成好的教育的学说，所谓的好教育，是合乎人性的，它不仅使个人的禀赋，而且使人类的前景都因此而得到更完美的发展。好教育需要有一种理论的筹划，这就是教育学的使命。康德认为这是一种“庄严的理想”，它包括两大方面。

---

① 《论教育学》一书最早由德国林克整理，于 1803 年出版。国内 1930 年瞿菊农编译《康德论教育》，由商务印书馆出版；最新的译本由赵鹏译，译名为《论教育学》，与部分直接采用何兆武译文的《系科之争》两部作品合出，上海世纪出版集团、上海人民出版社 2005 年版。

② 康德．论教育学．赵鹏，何兆武，译．上海：上海人民出版社，2005：15.

③④ 同②3.

⑤ 同②5.

⑥ 同②3.

⑦ 同②5－6.

⑧ 同②6.

一是确定正确的理念，即“一种无法在经验中遇见的完美性的概念”①。康德把教育的理念确定为“把人的所有自然禀赋发展出来”，从人的幼年开始，使人从动物性走向人性，最终实现人性的本质，成为自由的人。为此，对人之天性所能达到完满性要有明确的概念，这个概念在康德的哲学中已经完成。教育学要确定的是以实现人性的本质规定为目的的理念。由此，我们可以看出康德哲学与教育学的内在关联。在教育学中，康德对人的本质的探讨，由认识论转向个体的人在现实中如何随着年龄的变化和教育的影响，逐渐实现人性本质的过程研究。康德试图通过教育学的研究，使他哲学上的人性研究转化为一种使人性得以实现的理论现实力量。人性本质的实现本身恰是人性本质存在的最有力的证明。所以，教育学在康德那里并非无足轻重。

二是关于正确的“教育方式”的理论。这是康德论教育学中讨论得更具体的内容的主体构成。如果说教育学的“正确理念”可从哲学中选取，那么“教育方式”的正确理论则是属于教育学自身要回答的问题。

首先，康德认为，“教育是一门艺术，它的运用必须经由许多世代才能逐步完善”②。没有一个单独的人能对学童完成全部塑造，这里需要的是“人类”。这显然不同于卢梭对“自然”的强调。正因为如此，“教育方式”的概念“以伟大的文化和经验为前提，因此很晚才得以出现”③。康德把教育看作“对人提出的最大、最难的问题”，“教育艺术”是与“统治艺术”一样属于人类“最困难”的两种艺术，“而且人们对于它们的理念还处在争论之中”④。特别要注意的是，与卢梭不同，康德十分重视人类和人类文明在教育中的作用，他强调“自然禀赋的发展在人这里不是自行发生的……自然没有为此给人设置任何本能”⑤。正是从这个意义上，康德把教育看作人的“发明”，看作完全是一种艺术，这是对教育“人为性”的突出强调。

喜欢追根溯源的康德，从“这门艺术”的起源入手，讨论了教育学何以要成为一门学问。他认为：“这门艺术的起源及其进步，要么是机械性的——即没有规划，完全依据所与的环境——要么是裁断性的。”⑥ 显然，机械性之中必然包含着错误和缺陷，它不仅不可靠，而且会对教育这一人类世代连续的事业带来损坏，因此，如果要使孩子变得比父母更好，“教育学就必须成为一种学问”，“教

① 康德．论教育学．赵鹏，何兆武，译．上海：上海人民出版社，2005：6.

②③④ 同①7.

⑤ 同①8.

⑥ 同①8. 关于“裁断性”，新译本译者注：“从一定的理念、规划出发进行的教育”。在瞿菊农的译本中，直接将 judiziös 译为“包含判断的”。从上下文联系看，理解为：以理性原则为依据做出判断。

育艺术中机械性的东西必须被转变成科学”。“如果教育艺术或教育学应该发展人的天性，使之达到其本质规定的话，那它就必须成为裁断性的。”①

对教育学成为科学和裁断性的要求，反映了康德建设教育学的明确意向。因此，他提出了“面向未来”的原理：“孩子们应该不是以人类的当前状况，而是以人类将来可能的更佳状况，即合乎人性的理念及其完整规定——为准进行教育。”② 他强调，教育方面要进行实验，“在设立标准学校之前，人们必须先设立实验学校”③。他坚信：“教育中的一切成功与否，取决于人们是否能在各个领域确立正确的根据，并使得它们能为儿童所理解和接受。”④

在“教育方式”的框架内，康德把教育主要分为规训（抑制野性）、培养（形成能力）、文明化（社会交往）和道德教化（实现人性本质）。这四个方面在顺序上是依次进行的，其中前三项又称为自然性的教育，分消极限制和积极培养两大方面，最后一项则被称为实践性的，即道德性的，是指把人塑造成生活中的自由行动者的教育。

以上简要阐述表明，康德与夸美纽斯和卢梭的最大区别，在于他强调教育的人为性、理性和指向理想社会的完美性。而他的独特是策划和论证了教育学作为学说和科学的研究之必要性，并做了有根据的分析和尝试。把这两方面整合起来，我们可以把康德教育学的基因式构成确定为“理性”。无论是他所言的正确的“教育理念”，还是正确的“教育方式”，都是以“理性”作为根本的力量。理性也是教育目的能否实现的保证，尽管康德也强调教育的目的是培养能自由行动的个人，但支撑人的自由行动能力最根本的依然是人的“理性”，故“教育中最重大的问题之一是，人们怎样才能把服从法则的强制和运用自由的能力结合起来”⑤，怎样才能用强制培养出自由来？康德的答案是要培养习惯，使之成为第二天性。可见，教育在康德那里，是一个由外到内的塑造的过程，其外在的标准就是由理性认同的人性要求。

综上所述，可以说，康德对教育学的论述是教育学走向理性主义的起点，他使教育中对“自然人”的关注，向社会理性的培养转换。教育学则应成为按理念与以理性为据，对教育做出规划和形成科学规则的学问。

在对康德《论教育学》分析的基础上，我们不难看出赫尔巴特在教育和教育

---

①② 康德．论教育学．赵鹏，何兆武，译．上海：上海人民出版社，2005：8.

③ 同①11.

④ 同①47.

⑤ 同①13.

学认识上与康德的相关性，虽然他宣称不认同康德的先验主义的自由论。

与康德相比，赫尔巴特在教育学的建构上主要在两个方面向前推进了一步。

一是赫尔巴特不仅认为教育学是一种学说，而且还应该是具有独立性的一门学科，是能与其他学科取长补短、做平等交流的一门学科。为此，教育学应该有“自身的概念”和“独立的思想”①。赫尔巴特明确提出，“教育学以学生的可塑性作为其基本概念”②，并说明这里所言的“可塑性”是指只有人身上才具有的“意志转化为道德的这种可塑性”。这表明“可塑性”这一基本概念在赫尔巴特的教育学中，既成为教育何以可能，又是教育目的之规定的依据。可塑性在儿童身上的初始状态是一种不确定性，最终却是走向人格、道德意志和能力的形成。因此，它又是“由不定型向定型过渡的可塑性的概念”③。从这个意义上，我们还可以把“可塑性”当作教育过程的实质——在受教育者身上表现为由不确定性走向确定性的转化过程。“可塑性”在赫尔巴特教育理论中，贯穿了目的和过程，且作为教育学寻求独立性、在形成核心概念上的第一尝试，将其作为“基因式”概念的选择是最易的了。赫尔巴特为教育学作为一门独立学科的自觉意识和真实贡献，使他无愧于学科创始人的重要地位。

二是赫尔巴特不仅认同教育学要成为科学，他更清楚地表明自己对科学的理解：“我不把科学视为一副眼镜，而把它看作一只眼睛，而且是一只人们可以用来观察他们各种事情的最好眼睛。”④ 在此，科学已不是一系列正确的知识或判断，而是观察世界的合理方式。赫尔巴特充分意识到教育学要想通过科学实验形成知识的艰巨性⑤，他确认：“教育学作为一种科学，是以实践哲学和心理学为基础的。前者说明教育的目的；后者说明教育的途径、手段与障碍。”⑥ 从而第一次明确提出，教育学作为科学还需要其他学科做基础。其中心理学的提出更具特殊意义：第一，意味着教育学不只是与哲学相关，还需要与研究构成教育活动的不同因素的相关科学建立联系。这种联系并不意味着两门学科没有区别。心理学以人的心理为研究对象，教育学以人为教育对象，因此，前者可以成为帮助教育认识人的基础，成为教育学的基础性学科，这实际上打开了教育学研究的一个视域。第二，心理学作为一门新的学科被教育学认作基础性学科，意味着教育学

① 赫尔巴特．普通教育学·教育学讲授纲要．李其龙，译．北京：人民教育出版社，1989：10.

② 同①190.

③ 同①191.

④ 同①11.

⑤ 同①9－10.

⑥ 同①190.

对儿童、对人的认识，超越了经验的具体和哲学的抽象，进入科学的视野，它将在一个新的、即人的心理活动内在过程的水平上，实现关于教育对象的认识。这既不同于夸美纽斯，也不同于康德。此后历史的发展证实了这一点。第三，更难能可贵的是，赫尔巴特在提出心理学作为教育学基础之一的同时，也设定了它的作用范围，并十分清醒地指出："这门科学绝不能替代对儿童的观察，因为个性只能被发现，而不能由心理学推断出来……而且就现在而言，它是教育学远远还不能采纳的一种空洞概念。"① 这样的认识，与我们当今不少认为掌握了学习心理学就是懂得了教学的人相比，还要清醒和高明一些。赫尔巴特用自己的著作对这一原理做了"示范"。在《普通教育学》中，他不是把表象心理学直接搬进来，而是用其作为理论基础，形成了教学过程四阶段的学说。赫尔巴特是在此种意义上运用心理学于教育学中的第一人。此外，赫尔巴特还把它与"可塑性"概念联系在一起："可塑性并不依赖于心灵最初显现的各种能力之间的关系，而是依赖于已经获得的表象之间的关系。"②

还必须指出的是，以"可塑性"作为基本概念的赫尔巴特教育学又回到了以"教"为中心的研究。

首先，他明确地表示，"教育学是教育者自身所需要的一门科学"③，当然，教育者还需要掌握他所传授的科学，但即使如此，也不存在"无教育的教学"和"无教学的教育"，即这些知识的掌握依然是为了教育，故不能离开有关教育的理论。赫尔巴特主张需要有运用教育学到各门学科教学中去的著作。他以自己编写的《直观教学ABC》作为这类专著的范例，开了在作为关于教育整体性理论的学科性教育学创建后，将不同学科的教学作为教育学研究构成的先河。

赫尔巴特强调教育学需要形成对教育整体的认识，他把这种整体的认识比喻为一张提供给教师的"地图"，旨在帮助他们知道："教育者应当带着什么样的意图去着手进行他的工作，这种实际的考虑，或许暂时可以详细分析到我们按迄今具有的认识所必须选择出来的各种措施为止，这在我看来就是教育学的前半部。与此相应的还应当有第二部分，就是要在理论上说明教育的可能性，并按各种情况的变化去说明它的界限。"④ 在此，赫尔巴特明确地提出了教育学中教育的可能性论述与界限说明的必要，尽管在《普通教育学》中还没有做出这第二部分的

---

① 赫尔巴特．普通教育学·教育学讲授纲要．李其龙，译．北京：人民教育出版社，1989：11.

② 同①202.

③④ 同①12.

回答。赫尔巴特已经做出回答的是：为何和如何进行教育的问题。其中集中体现在整体性的广义“教学”范畴的确立，即“将某些事物作为学生观察思考对象的这一切工作都视为教学。我们使学生接受的训育本身也属于这个范畴”①。他批判了把知识仅当作满足博学要求来教给学生的观点，强调各种知识对于儿童精神世界、道德意志和独立自由人格形成之价值；强调各种知识教学的相互贯通，“一种保持孤立的事物是微不足道的，而且也是无什么作用的，所以必须把它置于一系列其他教育手段的中间或首位，这样才能使个别事物通过普遍联系而取得并保持它的功效”②。赫尔巴特还主张教育影响的丰富、持续更新和日常性。认为不如此，再强烈的少数影响也会被磨灭。因为“人格是以每一句话，每一种目光在丰富自己的”。赫尔巴特把教学内容的统一构成称为“人类不断地通过其自身产生的‘思想范围’”，声称：“我们只有知道如何在青年人的心灵中培植起一种广阔的，其中各部分都紧密地联系在一起的思想范围，这一思想范围具有克服环境不利方面的能力，具有吸收环境有利方面并使之与其本身同一起来的能力，那么我们才能发挥教育的巨大威力。”③

正是这种对教育整体性的多侧面的把握，使赫尔巴特的教育思想和教育学存在着内在的魂和外在的逻辑上的一致性。“可塑性”作为赫尔巴特教育学基因式的核心概念，除了沟通教育学对象、过程与目标之外，还意味着教育是需要用外在于儿童个体的人类思想范围，去“塑”，即丰富、发展、形成其内在的“思想范围”的一种活动。只是其“塑”的对象是有个性的儿童，因此如何在教育中从对象的个性出发实现“个性”④ 的改造，达到期望的“性格”“道德素质”的形成，就成为赫尔巴特学校教育研究的核心问题，其回答构成了赫尔巴特教育学的三大部分——“管理”“教学”“训育”，他对每一部分都进行了概念的辨析、理论的判断与论证，形成了相对严整的、具有学科形态的教育学。

赫尔巴特明显不同于卢梭从儿童自然发展需要为依据的自由教育，使近代教育学的研究，再次回到以“教”为中心、以学校教育为主要研究对象的轨道上，但又超越了夸美纽斯。他表现出对人类知识教学在精神生活丰富、个体性格养成上的理性特征与意志力量的巨大关注；研究了学生在接受教育过程中，内在心理

---

① 赫尔巴特．普通教育学·教育学讲授纲要．李其龙，译．北京：人民教育出版社，1989：14.

② 同①17.

③ 同①20.

④ “个性”在赫尔巴特的教育观中，并非是一个完全积极的概念，而是一个必须承认、研究，但却需要在教育中通过“多方面兴趣”进行改造的对象，且“个性”“性格”都与道德、意志等精神现象相关。参阅《普通教育学》第二章二、三、四、五、六等小节。

意义上的规律性演化；在此基础上提出了教学过程的四阶段说；在教育活动统一性的意义上，提出了“教学”的概念和不存在“无教学的教育”与“无教育的教学”的结论，超越了教育中长期存在的知识与道德的对立。赫尔巴特的《普通教育学》标志着西方教育学走完了近三百年的近代创建过程，形成了作为一门学科的“教育学”的整体意义上的研究对象与范围、概念体系和理论框架，为此后教育学的传播、发展和更新奠定了坚实的基础。由此，赫尔巴特在西方教育学史上被尊称为“教育学之父”。

（四）杜威及其之后

赫尔巴特之后的19世纪下半叶，西方教育学经历了一个流派纷呈的时代。一方面是赫尔巴特学说的远播：在实践中影响日益扩大，包括20世纪初传入中国，成为中国对作为一门学科的“教育学”的了解与研究的起点，直接影响了中国师范教育和近代学校的建立与教育实践，有关教育学的这一传播过程使赫尔巴特教育学事实上成为世界范围内的主流学派。另一方面是对赫尔巴特教育学的多维度批判和有关教育学的不同视角的新探索鹊起：其中包括批判其科学性不足的实验教育学派；批判其强调普适性，主张教育学要以历史、人文性及其特殊性为特征的解释学教育学派；突出教育中除理性以外其他价值的教育学（如情感的、审美艺术的、意志的、劳作的）；分别以不同学制阶段儿童为研究对象的教育学（如福禄倍尔的幼儿教育学），以及从社会和社会学视角切入教育问题的各种教育研究（如斯宾塞、涂尔干的教育理论）；等等。这些流派事实上拓展了教育学研究的空间和视角，标示着教育学分化及与其他学科关系的多方建立，人们因此而对教育学研究对象的复杂性和思维方式的适切性有了新的思考和认识，这是它们对教育学发展的最大价值。同时，也为教育学在20世纪的发展提供了丰富的思想和研究资源。

然而，所有这些纷争和新学派在19世纪，包括20世纪初的教育实践中产生的影响都不及赫尔巴特的教育学说，且未能形成在核心理论意义上的批判效应，未能带来教育学研究新范式的诞生。产生这种力量的是20世纪初杜威的教育学说，他是促成20世纪教育学发生具有时代转换意义的先行者。杜威虽然未有过以“教育学”命名的著作，但他的研究对教育学和教育实践的影响之全面与深远，在20世纪无人可及。这首先要归功于作为哲学家的杜威，对传统哲学观的超越和反映时代精神的新哲学观的建构。

本文不必论述但却不能不从杜威哲学思想的重要变革说起，因为这一变革不仅深入哲学基本问题的原点和传统哲学大厦的全部地基，而且形成了认识世界和人类问题（自然包括教育在内）的新思想方法。杜威走出了以物理学机械运动为范本的世界图式，建立了以生命体与环境不可分割、交互作用、相互渗透与转换为范本的有机世界图式：在存在论的意义上，将实体的恒定转换成流变的过程；在认识论的意义上，以行动为中介的经验的生成，改造消解了主客体二元对立的思维方式；在知识论的意义上，改变了终极式的真理观，建立起以科学实验探究为范本、以解决问题为功能和判断合理性的相对真理观。杜威还以“现实”与“可能”的关系统一为前提，消解价值与事实的割裂，批判传统认识中将哲学与科学、道德与知识等关系视作二元对立的立场与观点。他主张用科学的方法改造哲学、解决人类的一切问题，使哲学从脱离人世的抽象研究中走出，关注人类生存世界的真实问题及其发展可能，使改造了的哲学成为能改造世界的力量。

出生并生活在美国从农业社会向工业社会急剧转型时期的杜威，对于时代的变革之本质、科学发展之趋势，具有作为哲学家的真正敏感。他看到了事物、世事、人所生存的世界的急剧变化所呈现出来的，对人而言的生存环境不确定性之风险激增，在这种情况下，人不可能寻求绝对的确定性，只有通过行动和经验的不断完善，在解决问题的过程中，“靠主动调节条件的方法来寻求具有高度概率的安全性”，获得认识的确定性。“这样转变的结果也把判断的标准从依据前件转变为依据后果，从无生气地依赖于过去转变为有意识地创造未来。”① 杜威认为这才称得上是哲学意义上真正的哥白尼式的革命，“在哲学解除了它保护实在、价值和理想的责任之后，它是会找到一个新的生命的”②。哲学应具有把科学的专门结果统一起来的能力，“要寻找和揭露障碍的所在；要批判阻塞通道的心理习惯；要专心思考合乎现代生活的各种需要；要就科学结论对于人生各方面的目的和价值的信仰所发生的后果，来解释科学的这些结论”③。这就是杜威认可的“当代哲学的重要职责”。杜威的哲学本身就是这样一个直接面对现世、彻底反思过去和大胆创造未来的哲学，是有关人与直接生存其中的世界关系的哲学，它“涉及了人类经验的所有层面：艺术、知识、教育、道德、科学和宗教”④。在历史上开创了哲学“入世”的新传统。

---

① 杜威．确定性的寻求：关于知行关系的研究．傅统先，译．上海：上海人民出版社，2004：292－293.

② 同①314.

③ 同①316－317.

④ 塔利斯．杜威．彭国华，译．北京：中华书局，2002：序5.

事实上，杜威哲学与教育研究的关系，已远远超出了“涉及”的程度。在他1894年到芝加哥大学任首席哲学教授之后的十年间，在形成自己哲学观的同时，杜威也开始了自己研究教育的生涯。1896年他创办了实验其教育思想的实验学校，一直持续到1903年。1897年震撼世界教育学界、杜威教育思想纲领性的论文——《我的教育信条》发表；1899年和1902年先后推出了成为教育经典性著作的《学校与社会》和《儿童与课程》。1904年到1930年，杜威出任哥伦比亚大学哲学教授，在此期间发表、出版了一系列与教育直接相关的重要论著：《教育中的道德原理》（1909年）、《教育中的兴趣与努力》（1913年）、《明日之学校》（1915年）、《民主主义与教育》（1916年）、《进步教育与教育科学》（1928年）、《教育科学的资料来源》（1929年）等；此时期也是杜威集中研究并推出其教育理论代表作《民主主义与教育》的时期。也是在此期间，杜威一方面对国内进步教育运动产生广泛影响，1928年成为进步教育协会的名誉会长；另一方面开始关注国际教育并成为具有国际影响的教育家。1919年初，杜威赴日本讲学，同年5月至1921年7月，在中国上海、北京等地发表了著名的“教育五大讲演”。1924年、1926年、1928年又分别出访土耳其、墨西哥和苏联，研究这些国家的教育。可以说，杜威在其哲学走向巅峰的时期，也是他关于教育理论和实践的研究走向巅峰的时期。

上述状态的出现并非偶然的巧合，除了当时美国的社会背景要求教育发生符合社会发展需求的变化、且被杜威敏锐感觉到以外，还与杜威上述的哲学观，尤其是他对教育与哲学关系的认识直接相关。在1930年发表的《从绝对主义到实验主义》这篇杜威的“自传性提纲”中，他简述了自己学术思想发展中存在的四个明显特征，其中“第一个特点，是教育实际和理论，特别是青年的教育对我所具有的重要性。因为当‘高等’教育建立在歪斜的和脆弱的基础上时，我决不能对它的可能性感到很乐观”。他在批评那些常常是教师、但却不去利用具有十分重要意义的教育的哲学家时，进一步指出：“哲学研究可能集中在作为人类最高利益的教育上；而且，其他的一些问题（宇宙的、道德的和逻辑的问题）在教育中也达到了顶点。”[①] 杜威把教育看作哲学的实验场所，是哲学力量的展现，这让我们想起了康德。当然，杜威比康德走得更远。

杜威关注的不只是教育理论的建立，而且看重它在实践中的贯彻，关注教育理论与实践的相互转化。他强调“教育科学的最终的现实性，不在书本上，也不

① 杜威．杜威传．单中惠，编译．合肥：安徽教育出版社，1987：66.

在实验室中，也不在讲授教育科学的教室中，而是在那些从事指导教育活动的人的心中……没有这种作用，它们就不是教育科学”①。针对现实中否定教育科学的价值，或仅把教育科学对实践的价值当作“处方”、保证实践成功的“担保书”一类的错误认识，杜威指出科学对于实践的价值来说，是“个人启蒙和解放的工具”②。因此，“其价值是间接的，它们的价值在于提供教育者所使用的理智工具”③。这种理智的工具“影响他的态度和他在做事过程中的反应方式”④，教师从中获得的是对实践的理解力、判断力的提升，选择办法范围的拓展和行为的灵活性⑤。但杜威始终强调：“实践是第一位的，也是最终的，实践是开始，也是结局：是开始，因为它提出种种问题，只有这些问题能使研究具有教育的意义和性质；是结局，因为只有实践能检验、证实、修改和发展这些研究的结论。”⑥从实践为理论提供的资源性质来看，杜威指明：“教育实践是教育科学的问题的资料来源，而不是它的特定材料”⑦，作为教育科学的内容的资料来源存在于其他相关学科中。

由此，杜威将关于教育科学资源的讨论引入“内容”方面。在杜威的眼里，教育科学是一种类似“桥梁建筑学”，靠运用数学、物理学形成的工程科学，他并不认为有一门“特别独立的教育科学”。“从其他科学抽取来的资料，如果集中在教育上的问题，就成为教育科学的内容。”⑧ 由于构成教育科学内容资源的相关学科本身比之数学、物理学要不成熟得多，故而影响了运用它们的教育科学的作用。面对这种情况，杜威在要求教育科学领域中的人员“彻底掌握教育科学必须利用的科学”⑨ 的同时，又指出必须“防止从心理学和社会学中抽取确切的解决办法的企图，而这些解决办法是它们无力给予的。这些企图，哪怕是无意识地做出的或带着提升教育的科学水平的值得赞美的意图，最终都将无法达成它们自己的目的，并且产生对教育科学的真正概念的反动。学会等待是科学方法最重要的教导之一，而且，对于教育领域从业人员要求阐明立场的权利而言，这个教导

---

① 赵祥麟，王承绪．杜威教育论著选．上海：华东师范大学出版社，1981：281.

② 杜威．教育科学的资料来源．张永，译//叶澜．立场（“生命·实践”教育学论丛第二辑）．桂林：广西师范大学出版社，2008：275.

③ 同②280.

④ 同②277.

⑤ 同②276－278.

⑥ 同①281.

⑦ 同②285.

⑧ 同②283.

⑨ 同②285.

被汲取的程度就是一个公平的衡量标准"[①]。详细地摘录这段精彩的论述，是借此表达我们对杜威在教育科学与其他科学关系问题上洞察力之深刻，对教育科学建设之艰难、复杂性充分估量的敬佩。他比赫尔巴特更深切体验这一问题的重要。然而，杜威之后相当多的教育科学的形成或改变，却正是朝着杜威所反对的依赖搬运、演绎其他学科理论的发展来实现。这与杜威并没有看到或指出教育科学内在的独特并非不无关系。

历史证明了杜威对教育科学发展可能出现问题的警觉是正确的，但也反映了他对教育科学性质的认识，犹如其所比喻的"桥梁建筑学"特殊性的认识一样，至少还存在局限。这种局限是时代的，也与杜威把自然科学的研究方式作为科学研究与形成知识的唯一认识方式相关。但这并不影响我们对杜威将教育问题的研究放在上述哲学、时代、社会改造及儿童发展和教育实践广泛的背景与资源中开展所做出的时代贡献，及其对 20 世纪至今的教育学研究影响的评价。杜威尚未解决的问题恰恰是我们当代需要并有可能努力去解决的问题。尽管杜威没有如赫尔巴特那样强调"教育学"的独立性，但他却指出了在各门学科发展背景下，在教育实践与教育理论脱节背景下，教育科学因其对象——教育事业的全部复杂性所面临的困惑与窘迫[②]，走到了如何解决教育科学自身建设问题的前沿。

杜威的教育思想和相关著作的丰富，使我们只能选择他最富有整体性和代表性的著作——《我的教育信条》和《民主主义与教育》两个间隔近 20 年的文本[③]为主要依据，来说明其关注的教育学问题及其思想的基因式构成。

比较《信条》和《主义》，首先我们可以看到杜威教育思想和涉及的基本领域的一贯性。在《信条》中提出的五大问题：什么是教育、什么是学校、教材、方法的性质、学校与社会进步，在《主义》中依然是核心问题。两个文本之间的差别不在基本问题、观念、立场上，而是在基本问题、观念论证的展开和充分性上，在具体问题讨论的时代性上，在论述重点的变化上。

杜威在《主义》中自称，该书前几章（第 1～6 章）的讨论"把教育看作生活的需要和社会的职能。这几章的目的在于勾画教育的一般特征，把教育看作社

① 杜威．教育科学的资料来源．张永，译//叶澜．立场（"生命·实践"教育学论丛第二辑）．桂林：广西师范大学出版社，2008：285.

② 杜威在同一篇文章中指出："不仅一般群众中迟钝的保守派，而且很多别的学科的大学教授，还没有意识到教育事业的复杂性。因此，这种人把大学教育系的一些人的活动看作是无用的，没有真正意义的。"这样的人至今在大学里依然并不少见。参阅：叶澜．立场（"生命·实践"教育学论丛第二辑）．桂林：广西师范大学出版社，2008：288.

③ 以下两个文本分别简称为《信条》和《主义》。

会群体赖以维持其继续生存的过程”[①]。这可以看作是《信条》一文中，第一、第二和第五三个问题的合议，重点是在一般的意义上阐明社会、个人（儿童）与教育的关系，学校教育之必要和不可或缺。展开式的论述包括对教育学发展史上相关人物、学说的批判性评析。与《信条》不同的是，《主义》直接从教育的社会职能切入讨论“什么是教育”，由此再进入教育与个人发展、个人发展与社会群体生存延续的关系；《信条》则是从“一切教育都是通过个人参与人类的社会意识而进行的”[②] 这一判断切入，即从个人参与的角度，进入有关上述三方面关系的讨论。两个文本有关三者关系的论述之重心差异主要在此。《信条》重点从儿童的生长需要与教育活动本身改造的意义上讨论，《主义》则从教育的社会职能改造的意义上讨论，但无论在哪个文本中，都贯彻着杜威反对把个人与社会两极对立的立场和思想方法。

可归入“教育”一般论述的内容，在《主义》中除最初几章外，还包括了最后几章（第22～26章），它们从哲学的角度，深入分析了上述三者关系中涉及的精神与物质，身与心，心理与世界，个人与环境、他人的关系，以及对作为认识教育的方法论的哲学思考。

《主义》的重心与《信条》的明显区别，在第7、8、9章关于教育中民主概念与教育目的相关论述中表现得最为清晰。在这部分中，杜威关于教育问题的研究进入他所处的时代和他理想的社会——美国的民主主义社会中，这是有关他所处的“当今”社会的教育问题讨论，他从教育中民主概念的历史演化着手，论证了教育随着社会群体生活的变化而变化的必然。杜威认定当前的社会恰是“一个不仅进行着变革，而且有着改进社会的变革理想的社会，比之目的在于仅仅使社会本身的风俗习惯延续下去的社会，将有不同的教育标准和教育方法”，因此，“必须详细研究一下目前社会生活的性质”[③]。研究得出的结论是社会应该以民主社会的理想来改变和建设，杜威对于何为民主社会的回答是：“倘有一个社会，它的全体成员都能以同等条件，共同享受社会的利益，并通过各种形式的联合生活的相互影响，使社会各种制度得到灵活机动的重新调整，在这个范围内，这个社会就是民主主义的社会。”这种社会要求有一种与以往将个人与社会对立（或以要求个人的独立来反对社会的控制，或要求个人服从于社会、从属于制度，以满足社会的需要）不同的教育来促进其形成，这种教育“使每个人都

① 杜威．民主主义与教育．王承绪，译．北京：人民教育出版社，1990：337.
② 赵祥麟，王承绪．杜威教育论著选．上海：华东师范大学出版社，1981：1.
③ 同①86.

有对于社会关系和社会控制的个人兴趣，都有能促进社会的变化而不致引起社会混乱的心理习惯”①。正是在这个意义上，教育实现了个人发展与社会发展内在一致的职能，克服了历史上教育中个人与社会二元对立的矛盾，成为民主社会所需要的个人。

在教育目的讨论中，杜威要求区分从外部提出的目的与“属于教育过程内部的目的”，在目的层面上将个人的发展与社会效率（社会效率作为目的是“指培养自由地和充分地参与共同活动的能力”②）统一作为原则，把此后阐述（第10～21章）的重心放到教育过程的内部，将有关教育问题的讨论从社会引向了学校工作的内部，展开式地论述了教育过程中的目的之实现过程与儿童兴趣、经验、思维等的关系；涉及教育中教材、方法的性质、课程的类型及其价值等方面的回答。这些内容与《信条》的第三、第四两个问题的回答对应。《主义》在此展开的部分是在课程，相关章节分别阐述了课程中活动部分与知识部分，区别了教育中的游戏与工作，强调了知识学科与儿童日常生活和经验世界的关系，专门且更为精确地研究了科学课程在培养学生逻辑和形成经验与观念之间关联、形成个人经验与人类认识之间的沟通中的重要性。此外，杜威还特别指出课程中人文与科学的一致性，涉及了课程价值的评价方面。

以上简单分析，在勾勒杜威教育理论涉及的基本问题的同时，也揭示了其特点。

首先，杜威对教育的认识以他的哲学观为前提，并将其哲学观渗透在每一个问题领域，包括他用实验学校开展研究的方式，都表明其哲学观在教育观中得到彻底的、全方位的贯彻。这是杜威教育理论发生范式转型的主要思想力量。而杜威哲学观的转变除了其个人的旨趣、智慧、经历之外，还是他所处的时代、社会和科学发展趋势的产物。从杜威身上，我们可以看到：身处转型时代的教育学研究者的自身变化（包括对哲学、科学以及相关知识的获取，在认识世界的方法论上的自我更新，对时代发展转型特征与趋势的敏锐感受和实质把握），在突破传统教育观念、形成当代教育学理论体系中是不可或缺的前提性条件。没有这种作为教育学研究者的专业人员在个体和群体意义上的“人的变化”，教育学理论的时代转换是不可能实现的。

其次，杜威的教育理论呈现了强烈的整合与过程意识。如关于教育的认识，杜威努力将社会、心理和哲学三个不同的视角整合在一起。尽管当时代尚未提出清晰的系统论认识观，但杜威实际上从教育宏观（社会）、中观（学校）、微观

① 杜威．民主主义与教育．王承绪，译．北京：人民教育出版社，1990：105.

② 同①131.

（心理）三个不同层次上开展了对教育的研究，同时又注意了其中相互的转换与内在关联。与此前历史上有重要影响的教育家相比，杜威有关教育的论述达到了前所未有的丰富和完整。但也正因为杜威还未有清晰的系统意识，他用“方面”来代替“层次”，故而常常使人产生杜威的教育理论存在着相互纠缠和自相矛盾的错觉。比如在社会中心还是儿童中心、教育究竟有无目的等问题上引起后人争论不休。“过程”的意识不仅体现在杜威对教育学史上基本理论问题深入的历史分析上，还集中体现在将学生发展与教育的相互作用当作经验的生长与改造的过程，做出由起点到终点过程变化的论述中（但他不同于卢梭以儿童生命成长不同年龄段为线索），体现在学校教育时间指向上过去、现在与未来的延续与变革的关联研究上，体现在有关知识的过程化理解上。强调“整合”与关注“过程”，把不确定因素引入教育研究中，是杜威教育思想中明显的方法论特征。

最后，杜威教育理论对历史上教育理论的批判、超越与重建，是以其核心观念的转换为基础的。那就是从把教育主要看作是人类积累的“知识”之传递，转换成是一种为促进创造人类未来生活的儿童的能力生长而设计和进行的“生活”。这是一种真实而独特的社会生活，它需要由学校这样的社会组织来进行。杜威以“教育即生活”“教育即经验改造”“教育即生长”等方式表达自己对教育的独特理解。“生活”“经验”“生长”三个概念有时是在相关、有时是在相同的意义上被杜威使用。尽管“经验”是杜威哲学中的核心概念，但我认为无论从形态上，还是从内涵的包容性上，可选作杜威教育学基因式核心概念的是“生活”，经验在生活中形成，生长在生活中实现。

“生活”在杜威的教育理论中，有着原始生长点的特征，包含丰富的意义，成为沟通社会与个人的教育的聚焦点。从社会角度看，“生活”是指“人类共同生活”，这是他构建民主主义社会的原始出发点，即人不可能孤立于人群之外生活。教育的社会职能就是使个人能参与到人类的共同生活并推进其发展。为此，要关注儿童“个体生活”中最初的社会生活即“家庭生活”，并以它为雏形设计学校最初的课程与活动，形成家庭与学校在儿童经验意义上的联结与改造。杜威强调学校教育本身即学生的一种“现实生活”，它对学生的成长具有直接意义，而不是如斯宾塞所言，为“未来生活”做准备，但却孕育着未来生活的希望。即使是知识在学校中的教学，杜威也要求它与学生的生活相联系。总之，“在学校里，儿童的生活就成为决定一切的目的，凡促进儿童成长的必要措施都集中在这里”，学习当然是要的，“但生活是主要的，学习是通过并联系这种生活进行的”①。杜威从“生活”这个核心概念及其时空、主体及其关系的变化中，引出了全部他所需要阐述和建构的教育理论与实践形态的设计。杜威之所以要做出由“知识”向“生活”的转换，是因为他确认，“我们的社会生活正在经历着一个彻底的和根本的变化。如果我们的教育对于生活必须具有任何意义的话，那么它就必须经历一个相应的完全的变革”②，“我们的教育中将引起的改变是重心的转移。这是一种变革，这是一种革命，这是和哥白尼把天文学的中心从地球转到太阳一样的那种革命。这里，儿童变成了太阳……儿童是中心，教育的措施围绕他而组织起来”③。

我们把杜威的教育思想看作当代教育学理论建构的起点而不是终点，既因为他的丰富、超前，也因为他的缺陷和未完成，还因为由他引出了更多教育学理论的发展，无论是出自他的支持者、极端引申者还是坚决反对者。杜威之后的20世纪，西方在教育观整体或基本理论意义上的纷争，几乎没有和杜威不相干的④：改造主义是杜威有关教育与社会进步观点的激进化的产物；永恒主义则是对于人类人文主义精神中强调的人的价值永恒不变的维护，是杜威进步主义教育思想的坚决反对者；要素主义则处于两者之间，但可归于保守之列，它在承认社会变化的同时，认为人类文化中“精华”“要素”对于任何社会的教育都是基本和不能丢失的。第二次世界大战以后崛起的存在主义哲学思潮和教育观，在意识到社会急剧变化和不确定性上与杜威是相近的，但它主要是以个人的存在作为一切存在的基础，对个人与人类生存更强烈关注的是生存危机、是人的生存在本质上的孤独，因而不像杜威和进步主义教育那样，对社会和人类的发展充满信心，处处透出科学理性主义的余光；他们的思想散发出伤感、悲惨的人生气息，向死而生的人生思考。在教育上，存在主义主要关注的是人的生存，要求培养人的自我认识和对人生的自我选择、负责的意识与能力，并不太关涉社会的发展问题。分析主义哲学的实质是科学主义的，但它走不同于杜威用“经验”使哲学科学化的道路，而是试图用数理逻辑分析的方法处理语言，使哲学语言通过形式化的逻辑检验走向完善、走向科学。用语言分析的方法去分析教育学的基本概念，以形

---

① 赵祥麟，王承绪．杜威教育论著选．上海：华东师范大学出版社，1981：54.

② 同①49.

③ 同①53.

④ 展开论述这些教育流派的观点不是本文的任务。相关内容可参阅：华东师范大学教育系，杭州大学教育系．现代西方资产阶级教育思想流派论著选．北京：人民教育出版社，1980；陆有铨．躁动的百年：20世纪的教育历程．济南：山东教育出版社，1997.

成逻辑意义上保证科学性的教育理论，是这个学派构建教育理论的方式。它以教育理论本身作为研究对象这一特点，催生了元教育学的诞生，这是教育学知识学的研究。从开辟教育学研究一个层次的意义上看，分析哲学做出了独特的贡献，但就其方法论而言，至今还未能呈现出促进教育学发展的生命力。20世纪后半叶兴起，至今成为一种新的国际教育哲学思潮的是被通称为后现代主义的多元组合。它们的共同特征是对现代性、理性主义、科学技术的坚决批判，但在建设性方面尚未形成和呈现出真正积极的力量。后现代主义的出现标示着就人类而言，一个新的转型时代的出现。它以多元、多变、不确定性、复杂性为特征，教育如何在这样一个时代中使人学会生存，就成为后现代教育思潮的主题，尽管至今尚未形成明晰、系统的回答。

（五）教育学的基本理论问题

我们今天正是生存在这样一个充满风险的转型时代，同样面临着由人类自己酿成的时代挑战。作为教育学者的我们，不能回避在当代的生存中探索当代教育问题与教育学理论的责任。然而，教育作为人类存在以来持续至今的人类活动，尽管在不同的时代、不同的国家、政府、社会中有着不同的历史形态，但凡是教育都会涉及的一些不可回避的问题却反复出现，它们构成了以教育存在为研究对象的教育学理论的基本问题。在上述教育学的代表性著作中呈现为共同的问题和不同的答案。显然，它们是我们形成和思考教育学基本问题的重要的学术资源，这正是本文就西方近代三百年的教育学发展史做回溯评析的直接原因①。透过这一历史变幻的风云，结合本人自己近三十年的教育和教育学研究的认识与体悟，现在至少可以提出如下教育学基本问题，它们分两大层面②。

第一层面的问题有关教育学研究对象本身。

---

① 在此仅将西方主要教育学家的教育著作当作主要学术资源，是因为自19世纪下半叶始，西方各学科，包括教育学在内，随着其资本、经济、技术和军事的扩张，在全球逐渐并加速形成西方中心主义的学科发展势态，中国作为后发展国家也未游离在这一势态之外。20世纪中国教育学的发展经历了曲折的百年，关于这方面的详细论述，请参阅辑录在《回望》一书中本人的专题论文《中国教育学发展世纪问题的审视》。尽管自20世纪70年代末到80年代始，中国教育学界进入中国教育学发展的反思与探索重建时期，但仍未在根本上走出“西方中心主义”的状态。因此，从教育学史研究的学术资源而言，目前还不能不以西方为主。但本文的目的不在于要延续这一“中心主义”，这在本节以后的立论中将得到具体展现。

② 对教育学基本问题的思考，从学科发展史中提炼是重要的一面，但不是唯一的一面。能作为基本问题的问题，必然也会在与现实教育存在的联系中得到确认。本文在这一节中就上下文的关联性而言，集中在学科史上，读者可从本节前四点与本部分结论的参照中看出。关于我们自己研究所形成的相关认识，将在下编中展开。

第一，教育是什么？

这是教育学研究首先面临的问题，即关于研究对象总体性质的判断。尽管判断也许只是一句话，但对判断依据的论证，却要求判断者能对教育存在从历史到现实的把握，并做出对同类相关判断的评析。

教育是什么的研究可以从许多维度开展。最基础的是以教育存在的事实为依据，关于事实本身是什么的判断，做出确定对象领域的定义式界定。这种判断不管研究者是否明晰地表达，事实上在自己的认识中总是存在的。它可能会随着认识的变化有所改变，但不可能没有；它可能不清晰、不周密、不全面，但不可能没有。进一步的判断有可能从教育的不同角度去进行，如价值的、构成的、功能的、性质的、历史演化的等等。这可以包括在教育是什么这个大问题中，也可以分解为一系列相关又不相同的问题，甚至它本身就可以演化出一本教育学著作。

关于教育是什么的判断常常很不相同，甚至同一个研究者在同一本著作中都会有不同的表达，这有可能出自研究主体认识的不全面、不稳定、思维的不严密，但也不全然。这种现象表明关于教育是什么的判断，还受其他因素的影响，其中主要是三方面的影响：一是针对历史或现实教育中存在的问题、缺失和偏离，做出教育是什么的判断，这是一种应然判断，它涉及教育的变化与发展。这类理想式判断，并非一定是正确或错误的。判断本身尚须论证。二是由于论述重点或视角的区别而区别。这是认识深入的需要，只要不逸出事实判断界定的领域都是可以理解的。三是对不同层面的教育做出是什么的判断。它是由认识对象的层面、研究者使用的“尺度”和“分析单位”的不同带来的区别。

由此可见，教育是什么的判断中存在的差异，并非一定是教育学理论不成熟的表现，它往往是教育自身丰富性、复杂性、多样性、历史性、可变性和发展可能性的表达。重要的是研究者要善于从如此不同的判断中去综合、建构概念和理论意义上的“教育”是什么的答案。它肯定不会局限于一个定义。

第二，教育存在的依据是什么？

教育并非是自然界先于人类就存在之事，而是人界之事。这已经成为学界基本的共识，至少研究教育的重点不在自然界，而在人界，这已是无疑的事实。因此关于教育存在依据的认识，就成为教育学作为学科所必须研究的重要基本问题。这一依据的揭示同样可以，而且应该在不同的层次和维度展开，它需要阐明教育何以必然和必须存在。

教育存在依据的全面、深入认识，必然涉及的相关问题还有两个：一是哪些因素是影响教育存在的最基本因素？哪些条件是教育存在的必要条件？它们在什么意义上影响教育存在？二是这些因素、条件自身的性质和变化，如何影响教育存在？这需要在广阔背景的意义上来把握教育与其生存环境的根本性关系。这两个问题需要证明的是教育何以可能存在。

只有当我们能说明教育存在的必要与可能的时候，我们才在相对完整的意义上阐明了教育存在的依据。也只有明确了教育存在的依据，我们才能理解教育的根基及其变化与发展的缘由。

教育存在的依据从另一个角度看是有关教育存在的功能与价值，它与教育的人为性直接相关。如果研究对象是自然物，问题就不能发生这样的转换。只因为教育本身是因人的需要而生，所以其根基中就包含了价值期望。自然，价值期望不等于价值现实。有关教育的问题，无论哪一个都存在着期望与现实的差异，却都不能没有期望、不顾现实。

有关教育依据的认识，同样需要历史和事实做支撑。

第三，教育的基本形态是什么？

三、四两个问题的提出，标示着教育学研究进入上述第一个问题的内部研究，即不是在与其他领域区别、划界的意义上说明教育是什么，而是对教育这种特殊人类活动的内部整体形态学意义上的研究。提出内部研究的需要，并不意味着与外部关系的分裂或割裂，它只是意味着教育学研究必须进入对构成教育活动内部的基本因素与结构是什么的确认，对其特殊性的把握，以及由要素、结构的构成与关系、功能的差异所造成的整体形态上的特征的认识。首先要做出的是对教育要素及内组织类型的静态分析。它关系到教育价值能否发挥在组织意义上的保障。研究在揭示教育基本形态类型的同时，还需要形成对不同层次的类型在形态上不同特征的认识。

在静态分析的基础上，进一步对组织形态中要素间、层次间相互关系做交互作用、相互转换方式与性质的动态分析是不可或缺的。因为教育基本形态的变化，不仅由要素与结构本身，而且由它们之间复杂的关系性质和作用方式决定。教育学有了对教育基本形态及其相关功能的把握，有了对内结构作用方式与特征的把握才有可能为教育如何满足其存在价值提供积极的、有依据的变革要求。

第四，教育过程的内在机制与逻辑是什么？

这里要研究的是充满在教育过程中的丰富的转化。不仅包括从目的到结果动态全过程中的重要因素、环节之间的转换与过渡，以及生成与消长，揭示在此过程中所必须面对和解决的一系列基本矛盾与基本问题，而且需要形成对教育过程内在过程与逻辑的整体认识，并揭示主要不同类型教育活动的过程机制与逻辑特征。为此，需要把握教育活动的基本类型。

有关教育过程内在机制与逻辑的把握，是教育学研究中最深入和最丰富，也是最为艰难的研究。如果上述其他问题的研究都完成了，但不进入这个问题领域，教育学依然没有达到对教育本身作为一种特殊的人类活动之特殊性的学科意义上的认识，它的学科独立性在学科意义上的建构也没有完成。因此，还是不能发挥对于教育实践不可由其他学科取代的、具有本学科指导意义的作用。要形成与此相关的学术研究的有意义的成果，不能没有对实际进行着的教育过程的深度透析。可以说，教育内在过程机制与逻辑的揭示，是教育学的核心构成，也是衡量教育学作为独立学科存在的理论成熟度的标准。上述历史上的教育家都做过研究，都对相关认识有所贡献和程度不同的推进，但依然有许多方面需要深究。

第五，教育作为人类独特事业的发展机制是什么？

该问题是在上述与教育相关的内、外问题研究基础上的综合探讨。教育发展的机制显然不能单从外部或内部孤立地考察，而是需要从内外相互不可取代、又必须彼此结合的角度去研究。这是该问题研究的难度，内、外各自诸多不同性质与状态本身就已经足够复杂，更不用说是双方在不同条件下的不同组合、作用方式、力度与效应的综合思考，涉及的因素必将是一个天文数字。因此，我们只能从机制的角度来讨论作为教育事业的发展问题，使教育学能为教育事业的发展提供形成策略性思考的学术支持。

在简要阐明上述五个问题的过程中，我们实际上表达了这五个问题的内在关联性，呈现了我们研究教育问题的思路，提出了有关教育的内部与外部、价值与功能、整体与局部、结构与过程等一系列关系问题，做出了构建教育学理论的思想程序处理。

第二个层面的问题有关教育学研究自身。

这一层面的问题在教育学基本问题的讨论中，可以不作为显问题出现，也可以作为有关教育学自身建设与发展的问题加以讨论（自康德始都关涉到），自然，它们不会成为教育学基本问题的实体性的主要构成。但不管是否显性呈现，对教育学研究者来说，作为前提性的认识和基本学术素养，是必须要有的清醒认识。历史上重要的教育著作都包含了相关研究，至今，其内容主要涉及有关教育学的学科立场、性质、品性和价值的把握，教育学发展现状与问题的分析，教育学研究方法论原则的确立，教育学理论核心构成与整体结构的探究等等。对这些问题的研究，无论是明言、是暗指，还是不涉及，它们都会渗透、贯通在对教育基本问题的阐述之中，就像人的“魂”“意识”，不能离开、不能不通过“体”“行为”

得到表达一样。有关教育学自身发展问题的研究，是增长学科自我意识和形成发展内部动力机制的必要构成。因此，它是教育研究中元研究的直接构成，与教育学基本问题的研究有着不可分离的密切关系[①]。

本文为叶澜教授2008年在华东师范大学终身教授报告会上的发言稿，经叶澜教授修改，定稿。后辑录于：叶澜．基因（“生命·实践”教育学论丛第三辑）．桂林：广西师范大学出版社，2009：1-36．本文（上、下）2010年获上海市第十届哲学社会科学优秀成果奖论文类一等奖。

① 有关这一问题的展开式论述，可参阅：叶澜．教育研究方法论初探．上海：上海教育出版社，1999.

“生命·实践”教育学引论（下）

——关于以“生命·实践”作为教育学当代重建基因式内核及其命脉的论述

四、识挑战

上篇对历史上经典教育学文本的解读，使我们有可能对教育学研究的基本问题，做出有文本依据的，在分析、比较、综合基础上的概括。与此同时也清晰地看到，对基本问题的不同回答，一是因时代的变化，尤其是社会的转型性变化，使教育学研究对象——教育本身发生相应的变化；二是因不同时代的不同研究者，对教育学建构所选择的基因式理论内核的重大差异。这种差异在总体上受时代哲学与科学发展的水平、精神思想领域的开放程度和活跃状态局限，同时也与个体研究者本人在进入教育研究前的学术背景、对时代精神的敏感与把握、本人学术思想的中心问题、基本观念与思维方式、切入教育学研究的驱动力与视角，以及对教育实践本身的接触、了解程度相关。可见，差异不仅具有时代性，而且具有个体性。自然，前者是大局、是前提性因素，研究者个体对时代性可以认识、把握和运用，但难以在总体上对其产生影响。时代的因素也不可能直接变成教育学理论，转化要通过研究者本身及其研究实践来实现。因而研究者对于教育学及其基因的构建，在同一时代与社会中，对于教育学发展来说具有直接决定作用。认识到这一点，对于我们自觉投入当代中国教育学及其“基因”重建十分重要。

自20世纪70年代以来，人类社会进入全球化和信息化的新历史时期，它所带来的变化之广泛、深刻与强烈前所未有，对人类生存直接提出了一系列挑战，教育又面临一次为适应时代转型而不可避免的转型性变革。中国社会进入这一时期比起发达国家迟25～30年，而且还面临着一系列特有的问题。其中最富有全局性和基础性的是：社会经济体制从计划经济向社会主义市场经济转换，产业结构的整体调整和工业化、信息化的同步加速，国内市场与国际市场的沟通强化，政治制度改革力度的增强和科技、文化、教育、精神文明建设的强大压力。这一切，使中国30年的改革开放，成为一场深刻的、比世界上任何国家都更艰巨和复杂的社会转型性变革。教育变革也因社会变革的需要而被提到从未有过的重要地位，尽管至今步履还十分艰难，但教育的转型性变革必将成为不可逆转的大势①。所有这一切都直接向中国的教育学研究者提出了时代意义上的重建挑战。

中华人民共和国成立以来至改革开放前，中国教育学理论研究的基本格局是缺乏对教育本身的深入研究。造成这一状态的原因复杂，它不仅是因为意识形态的强介入（尤其集中表现在20世纪50年代到70年代末），还因为就整体而言，中国主要从西方引进的近代教育学理论对教育的认识本身，有来自历史和研究者的双重局限。

（一）“挑战”的性质——教育学的当代重建

21世纪的教育学面临新的挑战。把握这一挑战的性质，是促进教育学当代发展的必要前提。我们认为，这一挑战对于教育学的发展来说，在中国，首先不是完善式的，而是重建式的。所谓“重建”，就是对教育学本身的认识，在基本立场、思维方式、核心理论和整体架构上都需要有当代更新。得出这一判断的主要依据，同样来自对当代社会变革与教育变革的内在关联与性质的认识，来自对教育学自身发展状态、问题及其造成原因的深度反思。

先从第一个角度看，社会与教育变革还不足以说明和解释当代教育理论重建的特殊性及意义。除此以外，近代以来中国社会科学的发展，在总体上呈现出相当严重的缺乏对本国文化传统、学术思想和精神特质的关注与研究、继承与发展，教育学在这方面的缺失更属严重态②。这种局面在全球化和信息化的当代，在国际交流加强和频繁的当代，在为实现中华民族伟大复兴而奋斗的当代，都对教育学提出了变革与重建的挑战。

需要做一些补充、展开论述的是关于西方作为一门学科的教育学自身的不成熟性，它集中表现为学科性质与独立性还是一个颇有争议的问题。我们可以在一系列文献与著作中读到与此相关的争论或讨论。这已经涉及我们做出“重建”判

① 关于信息化、全球化及当代中国社会的转型性变革与教育变革的关系研究，本人的认识和展开论述集中体现在：叶澜．“新基础教育”论：关于当代中国学校变革的探究与认识．北京：教育科学出版社，2006：“第一编　当代中国教育变革的社会基础论”。在此不做重复论述。

② 本人有关中国近百年教育学发展积淀的问题之详细评析，请参阅：叶澜．中国教育学发展世纪问题的审视//叶澜．回望（“生命·实践”教育学论丛第一辑）．桂林：广西师范大学出版社，2007：1-31；教育研究．2004（7）．

断的第二个方面的依据[①]。

概括起来说，怀疑教育学作为一门独立学科存在的依据，主要是教育学没有形成明确的对象界定，没有形成独特的研究方法，尚未形成自己的概念与理论系统。由此得出的结论是：教育学充其量只是其他学科的应用学科，或者其自身的内容只是教育技术和方法的规定，以及相关的规则与艺术的说明，充其量只是操作性的技艺，并无什么理论可言；更为极端的观点是：没有或不需要教育学这样的学科[②]。

一个令人奇怪的现象是：教育的存在，谁也没有否认，但有不少其他专业，甚至包括研究教育的人，却否认教育学存在的必要。在此，尤其要提到杜威这样重视教育研究、且达到近代教育研究的顶峰者，他的相关论断还常常成为当代人论证的依据。杜威在1929年发表的《教育科学的资料来源》一文中，从教育学与教育实践及相关科学两个维度讨论了教育科学的资料来源。该论述有许多真知灼见，但其得出的结论则为教育学不是一门独立科学的观点留下了余地。他确认："教育实践是教育科学的问题的资料来源，而不是它的特定材料……真正的科学内容的资料来源存在于其他科学中。"[③] 杜威把教育科学与其他科学的关系比作桥梁工程学与物理学的关系，表明他把教育科学定位于应用科学，其自身并无独立的理论，因而把教育科学发展的期望，寄托在与人有关的其他科学的成熟和在解决教育问题中的正确运用，而不是教育学自身的建设就不奇怪了。杜威担心的是认识不到"教育科学没有属于自己的内容"[④]。在他看来，认识不到这一点，会导致与其他科学隔离的无效教育研究，并进一步强调："即使是默许的，教育科学有属于自己的特殊题材的假定也会导致孤立，致使自身成为'神秘的事物'——高级技艺一度曾是神秘事物。这种孤立的一个浅薄的标记表现在被叫作'教育界行话'的特殊术语的发展过程中。"[⑤] 这种担心事实上是在还没有深入开

---

① 可参阅：瞿葆奎．教育与教育学．北京：人民教育出版社，1993；布列钦卡．教育科学的基本概念：分析、批判和建议．胡劲松，译．上海：华东师范大学出版社，2001；拉格曼．一门捉摸不定的科学：困扰不断的教育研究的历史．花海燕，等译．北京：教育科学出版社，2006；德博韦．关于教育科学性质的国际范围大辩论：一个比较研究的方法．马肇元，译．教育展望（中文版），1990（23）.

② 本人关于当代教育学面临来自西方教育学本身发展中存在问题的分析，参阅：叶澜．当代中国教育学研究"学科立场"的寻问与探究//叶澜．立场（"生命·实践"教育学论丛第二辑）．桂林：广西师范大学出版社，2008：8－16.

③ 杜威．教育科学的资料来源．张永，译//叶澜．立场（"生命·实践"教育学论丛第二辑）．桂林：广西师范大学出版社，2008：285.

④⑤ 同③288.

展教育科学研究时，就断定它的产品只能是“高级技艺”和“教育界行话”。这里杜威可能出了“错觉”，即把美国教育学界当时的实存状态当作是教育学的本质表现。

在这里我们又一次看到了杜威思维中出现的矛盾状态：他强调教育科学的重要，但却否定教育科学有属于自己的内容；他强调其他科学是教育科学的内容资料来源，但又坚持不能简单地从中引出教育科学的结论。那么究竟怎样使这些资源内容成为教育科学的构成呢？杜威在这方面并没有明确的回答。可以得到的结论是：丰富的教育科学问题资源和教育科学内容资源，依然没有可能形成教育科学属于自己的内容。这犹如说：一只蜜蜂可以为生存在鲜花丛中四处采集各种花蜜，但却无法形成出自蜜蜂自身的蜂蜜；每人每天都要吃进各种食物，但却无法长成“人体”。

杜威的这一观点至今还影响着相当一部分人对教育学的认识。其实杜威已经走到认识教育学相对独立性的边缘。因为他已经承认教育实践提供了教育学的问题资源。杜威看到了教育科学的研究与实践脱离作为一种普遍存在的现象对教育学发展的严重危害，但却没有去深究教育实践本身蕴含着事实形成理论的资源，以及理论与实践在教育研究过程中的双向互动；他看到了教育科学发展与多种学科发展之间不可割断的内在联系，同时警惕简单搬运其他学科知识作为教育科学内容的危害，但却没有深究这些学科知识是否可能以及如何实现教育学的综合并转化为教育学知识的问题。杜威更没有把上述两方面的问题做整合式的思考。

杜威之所以没有跨出这最后一步，在我看来，一是受近代自然科学方法论的时代局限，当时还缺乏研究复杂对象的开放、动态、系统的方法论武器；二是杜威受到美国教育学发展传统的影响①。他本人是从哲学、心理学和社会学三个视角切入教育学研究。在对教育活动本身特殊性的研究上，杜威主要凭借心理学当时的学习研究，故而把教育过程简化为儿童的学习成长，力图以“生活”为原型来构建教育活动，尚未真正把握住教育自身的特殊性。杜威教育理论中的基因式核心，以及他借此构建教育理论的方式，在一定程度上妨碍了杜威对教育特殊性的把握，这也必然导致他无法看到教育学有自己的内容。此外，把教育学研究的功能、意义仅局限于教师培训课程，也是造成该认识偏差的原因。

---

① 埃伦·康德利夫·拉格曼著、花海燕等译的《一门捉摸不定的科学：困扰不断的教育研究的历史》一书，详细地阐述了近一个半世纪时间里，美国教育研究的演化历史。其贯穿始终的特点是教育研究在美国都起始于其他学科的研究者，并非为教育学建设的目的介入教育领域研究而生成，他们大都对教育学没有兴趣，更无建设的责任和尊重。杜威还是其中最认真和投入教育研究中的一员。生长在这样的环境中，杜威对教育学的态度就可以理解了。

我之所以拿杜威来“说事”，是因为国外以美国为代表的教育研究，在这一倾向上至今并无大的改变，在相当程度上还未走出杜威的结论。以分析哲学为方法的教育研究，尽管致力于用分析哲学的方法澄清教育学的一些基本概念，但从根本上来看，教育学的重建不能只从概念着手或停留在语义辨析上。

（二）当代西方教育学重建研究的例证式简析

在本人有限的视野中，当代尚在坚持教育学作为独立学科研究的著作，首先要提及的是德国底特利希·本纳著的《普通教育学——教育思想和行动基本结构的系统的和问题史的引论》①，以及俄罗斯具有代表性的著作，弗·弗·克拉耶夫斯基著的《教育学原理》②。这样说可能很不全面，但作为代表性著作，已足以看出当代西方另一种关于教育学的学科性质立场的主要观点③。两本著作的共同立场是：都主张有相对独立的教育学或教育科学，强调有属于教育学的普遍知识，或称之为原理。从两本著作的书名中我们就不难读出这一点。但是两者在立论的依据、批判的指向、理论构建的逻辑和阐述的重点方面都有所区别。

本纳在《引论》的“前言”中就明确表示：“本书同样坚持这个观点。它有意识地拒绝把教育学基础理论问题交给其他学科……拒绝教育学理论发展和研究衰减为其他科学的应用科学。只有涉及教育过程和体制自身逻辑的基础理论讨论才能在教育学中研究教育问题。没有自己的基础理论问题教育学不可能成为科学。”④ 作者进一步的论述涉及了教育学理论建立的可能性及其困难。他认为只有依据教育思想和行动的独特性这一具有丰富之问题存在的历史事实，才能证明建立普遍适用的教育基本思想的可能性和必要性。

以此为出发点，我们尚可看到本纳论证这一问题的基本特点。

第一，将普通教育学理论与教育的行动紧密结合起来论证普通教育学的可能性。研究教育的行动或称实践，是本纳形成普通教育学的重要基础。与以往一涉

---

① 本纳．普通教育学：教育思想和行动基本结构的系统的和问题史的引论．彭正梅，等译．上海：华东师范大学出版社，2006.（以下引用该书简称《引论》，原版 2001 年。）作者是德国洪堡大学哲学四院院长、教授，当代著名教育学家，曾任德国教育学会主席。

② 克拉耶夫斯基．教育学原理．张男星，曲程，等译．北京：教育科学出版社，2007.（以下引用该书简称《原理》，原版 2003 年。）作者是俄罗斯教育科学学院院士。该书是俄罗斯教育科学学院推荐给我国中央教育科学研究所翻译的著作。

③ 以上两本著作的原版都出版于 21 世纪初，且都有中译本，以它们为代表，既反映当代，也有利于国内同行的研究。

④ 本纳．普通教育学：教育思想和行动基本结构的系统的和问题史的引论．彭正梅，等译．上海：华东师范大学出版社，2006：前言 1 注释②.

及教育实践，就把教育学研究及其知识定位于其他科学的应用或教育技能、艺术的规定不同，本纳是从教育实践与人类实践的关系，并以人类实践的重新划分为前提，进而从教育实践性质与基本结构的特殊性的角度研究教育实践，试图以此来理出教育学的基本思路。关于“实践”的理论是本纳理论的重要基点，也可看作他的“教育学”理论的“基因式”构成。

第二，着重问题史的探讨。本纳在分析了不能期望直接从多种教育活动或各种教育理论中寻求教育学的普遍性和同一性之后，期望“通过对教育思想和行动的问题史的探讨提出一种基本思想，揭示一种植根于人类思想和行动的教育学基本结构”①。需要通过教育学的形成史来研究，“通过阐明系统的教育基本思想来证实，以及通过探讨历史已给定我们的教育行动问题来揭示”②。这清楚地表明，本纳教育思想的历史研究，也以植根于人类思想与行动的实践为核心展开。本纳在讨论中将当代德国有关教育学问题的重要争论，都纳入自己的视野，且做出了自己的判断。他的这一论述显示了自己教育思想的命脉所在。

在此基础上，本纳对教育思想和行动的原则，系统教育科学中的教育理论、教养理论和教育机构理论三方面做了分析，进而又论述了教育实践的行动维度，阐述了如何通过教育使未成熟者走向独立自主，使成熟的人能从教育实践进入人类总体实践之中。从中我们既可看到本纳与赫尔巴特之间的传统关联性，又可读出在学术所倚的重心上以及对“普通教育学”中“普通”的理解上双方的重要区别。本纳把普通教育学定位在“对业已存在的、不允许简化教育过程的基本结构的构想进行分析方面，在于能从对新的观察方式和理论的发展的批判中引出可能的建议方面”③。不是“为了提出从中引出具体的理论的基础主义的要求”④，“不是要求把每个理论当作唯一正确的，而是为了提出一个系统的、有意义的认识，以使教育理论不舍弃这里所提的任何问题”⑤。可见，本纳的普遍已不指“原理”，而是指问题的普遍性和结构的普遍性。这一取向体现了他的理论的开放性，也成为本纳教育学研究的重建特性。

克拉耶夫斯基的《原理》一书是为大学生提供的教材，也是为教师及其他教育科学研究人员提供的基础读物。相对于本纳的《引论》要易读。但同样具有明确的立场，即强调“教育学是唯一专门研究教育的学科。只有教育学将自身的各

① 本纳．普通教育学：教育思想和行动基本结构的系统的和问题史的引论．彭正梅，等译．上海：华东师范大学出版社，2006：4－5.

② 同①5.

③④⑤ 同①269.

个组成部分构成一个整体来研究教育。教育，也只有教育才是教育学自己专注的研究客体”[①]。克拉耶夫斯基着力于教育学作为一门科学的构建，着重于论述其客体和对象、研究任务、学科体系和范畴体系等。他对教育实践主要只是在教育科学与实践的相互联系上做了讨论，强调它们之间的区别与统一。在教育学与其他学科的联系上，克拉耶夫斯基明确表示，“教育学不是各门学科知识的拼凑”，他批判了否定教育学科独立性的“跨学科领域说”“应用学科说”，确认“教育学是兼有基础和应用功能的相对独立的学科”[②]。

《原理》中把教育科学的任务定位在揭示“教育过程的客观规律”、把握教育过程中存在联系的普遍特性，其中涉及人类代际经验的沟通、教育的社会本质、教育过程中教育者与受教育者相互关系，以及教学内容与过程的统一等等。从中我们可以看出，《原理》的基本框架与20世纪苏联教育学依然有继承的一面，所不同的是去掉了一些教育过程、原则、方法及学校教育活动的规范性。在教育学的范畴中，克拉耶夫斯基强调将“教育”（*ОбразоВаНИе*，以前译为“教养”）作为中心概念，以表达教育既是社会现象，又是发展受教育者个性的过程，且是两者的统一[③]，教育的社会价值与个人价值的统一。

该书在一定意义上更属于教育学的元研究层次，对教育学本身的研究并未充分展开论述，更多涉及的是有关教育学发展的一系列反思和如何开展教育研究的论述。它较系统地阐述了教育学与其相关学科的关系，批判了试图用哲学、心理学代替教育学的一些具有广泛影响的观点，这是苏联教育学中不太被突出的方面。它让我们看到了当代俄罗斯教育学研究为明确其学科独立性所做的努力。它同样也是教育学科面临挑战和重建的一种反映。

除以上两本著作以外，西方有关研究尚须提及的另一本著作是加拿大马克斯·范梅南著的《教学机智——教育智慧的意蕴》[④]。《机智》一书的特点是从现象学的视角来看待当代儿童生存境遇的不确定性，从而将“成长、成人和成为受教育的人”，看作“实际上就是将人的偶然性转换成责任感和义务感”，把教育学的使命看作“就是从教育的意义上投入儿童的工作，赋予孩子们权力，使他们积极塑造和改变自己生活中的各种偶然性”[⑤]。可见，范梅南研究教育学的取向，

① 克拉耶夫斯基．教育学原理．张男星，曲程，等译．北京：教育科学出版社，2007：5.

② 同①94－97.

③ 同①27.

④ 范梅南．教学机智：教育智慧的意蕴．李树英，译．北京：教育科学出版社，2001.（原版1991年，简称《机智》。）作者是北美“现象学与教育学”的领袖人物之一。

⑤ 范梅南．教学机智：教育智慧的意蕴．李树英，译．北京：教育科学出版社，2001：4－5.

是从当代儿童成长及其生存环境关系的实存状态切入，即着眼于“儿童生活”，反映了他的教育学理论对时代特性的独特把握。

范梅南呼吁“新型的教育学必须面对时代变化的挑战，同时时刻准备捍卫，或以新的形式来重建儿童成长过程中所需要的价值观和价值框架”①；他强调“教育的本质更主要是一项规范性活动，而不是一种技术或生产活动”②。因此，“教育学的文本应当具备一种启发灵感的品质和某种叙述的结构来激发批判性的反思和产生顿悟的可能性，从而使人在道德直觉上形成个人品质”③。他明确反对将教育学科学化、技术化。“教育需要转向体验世界。体验可以开启我们的理解力，恢复一种具体化的认知感。”④ 这些论述表达了范梅南基于对教育性质的认识而选择的教育学研究方法论。强调了与认识“规律”不同的，以理解、直觉、体验、感悟为特征的方法系统，旨在呈现教育学独有的智慧特征。这一特征贯穿在范梅南对他所看重的一系列教育问题的阐述中，包括对教师的要求、教育学的理念、教育的时机、教育关爱、体验、理解、反思、机智等等。这是他在方法论和方法体系上重建教育学研究的尝试，也是范梅南在当代教育学重建中的独特贡献。

范梅南要求人们进入儿童生活世界、进入教育世界研究教育学。正是在这个意义上，他主张用“教育学”（pedagogy）这个词，而不用“课程”（curriculum）、“教育”（education）、“教授”（teaching）、“教学”（instruction）来表达他的教育思想⑤。这在北美教育研究界是不多见的。范梅南将“理解与体验”“反思与行动”作为其重构教育学理论的“基因式”核心概念，想用这样的方式来避开有关“教育问题的所有的一套陈见和标准”⑥。在这里我们可以看到他与杜威教育研究的关联性。但范梅南用现象学的方式打破了杜威教育科学的思想方式和理论框架。

---

① 范梅南．教学机智：教育智慧的意蕴．李树英，译．北京：教育科学出版社，2001：6.

② 同①13－14.

③ 同①14.

④ 同①13.

⑤ 同①38－42. 需要提醒的是，范梅南在有关论述中，特别提到他不赞成用“课程”一词来代替“教育学”，指出它与教育学的一个明显差异是“课程概念中有一种不可避免的实证主义的味道……课程这个术语容易使我们将我们的注意力从孩子那里转移到教育机构的结构及其各层面的研究中去”（第 40 页）。但本著作的中译本却被纳入“世界课程与教学新理论文库”，且把书名中“教育学智慧”译成“教育智慧”，出现了违背作者本意的两大误译。

⑥ 同①38.

以上三本出自不同国家教育学者的、且具有重建性质的教育学著作，打开了我们对国际上教育学研究重建的视野，对国际上教育学研究重建的不同指向有了认识，并使我们意识到教育学重建是当代各国教育学界面临的共同历史任务。

最后，我们概要涉及国内教育学研究的相关状态。中国当代教育学重建研究事实上从20世纪80年代始。就整体而言，经历了批判、反思；引进国外新教育思潮、理论和各种分支学科；教育学教材的重新编写；元教育学问题的专题研究和专著出版等过程。世纪之交至今，呈现出取向多元，各自向更为系统的学科或学派意义上的重建发展①。就行进路线而言，有上行和下行两类。上行路线着重于探讨教育学重建的一些前提性问题，如学科理论基础更新、学科立场的寻找、学科知识特性和教育学原理的原点的研究等，也有一些新的教育学原理著作问世和专题研究成果出版②；另一条是下行路线，教育学研究者直接参与到当代教育的改革实践之中，不仅把此举看作一种理论工作者的责任，更看作是当代中国教育学理论建构所必需的、回到源头式的探索，"在丰富的改革实践和富有创生性的变革研究中，重新审视已有理论和形成对教育问题的当代认识"③。中国教育学研究的力量正在做艰难的集聚和新路的开辟。

在已经出版的大量教育学著作中，已有一些呈现出教育学研究关注中心的变化④。其中，有的集中指向教育与人的发展的研究⑤；有的将教育的矛盾聚焦于人的发展与社会发展的矛盾，并寻求二者的历史统一⑥；有的着重探讨教育活动中的主体⑦；有的研究教育学的文化性格⑧；有的将教育看作是人类自身再生产的奥秘⑨；有的着力于教育的规律研究⑩；有的强调教育与生活的关系⑪、教育与

---

① 本人对世纪初中国教育学科包括基本理论发展较详细的评析，可参阅叶澜主编的《中国教育学科发展年度报告（2005年）》中的《总论：在裂变与重聚中创生——2001—2005年中国教育学科发展评析》，在此不做展开式分析。

② 专题研究中有影响的著作有：瞿葆奎．教育学的探索．北京：人民教育出版社，2004；陈桂生．中国教育学问题．福州：福建教育出版社，2006；等等。

③ 叶澜．总论：在裂变与重聚中创生：2001—2005年中国教育学科发展评析//叶澜．中国教育学科年度发展报告（2005年）．上海：上海教育出版社，2007.

④ 这里不涉及本人的著作。有关本人的研究已在"'生命·实践'教育学论丛"的一系列相关文章中有详细的论述，并将在下面相关论述中再做集中阐述。

⑤ 南京师范大学的鲁洁教授是这方面的代表人物，有多篇论文发表于《教育研究》。

⑥ 王道俊，扈中平．教育学原理．福州：福建教育出版社，1998.

⑦ 北京师范大学的裴娣娜教授、华中师范大学的王道俊教授、郭文安教授是这方面的代表人物。

⑧ 石中英．教育学的文化性格．太原：山西教育出版社，1999.

⑨ 桑新民．呼唤新世纪的教育哲学：人类自身再生产探秘．北京：教育科学出版社，1993.

⑩ 柳海民．教育原理．长春：东北师范大学出版社，1998.

⑪ 刘铁芳．走向生活的教育哲学．长沙：湖南师范大学出版社，2006.

生命的关系[①]；还有的学者开始了对中国传统文化与教育关系的探究[②]。在此我们不仅看到了对传统教育学研究框架的突破，而且看到了精彩纷呈的“春秋”景象，且呈现出研究走向深化、本土建设的趋势。改革开放 30 年以来，中国相当一批教育学家，都在开辟着、探索着教育学理论重建的道路。尽管各自沿着不同的方向前行，尽管一切都尚在形成、生成之中，但禁锢已经打破，重要的是不算大的队伍正在扩大和加强。教育学研究新触角已伸向四方；地基正在清理和重整；新平台正在搭建；全景式的勾勒也在走向清晰。值得庆幸的是：在 21 世纪教育学发展面临新的重建性挑战的重要时期，我们清醒了，并自觉、主动地投入了。我们有广泛的志同道合者；我们能从所有可及的研究（无论是国外的，还是国内的）中获得营养、激发思考，努力走得更扎实、更有力、更远，努力走出一条新世纪中国教育学重建式发展的新路，努力参与到国际教育学重建的对话之中。

（三）重建：直面教育学“难题”

无论从教育学发展的历史回顾，还是对当前教育学重建的案例分析，以及我们在进行的教育学重建性研究中，能反复看到和体验到的是：教育学在漫长的发展历程中，形成了自身发展的基本难题。若要走出教育学的重建之路，必须直面这些“难题”且做出当代解答。不然我们可能又会走上循环往复的旧路。

教育学发展的第一大难题是对学科发展独立性的确证[③]。这一问题的反复提出和至今尚存的激烈争论，即使在认同独立性的一方，也还存在着分歧论证的事实。对此我们已不陌生，它对于教育学发展生死攸关的意义也不难体验。众多年轻的教育学研究者找不到自己从事专业的学术之家，其根源也在于此。教育学在“寻家”的过程中，走过了从哲学中演绎、从科学中借理论和方法的哲学化或科学化之路。然而，结果是不但“家”没有找到，而且学科越走越边缘化、越走越支离破碎，“人气”也越走越散了。人们终于逐渐清晰：学术之“家”不是靠“寻”，而是需要基于自己的研究立场，经由对象的确认和深入对象的研究才能建

---

① 刘济良．生命教育论．北京：教育科学出版社，2004.

② 黄济．教育哲学通论．太原：山西教育出版社，1998；于述胜．中国传统教育哲学．南京：江苏教育出版社，1996.

③ 学科的独立性问题，本人在《立场》中已有专论，参阅：叶澜．当代中国教育学研究“学科立场”的寻问与探究//叶澜．立场（“生命·实践”教育学论丛第二辑）．桂林：广西师范大学出版社，2008：1－38. 在本文中也有大量论述。但在此处作为重建所必须面对的第一大难题，尚须提出并做概述，以警醒小视乃至无视这一问题而又想使教育学获得发展的一些同人。

成。一个学科的立足之本，是对本领域研究特殊性的整体把握，它不能靠哲学的演绎，也不能靠其他科学观念与方法的移植，更不是把所有相关的结论相加即可，而是要走进对象本身，发现真问题，寻找独特关系，把握演化过程的内在逻辑方可。在教育学研究中，就是要回到作为学科思想源头的人类独特“实践”的教育之中。到教育中认识教育，发现与非教育的不同，从教育丰富的具体发展中，去把握教育内在的“共有”和不同于其他领域的“独有”。认识只有达到了这一步，才可以说建立了教育学的学术家园；才可以说在与其他学科既有区别又有联系的意义上，在教育学本真问题扎根研究的基础上形成了学科的独立性。教育学建立以来两个世纪的“寻家”或“寄居”的历程已经走近终点，解决问题的新路径已经走出，那就是“创建自己的家园”。

教育学发展 200 年的历史也告诉我们，教育的存在不会自然地转化为教育学的学科形态。教育存在的丰富复杂和多层次性、多元互动的特征，向教育学的发展提出了第二个大难题：如何以学科的方式来把握如此复杂的教育实践？如何实现从教育实践形态向教育学理论形态的转化？这里实际上涉及两个大方面：第一是关于把握教育内在复杂问题的方法论问题，第二是教育学作为一门学科的基因式概念的形成和理论体系构成的内在逻辑问题。

先从第一个方面来看，人们对教育内在复杂性的把握经历了从局部、单一向整体、复杂，从矛盾对立向相互依存、渗透转化，从静态要素、阶段分析向结构过程研究，从孤立程序化的机械模式向主体与生境有机关联、互动生成的活体生态模式等一系列转换。研究者对教育的认识越来越关注到它具有生命性的特质，故而方法论整体趋向用复杂思维来厘清和把握教育内在的一系列基本问题。人类所面对世界的复杂性、不确定性向人类认识和实践的挑战，科学研究向宏观、宇观和微观的不断拓展，人类强烈关注自身的发展和命运以及成为自己主人的追求，催生了复杂研究思维方式及其理论的诞生，从而为教育学研究提供了凝聚人类智慧当代发展成果的思想武器，使当代教育学者有可能直面教育的复杂性，有可能形成有关认识教育的新方法和新观念。

第二个方面显然与第一个方面直接相关。没有方法论的转换，很难实现对事物认识的突破与飞跃。只有当思维方式与事物的特征相适应，人的认识才有可能走出困扰。认识教育同样如此。从历史和当代教育学研究中可以看到，教育学理论的变化，长期存在着两极震荡：在教育活动的内外关系上，社会本位和个体本位成为对立的两极；在教育内部关系上，教师与学生、教与学以谁为中心的问题是长期争论的主题。在教育所及的各方面，目标与内容的选择及内部关系上，不同的意见往往以教育哪方面是首位的方式表达，如或认为德育为首，学生的道德养成是核心任务；或认为智育第一，教学是学校的基本任务。在教育方式、方法的选择上，同样存在着类似的问题。这种情况的产生不只是因为教育认识本身存在着不同的价值取向和认知偏差，还因为缺乏把握事物更为内在、复杂关系及相互转化的思维取向和思维方式。而不管涉及教育的哪个方面、选择什么结论，甚至争论双方的结论是完全相反的，但就形成认识的思维路线和思维方式而言，却是一致的现象。正是这些问题让我们看清思维方式与学科理论品质之间的不可分割性。

从不同历史时期和不同教育学家对自己建构教育学理论的基因式核心概念的选择来看，大多数是单一的，且均是处在教育之上更为一般的概念上。如夸美纽斯的“自然”，是教育需模仿的对象，是建构教育活动的参照系；卢梭的“自由”和康德的“理性”，尽管在内涵上有很大的区别，甚至对立，但从思路上看，都以他们认为教育应该达到的理想目标而提出；赫尔巴特的可塑性，则是对教育对象——人的某一方面特性的强调，它为教育可能性提供依据，但显然并不是教育存在借以确立的全部依据。杜威的“生活”概念是立足于教育过程的思考，较康德、赫尔巴特的核心概念，对于形成教育理论而言更具有综合性，在这个意义上，它与夸美纽斯的“自然”异曲同工。然而，杜威又过度强调了教育与生活的同一性，尚未清晰地阐述两者的区别和教育的独特性。总之，从夸美纽斯到杜威，教育学核心概念的选择经历了从广义、综合的“自然”到人间、综合的“生活”，从教育的理想目标到教育可能性的寻求，这一漫长的过程揭示了教育学家探讨必须面对的问题，但问题本身尚未综合。

本纳对实践的重视和范梅南对教育中的生命体验、智慧的强调，在人类与个体之间显然各自有着不同的重心和强调。尽管较之历史上的教育家，包括杜威在内都有了不同的突破。如，本纳强调了人类实践作为教育的植根之处，同时又着力于教育实践与人类实践的区分；范梅南则以不同于近代科学强调的理性认知方式，提出了以直觉、体验、感悟等为特征的智慧理论对于教育的重要作用，突出价值在教育中的特殊重要性等。但似乎还需要有更高的综合概念组合，才能更深入和全面地把握教育。

以上简略的分析表明，正是对教育学重建所必须面对的难题的清晰和直面，促使我们从新的视角，重新研究教育学的发展史，重新审视今日中国教育学的发展状态；促使我们关注人类思维方式和认知研究的进展；促使我们进入教育变革的实践中去努力发现教育整体式的本真问题。正是这些研究，使我们看到教育学的当代重建不仅有必要，而且有可能、有大的发展空间；正是这些研究，使我们逐渐地清楚自己重建教育学理论的核心概念——“生命·实践”，逐渐地清晰这一理论的根基与命脉。

五、论“生命·实践”

（一）发现过程：基因与命脉的相互缠绕

将正在共同创建的教育学学派称为“生命·实践”教育学派，标示出我们关于教育学的理论，以“生命·实践”作为基因式核心概念为特征。这是我们在构建学派过程中一个重要的决定性选择，它不仅是学派建设基点的选择，也是学派理论理想的确立，还是学派命脉的聚焦点。正是在这个意义上，我们将自己的这一选择称作教育学学术研究中“回到原点的思考”。

为什么会做出这样的选择？“生命”与“实践”在日常生活中并不是陌生的两个词，因此，对它们最初的关注是由自己长期的研究积聚和体验，以及持续地对教育及教育学存在问题的批判与反思引起的，是一种理论直觉的产物[①]。其过程概而言之，首先是认识到我国现实教育中最大的缺失是对学生——作为教育对象的具体个人生命的关注。教育的任务变成完成学校一系列的工作、事务与上级要求，它们阻隔了对真实生命成长关注的目光；作为教育者的教师，在忽视学生真实生命成长需要的同时，自身生命成长的价值也被忽视，强调的仅是其工具价值。正是这种双重忽视，使学校教育丧失了“生命性”，丧失了“魂”，这是教育本真意义的异化。其次，这一状态是教育长期遵循的实践模式，转换成学校日常生活，进而转换成教师的教育习惯、师生在校日常生存方式的结果。要根本改变这一状态，不仅要有教育观念的系统更新，更需要学校教育的日常形态，教师的教育、教学实践发生真实意义上的变化，而这一切都要通过实践才能实现。实践形成的事物，还必须通过实践来改变。最后，基于上述两点基本判断，反思教育学的状态，可以看到相关的缺失：教育学缺失对教育生命价值的关注（更多的是社会意义和个人意义），缺失对教育实践整体性的深入研究，更缺失以生命价值为核心的教育实践的整体性研究。由此，教育学的重建任务

---

① 关于本人教育学思想的演化过程的详细论述，参阅：叶澜．从“冬虫”到“夏草”：“生命·实践”教育学派生成过程的个人式回望//叶澜．回望（“生命·实践”教育学论丛第一辑）．桂林：广西师范大学出版社，2007．在此不做展开说明。

被提出。

重建在我们这里又以一种新的教育研究的方式推进：深入学校教育实践开展基于当代中国现实，以实现学校整体转型为目标，即我们称之为“新基础教育”研究的、自1994年持续至今的学校教育变革实践：在持续的变革实践中重新认识教育，形成新的教育理论；研究新的教育理论转变成教育实践的条件与可能，以期最终形成新的教育实践形态，产生真实的教育效果。这是一条教育理论与教育实践在研究性变革实践中交互生成的新路，正是在亲历的研究实践中，我们不仅认识了教育实践对于学生、教师的生命发展价值，重新认识了理论与实践丰富、复杂的关系，同时体验到了教育研究实践的变革对于研究者的生命发展价值，实践的多重生命意义在我们这里有了深刻的体验，直接促使我们完成了从对“生命”的关注，到对“实践”的强调，最终走向将“生命”“实践”建立起基因式双螺旋交互关系的文字表达形态——“生命·实践”，确立了我们学派的命名，开始了系统重建当代中国教育学的新历程。

显然，理论的直觉虽然不是随意的，也不会轻易产生，它是亲历的研究水到渠成、积聚升华的产物。但教育学重建的基因确立和重建本身不能停留于此直觉式判断，研究还必须做出关于“生命·实践”普遍内涵的理论阐述；做出关于“生命·实践”作为教育学理论基因式核心内涵的特殊意义，尤其是它对于教育学重新建构的价值与意义的理论阐述，揭示这一学派得以“安身立命”的学术根基与命脉。于是，我们进一步深入开展了教育学史的研究，以厘清教育学发展中呈现的教育学本身及其发展的基本问题，当今进一步发展必须面对的难题和可能的空间；我们重新进入马克思主义哲学的经典及其当代研究，关注当代西方科学哲学的发展趋势及核心观念、思想方法的演变，以寻找新的能够把握教育本真状态与本真问题的思维方式；从人类哲学智慧之海中汲取营养，深入探究“生命”“实践”之本义；我们拾起因政治批判而被扭曲、鄙视，且陌生化到不太相识的中国古代经典，以发现被我们轻易抛弃的古代思想和传统之中，存在着的中华民族借以生存、发展的顽强精神力量与智慧，意识到当代中国教育学的重建，除了认识社会的发展变化之外，还必须回归自己5 000多年的文化家园，扎根于中华民族的精神土壤之中，唯有如此，才能将中国近代教育学因“引进”而断裂的学术命脉，在当代中国教育学重建中重新联结，使中国传统文化的血液重新流淌在当代教育学的生命成长之中。所有这一切以及前面提及的教育变革实践研究，都成了我们称为“生命·实践”教育学派“命脉”的基本构成。

由此可见，关于“生命·实践”作为教育学基因式核心概念的清晰认识，只有深入上述五条（教育实践、学科发展史、马克思主义、当代科学哲学、民族文化精神与传统）“命脉”之中才能实现，它与“命脉”的揭示是一个过程的两个不可分割、相互缠绕的方面。这在本文前面的论述中已经呈现了。在以下有关“生命·实践”的论述中这种内在关系将继续呈现。

生命与实践不仅是教育存在的依据，而且以其特殊的形态成为教育的构成与存在方式。从“生命·实践”出发开始教育学的重建研究，是为了深究人类及其社会生存与发展的内在基质与基本形态，以明晰教育存在之依据的、具有根本和极限意义的规定性。以此为出发点开始教育学建构，使我们有可能进入教育发展漫长历程的研究中，不至于被纷繁复杂的变化所迷眼，忘记其最本真的依据和规定。与此同时，又能把握不同社会背景下教育具体的丰富，在一般与特殊的沟通、转换中，实现对教育学基本问题的原理式的构建。

“生命”与“实践”是在人类生命和社会形成过程中出现关联并随着人类历史而发展，是两个有着内在关联、相互缠绕和交叉生成的关系，但并不同一的概念。在这里，首先要论述的是“生命”，当“生命”的发展进入人类时，才会涉及实践和“生命·实践”的关系。

（二）关于“生命”一般

1. 活体与非活体的区别：生命的一般特征

生命是宇宙天体演化历程中产生的独特存在。它的出现使存在物有了活体与非活体、生物界与非生物界的两界区分，使宇宙中的一个星球——地球开始了生命史，直至出现了人类与文明，形成了关于地球、天体、人类自身的历史与记忆。生命无疑是天体演化中出现的具有惊天动地的创世意义的存在。

存在物中的活体与非活体虽然从内在构成来看，有许多相同的化学元素，但活体构成中恰恰因有自己的独特而区别于非活体。活体是有生命的，生命是“由高分子的核酸蛋白体和其他物质组成的生物体所具有的特有现象。能利用外界的物质形成自己的身体和繁殖后代，按照遗传的特点生长、发育、运动，在环境变化时常表现出适应环境的能力”①。这一关于生命最为核心、一般和事实性的定义，为我们提供了关于生命体之所以成为活体的特殊物质构成，以及作为活体的独特的生命延续与发展能力，即“代际遗传”和“应变环境”的认识。正是这两

① 辞海．上海：上海辞书出版社，1999：4900.

种功能的结合，使活体不仅在物质构成上，而且在存在方式上区别于一切非活体。也正是在与遗传、环境交互作用中，活体形成了作为每个生命个体的独特。“世界上没有两片相同的叶子”，是关于生命个体独特的文学式的描述。

在最基础的构成与功能意义上区别活体与非活体后，我们还需要从“生命体”存活机制的意义上，进一步认识所有生命体都具有的共同特征。

（1）生命总是存活在具体的个体之中，生命存活其中的个体被统称为生命体。个体是生命体的最基本存活单位，没有无个体的生命存在。生命存在的群体方式是生命个体存活和相互之间不同层次和有机结构的产物。

（2）任何生命个体都有从生到死的生命过程。这一过程是生命的存活过程，它有阶段区别与连续性特征。存活机制是生命维持活体的机制，是生命拥有的、内在的第一机制。其本质不是表现为外在作用下的空间位移，而是生命个体从外界吸收物质、能量和信息，继而在内部进行不息的“新陈代谢”的生存能力。这是我们称为“生命活力”的最为原始意义的解释。死亡就是个体生命生存机制的彻底丧失、新陈代谢的完全停止。

（3）生命第一生存机制反映了生命体与环境的复杂关系和生命主动性的特征。

生命与环境的基本关系是双向交换关系，生命以摄入与排泄的双重关联方式作用于环境，不仅使环境以转换了的方式存在于生命之中，而且使生命本身成为环境的组成，并多方面地作用、影响环境的变化。理解新陈代谢，不仅要看到生命内在的将身外之物转化、组织为自身的奇异力量，还要看到环境与生命的相互生成和转换的交互依存和相互在其中的关系。

生命的主动性在与环境的关系中有多种形态的表达。首先，它通过生命的组织性选择来体现。不同类的生命体对环境中的物质与能量的摄入各不相同，这是生命以机体需要为据做出的选择。生命体虽不都具有选择的意识，但都有通过组织的特化，感受外界所需物质和定向摄取或做出回避选择的本能，故我们把这一生命与生俱有的主动选择能力称为组织性自选择。

奥地利著名的理论生物学家、一般系统论的创始人冯·贝塔朗菲，从生命体内在的自主活动中，进一步阐发了生命主动性的高层次表达，即生命的自主性。他在批判把有机体看作本质上是被动的系统，它们仅仅受外界影响，即所谓刺激而开始活动的“反应理论”时指出：“即使在外界条件不变和没有外界刺激的情况下，有机体也并不是被动的系统，而是本质上主动的系统。很明显，在基本的生命现象中，新陈代谢，组成物质连续的合成和分解，是有机体固有的，而不是外界条件强加的……现代科学研究表明，我们必须把自主活动（例如表现为有节律的自动活动）而不是反射和反应活动，看作基本的生命现象。”① 他进一步指出：“最终决定有机体反应的，不是这么多的外界影响、刺激，而是内部境况……偏离生理平衡状态就会导致种种行动，直至最终恢复到正常状态。”②

（4）生命体具有内在、主动的转化生成机制。该机制的功能是使从外界摄入的不同物质转化成生命体能吸收、使新陈代谢有可能进行并实现生命自身成长的能量。它通过一系列生命体内的特殊物质的参与（如人体中的酶等），经过一系列分解与合成的代谢得以实现。转化生成是新陈代谢的微观机制，是生命内部实现外部物质由异己向自身转换的加工改造过程，也是生命自主和主动性的又一表现形态。从这个意义上，我们可以说，任何生命体无时不处在更新创生中，生命每一天都是新的。构成生命活体的基质——细胞，不是一个凝固的结构，而是一个“活结构”。“活结构不是存在，而是变易。它们是物质和能量不停流动的体现”③，“活的形态不是存在，而是发生”④。由这些结构作为有机整体的基本组分，就形成了变化中保持稳态的活机体。贝塔朗菲把此作为生命的基本现象，并做了如下定义：“活机体是一个开放系统的等级秩序，它依靠该系统的条件在诸组分的交换过程中保持其自身的存在”⑤。与前面提到的《辞海》中关于“生命”的定义比较可以看出，贝塔朗菲的定义是关于生命如何存在的内在机制性质的揭示，是对生命活动内在机理和形式结构意义上的概括，其中，还包括了生命体的另一个重要的内机制，即调控平衡机制。

（5）生命体具有保持自身内在协调运行的调控协同、形成整体性的机制。与物理机械的调控机制的差别在于生命体的调控机制是一种复杂动态的活体调控，服务于机体正常的运行和生长，而不是简单恢复到设定状态，即复原。生命体是一个生长变化着的活体，这是任何人造的机制所不能比拟的。这种调控不仅是维持机体正常协调、日常运行的需要，而且还是与“死亡”斗争的需要。生命体所具有的防御外敌和修复机体的能力，是这种调控机制与死亡的斗争，是生命体“求生”本能的机制式体现。控制论的创始人维纳用这样的语言来描述这种斗争：“有机体是同混乱、瓦解和死亡相对立的，正像消息同噪音相对立一样。”“生命是一个垂死世界中暂时的小岛，我们生命体对抗这个衰败和凋谢的总潮流的过程

① 贝塔朗菲．生命问题：现代生物学思想评价．吴晓江，译．北京：商务印书馆，1999：22.
② 同①123.
③ 同①184.
④ 同①128.
⑤ 同①133.

叫作稳态。”[①]

调控协同机制还是生命体保持整体动态有序的重要机制，生命体因此而得以形成特有的动态有序整体。贝塔朗菲对此做过深刻分析，他认为：不能用结构与过程分离的静态观念来认识生命体中上层与下层的等级组织之间的关系。调控平衡的有序化过程依赖于整体系统的运行。“在一个系统中，各种力互相平衡，因此，它们的共存导致了抵制破坏的相对稳定的结构。”组成整体的不同层级的小系统之间的关系，小系统与整体之间的关系，不是被动的“小”依附于主宰的“大”、“低”依附于“高”的从属关系，而是相互依存。“较低序列系统的某些活动在较高系统的整合中起作用。反过来，较高系统的某些活动共同决定着较低系统的活动……相互作用在其中是基本的；相互作用使所有部分过程整合为整体，并由系统规律支配这些过程的协同作用。”[②]

需要进一步说明的是，贝塔朗菲将生命体中上下层组织之间的关系，以不同运行时间波的叠加来限定，从而揭示了生命体内部运动奇妙的长时段与短时段之间的动态整合。他提出，当我们说生命的“活结构”是有机体高一层次的组成时，就是指相对“长久持续的缓慢过程”。在此，结构与功能的关系转化为两种不同速度波的运动。“如果我们说，功能（诸如肌肉收缩）是由结构完成的，那么这意味着，快速的和短暂的过程之波是叠加在长久持续地和缓慢地奔流之波上的。”[③]“有机结构本身是一种有序过程的表现，它们只能在这种过程中，且通过这种过程才得以保存。”[④]

生命体的调控协同机制是上述新陈代谢、转化生成机制，在整体与部分关系上如何实现动态整合的机制。从科学认识的角度看，这是现代生物学与经典物理学分界之处。在开放的生物系统中，描述封闭物理系统的热力学第二定律不适用。

（6）生命具有繁殖遗传机制。每一个生命个体的存活时间是有限的，但生命具有的繁殖遗传机制，不仅能保证生命在外界生存环境无急剧、巨大变化的常态下，实现代际延续、类群数量扩张和种族意义上的保存，而且能通过繁殖过程中的遗传基因变异及新的个体生命之特殊性存在，使物种的进化可能实现从遥远的生命起源、单细胞生物一直走到人类的诞生，使世界因生命的存在而变得如此丰

① 马小兵．面对生命．成都：四川人民出版社，1997：118－119.

② 贝塔朗菲．生命问题：现代生物学思想评价．吴晓江，译．北京：商务印书馆，1999：200－201.

③ 同②138－139.

④ 同②21.

富多彩和富有活力，使人类不仅得以诞生而且得以生存和发展。繁殖遗传机制是生命延绵恒久、发展变化特有的内在机制，是生命力最持续顽强、自我再生、生生不息、独特而强大活力的、时间永恒态的表现，也是生命本义上自我超越个体存在的一种特有机制。

正是上述四大机制相互支撑和相互制约的复杂运作，构成了整体意义上生命从个体到代际的存活发展机制。它让我们看到生命世界的神奇与丰富，不得不惊叹宇宙自然的精细与完美。更重要的是，它使我们认识到任何一个生命体，都是开放的活体。生命所具有的“活力”，不是一个神秘的概念，它是实实在在地通过由细胞组成的不同层次的活体，以及一系列内在存活生长机制，积极主动与生存环境发生交换与相互影响而呈现出来的、独特的生命能量，也是生命物质的本质和独特的力量。新陈代谢的实质是生命内部的“自我创生”机制，因此可以说，在生命的自然物质构成与机制中，内含着原始的生物学意义上的“自由”：“存活机制”并非由外力或按什么外在的意志在运作，它内在于生命的组织与结构中，并以自动的方式实现生命的内部生成和对外的定向反应。它们是生命体在环境中存活的内在理由。这一生物学意义上的自由及其最本真的生命存活的内在机制，是一切活体都具有的、最为基本的，即使生命发展到人类阶段，也同样是基础性的机制。这种关于活体与非活体的原始区别，正是我们要求对教育对象的认识不能仅仅回到人，而且要回到生命的重要原因，其意在为人具有自由的本质，但又必然在复杂的内外关系中实现生存这一认识，提供自然的依据和有关原初机制的认识。

2. 个体生命的“成长机制”

成长机制是个体生命从萌生到死亡这一全过程中对成长起作用的内在机制。它至少表现在两个重要的方面：一是成长路线，二是成长方式。这里的“成长”，是指生命在时间长度意义上发生的显著阶段性变化，不是指每一时刻持续不停的变化生成活动；成长不只是指动态变化过程中“量”的变化，它主要反映在生命发展阶段性的“质”的变化上。

（1）生命“成长路线”的特性。

个体成长路线呈现出种族的历史性与个体的历史性的统一。

个体成长路线主要由基因控制，但生命成长的实现过程还要受生命体生存其中的外界环境因素的影响，所以生命真实成长的全程路线由生命自控与他控相互作用的机制决定。生命体自身越处于高级、复杂水平，这种交互作用的实现方式和可能结果就越多样。但不管生命个体的差异有多大，同类生命体成长路线遵循的基本程序和组成阶段是相对稳定的，只在一定的域限里震荡。所以在成长路线方面，起决定作用的是遗传因素，它以性成熟为标志，将生命历程大致分为未成熟期、成熟期和成熟后期。环境以外在条件变异的方式影响生命成长各时期的长短、变化的速度，影响遗传因素变异的显现及生命体的存活选择等。

生命体成长的自控与他控相互作用的机制，与新陈代谢相比要更为复杂。

其一，遗传基因虽在个体生命之中，但并不由其自身决定，它是由繁殖实现的代际传递之物，是个体诞生时体内携带的“记忆匣”，其中内含着漫长的物种“历史性因素”[①]，这一“历史性”又要通过个体性，并在个体生命的历程中逐渐顺时展开，或在途中产生变异，若这一变异得以巩固，又会以变异了的状态，再传入下一代的种之中。“种族”的历史性规定了个体，“个体”的历史性继承并为丰富种的“历史性”提供新的可能。

其二，众多因素的交互作用随着个体成长时空、环境的变化而变化，因而在基本确定的成长路线中，可能出现不可预测的因素和诸多的不稳定性。生命历程越长，这种可能性就越大。成长不像呼吸、心跳那样有节奏、可测定，并以保持常态为机体正常健康的表征。成长机制是使机体在形态和功能上由渐变转为阶段性突变的机制，每一阶段的转换都是生命能量的集聚、迸发乃至因与死亡搏斗而散尽。这些阶段转换时所呈现的状态，就是生命成长路线中阶段的标志性记录。成长路线的非线性、非匀速，在必然中包含着偶然，是成长过程中确定性与不确定性的具体统一。这是生命成长路线呈现的第二个特性。

生命成长路线的第三个特性，贝塔朗菲称之为“逐渐机械化”，它指个体生命随其成长过程实现着生命发展的可能性从潜在走向现实；随着潜在可能变为现实成长，生命个体的确定性因素日益增长，可变性因素日渐减少。贝塔朗菲从两个不同的角度论证了他称之为生物“逐渐机械化”的原理。第一个角度是胚胎发育。他指出，每一个个体的胚胎，“最初是具有均等潜能的系统，然后逐渐确定诸器官形成的区域，这些区域固定地具有一定的功能，并且只能产生出一个单一的器官。相似地，一定的反应弧也是从作为一个整体的躯体的原初运动中分化出

---

① 该概念引自美国进化生物学家迈尔，他在《生物学哲学》序中，批判一些持科学主义思想方法认识生物的学者，指出：逻辑学家和实证论者的分析中完全没有提到生物所特有的木质，即以沿袭继承的基因型形式表现的历史性因素。他们完全忽视这一历史性程序在发育与行为中的作用。参阅：马小兵．面对生命．成都：四川人民出版社，1997：207.

来的”[①]，这是结构与功能从整体中逐渐分化、确定意义上的“逐渐机械化”。另一个角度是物种进化和个体发育史。“在原始物种中，有‘多种潜在性’，即它们能利用不同的材料；在高度特化的物种中，只有‘单一潜在性’，即只能利用一种特殊的建筑材料。同样地，就个体发育而言，起初有多种潜在性，在比较成熟的幼体逐渐特化为一种特殊结构的过程中，多种潜在性便变得逐渐受到限制。”[②]这是物种变化、生命成长意义上的“逐渐机械化”。

机械化，无论逐渐还是突然、天成还是人为，都意味着不可更改。对于生命来说，逐渐机械化不仅揭示了生命发展路线由综合而分化的一般路线，而且表明，外界影响生命个体发展的可能性会随着成长路线的延伸、生长节点的跃过而逐渐减少，生命潜能中可实现的方面也逐渐丧失。机不可失，时不再来，这是人，也是教育面对生命必须有的警觉与敏感。

（2）生命“成长方式”的特征。

成长方式的第一个特征是跃迁与绵延的统一。它与成长路线密切相关。跃迁，是阶段性转型呈现的成长方式，它以与日俱变、生死共存的生长积累为基础。但生命虽有令人震撼的跃迁，却并不存在断裂与中止，它依然保持连续。柏格森将生命的这种特征称为“绵延”。在生命的全程中，转型期总是相对短暂，呈现出生命力的勃发；生长积累期总是相对漫长，呈现出生命力之顽强。积累与勃发的交替，构成了生命长过程中的基本成长节律。

生命成长方式的第二个特征是成长时间三态的不可逆转性、创生性和共存性，即生命中每一个实践都是具体且不可重复的。柏格森将其称为“具体时间”或“生命时间”，与牛顿力学中的“物理时间”相区别。他强调，人类存在着两种时间意识，一种是“科学赋予一个物质对象或一个独立系统的抽象时间 t……t 永远表示同一个东西”[③]，这是“外在时间”。而“生命时间”则是生命的内在时间：“它刚刚造成当前，便立即降落到过去”[④]。生命只能在时间中进展与延续，“过去作为一个整体，在每个瞬间都跟随着我们”[⑤]。现实，则处在不断创生中，“对于我们生命的一个个瞬间……个个都如同创造出来的作品……我们连续不断地创造着我们自己”[⑥]。至于未来，正因为生命的创生性而不可完全预测和确定。

---

① 贝塔朗菲．生命问题：现代生物学思想评价．吴晓江，译．北京：商务印书馆，1999：120.

② 同①124.

③ 柏格森．创造进化论．肖聿，译．北京：华夏出版社，2003：14－15.

④ 同③44.

⑤ 同③11.

⑥ 同③12－13.

“生命时间”拥有与“物理时间”不同的形态：它是具体的，而非抽象的；它是创新的，而非重复的；它是变化的，而非同一的。正是这些独一无二的变化过程，使生命成长方式呈现出个性和丰富性。

生命时间除了柏格森的界说外，还可以指“生命期”，即每一个个体生命存活时间的总量，它的计算单位也是通用的时间单位。生命时间是一个矢量，生与死是贯穿全程的主要线索。有限的时间，不同的时光，唯一的一次，这就是生命。不意识到这一点，实际上就是不认识生命的独特成长方式。尽管非生命物质也可能因外部条件变化使物质内结构解体，并在变动中形成新的组合，但生命的变化是一种内创生，无论外部条件变不变，这种内创生都持续发生。因此，美国当代广义综合进化论创始人拉兹洛对一切事物的“进化”都具有共性的概括，只有在抽象动态变化的形式机制层面上是合理的，从中并不能得出生命与非生命无内在本质差别的结论。

对生命时间的深入理解，还涉及时间的“过去”“现在”“未来”三态的独特关系。“过去”是生命时间的完成时态，它已流过，不再复返，但并未完全消失。它不仅积淀在生命中，直接影响此后的生命历程，而且散发在环境中，通过环境的变化间接影响后续的生命进程。“现在”是生命时间的进行态，是即时创生着的生命态，它改变着过去，孕育着未来，只要生命存在，就不停止地前行。“未来”是生命时间的潜在态，表示生命的走向和可能存在，并非全不可知，也绝非一目了然。这三个时态词中的“去”“在”“来”三字，生动地表达了生命流程的走向。

生命时间的三态之间除有持续承延的关系外，还有着共存性。三个时态也可以视作每一生命瞬间同时具有的状态。以“现在”为例，除了表示当下时间以外，它又是未来的“过去”、是过去的“未来”。这是三态相干相渗、相互构建的独特表现，也是生命成长机制中继承与创生统一的独特表现，它呈现出个体生命由可能到现实再到超越，这一不同于以维持生存持续的、体现成长形态的变化性持续的特殊性。

生命时间的演进方式并非直线、匀速运动，它有节奏的快慢和路线的起伏，更像波浪式的涌动。生命体的成长也不是同心圆式的同一结构形态的不断放大，而是生命内部各子系统有同与不同起步时间和速度差异的发展。它不仅有生成，也有消退，但就整体而言，能互补和协调发展。每个生命都有一幅属于自己的生命行程图景。

生命成长机制及其表现的分析，向我们展示了个体生命成长过程中通过遗传实现的与种、族乃至生命整体的传承与变异关系，呈现了生命系统的多层性和历代性，揭示了生命时间的独特性。这些生命内在的机制与特性，虽然不是生命能保持多样与进化的唯一条件，但却是多样与进化得以实现的具有决定性的、来自生命自身的必要条件。唯因生命具有这些独特，才有可能逐渐发展到目前为止最高形态的生命体——人类的出现。认识这一点的重要意义，还在于当我们思考和认识人类自己的一切问题时，首先不能忘记的是：人类属于生命体类。人首先是非物体，是生命体。生命体所呈现的共同特性及其形式抽象意义上的生命机制，人都具有，也不可能丢失。相反，正是这些特征与机制，使人不仅能存在与成长，而且构成了可以称之为人性的底色，成了人之可以成为人的生命基础。

（三）人，作为“类生命”的实践生成与类特性

“人”的问题，既是世界也是当前我国学术界十分热门的研究课题。它涉及多种学科，且已出现了“人学研究中心”这样的机构。自 1997 年始，该机构持续召开人学研究年会和出版专著[①]。这种状态反映了当代社会中的人更迫切需要、也可能比以往更清楚、并以整体的方式来认识自己，以实现在复杂的生境中更好地生存、发展。人，这一古老而又常新的研究主题，是人类自我认识和寻找精神家园历程的记载，它将与人类共存亡。在此，我们从“类生命”[②] 的视角探讨“人”的问题，意在延续着前面已讨论的“生命”的主题，先从“类”的意义上，阐述人之生命的实践生成与类特性。形成教育学对人的问题研究的基础性认识。

1. 生命自然意义上的人之类特性及实践生成

“类”这个概念是将具有共同特征的事物聚合，同时又区别于其他事物的认识需要的产物，其上位概念是“界”。世界上的存在物，可分为非生命的无机界和有生命的有机界。要寻找界际的共通性，就必须进入元素的微观物质层次和“结构”“组织”“运动”等形式抽象层次。“类”是“界”的下位概念，在有机生

① 韩庆祥，邹诗鹏．人学：人的问题的当代阐释．昆明：云南人民出版社，2001.

② 人作为“类生命”，是马克思的观点。我国哲学家以高清海为代表，对这一主题做了哲学意义上的深刻探讨，其核心观点是凸显马克思主义的实践观在转变人的认识和重建哲学主题与性质上重要的历史和现实意义，是立足于哲学的重建进行的研究。相关代表作有：高清海，胡海波，贺来．人的“类生命”与“类哲学”．长春：吉林人民出版社，1998；高清海．找回失去的“哲学自我”．北京：北京师范大学出版社，2004；等等。本文沿用了“类生命”的概念，但在视角、重心的选择和阐述逻辑上有区别，是立足于教育学重建所做的探讨。

物界中，可分为植物、动物和人三大类，也有人分为两类：植物与动物，人并不列为一类，属动物中的高等动物，这在持进化论观点的科学家及一些心理学家，乃至教育学家、社会学家中存在，他们大多偏重于从人与动物共性的角度，或借助于动物性说明人，或强调人所具有的，包括心理的、社会的特性等在动物界都能找到，如动物也有“语言”，也有“社会”，也有“喜怒哀乐”等来证明人与动物同类。他们强调要重视人的动物性①，进而重新认识人的天性和人类社会乃至整个人类的本质。细究这两种分类造成区别的根本原因，在我看来，不在事实材料的选择与多少的把握上，而在认识“人”的视角和思维方式上。本文采取第一种分类，即把人既看作与动植物同属一界的生命界，又与动植物，尤其是动物有着内在区别的一大类。因此，有关人的“类特性”的阐述，须放在前面论述，且首先从人与动物作为生命体的比较开始。

人首先是作为生命体存在于世，且是世界上生命体发展至今最高级的存在形态，因而前述有关生命体的“一般特征”和个体生命的“成长机制”，在人类这里同样存在和遵循，这是自然生命内在的秩序，人并不例外，尤其在形式的意义上更是如此，这是人与所有生命最为原始层面上的一致性。故人与所有的生命相通。

然而，即使在自然生命的层次上，人之生命体的结构与功能也已经有了与动物的重要区别。正是这些区别，构成了人跃出动物类局限，成为人类的自然生命基础。这是一个漫长的历史过程，一个从猿到人的转变过程。恩格斯在其名著《劳动在从猿到人转变过程中的作用》② 中，清晰地写出了关键的几步。人的动物祖先类人猿因生活方式的变化，渐渐习惯直立行走，使四肢中的前肢不再成为平地行走的必需器官，渐渐演化成灵活操作多种统称为“工具”的“手”，“这就完成了从猿转变到人的具有决定意义的一步”③。“手”这一自然器官的形成，使人有可能用自己的器官去利用自然物完成满足自己需要的活动，进而创造出自然界原本并不存在的劳动工具。与此同时，直立行走和手的完善及其各种功能的发挥，使人的机体在整体性和机能上产生一系列变化，其中尤为重要的是语言器官的发展。随着原始人眼界的扩大和劳动生活中社会协作的增加，“这些正在形成中的人，已经到了彼此间有些什么非说不可的地步了。需要产生了自己的器

---

① 这样的观点，在西方是有传统的。当代社会生物学的典型代表作有：威尔逊．论人的天性．林和生，等译．贵阳：贵州人民出版社，1987；莫里斯．裸猿．余宁，等译．上海：学林出版社，1987；等等。

② 恩格斯．劳动在从猿到人转变过程中的作用．北京：人民出版社，1971.

③ 同②1.

官”①。正是这两个器官和唯有人类才具有的生存方式——劳动，促进了猿的脑髓逐渐变成人的脑髓②。生命界最高复杂度的器官——人类大脑的形成，标志着超越动物界的人类的诞生。马克思在论及人与动物的差别时明确指出：“吃、喝、性行为等等，固然也是真正的人的机能。但是如果使这些机能脱离了人的其他活动，并使它们成为最后的和唯一的终极目的，那么，在这种抽象中，它们就是动物的机能。”③ “动物和它的生命活动是直接同一的。动物不把自己同自己的生命活动区别开来。它就是这种生命活动本身。人则使自己的生命活动本身变成自己的意志和意识的对象……有意识的生命活动把人同动物的生命活动直接区别开来。”④

把人作为与动物有区别的另一大类，不只是马克思、恩格斯独有的认识，而是许多哲学家的共识。如英国 17 世纪唯物主义哲学家洛克早期就做过关于人类智力的实验，以人能借助抽象概念进行思考作为人与动物的重要区别。英国著名人类学家泰勒在他的《人类学》中，论及人与动物的区别时也指出：“人的手使人能够制作武器和工具，并用它们使大自然服从自己的目的。”⑤ “语言能力是动物和人智力区别最明显的标志。”⑥ 泰勒还进一步说明，人与动物巨大的智力深渊，“不只在于最高级的类人猿缺乏语言；问题还在于它们没有那种可以使它们获得哪怕是语言萌芽的大脑组织。人类运用语言甚至运用手势来作为思想的标志以及作为跟其他人交流思想的手段，这种才能是最重要的关键之一；通过这一关键，我们以最清楚的方式从一系列低级动物中脱颖而出，单独出现在占有高级智力领域中一切成就的舞台上”⑦。

必须指出的是，马克思、恩格斯在有关人与动物的区别的论述上，和其他同样认同这一区别的哲学家、人类学家不同的是：他们不仅从器官功能的差异上论证了这一点，更重要的是他们寻根溯源，指出了这一差异产生的根源是人的生存方式——劳动这一实践活动。劳动本身就是人、也唯有人以会创造工具的方式（通过手与脑的合作，目的、对象、责任与行为的统一）开展的生命活动。这种生命活动在人类形成中的重要作用，首先在于它改变了人与他所生存在其中的环

① 恩格斯．劳动在从猿到人转变过程中的作用．北京：人民出版社，1971：4.

② 同①5.

③ 马克思，恩格斯．马克思恩格斯全集：第 42 卷．北京：人民出版社，1979：94.

④ 同③96.

⑤ 泰勒．人类学：人及其文化研究．连树生，译．上海：上海文艺出版社，1993：38.

⑥ 同⑤45.

⑦ 同⑤46.

境的关系性质："动物仅仅利用外部自然界，单纯地以自己的存在来使自然界改变；而人则通过他所做出的改变来使自然界为自己的目的服务，来支配自然界。这便是人同其他动物的最后的本质的区别，而造成这一区别的还是劳动。"① 这段话的最后一句话，在"劳动"前加了"还是"两个字，这是因为在论述整个从猿到人的漫长历史变化过程中，"劳动"这一马克思主义作为人类生活最基本的实践活动，在人类形成的史前史中就起了决定性的作用。在马克思主义那里，实践中最基本的构成，即为维持人的生存而进行的生产活动，从人作为区别于动物的另一"类"的自然生命的生成时，就与人的生命存在直接联系，在一定的意义上，实践内在于人的生命需要。实践之所以可能出现在人类的生命活动中，是由人的自然生命的构成作为基础性保证的。这就是人的生命与人的实践的内在不可分割的关系。同时也因此构成了人的类生命的本质特性："一个种的全部特性、种的类特性就在于生命活动的性质，而人的类特性恰恰就是自由的自觉的活动。"②

我们认同马克思主义关于人的生命与实践关系的观点。因为这一观点抓住了生命整体的生存方式，即生命体与他所生存的环境的关系性质，这样一个反映生命体存活内在规定性的特殊关系，从整体和关系的意义上区分了动物与人，而不是仅从人与动物的各种器官的量或形态的变化等方面做比较。即使在做器官变化的比较时，马克思主义也追溯到这一变化的根本原因，即它由人的劳动实践、生存方式的变化而引起，因而变化的结果不只是形态上的，更重要的是使人生成了与环境相互作用中具有新功能的自然器官。这些新功能器官，使人能创造和使用工具，能通过语言交往结成社会，能意识和思考他所面对的世界和自己的目的与行为，从而创造了与动物完全依存于自然世界不同的"属人的世界"（包括改变了的自然界和人的社会），并由此而开启了人类自身的发展历史，宣告了一个新的生命类——人类的诞生。恩格斯说："有了人，我们就开始有了历史。动物也有一部历史，即动物的起源和逐渐发展到现在这个样子的历史。但是这部历史是人替它们创造的，如果说它们自己也参与了创造，这也不是它们所知道和希望的。"③

以上阐述表达了我们把"生命·实践"联结在一起的第一义，即人的生命与人的实践，在人最原初的形成时期就具有内在关联，不可分割。同时也表明了我

① 恩格斯．劳动在从猿到人转变过程中的作用．北京：人民出版社，1971：10.

② 马克思，恩格斯．马克思恩格斯全集：第42卷．北京：人民出版社，1979：96.

③ 同①16.

们学派所根系的一个重要命脉——马克思主义哲学的命脉。这些都将在接下去的论述中得到进一步的深化和展开。

马克思不但指出了作为人的类生命活动的特征是自由自觉的活动，而且指出了人不仅是自然界的一部分，人在劳动中还组成社会，成为社会人，在社会生产和活动中，人把自然和自身都作为对象来认识和改变。“因此，正是在改造对象世界中，人才真正地证明自己是类存在物。这种生产是人的能动的类生活……劳动的对象是人的类生活的对象化：人不仅像在意识中那样理智地复现自己，而且能动地、现实地复现自己，从而在他所创造的世界中直观自身。”① 马克思揭示了人的意识、自我意识与人所从事的能动的创造性劳动的关系，即人的社会生活和人的高级意识活动的能动性，都有现实的实践基础和现实的自然生命做载体。人创造自己和人的世界，认识自己和生存的世界，改变自己和自己的世界。可以说，这是人的历史开始后，在人和人类社会发展的意义上，阐述了人的“生命与实践”的内在生成关系。

人与动物的区别在漫长的史前史演化过程中，还表现出另一个代际关系的重要特征，即人从出生到能独立生存的生长期较动物要长。人在某些器官发展、形成出区别于动物的新功能的同时，另一些自然器官的功能却呈现衰退状。人有更长的幼年期，需要年长一代的照料，需要在人的生活世界中学习、形成人的生存能力，这一变化表明人的生存能力在遗传获得和后天生活中习得的比例上发生了主导性的变化。动物主要靠遗传获得，而人则需要依靠在人的生存环境中习得唯有人才具有的能力。关于“狼孩”在不同地点的多次发现，从事实上证明了这一点。康德在《论教育学》的“导论”中，对人的自然生命这一现象做过论述。他认为：“人是惟一必须受教育的被造物。”② 因为“动物是不需要保育的”，“动物通过其本能已经是其全部”，“人却要运用自己的理性。他没有本能③，而必须自己给自己的行为制定计划，但因为他不是一生下来就能这样做，而是生蛮地来到这个世界，所以就必须由别人来为他做这件事”④，就是由前一代对下一代人进行的，包括养育、维系生命、规训、连同塑造在内的，被康德统称为“教育”的事。康德再一次强调：“人只有通过教育才能成为人。”⑤ “人只有通过人，通过同样是受过教育的人，才能被教育”⑥。“因为在教育背后，存在着关于人类天性

① 马克思，恩格斯．马克思恩格斯全集：第42卷．北京：人民出版社，1979：97.

② 康德．论教育学．赵鹏，何兆武，译．上海：上海人民出版社，2005：1.

③ 在此“本能”是指理性这样的“本能”，非指生理本能。

④ 同②.

⑤⑥ 同②5.

之完满性的伟大秘密。”① 康德的论述实质上是揭示了人何以需要“教育”的、来自人的生命之自然性中某种缺失而独有的，同时又是人之社会存在所必需的依据。在此意义上揭示了人的自然生命与教育实践的关系。这是“生命·实践”观的第二义。这层意义的揭示，使教育学对于人的“类生命”的理解有了与哲学不同的视角。教育学不只是从人类的角度来理解“类生命”，而且从个体成长过程需要通过教育、学习、实践，不仅学会享用人类整体创造的所有产物，而且能将人类不同代的创造内化为自己的精神生命和各种生存、发展能力，进而在自己参与的社会实践中，在实现自己生存与发展的同时，为人类共同体增加新的物质财富和精神财富。这是“类生命”与个体生命通过教育实践和社会实践相互生成的过程，也是人类能通过一代代人的自然生命延续，不断走向新的发展的生命力不竭之奥秘。当代复杂研究的著名学者莫兰用下列语言表达了人类文化与个体生存的互相依赖和生成关系：“有生命的存在从自己的生态系统中汲取生命的可能性，生态系统也只能通过有生命的存在的相互作用和反作用而存在；同样，个人只能在一种文化的内部形成中发展自己的认识，文化也只能通过个人认识的相互作用和反作用而存在：个人认识的相互作用使文化再生，文化又使个人认识的相互作用再生。”② 除此以外，人与动物的个体自然生命在代际关系中的区别还包括：因人类实践的独特创造性，带来远远超过自然遗传变异所造成的代际变化速度和不同性质的获得性遗传比例之大增，如脑容量的扩展、内结构的变化等。

总之，人的自然生命的“类”特征，还表现为个体人的自然生命中内在地包含了独特的代际获得性遗传，这种遗传是因人所特有的实践之创造性和独特的教育实践形成的。这是人的个体生命与“类”生命内在包含和相互生成、构成的独特性。

2. 生命社会意义上的人之类特性及实践生成

人是自然的存在，但人的丰富性和独特性远远不停留在自然存在上。人的属人世界包括自然界和社会，他与外部世界的关系也就有了自然与社会的区别。在人的生命特性中，社会特性则是其类特性更为本质的表现。

哲学家把人称为社会存在，不只停留在人有群性的意义上承认人有社会性。因为，若从有群性的角度看，许多动物也有群性，动物学家、包括一些人类学家、哲学家也曾从这一共同性上，否定人与动物的类区别。因此，需要阐明人之

---

① 康德．论教育学．赵鹏，何兆武，译．上海：上海人民出版社，2005：5－6.

② 莫兰．方法：思想观念．秦海鹰，译．北京：北京大学出版社，2002：12.

社会存在与动物群体生活的区别，才能清晰表达人的社会性的类特征。

第一，人类在自己的生产和实践中创造了与自然界不同的人为社会，不同于个体生命存在方式的生命的“类存在方式”，可简称为“类生命”①。这里“人为”生成是与“自然”生成相区别而言的。

早在1844年马克思就指出“人是类存在物”。高清海对“类生命”做了专门的研究和阐述。他的观点是：“‘人’应该是双重生命的存在，既内含了自然物种生命，在这一基础上又创造了支配生命的生命。”② 他将后者称为“类生命”，以此区别于自然给予的单一性的“种生命”，“‘类生命’是在本性生命基础上由人自觉创立的赋有价值内涵的生命”③。由此可见，他主要是从人的生命的两重性和超越自然性的意义上来讨论“类生命”的④。

我们在这里首先要强调的是，人类创造了自己生命的类存在形态。这种类生命存在包括人类历史上创造的、不断变化的社会物质生产工具及产品，这是类生命的物质存在形态；包括精神生产工具（各种符号，从文字到数字，从音符到图符，等等）及其文化产品，这是类生命的精神存在形态（哲学、科学、文学和艺术等）；包括社会组织、制度等社会结构，这是类生命的群体结构形态；包括社会中不同人、不同群体和不同国家之间各种性质和类型的联系，这是类生命的人际关系形态；还包括人在各种不同领域里的活动与生活，这是类生命的实践形态，所有这一切不同历史时期、不同民族、不同地区和国家的整合形成了不同历史时期的人类社会的不同形态。它既是由当时存在的人之个体生命创造和生成出来的，同时又不依附于个体生命而独立存在，并构成了当时和后继时期的个体生命所生存的社会环境。可见，人的社会生命意义上的类特性，首先表现为：人创造生命超越个体的类存在形态——社会，并在自己的创造中生存、发展，而所有的“类生命”的创造都是在人的社会实践中完成的。人的“类生命”的存在、发展与人的社会实践具有内在关联，这是“生命·实践”观的第三义。

第二，人的社会性类特征还表现为：作为生命个体的人有社会生活，并因其社会生活而获得自然生命不可能自然生成的社会特性，即人的社会使个体有获得性成长和超越自然性的社会性成长。动物却不会因群体生活而改变、超越其自然性。生命个体的这种社会性的获得和习得，对自身自然性的文明化和超越，是个

---

① 马克思，恩格斯．马克思恩格斯全集：第42卷．北京：人民出版社，1979：95.

② 高清海，胡海波，贺来．人的“类生命”与“类哲学”．序．长春：吉林人民出版社，1998：9.

③ 同②9－10.

④ 本人基本同意高清海关于人的生命两重性的观点，这将在下文有关人的生命之精神性的部分做阐述。

体通过自己在与外界互动的全部生命活动过程中完成的，即使没有专门的教育实践，只要是身心正常的任何人都能完成社会化过程。正因为个体的生活环境和活动构成及其质量的差异，使每个人的社会性具有不同的个人状态。造成个体差别的主要因素是人的后天生存方式和活动性质，而不是自然性的区别。“就天赋的才能和智慧来说，哲学家和搬运夫之间的差别比家犬和猎犬之间、猎犬和鹁猎犬之间、鹁猎犬和牧羊犬之间的差别要小得多。”① 个体社会性状态与个体生命实践（活动）的关系，是我们对“生命·实践”解释的第四义，是个体社会性生成意义上的“生命·实践”关系。它要求我们对个人发展的研究，必须关注个体生命实践的内容与品质。

第三，人的社会性内含着历史性的类特征。对于历史性有两个维度的理解：一是生命的类存在方式因人类时间上的连续而形成积淀、更新与生长；二是每一个时代的人之社会性的水平与特征，因受具体时空范围内的社会乃至更长时段的时代意义的局限而有区别，即人的社会性无论是“类生命”还是“个体生命”，都具有历史性。这也是动物的群生活所无法形成的。人的历史也是由人类实践创造的，是人自身发展水平的历史反照。正是在“类”的意义上，马克思根据人类与自己生存环境之间关系性质的变化，把人类发展的历史分为三个阶段，提出了著名的人类社会三大相继变化的形态说：“人的依赖关系（起初完全是自然发生的），是最初的社会形态，在这种形态下，人的生产能力只是在狭窄的范围内和孤立的地点上发展着。以**物的**依赖性为基础的人的独立性，是第二大形态，在这种形态下，才形成普遍的社会物质交换，全面的关系，多方面的需求以及全面的能力的体系。建立在个人全面发展和他们共同的社会生产能力成为他们的社会财富这一基础上的自由个性，是第三个阶段。”② 三大形态的划分，不仅阐述了人类创造自身历史的过程，表明了人类历史进步阶段性的质的变化，同时将社会生产能力、人际关系性质以及个人发展水平等都关联起来，并预见了人类社会发展的走向，这为我们认识和判断当代社会中人类的“生命·实践”关系性质和发展趋势提供了思路。上述历史具体性和时代性是“生命·实践”关系的第五义。

3. 生命精神意义上的人之类特性及实践生成

人的生命具有精神性。它的自然生理基础是人有感知外部世界的器官和处理、加工所有信息的神经系统和大脑。尽管自脊椎动物始，生命体就出现神经系

① 马克思，恩格斯．马克思恩格斯全集：第42卷．北京：人民出版社，1979：145.

② 马克思，恩格斯．马克思恩格斯全集：第46卷（上）．北京：人民出版社，1980：104.

统和脑，且高等动物也有意识，并具有对外部世界刺激做出反应的能力，但是，人的精神世界与动物相比，不仅在认识外部世界和改造外部世界水平上有巨大差距，而且还有最为重要的、不同于动物的认识自我、形成自我意识，从而实现精神意义上自我超越的能力。正是在这个意义上，马克思称人的生存方式是“自由自觉”的存在。人的这种感知、体验、形成及改变外部世界和内部世界的精神力量，依然与人的实践直接相关。实践对人自然生命中超越自然局限之精神力量的生成，集中体现在人脑的独特性上。

美国当代著名神经科学家高德伯的专著《大脑总指挥：一位神经科学家的大脑之旅》[1] 集中阐明了人类大脑结构及其功能的特殊性，为人类不同于动物的精神、意识能力提供了脑生理学依据。

高德伯认为，人类大脑是目前世界上已知自然系统中最为复杂的一个东西。其中的“额叶”是人类大脑演化史上最后发展起来，也是个体生命中大脑最后发育成熟的部分，它是整个人类大脑所有部件中最“特殊”的一个部分。它所具有的功能是“大脑总指挥”，是人能从事整合信息、创造的关键功能。

概括地说，额叶具有的功能有：其一，人的认知具有面向未来的特点，它能形成关于未来的目标、计划、激励、野心和梦想的驱动，“这些认知功能依赖额叶而存在，并且与它一起演化”。“额叶是有机体将自己从过去解放出来，然后投向未来的机制。额叶使有机体具备这项能力去创造神经模式来使事情发生”，使人产生新的概念与新的行为。因此，“额叶可以看成工具制造的先决条件”[2]，“而语言能力的出现在演化上与额叶的出现是平行的”[3]。其二，人的“目标形成”还意味着认识的另一种能力，即不是对外界“是什么”的认识，而是“我要什么”的认识。这是自我心智表征能力的出现，因此，额叶也是自我意识得以形成的物质构件[4]。进而，高德伯还揭示了额叶在自我觉知和他人觉知、自我控制和人际合作协调能力等方面的重要功能。其三，额叶与脑其他部分的关系（左右脑、前后脑）是将局部整合、聚焦，形成应对决策并通过神经联系实行决策的扩散与执行。这表明大脑内部存在着整合、决策、应对复杂环境、协同行为的能力，这种整合平衡是动态调节的。额叶是“大脑中有机体内在讯息与外在世界送

---

① Goldberg. 大脑总指挥：一位神经科学家的大脑之旅. 洪兰，译. 台北：远流出版事业股份有限公司，2004. 下文中有关脑科学的观点都源自此书。这是一本内容十分丰富且对人的自我认识有重要启发意义的著作。本文涉及的只是其中的一部分。

② Goldberg. 大脑总指挥：一位神经科学家的大脑之旅. 洪兰，译. 台北：远流出版事业股份有限公司，2004：56.

③④ 同②57.

进来讯息汇集的地方”[①]，故而是“总指挥”。这对脑机能的整合、平衡、决策机制的揭示，是复杂理论在人的生理机制上得到脑科学支持的证明。“寻找不同系统的普遍原则正是崛起于科学和哲学交界的‘复杂’新兴领域的核心精神。要了解历史，我们可能必须借重神经生物学。”[②]

基于上述的一切，高德伯认定：“人类是主动的动物，而不是仅做出反应而已。从反应行为到前向主动行为可能是神经系统演化的最主要课题。”[③]

高德伯上述脑神经额叶结构研究，同时还为我们提供了人的实践，首先是生产实践对于人的心智和精神力量形成具有决定性意义的科学依据。只有人类才具有的实践活动，即以满足自身需要为目的，能做出计划、创造并运用专门的工具与方法，通过把世界和自我对象化并加以改造等一系列行为来实现目的的人类社会活动，促进了大脑额叶及其功能的诞生，使人具有了超出动物的精神世界和精神能力，具有了从历史和现实中解放出来、创造自己期望的未来之能力。人对自我与非我的认识，也是由人类的交往、合作等社会实践促成的。

正是生命的精神力量，使人不仅能创造历史，而且能形成人类的精神产品和历史记忆，并在代际实现传递、发展和更新，使人的“类生命”绵延不断地积累和变化，成为滋养每一代个体生命成长取之不尽、用之不竭的源泉。自然，个体人之生命形成的内在精神世界，还包括伴随在人一切行为中的情感和意志，有意识和无意识的各种自我体验和需要，这是属于个人的丰富且独特的内在世界。

总之，人具有超越自然和现存的给定世界之限制的能力，创造新的为人和人为的世界，形成新的自我，这是人的精神生命力量和特征的充分展现，它同样与人的实践直接相关。这是我们对“生命·实践”关系认识的第六义。

综合上述从自然、社会、精神三个层面对人的生命和实践关系的解读，不难看出人的生命三个层面的相互生成，包括人的诞生在内，其生命发展和创造的历史，都与人类独特的生存活动——实践，存在着内在相互生成关系。无论解读生命哪一个层面的特征和活动，都无法与人类的实践剥离。人要从根本上认清自己的类特征，就不能排除人类自己开创的实践活动，这是人类生命最为内在的规定，我们将它称为总体意义上的“生命·实践”。在此，实践意指人类一切有意

---

① Goldberg. 大脑总指挥：一位神经科学家的大脑之旅．洪兰，译．台北：远流出版事业股份有限公司，2004：120.

② 同①296.

③ 同①173.

识、有对象、有目的指向和行为策划并实施的活动。不是仅指古典哲学道德意义上的“实践”，也不是只指生产劳动，它与动词意义上的“生活”相近。因此，“实践”内含很多不同的内容、品质、特点和水平，且在主体上有群体和个体的区分。我们在表达个人生存中的生命与实践关系时，常用“个人生命实践”这一词组，以示与群体、类的“生命·实践”之区别。

人的多重“生命·实践”关系的类特征，在每一个正常人的个体生命中是内在整合、无法剥离的，具体的个人在任何时间、状态和活动中都以整体的方式投入和进行实践，而且存在着复杂的内在交互作用和生成关系。因此，无论是认识、研究人类还是个人，都是对复杂事物的认识和研究，即使是对生命中任何一个层面特性的把握，也是面对复杂事物的认识和研究。正因为如此，人类尽管早在几千年前就发出了“认识你自己”的呼声，开始了研究自己的活动，但真正在现实和整体意义上实现人对自身及其创造的认识，是由马克思主义的实践哲学突破，并由此开辟了人类自我认识发展的新纪元。正是在这个意义上，我们把马克思主义作为“生命·实践”教育学派的重要命脉。而关于复杂思维的研究及成果，则成为我们认识、研究“生命·实践”和教育学研究对象——“教育存在”之复杂性的重要方法论武器。

在一定的意义上，我们把“复杂研究”看作马克思主义认识矛盾转化的辩证思维方式在当代科学和科学哲学意义上的发展。莫兰是其中重要的代表人物。莫兰在对人类学进行系统的重建中，同样把实践置于遗传系统、脑、环境系统和文化系统相互作用的中心环节，其图式表达如下[①]：

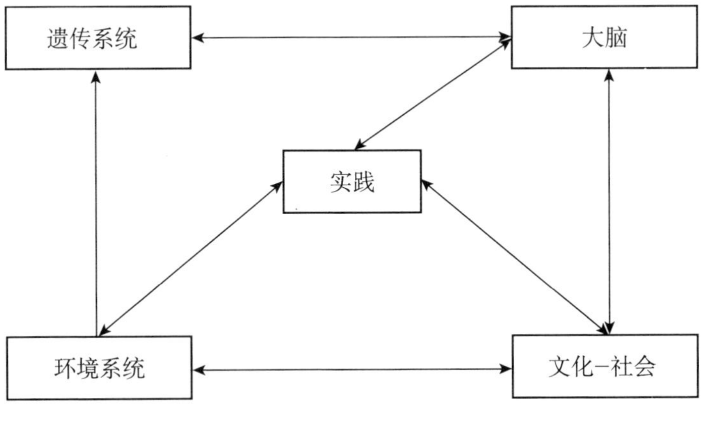

① 莫兰．迷失的范式：人性研究．陈一壮，译．北京：北京大学出版社，1999：174.

莫兰对该图式做了如下表述："我们勾画出的多极模式不仅对于理解人类进化的过程，而且对于理解有关人类的一切现象都是有效的。这个普遍性的模式还意味着任何人类行为（实践）的组成部分都同时是受遗传-大脑-社会-文化-环境的系统决定的……人类没有一种仅仅是遗传的或仅仅是文化的特殊本质；他也没有文化层次覆盖在生物层次上的那种地质学似的重叠结构；他的本质性存在于多中心的相互关系、相互作用和相互干预之中。"①这一多中心的关系模式也同样适用于认识人的"族类""社会""个人"之间的关系。人的本质"不仅存在于这三项中，而且存在于这三项的相互关系之中。同样应该知道这种关系不仅是既互补又对立的，而且是不确定的"②。

六、"生命·实践"作为建构教育学理论的特殊内涵

当我们进入对"生命·实践"在建构教育学理论特殊内涵的讨论时，并不意味着要丢抛前面同一主题"一般"研究时所得到的结论。相反，一旦我们通过研究形成了关于"生命""人类"一般特性及其与实践内在关系的认识，它就成为导引我们认识特殊的工具和基础。研讨将进入一般意义上的结论在教育学研究中的特殊表达，进入教育学研究在思考"生命·实践"时的独特视角，它与"一般"的区别，不是原则、共性意义上的区别，而是具体丰富的表现形态和独特性的区别。

1. 教育是什么的性质判断

教育学研究对象直接指向的是"教育"，不是"人"；教育学是关于教育的理论，不是关于人的全部理论。因此我们不能直接将哲学或其他学科关于人的研究的所有结论拿来作为教育学的理论。但并不是说，这些理论对于认识教育、对于形成教育学理论无关价值。

教育的直接对象是人，其直接目的是影响人的身心发展，使其发生受教育前未有的变化③。这种目的须通过承担教育任务的、一般称为教育者的人设计并组织、开展的活动来实现。这样的活动被统称为"教育"。上述关于教育是什么的解释，是以人类出现被称为"教育"的活动以来的各种教育活动为研究对象，在

---

①② 莫兰．迷失的范式：人性研究．陈一壮，译．北京：北京大学出版社，1999：176.

③ 在此句中，之所以反复强调"直接"一词，是防止将"教育"的范围泛化为全部生活。有关说明参阅：叶澜．教育概论．北京：人民教育出版社，2006：1-3，8-11.

排除其具体目的、内容、方法、活动方式、效果及价值评价之后，而做出的关于“教育”是什么的、最一般的、事实性的抽象描述。

以上描述至少表明，教育是人类社会所特有的实践，是人为的活动，而不是自然的现象。因此，我们首先必须将教育置于“实践”这一上位概念中去考察。教育学研究对象的性质，在“实践性”这一意义上，不同于哲学研究对象的性质，也不同于科学研究对象的性质。它是人类自有了文字以后，天天都存在并进行着的实践活动，而不是物质，不是外在于人的自然界或人自身及其创造过程的创造物。正是在这个意义上，我们把教育学称为研究“事理”的学科。丢掉了对教育整体上属于实践的判断，就会溢出或窄化教育去谈论教育，就会丧失整体把握教育研究对象的可能，自然也就不可能对教育学研究对象的性质做出总体意义上的性质判断。由此，我们首先建立了教育学研究对象——教育与实践在整体意义上的所属关系。

接下来的探究要进入对作为人类实践之一的教育与其他人类实践区别的把握，即进入对教育实践特性的把握。正是在这一层面的探讨上，人的生命与教育呈现出直接、内在和整体的独特关系性质。毫无疑问，所有的人类实践，从主体、目的和活动开展过程，都不可能与人和人的力量无关。教育实践的独特体现在这一活动与人的生命之关系性质上。

首先是“直接性”，即教育是直接以人的身心发展为对象的活动，教育是以影响人的身心发展为直接目的的活动，教育还是通过人与人的直接交往沟通来实现的，唯有在教育活动中，才能建立活动主体与活动对象的直接沟通，才能建立师生这一特殊的人人关系①。

“直接性”中包含着“内在性”。它不仅指上述所有直接关系都是教育活动不可或缺的内在组成，而且指教育活动是对人的生命的内在变化、成长的影响。任何教育如果不能达成这一点，那就属于无教育意义或无教育价值的活动。在整体上来呈现教育影响的活动是人类其他活动也可实现这样效果的活动。这也就是说，教育活动与人的生命发展具有内在关系。教育与生命关系的内在性还表现为师生之间的沟通本质上是人与人之间的内在沟通。教育内含在生命间的沟通之中。

其次是“整体性”。所谓“整体性”，是指人的生命活动整体地参与和渗透在

---

① 当代信息技术的发展与运用，使有些人认为可以不通过师生关系的直接形成，可以不通过教育过程中师生的直接沟通来实现教育目的。如果上述情况实现，这个过程可称为“学习”，而不是完全意义上的“教育”。“教育”包含学生独立学习的过程，但是“学习”不能代替“教育”。

教育实践中。教育实践是教育者作为具体的整体个人，以自己的身心去理解、把握人类生命所创造、积淀、提供的文化资源——我们所言的“类”生命和教育的内容，并作用于学生具体的整体个人及由学生组成的群整体。这种整体性由生命的整体性所规定，是教育实践的内在规定。无论在事实上还是在理论上，都不存在人的生命活动的可分裂性。

因此，我们认为，是生命与实践的特殊关系性质，决定了教育不同于其他人类实践的特殊性。在这里，我们学习马克思主义在区分人与动物时，采用以事物间关系性质来判断的思维方法，即不仅是从实体的意义上，更是从人与自然的关系性质，由于实践的介入而区别于动物与自然的关系性质来证明。这也是前面“生命·实践”一般性质探讨为我们提供方法论启示的表现之一。

以上述教育中“生命·实践”独特关系性质的判断为依据，“生命·实践”教育学派对教育实践性质的总体判断可表述为：“教育是基于生命、直面生命、为了生命、通过生命所进行的人类生命事业。”生命是教育的“魂”，实践是教育的“行”，学校（以及其他教育组织、机构）是教育的“体”。教育是一项充盈着人的生命的人类实践活动。我们在探讨教育学必须回答的第一个基本问题时，就呈现了“生命·实践”的教育学立场，并通过这一回答表达了“生命·实践”教育学的基本内涵之一。

2. 教育存在依据分析

教育是人为的事业。人类何以需要教育，进行被称为“教育”这样的实践？教育因偶然的需要而存在，还是与人类的内在规定性相关？这是关于教育存在依据的讨论，实际上也是关于教育功能的讨论。因为人为事物或事业的创生，都是与人类需要的满足联系在一起的，为满足这一需要而创生的人为事物，因其具备满足需要的功能才得以存在与发展。

我们先做一个简单的历史描述。据人类史和教育史的研究考察，作为独立的社会形态的教育——学校教育，是在人类社会文字出现以后出现的。初期的非独立的教育活动在原始部落里就存在，只是它融合在生活之中，是生活中关涉到劳动与生存经验在人与人间传习，以及老一代对新生一代——代际养育的活动。教育之所以从生活中逐渐独立出来，主要有几方面的原因：一是人的“类生命”的丰富、积累已达到用多种符号记载，而符号的学习需要有专门的人员、时间和机构来承担；二是人类的生存能力增强、生存条件改善，以及婚姻血缘关系的确立等，使人的平均寿命延长，代际年龄和经验的级差扩大，老一代对新生代独立教育的需求和可能也同时增加；三是人类社会脑体分工与阶级出现，社会的组织程度复杂化，人际社会地位也出现分化。占据优势地位的统治阶级和从事脑力劳动的成员，需要通过专门的机构教育，使其后代保持或争取获得更高的社会地位。总之，独立的人类教育活动是人类社会古代文明发展的结果。但是，独立的教育活动最初并非是每个个体生命成长中必经的过程。在初始阶段，绝大多数人依然是以原始的方式，一生都限于在生活中接受教育。独立的教育活动也并非是每个人一出生就需要的过程。直至今日，在学校基础教育十分普及的情况下，人的一生中最初几年的教育，都由父母或其他抚养人在家庭中进行。当学校教育完成，个体进入社会后，教育在劳动、生活中依然以多种方式进行。故而，学校教育功能的增强和扩大，都不可能也不必要完全代替在生活中的教育与学习。从人类社会发展至今的趋势看，人类文明的进步、平均寿命的增长和人口年龄结构的变化，以及社会生产发展、产业结构、组织与制度形态的变化，人类的阶层、阶级关系的分化和多元、复杂化，依然是推进教育形态变化的根本原因。由此，我们可以说，教育存在的根本依据来自人类自身和社会存在与发展的需要。人类社会的存在与发展，需要通过代际文化与经验的传递，建立社会和人类的持续发展的“历史生命链”，并通过新一代的成长为社会和人类的进一步发展，提供富有活力和创造可能的新的“社会生命资源”。

教育正是形成人类社会“历史生命链”和社会发展新生命活力资源的活动。这一历史的简略回顾和结论的得出，使我们进一步认识教育对于人类社会的独特、不可或缺的价值。教育是人类社会更新式再生产的工具，是人类为自身和社会的发展而创造的实践型工具。教育全息式地反映社会发展的当代水平与需要，又在影响生命变化的活动中为社会的未来孕育着新的生命力和发展可能。

尚须进一步阐述的是教育对于整个社会再生产功能的理论探讨。早在 1846 年，马克思与恩格斯在《德意志意识形态》中就提出了人类社会基本的三种生产——物质生产、精神生产和人类自身生产及三者关系的理论。恩格斯则在 1884 年出版的《家庭、私有制和国家的起源》一书中进一步强调：“根据唯物主义观点，历史中的决定性因素，归根结底是直接生活的生产和再生产。但是，生产本身又有两种。一方面是生活资料即食物、衣服、住房以及为此所必需的工具的生产；另一方面是人类自身的生产，即种的繁衍。”[①] 恩格斯指出人们生活于其中的社会制度都受两种生产的制约。由于该著作旨在讨论家庭、私有制和国家

① 马克思，恩格斯．马克思恩格斯选集：第 4 卷．北京：人民出版社，1972：2.

在起源上的关系，恩格斯把人类自身的生产限于通过婚姻产生的“种的繁衍”上是不奇怪的，但不能因此认为，恩格斯只把“种的繁衍”看作是人类自身生产的唯一构成。当代法国社会学家布尔迪约和帕斯隆在 1972 年出版了以《再生产——一种教育系统理论的要点》为名的著作，提出了著名的教育制度具有“社会再生产”功能的理论，揭示了教育服务于权力集团或阶级的功能，强调“教育系统通过制度自身的手段，生产并再生产它完成内部灌输功能所必需的条件，这些条件同时亦可满足完成它外部功能的需要，即再生产合法文化并因此而促进权力关系的再生产”；“教育系统作为相对独立的垄断着符号暴力合法实施的制度而具备的制度性手段，事先就决定了要额外地，因而也是在中立性的外衣下，服务于它为之再生产文化专断的那些集团或阶级（独立造成依附）”①。显然，这是从社会学的角度得出教育对于社会保守、复制现状，维护集团、阶级利益及主流文化等制度功能的判断。其中有真实和合理的一面，但在视角上偏于教育的消极功能，忽视了教育过程中个体人对社会文化的不同态度可能带来新质，忽视了社会稳定时期和变革、转型时期教育功能的区别，忽视了学校教育功能中的生命内涵和创新意向②。我国桑新民教授从教育哲学的视角，探讨了教育与人类自身再生产的奥秘。他的基本观点是：“教育是人类特有的遗传方式和交往方式，是人类自身的再生产和再创造。教育通过对社会主体的再生产和再创造而推动着社会物质生产和精神生产的发展，推动着人和人类社会的不断发展和完善。”③ 同时，他指出：“对人类自身的认识与调控，对人类自身的再生产与再创造，这是在人与自身的关系方面将人从动物界提升出来……这是未来教育哲学及一系列以人类自身为研究对象的科学和哲学发展的广阔领域和诱人前景。”④

我们的观点更接近于桑新民的结论，但并不完全相同。我们把教育视为“人类社会更新性再生产”实践形态的工具（以区别于物质性、技术性的工具），突出了在历史发展中教育对于人类社会实践整体而言的更新功能，而不只是人类自身的再生产和再创造。我们突出教育与其他社会实践活动的重要功能差异：一方面，教育与所处时代、社会各领域及整体的人类社会实践活动之间，存在着全方位的和整体性的人员本身及其素质更新意义上的供与需的关系，存在着观念与活

---

① 布尔迪约，帕斯隆．再生产：一种教育系统理论的要点．邢克超，译．北京：商务印书馆，2002：79.

② 有关这一论述，可参阅：叶澜．“新基础教育”论：关于当代中国学校变革的探究与认识．北京：教育科学出版社，2006：372－376.

③ 桑新民．呼唤新世纪的教育哲学：人类自身生产探秘．北京：教育科学出版社，1993：120.

④ 同③125.

动内容等多方面的不同形式的关联与区别，这可称为教育与人类社会实践发展的共时性关系；另一方面，教育又将相继却又或缓慢或激烈变化着的社会，通过教育对个体自然生命与社会生命、精神生命相统一的更新性再生产联结起来，呈现出教育与人类社会实践发展的历时性关系。这是在教育实践与人类整体及各领域社会实践的、共时性与历时性并存统一的意义上，讨论教育的功能、教育的独特价值，并得出教育存在及其变化发展的社会性依据。

关于从生命存在个体的角度论述教育存在的依据，我们在前面“个体生命发展与教育实践”关系的部分已做了论述。需要补充的是，受教育者个体身心各方面成长与潜在能力的发展作为个体生命存在与发展的内在需求，是教育实践存在之来自教育活动内部的根据，也是教育的内部功能。正因教育具有这一内部功能，才能产生社会更新性再生产工具的功能。在依据和功能设定的意义上，呈现了环境与主体的内在关系与一致性。

总之，是人类之“类生命”的发展和个体生命的生存与发展之内在需要的统一，构成了教育存在的依据，也规定了教育所必须承担的功能。无疑，在具体社会和人类历史发展的过程中，教育并非只发挥或充分发挥其积极的社会更新性再生产和个体身心发展的内外两方面功能。教育受社会发展本身的限制、传统（包括社会文化传统和教育自身传统）的束缚以及教育内部一系列问题的矛盾与冲突，存在着积极功能发挥不足，或者是发挥了负的、保守的，甚至是破坏性功能的事实。但就总体而言，负功能不是基本的和持续的，而且负功能的改变和克服正是社会变革和教育变革自身发展的需要。

3. 教育内部整体形态的特征把握

教育生命事业的性质，教育存在依据和功能的规定，决定了教育内部的整体形态特性是类似生命的有机开放系统。这里强调“内部”是相对于“外部”而言的。外部是教育形态的显性呈现，“内部”则以内在结构与特性为认识对象。有关教育内在结构与特性的研究是第一个问题——教育性质判断的内化与深化研究。它之所以放在教育存在依据与功能分析之后，是因为在结构与功能的关系上，人为系统与自然系统正好相反，自然系统是结构决定功能，人为系统是功能决定结构。人产生了需求，才会去构建只靠自然或自然机制无法完成的事或物，去创建人为之事或物。

有机开放系统是具有生命特征的复杂开放系统。

首先，教育系统的内部基本构成要素是教育者、受教育者和教育内容，三要素之间存在着相互依存和相互作用的关系，教育实践的存在与开展，不能缺少任何一项。然而，体现教育系统有机性的更为重要的是在三要素中，教育者与受教育者都是特定社会角色的个体及其由教育组织形成的特定群体，是有真实、鲜活生命的具体的人。他们带着自己全部的生命进入并开展教育实践活动，教育实践活动就是他们在特定时空和条件下的个体生命实践，且是为了实现自己生命发展和价值提升的生命实践，是为了自己和他人的生命完善而进行的生命实践。三要素中的教育内容源自“类生命”，只是进入教育活动需要做合教育目的之选择与加工改造，以相对固化的形态存在，但依然蕴含着类生命创造中形成的、能孕育个体精神和社会生命成长不可或缺的“蛋白质”。正因为受教育者是具有和需要这样“蛋白质”的同类，不同个体、不同社会角色和不同代之间的精神、社会生命之间才能沟通，才能在沟通的过程中形成唯有生命体才可能具有的转化、内化与生成的独特精神关系。教育能丰富受教育者的内心世界，改变其对世界、社会和自我的“内心图像”，增长、形成他的生命能量和实践能力，促进其身心发展、成熟。而这一切都需要教育基本组成要素在教育活动中的积极、交互作用才能实现。如果三者的交互作用、内在生命能量的转化与生成不存在，教育也不存在，“教育”会成为徒有其“名”和“体”，而无其“质”和“魂”的、没有结果的“行”。我们正是从这个意义上，确认和揭示教育系统的内在有机特征。

其次，教育系统一旦形成，内部即具有自组织和自调节的有机特征。它不仅表现在教育系统整体的健康运行，需要其内部从宏观到中观、微观各层次之间，形成逐层内化与特化的有机关系，需要根据不同内外条件和组成且通过创造产生新质，而且还需要形成反馈机制，使系统在整体上呈现出内部协调、相互适应、支持和激发活力的有机状态。这种状态是生命有机体特有的自组织、自选择和自稳定的特征，是有机体内部动态平衡的能力，也是系统进步来自内部的动力。它可以用艾根的超循环理论来说明。李曙华认为：与构成性整体不同，超循环“是从复制单元出发的，这种自复制单元不是还原论意义上的‘原子’、‘分子’，它从一开始就是整体，不是部分，更重要的是，它是信息载体，具有某种排列序，而非单纯物质”[①]。教育系统的这种自复制单元就是最基本的、每天在学校里开展的教育、教学活动，它们构成一个整体，其中进行的转换是内含人的精神能力的信息而非物质，且转换与生成相随相生。

教育系统的内在有机性还存在于最基本的教育活动之中，即上述教育意义上

① 李曙华．生成的逻辑与内涵价值的科学：超循环理论及其哲学启示．哲学研究，2005（8）．

的“自复制单元”。在教育活动中信息资源的呈现、交换、碰撞、创生是实现转化与生成的基础性要求。现实教育活动中存在着死气沉沉、机械灌输等现象，其认识上的根本原因，就是把具有活机体特征的教育活动，变成了机械式的“力”的物理性传递活动。而教育系统内部整体的有机性、超循环的能力之根，正是在最基层的、每天进行的教育活动中的内在活力。忽视了这个基层“自复制单元”的新质创生，即“生成元”的生命力，教育系统不仅自身的有机性会减弱，而且最终会异化，远离其功能，直至被淘汰。

再次，教育系统的内在有机性还表现在历时性上。教育作为一个系统，因其内在特质而形成自己相对稳定的独特传统。这项传统能通过教育理论、学校文化和教育成员之间具有相继性和可沟通性的实践合作、经验交流等实现“遗传”式传递。自然，这个“遗传”较之生物学的“遗传”具有更大的“可变性”，但相对于社会技术发展而言，则具有更大的“稳定性”。因为，无论是有价值、有效的教育理论，还是由教育实践创造、积累的经验，都要经得起促进生命发展、成长这一终极性的检验。生命的发展成长有其内在规定性，它同时也规定了促进生命成长发展的活动所必须遵循的规则。详细地阐述这种规定性不是本文的要旨，但必须指出的是：这种生命对教育活动的内在规定性，并不会简单地、快速地随时代的变化而变化。生命成长、发展、变化的长时段性，决定了“教育遗传”的相对稳定性，但不是一成不变。

关于教育系统的内在有机性，最后要提及的是该系统与其生存环境之间的相互作用。作为一个开放系统，教育与生命体相似，它必须与其生存环境之间交换物质、能量与信息，并以自己独特的“新陈代谢”与产出，作用和服务于生存环境。教育实践以自己的方式从环境中摄取，并使周围世界因自己的实践创造而成为“属教育的世界”。与自然界的生命体不同，由于教育世界处理、利用信息的特殊方式和功能，教育世界与外在环境的沟通，能超越时空的限制：它能涉及全时态和全宇宙它又能对外在环境做简约的、全息式的精神吸纳；它不仅在教育过程中与环境发生直接互动，且最终以改变、发展了的个体生命，返回到更广阔的社会天地和各种人类实践活动之中。这是教育系统强大的、超越自然生命的、独特开放系统的有机特性。它受惠于人类的一切创造，又以自己的创造回馈人类的一切。“属教育的世界”的创生与教育中人的“生命·实践”关系，以及与整个人类社会“生命·实践”的关系在此略见一斑。我们形成这一认识的思想方法受启于马克思主义关于“属人世界”的研究。

4. 教育过程的内在逻辑辨识

教育系统内在形态特征的把握，是对教育内结构关系性质及其特征的研究；教育过程的内在逻辑辨识则是对教育系统过程展开中，由其内在规定性决定的逻辑研究。这两方面研究面对同一对象，故有其共通之处，但又因其研究视角的差异而不相同。唯有把两者结合起来，才能形成相对完整的关于教育内部系统活动性质的较为深入的认识。

在形态探讨中，我们已提到艾根的超循环理论和我国学者李曙华的相关研究成果。这不仅有助于我们认识类似生命的教育系统形态的内在有机性，更能帮助我们认识作为以“生命·实践”为基本特征的教育活动的过程展开逻辑。因为“生命·实践”就是这一活动的内在规定性。因为“超循环理论直接探究生命发生的奥秘……揭示了生成的逻辑及由之生长起来的整体的规律。因此，它不仅推动了系统科学从有机整体论走向生成整体论，而且展示出内涵价值的自然界生成演化的世界图景，为人类建构基于信息、内涵价值的新科学提供了重要启示”[①]。教育学的研究对象——教育，正是这种基于生命信息、内涵实践价值的对象。我们确认，教育系统是一个复杂系统，其过程逻辑的整体特征是生成和生成中的转化。故而，超循环理论能够成为我们揭示教育过程内在逻辑的方法理论[②]。

超循环过程有自选择、自组织与自稳定三个主要阶段。它描述了事物从一种形态转化为新形态的演化过程。自选择是指某种具有优势的突变体出现后，通过自复制而实现优势突变体的逐渐聚集，使进化得以积累，并最终打破系统原有稳定的行为。我们可以把此看作教育系统整体以及学生或教师，打破原先系统和生存状态过程的起始阶段，用来描述任何变化，尤其是转型性变化的起始阶段。以教育变革为例，它首先需要教育系统对外部环境变化发展趋势的敏感，需要将这种敏感转化为教育的内在目标，转化为关于引导学生发展需求的内在目标，进而创生新的为实现该目标而开展的教育实践模式，上述新的教育实践即是教育超循环系统的“自复制单元”。它起到积累变革力量并通过“自组织”实现系统内的新的相互协同与功能整合，最终达到“自我稳定”，即我们所言的经转型而“成”新之“型”的组织运行状态。我们可以用同样的过程逻辑解释学生成长中外部作

---

① 李曙华．生成的逻辑与内涵价值的科学：超循环理论及其哲学启示．哲学研究，2005（8）.

② 以下关于超循环理论的基本观点的阐述，主要参阅李曙华著的两篇论文：《生成的逻辑与内涵价值的科学——超循环理论及其哲学启示》《当代科学的规范转换——从还原论到生成整体论》，分别发表于《哲学研究》2005年第8期、2006年第11期。

用经选择引起内部新质的生长，直至新的发展阶段出现成型的全过程。与自然界生命体突变体生成的区别在于，教育系统内的突变体，不仅需要有外部环境变化的刺激，而且要由教育内部有意识的、自觉的选择与创建变革实践而生成。它不是自然而生的，在此，体现了人为系统变革中人的生命自觉的重要性。但是它体现和遵循世界进化的生成逻辑，这就是："生成的过程是从整体到整体，而不是从部分到整体。"[①] "生长的整体性表现在变换并非是一部分一部分完成的，而是每变换一次，所有相应部位便一起变换……贯穿所有层次的信息或规律的一致性与自相似性，这决定了生成性整体必然会'牵一发而动全身'。"[②] 学校教育教学过程以及社会教育系统的变革要求整体性的依据在此。另外，作为复杂的生成系统必然内含着新与旧、生与灭两种力量的"互补、互含、互根或互生"关系。没有这种关系的存在和系统内部的相互作用过程，生成与转化都不可能产生。

总之，生成论是对整体流动与转化的体悟与把握。除了生成的整体性之外，生成论还强调在时间上的"系统生长或再生长的起点（或网络关系联结意义上的'结点'）的重要"，在教育教学中，关注学生生长发展不同阶段的转折期，在活动中关注有意义信息及积极关联结点的增加和放大来推进过程，是这一原理的运用。在层次关系上，生成论强调贯通，即关注、探索"贯穿所有层次以及层次间跃迁、转化或变换的共同规律；这些规律与系统的大小尺度无关，与物质成分无关，因而是普适的"[③]。在教育过程中，贯通即意味着目标设定后如何体现和转化为过程设计，过程设计如何转化为过程实施，过程实施又如何转化为学生的真实成长。在过程中突出的是"生成元"如何生成以及如何生长为新整体的规律，而不是系统的物质组成单元。这一"生成元"的本质是"携带或蕴藏着系统整体的生成信息……它是生成整体的信息源，而非构成整体的'本原'"[④]。以上特性集中反映了生成逻辑的内在特性，是一切生命、复杂系统的过程逻辑特性。教育活动内在展开过程以自己特有的方式呈现转化生成逻辑。我们在此只是用抽象的方式表达"生命·实践"教育学需要以生成逻辑的方法论，着重对充满教育过程生命的生长和各种转化、生成，做全面和深入的进一步探讨[⑤]。深入、具体研究和阐明教育过程中内含的各种不同生命之间的生成、转化逻辑与机制，是教育学

---

①② 李曙华．生成的逻辑与内涵价值的科学：超循环理论及其哲学启示．哲学研究，2005（8）.

③④ 李曙华．当代科学的规范转换：从还原论到生成整体论．哲学研究，2006（11）.

⑤ 生成逻辑在教育学领域的案例式探讨，可参阅：叶澜．"新基础教育"论：关于当代中国学校变革的探究与认识．北京：教育科学出版社，2006：268－275.

研究重要和独特的构成，这一研究的最终目的在于揭示教育促进个体生命成长发展的过程逻辑。

还必须指出的是，超循环理论中包含了系统生成进化中的价值必然内含的论证。艾根认为，系统在自选择中，对选择有决定意义的是选择价值。因此，“进化便意味着提升选择价值和利用更大的信息量。而自选择、自组织便都成为由价值导引的合目的性的行为，其目的就是生成本身”[①]。在教育实践中，这种生成就是生命的整体生成、发展与完善，它同样内含于整个教育过程中，追求目的与过程、结果与过程的内在转化。在这里，过程展开的逻辑、行为与价值、合目的性达到了统一。李曙华称此为“超循环理论”作为科学革命的最深刻之意义：“它第一次将价值引入了我们对自然的基本理解之中。”[②] 正是在这个意义上，我们在认识教育这样一个人为和为人的系统时，特别关注“超循环理论”，并借此寻找“生命·实践”命脉中所需要的，沿着“从构成论转向生成论；从探究物质实体转向解读信息载体；从还原论转向‘复元论’；从机械的逻辑转向生命的逻辑；从价值中立转向价值内在”[③] 方向发展的，与目前的科学基础矛盾的新的科学基础。

5. 教育发展的机制探究

只有整合上述四个方面关于“教育是什么”的认识，并放到教育发展的历史长河中，我们才有可能探究人类自己创造这一事业的发展机制。

推动教育实践发展的第一动力，在于人类对自身及其社会发展需求的改变。它体现为对教育价值的重新认识、对教育观念的批判与重建，并聚集到对教育目的——培养怎样的人之重新设定。可以说，是价值导引教育系统功能与目的的转换。这一转换的历史过程，也是人对自身及其社会发展的认识不断趋于本真的过程。

“生命·实践”教育学派对当今社会在教育中关于人的发展的目标设定为：培育“人的生命自觉”。马克思在区别人与动物时提出了人的生存特征是“自由自觉”。此自由是指由人的“实践”行为所“由”，自觉是指由人的“意识”所“觉”。实践与意识正是动物所缺乏故而未能成为人的、最根本的、由它们自身所构成的局限。我们在此提到的“生命自觉”，并非人生而有之、不同于动物的能力，而是要在人的生命实践过程中逐渐养成，尤其是应在教育实践中有意识培育

①②③ 李曙华．生成的逻辑与内涵价值的科学：超循环理论及其哲学启示．哲学研究，2005（8）.

的一种需要、意识与能力。它不仅指教育应培育每个生命主体具有主动认识外部世界和积极承担社会责任，并在完成社会义务的实践中自觉地提升自己的生存能力和生命质量的意识与能力，而且强调教育最为根本的目的是培养人对自己人生、生命发展及成长过程的主动认识和策划，积极地成为实现自己人生理想的主人，成为能超越自我、把握自己命运的主人。尽管这种培育和实现都统一在个人生命实践和他所参与的教育实践和各种社会实践中，但有无这一生命内在自觉的意识与能力，对于人的一生发展、生命质量及其自我实现的可能是极不相同的。而这一要求同时是人如何应对当今不确定性和风险性增强的生存环境所必需的、在世生存和发展的能力。它与当代社会发展对人的要求在根本上是完全一致的。教育培育人“生命自觉”使命提出的科学依据，在于前面已阐述过的大脑结构研究所揭示的额叶功能，人的生命与实践间相互创生的内在关系和过程的超循环逻辑。这一目的在人的发展上，提出了教育实践和教育理论中尚未充分展开乃至缺失自觉的、重要的内向度，必然要求教育实践走出近代工业化形成的观念、规范、模式、行为方式与习惯，创建新的教育理论和实践形态，成为来自教育内部的当代教育改革与发展的价值导向机制。

教育发展机制中的另一方面与社会整体对教育改革、发展的全方位的支持、保障及积极有效的互动相关。人及其教育所处的人的世界也是实践的创造，对教育和人的作用同样具有能动性与可变性，呈现消极或积极效应。教育实践不仅本身是社会实践，而且是在社会中的实践。教育活动中的人不只是生活在教育领域，他们同时也生存在社会之中。尤其是青少年的成长，教育的力量远远不只是在学校，而是渗透在整个社会生活之中。然而，由于教育与社会发展关系的间接性和长效性，往往不可能处在社会实践构成的中心环节。人们不易看到其在社会纵向历史转换和连接中不可或缺、不可取代的更新性再生产功能，不易看到教育内部必须遵循人的发展及其教育实践自身的内在逻辑规定，从而往往造成社会以各领域、各方面自身的、短期的、眼前的需要去要求教育服务，而不善于以长远与当前相结合的方式，形成对教育合理的要求、主动的支持与保障。无疑，这不利于教育的发展与提高。改善教育的生境，形成社会与教育积极互动、协调发展的机制，是推进教育发展的重要社会保障机制，是教育与整个社会的“生命·实践”协同发展、交互作用的机制关系。

教育发展机制的第三个方面指向教育内部的基质提升与交互促进。这涉及构成教育体系基本要素的改善，还包括物质、技术、经费及教育活动的空间扩展与时间保证。后者是教育内部开展活动的必要条件，它们的基质改变无疑是教育发展所必需的，并且也蕴含着教育观念，它们是教育观念的物质存在形式。前者是决定教育内部活动质量的因素，其基础和时代的发展相关，故具有前提性决定意义。教育机制提升需要通过一系列的教育体制、制度和管理机制变革来保障实现，在前提性保障得到后，教育发展的实现赖于教育实践中新质量的创生、提升与完善。我们把这一系列的相关环节统称为教育发展的质量保障机制。

最后一个教育发展机制指历史纵向意义上的教育自身的继承与更新机制。其核心是形成在教育系统不同层面上处理继承与更新关系的机制。形成正确的认识，不把继承与更新对立起来、割裂开来是思想方法上的改变；认识继承与更新在历史向度上的内在关联，是相关认识具体化的过程，而落实到机制则是保障其在行为上得到实施。在有关保护教育的物质和非物质的文化遗产，支持对传统文化和教育变革的研究，形成学校文化和富有个性的传统，支持教育改革与创新的开展等方面，都需要形成由法律、政策和制度等组成的、相互支持的教育继承与更新机制。

七、简要结语

以上是“生命·实践”教育学派对有关教育基本理论问题初步形成的一些观点，它彰显了其基本的教育学立场和基于“生命·实践”一般意义上的认识所做出的、向着教育学新的构建意义上转化的努力。在这篇长文的最后，尚需简要说明的还有两点。

第一，“生命·实践”教育学派对教育理论的探索作为一种研究实践来说，强调进入教育实践。我们不仅把教育实践作为外在对象世界去认识，而且作为形成教育理论最丰富的源泉去吸收、去体验、去发现、去感悟。以“生命·实践”为教育学原理基因式核心构成的教育学研究，需要研究者自身生命实践的投入，需要与教育实践工作者进行面对同一教育事实的真实、有效的沟通，还需要与他们合作创造可能的和更好的教育世界。在我们看来，用教育实践来启发、检验、丰富教育理论是教育研究必不可少的过程，也是教育理论能否出现原创的必要条件。我们已形成了这样的共同研究信念，且已成为我们研究实践持续的内在构成，成为我们富有特质的研究风格。

第二，“生命·实践”教育学派的精神、理论命脉，已在前面论述中得到了相对展开的表达，概括起来主要有：马克思主义哲学，尤其是关于人与实践内在相互构成的学说及其思维方式的方法论启示；教育学作为学科发展的学术历史与丰富资源，这里主要阐述的是西方近代以来教育学家的代表著作，对认识教育学特殊问题域及其“基因”式核心概念的意义；当代科学与科学哲学对于认识人及其复杂系统内在机制的理论与方法论，其中主要涉及的是脑科学中有关大脑内结构的研究，复杂理论、超循环理论等及其方法论支持，它们反映了当代科学的新发展，是我们重建教育学理论可能的科学支撑；当代中国的教育改革发展的实践和理论进展，尤其是我们扎根实践所开展的“新基础教育”研究。但在我的写作计划中，有关命脉还包括重要的一方面，即中国文化和教育传统。原想结合了每一论点相关部分插入写，但实际写作中发现，中国文化和教育传统有其独特整体性的精神特质，用插入的方式写会使其破碎，缺乏延续演化的整体感和历史感，而这恰恰是传统的独特性所在。本文的篇幅已“超长”，不能再容纳这一专题的展开论述。因此，决定今后采取独立撰写专题论文的方式来补充这一不可缺失的缺失。

本文为叶澜教授2009年在华东师范大学终身教授报告会上的发言稿，经叶澜教授修改，定稿。后辑录于：叶澜．命脉（“生命·实践”教育学论丛第四辑）．桂林：广西师范大学出版社，2009：1－57．本文（上、下）2010年获上海市第十届哲学社会科学优秀成果奖论文类一等奖。

“生命·实践”教育学派：在回归与突破中生成

自《教育研究》发表《为“‘生命·实践’教育学派”的创建而努力》① 一文以来，又一个十年即将过去。之所以称之“又一个十年”，是因2004年前，我们团队为此已共同走过了第一个十年（1994—2004年）。而我，作为学派建设的始倡者与组织者，从意向产生到形态初显的过程，则还可前推十年。值得庆幸的是，尽管由我开始，后有团队一起共同行走至今的三十年历程漫长而艰难，尽管我们的学派建设还将持续前行，但预定2014年“生命·实践”教育学派研究三套论著系列的出版，一批“生命·实践”教育学合作校和“新基础教育”研究基地校的存在，一支在数十年共同研究中不断成长的研究团队和共生体的建成，一条理论与实践相互滋养、交互生成的教育学研究道路的走出，都足以表明：这一学派经多年努力，已完成了创建阶段的使命，形成了自己独特的内涵、结构与外显存在形态，呈现出有学、有书、有行、有路、有人、有实体的全气候景象。

简要回顾这一明确提出并自觉创建的教育学派渐行、渐建的生成过程，所经历的得与失、突破与不足，是学派形成自我意识和继续发展的内在需要，是我们向世间做承担学科建设责任的直白公告，也是寻求同道者深入理解、批评者真诚沟通的必要条件。

一、学派产生的社会土壤与时机

中华人民共和国成立以来，在教育学领域里，不乏就某些问题有不同见解与观点的争鸣，却鲜见以“学派创建”作为学术领域建设目标的提倡者。然而，在中国自古以来的学术发展史上，学派的产生与纷争，同一学派源远流长的变化却并非罕见之事，尤其当社会处于转型期时，总是学派最为活跃的时期，春秋战国时期诸子迭出、百家争鸣的盛况，更是学人皆知且乐道之史实。

左玉河在《从四部之学到七科之学》中指出：庄子、荀子都曾对当时的学术

---

① 本刊记者. 为“‘生命·实践’教育学派”的创建而努力：叶澜教授访谈录. 教育研究，2004(2).

进行分派、分家，前者分“百家之学”为六派十一家，后者则分为六派十二家；汉武帝时，司马谈在《论六家要旨》中，始以儒、墨、道、阴阳、名、法诸家加以概括[①]。在此基础上，左玉河进而提出：“中国学术分科主要是以研究者主体（人）和地域为维度，而不是以研究客体（对象）为主要标准。”[②] 此话道出了中国学术思想的存在形态。在诸子百家学说分歧产生时期，学术与学派尚未分化，均以“人”分，后也以“诸子姓名为标号”[③]，由此我们也可解释为何中国古代经典中有丰富的教育思想，却无作为学科的“教育学”。“中国确没有西方近代意义上之‘学科’”[④]，古代学术传统中有以“家学”为分的学派，而无“学科”。

中国近代意义上的学科分类，是清末民初西学东渐和旧学新识的复杂学术转型与教育转型的产物。作为学科的教育学正是在此过程中，经直接由国外引进而出现于20世纪中国学科之林。一个多世纪以来，粗略而言，在学科系统理论研究的意义上，有过因“引进”理论的国别和代表人物，如界内皆知的赫尔巴特、杜威、凯洛夫等不同的推介流派之别，其大量以教育学著作或师范院校教科书的形式存在。就国内本土研究者在教育领域内关注重点和立论的基点之别，1949年以前就出现过大家和流派，如国内近代教育史著作中普遍提到的蔡元培之国民教育、陶行知之生活教育、黄炎培之职业教育、晏阳初之平民教育和梁漱溟之乡村教育等，他们都以教育救国的抱负，怀着对民众的深情，不仅做理论的论述，而且践行于国民教育的实践，其大量以论文、著作和办学实绩等形式存在；陈鹤琴的儿童教育研究成为近代中国学前教育学研究的发端；杨贤江则开了以马克思主义为立论依据阐述教育学理论的先河。他们是近代中国教育学研究领域中的开拓者，不仅为中国教育学的当代发展贡献了丰富的本土思想资源和研究精神，还为教育学在学科意义上的学派创建提供了经验与启发。中华人民共和国成立后最初的三十年（从20世纪50年代初到70年代末），政治和意识形态成为压倒一切的因素，在各社会学科领域基本上呈“独尊”局面，教育学界则更盛。以政治标准画线，阐述领袖、革命导师的言论和观点，说明当时党的相关方针、政策的合理性，是学界的重要任务。学派几无生长空间，甚至连这样的念头都难以产生。

学术风气的重新活跃，始于1978年中国共产党第十一届三中全会的“决议”发表之后[⑤]，禁锢思想的大门被打开，中国社会进入又一个大转型、大发展的时期。一个以改革开放、创造发展为时代主旋律的时期，学派之风从经济学、社会

① 左玉河．从四部之学到七科之学．上海：上海书店出版社，2004：12－19.

②③ 同①19.

④ 同①24.

⑤ 十一届三中全会之后，于1979年开始起草的重要文件《关于建国以来党的若干历史问题的决议》，在1981年中国共产党第十一届六中全会上通过。

学、文史哲等领域首开，教育学也渐渐出现了新一轮的多元引进和以分解与交叉为特征的新兴学科群发的局面。后续发展主要沿着国内学人在分支学科领域内撰写独立著作、不同主体承担各种不同层次的专题研究而深入展开，呈现出多姿多彩，甚至令人眼花缭乱的“盛世”。然而，随着如此的繁荣，20 世纪末却引出了教育学是否可作为一门独立学科、教育学有没有自己的基本理论、教育学是应用学科还是基础学科等一系列国内外历史上和至今都提出过的、关涉教育学自身存在与发展的老大难问题。它意味着新时期中国“教育学”自我反思需要的凸显①。

“生命·实践”教育学派就是在这样一个大时代和中国大转型社会的热土上生长出来的新苗。中国几千年漫长的历史反复证明，每次重大的社会转型都伴随着学术和学派的活跃、繁荣与发展。何况今日中国之大变动，纵贯中华民族的伟大复兴，横联世界科学、技术和关系格局的大变化。

我们庆幸，适逢其时；我们清醒，不失其机。

二、学派生成历程的回溯性分析

学派总是要有人提出和逐渐建构起来的。学派不可或缺的构成要素至少要有人（队伍）、核心观念与理论，区别于他者的独特，这些都在创建过程中生成。一个学派的生命力，究其根本，取决于其提出的问题及回答是否具有统领性、时代性、独特性和超越性，是否在学术或学科的发展中具有承上启下的价值。它不取决于创建者的意愿和自我评定，最终由时间积淀和学科发展实践做出判断。

就本人而言，“生命·实践”教育学派创建的历程是我个人学术思想和理论逐渐构建，研究路径和风格逐渐形成的过程；也是从我个人的独立研究，逐渐发展为团队合作创建的共同奋斗过程。因此，我将以本人近三十年的学术思想和研究历程为主线索，来勾勒“生命·实践”教育学派的生成小史。这并不意味着其他参与者没有对此做过贡献，只是表明我应对学派呈现的基本状态承担责任，因为我是始创者，是推进过程的主要决策者，也是三十年始终参与其中者②。“生命·实践”教育学派的创建过程，从时间维度看，大致可分为孕育、初创、发展、成形和通化五个阶段。其中关注的核心问题，由教育理论、教育实践、教育

---

① 有关这一问题在此不做展开，将有另文专论。

② 在一定意义上，“生命·实践”教育学派的创建史与我的生命史息息相通。有关这方面的叙述，可参阅：叶澜．从“冬虫”到“夏草”：“生命·实践”教育学派生成过程的个人式回望//叶澜．回望（“生命·实践”教育学论丛第一辑）．桂林：广西师范大学出版社，2007：212－246；汪仲启．叶澜：构建“生命·实践”教育学派．社会科学报，2013－04－25.

研究方法论和学派建设（内含教育学反思）四大方面构成，它们贯穿研究全程，但每一阶段的侧重面和突破、创新点有所不同，从而以变化又连续的姿态与时段结合，构成了“生命·实践”教育学派纵横交错的发展坐标。

（一）孕育期（1983—1991年）

“生命·实践”教育学派的孕育期，是本人在新历史时期，通过大量重新阅读经典教育学著作、有关研究方法新理论和哲学、史学等相关著作，从改变自己的思维方式与参照系开始，对当时国内教育学已存在，且曾为自己接受、由一系列基本理论及其相关方法论构成的认识，做出系统的反思与批判，进而促使个人学术自我重建意识逐渐清醒、自觉，直至初步形成教育理论新认识体系的阶段。它可从我1983年独立承担华东师范大学教育学系本科生“教育概论”这门基础课程始计，以1991年本人第一本学术著作《教育概论》[①] 的正式出版，即我的教育学原理性认识新系统的形成为结束标志。可以说，如若没有该时期个人学术自我的系统式转换，就不可能出现后续的一系列研究，“生命·实践”教育学派也不会由我提出。故而这一新认识的初步系统式形成时期，可命名为“生命·实践”教育学派的孕育期。

表1呈现了我这一阶段研究成果的结构状态[②]。

从表1可以看出，本人学术思想的转型是从对教育基本理论核心问题的研究、教育科学现状的反思和教育研究方法论的探索三个方面几近同步开始的。正因其同步，才会有系统转型。做出这样的选择，是因为经“文化大革命”结束后初期政治和学术意义上的反思批判，再经80年代初两年的国外访学，我已开始意识到：中国的教育学面临时代性重建的挑战，它要打破原先封闭僵化的思维方式、以政治取舍为特征的两极对立式简单化结论，要向当代哲学、社会和人文科学以及教育学新理论、新流派开放，从中汲取新鲜养料。这一时代任务历史地落在我们这一代教育学研究者身上。若愿承担起这样的重任，首先要做的就是自我改变，没有学人的自我改变，难有学术的更新式发展。这种改变同时也是自己学术发展的需要。

---

① 叶澜所著《教育概论》，1991年由人民教育出版社初版，2006年该社出版修订版。

② 在此列出的表1，与后文相继阶段论述时列出的表2、3、4、5，按相同的项目框架列出，所列项目为“生命·实践”教育学派创建过程中关注的四大方面核心问题。每一表格列出后即做出文字阐述。5份表格分布在本文有关不同时期的叙述中，将其连续，即是“生命·实践”教育学派创建历程五个阶段研究的结构、重心变化及标志性著作的表格式完整表达。

表 1　　孕育期（1983—1991 年）

时间	（一）教育理论	（二）教育实践	（三）方法论	（四）教育学反思
1983—1991	▲《论影响人发展的诸因素及其与发展主体的动态关系》（《中国社会科学》1986 年第 3 期） ▲《试析当代中国教育价值取向之偏差》（《教育研究》1989 年第 8 期） ▲《教育两大功能关系之探究》（《教育研究》1990 年第 1 期） ▲《学区系统终态变化的整体反思——中朱学区近十年教育实践与经验研究的总报告》（《华东师范大学学报（教育科学版）》1990 年第 2 期） ⊙《教育概论》（人民教育出版社 1991 年版）	1988—1989 年，与陈桂生教授合作主持，开展上海市普陀区中朱学区教育改革（1978—1988 年）调查研究。该研究于 1990 年初在普陀区召开成果发布会。此后由我主编，将 7 篇调研报告和左列第 4 篇文章组合成一书，以《走出低谷——上海市普陀区中朱学区大面积提高教育质量系列研究报告集》为书名，以“中朱学区教育”联合调查组为作者署名，由教育科学出版社 1992 年正式出版	▲《南斯拉夫教育科学研究中的方法论问题》（《外国教育资料》1986 年第 1 期） ⊙瞿葆奎主编《教育学文集》（第 15 卷）/叶澜、施良方选编：《教育研究方法》（人民教育出版社 1988 年版） ⊙《教育研究及其方法》（中国科学技术出版社 1990 年版）	▲《关于加强教育科学“自我意识”的思考》（《华东师范大学学报（教育科学版）》1987 年第 3 期）

说明：▲表示论文，⊙表示著作，表 2、3、4、5 同。

1986 年以前，我把大量时间花在与“教育概论”体系形成相关的大量书籍阅读和专题深入研究上。是年发表在《中国社会科学》上的论文《论影响人发展的诸因素及其与发展主体的动态关系》①，是这一阶段本人教育理论与方法论转换开始后的产物，从文章标题中的“发展主体”和“动态关系”两个词组可察其一二。该题被我视作自我学术重建破茧式的开始，一则因其自身在教育基本理论中的重要与经典，二则因当时有关该问题的讨论呈现热点状态，激发和提供了我探讨的兴奋与资源。此后，该文内容还成为《教育概论》相关章节的重要构成。

就观点而言，该文的主要突破有如下几点：

第一，提出对影响人的发展因素的研究，不能停留在生物学水平上，即局限于从遗传与环境（教育被看作特殊的环境）的角度去认识，而应提升到“人学”

---

① 论文发表当年，被中央教育科学研究所主编的《教育文摘》第 12、18 两期两次摘登；后辑入：瞿葆奎．教育学文集·教育与人的发展．北京：人民教育出版社，1989；刘佛年．回顾与探索．上海：华东师范大学出版社，1991. 1989 年该文获中国教育学会成立十周年首次评出的优秀论文一等奖。以下列出的论著中，凡获省部级奖项者均列出，其意绝非炫耀，而是为业内外再评价提供一种客观证明。

水平上：人是具有主观能动性，且能形成自我意识、对自身发展具有策划能力的发展主体；人不仅是发展的主体，而且是影响自身发展的关键性因素，在一定程度上，人决定自我的命运；教育应该使人意识到这一点，教人争做自己命运的主人。

第二，人对自身发展的影响通过自己的实践实现。是人自己的实践，使影响人发展的遗传与环境所内含的可能性，转化为人的发展现实。是发展主体的实践，使影响发展的其他因素，从潜在可能经主体选择后成为现实发展的转化力量。人自身的实践在发展中所起的这种决定性作用，具有不可替代性。

第三，构建了新的分析影响人发展的因素及其相互关系，在个体发展全程中动态变化的理论模型①，改变了原先把人放在被诸多因素影响和被发展的理论框架中。

从上述分析可以看到的是，当时尚未意识到，后在学派创建中逐渐显化，并最终被自觉确认为本学派基因式概念的"生命·实践"之初期孕育状态，它以"发展主体"与发展主体"自主实践"的关系方式被提出和突现。此外，表1"（一）教育理论"项中所列第二、三两篇文章，均涉及教育基本理论中两大规律（教育与社会发展的关系，教育与人的发展的关系）之关系问题的重新认识。前一篇文章主要提出，中华人民共和国成立以来，在现实教育决策中，对两大关系的处理，存在着偏重于教育与社会发展的关系，且强调教育为社会服务，忽视教育在人的发展中的重要价值之偏差。揭示"这一教育价值取向偏差的实质是忽视教育的特殊性，忽视个体的价值，忽视人格培养"，进而主张"要让个体发展问题、人的价值问题在教育理论和教育实践中获得应有的地位"。后一篇文章则从理论的视角阐述"教育、社会、个人"所形成的两大关系之关系，得出了"只有立足于教育实现社会与个体之间相互转化机制的发挥，才能较合理地解决教育两大功能之间的矛盾统一问题"。文章在分析了两大功能事实上存在的三种关系形态后，提出了处理两大功能关系的四项原则。

上述两文可以看作我为改变教育基本理论中关于教育两大规律并行的传统认识所做的努力，意在建立新的关系形态，提出统一、转化之条件与原则的尝试，也是对现实教育宏观决策中偏差的理论审视之始。它同时表达了我对教育学要加强教育对个体发展影响的研究，还需上升到教育价值、功能这一宏观层面的理论诉求。

1991年底出版的《教育概论》，是试图将教育作为一个复杂的开放系统，用系

---

① 在《教育概论》中增加了该理论模型的图示式表达。

统、动态变化的方法论，对教育基本理论体系做重新阐述的尝试[①]。全书在结构和观点上都大不同于当时国内流行的教育学著作，已呈现出本人的研究积累、思维方式和风格，颇显异类，但并非我为成异类而故作姿态。全书把研究对象规定为"教育整体"，是对作为复杂社会现象的教育之整体性做概括式的，以教育、人、社会三者关系为核心问题，力图得出规律性认识的原理式探讨。全书遵循着综合-分析-综合的路线展开。至今我仍可以肯定地说，从关于"教育"的概念界定开始，直至最后关于"教育的基本特征"之结语的形成，都是我经过一番认真阅读、批判性思考和重新综合建构的产物，也是在五年的多轮教学过程中，与学生一起讨论、反复完善的产物。故而它足以成为本人自我学术整体转型阶段性完成的标志。书中的问题与不足是出自本人当时认识水平的限制，而非不认真。对于本人而言，其最重要的价值是在孕育出新的理论核心胚芽与中心问题的同时，也为自己今后的学术自我突破和发展，搭建了一个新的具有系统形态的平台。

孕育期我花大力气研究的第二个方面是教育学反思。尽管在表1"（四）教育学反思"项中只列了一篇文章，但它却是我此后学术研究一直持续进行的重要方面。在我看来，教育学理论的重建，不能离开对教育学本身发展问题的反思。而以往的教育研究在这方面恰恰十分缺乏[②]。我把此称为缺乏清醒和清晰的学科"自我意识"。

在《关于加强教育科学"自我意识"的思考》一文中，我明确提出：可把教育科学对自身的研究和认识称为教育科学的自我意识。有关教育学科历史发展的研究，要着重于"教育科学与教育实践的关系；教育科学内部学派的形成、争鸣与教育科学发展的关系；教育科学与其他科学发展的关系；教育科学与社会政

---

① 自20世纪80年代始，高等学校"教育学"课程的教学与相关教材的使用出现了两种主要取向：一种取向是以"教育学"为一门学科，使用命名为"教育学"的教材，最先使用的教材是1961—1963年由刘佛年主编，但因政治形势变化而未出版，直至1978年略做删改，再增加附录"电化教育"后，以"讨论稿"之名未公开出版，但却应急而广泛使用的内部著作。第二本影响大的著作是由五校合编的《教育学》，人民教育出版社1982年出版，做大学公共教育学教材用。第三本著作是南京师范大学教育学系编的《教育学》，由人民教育出版社1984年出版，供教育学本科用。以上两本教材当时都产生了很大影响。另一种取向是将原先的教育学分为教育概论（原理性）、教学论、德育论和教育管理学等四门学科。华东师范大学教育学系较早采用这一方式设置教育学系本科课程。我1983年承担"教育概论"的教学，是作为教育原理来建设的新课程。《教育概论》出版后，1996年获全国高校优秀教材一等奖，1997年获国家首届优秀教学成果二等奖。

② 自1979年始，为提升教育学理论研究水平，华东师范大学教育学系瞿葆奎教授提出了教育学逻辑起点及基本范畴问题，并在系内多次开展专题讨论，此后还成为当时助教进修班的学习内容。《教育研究》1986年第11期发表的瞿葆奎、喻立森的《教育学逻辑起点的历史考察》一文，这是该领域公开发表的首篇有影响的文章，此后这项研究发展为元教育学研究和教育逻辑学的探讨。我受此风气影响而开始了以教育学本身，尤其是以教育学发展问题为中心的教育学研究，后称其为教育学科"元研究"，其主旨与重心和上述"元研究"有区别。

治、经济等方面发展的关系；本国的教育科学与外国的教育科学发展的关系等等”①。要改变教育科学目前的落后状态，就要使教育学的基础理论研究“上天”，应用研究则要“着地”②。

上述引文中提到的一系列着重研究的问题，成了我此后开展教育学科元研究的基本框架，并持续至今。从中可以看出的是，此时我已意识到学派的形成、争鸣对于教育学发展的意义。自然，还没有、也不可能产生自己要形成学派的念想，这可能是“孕育”的一种表达方式：关注！因关注而深入思考，才可能会有新的思想产生。上述引文也表明，当时我对教育学水平提升的指向和路径的设想，是强调科学化，即以自然科学发展水平为范本的科学化，它反映了自己认识水平的局限。但这种指向使我下决心要从自己做起：努力在此后的研究中，使有关教育基本理论的研究“上天”，使关涉实践的应用研究“着地”。总之，该文在研究加强教育学自我意识的同时，也形成了我今后教育学科元研究方面预设式的“自我意识”：从研究问题的基本框架，到研究路线的“上天”“着地”。没有当时的清晰意向，我的教育学研究不可能走到今天这一步。

表1中的（二）、（三）两项，在这一阶段做得相对较弱。中朱学区的调查研究给我最大的启示是：实践智慧具有与理论智慧大不相同的品质及重要意义，我对有智慧的实践者产生了敬意。它还给我留下了如何带领学生，与实践一线的学区领导、校长联合开展调研，如何对已经创造出的他人的改革经验做出整体抽象的研究经验。让我认识到：通过扎实且有智慧的变革实践，教育完全可以从恶性循环逐渐转化为良性循环③。这是一次难忘的研究经历，尽管有关实践的研究还只停留在调查研究、总结提升实践者经验的水平上。

表1“（三）方法论”一栏所列的成果表明，这方面的研究主要处在集聚资料和对教育研究与方法的再研究上。

---

①② 叶澜．关于加强教育科学“自我意识”的思考．华东师范大学学报（教育科学版），1987（3）.

③ 这一体会的集中表达，在表1（一）中的第四篇文章（《学区系统终态变化的整体反思——中朱学区近十年教育实践与经验研究的总报告》）中。该研究1990年7月5日举行成果发布会。事先，华东师范大学教育学系马骥雄、赵祥麟、金一鸣、张家祥、翟惠文、李伯棠和上海师范大学教授李伯黍、柴崇英，上海社会科学院青少年研究中心研究员段镇，都提交了课题成果的详细评议意见，对研究给予积极的评价与支持。时任华东师范大学校长袁运开出席会议，并致欢迎辞；名誉校长刘佛年对研究成果给予高度评价，认为这项研究做得认真，“它的材料是真实的，事实是经过三番五次核对的，分析十分正确，真正把实践的东西提到理论上进行总结，这在国内是很少的”，即使摆在国外的一些调研报告中，“我们这一报告也毫不逊色，甚至还带有我们自己的特点，略胜一筹”（摘自《成果发布会简报》，未公开发表）。无疑，这样的评价给了我极大的鼓舞和鞭策。这是一段难忘的历史，今日重读仍令人动容。《上海教育报》1990年9月5日，以《“走出低谷”令人瞩目》为题，及时做了成果介绍。1992年《走出低谷》由教育科学出版社正式出版。

孕育期所做、所成的一切，从学术上看尚显幼稚，重要的是有了新的、有向的开始，学派的种子在我思想中，以整体的方式有了孕育。

（二）初创期（1991—1999 年）

与孕育期相比，初创期（见表 2）的主要变化有三。

一是学校改革与方法论研究成为该阶段研究的核心构成，发表的“理论研究”文章之主题，都出自或有赖于教育改革的实践研究。“教育学反思”方面则是孕育期相关论文的专题、展开式深入研究的结果，它以“‘教育学科元研究’丛书”的方式存在。我的著作《教育研究方法论初探》是这套丛书的组成之一。

二是研究的开展，无论是理论还是实践方面，都不只是由我个人承担，我作为课题负责人在承担总体策划、推进、完成个人任务之外，还负责团队成员的分工、合作等研究组织建设。初建了理论研究人员与中小学教师直接合作，进入学校实践一线——班级、课堂，开展学校教育变革研究的团队构建，就此跨出了由一向多转换的第一步，“生命·实践”教育学研究的团队形态和基干成员也从这个阶段开始形成①。

三是从这个阶段开始，由我主持的实践研究，已经不只是对现有教育实践之外的分析，或对已有改革经验的总结与评述，而是在理论，尤其是教育理念和理论参照系适度先行转型的前提下，进入学校实践，与参与改革试验的学校教育工作者一起，从事学校变革的创造性研究，我们在改革现有学校教育的同时，做出了创建新型学校的探索。

就这样，我和团队成员一起，进入了另一种教育学研究的“书写”方式——

① 本阶段参与“新基础教育”探索性研究的华东师范大学主要成员是卢寄萍、李晓文、吴玉如、吴亚萍和我。左焕琪教授自 1996 年始，一直间断性参与研究。“新基础教育”研究开展至今的 20 多年中，上述五位属该项研究的“元老级”人物，发挥了奠基性作用。此后，有不少成员先后进入，也有人员因各种原因离开。参与“‘生命·实践’教育学论丛”和论著系列写作的作者范围更广。中小学前后参与合作的学校已数以百计。2012 年 5 月，与“新基础教育”有长达 10 年左右合作研究并取得明显学校转型成就的九所中小学，被命名为第一批“‘生命·实践’教育学合作研究校”。此外，还有 10 所“新基础教育”研究基地校。这些学校在此期间的历任校长和领导层、研究型骨干教师和真诚投入参与研究的所有教师，都是这个团队的成员，他们为这项当代中国基础教育改革研究做出了不同的贡献。因人数之众多和岗位变换之频繁，在此无法一一列出（详细名单在三次结题报告中都有说明）。闵行区教育局和新基础教育研究所、常州市教育局和相关区的局领导，也是这项研究的重要组织者、参与者和合作者。——借此注，向所有“新基础教育”研究和“生命·实践”教育学研究的合作者、参与者和积极创造者表达我最衷心和永不忘怀的敬意与谢意！

表 2 **初创期（1991—1999 年）**

时间	（一）教育理论	（二）教育实践	（三）方法论	（四）教育学反思
1991—1999	▲《基础教育与学生自我教育能力发展》（简称“自我教育”）（《上海教育科研》1996 年第 7、8 期连载） ⊙叶澜主编《“新基础教育”探索性研究报告集》（简称“探索性报告集”）（上海三联书店 1999 年版），其中，叶澜的论文有： ▲《“面向 21 世纪新基础教育”探索性研究学校改革试验总方案》（简称“总方案”） ▲《“面向 21 世纪新基础教育”探索性研究理论纲要》（简称“理论纲要”） ▲《“面向 21 世纪新基础教育”探索性研究结题总报告》（简称“总报告”） （以上 3 篇首次发表，以下 5 篇为辑入已发表论文） ▲《时代精神与新教育理想的构建》（简称“理想构建”）（《教育研究》1994 年第 10 期） ▲《世纪之交中国学校教育的文化使命》（简称“文化使命”）（《教育参考》1996 年第 5 期） ▲《让课堂焕发出生命活力》（简称“生命活力”）（《教育研究》1997 年第 9 期） ▲《新世纪教师专业素养初探》（简称“教师素养”）（《教育研究与实验》1998 年第 1 期） ▲《更新教育观念，创建 21 世纪新基础教育》（简称“更新观念”）（《中国教育学刊》1998 年第 2 期）	基础教育改革与学生自我教育能力发展（1991—1994 年）；“新基础教育”探索性研究（1994—1999 年）	▲《关于我国教育实验科学性问题的思考》（简称“实验科学性”）（《教育研究》1992 年第 12 期） ⊙《教育研究方法论初探》（简称“方法论初探”）（上海教育出版社 1999 年版）（该著作获全国高等学校第二届哲学社会科学优秀成果奖著作类一等奖）	⊙主编“教育学科元研究”丛书。该丛书是叶澜主持全国哲社“八五”规划重点课题——“教育学科体系的建设与发展”的研究成果，由金林祥、王坤庆、夏正江、李政涛和叶澜分别撰写，共计 5 本

在中国学校教育大地上的学术“书写”。

若以改革实践的目标性质来区分，初创期的研究还可分为两个阶段。

第一阶段的研究课题是“基础教育改革与学生自我教育能力发展”（1991—1994 年，简称“自我教育”）①，由于研究背景及内容、方法等与后面开展的“新基础教育”密切相关，并提供了小规模的初始经验，可以将此研究称为“前‘新基础教育’研究”。但 1991 年提出该课题时尚未预想做“新基础教育”研究。当时我的直接意向是把自己形成的、关于教育与人的发展关系的理论转化为教育实践行为。一来检验和丰富这一理论认识，二来对当时的教育改革做实践式探讨。其性质是在学校实践中对教育基本理论中的一种新观点做检验式和转化为实践形态的研究。

“自我教育”课题在“生命·实践”教育学形成中的主要贡献，除了将有关教育与人的发展关系的理论，做实践转型探讨外，还在于我们第一次在学校教育的日常实践活动（非实验操作活动）中，深入探究了学生的自我意识之表现形态、学校教育促进学生自我意识形成及其自我教育能力提升之条件、可能与机制等一系列问题。这是一个教育学以往较少涉及的，有关学校教育如何影响学生内在自我形成的重要理论问题。它还让我对教育学研究有其独特性和价值的信念，得到了来自亲历研究实践和专家评审意见的加强。华东师范大学发展心理学教授缪小春在课题评价中指出，“课题组进行的理论探索是有深度的，提出了不少具有独创性的观点，例如……从活动的角度，而不是从内容的角度分析自我教育，把自我教育区分为表层的自我教育和深层的自我教育”等②，他还特别关注到课题组基于学校日常教育——课堂教学和班队活动开展改革研究，培养学生自我教育意识与能力的重要价值。施良方教授则强调：“该课题对‘自我教育’作了很有新意的界说，自我教育不再只是国外心理学上所谓的自我意识或自主性，也不再只是国内有人所理解的一种德育方法。通过对自我教育结构、层次与类别的分析，揭示了学生从接受外界教育逐步过渡到完全意义上的自我教育的一般发展过

① 该课题 1994 年 6 月结束实践研究，1996 年 2 月完成结题报告，提请华东师范大学张家祥、缪小春、施良方、吴玉如，上海市教育科学研究所傅禄建、顾志跃等同行专家写出评议意见（内部材料，未公开发表）。《上海教育科研》1996 年第 7、8 两期刊登了结题报告。1996 年 3 月 29 日举行课题结题研讨会。报告 1999 年获全国第二届教育科学研究优秀成果奖二等奖。

② 摘自 1996 年 2 月 27 日缪小春提供的《基础教育与学生自我教育能力发展》课题成果评审意见（内部资料）。

程，从而大大丰富了‘自我教育’的内涵。”① 因此可以说，这一课题不仅是我进入学校实践研究教育理论问题的开始，也是我通过进入学校，研究、形成教育学独特研究价值认识的开始，自此以后，在这条道路上再也没有终止过行走。它成了我教育研究方式走出书斋的转型之始，也开始动摇了我教育理论与实践两分式的认识，重新认识两者的关系，由此成为我关注的重要问题之一。

该课题研究与孕育期相比，在推进“生命·实践”教育学派核心概念的形成上，实现了由“发展主体”的概念向与主体相关的核心构成“自我意识”及其“自我教育能力”的认识深化；“主体实践”的概念也推进到“学生在学校日常实践中的主动参与”这一命题，深入教育具体场景中学生主体的参与状态对其发展的实际影响。在此基础上，我们得出了结论：作为人生接受系统教育的初始阶段——小学，应该给学生的人生留下什么、在众多教育目标中什么是最根本的结论，那就是“人的自我教育的意识与能力”。因为它对“人的一生具有发展性和再生性价值”②。我们从人的发展是在生命长河中完成的事实出发，确立了人的内在力量之生成的核心目标，及其与学校教育活动的内在联系。对从小学开始的学校教育需要一以贯之的目标，从人生意义上做出了再确定。从此以后，学生自我意识和自我教育能力的培养，成为我研究教育基本理论的核心构成。

初创期的第二阶段是以“新基础教育”命名的探索性研究阶段（1994—1999年）。它是我们迈出与中国社会新时期改革开放同步发展的、理论与实践研究不相分离的、学校整体转型性改革研究之长途跋涉的第一大步。基于中国社会和学校的现实，直面教育改革中不断发生的真实问题和各种经验、偏差，研究社会转型时期学校改革的根本任务和实现路径，形成有关当代中国学校改革的理论，并以此丰富和发展教育学的基础理论，是这一研究的直接目标。“新基础教育”探索性研究因其后持续、但处于不同发展水平的研究，都以“新基础教育”统称，所以，与“自我教育”课题相比，“新基础教育”在业内外有更多人了解。又因其与众多学校和不少地区有过或阶段性、或长期持续的合作，在学校一线参与其中的、对其关注和了解的人数比学术界要大得多。再加上网络愈益强大的力量，使更多的人有可能虽从未接触过这一研究，却知道“新基础教育”。当然，知晓的状态因网络传播，也因不同个体自身而很不相同，有的甚至还认为与新课程、新教育等研究是一回事。在此，我无须再说明“新基础教育”是一项怎样的研

① 摘自1996年2月28日施良方提供的《基础教育与学生自我教育能力发展》课题成果评审意见（内部资料）。

② 叶澜．基础教育与学生自我教育能力发展．上海教育科研，1996（8）．

究，这在众多不同时期公开发表的文章、著作和研究报告集中都有清晰的阐述，需要说明的是“新基础教育”探索性研究对于“生命·实践”教育学派的生成起了什么作用。

表2“（一）教育理论”项中所列第2（“总方案”）到第9（“更新观念”）组成的8篇文章，是这一阶段理论研究的核心成果。其中第2（“总方案”）、3（“理论纲要”）、4（“总报告”）为一组，它是研究的初始策划、理论纲要与结题报告，前两篇与后一篇相隔五年。第5（“理想构建”）到第9（“更新观念”）为另一组，时间集中在1994年下半年到1998年初的三年左右，与探索性阶段的实践研究同步向前。这是相关理论随研究实践的需要和推进逐渐生成的过程。上述两组文章都与研究相关，但所起的作用和意义不同。

研究前，先做出实践试验“总方案”和形成“理论纲要”，在我个人研究史上是第一次。它表明我对这项在大时代中直接介入学校改革中的研究之艰难、重要和意义，包括对自己学术人生的意义与挑战之认识和预感。同时，做此策划还因参与研究有一个包括一些研究生在内的成员，需要在团队内部形成相对一致的目标、认识与协调，不如此，会对参与改革的学校带来不利影响，团队的每个成员必须有责任担当和研究的伦理意识。故这两篇文章首先是关于团队成员的自我规约和研究追求的表达，而后才是合作研究者需认真阅读和努力践行的要求。自此以后的各阶段“新基础教育”研究，形成了由基于总结反思及新情况和新条件分析做出五年或三年策划等一系列步骤构成的、基于自身改革研究实践经验逐渐积累起的、独特的“新基础教育”研究方式。

自然，初创期只是有了开始，还没有形成自己关于新基础教育“研究方式”的概念，我们沿用了“理论研究与行动研究结合、滚动式推进”的提法，还期待通过研究“把理论假设转化为新的基础教育学校实践模式”①，包括“教学模式”②“班级建设模式”“学校管理模式”③，直至“新型学校基本教育模式”④。我还专门谈及了教育观念、目标、模式三“更新”的必要及其关系⑤。对模式探讨的热衷，再一次表现出我当时的思维方式尚未从科学主义的框架中完全走出的局限。

“理论纲要”在一定程度上是表2（一）中第二组5篇文章的概要式提炼，它

---

①② 叶澜．“新基础教育”探索性研究报告集．上海：上海三联书店，1999：2.

③ 同①3.

④ 同①5.

⑤ 同①7.

稍后于“总方案”，在1996年底形成。其中，强调了这一研究的时代性与当时中国社会转型发展对新人、新的教育的必然需要的关系；构建了包括教育价值观、对象观（学生观）和活动观三个层次和十大观念组成的“新基础教育”新观念系统；从认知能力、道德面貌和精神力量三个方面对“新基础教育”追求的培养目标——时代新人的整体特征做了描述；还对我国学校教育的两大基础活动——课堂教学与班级建设的变革原则，以及学校管理改革提出要求，强调学校在培养新型学生的同时，造就新型教师。“理论纲要”最后把“新基础教育”改革试验的模式概括为“三Z”（整体、综合、终身）模式：从人的生命和学校基础教育的“整体”出发，运用“综合”渗透、主动参与的方法，以满足时代需求和促进学生的“终身”学习与终身发展为宗旨。为了实现这样一个宏大而综合的改革，“理论纲要”在开始就提出了“全体试验人员在试验中，既是创造者，又是学习者；既是教育者，又是研究者；既要改变旧的教育模式，又改变自己”①，这是对研究人员在改革研究中要有自我更新自觉的要求。

综合上述有关“总方案”和“理论纲要”，以及参阅探索性结题报告和表2（一）中第5（“理想构建”）到第9（“更新观念”）篇论文的相关展开，我们已经可以概括出“生命·实践”教育学派在尚未有其名、却已有其“实”和“神”的初创期，通过五年探索性研究所形成的独特形态，并因其处于初创而成为“生命·实践”教育学派的内在气质，或曰“娘胎里的记号”②。

第一，探索性阶段的“新基础教育”，是当代中国社会和教育变革的时代需求孕育出的，针对中国学校教育的现实问题，在对未来社会、教育发展趋势透析的基础上，由中国教育学研究者独立承担的，一项教育改革与教育理论相结合的综合整体研究。它的“娘胎”是中国，而非外国。这是对教育学发展依附国外理论惯习和受其笼罩的一次突破。“新基础教育”在初创阶段就打上了本土印记。自此开始持续至今的研究，始终带着“中国”这一娘胎里的记号。

第二，探索性研究着力于构建新的富有时代气息的教育观念系统与范畴系列，凸显了教育观念的“生命”观和“活动”观，并做了基于教育学立场的内涵分析。初建了尊重生命的价值与特性，着力于研究学校日常实践活动的成人力量与动态生成转化力，及其创生价值、内在逻辑等“生命·实践”教育学派之组合

① 叶澜．新基础教育”探索性研究报告集．上海：上海三联书店，1999：7.

② 我曾把“教育学”作为学科在近代中国最初由外国直接引入而存在，并产生印记式和长远影响的发展方式，称为“娘胎里的记号”。这里借用此称，表明“新基础教育”研究已孕育了“生命·实践”教育学独特的“娘胎里的记号”。

式元点结构与基本观念，为这一学派突破近代教育学传统的观念与概念系统，进而在此基础上重建提供了最初的蓝图。

第三，探索性研究用高校理论研究人员基于直接进入学校实践一线，与校长、教师共同开展改革课堂和改变班级等一系列改革研究的新实践，逐步提炼出中国学校当前改革的一些新经验、新问题，并做了理论层面的概括。这是一次教育学研究在专业意义上回归“家园”——学校教育大地的过程，是一次深入实践腹地创造教育学理论之路的探索过程，也是突破理论与实践之间两分、对立，或停留于相加、相套的“结合式”道路，形成两者新型关系的探索过程；还是一次使有关理论与实践关系的探讨不只停留在方法论理论范畴内，而进入教育研究实践的鲜活过程。走出自己的研究道路，是“生命·实践”教育学派研究者在初创期就提出的自觉追求和探究的重要主题之一。

第四，探索性研究创造了打造长期研究合作团队的初步经验，为“生命·实践”教育学派的创建历练了核心骨干力量。其意义之深远表现在以下三个方面：一是从时间维度看，团队合作研究自此成为“新基础教育”的研究传统绵延至今，它保证了新基础教育和学派建设的最重要的力量——具有生长力的团队之存在与发展。二是从打造团队品质的维度看，初步形成了有灵魂、有追求、有共同目标、有担当、有创造的团队气质。此后，这种气质提炼成“新基础教育”32字研究精神：“知难而上，执着追求；滴水穿石，持之以恒；团队合作，共同创造；实践反思，自我更新。”我们可以在一些“新基础教育”研究试验学校的墙上读到它，但它更多是写在“新基础人”的心上，化在改革行动中，留在每个人及团队的真实成长里。在“新基础教育”研究的全程中，我们团队的形成，一直坚持自愿参加、自主选择、双向决定的组织原则，有一些成员在不同时期因不同原因离开，但有更多的人自愿加入。研究队伍经过近20年不间断又具有明显阶段性的长期建设，已从一个“团队”发展到多个团队组成的“共同体”，现在又进入称之为“共生体”的状态。三是从团队建设策略看，初步形成了核心相对稳定、逐步增强扩大；成员（含学校）进出自愿，整体构成与结构随研究发展水平和需要变化；坚持核心内聚、架构清晰、边界开放，不断提升合作创生力和内生长力的发展策略。这是一支富有个性的研究团队，它由一群有个性又有共同追求的人相聚而成。

第五，以探索性研究为核心组成的“生命·实践”教育学派初创期所生成的上述特性，并非以逐点积累，而是以整体胚胎式的生命生成方式形成。其成因之根本在于这项研究本身就是以当代中国学校的整体转型为目标，它不能不以整体方式开展。研究的基本元素和元气都已内存在于研究整体之中。阶段间的区别是整体发生、发展过程中阶段性的问题重心、创生程度和深化、生长点的变化，但这一切始终在变革研究的整体之中，并影响变革的整体发展形态与水平，而非先做好某一局部或方面、点，再去做另一些方面。

总之，“生命·实践”教育学派在其尚未清醒意识、但已实含于探索性研究之内的初创期，就用研究实践创造着自己的独特，它是中国的，它是当代的，它是教育学的，它是在研究实践中创生的，它是团队的，它是有魂、有体、有血、有肉、有情、有意的，它是整体、具有生命态、内聚着生命能量的，它是当代中国教育学大家庭中有自己个性和独特成长方式的“新生儿”。

表2“（三）方法论”中所列的两项成果，是我个人在初创期完成的对教育研究方法论的内在认识转型之外显形态。长期以来，一方面出于自己意识到方法论对于个人认识世界与自我，认识教育与教育学发展，形成新的研究立场与视野、思路与策略的重要性，另一方面是因承担了建设研究生课程“教育研究方法论”教学的需要，在研究框架大致形成后，我用了近七年时间，重新阅读有关西方教育思想和教育学经典著作，对构成我国教育学学科认识最早底色的教育学西方传统做了一次回归与方法论反思。我还系统阅读了中华人民共和国成立以来，主要是“文化大革命”前后的教育学著作，以厘清当时作为教育学唯一方法论依据的马克思主义，如何在简单化，甚至扭曲的运用中，得出具有偏差甚至错误的结论，做了一次马克思主义在中国教育学中影响的回归与清思。为了突破长期以来一元绝对化的方法论束缚，我还大量阅读了西方教育哲学、科学发展史、科学研究方法论、人文科学方法论等本人可及的著作，从中汲取重新认识方法论和教育研究方法论的思想资源。一系列的重新阅读和拓展阅读，确实获得很大启发，我开始对当时流行的，包括自己头脑中同样存在的，唯有靠以自然科学为范本形成的科学方法去研究，才能提高教育学理论水平的观念，做了反思其局限性的批判，在分析人文科学研究方法论如何走出相对独立之路的过程基础上，进一步思考教育学研究的特殊性，初步形成并提出了自己相对系统的观点。这是一次自己头脑中方法论观念重建的艰难历程，让我深切体会到学术清理和重建，不能只局限在理论，必须还要有方法论层面的深度清理与重建。

七年的阅读、思考与写作，留给我最大的思想财富是：将方法论的学习、研究、形成、践行，作为此后自己学术生命中不可或缺的持续构成；确立了要为建立与哲学、自然科学、社会和人文学科密切相关，但又具有教育学研究独特性的教育研究方法论而努力的决心和信心。我把自己第一本有关教育研究方法论的专著称为“初探”。方法论的突破也日益成为“新基础教育”研究和“生命·实践”教育学派创建的思想武器与内在构成。

（三）发展期（1999—2004年）

相对于初创期，“生命·实践”教育学派的发展期正处于世纪之交。特殊的时态使人既缅怀往日岁月之悠悠，又向往未来世纪之更新。教育学作为学科在中国也有了百年历史，成为学科发展反思大潮中的一员。“新基础教育”则进入了第二阶段的生长期：横向上区域和学校的扩展，纵向上改革理论核心研究的深化式建设期。这一阶段上述两方面研究的进展在表3（一）、（四）两项得到集中表现。

表3中（一）、（二）两项的关联显而易见。（一）项所列理论研究成果，是（二）项所列教育实践研究，即“新基础教育”发展性阶段持续研究的产物。1999年秋，为检验持续研究形成的理论和经验的普适性，“新基础教育”研究进入推广性、发展性阶段，并在推广中实现深化与发展。研究实践推进中不断提出的问题和新生经验，使作为主持人的我，几乎每半年左右，就要向发展性阶段共同体的研究骨干做一次集中的专题报告，他们成为第一批分享我思想的人。而后再把报告提纲写成文章发表，一见文章，学校又会主动组织学习、讨论，研究怎样转化为改革实践的推进。

理论与实践如此密切相关，相互转化如此及时自觉，这是我以往研究中从未产生过的经验和体验过的兴奋。我第一次深切地感受到理论研究从实践中产生的清香和泥土气息，感受共同研究的实践者会如此在乎理论与他们行动的关系，主动地去读理论著作。正是在这样的过程中，“新基础教育”提出的理念、基本观念逐渐转化为学校参与者对其教育行为有影响力的话语系统，出现了理论人员与实践人员在参照系和话语系统上的可沟通性与一致性。理论与实践的双向互化，成为因“发展性”研究而生的，“新基础教育”研究人员自身成长意义上的一个新传统，同时，这也是我写出表3（三）所列文章——“穿行”的直接触生点。该文以“个体”为分析单位，论证了理论与实践在个体中的内在统一，进而揭示出要改变实践主体的教育行为，不能没有个体内在教育理论的转换；不能把改革的希望寄托在只提供一套新的操作方法上。而作为教育理论的研究，则需要突破仅以现有教育理论为研究对象的局限，尤其在社会转型期，更需要将与现实沟通、对话，将教育实践改革、发展的现实问题纳入自己的研究对象中，在参与实践的变革中发现新问题，形成新理论①。

① 叶澜．思维在断裂处穿行．中国教育学刊，2001（4）．

表 3 发展期（1999—2004 年）

时间	（一）教育理论	（二）教育实践	（三）方法论	（四）教育学反思
1999—2004	▲《把个体精神生命发展的主动权还给学生》（简称“发展主动权”）（辑入郝克明主编的《面向 21 世纪我的教育观》（综合卷），广东教育出版社 1999 年版） ▲《论教师职业的内在尊严与欢乐》（简称“尊严欢乐”）（《思想・理论・教育》2000 年第 5 期） ▲《在学校改革实践中造就新型教师》（简称“新型教师”）（《中国教育学刊》2000 年第 4 期） ▲《试析中国当代道德教育内容的基础性构成》（简称“基础构成”）（《教育研究》2001 年第 9 期） ▲《重建课堂教学价值观》（简称“价值观”）（《教育研究》2002 年第 5 期） ▲《重建课堂教学过程观》（简称“过程观”）（《教育研究》2002 年第 10 期） ▲《实现转型：世纪初中国学校变革的走向》（简称“实现转型”）（《探索与争鸣》2002 年第 5 期） ▲《教育创新呼唤具体个人》（简称“具体个人”）（《中国社会科学》2003 年第 1 期“创新时的哲学社会科学”笔谈栏目） ▲《改革课堂教学与课堂教学评价改革》（简称“评价改革”）（《教育研究》2003 年第 8 期）（与吴亚萍合作） ⊙主编“‘新基础教育’发展性研究丛书”，共 3 本，中国轻工业出版社 2004 年版 ▲撰写《“新基础教育”发展性研究总报告：世纪初中国基础教育学校“转型性变革”的理论与实践》（简称“发展性总报告”）	“新基础教育”发展性研究（1999—2004 年）（简称“发展性研究”），形成“新基础教育”研究共同体，华东师范大学成员为核心成员	▲《思维在断裂处穿行》（简称“穿行”）（《中国教育学刊》2001 年第 4 期）	▲《世纪初中国教育理论发展的断想》（简称“断想”）（《华东师范大学学报（教育科学版）》2001 年第 1 期） ▲《中国“教育理论”研究状态与发展趋势概述（1995—2000）》（内部资料） ⊙主编《中国教育学科年度报告》（2001—2005 年），共 5 本，均由上海教育出版社出版。各年度总报告的题目分别是： ▲《构筑中国教育学科发展的世纪新平台》（简称“新平台”）（2001 年） ▲《在路上——研究教育转型与教育学科研究转型》（简称“在路上”）（2002 年） ▲《艰难的行进——学科发展意识的觉醒与迷乱》（2003 年）（简称“艰难的行进”） ▲《教育学科研究势态的变化与消长》（2004 年）

该文也是我对有关教育理论与实践之间存在无法弥合的“天然断裂”说，即认为理论研究者不该直接到实践中去，进入实践会失去理论研究的客观性，妨碍实践人员的主动性，以及以“断裂”为前提，以客观描述、科学实验为范本的教育研究观念与见解的一个回应。它是我走出以“准实验”“问卷调查”“统计分析”等为准则，衡量研究科学性的方法至上主义影响，突破理论研究要转化为实践，必须形成一套操作方法和模式等研究目标自我局限的一个标志；是我方法论研究在理论与实践关系上，认识又向前迈出的一步。自“发展性”阶段 2000 年始，我们把当时“新基础教育”研究分布在六地的团队联结起来，称其为“共同体”。关注团队每个成员在研究中的自我超越与成长，关注研究中两大主体群之间理论、实践的双向互化与交互生成，逐渐成为参与“新基础教育”研究者在实现自我发展意义上的一个新传统。

从表 3（一）中所列的一系列文章可以看出，这一阶段本人理论研究关注的核心深化，重点在把上阶段提出的教育学原理性观念，转化为指导学校最基本的每天都要进行的具体实践——课堂教学的观念与理论，由此提出了“新基础教育”研究在第二个层面上的三观——课堂教学的价值观、过程观与评价观。对学校具体实践的深入研究，使我有可能在“发展性总报告”中提出学校“研究性变革实践”的概念，并阐述了其与西方“行动研究”的区别，这是我在研究方法领域中观念的一次自我超越[①]，是从亲历的研究过程中形成方法抽象的一次尝试。

然而，“发展性”研究并没有把研究的终极目标定在实践的改变上，我们更为根本的指向是改变与教育实践密切相关的人。此阶段一开始，就提出了以人的发展为终极目标的四个“还给”：“把课堂还给学生，让课堂充满生命活力；把班级还给学生，让班级充满成长气息；把创造还给教师，让教育充满智慧挑战；把精神发展的主动权还给师生，让学校充满勃勃生机。”[②]“四个还给”是“新基础教育”用研究性变革实践改变师生在校生存方式为指向的提炼性、号召式鲜明表达，意在使其易达人心。在结题总报告中则明确概括为改革须实现“成事成人”统一的原则，即在“成”变革之“事”中成“人”，努力以“人”变促成“事”变[③]。

“发展主动权”一文，是我关于“人的发展”作为教育目的之认识进一步聚

① 这里的“自我超越”是指对探索性阶段“总方案”提出的“理论研究与行动研究结合”这一研究方法的超越。“研究性变革实践”的具体阐述，请参阅：叶澜．“新基础教育”发展性研究总报告//叶澜．“新基础教育”发展性研究报告集．北京：中国轻工业出版社，2004：30－31.

② 叶澜．“新基础教育”研究推广性研究教师指导用书（初中部分）．上海：上海三联书店，2000：6.

③ 叶澜．“新基础教育”发展性研究报告集．北京：中国轻工业出版社，2004：18.

焦到“精神生命”和日常实践中的“主动发展”，把“主动发展”看作个体发展的权利，又看作需要个人自觉意识和努力的目标，同时也是“新基础教育”期望的新人特质之构成。在“基础构成”一文中，我又将此提升到“追求自我完善的‘立身’之德”① 上。

表3“（一）教育理论”中两篇与教师发展相关的文章，则是我将自1998年始对教师发展问题的思考和在改革研究中逐渐深入形成的一系列观点作整合与系统化的产物。2001年出版的由我与三位博士合著的《教师角色与教师发展新探》②，将有关认识做了再一次的集中与展开论述。这意味着“新基础教育”的教育观整体（已含价值观、学生观、活动观）增加了第四观：教师观。其特征是把学生和教师发展的教育学研究，从抽象人、抽象学生、抽象教师，转向具体时代、场域、情境和实践中的“具体个人”。自此，“新基础教育”研究对具体性的追求，逐渐成为自觉践行的研究风格。它在四个方面得到了聚合式表达：“要承认人的生命是在具体个人中存活、生长、发展的；每一个具体个人都是不可分割的有机整体；个体生命是以整体的方式存活在环境中，并在与环境一日不可中断的相互构成中生存与发展……具体个人是既有唯一性、独特性，又在其中体现着人之普遍性、共通性的个人，是个性与群性具体统一的个人。”③ 从这段引文中，已可以读出“生命·实践”教育学派关于“生命”的重要基础性认识已形成。并据此进一步提出了培养“主动、健康发展”新人的教育目标。

“实现转型”一文的发表，意味着我们继“初创期”基本实现了对近代教育弊病的认识与批判之后，进一步完成了对“新型学校”与近代学校相比而言的形态特征之结构性认识。其概括表述是：价值提升、重心下移、结构开放、过程互动和动力内化。这些特征在由学校领导与管理、教学和学生工作组成的两个层次三个领域中都应得到具体综合的体现。它本身又是在系统转换后的教育观指导下，开展学校具体各领域综合改革实践所取得的、新可行性经验和认识，逐步上升到学校整体层面，经综合抽象所形成的。自此，我们关于教育的认识完成了由更为丰富且具有三个层次构成的观念系统：教育的总观念系统、学校教育的观念系统和学校内每一领域的观念系统。三个层次的观念系统存在相互观照、呼应和可转换的内在联系。构建新型学校观念系统的过程，也是我对“方法论初探”中

① 叶澜．试析中国当代道德教育内容的基础性构成．教育研究，2001（9）.

② 叶澜，白益民，王枬，陶志琼．教师角色与教师发展新探．北京：教育科学出版社，2001：3－27，325－337. 其他三位作者均为我指导的博士生，本书中的文章是他们各自的博士论文，经我或多或少选择、修改、编辑后合编出版。

③ 叶澜．“新基础教育”发展性研究报告集．北京：中国轻工业出版社，2004：21.

自己提出的教育研究方法论需要用综合抽象思维的观点，在研究实践中的尝试。

表3（一）中的文章，最后集中呈现在本阶段研究总报告“学校转型性变革”之“基本理论与实践的更新”部分①。总报告成为两年后出版的《“新基础教育”论》写作的基本提纲，也成为下一阶段“新基础教育”成型性研究的理论基础。这是在“新基础教育”研究中具有承上启下作用的重要“报告”。

表3“（四）教育学反思”反映了五年发展期中，我对“教育学”的反思已进入世纪之交的前后十年。前五年的反思在应全国教育科学规划办要求而做的、题为《中国“教育理论”研究状态与发展趋势》的报告②中。它的写作触发了从2001年起，由我邀请华东师范大学教育学系不同学科带头人，每年编写“学科发展年度报告”。我作为主编，负责写出能概括教育学年度发展总体态势的年度总报告。表中所列总报告的题目，反映了我对新世纪最初五年教育学科发展中遭遇的问题与进展的基本评价。

“断想”的重要在于记录了我对新世纪教育学发展的深切期望，在一定意义上，也是一种自我期许。希望新世纪，能在感受时代发展之新、学习工具之新、发现问题之新的同时，实现教育研究方法论的更新③和教育学理论重建式的再生，形成富有原创性的“中国教育学理论”，发出了“一个偌大的中国，一个拥有最多教育人口的中国，一个进入了二十一世纪的中国，不能没有自己原创的教育理论”④ 的呼声，这可以当作“生命·实践”教育学派创建的先声来听。

事实上，2001年底，在一次我的新老研究生聚会中，就有人提出要创“学派”，还建议称其为“生命”教育学派。因为《让课堂焕发出生命活力》一文的广泛影响，与会者有不少表示同意。我当时并没有认同，主要是觉得还需要一段

① 叶澜.“新基础教育”发展性研究报告集，2004：18－37.该报告获上海市第八届哲学社会科学优秀成果奖一等奖。

② 该报告编入《全国教育科学“九五”规划各学科（领域）调研报告汇编》（2001年9月，内部资料）。因写作时间匆忙，展开不足。

③ 文中第四部分专述了复杂性理论作为方法论对教育学重建的重要价值，指出在“复杂性”方法论指导下，科学的学科分类可能会更新，会出现综合性学科类，教育学在新的分类中会有自己的地位。我与“复杂”理论的接触始于1999年9月阅读美国米歇尔·沃尔德罗普著、陈玲译的《复杂：诞生于秩序与混沌边缘的科学》一书，此书对我在方法论上的启发和引起思维的活跃可称为“震动”级。我似乎找到了教育研究方法论的一个重要新资源。是年10月到11月初，我断断续续写了近两万字的读书笔记，并在1999年底由我主持的、当时在我名下的硕士、博士生的月末例会上，做了专题发言，并向学生推荐此书。这可能是中国教育学界最早在学术群体内部做有关“复杂思维”的主题报告活动。此后，我持续关注法国莫兰有关“复杂理论”著作的系统阅读，并在“方法论”教学中与学生讨论“复杂”，在“发展性研究”中努力用复杂理论作为方法论指导，逐渐形成自己的经验与认识，出现方法论思考的升级。

④ 叶澜.世纪初中国教育理论发展的断想.华东师范大学学报（教育科学版），2001（3）.

时间的梳理和进一步的积累。但此次聚会促使我意识到该把学派建设提上议事日程了。在用了一年多时间做自我梳理之后，2003 年 6 月 8 日、7 月 1 日，我和几位毕业后留在华东师范大学工作的博士召开了两次关于学派建设的小型讨论会，以求得共识，并用通信的方式征求其他关心此事的成员意见。我们决定以主题研讨的方式建设一个学术共同空间。同年 11 月 24 日，我在月末例会上，做了确定以“生命·实践”作为学派命名，以及学派创建基础、目标、方式等方面的主题发言，会后还请大家以书面的方式表达自己的意向与意见[①]。

2003 年 12 月 25 日，在这一年最后一次月末例会上，我正式确认了“生命·实践”教育学派的命名，它意味着一个为该学派创建而努力的团队向内宣布成立。自此以后，学派建设作为自觉意识与行为，就不再是我个人，而是一个群体共同的事业。参与学派建设的成员与“新基础教育”研究有密切的相关性。我们依然坚持自愿参加、建设核心、边界开放的原则。所以，即使是最早参加筹划学派建设的成员，也有少数不再参与，多数则已成长为学派的骨干成员。随后逐年又有不少成员参与进来。之所以坚持这一原则，就我而言，是为了使每一个参与这项学术建设的成员，都因有共同的学术信念、追求和担当而相聚，能真心为学派建设投入、付出自己的学术创造和智慧并合作，故而决不强求。但一旦参与就要尽责，不可敷衍马虎。更重要的是，我们坚持在学派建设中，每个参与者都从自己已有的基础、研究兴趣，选择自己的主题、课题参与，发表自己的（并非我和团队群体都认同的）观点，发出自己的声音，并对自己的认识负责。因为作为创建过程中的“生命·实践”教育学派，需要足够的学术空间让大家各抒己见，各显风采、相互切磋、共同发展。其实，任何一个学派的内部不可能也不应该只有一种声音。但各种声音都应围绕学派建设的共同任务，不能让懈怠浮躁、耍小聪明成气候，败坏学风。自然，每个参与者，包括我在内，在自我成长的过程中，都会不同程度地存在学术或学风的不同缺陷与问题，我们期望通过合作相互提醒补充，通过自我超越实现发展。我希望用每位参与者自己的学术行为与人格，而不只是用文章来显现“生命·实践”教育学的品性。只有这样，这个学派和参与学派建设的人才会有生命活力，才会有真实的成长。恰如李醒民所言：“学术本身有生命，真正的学人视学术如生命，学术自由和学人心灵自由是学术有生命的前提条件。”[②]

发展期以 2004 年 5 月“新基础教育”发展性研究结题报告会的召开和相关

---

① 相关书面意见都作为内部资料保存在我处。

② 李醒民．学术创新是学术的生命．光明日报，2005－11－01.

丛书的出版告一段落。与孕育期相比，“新基础教育”长高、长大、长壮实了不少，并通过文章、各种交流方式和不同传媒渠道，产生了一定的教育和社会影响。我们的队伍和学术思想也在过程中得到锻炼、成长，并出现了首批改革取得相对较为明显成效的学校。但我清楚地知道，目前取得的进步离新型学校之基本成型还有相当距离，学派建设就群体而言的意识还只是初建。于是，“发展性”研究结题后，我们立即进入了“新基础教育”下个研究阶段。

（四）成形期（2004—2009年）

“成形期”是“生命·实践”学派内核的形成之期，它内含着两个方面的“成”。一是“新基础教育”自2004年秋季学期始，进入了为期五年以形成新型学校整体之型为直接目标的新阶段，它被称为“成型性研究”。二是2004年2月在《教育研究》第2期上，以本报通讯员署名发表了李政涛对我的专访：《为“生命·实践”教育学派的创建而努力》，此文向学界明确表明了我们创建学派的意向，已有的积淀，建设的基本方法论与路线，创建团队与学术空间的策划等，开启了成“生命·实践”教育学派之“形”的成形时期。表4是本人这一阶段研究主要成果的表格式列举。

综观表4所列成形期我的研究成果，可以看出其聚合与统整：“新基础教育”研究在整体上呈现深化；“生命·实践”教育学派建设进入前提性、基础性问题研究等明显特征，透出很强的历史感和重建特质。

成型性阶段的“新基础教育”研究形成了新的研究策略：特别加强学校领导与管理这一以往研究相对薄弱，但对学校全局性发展具有决定性意义的层面之研究；收缩直接合作研究学校的地域，聚焦于上海、常州两地上一阶段改革基础较好的学校做全面深入的合作研究，以推进新型学校的诞生；承担各分领域研究责任的华东师范大学课题组成员与学校改革骨干力量一起，一方面系统梳理前十年研究的成果、经验、得失、典型案例，另一方面在深化、补缺的意义上开展新的研究，以编写出对今后推广和持续开展“新基础教育”研究有价值的系列“指导纲要”。我承担的任务除整体策划、直接负责与试验学校领导一起形成本校五年研究、发展规划和之后逐年的学期推进计划外，还以每学期固定三次共同体交流、平均每月一次重点到一所学校做深入座谈与调研的高频度，增强与校长的直接交流与现场考察，发现学校整体成型中的经验与问题，对各校的研究发展状态及时做出判断，提出进一步发展的目标与策略。此举旨在推进学校改革成型的同

表 4 **成形期（2004—2009 年）**

时间	（一）教育理论	（二）教育实践	（三）方法论	（四）教育学反思与学派建设
2004—2009	▲《为“生命·实践”教育学派的创建而努力》（简称“创建努力”）（《教育研究》2004 年第 2 期） ▲《21 世纪中国社会发展与中国基础教育改革》（《中国教育学刊》2005 年第 1 期） ▲《试论当代中国学校文化建设》（《教育发展研究》2006 年第 8 期） ▲叶澜、李政涛、吴亚萍的《学校转型变革中的评价改革》（《教育发展研究》2007 年第 7 期） ⊙《“新基础教育”论——关于当代中国学校变革的探究与认识》（教育科学出版社 2006 年版） ⊙《教育概论（修订版）》（人民教育出版社 2006 年版） ⊙主编“‘新基础教育’成型性研究丛书”，共 7 本，广西师范大学出版社 2009 年版。其中，总报告由本人撰写，题为： ▲《在现实中携手走出建设新型学校的创业之路》	“新基础教育”成型性研究（2004—2009 年）（简称“成型性研究”），华东师大核心团队与 10 所基地学校合作创建 华东师范大学新基础教育研究中心（简称“华师新中心”）揭牌成立（2009 年 5 月 16 日）	▲《当代中国教育变革的主体及其相互关系》（《教育研究》2006 年第 8 期） 另有：散落在每阶段结题总报告、教育学反思和“‘生命·实践’教育学论丛”等相关论文中的方法论部分	▲《中国教育学发展世纪问题的审视》（简称“世纪审视”）（《教育研究》2004 年第 7 期） ▲《在裂变与重聚中创生——2001—2005 中国教育学科发展评析（2005 年）》 ⊙主编《二十世纪中国社会科学·教育学卷》（上海教育出版社 2005 年版），本人撰写总论 ⊙主编“‘生命·实践’教育学论丛”，共 4 辑，均由广西师范大学出版社出版。本人撰写论文为： ▲《从“冬虫”到“夏草”》（《回望》，2007 年版） ▲《当代中国教育学研究“学科立场”的寻问与探究》（《立场》，2008 年版） ▲《“生命·实践”教育学引论（上）》（《基因》，2009 年版） ▲《“生命·实践”教育学引论（下）》（《命脉》，2009 年版）

时，形成一支有理想、有智慧，敢担当、善选择，肯实干、会创造的“新基础教育”共同体校长队伍，并由他们带动学校领导团队整体水平的提升，促进成员的个体发展，把“成事成人”的要求在更高的水平上扩展到领导层。整个团队，包括试验校的领导和教师们的共同坚守、努力与创造，使成型性阶段的研究目标基本如期达成。自此以后，我与这些校长有了深入的交流，对校长在变革中承受的压力和干扰，有了越来越具体的认识，并常被他们的精神所感动，为他们的智慧而惊喜。“新基础教育”有了坚强的领导合力，我有了一批来自实践一线的老师。

在完成了发展性研究结题、学派创建大局形成和成型性研究开始阶段的繁忙后，自 2005 年始，我把属于个人可支配的时间，集中在早已列入计划、但迟迟未能动笔的《“新基础教育”论》上，用一年多时间完稿，使其在 2006 年 9 月得以面世。同时，我也完成了原定 2000 年出齐、只是因我而拖后六年的“世纪之交中国基础教育改革研究丛书”的全部主编任务。

《“新基础教育”论》[①] 作为十多年改革研究的结晶，就我主观上而言，是想使其成为一本在全球教育改革背景下，以自身理论与实践共同体研究为基源，突显中国基础教育学校改革的理论和实践独特性的一本著作，一本能对中国有关教育改革的理论和实践有所贡献和推进的著作。至少，它应成为所有想了解和开展“新基础教育”研究的人与学校所必读的著作。在“生命·实践”教育学派创建中，该书是本人关于教育是什么、学校教育是什么的当代中国版解读，它内含着教育内在的一系列规定性和基本关系，又是在当今具体时代的独特呈现。与《教育概论》[②] 相比，该书着重于对变革时代教育改革的研究。包括变革主体的复杂构成、多方矛盾冲突及宏观变革的策略，提出了教育对于社会具有更新性再生产作用的新观点，以及将社会看作教育变革之生态的新视角，提出了在教育变革中如何处理社会生态建设和教育内涵发展的新问题，拓展了有关教育与社会关系的认识[③]。该书是本人首次对中国学校教育做历史和现实的系统研究，全书用近 2/3 的篇幅，对近代中国学校教育变化做了历史的回溯与分析，进行了以学校为转型性变革研究的整体单位，以日常教育实践为分析单位的系统变革的双层研究，明显表现出我对教育学研究确立内立场的觉醒与努力。这些在《教育概论》初版中

---

① 2009 年《“新基础教育”论》被评为全国高校哲学社会科学优秀成果奖著作类一等奖。该书 2006 年 9 月出版后，至 2012 年已多次印刷，印数达 2 万多册。

② 在同年人民教育出版社出版的《教育概论》修订本中，相应部分吸收了《“新基础教育”论》的部分观点。

③ 基于这一认识，我们在 2010—2012 年，开展了“当代中国社会的教育基础”项目研究。提出了“社会的教育责任”命题。参阅：李政涛．中国社会发展的“教育尺度”与教育基础．教育研究，2012（3）.

都尚未涉及，故可看作我对自己十五年前形成的教育系统认识的一次回归与突破。同时，还可以将此视作我通向"'生命·实践'教育学论纲"撰写的重要中间站。"生命·实践"的教育学理念在《"新基础教育"论》中，没有以集中的显性论证和系统的阐述方式呈现，它渗透、蕴含在对时代教育问题的提出和回答中。

与上述学派建设直接相关，在此期间中，本人第一次对教育学在中国发展中反复出现、始终存在的问题做了系统梳理，并将其称为"世纪问题"[①]，它们是：教育学的双重依附性，与本国文化传统的断裂，与教育实践的脱离，存在着缺家园、缺内生长力、缺学术尊严的并不理想的生存状态。这是一次审视式的对中国教育学发展百年史的回归，其目的并非为了否定历史，而是通过审视，为教育学在新世纪的发展提供历史经验，避免重蹈覆辙，并努力寻找思想、观念和思维解放的突破，走上新的征程。我们将这一教育学重建的任务视作己任，并以创建学派的方式为新世纪教育学的发展积聚力量。此后，我又与本系相关学者一起完成了《中国教育学科年度发展报告·2005》。与前面几年的年度报告不同，这一卷是对新世纪最初五年教育学发展状态所做的整体和分学科的小结。我以《在裂变与重聚中创生》为总报告题目，从学界已呈现出"春秋"式的裂变繁复势态中，感受到为创生而重聚的必要。这本五年小结的年度总报告，也成为我对新世纪中国教育学发展所做的"现状追踪式"评析研究的句号。此后，把学派建设作为教育学研究方面的主任务展开。

经过多次讨论，我们决定与"新基础教育"研究成型性阶段同步，在五年里完成四本一套以"生命·实践"教育学派建设为主题的论丛系列。本学派前期建设历程与进展回溯集聚成第一辑，称为《回望》；自第二辑开始，就学派系统建设需率先清楚的问题，以专题论文集的方式呈现，分别命名为《立场》（教育学的立场）、《基因》（学派元概念"生命·实践"的内涵）和《命脉》（学派的根系构成）。在共同完成了将研究问题转化为每册"主题"的提炼确定之后，各人都按自己的理解撰写论文，内部不先做交流讨论，同时还向社会开放征稿。尽管因学派对外界而言还只是初见，投稿者不多，但诚挚表达了无论内外，我们都取开放的心态。就我而言，确实是尽了最大的努力，做到把自己想清楚，把学派的前提性问题想清楚并写明白。为了保持作为学派建设第一套丛书的原创性和唯一性价值，核心成员相约：四辑丛书中的稿件不投其他杂志，这也是我在2007—2009年期间，尽管阅读、写作在10万字左右，但几乎没有一篇重要的理论文章

① 叶澜．中国教育学发展世纪问题的审视．教育研究，2004（7）．该文获全国高校哲学社会科学第四届优秀成果奖论文类一等奖。

在杂志上发表的原因。在《回望》序言中，我表达了这样的心意："第一辑的出版，就像一个生命的诞生一样，会延续，会生长，从小到大，从幼稚走向成熟，自然也可能夭折、死亡。只是，我们会以自己的投入，以研究的化入，使今后的每一辑都有声有色，只要它存在一天，我们就不让它没有尊严地'活着'。"①

通过论丛的写作，我又多次重读西方教育学经典著作、国内相对有影响的教育学著作，以及近二十年来国外有关的教育论著，以梳理相关主题和寻求突破的方式，向教育学研究传统做又一次的回归，进而提出了教育学要成为独立学科就必须确立学科内立场，加强教育学基本理论的研究，逐渐形成以教育学为本体的交叉、综合学科等新学科体系，并以此为新的发展方向，使教育学科群在整体上呈现新的结构和内涵②。在梳理过程中逐渐清晰地看到赶潮式地左右摇摆、绝对化地推崇国外某种教育学派的认识，会一叶障目，看不清国外学术本身就是多元、多派并随时代而变化的整体。无疑，在每个研究者有限的时间和视界内，不可能统揽全局，重要且可能做到的是：改变以国外某国或某种理论为仿效、追赶的目标，无论是因对抗，还是因仰慕，只有在心态调整为平视，目标定为审视与借鉴，通过比较、辨识、分析、综合、对话，将其化为中国教育学发展的资源，服务于中国教育学的建设时，才能在世界教育学舞台上发出中国的声音。

我在以上、下两篇分载于《基因》和《命脉》两辑中的"引论"③一文，花大力气阐明了如下观点：凡可称为教育学的经典著作，都有自己思考的原点，并由此引出基本的命题，这一原点在理论系统中的呈现可以显性，也可以隐含，但不可能没有，找出这些原点是读懂和读通经典的重要条件。"生命·实践"教育学派孕育、初创和发展的过程，也是这一原点逐渐形成、丰富和清晰的过程。我们用DNA基因式的双螺旋结构（也与中国文化传统中的阴阳双鱼图结构暗合）来比喻此原点，称其为"基因"，以示这一原点的复合性和内含丰富整体潜质的独特。文中对"生命""实践"及其关系做了概括、提要式的解释，并由此引出"生命·实践"教育学在建构中必须做出自己回答的基本问题，初步搭起了"'生命·实践'教育学论纲"的思路框架。

关于"命脉"的研究，是为"基因"理出其资源脉系。借此过程，我除了以往相对清晰的，以实践、马克思主义哲学、西方文化传统及当代哲学、当代科学文化发展及教育学传统等作为命脉之外，尤其想明确提出的是：如何改变因中国

① 叶澜．回望．桂林：广西师范大学出版社，2007：序言1.

② 详细参阅叶澜《立场》第18页。该文获全国第四届教育科研优秀成果奖二等奖。

③ 该论文获上海市第十届哲学社会科学优秀成果奖论文类一等奖。

近代教育学的直接引进、中华人民共和国成立后政治意识形态批判而造成的，长期以来教育学研究与中国传统文化、学术、哲学、教育思想断裂的基本状态，将中国教育学生长的根系扎进丰富的本土精神家园之中的追求[①]。对我而言，这也是一次知识和认识领域补缺的过程。2006 年 11 月 8 日，我首次以《教天地人事　育生命自觉——关于“教育”是什么的多维审视》为题，在华东师范大学做了专题报告[②]，这是我首次将中国哲学、文化传统，融入对“教育”这一教育学基本概念内涵构建的尝试，并试图在表达上呈现中国文化气质。同时也因此点明了“生命·实践”教育学派在教育目标的深层指向上，可用“育生命自觉”来表达。“教育”的这一新表达方式，很快得到了“新基础教育”合作研究学校的认同。现在这一提法已在这些学校中成为行为追求和我们经常提到的话语。“自觉”一词也越来越多地衍化到有关学校各项研究要求之中，有的博士生也以此为名撰写博士论文。

2009 年 5 月，我们在华东师范大学礼堂举行了为期两天，由 800 多名代表参加的“新基础教育”成型性研究结题报告会[③]。会议得到了各级领导和同行专家的支持与关注。除华东师范大学的研究成员外，相关的区教育局局长、试验学校的校长和骨干教师都登上了报告会的讲坛。会上命名的 12 所首批“新基础教育”研究基地校，都在本校举行了专题现场听课、评课和研究活动。“新基础教育”15 年的研究一向以静下心来、专注强内、践行学校内部改革之事为风格。这次来了一个我称其为“华丽转身”的亮相，大家都为 15 年辛勤耕耘得来的丰收，为“新基础教育”完成理论与实践双重意义的“成型”而喜悦，也为亮相得到与会者普遍认同而欣然。与此同时，会议举行了“‘生命·实践’教育学论丛”出版的新书发布会，学派第一个“成形”的“新生儿”发出了响亮的啼声。华东师范大学新基础教育研究中心也在开幕式上宣布成立。由此开始，“新基础教育”和“生命·实践”教育学派的研究有了机构式的组织。

这次盛大的会议，成为双重却不同水平和形态的“成形”期结束的标志和新

---

① 在这方面，21 世纪开初的十年里，中国教育学界已有不少先行者，如华东师范大学张瑞璠、黄书光主编《中国教育哲学通史》，北京师范大学黄济、顾明远两位先生等都各有专著出版。我将在教育学重建的意义上做出努力。

② 同名报告此后还在校内外做过 4 次，每次讲座都引起与会者醒悟式的共鸣。

③ 出席这次会议开幕式并做发言的各级领导有时任教育部副部长陈小娅和师范司、基础教育司的相关领导，时任上海市副市长沈晓明及市教委相关领导，华东师范大学党委书记张济顺和校长俞立中及其他相关领导。出席并承担评论的专家有时任中国教育学会会长顾明远、东北师范大学校长史宁中、南京师范大学副校长吴康宁、南通市情境教育研究所李吉林（今年 7 月，惊悉李老师仙逝，特致悼念）等十余名。

阶段开启的前奏。

（五）通化期（2009年始，尚在进行中）

经历了短期的成型结题而生的欢欣后，我们很快转入了现称作“通化期”的新阶段。

通化期需要面对的是三大问题：第一，成型性研究之后，“新基础教育”研究是否结束？第二，“‘生命·实践’教育学论丛”出版后，如何进一步研究？第三，如何建设新基础教育研究中心，从性质、功能定位到组织架构？这三大问题息息相关，但处理不好会没有内在关联。经过近一个暑假的策划，我们形成了阶段发展的基本目标与策略：着重多项研究在原有基础上延续发展，并将其相通互化，故称其为“通化期”。

这一时期在实践方面完成了第一阶段“新基础教育”扎根研究（2009—2012年），开始了第二阶段“新基础教育”生态式推进研究（2012—　）。该时期现有研究成果及尚在进行的研究项目和拟完成的成果可见表5。

在表5“（二）教育实践”中，“新基础教育”研究并未因“成型”而结束。究其原因，主要有二：一是“新基础教育”基地学校创建过程主要集中在成形期，是在华东师范大学研究人员持续深度介入与策划，大量参与下合作研究的结果。如果没有经历一个以学校为单位，具有一定数量、分布在不同学科和不同年级的校内核心成员组成的骨干群体，继续独立开展的研究过程，这项经历了十年的研究可能停滞，甚至在各种潮流的冲击下倒退直至被淹没。另外，上述12所基地学校因参加“新基础教育”而出现的多方面显著变化与不同程度的进步，使上海市闵行区、常州市不少学校都先后分批参加了“新基础教育”研究，地区全域意义上的“新基础教育”，也需要加强上述“新基础教育”研究基地校的建设，需要以它们为骨干，引领、带动其他学校的研究与发展。二是“新基础教育”的系列式理论成果，尤其是数学、语文、外语三门学科和学生发展与班级建设、学校领导与管理改革、教师发展共计6本“指导纲要”，2009年5月才出版。这是我们15年改革研究实践的积淀，是我们自己创造的成果。“指导纲要”同时需要经过更多学校改革实践的检验、丰富与完善；需要用它来提升一线骨干的水平，以及指导他人进行“新基础教育”改革实践的能力，也就是说，系统化后的“新基础教育”具体应用性理论同样需要有化为实践改革者的内在理论和自觉行为的过程，需要检验系统化应用理论的介入，能否带来“新基础教育”研究“成事成人”的加速发展和高质量完成。以上两点成为理论、实践双方研究人员的共识，

表 5　　通化期（2009—2015 年）

时间	（一）教育理论	（二）教育实践	（三）方法论	（四）学派建设 （教育学反思蕴含其中）
2009—	⊙《基础教育改革与中国教育学理论重建研究》，叶澜等著（全国哲学社会科学重大攻关项目研究成果，经济科学出版社 2009 年版） ⊙叶澜主编“世纪初中国基础教育改革研究丛书”，由教育科学出版社 2011 年完成全部出版（共计 11 本） ⊙《“新基础教育”研究史》（简称“研究史”）（叶澜、李政涛等，教育科学出版社 2010 年版，参加撰写人员包括华东师大课题组成员、基地学校的校长与教师，共计 40 人） ▲《课堂教学过程再认识：功夫重在论外》（简称“过程再认识”）（《课程・教材・教法》2013 年第 5 期）	华东师范大学新基础教育研究中心（简称“华师新中心”）建设 2009—2012 年：10 所基地学校研究进入扎根阶段研究。其中 9 所在 2012 年扎根阶段结束时，成为“生命・实践”教育学首批合作研究校 2012—2015 年，全国四地近百所学校建立“新基础教育”研究共生体（简称“共生体”），开启了基于校本的“新基础教育”生态式推进研究（简称“生态式研究”）	▲《大学专业人员在协作开展学校研究中的作用》（《中国教育学刊》2009 年第 9 期）	2011 年底，“生命・实践”教育学创建研究列为基础教育改革与发展研究所基地重大课题。 2012 年“生命・实践”教育学三套论著系列丛书，共计 30 本（简称“三套书系”），筹划完成，经过五次提纲讨论，现已全面投入写作，预定 2014 年全部出版

共同决定自2009年下半学期始，进入以“扎根性”研究命名的新阶段。与此同时，我们做出了自扎根阶段始，华东师范大学团队不再以“新基础教育”研究的名称申请项目的决定，这意味着今后研究实践的性质，对于华东师范大学成员来说，已经从做项目上升为做事业，更意味着自觉投身当代中国教育改革实践开展研究，对于我们来说已经不是完成项目的手段和权宜之计、短期行为，而是一种学术责任，是学术发展和个人学术生存的方式，成为“生命·实践”教育学派的一种标志。试验学校则可根据自己的研究情况，去独立申请各层面的研究项目。我们希望基地学校的领导和教师，也以做事业的精神持续、创造性地开展“新基础教育”研究。与此相关，华东师范大学研究人员对基地学校的直接介入将逐渐淡出，更多强调研究共生体间的学校互动，更多关注面上整体的发展和骨干力量的培养。但双方定期研讨、交流、沟通的传统合作方式依然保留。

2010年，《国家教育改革与发展中长期规划（2010—2020年）》公布，在执行的起始阶段，全国出现了以资源均衡配置，包括校长、教师硬性规定和柔性流动为特征的宏观均衡发展之热潮。“新基础教育”研究学校也面临校长调动频率和骨干教师流动数量速增的流动冲击。现实逼着我们思考宏观均衡与学校内涵发展的关系问题，思考宏观均衡是否只有依靠资源调拨才能实现，思考教育中的物质、设施等资源的均衡配置，与人、教师的为均衡而调拨是否是同一性质、能产生同样效果等一系列问题。经过一年左右的观察与研究，我们决心走出另一条将宏观均衡与学校内涵发展相统一的路径，那就是：在承认教育物质、经费等硬资源，必须由政府均衡配置的前提下，以组建学校间自愿合作生态区的方式，通过学校间领导、教师的分区联合研究，用深化学校改革提升教育者的发展水平，从而促进各校内生长力的发展，达到宏观均衡与学校内涵发展相统一的目标。要走出这一条路并取得实效，确实要比调动人力难和复杂得多，需要长时段计议，但“新基础教育”前期共同体研究的经验，已经证明这是可行的，我们有信心。自2011年起，上海市闵行区率先开展了“新基础教育”生态区研究，区内基地学校成为生态区的组长校。这项研究为2012年始，在全国四个地区（上海、常州、淮安、青岛）组建大小、数量不等的生态组，成立“新基础教育”生态式推进全国共生体，在各种形式的合作研究中提供了重要的创造性经验①。

---

① 2011年10月15、16日，我们在华东师范大学举行了第一次全国“生命·实践”教育学研究专题报告会，广西师范大学出版社同年出版了李政涛主编的题为《为“生命·实践”而思》的会议论文集。第二次报告会以“新基础教育”扎根研究总结交流为主题。第三次报告会于2012年10月24日举行，主题为“生态式推进学校变革”，它标志着通化期第二阶段研究正式开始。

2012年下半学年开始了通化期第二阶段的“新基础教育”生态式研究，不仅在目标和任务上发生了上述变化，而且在数量和研究群体的组织结构上也发生了大变化。参与该项研究的成员校已扩大到近百所，它们按地区分别组成1～6个、总计13个生态组，关涉到数以万计的教师和数以十万计的学生。所有参与校联合组成了“共生体”。用“共生体”代替“新基础教育”发展性阶段的“共同体”称号，表明这一联合更在乎通过基于各校自主研究，多层面有主题、有目标的日常性与阶段集中相结合的多种合作交流，达成参与成员在各自原有基础上的真实生长与发展。至今，实践已明显呈现出这种共生态的活力，并创造了丰富的经验。在这个过程中，“生命·实践”教育学合作校和“新基础教育”研究基地校的校长、中层领导与骨干教师，努力相互学习，在提升日常经验和实现自我发展等方面，发挥了基础性的、华东师范大学研究人员所不可能发挥和取代的作用。他们不仅在理论与实践结合、积极自主创造方面起了示范和指导作用，而且在教育信念的坚定和自信心的提高方面都有了显著进步，这批“新基础教育”研究的“先行者”在履行指导者责任的过程中学习、成长。

从形式上看，扎根阶段与生态式研究阶段的关系，有些类似十年前探索性阶段与发展性阶段的关系，但无论从研究基础、主体构成、追求目标还是组织形态等局部和整体系统来看，都发生了质的飞跃。通化期是“新基础教育”研究在新水平上第二个螺旋式发展的开始。两个螺旋式发展的根本不同是：后者着力于通与化。它创造性地在学校内部各领域间、生态组内部各校间、共生体内部各地区间，从改革研究、学校发展、地区均衡和个体发展多层时空结构和大小不等的行为主体意义上，实现共通互化。实践主体表现出极大的主动性与创造性。这是新基础教育前十五年研究在人身上积淀的变化，是实践主体自我更新后能量聚集的巨大释放。这是该时期共通互化在实践领域的呈现，是“通化”的第一种形态。

通化的第二种形态发生在“新基础教育”研究和学派建设之间。

自2009年完成了“基础教育改革与中国教育学理论重建研究”的哲学社会科学重大攻关项目和“‘生命·实践’教育学论丛”出版后，我们自觉加强了“新基础教育”与学派建设之间的内在互化。2012年从首批“新基础教育”研究基地校中，命名9所在扎根阶段又有显著发展成效的学校为第一批“生命·实践”教育学合作研究校，是这方面的一个具体表现。

2009年成立的华东师范大学新基础教育研究中心[①]，经过近3年的建设，形成了将两项研究统一推进的目标，提出了明确的“中心”发展宗旨：将中心建成“中国学校转型研究的合作平台，一代教育新人成长的精神家园，‘生命·实践’教育学的创生摇篮”。与此相应，中心的组织结构也出现了包括由大学成员组成的研究员和通讯研究员，由中小学领导、骨干教师组成的兼职研究员和列席研究员，按研究室联合组成的多层次，可分可合的灵活格局，并初步完成了中心研究制度的建设，以“一套教育理论”“一批转型学校”“一支研究队伍”“一条变革之路”和“一种研究方式”五个“一”[②] 概括了已经取得的研究成果。在此基础上，“中心”策划了以“生命·实践”教育学论著系列为总称的三套丛书：其一是关于教育学理论的当代研究，这是学派建设的基本理论部分；其二是关于当代中国学校变革的理论研究，这是学派建设的学校层面，也是“新基础教育”在原有分专题研究基础上的深化与展开；其三是“生命·实践”教育学合作校各自的变革史研究，这是学派建设更为具体、综合、生动的案例系列。三套丛书的架构，是“新基础教育”与“生命·实践”教育学派的共通互化在学术著作层面上的显性表达。它体现了该学派的独特生长过程与形态：多层次研究成果之间的一致性与差异性，因共通互化而实现的相互滋养与交互生成。预定2014年底出版的三套丛书，将使“生命·实践”教育学派，以系统、挺拔而有个性的姿态，矗立在21世纪初期的中国教育学研究丛林中。

（六）结语

在完成了我与团队先后近三十年、历经五个阶段的“生命·实践”教育学创建与形成过程的浓缩式叙述之后，现以“生命·实践”教育学派因哪些方面的回

---

① 迄今为止，以“新基础教育研究”命名的机构还有：2000年由当时上海市教委为加强优秀研究成果推广，以建在基层区县为规定，设在闵行区教科所内的“上海市新基础教育研究所”（并不属上海市教委管理，此后因市教委领导换届，很少再被市级关注，也不拨经费。故在所属上级单位上有点名不符实，但却在推进闵行区“新基础教育”研究，乃至与全国其他地区合作中的影响方面，发挥了很好的作用）；2012年江苏淮安市与淮阴师范学院、参与“新基础教育”试验学校联合组建的，设在淮阴师范学院教科院的“淮安市新基础教育研究中心”等两处。

② 五个“一”的具体表达参阅《华东师范大学新基础教育研究中心简介》（内部资料）。前三个“一”在本文已有涉及，关于后两个“一”，其中“一条变革之路”是指在“新基础教育”研究中长期形成的推进学校变革的三大策略：“整体策划与分阶段实施相结合”“日常持续开展与关键节点集中交流相结合”“重点突破与梯度放大相结合”和以“推进性评价”为核心的多元综合的评价体系。“一种研究方式”是指高校研究人员长期“深度介入”中小学实践的新型合作研究方式，有关这一研究方式的说明，参阅：叶澜．大学专业人员在协作开展学校研究中的作用．中国教育学刊，2009（9）.

归与突破而生成的列点式概括，作为结语[①]。

第一，回归与突破首先且始终不能没有研究者对自身形成的学术自我的超越。它是研究主体在不断反思、学习，对自己头脑中已经形成的观念、认识系列产生疑惑，发现问题，并着力于对为何会形成这些认识、其依据是什么、因怎样的思维方式而形成、这些思维方式本身是否合理等问题的不断拷问中逐渐完成。为此需要在每个阶段对学术自我的状态，包括自己具有的更为一般的知识结构、认知资源和缺陷有清醒的自明；还需要通过对各类资源的吸取，对内在知识系统的更替，直至形成新的更为一般的认识世界的态度、观念和思想方法，才可能为认识教育学和教育世界提供新的参照系，才可能出现自身学术观念系统的更新。这是研究人员面对学术自我的回归与突破过程，群体的学术自我在成长过程中也需要这样的回归与突破。没有研究者自我的突破，难有内生长意义上的学术更新与创造。任何一个领域的学术发展，都不能没有从事这一领域的研究者学术生命的内在发展做前提。这一点，在社会、文化大转型的时代，尤为重要。

“生命·实践”教育学派研究者践行自己对“生命自觉”的追求。

第二，回归与突破还指向作为教育学资源和关涉到的一些前提性问题的领域，如人类文明、文化、学术传统与发展等，它们与教育学建设有着多重关联。这一回归与突破对于教育学来说尤为艰难，它不仅需要明白西方文化的传统与发展走向，更需要对中国文化传统相对于西方而言的独特、对中华民族的民族性形成、对中国人精神世界的影响等有一个深度的认识。只有经过这样一次大回归基础上的再发展，中国教育学才能将根扎在自己民族文化的厚土中，才有可能具有存在于世界民族之林，并与世界其他民族的教育学做有益、平等对话的可能，才会摆脱成为其他学科和其他国家、民族教育学的“双重殖民地”局面，才会因内在脊梁之挺直而具独立的尊严。说到底，一切的“进入”都是为了更好的“走出”。

第三，对教育学已有传统的回归与突破，是“生命·实践”教育学派形成过程中反复进行、更为直接的领域。教育自身的复杂性决定了这一过程的艰难，它必须融入上述的人类文明和文化传统之中去思考，不只是为了读懂教育学发展的脉络，还为了读懂教育学何以会成为今天这模样。但又不能只满足于融入，还须要抽出，认清教育学作为一个学科自产生起，逐渐积淀下来的属于教育学自身的

---

① 以下提到的四点“回归与突破”，既是从另一个角度对《回归突破：“生命·实践”教育学论纲》一书“导论”所要表达思想的概括，也将在该书各章中得到不同侧重的、综合式的具体表现。它将不再以显性的方式，而是以渗透化入内容之中的方式存在。

发展脉络、财富和始终纠缠不清的问题。在厘清财富的同时，找出影响发展的根源和原因，找出必须突破的方面，并用回归之继承和突破之立新的综合，重建出当今时代之教育学。

第四，“生命·实践”教育学派回归与突破最深的一个“猛子”是扎入当代教育实践之涌动不息的大海，尤其是深度介入当代中国基础教育学校改革的实践。正是二十余年的持续介入，使我们感受到教育学的“内立场”之具体存在，发现了可称作教育研究的“果蝇”——每天都在进行着的学校各式各样的教育实践活动。我们在其中努力读懂教师、学生，读深教学和学生工作的方方面面，读清教育理想与现实的冲突，读到教育自身的扭曲、无奈和变异对人的伤害。这一切都激发我们介入学校改革的责任、勇气和信心，增长研究教育实践的经验与智慧，历练理论与实践双向、多层、多面交互转化的能力，催生自身和学派的成长。在对变革实践的深度介入中逐渐生成的“生命·实践”教育学理论，因此而带着研究者的生命温度和呈现出浓浓的教育学“草根情结”。

正是如此多维多元的回归与突破，使我们畅游在知识与文明、教育学理论和教育实践的各脉汪洋之中，时而相通、时而受阻，时而对峙、时而互化，不同于以往的回答总是产生在不断追问和用心感悟之后；正是如此多维多元的回归与突破，对教育学发展的生命投入，使我们感受着它的博大，享受着教育学对生命的丰富馈赠；正是如此多维多元的回归与突破，每一阶段与过程中形成的不同变化与发展，使我们切实体验到教育学发展与人类发展共存，永无止息。与其相比，我们虽渺小，却因深爱与执着而将一直行进在路上。

如果让我用一句话来表达，在如此的回归与突破中所生成的“生命·实践”教育学，是怎样一种品性的教育学，我会这样说：

“生命·实践”教育学是属人的、为人的、具有人的生命气息和实践泥土芳香的教育学。

本文系叶澜教授2011年在华东师范大学终身教授报告会上的发言稿，后经叶澜教授修改，定稿，发表于《教育学报》2013年第5期；2014年获上海市第十二届哲学社会科学优秀成果奖一等奖。本文是叶澜教授专著《回归突破：“生命·实践”教育学论纲》（华东师范大学出版社2015年版）一书的“导论”。《回归突破》出版后，2016年先后获上海市第十三届哲学社会科学优秀成果奖一等奖、第五届全国教育科学研究优秀成果奖一等奖，2017年获第七届吴玉章人文社会科学一等奖，2018年举行英文版发布暨国际研讨会。

中国哲学传统中的教育精神与智慧

哲学与教育哲学以学科的形态出现在中国始于20世纪初，它是西方人文社会科学引进的产物[①]。然而众所周知，中国漫长的5 000年文明史，积累了丰富的哲学思想，有自己伟大的思想家，也存留大量的典籍，但在近一个半世纪追赶世界现代化步伐的复杂过程中，因种种原因，这些源于本土的思想财富却命运不佳，遭冷落、被丢弃或批判，成了思想学术界的常态。在哲学界包括教育哲学界也不例外，处于主流和核心地位的是外来的、随潮而变的各种思想与话语，十分热闹却无济于大事。此风在近20多年来出现改观，思想界的一批有识之士从反思始，进而强烈意识到：任何民族、社会的发展都不能离开本土文化的精神家园，中国需要一次精神的回归，需要重新审视我们已有的精神财富，在回归中审视，在审视中清醒，在清醒中发现，在发现中完善，在完善中再建和创造饱含中国文化血脉的当代学术，以自己的丰实和独特，与世界各国的同人做有交流意义的对话。正是在这样的背景和意识的影响下，形成了本文的选题。

一、"天人合一"命题内含的教育精神

中国哲学思想是一个庞大的系统，有着众多的流派，在其肇始至今2 500多年的历史中，逐渐形成了以儒家为主体、儒道释并存的思想格局，这几乎是当代中国哲学界的共识。但本文要探讨的并非这一思想格局本身，而是这一格局内含的根本问题，呈现的价值取向、基本的思维方式及其存在方式。在我看来正是这些从整体上构成了中国哲学传统，从中我们可以读出它的独特和意义，读出其内含的教育精神与智慧，从而可能进一步探讨基于中国哲学传统的教育哲学。

人应如何在世界上生存是中国哲学传统的母题，关涉人生实践与生命意义，它使中国哲学带有强烈的世间色彩与人文气息。中华民族的文明以农耕经济为基础，故而敬畏天地，把天地看作生养众人的"父母"是最为原始的信仰。社会关

① 黄济．教育哲学通论．太原：山西教育出版社，1998：97－98.

系的维系则以血缘为原点，血缘关系也就成为人构建其他社会关系的原型。中国传统哲学通常把自然称为“天地”，把社会之事称为“人事”，如此，人应如何生存的母题，就演化为人与天地人事的关系问题，打开了中国哲学的大视野。

“天人合一”是中国哲学传统中最大的命题。老子《道德经》中“人法地，地法天，天法道，道法自然”（第二十五章）是这一命题的典型表达。此处的自然，并不是指自然之物，而是指其自身，即“道”由其本性。全文揭示了天地人相通，且统一于道，都应法其自然之理。老子还提出了天地人的又一层关系：“道生一，一生二，二生三，三生万物。万物负阴而抱阳，冲气以为和。”（《道德经》第四十二章）文中之“一”指天，“二”指地，天地关系是阴阳关系，“三”即阴阳两气抱合所生之和气，故能生万物。在此，天地人的关系是相生关系，之所以能相生是因为天地有阴阳关系，中国哲学传统中抽象的能生万物的“阴阳”，一对能结合互生的基本关系被明确提出。天地人相通相生是天人关系的第一层意思。

天人关系的第二层意思是人应依天道之法而行，包括立序和立德。自此进入人类社会与伦理、个人道德与修养，即人事与人生的领域。所谓“立序”是指天有四时年月昼夜之序、阴晴圆缺之变，地有高山平地、东南西北之别。人法天地首先要在人间社会也建立起合情合理之序，此序的依据即以父母阴阳所合而生之序为本，进而确立三纲五常之序；以血缘之序为范本，类比、推衍出社会等级层阶之序。这一序既有天理，又有人伦做依据支撑，还能在日常生活中践行，故具有相当的稳定性。所谓“立德”，是指人应以天地之德为榜样立自身之德。如《易经》“乾”卦象传中所述人如何向天学习，“天行健，君子以自强不息”；“坤”卦指出人如何向地学习，“地势坤，君子以厚德载物”。现在我国清华大学的校训“自强不息　厚德载物”，即出于《易经》第一、二卦，由此可略见中国哲学传统在立人立德上的深远影响。

“天人合一”之第三意在于确立人在天地万物之间的特殊地位与关系。在《礼运》中有记：“故人者，其天地之德，阴阳之交，鬼神之会，五行之秀气也。”董仲舒进一步说明为：“天地人，万物之本也。天生之，地养之，人成之。天生之以孝悌，地养之以衣食，人成之以礼乐。三者相为手足，合以成体，不可一无也。”有了这一层天人关系，君主就可称为天子，人就有替天行道的权力，其前提是人必须把自己修养成君子。由此，我们引出了天人关系内含的教育精神，即人要由礼乐而成。在《中庸》首章中，这一关系有更明确的表述：“天命之谓性，率性之谓道，修道之谓教。”由此可见，“教”是建立在天道、人性之基础上，是修道成人之事。可以说，不了解“天人合一”之中国哲学传统，就不易把握中国传统教育修道成人之基础与旨归，把握中国教育之根本精神。

二、以人生为对象的修习践行之道

从“天人合一”命题的说明中不难看出，中国哲学传统中的谈天说地，并非为区分天地与人，而是借人畏天地之情，为人立法之道，天人相通、相应、相参。我国有学者把天人合一与主客两分，作为中西哲学传统重要区别的立论[①]，在我看来这是恰当的。也正因此，人何以成人、何以立身、何以成事，就成为中国哲学传统中由“天人合一”引申出的核心问题，有关阐述直接关系到一系列基本的教育观。在此，我们把论述的重点放在儒家，且只能择其具有特殊性、并对今日尚有重要启发的要义而言。

天性与修习是关于人性问题的讨论，也是关于人如何成人的回答。各派哲学虽有不同的回答，但都关涉到此。孔子的回答是：“性相近也，习相远也。”（《论语·阳货》）他不是从人性之善恶，而是从能否通过学习和修行改变其天性来讨论，以相近和相远之别，表达了他对人需要和能够学习的信念，肯定了教育的必要性。在他看来人的天性尽管有差异，但生而知之者极少，连他自己也不是。大多数人是学而知之，唯有遇困还不愿学的人，才难教。基于此，孔子提倡“有教无类”这一至今都有重要意义的教育命题，且把研究的重点放在后天的习、修上，主张因材施教、提倡“学而不厌，诲人不倦”（《论语·述而》），如此教育精神确实不能不令人赞叹、敬重，至今仍不失其光辉。

论及教育之习修，首先要问的是为成怎样的人而习修。儒家的回答是成君子。君子与小人之别在于德，君子之德的核心是“仁”，即爱人，以己度人及人：“己欲立而立人，己欲达而达人。”（《论语·雍也》）“己所不欲”则“勿施于人”。这些言论，也可看作是对“性相近”的进一步说明，唯有相近方可度、可施，教育影响才有可能实现。同时它表明了成仁需每人从修己做起，唯有立己，才能达人。这与上述“君子自强不息”的精神完全相符。

进一步要讨论的问题是如何修己。儒家的传统是主张立志为先，且志要坚定，三军不可夺。所谓志，就是人生的价值取向。孔子自述在15岁时就立下终身学仁礼之志，即“志于学”。在孔子那里，学与习是相关相连的。“学而时习

---

① 张世英．天人之际：中国哲学的困惑和选择．北京：人民出版社，1995：3－4.

之，不亦乐乎”是《论语》首章的第一句并非偶然。值得提出的是，孔子之学并不拘泥于文字，也不只是读书，他更强调的是向周围的人学，在与他人的交往中学，在做事中学。这与我们当前一讲学习，就想到读书、做练习大不同。更大的不同还在于儒家的学习强调思考、反省、体悟，使所学转化为自我精神世界的构成；同时还要求将自己的人生信念躬身践行。唯有以身作则，方可达到自立立人。这是一个完整的由外而内、再由内而外的学习做人的过程，完善自我的过程，终身发展最后达到生命自觉的过程。孔子用对自己一生的总结，描述了这一过程："吾十有五而志于学，三十而立，四十而不惑，五十而知天命，六十而耳顺，七十而从心所欲，不逾矩。"（《论语·为政》）正如牟宗三所述，中国哲学"是以生命为它的对象，主要的用心在于如何来调节我们的生命，来运转我们的生命、安顿我们的生命"①。在我看来，这是中国哲学传统对当前我们的教育最有矫治和提升价值的学习观与教育观。

正是基于上述两方面的启发，我们提出了创建"生命·实践"教育学派，对"教育"一词做了中国式的表达："教天地人事　育生命自觉。"我们将有关教育的探究，集中到人之终身发展的过程，即经教育与自我教育，个体逐渐由外而内、由内而外，最终实现自觉把握人生命运的转化、生成过程。

三、由思维方式独特引申出的教育智慧

中国哲学传统中给教育以智慧启发的方面，集中表现在认识事物之方法论的独特上，具体表现在有关如何处理人生各种不同遭遇的论述中。它更深入生动地呈现出中国哲学传统对人生的把握与关切的特质。

智慧虽与知识、经验有关，但它绝不等同于知识与经验。智慧是人在情境、事物变化的过程中，在遭遇意外、陌生乃至处于危急状态下，迅速生成的、与常规不同的解决问题的能力。智慧，往往由情境所激发，主体因善于综合把握问题的性质与关键，果断做出判断与决策而显现；它是人经历多种人生实践后经验的化成式积聚，也需要人有面对陌生情境既冷静又不退缩的精神力量。中国哲学传统中重智慧胜于重知识与经验，这也是世间人生哲学价值取向的重要特征，它在一定意义上导致了中国哲学传统中思维方式的独特。

因受篇幅所限，本文不能就中国哲学传统中的智慧展开论述②，只能做如下

① 牟宗三．中国哲学十九讲．上海：上海古籍出版社，2005：12.

② 最集中表达中国哲学智慧的经典有《道德经》《易经》《孙子兵法》《黄帝内经》等。

简要的概括式表达。

就思维方式而言，首先是综合思维。面对事物，它着力于整体与关系的认识，是具象与抽象的统一，而非肢解整体，做元素分解、还原式的抽象。这种思维方式最基本和稳定地存在于中国独有的方块文字中，且因它是每个中国文化人认识和使用的基本工具，以几千年的延续，影响了世世代代中国人的思维，有脑科学研究者甚至认为，使用汉字对大脑会产生结构性的影响。汉字表面看来一个个独立，但每个字都遵循一定的结构形式，包括空间结构、笔顺结构、偏旁部首结构、音形义结构等。每个字都是多种结构的不同整合。因此，中国儿童的识字过程，不仅是认识一个字，而且可以是一个学习结构、培养结构思维能力、想象能力和独立识字能力的过程。当然，这要有懂得汉字结构规则和善教的好老师来教。上述特征还表现为中国哲学传统的哲理表达常用比喻或寓言，这些寓言还精炼为成语，如“刻舟求剑”“愚公移山”等。

其次是互通互化的关系思维。它是思考事物间相互关系的思维方式，也是寻找出一种关系范型，推演到其他关系中去的思维方式，它的运用能产生不同层次关系范式同型的认识图景。互化所指的不仅在相邻、相关，而且包括相对立的事物间相生相克式的关系，一种特殊的认识、处理矛盾关系的思维方式。

最后是时势运转的思维方式。这是中国哲学传统中认识过程变化很重要的思维方式，即关注转化过程中条件变化和关节点的存在。所谓“时”是指客观条件，时机是否成熟，它要求人在采取行动前顾及并权衡周围环境。“势”指发展的可能与势态，那是着眼于未来的行动策划。“运转”则指转化点是否已有显露，行动者必须能敏锐察觉和及时把握住它，使事物朝着期望的方向发展。对待时势运转，行动者还不能只是消极等待，而要用智慧去创造、促进其变化，以达到自己的目标。

不难看出，这是一种与实践密切相关的智慧哲学的思维方式，也是面对人的生命历程中可能遭遇的各种情况所需的智慧哲学。它教人坦然面对生死，学会与不同人相处之道，事业受挫时不气馁，成功时不张狂，有理有利有节地处理复杂问题，无论在什么情况下都保持泰然、自重的君子之态，它为每一个活在世间的人提供安身立命的精神力量与武器。还必须提及的是，正因为中国哲学传统从价值取向到内容、思维方式，与人的生命需求、人生实践、世间事务、社会百态有内在相关性，故它不但存在于典籍中，更存在于世代相传的传说故事中，存在于儿童的启蒙读物中，存在于百姓喜闻乐见的戏剧歌舞中，存在于时令节日的习俗中，存在于日常生活的行为准则和方式中，存在于人的心目中。这是中国哲学传统的强大生命力之所在，它几乎化在中国人生存世界的一切领域，无时不有、无处不在。

教育是一项关系人成长的复杂事业，是一种特殊的人类实践活动。由上所述可见，中国哲学传统，无论是它的价值取向、核心内容还是思维方式，都内含着教育的精神和智慧，无论对于当代中国教育改革实践还是教育理论的建设，都是极为丰富的资源，尚须进一步探究与开发，形成主体研究自觉。尽管我们的研究还处在初始阶段，但把中国教育学研究之根深扎于中国哲学和文化传统之土的决心已定。我们将持之以恒，坚信明天会更好。

本文根据叶澜教授 2013 年 3 月 17 日在美国波特兰市举行的美国教育哲学第 69 届年会上所做的报告整理而成，经叶澜教授修改，定稿。后发表于《教育研究》2018 年第 6 期。

老树与新枝："生命·实践"教育学派之学脉追寻

本次报告既是作为终身教授的责任，也是华东师范大学校庆的"生命·实践"教育学派专题报告，所以我专门取了个题目：《老树与新枝："生命·实践"教育学派之学脉追寻》。重点追寻"生命·实践"教育学派的学脉是如何来的，了解我们的过去、现在和未来。2004 年，李政涛教授和我合作，在《教育研究》上发表了《为"生命·实践"教育学派的创建而努力》一文，至今正好 10 年。对此要有个交代：学派建设做了什么？做成了什么？"生命·实践"教育学派和华东师范大学教育（学）系教育研究的关系是什么？曾有人问我：为什么不叫华东师范大学教育学派？当时只是一笑而过。最近一年，我集中精力写出了《回归突破："生命·实践"教育学论纲》，已提交出版社。在写书的过程中，我不断翻阅华东师范大学教育学人的有关文章、著作。全书写完，我豁然开朗：华东师范大学教育学系是"老树"，"生命·实践"教育学派是"新枝"，两者的关系是学脉联系。学脉是什么？学脉是学术发展的命脉，是几代人学术生命铸成的风骨，是前后相通，代代有新生成。无新，无流动，则成不了"脉"；有此，则永不枯竭。

一、老树的风骨

我们的"老树"根深，主干笔直、粗硬，枝叶繁盛、丰富，挺立于大地之上。为何用"风骨"而非"风格"？因为风骨不仅有风格，更有一种内在硬朗的骨气、正气，带有刚强、有力的气势，所以我称为"老树的风骨"。要讲清楚老树的风骨，首先要从人的意义上来看，通过对一代代开创式学人的认识，才能知道学术风骨是如何生长、发展起来的。所以，先介绍四位开创式的前辈学者。

（一）四位先生

称四位先生为开创式的前辈学者，是因为他们为华东师范大学教育学、为中国教育学的学科发展做出了毕生奉献，而且铸成了华东师范大学教育学科的学术风骨，滋养了我们后辈的成长和发展。这里着重讲的四位先生，分别是不同时期的代表性人物：孟宪承先生、刘佛年先生、曹孚先生和瞿葆奎先生。其中，孟宪承先生和曹孚先生我没有直接接触过，甚至未曾谋面，但是读过他们的书，是不能忘记的前辈。刘佛年先生是我们的老校长，我得到他许多的关爱和支持，正是在这些关爱和支持中逐渐成长起来，找到自己的学术方向。瞿葆奎先生，有更多接触，而且我们合作过，瞿先生作为教育系的前辈，我作为教育系老师，在多方面受到其行为与学术风范的启示和教导。

1. 孟宪承先生（1894—1967）

现在华东师范大学有个孟宪承书院，是为培养师范生而创建的，创建时我是名誉院长，这是我和孟宪承先生的一点关联，但更多的是学术上的学习和了解。通过12卷《孟宪承文集》，我以“五个一”简要描绘其“学术肖像”：华东师范大学创建人之一，首任校长；中国教育学会创建人之一；民国首批部颁教授之一，而且是其中唯一的教育学教授，被定位为教育理论家；新中国第一批文科教授之一，当时华东师范大学共两位，一位是著名的历史学家吕思勉先生，另一位就是孟宪承先生；上海市教育学会首任会长。“五个一”足以说明孟宪承先生在中国教育学界自民国到“文化大革命”前的分量。华东师范大学教育学科有幸有这样的首任校长，对中国教育学学科建设发挥非常重要的作用。1961年全国范围内组织编写高校文科教材时，孟宪承先生担任其中《中国古代教育史资料》《中国古代教育文选》两本书的主编。2006年教育部命名首批“共和国老一辈教育家”，孟宪承先生位列其中，被定位为教育理论家。

作为中国近代教育学科建设的开创性人物，孟宪承先生对教育学科多个研究领域产生重大影响，主要贡献如编写教育部师范生教材《教育概论》（1933年初版）先后印刷29次，可见其影响力。此外，孟宪承先生还对教育哲学、中外教育、比较教育、普通教育和民众教育等领域有研究，尤其是对杜威教育理论的研究有独到见解和深度。可以说，孟宪承先生在推进中国近代教育学科发展的一批人中，很有威信，而且在多个领域产生积极的推进作用。没有这些开创和推进，就没有教育学科今天的发展状态。

2. 刘佛年先生（1914—2001）

我在纪念刘佛年先生诞辰100周年纪念会上专门做了发言，校报将要刊登[①]，

---

① 叶澜．磊落　执着　温厚：我心目中的刘佛年校长．华东师范大学校报，2014-10-21；后经叶澜教授修改，定稿。后辑入：“叶澜教育思想文选”之《俯仰间会悟：叶澜随笔读思录》。

此处不详细展开，按照前面的思路，从学术肖像和研究领域与主要贡献进行简单介绍。

刘佛年先生也是华东师范大学创建人之一，是首任教务长；是“文化大革命”后首任华东师范大学校长，从1978年至1984年。孟宪承先生、刘佛年先生让我们看到华东师范大学两代重要的校长都出在教育（学）系。刘佛年先生还是华东师范大学教育科学学院的创建者、首任院长，是中国教育学会第一届副会长。在前述1961年全国文科教材编写中，他担任《教育学》的主编。两位主编出在华东师范大学教育（学）系。刘佛年先生还是国务院学位委员会教育学学科评议组首届召集人，对教育学科许多学位点的建设都有贡献。

刘佛年先生，我称之为新中国教育学研究的领军人物。从苏联凯洛夫教育学到马克思主义教育学，再到西方教育学研究的各个领域，几乎无不涉及。在学术贡献上，我认为刘佛年先生是改革开放新时期中国教育学科发展的开创式推进人物。“文化大革命”前的和改革开放后的中国教育学科发展的开创式推进人物都出在华东师范大学。刘佛年先生因“文化大革命”中查不出历史问题，所以1973—1974年就被“解放”，开始研究各国学制问题。改革开放后，他开始对当时西方（包括苏联）的教育学科发展动态进行大量翻译、介绍，从带领青年教师一面读一面口译到组织一批人进行著作翻译，可以说开了引进西方教育思想新风气之先，打开了教育学研究的新局面，所以，现在依然有人说华东师范大学的教育学研究比较西化。而且，刘佛年先生不是自己一个人做，而是带领一批人、带队伍一起做。

3. 曹孚先生（1911—1968）

曹孚先生英年早逝。他曾任华东师范大学教育系首届系主任，后被调到中央教科所工作。曾参加国家《关于1956—1967年发展教育科学规划（草案）》的起草和修订工作。1961年编写文科教材时，他曾回到上海为华东师范大学教育系师生做了重要报告，题目是《教育学辨》，同时担任文科教材《外国教育史》的主编。一个中国教育史，一个外国教育史，还有一个教育概论，两个“史”一个“论”都出自华东师范大学。

在学术贡献上，我称曹先生为新中国早期富有批判精神的教育学家。1957年春天，他曾做过一个报告，后来以《教育学研究中的若干问题》为题发表在《新建设》（1957年6月）上。此文我曾反复阅读，在研究中国教育学科百年发展时重读过，在写《回归突破：“生命·实践”教育学论纲》时又再读，这篇文章真是了不得！作者是有铮铮铁骨的人！写的都是教育学的根本问题，比如教育学的研究性质，他提出教育学除了阶级性之外，还有永恒性，批判了当时的苏联教育学；他认为对教育史上人物的评价，不能只按照唯心、唯物的标准，而要根据其在历史上的贡献来评定；对当代西方资产阶级教育学家的评定不能全盘否定，资产阶级教育学也在发展，其理论对我们有值得借鉴、可学习之处。新中国教育学的建设，在学术意义上是从思考教育学的根本问题开端的，开端是从批判苏联教育学的片面观点开始的，是从对西方教育学完全否定的否定开始的。

曹孚先生的学术研究领域也很广泛，包括教育学研究、教育哲学、外国教育史、师范教育研究等。

从上述几位先生可以看出，以教育基本理论为根基打开研究，是前辈教育学家普遍存在的学术风貌。

4. 瞿葆奎先生（1923—2012）

瞿先生是教育系教授，中国教育学会副会长兼学术委员会副主任委员，中国教育学会教育学分会副理事长，中国教育学会教育理论刊物专业委员会理事长，全国教育科学规划领导小组教育基本理论组的首届组长，上海市教育学会副会长，对华东师范大学、中国教育学研究做出过贡献。瞿先生自 20 世纪 50 年代始开创课堂教学实录研究，直接对课堂教学进行实践研究。“文化大革命”后又做了大量的课堂教学研究（9 册）。改革开放后主编了一系列教育文集。80 年代始，主编“教育学文集”26 卷计 30 册，我当时和施良方先生合编其中的《教育研究方法》一书，受到瞿先生的教导。瞿先生对学术规范的要求很严，是我们的榜样，当时他送纸条提醒、督促大家，各自承担责任。我现在还保留有“瞿先生的条子”。90 年代后，主编“教育科学分支学科丛书”，也是 30 册。21 世纪，组织编写“20 世纪中国教育名著丛编”50 余册，包括教育论、教育史、教育研究方法等，反映了民国时期教育研究的整体状态。瞿先生花力气写了总序——“中国教育学科的百年求索”，每本都有特邀编者的前言，介绍学人及其著作的学术贡献。瞿先生和教育（学）系杜成宪教授合作主编《孟宪承文集》12 卷。上述书系对后辈永远有用，我在写书时重新翻阅，下结论时更有底。

瞿先生“文化大革命”后的大量工作是主编丛书，担任 100 多本书的主编，但他不只是编书，而且自己也写书，比如《元教育学研究》。其学术贡献是：构筑中国教育学百年研究史的通渠者和中国元教育学研究的创始人，不仅有面的打开，而且有新层次上的创建，他把教育学科本身作为研究对象，创建了“元教育学研究”。教育系雷尧珠老师首先发文《试论我国教育学的发展》（《华东师范大学学报（教育科学版）》1984 年第 2 期），开启了中国教育学史的研究，元教育学研究从历史和理论两个维度上进行构建。瞿先生的研究领域还包括课程与教学论，他曾送他的学生施良方到国外学习课程与教学论，回国后完成的《课程与教学的基本原理》成为研究该领域的必读书。

从上述四位先生的介绍，大家看华东师范大学的教育学科是否有根基？根基很深，而且干很直，有风骨在。

（二）学术风骨

面对前辈，后人应该思考：几代学人铸成的学术风骨是什么？

1. 学科发展的担当

首先，毕生志于“一”。四位先生皆毕生矢志不渝地从事教育学和教育学科研究。他们家境并不富裕，但学业优异。孟宪承先生以圣约翰大学第一名毕业，后出国留学，以优异成绩拿到学位回国任教。曹孚先生因高中成绩优异，毕业即被留在高中任教，后被校长推荐免费进入复旦大学教育系攻读，并以优异成绩留校任教；后出国深造，但放弃留美机会回到复旦大学教育系任教。他们都以自己的优秀奉献于教育学科的发展。这是我看诸位先生年谱时最深的感受，令人敬佩！当前似乎不少人认为教育系好进，为了混个什么而进教育系，我曾对学生说：教育系好混难学成。在翻阅孟宪承先生文献的时候，发现他也曾讲：教育学好学但难学成。最深的学问不易学成，唯有进入者才会清楚教育学之深、之广、之博、之难学。

他们都确认教育学是一门独立学科。对不同时期提出的削弱或否定教育学作为独立学科的言论，明晰地表达自己的观点，进行批判、回应。1926 年，孟宪承先生在《新教育评论》上发表文章《教育学科在大学课程上的地位》，批驳了当时一位批判教育学、认为其不是一门学科、在大学教学中没有地位的文学评论家。孟先生在批驳时提出：任何一门学科只要是学科，就在大学教学中有其地位。他以大量学史事实表明教育学在西方是一门独立学科，在大学课程教学上有其地位，以此对门外汉的所谓否定进行了批判。曹孚先生 20 世纪 60 年代在报告《教育学的性质和任务》中指出：教育学既是一门科学又是一门艺术。这个观点是针对当时有人提出教育只是经验不是科学，所以不需要教育学的言论所做出的回应。刘佛年先生 1999 年在学术自述中谈道：师范院校要加强教育学科的教学，重点师范院校要为培养教育研究人员做出贡献，教育学科的教师需要广厚的文理知识和某一学科专业知识，因此可以招收非师范专业的学生加强研究生培养，但这是打破而非否定，不是说教育系不要招本科生。以一种否定另一种的思维方式是有问题的。为什么要否定教育系招本科生？有人认为毕业分配不对口或学不到东西，难道哲学系毕业后都去做哲学家吗？中文系出去都是作家吗？为什么哲学系、中文系都保留本科生，教育系却要取消本科生?！为什么当前 6 所重点师范大学的教育学最有实力？就是因为当初院系合并时都保留了教育系本科。讨论教育学系本科生问题，要有历史的眼光，要做现实的分析。教育学不只是为培养中小学教师服务，教育也不只是为社会政治经济服务，社会发展到一定程度应该承担怎样的教育责任？孔子尚言“庶富教”，人口兴旺、人民富裕了，重心要放到“教”上。当前强调教育为社会服务，想到过社会应承担什么教育责任吗？“生命·实践”教育学后面要讨论这个问题：社会的教育责任，社会的方方面面承担怎样的教育责任，如何承担。教育学要为社会提供“教育尺度”，而不只是为社会服务的工具。长期的“工具论”造成了许多片面的言论和思考。教育学人要有教育学立场，要从教育学出发对社会发展提出唯有这个学科才能提出的建议、思想和理论。瞿先生在 90 年代开创元教育学研究时提出：元教育学是教育学困惑时代的哲学。当时又有人谈教育学是不是一门学科、有没有自己理论的问题，瞿先生不只是研究教育学的理论问题，而且在更高层面思考教育学本身的内在逻辑、基本概念和理论体系，以及丈量教育学是不是一门科学的尺度问题。不在乎教育学，对教育学冷嘲热讽，甚至端着教育学饭碗骂教育学的人，现在依然不少。不同时期都会有否定教育学独立学科或贬低教育学学术价值的言论产生，这表明了问题本身的复杂性。教育学人对此要做出自己明确的回答。

2. 严谨扎实的学风

时间关系，在此仅举两位。孟宪承先生在选编《中国古代教育文选》时，坚持选文的标准是与教育有关，而非以唯心、唯物为标准。他的每个注释、点评都惜字如金，但是都很有分量。瞿先生曾说：坐不了冷板凳，出不了真学问。他在学术规范的严格方面无须我多讲，要说的是他特别强调三点：言之有据、言之有理以及学术研究制度化、经常化。他在教育系开创了“学术星期六”研讨制度，每到周六，必有学生做主题报告，然后大家讨论，许多学子从中受益。我后来的“月末例会”（每个月最后一周周四进行学术主题研讨），就是从瞿先生处学的。

3. 孜孜不倦的汲取

他们的一生是学习、研究的一生，为创造、发展不断汲取，密切关注国际上学科内外的学术发展思潮，具有广博的人文社会学科素养。我曾向刘佛年先生请教：如何研究教育学才能做得扎实有效？他告诉我：关注历史上每个拐点处的人物，研究他们的新思路、新理念和新观点。因为关注历史转折处的创新，所以密切关注学术思潮的研究。

四位先生都关注、研究教育实践。孟宪承先生研究过民众教育、成人教育、普通教育，在民国时期曾承担过语文教学课程纲要的编写任务。刘佛年先生不断推敲、思考教育理论和实践的关系问题，他在 20 世纪 50 年代要求教育系青年教师到附中锻炼，蹲点研究学习，改革开放后又在附中、附小开展中小学语文教学一条龙改革研究。瞿先生在 80 年代承担了分管华东师大附小工作的责任，他每天最早到校，大家都到了他才走，而且经常找附小领导谈学校发展问题。外面的人往往认为华东师大侧重西方教育思想研究，却并不了解华东师大还有关注教育实践及其改革的研究传统。我 1962 年留校工作，留在小学语文教研室，当时规定小学语文、数学教研室的青年教师必须到附小锻炼两年，所以我留校工作的最初两年是在附小度过的，担任过五年级、二年级的语文老师和班主任。我认为这是华东师大培养青年教师的优良传统，把教育研究的根基扎到实践中。我当时也曾委屈，但多年后回看，这两年给予我的东西是无法代替的，也是使我有可能在 90 年代再进入中小学开展研究的“根”。对实践问题的研究，四位先生都是我们的榜样。

四位先生还都对教育基本理论问题反复进行研究。何为基本理论问题？就是在不同时代反复出现的根本问题，尤其是在历史发展的关键时期，在学科发展的大转折时期，唯有重新思考、研究，才能把握时代发展，做出当时代的学术贡献。诸位先生以博为基础，但抓住核心问题，聚焦于教育学科的基础建设。为什么华东师大的教育基本理论和教育史能成为全国第一批博士点？因为前辈打了根基，创造了条件，而且根据时代发展不断创新。刘佛年先生曾以“求实、求精、求活、求新”八个字作为一生的追求，不断学习求发展，无论环境、条件如何都可发展。我在写书时遇到一段话，特与大家分享，怀特海在《科学与近代世界》中写道：“成功的机体将改变它的环境。能改变环境进行互助的机体就是成功的机体"[1]，面对环境，抱怨、指责都没有用，认清环境，保持生存而且寻求发展，在发展的过程中不仅成就自己，而且改变环境，这才是成功。这是做一切学问都需要有理想的原因，尤其是做教育学的学问，没有理想很容易被埋没。

4. 开辟领域的胆识

大家可以去查历史，诸位先生都率先对很多新学科、新领域进行专题研究。求真、求新结合起来就是守正，主干直，不会歪。这带来了 20 世纪 80—90 年代华东师大教育学科的繁荣发展。

以上是对华东师大教育（学）系"老树风骨"的言说，下面讲讲"生命·实践"教育学派"新枝"是如何生成的、长成得怎样。

二、新枝的生成

从三个方面来谈"生命·实践"教育学派"新枝"的生成。

（一）"娘胎式"的记号

我在华东师大教育系本科毕业后留校任教，工作至今，所以"娘胎式"的记号是华东师大教育系。"娘胎"留给我什么？带给"生命·实践"教育学派什么？华东师大教育系的学者远不止上述四位先生，我 1958 年入校时，有一批全国知名的老教授为本科生上课，我有幸领受、领略过他们的风采。我的"教育学"一课是萧承慎[2]先生上的，当时金一鸣老师是助教，我是课代表。第一堂课后，晚上课外辅导，老先生一开始抽了 10 份课堂笔记看，我的被抽中。老先生看一个谈一个，和我谈的是：听课笔记好在哪里、问题在哪里，为什么要记笔记。这给我的印象很深，现在无论谁讲话，我都会记笔记，为什么？记笔记集中注意力，一面记一面想，而且笔记可以留下来反复思考。我在教育系成长，第一次受到专业训练，它留给我的"记号"是：第一，对教育学独立学科性和发展的追求，这

---

① 怀特海．科学与近代世界．北京：商务印书馆，1959：197.

② 萧承慎（1905—1970），湖北江陵人，华东师范大学教授。1930 年毕业于国立中央大学教育学系，1932 年获美国哥伦比亚大学师范学院硕士学位，后赴英国伦敦大学皇家学院研究教育学理论。曾任国立中央大学、河南大学教授，国立编译馆教育编撰，复旦大学教育学系教授兼主任，上海教育学会第一届常务理事兼秘书长。研究专长：教育基本理论、教学法和教师教育等。代表作《教师之基本素养三讲》（1940 年内部刊印，2009 年更名为《教学法三讲》出版）与《师道征故》（1944；2000），收录于：杜成宪．大夏文存·萧承慎卷．上海：华东师范大学出版社，2017.

是教育学人不能回避的责任，否则就不能称为教育学人；第二，对实践的关注和投入；第三，永远抱着对世界开放的心态，不断学习。这是我自己努力做到的，也是自己带研究生时反复强调的。

（二）“新时代”的挑战

每一代都有时代的新挑战，每一代都要认识自己的新任务。我经常和学生讲我们遇到了大时代，不努力则对不起时代。教育经常处于时代改革的风口浪尖：中国社会从古代向近代的转型首先是“废科举、兴学校”；中华人民共和国成立后也对教育进行大改造；“文化大革命”首先冲击的是教育。“文化大革命”伤害之所以深，是因为它伤到了教育，教育之伤不是一代人的，而是四五代人的伤害。教育研究者要清楚时代的挑战。今天又到了社会大转型时期，对文化、教育提出了新挑战。当前市场经济、信息技术几乎无孔不入，带来对整个社会的文化冲击，包括农村乡土文化的凋敝。当前提出复兴中华传统文化的号召，这不比反贪容易，也不比反贪不重要，这是一代人的精神品格及其传承问题，不只是加几门课、加几本教材的问题。当前需要重新认识什么是中国传统文化的精神和智慧，不是把智慧都交给机器。如果忘记了人的智慧，教育就无法培养出好的教师、好的学生。当前的教育改革大旗下也有许多“闹剧”。越是多元时代，越需要学习先辈的定力，只有内心充实才能有定力，知道选择什么，知道如何走路。当今时代有丰富的资源，是极好的机会，同时提出了许多新的挑战。

（三）个性化的发展

我和团队在研究“新基础教育”和创建“生命·实践”教育学派的过程中，努力在以下几个方面做出新的贡献：

1. 重新确认教育学学科地位

关于教育学的学科地位，我们做了刨根问底式的研究，我在《回归突破：“生命·实践”教育学论纲》中，从亚里士多德一直写到皮亚杰，学科观本身随着时代在不断发展，不能用旧的学科观来“量”教育学。我在书中努力把此讲清楚[①]。

① 叶澜．回归突破：“生命·实践”教育学论纲．上海：华东师范大学出版社，2015：39－96．

2. 回归中国传统文化之源思考教育问题

时间关系，这里仅讲两句话。第一句："教育是点化生命的人间大事"，教育是点化生命，不是填满容器，从"填满"转到"点化"，教育的性质和价值完全不同。第二句话："教天地人事　育生命自觉"，这是用中文对"教育"二字做出的独特表达。我在学习、研究的过程中，有个很深的体会：中国文化藏得最深的是在中国文字里。我在书中专门谈论了中国文字的独特及形成的中国人思维方式的独特。在我们合作校里，一年级教学识字时，老师把文字怎么从甲骨文一路演变到现在的过程呈现出来，学生不仅认识了这个字，而且自发鼓掌。我非常高兴，孩子会为汉字鼓掌！现在很多人不重视汉字，看重的是外语，不知道汉字蕴含的文化和思维价值。

3. 深度介入学校教育改革实践

我们努力形成以传统文化为底蕴、以教育实践为根基的当代中国教育学。借当代教育改革大潮，我们深度介入学校变革实践中，开展研究性变革实践。我认为：教育改革只有做到学校整体转型，才能真正落到实处。"新基础教育"研究从一开始就定位在学校整体转型，而且"成人成事"，强调人在成学校整体转型之事的过程中成长，改变校长、老师。现在，我们提出了"创造学校教育新生活"。

4. 方法论转换

最后，我们对方法论做了研究，尤其是复杂研究。有了复杂思维，教育学才找到自己的方法论依据。原来困惑于分析或综合、静态或动态、过程或结果，这些在复杂科学中都得到了解决。

以上是对老树与新枝的大致描述。

现在学派建设到什么状态呢？目前，我们形成了"生命·实践"教育学论著系列，三套共30本，已全部提交出版社。其中，第一套是教育学"'基本理论研究'丛书"，第二套是"当代中国基础教育学校变革研究丛书"，第三套是"合作校变革史研究丛书"。每套丛书都有国外相关方面的研究，感谢华东师大比较教育研究所彭正梅教授、徐斌艳教授和黄志成教授的支持！我们在研究中形成了学术友情。

最后，如果让我用一句话来表达，"生命·实践"教育学是怎样一种品性的教育学，我会这样说：“‘生命·实践’教育学是属人的、为人的、具有人的生命气息和实践泥土芳香的教育学”；作为本报告的结束语，“生命·实践”教育学是华东师大教育学沃土中长出的新枝、新林。华东师大教育学科的发展已成林——春天是绿油油的亮；秋天是金灿灿的黄；冬天，它挺直枝干与蓝天对话……

本文根据叶澜教授2014年11月5日在华东师范大学中北校区所做终身教授报告及校庆系列“生命·实践”教育学专场报告整理而成，经叶澜教授修改，定稿。

“生命·实践”教育学派的教育信条

本文呈现的十二信条是“生命·实践”教育学派关于教育、学校教育和教育学研究的基本信念、基本认识与基本准则，是学派精神内核的集中、概要式表达。

一、关于教育

信条一：教育是直面人的生命、通过人的生命、为了人的生命质量的提高而进行的社会实践活动，是以人为本的社会中最体现生命关怀的一种事业。

教育的直接对象永远是一个个具体的、有生命的个体。忘记、忽视或抹杀对象的生命性，就没有真实的人的教育，就会异化为驯兽。教育在相当长的时间里把人当物、当工具或抽象化，忘记了学生是一个个具体、有生命的个体。人的生命只能在个体中存活。

每个人的生命成长都融入了许多人的生命，父母、师长、合作者，甚至偶遇的陌生人。唯有通过人的生命，才能实现人的教育。教育的原型是交往，是人与人的关系，内容由交往的目的而定。教育需要教育者和受教育者大量、直接的沟通才能整体实现。教育不是培养工具人、技术人、知识人或运动人，而是培养多方面整体发展的人，教育需要人间大爱。

尤其要强调的是，当代信息技术再发达，都不应也不可能以代替教师为目的，尤其在基础教育阶段。这是“仁”在教育中的表现。靠机器、用技术教人与用“仁”、用生命教人大不同。这关系到对教育的人性理解。人的创造不能伤害人，这是技术伦理的底线。我要提醒所有学校的老师、校长，在运用信息技术时，永远不要忘记你是信息技术的主人，任何东西都有利弊，任何工具都要适度，要把利放到最大，把弊降到最小。希望信息技术研究者提高伦理意识，只有这样，技术在教育中才能成为“人的自由发展”的重要工具。但是目前，对信息技术的功能存在盲目乐观、过分夸大的倾向。

信条二：教育通过“教天地人事　育生命自觉”，实现人的生命质量的提升，体现教育中人文关怀的特质。

中国文字有个特点：可单解，又可组合解。“教育”这个概念，可以先从单字意义上进行分析，然后合起来对两个字进行界定。这种方式及其相关内容的独特，可称为关于“教育是什么”的中国式表达。

“教”是与“学”相对应而言的，“育”是和“长”相对应而言的。

“教天地人事”是用大自然和人类文明的财富，丰富受教育者的精神世界，是教育中认识外部世界、学会生存、学会学习、学会创造等重要的基础性任务。

哲学家、心理学家弗洛姆（Erich Fromm，1900—1980）在其关于人的信条中指出，“人具有理性和自我意识”，“人本身与外在世界之间的分裂”是“内在于人的生存中的矛盾”。教育应志于解决这个生存矛盾，“教”让人认识外部的“天地人事”，“育”让人长出内在的“生命自觉”，由此，人与外部世界的关系有可能从分裂转化为复合、理解、协调且自主的生存方式。

“天地人事”是中国常用的经典表达，包括自然界和人类世界的各种现象与规律性状态。就教育中的内容而言，“天地”指与自然科学相关的大量学科，“人事”指与人文社会科学相关的许多学科。人活在此世需要认识、知道此世，但是人非生而知之，而是学而知之，需要教育。无论教“天地”还是“人事”，都要揭示内在的规定与逻辑，可称之为“道”。用大自然和人类文明文化的财富，丰富受教育者的精神世界。

“育生命自觉”是教育中指向内在自我意识发展的重要使命。“生命自觉”主要包括：热爱生命和生活，悦纳自我，具有积极、自信的人生态度；具有反思自我的意识，具有在人生中不断实现自我超越的信念和能力；具有策划人生、主动把握时机、掌握自我命运的智慧。“生命自觉”是教育追求的最高境界。“自知者明”“自胜者强”（《道德经》）。“生命自觉”首先是一种人生态度。

掌握自我命运是“生命自觉”的最高形态。“生命自觉”需要自我反思，相信人生可以不断自我超越，主动选择，有所取舍，同时把握时机。“时机”是具有中国智慧的时间概念。如此人才能进退自如，朝着目标、沿着道路，踏踏实实活过人生。这样才能被称为现代人。“空心病”的产生往往是因为对外部知识缺乏深刻的理解和兴趣，对自我缺乏认识，没有清晰的人生目标。这是没有“教天地人事　育生命自觉”的教育的后果。

“教天地人事　育生命自觉”应贯穿于各级各类教育全程，是教育活动相互包涵和转化的内外关系表达。两者不可分割，舍其一，则不成为完整的教育。“天地之道”是“自然之道”，“人事之道”是“社会之道”。“天地之道”和“人事之道”，通过教育成为受教育者每个人内在的“人心之道”。“三道”各有其内在逻辑，又相互呼应、相互丰润。

为此，基础教育需要致力于“三个底”。第一，为人生打好“底色”，养成向上、阳光、明亮、温暖的心向和态度，这是给孩子一辈子的财富。第二，形成“底蕴”，底蕴包括对外部世界、生存能力、习惯和行为方式的培养，也包括对自我的意识和实现自我发展的能力。第三，认清“底线”，有底线意识，人长大了才能成为好公民。底线涉及的是道德、人伦问题和为社会承担责任，没有底线人就会退缩到狭小的自我，或者过分放大自我。没有和更大群体联结在一起的自我会萎缩或膨胀。

底色、底蕴、底线“三底”是基础教育阶段重要的需养成和达成的目标。有此“三底”，孩子才会有幸福人生，社会也才会有健康公民。基础教育就是这样一个重要的“人”之养成阶段。

信条三：教育通过提升人的生命质量，为社会提供各种人才，实现其社会功能。教育是人类和社会“更新性再生产”活动。社会发展要求实现终身教育，要求“社会教育力”的集聚与提升。

该信条涉及教育与社会的关系。教育通过提升人的生命质量，为社会提供各种人才，实现其基本的社会功能。教育是社会有机体的“心脏”，是人类社会吐故纳新的更新性再生产，也是社会有机体的基础支撑。心脏停止跳动，人就死了；一个社会，如果教育坏掉，那就成了可怕的社会。教育是全社会的事业，一个好社会不能不尊重教育。终身教育是衡量当代社会发展的教育尺度，它以促进人的多方面终身发展和人格完善，创造更富有意义的人生和更美好的世界为价值取向；以化入人生全程、化入社会各域的社会教育力为特征，体现在社会中“人人、时时、处处、事事”都内含着教育的价值和力量中。

“社会教育力”不是指狭义的社会教育的力量，而是整个社会（包括学校内外）各个系统的教育力。现在，各层面的社会教育力都有，但缺乏聚通，尚待提升，这是一项长期的当代中国社会和教育改革事业。

二、关于学校教育

学校教育是我们二十多年来投入最多，和大家共同做的事业，共有五则信条。

信条四：学校是师生开展教育活动的生命场，提升学校的生命质量是学校变革的深层次诉求。

“生命场”相对的是近代工业化社会把学校当作“大工厂”，后现代则把学校批判为“监狱”。提升学校本身的生命质量，这是学校变革的深层次诉求。从“塑造人”转化为“成就人”，从“大工厂”转化为“生命场”，这是我们期望达到的学校变革。

“学科教学”和“综合活动”是学校教育的两个最基础构成，学校中的“领导与管理”由不同层次和方面的责任人合作承担，不只是校长一个“大脑”，而是各个领域的第一责任人共同组成“群脑”。学校中每个成员的积极主动与合力形成，是提升学校生命质感的重要保证。当代中国学校的转型变革要把握好方向，“价值提升、重心下移、结构开放、过程互动、动力内化和整体融通”，这是转型后学校形象之内在气质的整体表达。唯此，才能提升学校的生命质感，体现当代社会对人的教育需求。

学校的生命质感通过学校时空、整体活动和活动主体的特殊性三个方面来实现。

学校时间的配置要以生命成长的节律为依据，儿童生命发展的动与静有其独特性。教育要尊重、遵循生命成长节律，按照不同年龄阶段有区别地开展工作。衡量学校时间效率的第一标准是学生发展。何为好课？起码要做到学生进出课堂不一样，如果一进去就全会了，即使出来时很开心，也不是好课，因为没有成长感。好课要对孩子的生命成长产生效果。

学校空间的配置必须顾及师生生命安全和多方面发展的需要，顾及开展教育活动、满足交往与表达的需要，并注意空间分隔的固定与灵活、功能的通用与专用等区别。学校建筑、空间是学校品质给人的最直观印象，从中可以看出学校的追求、精神面貌和师生生存状态。学校空间是学校文化的重要载体，是教育理念的空间存在形态，也是尚待深入研究的大学问。

学校时空在有限中包含着无限的延伸可能，不仅是具体时空的延伸，也包括思维跨越的延伸，与网络世界的沟通、与社会方方面面的关联，在循环往复中实现生命的螺旋式、沉积式和阶段式发展。学校时空给人的整体感受应该是：学校充满成长气息，在那里能听到生命拔节的最美声响。

信条五：学科教学和综合活动是学校教育特殊性的体现，是师生在学校承担社会责任的具体表现，也是师生学校生活的基础性构成。

学校要有责任意识，师生要有责任意识。师生承担社会责任的集中体现是开展学科教学和综合活动，这是师生学校生活的基础性构成。

在学科教学方面，常见的观点是把教学和德育对立。我们认为：最有希望的德育乃至整个人的发展，须通过深度开发每个学科独特的育人价值来实现。学科本身内含着独特育人价值，包括思维、道德和未来探索等多个方面，如符号系统、知识要素、结构体系、内在逻辑、研究方法，发展历史、杰出人物、社会贡献、人类价值、学科精神，未知领域、前沿问题、多元观点、探索方向和不同可能，等等。

当前对学科教学存在许多认识误区和行为偏差，如认为应试教育的改变需要冲淡，甚至否定学科，把教学等同于学习等。只为应对考试而进行的教学是学科教学的异化。学科教学是学生人生中超越个体经验束缚，跨进人类文明宝库的捷径；是综合理解人类各项社会活动，进而研究问题、解决问题必不可少的基础。

教学是师生共同推进的过程，教师与学生、教与学是课堂教学中不可分割的整体组成。当前，需要改变对教学认识上的简单化思维方法。师-生、教-学不是主次、中心和边缘的关系，而是协同依存、交互反馈的合作共生关系。没有学的教构不成教学；没有教的学是学习，不是教学。教学必然要有教，但教学的教要转化为学，教学要研究这一转化的内在逻辑。

课堂教学本身是一种特殊的生活。师生、生生、群体与个体随教学需要而发生多重角色体验，用多种方式学习，情感体验始终伴随其中。在课堂教学中学习倾听与表达、赞赏与帮助，是学生实现成长的重要过程。

坚守基础教育对人类文明传承和个体生命成长的基础价值，在基础教育阶段老老实实做好最基本的学科教学。基于人类文明的传承进行再创造，无此，则难以成就人。

综合活动的独特在于它以主题和项目为核心。综合活动和学科教学在教育史上，一直被认为是一对矛盾：学科重视基础性，活动则侧重综合性。我们认为两大方面各有教育价值，不是非此即彼的“对头”，也不能相互替代。学科教学是基础，为综合活动提供发现、研究新问题的基础能力和保障。综合活动可以打开、跨界，从多个方面切入。学科界限在综合活动中打破，而不是在教学中打破。基础不扎实，如何综合融通进行创造发明？综合活动的跨界，可突破学科之界、学校行政组织之界、校内外空间之界、学期与假期之界，具有极大的灵活性，是相对自由的天地。综合活动的主题和项目，可来自社会生活、自然世界、传统文化、科学技术、文学艺术等各领域，可从多领域、多角度切入开展。每项具体活动应更多让学生全程参与、主动承担责任。

班级建设及其开展的各项活动，是开展综合活动的组织基础和学生能力培养的基础。班级是学生成长的重要支持，是学生满足同龄人交往与合作、在群体中发展个性、以个性丰富集体等社会化过程之温暖家庭。

跨界以有界为基础。学生上学前所做的事大都具有综合性，但那是混沌的综合。在有界基础上开展的综合活动，则是有意识地以发展学生身心为直接目标的、有文化底蕴和基础组织（班级）支撑的教育活动。

信条六：教师是从事点化人之生命的教育活动的责任人。没有教师的创造性劳动，就不可能有新的教育世界。教师只有将创造融入自己的教育生命实践，才能体验这一职业内在的尊严与欢乐。

对教师劳动的性质，有许多很深的误区，如仅视之为服务、传递等。我们提出：教师是点化人之生命的教育活动的责任人。“点”是点拨、开启，不是直接告知，而是在其困惑时点拨、提醒，这需要智慧；“化”是转化。我一直为教师是创造性的劳动者而呼唤！没有教师的创造性劳动，就不可能有新的教育世界。教师也只有将创造融入自己的教育生命实践，才能体验这一职业内在的尊严与欢乐。教师没有任何理由因自己从事工作的性质而自卑。教师平凡但不庸常。自尊自爱是教师发展的心态前提。以创造充实自己的天地，且以自己的创造让下一代有更好的生存和发展。

信条七：每个人都得自己活，不能由别人代活。学校中的学生处于生命成长的重要时期，具有主动发展的需要与可能。学生是学习活动的主体和责任人，是教学活动复合主体的构成。“育生命自觉”从培养学生的自尊、自信和主动性始。

每个学生都有自己的独特性，都应得到尊重，对他们的发展有基本要求，但不能用一把尺子量。学生群体会有共同的需要，但差异始终存在。差异是教育活动的资源，不是必须消灭的“敌人”。有差异的学生发展是教育之常态。教师从容面对差异，让差异成为学生互教互学、共同进步的资源。

要让学生参加合适的活动，“合适”意味着有挑战，但不能击溃其自信。学生只有在积极参与各项必需、合适的教育实践中，才能逐渐生成主体意识和主动应对环境、实现自我发展的能力，未来才可能成为推动当代中国发展的公民，成为实现自己抱负、创造有意义的、充实幸福人生之个人。

兴趣是开启学生心灵世界大门的钥匙，但教育最终要使他对学习、研究和自我发展有兴趣。感性刺激是通往心灵世界的起点，但教育不能停留于此，停留于此是迁就，不是教育。

信条八：用创造学校新生活的理念开展日常教育活动，使师生成为学校生活的主动创造者。教育的意义不只是在未来，它就在当下创造生命成长的、丰富的各项学校活动中。

学校的各项工作，都贵在日常、在持续的生命成长中积淀。教育与生命成长协同，是长期、逐步过渡、阶段性跃迁的慢的事业。只有内化于现实中的未来，才不是空洞、令人失望、造成空心人的未来。教育忌浮躁、跟风、突击、运动、竞争、赛事频频、虚荣和浮夸，否则害的是几代人，不只是一代人。

学校创造的性质是教育创造，不同于社会其他行业的创造发明。它是为生命发展、新人培养而做的研究，是对已有理论、实践、经验与教育习俗的改造，是对学校新问题的答案寻找，也是具有教育学意义的创造。

三、关于教育学研究

信条九：作为独立学科的教育学，以揭示教育事理为核心。教育实践的层级性、社会性和生命性等诸多复杂性，决定了教育学属复杂学科，是一门以教育为聚焦点的通学。

教育学是独立学科，其性质是复杂学科，是通学，不同于经典的分析学科。各门学科都可以通到教育研究，但不能代替教育学自身的建设。教育学需要将各门学科聚通，成为独立学科。

信条十：教育学研究需要做出方法论的改造与探索，用复杂思维形成综合抽象，研究过程中的互动生成与转化机制。改变两极对立的简单思维方式，改变客观主义的所谓科学方法。要在理论与实践的双向构建中推进学科建设。

当代中国教育学研究若无方法论突破，若只是套用自然科学、人文社会科学和人类学的研究范式，那会作茧自缚，没有大的发展希望。

信条十一：教育学研究者，包括专业人员、教师和任何真诚投入者，其发展同样需要有生命自觉和责任担当，并在教育研究的实践中成事成人。

信条十二："生命·实践"教育学以"长善救失""以身立学"为研究精神和行为准则，共同致力于学派的持续发展。

不同于所谓"趋利避害"的经济学人，何谓教育学人的特征？我们取《学记》中的"长善救失"做概括。唯有对他人和自我都能做到"长善救失"，教育才能成为使他人和自我都变得更美好的事业。我们还要求自己将做学问和人生完全融为一体，做到"以身立学"。有了"长善救失""以身立学"这两条，"生命·实践"教育学派的研究就能持续推进。

“生命·实践”教育学是一个开放式发展的教育学体系。欢迎一切以教育、教育学为志业者，研究、探讨、关注本学派的人士参与研究。我们坚信：“生命·实践”教育学将因更大的“我们”的共同努力而有更美好的未来！

本文系叶澜教授2016年12月21日在华东师范大学思群堂所做终身教授报告整理稿，经叶澜教授修改，定稿，在华东师范大学“生命·实践”教育学研究院微信公众号推送，后略调发表于《光明日报》(2017-02-21)。

教育研究与教育改革

——以“新基础教育”研究为例

欢迎大家来到上海！各位都是科研人员——学校一线的、市里的专职科研人员和教研人员，为此今天报告的主题确立为：教育研究与教育改革的关系问题。不是脱空了讲，而是结合我们在做的“新基础教育”研究来讲。不是说“新基础教育”研究做了什么事，做出了什么，得到了什么结果，而是讲本人作为研究者、项目主持人，为什么要策划这个项目，怎么策划、推进，在研究过程中遇到了、解决了什么问题与冲击，改变了原来看待教育科研的一些什么观点。这样，大家可能会有更多的沟通和收获。

一

我对教育研究与教育改革内在关系的认识，是在做“新基础教育”研究的过程中开始的。我原来的专业方向是教育基本理论和教育研究方法论，相对来说，这两个方向都是在基础理论的水平上去研究教育和教育研究问题。方法论主要是怎么去认识教育研究，怎么去把握教育研究对象与方法的关系问题，从更根本的层面上考虑教育是什么、教育研究是什么的问题。理论积累对我很有好处，当我进入“教育改革”这个当代世界教育发展的主题、也是中国教育发展的主题时，不是从某一个具体的点进入，而是从整体上把握基础教育的改革问题。对问题的整体思考和反思，使我能够在社会发展对教育要求变化的认识和理解基础上，设计和开展关于当代中国教育改革的研究。教育研究做到什么程度，实际上是你自身基本素养和专业发展状态的外化。所以说，要做成功的研究人员、做出有质量的研究，第一个方面就是要努力提升自己。什么样的人干什么样的活、干得出什么样的活，任何时候都不要忘记我们不仅是在做一件事，我们是一个研究的主体，我们的智慧、理论水平、创造能力，会决定我们的研究质量。我用“我们”是因为除了我个人，还有群体，是一个研究群体。在做研究的过程中，非常花力气不断提高自己对当代教育问题的认识。

我首先谈这个问题，是因为教育研究的很多题目往往是被规定的、跟风的，不是自己对现实的研究、对理论的探讨，不是发现了问题，不解决就日夜睡不着，通过查资料知道这个问题还没有解决，有探究的冲动才开始的。研究者的第一个素养是有没有探究的冲动，对新鲜的事物有没有兴趣，是不是遇到什么事都想问一个究竟。而不是领导怎么说，周边怎么说，外国怎么说，我就怎么说。无论从什么层面、方面切入，无论做什么课题，要配得上研究人员的称号，首要的心向是“不安分”：永远想探索未知，会被未知的领域吸引，被可能更好的愿景吸引，唯有此时才会有创造的冲动，去做别人没有做的事情，唯有这样才可能会有新的路走出来。研究人员在考虑提高教育研究质量的时候，千万不要把自己置身度外。若把方法技术的问题、操作的问题看作是第一位的，那就错了。研究是靠人去研究，靠人的水平、人的质量、人的心向、人的智慧。人有明确目标的追求，才会带来持续研究的动力。

“新基础教育”研究 1994 年就开始了，当时没有立项。我是在自己自 1991 年始，当时已做了三年的、第一项与实践结合的研究“基础教育与学生自我教育能力发展”基础上开始的。在做上述研究的过程中，我非常强烈地感受到现实中许多的矛盾：校长被调走，教师跳槽，学校教师队伍非常不稳定。当时的感受是一场灾难又来了！我们刚刚结束“文化大革命”不久，市场经济又直接冲击学校教育了！这个社会怎么了？我只觉得中国的教育很苦，总是没有自己的地位。目前的变化是发展中出现的问题还是倒退性的毁灭性的变化？新的状态出现了，要走向哪里？为了弄明白究竟，我研读了中央一系列体制改革的文件。

通过认真研读文件，我方才感受到当今中国的大时代到了！不仅仅是 20 世纪 80 年代感受到的信息化的第三次浪潮，而且感受到产业确实在变革。这个社会将不再像过去那样稳定，而是追求迅速发展变化。生活于社会中的人需要有认识、把握这个世界的自觉，做出选择、通过选择来实现自己人生发展的能力，这种能力原来不强调。对此问题的突然醒悟，使我认识到教育一定要变，不变不行了。将来的改革一定是走向开放的社会，是整体的改革：改革必须超前，视点必须超前。虽然 1994 年还没有对学校改革提出明晰、具体的要求，但是从课题确立的时候起，我们的研究就定位在学校的整体变化，起点是对“培养什么样的人”的重新认识。

同年，我发表了与“新基础教育”有关的第一篇论文《时代精神与新教育理想的构建》，选择了一所学校开展研究，我把这个阶段的研究称为“‘新基础教育’探索性研究”。因为这是一个新的社会势态，首先在经济基础意义上出现了强大的冲击，所以需要对整个社会一系列问题进行重新思考，在此基础上再进一步对教育的一系列问题进行重新思考。所以我强调“新基础教育”研究是一个系统的变革研究，先要在教育观念上产生系统变革，同时需要在教育实践中产生系统变革。三件事同时开始：一篇论文的发表、一个改革研究方案的策划、一所研究学校的确定，就这样我们开始了“新基础教育”探索性研究。这就是刚才我说的，有没有研究的冲动，不是因为有一个研究课题，可以拿到钱、可以升职称，而是我确实觉得这是一个大问题！一个教育研究的大好时代到了！问题越多的时代，新鲜事物越多的时代，是研究者生存和发展越好的时代。1995 年底，我们申请研究项目的正式批文下来时，研究已经做了一年半了。我不在乎你给我什么样的课题，我在乎这个课题本身的价值，在乎这个课题能让我重新认识教育，有可能重新建立我们中国的教育理论。

因为是探索性研究，路子谁都没有走过，需要自己去探索。大家往往会认为做改革的道理都知道，只是不知道怎么操作，其实，问题恰恰在于道理是别人说明白的，操作是可以模仿别人的。如果都是别人的，在某种意义上，这根本不是研究，因为研究是出自自己的思考，道理是在研究过程中探究生成的，方法可以拿来用，但不能方法至上。所以我从目标的认识开始，对理论进行了系统更新。我在研究中发表的第二篇文章就是谈“三层次十大教育观念”的系统变革①。教育研究课题的形成来自实践，新假设的提出需要理论适度先行，这是我对教育改革实践研究之形成与教育理论关系认识的第一个观点。

二

第二个问题：教育研究中理论与实践的关系问题。

大家往往把参与教育研究的人分为两类：理论研究者和实践研究者。这两类人似乎是有一点高低，可以不相干，还往往互相瞧不起。这种清晰、稳定的划界，造成了教育研究中长期以来理论与实践工作者之间关系的割裂、对立，没有形成良性的互动式共同发展关系。我们的研究策划虽然始于对问题的理论思考，但并没有满足于从理论上讲清楚问题。理论的重要不仅仅是对理论建构的意义，而且要对实践产生作用。“新基础教育”研究的改革强调学习理论，因为我们是一个大的变革，不是原来框架中的修修补补。但一种理论何以有价值、有力量？

① 叶澜．更新教育观念，创建面向 21 世纪的新基础教育．中国教育学刊，1998（2）．

必须化到实践中去，在实践的发展过程中证明其相对的合理性和进步性。通过理论学习，实践工作者改变参照框架、形成新理论认识的过程，也是自己头脑中对教育基本观念、理论的不断更新。要去改变实践，除理论外，还需要实践选择：做什么范围、什么程度的改革？什么样的改革具有决定性的意义？

我认为中国的教育要改革，需要从基础教育改革做起。虽然我也写过高等教育改革方面的文章，但是面向未来的改革，恐怕更需要基础教育段的改革，义务教育段的基础教育改革更具有根本意义。基础教育决定中华民族未来的民族素质问题。因此我们把学校整体改革的基点选在小学和初中，首先进入的是小学，第二年才进入初中。学校实践领域繁杂丰富，抓实践中的什么方面对于学生和教师才是最重要的？想想我们每个人是怎么长大的？是一天天吃着饭、喝着水、呼吸着空气长大的，不是吃着宴席长大的。最日常的活动是一个人成长的最基本来源。对于学校教育来说，什么是老师、学生最日常的事情？一个是教学：备课、上课是老师和学生在学校的基本生活。师生是在一节节课中成长的，所以我们确定的第一个领域是课堂，以最基础的三门学科：语、数、外，作为课堂教学改革的重点。做出这一选择的另一个原因是：前一阶段的素质教育基本上是在外围做花边，建舞蹈队、合唱团、学插花等。难怪有校长对我说，素质教育很难实施，我们没有教师、没有时间、没有音体美教师，学校要抓主课教学，没有时间开展素质教育。把素质教育只和音体美、唱唱跳跳挂钩，无疑是理解出了偏差。我认为如果不做到主课的课堂改革，素质教育就永远做不成！我不信语数外一改革考试分数就必然掉下来。我相信真正好的、能够把学生主动性、积极性调动起来的课堂，能够让孩子喜欢这门课的课堂，能够提高学习能力的课堂必能提高学习成绩。我敢碰这个问题，还因为我们的团队里有这方面的老师，这又是一种可能。考虑问题，要从必要与可能两个维度整合来判断。除了课堂教学以外，另一个是班级里的生活，孩子天天在班级里生活、成长。我们做的第二个领域就是班级建设。当前，我们的学校体制是有问题的，人为的体制分割带来思维方式上的割裂。课堂教学和班级建设都作用到学生身上，改革要“两条腿”走路，才走得平衡和谐，不会摔倒。

大家对《让课堂焕发出生命活力》的印象太深了，都以为“新基础教育”只做课堂教学，错了，我们一开始就是“两条腿”走路。“新基础教育”探索性阶段的第二年下半年、我们发展到10所学校的时候，我就提出只做“一条腿”则不是在做“新基础教育”改革。后来我们发现一个很有意思的现象，有的老师教学业务水平不是非常高，但是班主任工作改革了，孩子都动起来了，孩子的主动性、自主性激发出来了，什么事情都不用老师操心。一个初中班在毕业考前夕还开主题班会；三年下来，成为全校最优秀的班级，最多的人进入上海市重点高中。讲对立的人喜欢简单化，孩子成了练习的工具，结果孩子因学校而讨厌学习，在一个人的成长过程中，最需要、最可能在精神世界获得丰富发展的时期，出现厌烦学习的情况，多可怕！

我们在探索性阶段时研究范围不大，因为教育不能重来，孩子不能再活一次，所以教育研究人员需要有起码的教育伦理：你的研究要有助于孩子的发展，不能以耽搁、影响孩子的发展满足你的科研成功，这是教育科研的伦理原则。为此，我们做了很仔细的研究策划。要求试验班参加统测、统考，不因试验而享受特权。当然，开始做研究时老师要多一份付出，有压力，做到后来，孩子活起来了，教师能够有针对性地指导，发挥知识对人、对孩子的成长价值。

“新基础教育”研究是学校整体改革，需要校长愿意改革，全力支持。从探索性阶段的研究开始，我们一直坚持一个原则——双向选择：只收“志愿兵”，不收“规定兵”，是你愿意改革，而不是领导命令你来改革。有了清醒的自觉意识，才会有真正意义上的研究性合作。我们选校长的条件是：愿意做改革，真正把教育当回事，这是一个价值取向问题。改革的问题，往往首先不是认识问题，而是价值取向问题。

我们在研究过程中十分注重理论与实践的双向建构问题。具体做法的第一步是研究人员连续听课，目的是读懂老师：老师为什么这样教？这样教背后的思想是什么？怎么才能让老师知道不该这样教？怎么让他知道新的思想转化成教育行为是什么样的？目的是要找到一条路，把老师头脑里的东西和他口头上承认的理论、他实际的行为，以及改革期望教师产生的行为等四个方面沟通起来。我认为别无他径，唯一的路径就是实实在在地去读老师，就是进课堂，一节一节课和老师们一起分析、聊。当时做了一段时间以后，我对自己这样的一种研究方式也产生过怀疑：少数人我可以这么做，将来大面积我怎么做？这样行吗？我怎么觉得自己像老中医一样，一个一个地搭脉，然后我再来问症、开药方，提一些建议？但是，经过一段时间，我们发现老师的领悟就在这样的过程中产生。也就是说，你介入他的实践中去，和他对话，你把他行为背后的观念拉出来，并且告诉他换一种观念会有什么效果，才有可能让老师有所体悟。开始的时候，你说老师这样教有问题，他觉得很奇怪，因为他一直是这样教的。你要告诉他问题在哪里：如，你把学生看成只要你讲他就能听懂的人，自己只是拼命地讲，而不是用一种开放的方式让孩子的状态表达出来，根据这个状态再进行教学。一开始老师觉得怎么会呢？听了分析后，有点茫然，觉得说得有点道理，但是该怎么做不知道。也就在这个过程中，我慢慢练出一种本领：能够根据教学的状态，提出按照新的理念可以怎么教的建议。一个方案提出来，有经验的老师一下子就悟了，他（她）发出“喔”声，眼睛发亮，我知道行了，这次“点穴”点对了。正是在摸索中，我概括出一个提法——“捉虫”与“喔”效应。通过观察、研究教师的课堂行为，把他头脑里的“问题”抓出来，这是“捉虫”；但是光“捉虫”还不行，你还要说得出来应该怎么做，提出一些具体的建议，他若明白，会恍然大悟：“喔！原来这个理念可以这样表现！”这就是“喔”效应。我们正是和老师在这样的过程中不断实现从理论到实践的转化。通过持续、多次的听课、说课与评课，老师会越来越清晰新的理论是什么，改革要改什么，慢慢地从一种新实践的尝试到新经验的逐渐积累，最后形成他自己对这个问题在实践层面上的理论理解，教师的经验和理论就在他个体身上产生了积极互动。不是两类人分开：我讲理论你去做，你做完了我来帮你总结，最后有的甚至就以“我”的名义发论文了，发完论文，事情就完了，这不是真正基于学校实践的合作研究。与此同时，我们还做学科教材本身的结构性重组。最初在几个学科中做尝试，做出了一部分，但是序列化不够，我们在一些点上做了突破。

探索性阶段结束后，我的体会是：理论可以转化为实践，但理论不会自然转化为实践；教师可以学理论，理论水平可以提高，但不是仅靠读书和记背来提升理论水平，作为研究者的教师一定要让理论介入他自己的实践中，要用新的理论框架对实践进行反思，反思之后要做出重建，重建以后教师再实践，逐渐形成自己的观点，且会有新的创造，这是一个复杂转化的过程。在某种意义上我在指导老师，我又经常被老师的创造所启发。在老师们的实践创造中，我们的课堂形态发生了变化，这个变化使我对“教学是什么”在理论上有了一个全新的理解。教学观已经远远超出了教和学谁第一谁第二、谁围着谁转的提问思路。生动的实践告诉我，一个改变了的教学，一个开放的教学，一个教师能在课堂上不断收集信息、处理信息的教学，不是谁围着谁转的问题，而是一个共生、互动、生成的关系。

在此过程中，我拥有了从未有过的体会：实践能滋养新理论的产生。如果我不介入实践中，不关注实践与理论在不同意义和层次上的双向互生，就不会结合变革实践在互动意义上研究理论。一个鲜活的、属于中国的、在改革创造中诞生的属于我们自己的理论，就在这样的过程中逐渐创生了。它不是从国外搬来的理论，不是从心理学、哲学借来的理论，我们被这些精神滋养过，但不是对它们的简单搬用。如果我们把自己定位为教育研究人员，我们就应在不同层面上对教育理论的发展承担一份责任。怎么去发展？和一线接触很多的研究人员，可以在真正读懂实践、提升实践的基础上，在形成我们自己的理论上下大功夫，而不是忙着去抄别人的。现在常见的现象是：哪个理论风行，就把哪个理论拿过来，加几个例子，就是一篇论文。这样的科研没有内在有机的生命力量。

我们这样的理论和实践的关系，在探索性阶段就奠定了基础，在发展性阶段则有了更大的推进。现在已进入成型性阶段，已可以这样概括“新基础教育”理论和实践的关系：首先，它早已不是那种隔离、对立式的关系，而是“理论深度介入实践”，跟老师一道研究。其次是“实践深度滋养理论”。再次，“理论具有实践底蕴”。又次，“实践富有理论品位”。现在，特别是试验学校中的骨干教师，说课评课都能从一定的理论角度展开。最后，“理论与实践共同变化，相互生成”。这是新型的教育研究中理论与实践的关系。我觉得只要我们愿意，我们都可以在不同的层面上体验理论和实践的关系。

就我自己而言，如果没有实践的滋养，就不会有今天对教育理论的一系列重新认识。这十多年来，我头脑里的教育观念又翻了一遍，又重新形成了一遍。正因为这样，我们才有勇气说要创建一个学派，叫“生命·实践”教育学派，我们深深地体验到了生命、实践对于教育的重要价值。这些都不是拍脑子想出来的，而是有亲身体验的。有了一些理论的想法和十几年的实践，我们才敢说要创建自己的学派。

三

任何研究都有短期的研究和长期的研究，同时任何研究都需要策划，没有策划就不能叫研究。对相对稳定的经验做理论提升，也是研究，是一种经验研究。“新基础教育”研究是一个探索性研究，不是先有经验去提升它，而是反过来先要去创造经验，在研究过程中形成经验，形成理论，形成对事物新的、逐渐深入的认识。

这样一个已长达十多年的研究策划，可分为三个大的阶段：第一个阶段是1994—1999年，因为我们的学校样本比较少，相对集中在华东师大里面，缺乏普遍性。所以在第二个阶段（1999—2004年）就做了一个拓展研究校范围的研究，50多个学校分布在东南沿海各地区。目的是用拉开的方式看看，我们形成的东西是否具有普遍性。这个五年我们非常辛苦，也非常丰富，每半年每个地区都要开一次研究共同体会议，每半年都要到每个地区走一圈，每半年都要了解一下这些学校的规划，同时还要听课、讨论。不同地区的文化对教育的影响我们都感受到了。地方文化差异很大，会带来对教育的影响。到了第三个阶段，我采取的策略是收拢。第二阶段证明了第一阶段的研究成果具有普遍意义，并因这一阶段的研究，无论在理论上还是实践中都有了重要发展。但是因为地区分散，我们精力有限，还没有一所学校实现改革研究所期望的转型形态。为了做成转型性研究，建立新型学校，我们决定在2004年结题以后，开始进入“新基础教育”成型性研究阶段，将试验学校的范围主要集中在上海地区，有十一二所学校，称其为“基地学校”，再用五年时间，把这些学校打造成整体转型后具有“新基础教育”新品质的新型学校。大家可以看到，一个长时间的策划，要根据目标、可能和任务，不断调整：我们探索性阶段是从一所学校开始，然后在第二年的下半年才达到十所学校；做了一段，觉得还可以，就一个喇叭口放大；放大以后又一个聚拢，聚拢以后在一个更高的水平上做深、做透。

我在全国教育科学规划办的领导小组里承担工作，每年要看很多课题项目申报书，我发现很多人没有策划意识，不知道该怎么策划。策划先要有一个整体目标，然后分项、分阶段，它可以非常不同，但你的目标一直在那里，是一步一步往前走，直至达到目标。如此同一个题目不同阶段持续十五年做研究，没有一种组织策略、方式方法，没有一个动态推进的组织、策划，是做不好这个研究的。

大家会不会觉得一个研究只涉及一个层面？比如，以“新基础教育”为例，一开始我们局限于学校研究，到了第二个阶段已经与区域相关。在这个阶段，各地区都有教育局的领导介入进来，成为课题组成员。我们会把意见反馈给他们，由他们领导一个小组在区域开展日常研究。所以，到了第二个阶段，我们进入怎样在区域层面推进改革性研究，开始有了一些经验，但是还没有非常强的自觉。我们的重心还是在学校，只是为了做好学校，才把区域结合进来。到了现在成型性阶段，我们比较多地集中在上海市闵行区。通过五年研究，闵行区体会到了这个研究对整个区域的基础教育有大的推进作用。现在闵行基础教育的教育质量在全市处于前列。它原来是一个郊区，师资水平、学生水平和其他的一些区是不好比的。那个时候我很感动的是，当时闵行区分管教育的副区长，在我们结题的时候，她上来做的第一件事情、第一句话就是：“我要代表闵行区的所有老师和教育工作者，向叶老师和她的课题组成员鞠三个躬。”她在这样一个有五六百人的会场很端正地向我鞠了三个躬。我真的非常意外，我受不住了。她为什么这样做呢？她说：“新基础教育”给我们闵行区教育带来了很多发展。成型性阶段对我来说，重心是要做好10所学校，让它“成型”；闵行区工作的重心抓好在自己的区内，怎么样来推进和发展“新基础教育”，这个工作由本区自己来抓。现在这个分工非常有意思，我们课题组的重心放在10所学校，区里把其他的学校组成学习小组，按照两个维度来共同组合：一个是地理维度，一个是情趣维度，比较合得来的学校自己组合在一起。运用“新基础教育”在一所学校开展的研究方式和方法论，在两个维度上开展合作研究。我的体会是方法论远比操作重要。思想方法变了，就有可能在很多领域去推演、策划自己的工作。小群体之间还有交互活动。当华东师大课题组开展专题研究的时候，合作小组的组长负责人就来参加。这样就把我们基地学校的研究资源放大、辐射到区域中去了。

目前，我们在坚持基于学校的整体改革的同时，又上升到一个中观层面，就是基于区域的改革。原来我的出发点是基于学校，现在的发展是把学校做改革的方法论和方式扩展到地区怎么做改革。许多经验扩大到了中观层面、区域层面。

四

最后讲讲我们这样一个学校研究与学校日常实践的关系。我曾经用这样一种方式表达“新基础教育”与现实的关系：我们是现实的理想主义者和理想的现实主义者。我们从来都不是选择最好的学校，而是选择一般的学校。为什么选择相对不是很强的学校做研究？第一，它们需要加强；第二，这样的研究有更大的普遍性，因为中国大部分学校的条件、师资和生源，不可能像那些名校一样，基础教育要关注每一个人的教育权利，因此我们不应该挑挑拣拣，最普通的才是最有价值的。

对学校而言，有活力的科研，应该不是从外面加上去的工作。我们把整个科研化到学校的全部工作中，把学校原来的日常实践转化为研究性变革实践，也就是把研究这个因子，化到每一项具体工作中去，化到每一节课中去。

大家问学校科研怎么做？在我们的基地学校，不少已经没有科研室。这不是说科研没有了，而是说科研化进学校工作中去了。每一个部门都有自己的研究。管理也有管理的研究，它对自己日常的制度改革、组织重建等进行研究。很多学校成立了课程教学部和学生工作部，一个是以课程为抓手的全面改革研究，一个是以班级建设为抓手的全面改革研究。学校的制度、体制、机制都发生变化，产生了许多非行政组织。在这样的改革研究过程中，学校成员的积极性非常高，大家都结合自己的实践领域开展研究。我觉得这是学校教育研究回归到本原的表达，学校教研不是一两个人的事情。最开始，学校没有科研意识，成立科研室是学校科研意识的一个表达。但是做到一定阶段以后，研究将成为每一个学校工作人员必备的基本素养，每一个老师都应该研究。当然，市里的科研员、教研员可以下去做一些合作的研究。学校科研最终的目的是促进学校的发展。如果一个学校发了不少论文，获了不少奖，但老师和他的日常实践没有成长、变化，这个学校科研就只对教师评职称有用，对校长提拔有用，但对学校的真实发展、对学生的真实成长却缺乏教育价值。如果学校教育科研离开了土，离开了对人的成长价值，那么这个教育科研就被异化了，就走偏、走歪了，科研变成工具，变成敲门砖了。

每个学校都要结合自己的领域进行研究，“新基础教育”有几大领域，每个领域都有目标，有要求，有一个大致的策划。但每个学校必须结合自己的基础、状态，做出再策划，开展真实的研究。在这样做的过程中，校长越来越能干，教师越来越能干，他们自己的研究实力、研究效应日益提升。这就是为什么我们“新基础教育”要做这么长的时间，不是五年就能做完。除了它是一个当代的新问题以外，还因为我们不只是为了做一点事，做成一点科研的事，而是最终为了“成人”。成人，包括成学生之人，成教师之人，也成校长之人，领导、干部都要提升在成事中成人、通过成人来促成事的研究能力。这又是一个相互建构的关系，最根本的落脚点是在人身上。人好了这个世界才会好，套用这个话：研究人员好了，我们的教育科研才会好。

教育科研的成败不在哪一个专家的手里，而在我们每一个人的手里！

本文根据叶澜教授2006年11月10日上午在上海市为山西太原市校本教研进修团（近150人，由太原市教科所组织）所做的报告整理而成，经叶澜教授修改，定稿。

希望在明天

为中国明日之教育：充实生命　铸就师魂

首先请允许我以孟宪承书院名誉院长的身份，向为孟宪承书院创建付出心血和努力的全体老师表示感谢，向各位首批入院的学员表示热烈欢迎！

49年前的9月，我和你们一样，怀着希望和憧憬，跨进了心仪已久的华东师范大学的大门。因此，今天我还想以一个老"师大人"的身份，祝贺你们开始大学的人生，开始肩负着为中国明日之教育而努力的大学人生！

在每一个人的生命历程中，青春是最亮丽的，大学是最令人向往的。当青春与大学相遇，而且融进的时候，那么，我们就是幸运和幸福的。我们都是这样的幸运儿！青春期，对人生来说，是做出重大选择最多的时期，是一个人确立人生理想和职业理想的重要时期。我们可以这样说，在青年的时间观里，"未来"是最重要和最有价值的。"现在"只有和"未来"相通的时候，才显得更加有意义。青春期是一个理想主宰现实的时期。今天你们进入师范大学免费师范生[①]的行列，这意味着，你们选择了教师作为自己的未来职业。刚才听了几位同学的发言，我相信，做出这个选择，谁都不是随意的。在座的每一位，都一定认真地思考过：为什么我要选择师范？我相信各人的理由不会一样，有的可能是主动的、积极的、坚定的；有的可能是被动的、无奈的甚至是暂时的；更多也可能是混杂。这些都很自然，没有什么可责怪。我还清晰地记得我自己为什么选择华东师范大学。一是因为我父亲当了一辈子老师，从小学到中学，我看到他和学生怎么相处；我看到他白发苍苍的时候，还有很多学生来看他，所以我从情感上喜欢这个职业。二是因为我们家并不富裕，有很多孩子，选择师范不用交钱，当时没有免费之说，所有人只要进了华东师范大学，就不用交费，有吃饭、有住宿，什么都不用你操心。正因为不用交费，我圆了读大学的梦，又不增加家庭的负担。再加上当时我们的班主任极力推荐，我就毫不犹豫地在当时可填报的六个大学志愿上，都填了师范大学。很显然，我的选择是有主动因素的，那就是喜欢这个工作；也有被动的因素，那就是家庭不富裕。然而，这些又都随着我们进入师范大

---

① 当时称免费师范生，叶澜教授较早提议称"公费"代"免费"，现已改称公费师范生。——编者注

学的学习生活以后，发生越来越多的变化，这些思考都会过去的。当你们今天进入了华东师范大学，迎接新学期，开始这一新的人生旅程的时候，摆在每个人面前最要思考的问题是什么呢？更重要的问题是什么呢？在我看来，那就是选择教师职业究竟意味着什么？对自己来说意味着什么？对社会、对民族、对国家来说意味着什么？如果你不想虚度这宝贵的四年，就需要想明白这个问题；如果你想使这个职业从一种理想变成真实，成为指引你四年大学生活的动力，那么就必须认真地思考这个“意义”的问题。

今天恰逢教师节，就我自己的感受来说，这是改革开放以来（教师节确立23年以来），过得最为隆重和持续时间最长的一个教师节。8月初，暑假里，就有一部分优秀教师和教育专家，受到党中央和国务院的邀请，到北戴河享受了为期一周的疗养。这是中华人民共和国成立以来，第一次组织以教育工作者为对象的北戴河疗养。8月31日，胡锦涛总书记在全国优秀教师代表座谈会上，发表了有关教育和教师队伍建设的重要讲话。昨天，温家宝总理提出在6所师范大学进行免费师范生试点。去年8月22日，我参加了温总理召开的关于基础教育改革的、5名老师的座谈会，就在这次座谈会上，温家宝总理提出了试点的想法，当时他说还没有经过国务院讨论，但是很快，到了今年春天，全国人民代表大会就通过了国务院这个决定。接下来就马上开始招生等一系列准备工作，于是才有了我们今天的相聚。温总理昨天还到北京师范大学和免费师范生进行了面对面的座谈。今天上午，上海市委副书记和副市长来看望了我们华东师大的免费师范生，进行了恳切的座谈。这一系列事情是我进师范大学学习、工作到现在，从来没有遇到过的，如此密集的党和政府对教师、教育事业的关注。它实际上给了我们这样的一个信号：党和政府十分关注当代中国教育事业的发展。因为现在已经到了教育是中国现代化能否真正实现的一个关键的时期了，它关系到我们中华民族国民素质的提高，关系到中国的明天。我们只有读懂了这些，悟透了这些，才会更明白选择教师职业对于社会、民族、国家而言，是一种庄严的承诺，意味着一份沉沉甸甸的责任：从此，我们心中不只是有个人和亲人，还有了事业，有了国家的青少年——我们民族的希望和未来。

在这里我想补充说的是，中国的师范教育自诞生之日起，就是和民族、国家的兴亡联系在一起的，这是师范教育的优良传统的核心组成。早在1896年，中国近代变法运动的领袖人物梁启超就发表了著名的《论师范》一文，发出了振聋发聩的声音，“今之识时务者，其策中国也，必曰兴学校”，“故欲革旧习，兴智学，必以立师范学堂为第一义”。师范教育能兴邦，在从古代向近代转型的重要关头就是这样提的，中国的师范教育也就是从这个时候开始的。在梁启超《论师范》发表的第二年1897年，距离今天110年前，上海的南洋公学首先开设的就是其中的师范院。当年2月，中国有了第一次师范生的入学考试，应考者70名，上海就这样成为近代中国教育史上首开师范学校的地方。此后，各地的师范学校纷纷举办。许多师范学校聚集了一批爱国的、有深厚学养的优秀教师，为我们中国走出古代、走向现代化道路培养了一批精英。我们都知道，毛泽东、恽代英等都是当时湖南第一师范的学生。如果大家有机会的话，我建议可以上电视网，看看那部得到“五个一工程”奖的电视剧《恰同学少年》。从这里我们可以看到，那时候的老师怎么对待学生，同时也可以感受到当时的师范生如何把民族的兴旺发展当作自己的使命，这是一种让人无限敬佩的精神。

华东师范大学是为了适应新中国要培养大量新型教师的需要，由国家建立的新中国第一所师范大学。培养优秀的、人民需要的教师是华东师范大学的建校宗旨，也是华东师范大学的宝贵传统。刚才在俞校长的报告里，我想大家能感受到这一点。在新时期，你们就将成为这一传统的继承者和创造者、体现者和实践者。一代又一代中国师范生，学习的内容、方法和具体要求都会变化，不变的是什么？那就是师范精神，那就是为明日之中国教育而努力的精神！只要中国有明天，中国就有师范的明天，就有一批又一批的青年学子，迈着坚定的步伐，走进培养未来教师的大学！

今天，我还想进一步谈的是：选择读师范大学，对我们每一个“具体的个人”来说，它究竟意味着什么？这与你们接下来就要开始的大学生活密切联系。我最想送给你们的八个大字是：“充实生命　铸就师魂”！

“充实生命”是每一个大学生青年都应该自我警醒的信条和行为。因为朝气勃发又初涉人生的大学生，很容易被喧闹的世界所吸引，由内心的冲动所支配，被不平的遭遇所激怒，为情感的煎熬而痛苦。理想是美好的，现实却是复杂且变动不居的。在你们的身边，虽然会有师长和同伴的相助，但是最终只能靠每个人自己内心的力量来把持。“充实生命”就是要用人类的文化来滋养我们自己的生命，用认真的学习、深入的体悟、切实的践行来提升自我。大学是什么？大学是人类文化的栖息、生长之地，大学是洋溢着生命、青春的宝地。一颗颗饱满、丰实的生命之果的育成，是大学对人类的最大贡献。对于师范生来说，充实生命具有多倍的生命价值，因为，你们将要用自己充实的精神生命，去育成比自己更为稚嫩、美好的生命；因为教育是一个使自己和别人都变得更美好的事业，是一个实现“以人为本”的社会中最能体现人文关怀的事业。面对着我们将要承担的重任，我们没有理由、也没有权利在懵懂中度过自己难得的大学人生。

“铸就师魂”与“充实生命”密不可分，它是充实生命的内在构成。我们不能设想，一个无灵魂的生命可以健康地存在。“铸就师魂”，又是在师范生充实生命的过程中自我精神的升华和聚焦。只有通过自身的努力，我们才能铸就师魂。在我看来，“铸就师魂”就是要在自己的精神生命中形成一种“大气象”。它包括四个方面。

第一个是“大胸怀”。师范生要有大胸怀。大胸怀，除了为国、为民的志向以外，重要的是要使自己的心灵向世界开放、向他人开放、向历史开放、向未来开放、向人类开放。因为有这种大气象，我们的心灵能接受八面来风，荡涤灵魂中还存的污泥浊水；能吸纳时代的新鲜空气，使自己的心脏与时代的脉搏一起跳动。很多人以为，师范生将来只要管好自己带的学生就够了。从我多年来和基础教育的老师合作开展的研究来看，这绝对是错了！没有大胸怀的教师，他一定难以磊落、光明，缺乏持续的动力向前探索、实现发展。不管我们来自哪里，我们的过去是什么；不管我们曾经有过多少想法，今天我们要为成为一个好的教师而养成大胸怀。

第二是“大爱心”。大爱心，首先就是要珍爱自己的生命和他人的生命。我们不仅要珍爱人的生命，还要热爱大自然。我们要用发展的眼光去跟自然进行交流，去发现自然的美，充实自己的生命。我们要爱事业。事业对于一个人的人生来说非常重要。一个没有事业的人，他的人生，如果把所有期望的满足都放在事业之外的话，会是痛苦的。最近，我在上海美术馆看了画家张培成的画展。他在讲自己的绘画人生时说：“我是幸福的！因为我的生活就和我的事业融为一体。我因为爱美术所以才画画。”他还说，他看到有些人，也爱美术，但没有办法从事美术，只有到退休时才有可能做美术。从他的话里，可以悟出一个道理：一个热爱事业的人，他的生命要比其他人过得更丰实、更满足。如果我们有了这样一种大爱，就会有乐观、积极、向上的精神力量，就会使自己的生命得到勃发，能够在事业中呈现出自己独有的生命魅力。

第三个是“大智慧”。以往对师范生有一个误解，认为师范生学的东西，可以比非师范生学的浅一点。其实这个想法不对。就拿知识而言，他跟其他的非师范生需要的同样是大学教育所必需的学科专业修养。除此以外，他还需要学习教育方面的知识，培养教育方面的能力，师范生对知识的把握有复合性。真要做一个好教师的话，必须要善于把人类文化知识的积淀，转化成学生能够吸收的资源，最后还要能设计出很好的教学方案，然后在课堂中和学生一起来实现关于知识方面的教学转化。过去为什么会认为师范生的知识可以学得少呢？因为它建立在对教师不过是“教书”、而不是“培养人”的片面认识基础上。因为它认为光是教书，中学小学知识浅近，不需要多少学问。然而，如果我们的眼光只停留在教师就是教书，则必将沦为“教书匠”。“书”和“匠”在一起，就是说，单单教书的话，很可能“匠化”。大家在入大学前的成长过程中，也许就遭遇过“教书匠”，感受过在“教书匠”把持的课堂里，学生的精神生命是如何被压抑、被扼杀，直至把所有人的灵气都磨光。无论是正面的、积极的对一些好教师的感受，还是可能感受过的一些让人伤心的教师的行为，其实都可以成为大家今后在成为未来教师的学习中最好的资源。我们千万不要小视了师范生，对其知识的要求很高而且复杂，可以说，当前人类的科学还没有关注到、很深刻地认识到，关于人自身的发展和成长需要如何教育的学问。就此而言，你们将不仅是学生，你们还是未来的教育学知识的创造者。

讲到智慧，大家也许会想到技能，譬如说，师范生要能说很好的普通话。今天发言的学生代表，她的普通话就很不错。尤其到农村，还需要有一手漂亮的板书，要会写毛笔字，最好还要能组织学生展开课外活动（学生反响强烈，叶老师笑着做出回应）。大家可能好久不练毛笔字了，其实，毛笔字将来你们会觉得，如果学着写的话是一种享受。如果“进入”了，会有一种中国字的气场感，非常有意思。此外，最好还能唱歌、能跳舞，能组织学生开展活动。这样的老师是最受欢迎的。但是，如果我们要把自己成就为优秀的教师，要做一个教育家的话，那么这些只能说是基础的基础，远远不是当一个好教师的全部。要想当一个好教师，在我看来，最重要的是要有“大智慧”。

所谓“大智慧”是什么呢？首先，一个人当他面对新的问题和挑战的时候，他有一种兴奋，他愿意去迎战。这样的一种心态，就是永远不会对未知说“不”的心态，这种心态会把人内在的精神力量激发出来。所以，智慧的前提是要有一种好学、探究、不屈不挠，想把不知道的事情搞明白，想解决困难的勇气。智慧是和勇气、和迎接挑战联系在一起的。除此以外，当我们讲到智慧的时候，它不是只要把现成的知识拿来运用一下就行了。什么时候会感受到智慧的凸显呢？那就是当人在一个具体的情境中，遇到没有料到的问题、陌生的问题，但你又必须去解决，在这个时候，人的智慧就会呈现出来。所以，智慧又是和实践联系在一起的。意外，不会在书本中遇到，而经常会在人生实践中、在职业实践中遇到。

在这种情景下，谁能够解决问题，谁的智慧就得到成长。一个勇气、一个兴趣、一个实践、一个积累，就有可能造就出教育的“大智慧”。如果我们按照改革以前的，也许很多人遇到过的、以老师“一言堂”为主进行课堂教学的话，老师在课堂上也许感受到他是主宰，但没有什么挑战。今天基础教育的改革，新课程改革和教育教学改革，非常强调的是：看重学生主动、积极地参与，看重学生身上具有的资源，看重他们原来的基础、头脑中的问题。当课堂向所有学生开放，让学生参与到教育教学过程中时，教师就会发现：每一堂课都将有新的意外、新的挑战，这里需要的绝对是智慧，而不是死记硬背的知识。这样的智慧的形成，就要求我们敢于迎接困难。在学习中、在生活中，要善于在碰到具体问题时捕捉重要的信息，要养成正确判断的能力和习惯，还要及时做出策划，并且转化成有效的行动。所有问题的解决最终都是在有效的行动中完成的。而一个有效的行动需要有一系列智慧的运作。大智慧是对未来教师非常重要的挑战，也是教师生活之魅力所在。教师也许会年年教一、二、三年级，但是年年会感到有新鲜的东西、有挑战的东西，因为你年年遇到的是不同的学生。

最后一个“大”是“大自觉”。所谓“大自觉”，就是每个同学都要意识到，无论是自己的成长还是教育工作的成功，都需要每个人有一种自觉超越的意识。我们现在提出，新型教师在人格上有一个非常重要的特点，那就是自我更新。不是别人要我改，而是自己需要改。因为如果不改，如果不发展、不成长，就无以面对那些需要发展和成长的学生。刚才任老师介绍了我们在做的“新基础教育”研究，我们十多年和老师一起，目的就是在改变教育的同时改变教师，让他们越来越走向大自觉。我们的方式就是不断地实践，通过实践再进行反思，反思了以后再寻找新的对策，重新构建自己的教育活动。就是在这样一次又一次和老师的共同讨论、和其他学校老师的交流研讨中，教师对职业的生命自觉油然而生。现在，一些参与“新基础教育”的优秀骨干教师，常常会说一句话，“我觉得做新基础教育是幸福的”。为什么幸福？那就是因为在这个过程中感受到了自己的成长和发展，并且用自己的成长和发展引领学生的成长和发展。今年教师节到了，我收到了好多“新基础教育”的老师和校长给我的贺信，其中有好几首都是诗歌。智慧会出诗人！一种真情的投入，会让你感到职业、生命、世界是那么的美好，会感到成长是那样的欢乐。

如果有了这样的四“大”，那么，我相信，你们这些未来教师的生涯就能有尊严。这种尊严是中华民族的尊严，是人类文化的尊严，是世界上最宝贵的属于每个人只有一次的生命的尊严。另外，只有形成内心的大气象，我们才能感受到欢乐，这欢乐是创造的欢乐，是成长的欢乐，是收获的欢乐。

总之，无论是“充实生命”，还是“铸就师魂”，都要通过你们即将开始的每一天的学习、每一天的生活来实现。在这里，我特别期望孟宪承书院的学生，发扬中国书院文化的优良传统。大家也许已经知道了孟宪承，但也许不太清楚“书院”是什么。这些年来，称书院的特别多起来，这也是一种现象，是对传统文化回归的现象。书院，可以说是我们中国文化史和教育史上的一朵奇葩，只有我们中国才有书院这样一种教育和学术活动的方式。书院的名称，最早出现于唐玄宗开元年间，公元 8 世纪的时候，它是皇室编校、典藏书籍的地方，并不是一个学习的地方。由于要编皇家志等，就聚集了一批学者，有时候，这些学者也为帝王讲学。后来，随着雕版印刷术的发展，藏书不只是在皇家了，而是越来越到了民间，民间也就开始出现书院、藏书楼。特别是中唐以后，私人藏书的书院和从事教学活动的书院开始兴旺起来。到宋朝时，就是 10—11 世纪的时候，书院成了学者聚众讲学、接收弟子的重要地方。后来，书院越来越发展，还成了很多学者、学子为了探讨问题而聚众会讲的地方。书院成为传统文化重要的滋生地和传播、传递场所，书院逐渐形成了一种学术文化传统。我们中国的许多学派、哲学流派，特别是宋明清以来的一些学术流派，都是在一些重要的书院里形成、发扬和开创的。书院还有一个很重要的特点是自治，学生参与书院的管理，新来入院的门生，一开始由书院院长的高足弟子为新来的弟子担任问讲。书院倡导的风气是潜心学术、相互切磋、自治管理、人格独立。今天，孟宪承书院还要传承老一代教育家、我们华东师大第一任校长孟宪承先生的治学精神，为中华民族教育事业的发展倾心付出的高尚人格。我相信，这样的精神将越来越变成我们共同的财富。刚才，俞校长提到孟宪承书院不是一个实体机构，即孟宪承书院不是编几个班、有教室等。但我们有图书馆，大家有一个共聚的区域，将来还会营造书院独特的文化。这个文化的营造，不是光靠老师，一旦你们进入了，你们就是书院的主人了，文化要我们自己来创造。让人们一进入书院，就能感受到：这是孟宪承书院。所以在这里，我诚挚地希望，我们尽管不是一个组织的实体、物质的实体，但是孟宪承书院将成为一个强大的“精神共同体”，成为展示华东师大师范生的风采和精神力量的一个共同体。我还希望，你们作为书院第一届入院的学生，要创造经验，形成传统。第一届，幸运就幸运在传统的继承和新的开创都从你们开始，要为后面来的、明年来的、新一届的学生做出榜样，让他们一进书院就有一种感受：这是我们的书院。

最后，我借这个机会，预祝大家四年大学人生路越走越充实、越走越宽广！

本文根据叶澜教授2007年9月10日在华东师范大学中北校区于孟宪承书院成立大会暨2007年首届公费师范生开学典礼上所做的报告整理而成，经叶澜教授修改，定稿。

生而为女，何以成人成业

实话说，今天我是被“抓差”来的。首先祝贺华东师大女教授联谊会成立二十周年，华东师大妇联工作近期获得了一个全国性的大奖，在这样可祝贺的日子里，要求我来说说是不能推却的。我曾夸下海口，要把女性问题作为退休后的研究课题，因为我觉得这确实是个重要的问题。今天，妇联主任“抓”我来报告，谈什么好？想起当时她提出的邀请，理由即我是个“女”教授，所以我头脑里首先冒出来的题目是“生而为女”，但是我对女性问题没有专门研究过，这个报告只能算是“业余选手”水平。在座的都是知识女性，面临一个“成业”的问题，不过作为一个人首先要面对的是如何“成人”的问题。所以，讲题就这样形成了：“生而为女，何以成人成业”。为此，近期特别看了一些书，结合自己的人生体验做了一些思考。今天主要谈两个方面：第一，关于女性的性别意识问题，女性持怎样的性别意识才能更加有助于生长和发展？第二，在现实的生境中，女性如何成人成业。

一、女性的性别意识问题

女性问题是个很复杂的问题，现在已经有女性学，是多学科研究的交叉中心之一。社会学家、心理学家、人类学家、生理学家和文学家都在研究这方面的问题。比如，当代女作家毕淑敏有一本散文随笔《性别按钮》，古今中外把女性作为文学主题的作品数不胜数。女性问题又是个丰富的话题。社会上也有各式各样关于女性的言论，乃至调侃，比如“无知少女”（无党派、知识分子、少数民族、女性）成为选拔女干部的一个标准，还有“白骨精”（白领、骨干、精英）等说法。女性干得比较好，以嘻嘲的语言来表达对她们的看法。比较传统的言论，则如“女子无才便是德”、女人的本分是“相夫教子”等。现在的女性主义者则以战斗的姿态维护女权。

女性的性别意识变成问题来讨论，首先是从社会意义上提出的，由近代社会呈现出来的关于男女平等权利的问题引出。

文字是文化的凝聚、化石，我们可以从“文字”的角度来透视一下我国文化传统中对女性的看法。翻阅2001年版的《新华字典》，我发现“女”字旁的字有245个，其中很多不认识。统计了一下，大约50个以上的字表达的是亲属关系、血统关系，这说明文字形成时期有很浓的母系氏族社会留下的痕迹，以母亲为中心在文字中有表现。我们现在的“姓”大都是从父亲来的，但是“姓”这个字却是“女”字旁，《说文解字》说：“姓，人所生也……从女从生”。原始社会的原始神崇拜，比较多的是女性崇拜、生命崇拜、生殖崇拜。我看过一本书《道教与女性》，其中讲到很多女神、女仙。道教强调永生、希望长生，女仙孕育生命。女娲造人补天、生生不息。从中可以看到女性与生命繁衍之间的关系。人类对生命的崇拜可以从最初的母系氏族社会以及女仙、女神崇拜中透露出来。对女性的崇拜现在似乎已经过时，但是，对生命的尊重、对养育生命的女性的尊重，只要人类存在便永存。

此外，“女”字旁的字比较多的是描写女子的神情美貌，包括内、外、动、静，都有很精细的描绘，这说明对女性的观感和关爱。有人说世界上如果没有女性，美就会缺少一大半，对美的欣赏带来对女性的欣赏。除此之外，比较多的“女”字旁的字讲到品行，如好、孬，但大都指不好的品行，估计这些是后继男权社会造出来的字。我们知道文字创造不是一次性完成的。从中国文字系统中，我们可以看出女性和生命的关系、女性和审美的关系、女性和品行的关系，但是从品行始就小看、贬低女性了。可见，女性问题是个很悠久的历史问题。

农耕社会以后的劳动分工使女性处于从属地位。工业社会的产业结构、劳动性质发生变化，女性可以参与一些社会劳动，尤其是随着教育的普及，女性参与的社会活动也逐渐多起来，带来女性独立意识的觉醒，出现了争取与男子平等社会权利的斗争。“三八”妇女节是妇女在国际意义上的共同节日。1948年联合国公布的《世界人权宣言》，第一条就宣称：“人人生而自由，在尊严和权利上一律平等。”这里的“人人”没有区分男人和女人，只要是“人”就享有生而具有的自由、尊严和权利。第二条说：“人人有资格享受本宣言所载的一切权利和自由，不分种族、肤色、性别、语言、宗教、政治或其他见解、国籍或社会出身、财产、出生或其他身份等任何区别”，可见性别问题在上个世纪中期，就作为一个国际问题写入了《人权宣言》中。女性被关注，首先是因为女性在现实中处于弱势、不平等状态。随着人类文明与社会的发展，越来越关注每一个人生而具有的生命权、人权、自由权、受尊重的权利，人人都应有尊严地活着。此外，我国的宪法、法律等也做出了男女平等权的规定和说明。这些都是从法律、道义的层面上强调和肯定男女权利平等。以上是关于女性问题是怎么产生的，以及现在在国际公认的背景下、在国家法律认同的意义上是怎么表述的。男女应该平等，这是第一个观点。

接下来要继续讨论的是男女是否可能平等？关于这个问题，也有各种各样的观点。第一种观点是：平等不可能，因为男女本就有区别。持这种观点者又可分为两大类。一类认为男女天生有区别，其中还可分为两种意见：一种认为，女性有很多生而具有的弱项，不合适、不可能在某些事业上有成就，所以谈不上平等。最近的一个例子，哈佛前校长劳伦斯·萨默斯（Lawrence Summers）于2005年5月14日在一次学术会议上发言说，男女天生有别是导致女性在科学与工程领域难以像男性那样做出突出成就的原因之一。这句话立即在美国学术界引起了强烈反响，谴责之声不绝于耳，经过媒体进一步放大。最后，萨默斯于2006年2月21日宣布辞职。这是哈佛历史上因为涉及女性的一句话而辞职的首位校长。接替劳伦斯·萨默斯的新校长是历史学家德鲁·福斯特（Drew Faust），她是哈佛历史上第一位女校长。她在2007年10月12号发表的就职演说围绕的主题是“大学的未来”，被评价为一位放眼未来的历史学家。身为哈佛的校长，一句话带来辞职的后果，这说明在美国、在高级知识分子中间认为女性天生具有弱点，并且因此不能在某些方面取得成功，至少在全称判断上是错误的。今天上午我接受了教育部关于博士生培养质量的一个访谈，其中有个女博士生，是研究量子光学的，熟悉她的老师说她非常优秀。如果用枚举的方式，只是这一个例子就足以把哈佛前校长的观点证伪了。关键不是谁说了一句什么样的话，而是在常理的基础上脱口而出的语言，表达了历史上形成的，有代表性的对女性的评价。该校长的问题是他把女性看成天生如此、天生有别，我不认为这句话完全错，但是它看重的是女性的弱项。

另外一种观点和它相反，虽也认为男女天生有别，但强调的是女性的强项、与男性不一样的强项。美国人类学家海伦·费希尔（Helen Fisher）写了一本书叫《第一性——女性的天赋才能/她们正在改变这个世界》，她提出不同的观点，强调了女性比男性强，并且运用生理学的研究成果提出了依据，一个是性激素，一个是大脑前额叶。在激素方面，根据生理学的研究，她认为受孕后的8周内，男女是一样的，之后，如果胎儿雄激素发挥作用，就变为男孩；如果雄激素不发挥作用就依然是女孩，因此，她认为生命的基础是女性。在这个意义上说，女性是第一性，男性是第二性。雄激素发挥作用才会变成男性。在大脑前额叶方面，她认为男女的大脑前额叶结构不同，生理科学表明大脑前额叶和人类的思维有重要关系，而男女前额叶皮层结构不同。女性至少在某些区域比男性发达，这使得女性具有网络式思维。书中还指出，连接大脑左右两个半球的纤维组织——胼胝体也有性别差异：女性的胼胝体比男性的胼胝体平均粗 12%，这些较为粗大的胼胝体使大脑的两个半球之间可以更好地交流，这使女性的思维更多直觉，理性和感性的沟通更快，有助于更广泛地看问题。

总之，为了说明问题，他们都把“生而具有”的素质看作是立论的最有力依据，强调自然赋予的无法改变的因素，从生理学的意义上寻找男女有别的依据。只不过戴的“眼镜”不一样：一个是发现弱点，说女性这个不行、那个不行；一个是发现优点，看到女性比男性强的方面。当然，前面提到的人类学家海伦·费希尔还提出，随着时代发展，社会将越来越有利于女性作用的发挥，在书中她举了大量社会调查的例子。她顾及了社会的一面，但是男女差别的根源还是自然性差异。

这是第一种观点，强调男女天生有区别，两性在生理上不一样。如果大家想了解男性女性在生理方面的区别，《第一性》值得一读。

第二种观点强调女性现实的生存状态不如男性的原因是社会造成的。其中的著名代表是法国女性学家波伏娃（Simone de Beauvoir），她是萨特的伴侣，他们用自己的契约式婚姻实验证明女性与男性平等。她有一本书叫《第二性》，其中有一句话“人并非生而为女人，而是变成了女人”，这里的“女人”不是生理意义上的，而是社会意义上的，今天这样的女人是社会变成的。所以需要一方面改变社会，另一方面改变被歧视的性别角色。也许和这本书有关，女性主义强调凡是男性能做到的，女性也能够做到。比如足球、比如生活方式方面，体现了对平等权利的争取，但是有些方面的做法是值得商榷的，我个人认为，足球是首先需要体力的，女足赛看起来很残酷，我不爱看。

上述这些观点与思路，让我头脑里产生了两个问题：首先，差异是否成为不能实现平等的原因？其次，平等以什么为标准？

世界上哪些事物没有差异？差异是普遍的、绝对的，所以，把差异作为不平等、不能平等的依据是有问题的。对男女进行比较需要一个前提，那就是做同一种适合做的工作时的平等，即同工同酬。这是有条件地讨论平等问题，而不是把差异看作不平等或不能实现平等的依据。第二个问题，平等以什么为标准？争取什么样的平等？是不是凡是男性做的都对、都好？如果认为像男性一样就是平等，这本身说明女性已将自己定位于弱势，去追赶强势的男性，而不是用另一种眼光，在合理的、正当的、合乎人性的意义上，对男性的行为进行批判以后，确立一个判断标准：我们追求什么样的平等。我曾经在一次面对女大学生的开学典礼上说过，在一个女性地位不正常的社会里，男性也是不正常的。只有不正常的男性才会造成不正常的女性。平等应该是人性朝着美好、健康发展的结果，所以不能以男性正在做的事情作为平等的标准。健康、正当，符合人性、有利于人性是人类发展的基本要求。所以我不欣赏简单的、偏激的女性主义，尽管我没有做深入研究，但从她们的行为方式可以看出偏激。

以上是我在有限的时间里对女性问题的了解和感受，通过这样一番学习、认识和分析，我自己对“生而为女”的观点是什么呢？

第一个观点，性别是人诞生时就确定的，是自然决定的事情，自然人的性别不是社会的。在此意义上，我说“生而为女”，是从自然意义上说的。近期我的神经因此讲座一直在女性问题上兴奋，就像有一个钩子把我看到、读到的材料都勾起来了。前面说到我在《第一性》中读到“8 周”的问题，近期看到报纸上说，孕妇服用转胎素增加雄性激素，会使婴儿变成男孩，但吃多了生出来的孩子可能变成“阴阳人”，造成许多麻烦。这样的人也应有做人的尊严和权利，但我认为自然是不应强行违背的。在大自然中，性别有一定的概率、是平衡的。现在我们说“和谐社会”，很重要的是说人与自然的和谐，对由天而作的性别的尊重，对“生而为女”“生而为男”的尊重，是人与自然和谐的第一义。我们完全不必要为作为一个女性而懊恼或骄傲，这是自然赋予的东西，这不是个人的选择，也不是社会的选择。

第二个观点，我认为天生的性别所带来的一些差异，在正常情况下，不足以带来对一生成长的影响。教育学有一个概念叫“天生”，原来我们只说遗传、环境，但在你成为独特的“你”的综合体中，一定有你自己特有的东西，这就是“天生”。比如，你的神经结构、类型状态等不同于父亲，也不同于母亲，这些差异对你有各种影响，我们应该承认这种独特性。但是我认为在正常的情况下，一个人最后成长得怎么样，一生过得怎么样，主要不是由这些天生的差异造成的，这是我的第二个观点。曾经有外国朋友问我：你是不是因为身为女性才做到副校长？我告诉他：如果是这样，我马上不做副校长。我不想沾性别的光。如果只靠性别的因素而成为什么的话，很可能是因为自己缺乏真正的才学和实力，这样最终会被人嘲笑。

我的第三个观点是，从总体趋势看，包括中国，环境对人的发展的制约性影响会越来越小。按照《第一性》的表达方式，随着人类劳动中知识、思维、人际交往、服务等各方面需求的出现，女性能够做成的、可以选择的事业会越来越多，女性在社会发展的层面上会越来越向高处走，越来越可自我提升，不平等的情况总体上会越来越减弱。自然，这需要相当长的时期，特别是在普遍意义上的实现。在我们华东师大的女教授中，因为性别问题做不好学问的不会很多，至少在我身边没有纯粹因为性别原因做不好教授的。

以上是我对“生而为女”的基本看法，也是我思考女性问题的出发点，是我谈论问题的立场：第一是尊重自然；第二是看到差别，但这些差别不足以影响一生的发展；第三是现在的环境虽然有很多问题，但是总体上环境不是人一生发展的决定因素。近期我们有个香港、台湾、澳门和内地的会议，其中有位教授讲到西北“女童”教育的问题，可以看到在中国有的地方还存在根深蒂固的男尊女卑文化，并不是说整个中国好得不得了。

第一大部分就简单说到这里。

二、女性如何成人成业

女性是我们人生历程中的永恒身份，作为女性，在现实生境中，如何成人成业？我所指的“成人”是无论男性女性都要面对的问题，不是说所有的男性都能够成人成业，活得不像人的男性、女性都有。我们作为人类存在中的一分子，都有个“成人成业”的问题。在我看来，人之所以被称为人，是因为人有做人的尊严，有底线，有宁死不屈的东西；还有责任，有个性，能够发展，这是人的生命之必需。我所说的“成业”主要是两大“业”：一个是作为社会角色所担当的职业，即事业；一个是作为家庭成员所具有的责任，即家业，家业是社会关系的根。这两个业，是人生中谁都不能丢的。作为女性，如何才能更好地成人和成业？我大致有四点看法。

首先我们要改变不利于个人发展的女性观。如果有人问我：叶老师你怎么成才、怎么成业的？我的回答是：我常常忘记我是个女性，但记得自己是个人。过强的女性意识或过弱的女性意识，都不利于发展。认为我是个女性，我就要强；或者我是个女性，我只能弱，都不是正确的女性意识。有的女性太漂亮，可能反而酿成悲剧，不一定有幸福的人生。自然，女孩子长得漂亮不是坏事，但一定要淡化她对漂亮的关注与感觉，成人不要一天到晚给她灌输，给她打扮，夸她如何漂亮，总是照镜子，这样孩子就会被漂亮误了。我有些也许没有道理、但却是直觉式的体会：女孩子小时候要养得像男孩子一些，男孩子养得像女孩子一些。女孩子让她稍稍“野”一点，但自然不要成为“悍妇”，否则那就成了一种“过”

强了。另一种“过”就是过弱的女性意识，认为自己生来就是女性，注定无法独立，慢慢养成依附的人格。老是把自己当作辅助的人物，在任何社会关系中，都定位为辅助的。高级知识分子里也并非没有这种人格，我培养的学生里面就有，她学得非常好，我对她寄予很大的期望，但是谈了个男朋友，这个男朋友对她说，我们两个只能成功一个，你要支持我成功，你去找一个安定点的、收入高的职业。最后落成了这样一个配对。遇到这样的时候，我们的传统一般就是女孩子为丈夫、为家庭做出牺牲，女孩子相夫教子，多付出一点，牺牲一下，用牺牲来表达爱。但是，你再怎么牺牲，你的人生还得你自己来过，不能让你的丈夫来为你过。而且这种牺牲未必换来对你的真正尊重，未必！这种依附性是一种过弱的女性定位。我不是觉得女性非要比男性强才能活出味道来，不是！我们都是普通的女子，没有必要去要求社会改成什么样子，没有必要去做一个女权主义者，重要的是我们自己不要自我弱化，不要做这种所谓的牺牲，它换不来真正幸福的人生。过弱或过强的女性意识都不好，作为一个女性，应该有一个独立自主的生存能力，而不是依附。只有这样的能力，才会给你带来家业、事业上的成功和幸福感受，这是我的第一个观点。

第二个观点，女性在自己的成长过程中，尤其是在青年期——我们在座的有很多女研究生——有“三关”要过，过了这三关，女性就不会因为性别带来障碍。

第一关是“恋爱关”。女性的情感比较细腻和丰富，特别是学文科的，往往在恋爱中，理性、冷思考弱一些，会有各种各样的标准，如相貌、家庭、财富、职业等。我在家也看《相约星期六》，我学教育学，想从中看到当代男女青年在处理成长中不可回避的问题时的独特，他们现在流行什么样的话语方式，什么样的择偶标准，怎样表达。我们读书的时候，父母和老师都要求不能谈恋爱。现在好像开放了，可以恋爱，也可以结婚，只要你愿意。但这不是鼓励都要去结婚，我听说现在的女孩如果大学里没有男朋友，就变成是件丢脸的事情，一旦觉得自己丢脸了，那就胡乱找一个玩一玩吧，结果弄到后来有了小孩，就苦了，就受到伤害了。受伤害的往往是女孩子，特别是对那些不负责任的男生而言。所以女孩要搞清楚：什么是恋爱？什么是婚姻？

作为女孩子必然要遇到的第二关是“婚姻关”。婚姻就是你要找一个人，他可能与你终生相伴。至少他能够理解你、不会伤害你，至少是一个有责任心的人；反过来说，你对他也该这样。这是一对男女最后能不能成为一对的重要标准。当然如果认为结婚后感到不行可以离。有些女青年说起来轻松的很，但事实上，如果你跟这个男的组成一个家庭，有了一个孩子，这就有了很重要的关系。你的父母跟你是血缘关系，你长大以后就要离开你的父母，你一旦与一个异性结合，组成了一个家庭，你就应该承担起家庭的责任。在这一点上，我同意《第一性》的作者，她赞成“对称”婚姻，不是一个依附另一个，不是差异非常大。你能不能跟一个人结婚，要看你的底线在哪里。人无完人，所以，要有自己的底线意识，比如这个人的脾气你是否能够忍受，如果这个人的脾气让你感觉简直是莫名其妙，那就还是不要结婚好。当然还有一个问题就是恋爱时可能有很多假象搞不清楚。实在搞不清楚，也只能怪自己，不能怪别人，这里就是婚姻的对称性。如果我们是认真的，认真想有个家庭、有个孩子、有一个稳定的“三角”，它支撑着你的家业，支撑着你的事业，事业、家业相互丰富，那我主张要考虑“对称度”，有些该忍受就忍受，因为没有什么完人，如果你非要找“完人”，结果可能就是“无人”，找不到你适合的人。一定要考虑好你喜欢的是什么、最不能忍受的又是什么，然后在这两端之间找。当然，你喜欢的可能也不一定是最好的。这不纯粹是一个感情的问题，它需要理性。理性，我觉得对于女孩子非常重要。如果把自己看作是感情的动物，人家也把你当作感情动物，感情像火花一样，擦过也就过去了。只有持续性的感情才会沉淀成一种内在的滋养精神生活的养料。如果把自己刹那的感情看作重要的东西，生命就会像火柴盒里的火柴一样，一根一根擦完就完了，不会留下很多东西，这样的人确实有。写《性别按钮》的作家毕淑敏有篇文章的题目起得很好，她说蚕用自己吐的丝把自己裹起来，从恋爱到婚姻，就是一个吐丝的过程，最后结成一个怎样的“茧”，是自己选择的结果，而这种选择不是像买件衣服一样不行就丢掉，它是一个一生的过程，它需要理性，需要相对长时间的接触、体验和提炼，然后认定了、可以了，对他的缺点也接受了，那你们就可以在一起了。我认为在这些上面，女性自己要清醒。这是第二关。

第三关就是“生育关”。为什么少女怀孕无论对母亲和孩子都不合适？因为她不懂，生育不是把孩子生出来就完，还需要使他成人，让他也能成家成业，这个过程特别在当代社会有很多不确定性，很难。你要对生出来的孩子承担抚养和教育的责任，要有思想准备，更要有一个自身成熟的准备。最近有一个调查说，女孩和男孩比较适合的生育年龄在 26～30 岁，不只从生理上，也包括心理和职业上的成熟。在这个过程中，女孩又会出现一些牺牲。

我说的“三关”，女孩子可能都要付出牺牲，第一关为男朋友牺牲，第二关为丈夫牺牲，第三关为孩子牺牲。这样“牺牲”下去，女孩子的生命发展基本上就中断了。就像《法门寺》里的贾桂，站惯了就不敢坐、不会坐了；牺牲惯了，独立也不会了，为自己奋斗也不会了。现实不会是这样：等你牺牲好了，资源、机会都来了，都来迎接你：牺牲好了没有？牺牲好了就来吧！这个不会。所以，女孩子不要以为只能做这些事：恋爱、结婚、生孩子。女孩子是人，同样要有自己的事业，有自己的追求，特别是知识女性。我认为这“三关”是女性成人成业自己要把握好的重要三关。

第三个观点就是和他人的交往。我认为非常重要的是跟异性交往时不要让人产生错觉。特别是一些漂亮、善于沟通的女孩，《第一性》里谈到，男孩子会把你一般的热情看成“有意思”，这就麻烦了。你比较热情，不太在乎，造成了莫名其妙的误会。还有就是和同性的交往，要多一些宽容，就会多一些朋友。遇到障碍的时候，男性喜欢自己消化，女性则喜欢倾诉。女孩有些较好的女友可以倾诉一下，这对你的生活有好处。所以无论是同性朋友还是异性朋友，我觉得可能都是需要的。与异性交往和与同性交往，女孩子有自己的敏感，我想你们应该自己能够感觉到。如果你喜欢惹麻烦，那你可以去惹。但是，如果你讨厌惹麻烦，那就得注意。

第四个观点是对自己人生发展的自觉程度，这也是成人成业的重要方面。你要对自己想“成为什么样”的人，既有一个大致的原则性想法，又要有一些具体目标上的思考，使自己的人生成为有目标、有理想、有追求的人生，然后在人生过程中一步一步去实现。没有短时间“速成”的成人成业，短时间的速成丧失得也快，因为它没有真正的、内在的、持续的力量做支撑。

最后我要说的建议是：学会在不同的生境中寻找、实现自己的发展。我们一生都会面临一些不同的生境，所以首先要正确看待周边的环境，没有一个环境是十全十美的，它总是有缺憾的。在看待环境的时候，要善于发现有利于发展的方面。有时候，中心的地方不见得有利于你发展，更有利于你发展的地方可能恰恰在边缘，那么你最好选择边缘。关键是边缘有空间，你可以拓展，有时候你因此就可能形成一个“次中心”，就可以获得好的发展。对成功要有一个准确的理解，成功首先是追求我自己喜欢做的、有意义的、有价值的事情，不要去管你现在的追求目标在当代环境和社会中居于什么地位，这不是最重要的。在遇到一些问题时，要学会化解。特别是遇到逆境时，女孩子可能会脆弱一些，再要发展、生存的困难就会大一些。我认为逆境往往来自几个方面：首先，有时候遇到了一件很难做的事情，但是你自己喜欢做，这样你就应该把它做下去，把困难当作一个磨炼过程，持之以恒地做，在和困难的较量中自我也变得有力量。人是一把刀，它需要磨刀石才能锋利起来、有力起来。其次，有时候自己会不被人理解，经受被他人误解的委屈，这时候很重要的是自问：第一，自己有没有恶意、有没有不好的意图？如果没有，那么你问心无愧；第二，要看客观上是否带来积极的效应，如果跟你一块工作的人感到有积极效应，你就算有成果了，你就没有做错事。这个时候别人有看法，你不要去在意，走你自己的路，让他们去说吧。人不是为别人的评价活着，而是为了对这个社会有意义才活着。也就是说，第一要看“心意”，问心无愧；第二要看效果，有积极效应。如果这两点有了，你走你自己的路。最后，你还会遇到来自各个方面的嫉妒、伤害，在这样的情况下，如果有人非要置你于死地而后快的话，你要学会抗争。如果这个环境实在太恶劣，不适合你生存，你要学会放弃，学会后退，学会更换环境，去寻找适合你的生存空间。但是我劝各位不要对一个还没有接触过的环境心存幻想。因为这个世界上到处有苍蝇、有蚊子，没有真空，没有无菌之地，所以有些是可以放弃的，不能放弃的是自己的追求、自己的目标、自己的内心世界，我们要用强大自己的力量来守住自己的人格，守住自己的精神家园，守住我们所钟爱的事业和人生。有了这些，我们就不会太在乎这个世界有多么肮脏。我们每个人都可以营造一个小生境，在这个小的生境中，我们既被生境制约，同时也可成为改变生境的力量。从自己能做的事情做起，我们就能够做好自己想做的事。在这个基础上使自己变得更美好、更有力量、更加充实。我想这是女性活好一辈子非常重要的精神准绳，我自己就是要求自己这么活着的。

本文根据叶澜教授 2007 年 11 月 7 日在华东师范大学中北校区东方讲坛女教授系列报告会上所做的报告整理而成，经叶澜教授审改，定稿。

卓然独立　越而胜己

——解何谓“卓越教育”

1997年，我对华东师范大学第二附属中学（简称“二附中”）工作提出了“追求卓越”① 的目标，那时还没有细细推敲“卓越”一词的具体含义，只是觉得这是“金牌精神”② 的应有之义。现在，二附中成立了“卓越教育研究所”，明确提出“卓越教育”的理念，要建设卓越学校，这促使我深入思考“卓越”二字怎样解读，思考它与二附中育人教育追求的内在关联。

二附中提出“卓越教育”理念并不是心血来潮、空穴来风。二附中作为一所教育部直属的全国重点中学，在拥有良好生源、具备优质师资、享有完备校园设施的基础上，一直在努力思考和探索一个重要的根本性问题：“我们应该和可以办怎样的教育？培养怎样的人？”“卓越教育”是二附中经50年办学，由全体教职员工和学生长期共同努力生成的，是对独特、丰富办学经验提炼而成的。出色的教师队伍和大批有追求、有抱负的毕业生，以及多年培养智优学生、优秀学生的教育教学改革经验等，都是二附中办学追求卓越过程中的创造和成就，也是今后进一步发展成以卓越教育为底蕴的学校之坚实基础。

一个真正的有生命力的教育观念和办学理念是在教育实践中共同创造出来的。近年来，与二附中何晓文等校级领导、老师和学生的不断接触、交流，让我慢慢对卓越教育的认识进入相对系统化的状况。对于“卓越教育”的深度理解，不能拘泥于从字典里找定义，而是要从实际出发，从教育实践中了解我们的办学追求和核心理念。今天，二附中提出的“卓越教育”的内涵，首先需要从学校的发展历程中提炼。二附中长期致力于拔尖人才的培养，无论是从90年代开始的全国理科实验班、上海理科实验班，还是现在扩展到2008年的科技创新实验班、2009年的人文创新实验班，都体现了二附中对优秀人才、创新拔尖人才培养路

---

① 叶澜教授曾任华东师范大学副校长，分管华东师大二附中工作。在二附中校庆之际，提出了“追求卓越”的办学理念和要求。

② “金牌精神”是二附中的校园文化精神。1990年以来，二附中学生在国际中学生学科奥林匹克竞赛中不断摘金夺银，截至目前累计获得奖牌29枚，长期位列全国之首。二附中因此被外界誉为“金牌学校”。

径的探索和创新。从最初一个试验班的金鸡独立，发展到现在三种特色类型班的三足鼎立，体现了学校对教育理解和人才培养理念的不断拓展与完善，在实践中“敢为天下先”的创新精神。二附中长期致力于教育教学改革，一直是华东师大教育教学改革的试验田，是上海市教委一期课改、二期课改的排头兵。1999年开始，二附中逐渐形成并落实于具体实践的“六个百分百”素质教育模式，体现了二附中在培养尖子生的同时，关注到每个学生的成长发展和他们的潜能开发。秉承对学生生命的尊重，教育者执着于为学生终身发展奠基的信念，“六个百分百”素质教育模式[①]在校园推进，使学校教育力量不再孤独，而是渗透于每一个学科和学校的每一角落。此外，二附中首创“首席教师”制度，打破单一行政领导权威，树立了“教师第一”的学校发展理念。在学校建设发展中，紧紧抓住了教师队伍建设，以教师发展促进学生成长，逐渐打造了一支各有特色、多姿多彩、在全国有一定影响的名师队伍。确实，一个难以自觉成长的教师很难用自己的言行去影响学生成为追求生命自觉的人。

从以上分析不难看出二附中对卓越教育的追求有扎实的基础，它至少告诉我们：卓越教育包含了在教育领域中要有“敢为天下先”“敢于突破自己，直面自己的问题，能够创造性地解决问题”这样·种精神内涵。

当今对于“卓越”概念的理解，比较多的还停留在对“一流”的追求上，如我们要办一流的学校、建设一流的师资队伍、培养一流的学生等等。“一流”几乎成为“卓越”的代名词。我认为，对卓越教育的理解首先要加强对卓越精神、“卓越之魂”的理解，这是更加迫切、更为重要的事。

卓越教育是要培养卓越的学生。任何学校培养的优秀人才都有其社会作用和社会价值的体现，二附中培养的学生毕业后经过社会的锻炼，其中应该出现一些帅才、一批将才和大量人才。评判学校是否办好了，关键是看培养了怎样的学生。不在于学生毕业后所处的地位高低、财富多寡，而在于其是否能不断超越自我，成为所在团队的核心和灵魂，成为卓越之人。卓越之人浑身洋溢着不断进取的力量，无论他处在社会上的任何位置都会追求卓越，并感染和带动周围的人一起努力奋斗。“卓越”体现在学生身上，应当是富有独特的个性、独特的眼界和志向、独特的智慧和能力，这三方面会在具体个人身上形成独特的组合，影响着一个人的毅力、气质和精神。没有毅力和进取动力的人无法达到卓越的境界。

---

① “六个百分百”素质教育育人模式，即100%的学生在校期间做100课时志愿者，100%的学生做小课题研究，100%的学生参与社团活动，100%的学生选修学校课程，100%的学生动手做100个实验，100%的学生学会游泳。

对于“卓越”二字如何诠释，我的新界定是将“卓越”定位为学校追求的文化及文化底蕴，可用八个字来诠释，那就是“卓然独立　越而胜己”。

“卓然独立”是一种价值取向，在当代，“卓然独立”的气质非常重要。我曾经想过用“卓然超群”，之所以最后用“独立”一词代替“超群”，是因为“超群”往往在竞争意义上提出，而“独立”则强调自我本位，强调自我奋发图强。中国古代文人有这种“卓然独立”的气质。要明晰一个定义，不仅要知道它是什么，还要知道它不是什么，下面重点从“卓然独立不是什么”的角度来解读。

第一，“志向不狭隘”。现在有些学校（包括教师、学生）将成绩排名及各类获奖作为成功的标志，这未免太狭隘、太没出息了。得奖是一种成绩，是对以往努力的肯定，是学校培养学生的一种成果体现。但如果我们把得奖作为人生的一切、教育的目的，那就可怕了。这样的学生就是“近视”，说明我们的教育没有做好。志向反映价值观，好似看不见摸不着，但眼光短浅、视野越窄就会没出息。一百万算什么，百万富翁有什么了不起的，无非就有点钱，人生的价值难道就是钱的价值吗？如果这样想，你就不在乎金钱了，这就是价值取向。如果为了体现自我价值不断重复去赚一百万，甚至还想办法说点骗人的话，这样的人表面上看来有钱，其实从人格意义上已经不值钱了。我觉得我们的学生和老师如果总是斤斤计较，和别的学生、学校争排名第一第二，反而会被别人牵着鼻子走，你就还没有做到“卓然独立”。所以这里蕴含着教育价值问题，无论眼界和人生观都要放宽。卓越人生的起航绝不是奖项的肯定，人生有多丰富、世界有多美好，都需要你用得奖之外的努力来体会。因此“卓然独立”首先要做到志向不狭隘，不拘泥于眼前利益，这非常重要。教育是要打开学生眼界，让他对人生、世界、宇宙产生积极兴趣，而不是被眼前的一点点蝇头小利冲昏头脑。

第二，“人格不依附”。我觉得人格不依附包含了两条：首先，不仰视所谓的大人物。有些人看到权威和有钱人就羡慕，就想拍马屁攀附上去，这就是人格依附。同时，也不应俯视所谓的小人物。不要看不起、不尊重看似一般的普通人，要平等关注他们的利益诉求。二附中曾经有学生做过有关“乞丐”问题的调查，这种调查就包含着一种人文关怀。独立不是无视他人，而是一个人自我个性和才华的表现。这样的“平视”包含着相互欣赏。只有这样独立的人、不依附的人才能做到相互合作。也只有大家都独立，在一个群体里才能形成有意义的合作，这个群体的力量会不得了。人格因素对做到“卓然独立”有很深的影响。我国古代“士”的一些独特品格，可以成为相关的教育资源。我们必须重视学生独立人格的培养，人格上对他人的俯视、仰视都不可取。

第三，“思维不趋同”。如今，我们一直在讲培养创造性人才，创造性人才的养成需要有一些专门训练，但我更看重的是人才思维品质的创造性。思维品质的培养，无论是哪个学科，文科或理科都有着非常大的作用。如果把研究者的任务定位为把已有的结论阐释清楚而不是去发现问题，就无法把研究推向更深入。思维不趋同表现在对问题回答上有创造性，不局限在已有的答案上，去追求更多的可能性。古代说“学问”，是问在先学在后。孔子的教育方式就如“叩钟”一般，不叩不鸣，你不问我不答，所以你看《论语》里的记录多是谁问什么，孔子再回答。“问”是学习者主动思维的表现。若要培养学生思维不趋同，很重要的一点就是不扼杀学生探索的欲望、学习的兴趣、研究的积极性，培养发现的能力。老师往往觉得自己比学生知道得多，学生突发奇想的东西有些幼稚，于是会赶快指导，期望把“幼稚”变“成熟”。其实真正的转变需要一个探究发展的过程，需要通过让学生自己受挫折，希望破灭，然后反思，有勇气、想办法找到新路。这个过程对于人的成长特别有益。

第四，“言行不虚浮”。这是当代特别值得注意的一个问题。现在社会上很多人不是靠脚踏实地做事，而是靠包装获得所谓“成功”。如果把这种商业炒作方式迁移到教育、学习、科研上来，就是用吹嘘代替实践，或用一个例子代表整体。泡沫终究是要破灭的，空想不会变成现实，这种华而不实、虚浮的作风是绝对不可取的。世间任何一个真正的成功人士，不是靠外包装达到的，人们真正记住的是其对世界及他人的贡献。在实现追求的过程中，不说大话空话，言行一致，求实奋进。这样的人格让人感动，让人难忘，才可能成为我们期望的未来的创新人才、卓越人才。

下面我解释一下“越而胜己”。“越而胜己”强调的是对自我的超越。世界上最难超越的，无论对群体还是个体，都是自己。要超越自己先要了解自己，但人往往最难认清、最不了解的又是自己。追求卓越的人必须清醒地认识自我，这一条非常重要。有些教师之所以产生职业倦怠，是因为感觉自己的进步和发展达到了顶层，可以安于现状了。教师若把自己定位为“知识的传递者”，认为中小学所教的知识是现成的，传递是有据可依的，没有什么可突破，于是安于现状。上述认识显然是错误的。教师岗位的创造是在如何教育人，它是一个充满挑战和创造的领域，需要教师去探究，在实践中不断超越自我。重视自我的人格、努力、尊严、创造，才能推动自我发展，相信每个老师都能用自己的努力换来学生的生命成长。大到国家亦如是，我们国家一百多年来的发展一直处于追赶状态，总觉得落于人后，总想追赶上他人。从科学技术的角度来说，或许有不断的新科技可供我们学习，但没有自主创新，你就要一直跟在别人后面。一件很可怕的事情是，一百年来，我们对于文化继承的意识逐渐淡化了，我们在人文精神上出现了巨大的断裂。中国作为一个文明古国，有着几千年的传统文化，我们应该对自己拥有的文化精髓感到珍贵和荣幸。中国传统文化在为人处世方面有很多智慧和经验，绝不能在工业化后渐渐被丢弃。总之，清醒地认识自我，不守旧、不迷失是超越自我的基础。

“越而胜己”从积极进取的意义讲，实际上是人生发展过程中不断超越自我的过程，具体讲，“越而胜己”要做到以下四点：

第一，“自我日清晰”。高中阶段是学生对自我的认识进入相对理性系统思考的起始阶段，高中生会想：“我是谁?”“我到底是个怎样的人?”“我能够成为怎样的人？……”当孩子们开始拷问自己，这些问题会在他的思考中占有重要位置。这就是为什么我们说卓越人生的起航最重要的是帮助孩子们清晰地认识自己。

第二，“反思成习惯”。反思是成长过程中的重要一环，没有人能够看清你所有的对错，最清楚自己的领悟、问题、发展、障碍的还是你自己。他人只是一面镜子，走不到你的心里。要学会在自己实践的过程中，在元认知的意义上，对自我做整体意义上的反思。反思实际上是一种习惯，养成这种习惯就容易胜己。不反思就不明白问题在哪里，也不明白进步是如何取得的，更不清楚自己还可以怎样向前走。

第三，“人生会选择”。要成就自我、超越自我，需要每个阶段对自己做出的选择具有清醒的意识和能力。这也是目前我们在讨论为学生提供“课程超市”的一个目的。我们要培养学生在认识自我、反思自我的基础上，懂得“为何选择”和“如何选择”。二附中“课程超市”的一个好处是提供平台，让学生学会选择。处于多元的当代社会，非主流价值对学生似乎更具有吸引力。当我们的学生处于不利的非主流价值观氛围中，教育该怎么办？引导、帮助学生学会选择就成为教育的重要任务。学会选择与上面提到的人格不依附、志向不狭隘是联系在一起的。有了清晰的自我认识，就知道该去选择什么。人生其实是个不断选择的过程，如果选择正确，就抓住了时机，更容易实现发展。在高中阶段对选择意识和能力的培养，将有助于学生清楚未来的专业选择，这是选择能力的具体考验。

第四，“发展能自觉”。人有了自我发展的自觉性，或者说人的生命达到自觉状态就是到了自我发展的最高境界。但是如今我们的孩子最缺乏的往往就是这种自觉性。如果学生在中学阶段能做到“自觉发展”，那用毛泽东主席的话来说就是“战无不胜”，他将可能做好任何事情。“自觉发展”不是自由化，孔子说，“七十而从心所欲，不逾矩”，自由是自己内心的选择得到实现。在现实世界中，逾了“矩”去寻找“欲”就无法无天了。这个“矩”是“天道”“人道”，是做人最基本的准则，世界不会无任何规矩，也不会有完全的自由，我们以之为前提培养精英人才。现在讲创造型人才或者卓越人才，这些概念具有共性，需要教育去关注、去研究，但是这些共性的概念，具体到一个个不同的学生身上，就会散发出完全不同的独特个性，例如如何选择、认识自我、用什么价值来指导自己的行为等等。自觉发展才可能实现个性化发展。

总之，“卓越教育”是为实现每个学生拥有幸福和有意义的人生而进行的教育。“卓然独立　越而胜己”这八个字送给二附中的学生，也送给二附中的老师，并与大家共勉。“卓然独立　越而胜己”也是我的人生追求。“二附中人”要做卓越的老师、卓越的学生，最根本是要学做人，做个有价值、有追求、有贡献、有尊严、有智慧和有精神的人。这样的人才能够成就事业，也才能在奉献社会中成就自我。做教育就是教学生“成人”，这是核心目标。我想如果我们去追求这样的一种人生，自己也会很幸福和快乐。

本文根据叶澜教授2010年10月14日在华东师范大学第二附属中学全体教师大会上的讲话等有关报告综合而成，由施洪亮整理，经叶澜教授修改，定稿。后略调，发表于《上海教育》2018年第10A期。

编后记

《变革中生成：叶澜教育报告集》是“叶澜教育思想文选”的第二卷，与第一卷相比，这里选编的33篇文章，都是叶澜教授在研究性变革实践中演讲报告的结晶，具有很强的过程生成性和独特的具体综合性，这些特质从书名即可一目了然。如果说第一卷是相对总体、宏观、一般意义上的理论提炼，那么第二卷则相对具体，是对特殊的综合抽象，是叶澜教授两大中国原创——“新基础教育”研究和“生命·实践”教育学的交互创生。

叶澜教授并不喜欢做演讲报告，她更愿意做有深度、有针对性的座谈，就像中医面对具体个人的“望闻问切”，但在“新基础教育”研究和“生命·实践”教育学建设过程中，理论与实践交互滋养，不断研究、策划、推进、提炼，内部交流所需的报告，数十年竟积累了数百万字的原始整理稿！因篇幅和时间等所限，还有许多精彩报告因故尚未选入本书，尚待后续集中精力另行整理、结集。“新基础人”“生命·实践”研究团队成员，读这部分会特别有亲切感，甚至会有穿越时光隧道回到当时场景的感受。

本书包括四个部分：“世纪之交中国学校变革研究”“跨世纪‘新基础教育’研究”“当代中国教育学创建研究”“希望在明天”。其中，前三个部分是叶澜教授的原创理论在综合抽象意义上的提炼，第四个部分在时间维度上指向“明天”。从中可以看出，它上承第一卷“当代改革”，具体呈现了当代变革生成的独特内容、过程与路径，最后又在时空上打开，指向更加美好、更有希望的明天。这是做教育学者特有的品质：理论先行，清醒地怀抱理想，真实地笃志、践行出来，共同走向更好的未来，这同时也呈现了中国学人独特的气质：学而时习之，修身乐笃行。叶澜教授经常对我们说，她是现实的理想主义者和理想的现实主义者，有这样的精气神，才能在持续变革中生成，在不断回归中突破。

“世纪之交中国学校变革研究”选文10篇，其中5篇以“课堂”或“课堂教学”为题，3篇以“教师”为题，可见教学改革与教师发展在“新基础教育”学校变革研究中的基础地位。千百万师生最日常、最大量的学校生活是在课堂上度过的，课堂改革（含价值取向、过程重建与评价改革等）是当代中国学校改革的

"攻坚"，它关乎师生在校生存方式的真实改善，正是在此意义上，《让课堂焕发出生命活力》甫一发表即得到广大教师认同，20多年了，还不断有老师兴奋地谈及此文，认定叶澜教授。该部分最后一篇《教育改革要注意"度"的问题》是叶澜教授应邀出席纪念《中共中央关于教育体制改革的决定》颁布30周年大型论坛时所做的报告，是在更宏观层面对学校改革的清思与强调，与"叶澜教育思想文选"第三卷中的《改善生态　认清特质　审视决策》相呼应，是作者扎根变革研究实践，立足教育本身特质，运用系统复杂思维，对中国教育改革"自我意识"的清醒和社会"教育责任"的呼吁。

第二部分的10篇选文，完整地勾勒了"新基础教育"研究的整体历程，从最初的长程、整体策划，到两大时期五个阶段的策略推进与研究总结，到指向未来的"再出发"。从中可以读出，具有生命力的教育改革研究之特质：清晰的性质定位和价值取向，灵活扎实的长程策略与阶段累进，在日常研究性变革实践中累进式地成人成事。如此，才会有真实而又不断自我超越的阶段成果和贯通始终的研究精神。它是"跨世纪"的，也是"跨时空"的。现在，越来越多的地区和学校自愿做"新基础教育"，与之相关的基础读物是《"新基础教育"研究手册》和"'新基础教育'改革指导纲要"系列丛书，若要深入研究，尚需阅读《"新基础教育"论——关于当代中国学校变革的探究与认识》。

第三部分10篇文章，整体上勾勒了"生命·实践"教育学从正式公开面世（以第一篇文章《为"生命·实践"教育学派的创建而努力》为标志），经核心问题的专题研究（包括第2～5篇文章），至整体形态初成的创建历程。有兴趣者可以拓展阅读《回归突破："生命·实验"教育学论纲》。本部分最后一篇文章《教育研究与教育改革》表达了"新基础教育"与"生命·实践"教育学派建设之间的交互生成关系，也是叶澜教授理论与实践融通转化思维方式的具体体现。

第四部分虽只选了3篇，但涵盖了教师、教育学者、学生和每个人应达和能达的明日与境界。"希望在明天"，人是希望之根本。人之成长发展是教育的存在依据，人与人之多重互动与转化生成是教育的过程逻辑，"卓然独立　越而胜己"的生命自觉则是教育的元目的，在此意义上可以说，教育是明日希望的现实所在，如此，当代中国教育改革与发展应是整个社会有识之士共同关注和支持的人类大业，整个社会都还需要"教育"启蒙，其重要性怎么说都不为过。

与第一卷《方圆内论道：叶澜教育论文选》联系起来看，第二卷《变革中生成：叶澜教育报告集》既与之有呼应，又有独特性，特别明显的是从题目到内容呈现出来的过程生成性和具体综合性，以及两大中国原创（"新基础教育"研究和“生命·实践”教育学）之间理论与实践复杂转化的特质。

理论与实践的关系在古今中外的思想与现实中，都是一个“老大难”问题。叶澜教授在华东师范大学毕业留校之初，到华东师范大学附小锻炼时就切身体会到这个大难题，此后50余年，她一直在研究、学习、践行理论与实践的转化生成，其“知难而上”“自我超越”不是讲出来的，而是做出来的，是有思想有思路有策略地化分出来的。这在第一卷中已有涉及，在第二卷中体现得更为综合复杂。在最基础的基本概念上就有这样的综合复杂，如，“研究性变革实践”如此，“成人成事”如此，“生命·实践”亦如此，“教育”“教学”更是如此。这是由教育本身的内在规定性决定的。

弄懂“教育”是什么，是做教育、教育研究和教育学研究的基本要求。但“教育”是什么，却曾经是、现在对很多人来说可能依然是一个内涵分歧的概念，看似都在说教育，但所指千差万别甚至截然不同。面对这样的“老大难”问题，叶澜教授的选择依然是“知难而上”，累进式超越。在第一本学术代表作《教育概论》中，叶澜教授即运用系统思维，从内外区分、内在特质的逻辑意义上，从历史、功能、内部结构和时间等角度，对教育做了多层辨合、事实与规范互参的理论分析。在之后开始的实践研究、深度介入大中小学合作研究中，又运用复杂思维，在过程逻辑、中国特质等意义上，从教育价值、过程、主体等角度，对教育又做了多维审思、古今中外理论与实践互参的综合提炼，最终形成了“教天地人事　育生命自觉”这样中国式的独特表达（详见叶澜教授专著《回归突破：“生命·实践”教育学论纲》，2015年版），它内含着事实依据（“教天地人事”）与价值功能（“育生命自觉”），主体之间的外来（“教”）与个体主动的内生（“育”），“教”与“育”各自独立又交互复合，这是中国千年文字独有的化合智慧，又与当代多重转化的复杂思维不谋而合，根本原因在于它经过了教育理论与实践无数次锤炼，多重命脉反复浸润、滋养才转化生成出来。从基本概念的复合，到观点的系统综合，从基本理论的辨合到基本理论与基础教育改革交互生成，再到基本理论与基础教育改革和教育学建设多重转化生成，形成了多层系统、内在有机的当代中国“生命·实践”教育学。

“生命·实践”在个体化育、人与人、代与代之间的互动转化，不只是需要理论认知、推理的逻辑，更需要研究者主体融入自身全部的生命体验。把全身心的体验与智慧、情感与理智投入教育及其研究的转化过程中，才能真正读懂、生成和引领教育及其研究走向明天。主体融入的理论不仅有知、有智、有真，而且有情、有诚、有温度，这是作为事理研究的教育研究之独特，也是“新基础教育”研究和“生命·实践”教育学能扎根到主体心灵中、并引起越来越多共鸣的重要原因。只有扎根到人心中的理论才能成为常识、信念，成为平常日用、无时不在发挥真实作用的内在力量。这样的力量既现实又持久。这也是中国智慧在当代教育改革与教育学建设中的体现。

研究者主体融入不等于主观臆断，主体融入的教育研究需要研究共同体的主体间论证和认同，包括实践者的行为论证和思想认同，才能逐渐形成得到共同体公认的具有“具体综合成就”的研究范式。共同体的范围从自发的志趣共同体到学派共同体、学科共同体，再发展到更大的学术共同体，这是一个漫长的切磋历程，它构成了理论发展的学术史。“生命·实践”教育学正在生成这样的学术史。

庞庆举

2019.1.21

图书在版编目（CIP）数据

变革中生成：叶澜教育报告集/叶澜著；庞庆举选编．-- 北京：中国人民大学出版社，2019.12
（叶澜教育思想文选）
ISBN 978-7-300-27517-8

Ⅰ.①变… Ⅱ.①叶… ②庞… Ⅲ.①教育—文集 Ⅳ.①G4-53

中国版本图书馆 CIP 数据核字（2019）第 226933 号

叶澜教育思想文选
变革中生成：叶澜教育报告集
叶　澜　著
庞庆举　选编
Biange zhong Shengcheng：Ye Lan Jiaoyu Baogaoji

出版发行	中国人民大学出版社		
社　　址	北京中关村大街 31 号	**邮政编码**	100080
电　　话	010－62511242（总编室）		010－62511770（质管部）
	010－82501766（邮购部）		010－62514148（门市部）
	010－62515195（发行公司）		010－62515275（盗版举报）
网　　址	http://www.crup.com.cn		
经　　销	新华书店		
印　　刷	北京宏伟双华印刷有限公司		
规　　格	170 mm×235 mm　16 开本	**版　　次**	2019 年 12 月第 1 版
印　　张	31.25	**印　　次**	2022 年 1 月第 2 次印刷
字　　数	547 000	**定　　价**	128.00 元